UTB

W0346862

UTB 2924

**Eine Arbeitsgemeinschaft der Verlage**

Beltz Verlag Weinheim · Basel
Böhlau Verlag Köln · Weimar · Wien
Verlag Barbara Budrich Opladen · Farmington Hills
facultas.wuv Wien
Wilhelm Fink München
A. Francke Verlag Tübingen und Basel
Haupt Verlag Bern · Stuttgart · Wien
Julius Klinkhardt Verlagsbuchhandlung Bad Heilbrunn
Lucius & Lucius Verlagsgesellschaft Stuttgart
Mohr Siebeck Tübingen
C. F. Müller Verlag Heidelberg
Orell Füssli Verlag Zürich
Verlag Recht und Wirtschaft Frankfurt am Main
Ernst Reinhardt Verlag München · Basel
Ferdinand Schöningh Paderborn · München · Wien · Zürich
Eugen Ulmer Verlag Stuttgart
UVK Verlagsgesellschaft Konstanz
Vandenhoeck & Ruprecht Göttingen
vdf Hochschulverlag AG an der ETH Zürich

Christoph Weischer

# Sozialforschung

UVK Verlagsgesellschaft mbH

Bibliografische Information der Deutschen Nationalbibliothek
Die Deutsche Nationalbibliothek verzeichnet diese Publikation in der Deutschen Nationalbibliografie; detaillierte bibliografische Daten sind im Internet über http://dnb.d-nb.de abrufbar.

ISBN 978-3-8252-2924-5



Einbandgestaltung: Atelier Reichert, Stuttgart
Satz und Layout: CLaudia Wild-Bechinger, Stuttgart
Lektorat: LMF Lektoratsbüro Maria Fuchs, Brühl
Druck: Ebner & Spiegel, Ulm

UVK Verlagsgesellschaft mbH
Schützenstr. 24 · 78462 Konstanz
Tel. 07531-9053-0 · Fax 07531-9053-98
www.uvk.de

# Inhalt

# Einleitung

Die empirische – d. h. auf Erfahrung gestützte – Sozialforschung bietet Möglichkeiten der gesellschaftlichen Selbstbeobachtung, indem sie Regeln und Techniken zur kontrollierten und systematischen Wissensgewinnung über soziale Phänomene bereitstellt. Das so gewonnene empirisch fundierte Wissen über die soziale Welt eröffnet Möglichkeiten der Analyse, Reflexion und Kritik gesellschaftlicher Entwicklungen – auf der Mikro- wie auf der Makroebene. In diesem Sinne sind die empirische Sozialforschung und die gesellschaftliche Anerkennung des von ihr hervorgebrachten Wissens als eine Errungenschaft ziviler Gesellschaften zu begreifen. Sie hat zu einer Rationalisierung von Diskursen über soziale Phänomene beigetragen.

In Abhängigkeit von verschiedenen Fragestellungen und Interessenlagen kann dieses empirisch fundierte Wissen genutzt werden, um auf die prekäre Lage einer bestimmten Bevölkerungsgruppe aufmerksam zu machen, es kann aber grundsätzlich auch dafür genutzt werden, deren Ausgrenzung fortzuschreiben.

Im Rahmen dieses Lehrbuchs sollen Studierende und andere Interessierte einen Überblick über die Möglichkeiten und Grenzen der empirischen Sozialforschung erhalten. Sie sollen befähigt werden, aktiv die Instrumente der empirischen Sozialforschung zu nutzen und sich als Rezipientinnen und Rezipienten kritisch mit den Befunden empirischer Forschung auseinanderzusetzen.

Der primäre Bezugspunkt dieser Darstellung ist die sozialwissenschaftliche Forschung; die methodologischen und forschungspraktischen Überlegungen sowie die recht breite Darstellung möglicher Erhebungsverfahren sind jedoch so konzipiert, dass sie hoffentlich auch Interessierten aus benachbarten Disziplinen dienlich sind.

Lehrbücher erzählen immer auch eine Geschichte von den Wissenschaften, in die sie einführen. In den noch jungen Sozialwissenschaften waren dies oftmals Entdeckungs- und Abgrenzungsgeschichten. Man ›entdeckte‹ neue Forschungsansätze und versuchte diese in Abgrenzung zu anderen in ein gutes Licht zu rücken. In den 1950er und 60er Jahren war dies z. B. die Entdeckung der standardisierten Umfrageforschung, andere Entdeckungen folgten. Es waren auch Geschichten von den weit reichenden Leistungsmöglichkeiten der sozialwissenschaftlichen Forschung im Sinne der gesellschaftlichen Emanzipation oder der Sozialtechnologie. Mit dem Ende dieser ›Sturm-und-Drang‹-Phasen und der einsetzenden Selbstentzauberung der Möglichkeiten der empirischen Sozialforschung müssen sich auch die Geschichten verändern, die solche Lehrbücher erzählen.

Wie in dem Verweis auf die Sozialforschung als einer Errungenschaft ziviler Gesellschaft durchscheint, ist auch diese Darstellung von einer gewissen Emphase getragen. Dabei geht es weniger um die Techniken der Sozialforschung als solche, sondern um ihre Verwendung im Kontext einer lebendigen, empirisch orientierten Sozialwissenschaft. Wir haben es mit einem ›Forschungsgegenstand‹ zu tun, der trotz aller erkennbaren Strukturen in einem rapiden Wandel begriffen ist, und das verfügbare sozialwissenschaftliche Wissen hat manchmal nur eine recht kurze Halbwertszeit. Sozialwissenschaftliches Wissen wird dabei nicht als Selbstzweck begriffen, das in Regalen oder Dateien aufbewahrt den Wissenschaftscharakter der Disziplin unterstreichen soll. Es soll vielmehr einen (analytischen, kritischen) Beitrag zur Beobachtung und Reflexion gesellschaftlicher Veränderungen liefern.

Die Darstellung zielt somit auf einen bestimmten *Forschungsstil*, der von den substantiellen Fragen der Sozialwissenschaft getragen wird und souverän über die verfügbaren methodischen Optionen verfügt, ohne sich einzelnen Lagern, Theoriewelten oder wissenschaftstheoretischen Begründungen zu verschreiben. Die Darstellung richtet sich weniger an jene, die sich »vorrangig für überzeitliche Beziehungen zwischen abstrakten Aussagen interessieren«, als an jene, »die sich in die waghalsigen Manöver der wissenschaftlichen Arbeit gestürzt haben« (Bourdieu et al. 1991:10) oder dies noch zu tun gedenken. Sie atmet somit einen gewissen Pragmatismus; d. h., der hier favorisierte Forschungsstil zielt nicht vorrangig auf die Entwicklung und Validierung komplexer sozialwissenschaftlicher Theoriegebäude; es geht eher um empirische Analysen, die die theoretischen und methodischen Potentiale der Sozialwissenschaften nutzen, um zu einer angemessenen Beschreibung, Analyse und Bearbeitung sozialer Probleme zu kommen. Der dem philosophischen Neopragmatismus zuzurechnende Richard Rorty stellt diese Verschiebung so dar: »Eine durch und durch humanistische Kultur der von mir ins Auge gefaßten Art wird erst dann zum Vorschein kommen, wenn wir die Frage ›Kenne ich den wirklichen Gegenstand oder nur eine seiner Erscheinungen?‹ verwerfen und durch folgende Frage ersetzen: ›Bediene ich mich hier der bestmöglichen Beschreibung der Situation, in der ich mich befinde, oder kann ich eine bessere zusammenschustern?‹« (2000:84)

Mit der Akademisierung der Sozialwissenschaften und der empirischen Sozialforschung haben sich fachspezifisch Begriffsverständnisse und Grenzziehungen eingestellt, die sich als ein gewisser Kanon in Lehrbüchern wie in Lehrveranstaltungen zur empirischen Sozialforschung wiederfinden.

Unter ›Empirischer Sozialforschung‹ wird dabei gemeinhin die Gesamtheit eines Forschungsprozesses von den ersten Fragestellungen über die Datenerhebung und -analyse bis zum Verfassen eines Forschungsberichts verstanden. Wenn in der sozialwissenschaftlichen Ausbildung von ›Methoden der empirischen Sozialforschung‹ gesprochen wird, so sind damit vorrangig die Methoden gemeint, die es ermöglichen, Forschungsarbeiten zu konzipieren und Datenerhebungen durchzuführen. Methoden der Analyse von standardisierten und nicht-standardisierten Daten (statistische und interpretative Verfahren) werden üblicherweise nicht dazugerechnet, wenn eine einführende Lehrveranstaltung oder ein Lehrbuch konzipiert wird; allenfalls erfolgt ein kurzer Überblick über diese Verfahren. Dieser Strukturierung und Sprachregelung folgt auch diese Einführung. Der Schwerpunkt liegt somit auf den ersten beiden Schritten des Forschungsprozesses, wie er in Abb. 1 vereinfacht dargestellt ist. Sie wäre demnach durch Einführungen in die statistische und die qualitative Analyse von Daten zu ergänzen.

Ein anderer Effekt der oben angesprochenen Kanonisierung in den 1960er und 70er Jahren liegt darin, dass die Mehrheit der einführenden Darstellungen sich ausschließlich oder vorrangig an standardisierten Verfahren der Datenerhebung und den damit verbundenen Forschungsabläufen orientierte; als Reaktion entstanden dann später eigene Einführungen in die Erhebungs- und Analysemethoden der qualitativen Sozialforschung. Erst in jüngerer Zeit finden sich Darstellungen, die diesen Grenzziehungen nicht länger folgen und zumindest in additiver Perspektive eine Zusammenführung versuchen. Diesen Bemühungen schließt sich die vorliegende Einführung an und zielt auf eine stärkere Integration der Forschungsperspektiven, die bislang in eher disparaten Welten ausgebildet und praktiziert wurden.

Wenn man die Methoden der empirischen Forschung in den Mittelpunkt rückt, mag die Scheidung nach Methoden der qualitativen und der quantitativen Sozialforschung zunächst einleuchten. Stellt man jedoch die sozialwissenschaftlichen bzw. die aus dem gesellschaftlichen Kontext entstammenden Fragestellungen und Probleme in den Vordergrund, misst man also die empirische Sozialforschung nicht an ihren schönen Werkzeugen, sondern an den Produkten, die man damit anfertigen kann, dann ist zu fragen, ob es sinnvoll ist, methodische Unterschiede in der Erhebung und Analyse von Daten so zu überhöhen, dass verschiedene Methoden- und Forschungswelten entstehen.

Auch die eingangs entwickelte Vorstellung von einem Forschungsstil, der sich ausgehend von vorliegenden Fragestellungen souverän der verfügbaren Methoden bedient, zwingt zu einer stärkeren Integration der methodischen Möglichkeiten. Die im Sinne eines solchen Forschungsstils auszubildende methodische Kompetenz beruht auf den typischen Erfahrungen und Problemen, die in der Arbeit mit standardisierten Massendaten wie auch in der fallrekonstruktiven oder typologischen Analyse mit Daten aus qualitativen Forschungsprozessen gemacht werden.

Die folgende Darstellung ist von der Idee geleitet, der Geschichte dieser empirischen Sozialforschung einen recht breiten Raum zu geben; das soll zum einen dazu dienen, empirische Sozialforschung in sich verändernden gesellschaftlichen Kontexten zu begreifen und somit die methodologische Sensibilität zu fördern, zum anderen soll der Reichtum an Methoden und Perspektiven erkennbar werden, der hier mehr oder weniger verborgen liegt. Die zentralen Konflikte, die mit dieser Entwicklung einhergingen, sollen nur relativ kurz umrissen werden. Sie werden in der dann folgenden Darlegung des Handwerkszeugs der empirischen Sozialforschung mit ihrem methodischen Gehalt, weniger mit ihrem historischen Gehalt aufgenommen.

In diesem Sinne wird in der folgenden Darstellung auch auf einen zusammenhängenden so genannten wissenschaftstheoretischen Teil verzichtet, in dem sich herrliche Scheingefechte austragen lassen; vielmehr sollen die hier üblicherweise geführten Diskussionen an einzelnen Problemen des Forschungsprozesses festgemacht werden. Dennoch erscheint es sinnvoll, kurz die (erkenntnis-)theoretische Perspektive zu umreißen, die dieser Darstellung der empirischen Sozialforschung zu Grunde liegt.

Mit der Dekonstruktion der in vielen Einführungen argumentativ zentralen wissenschaftstheoretischen Überlegungen und mit der skizzierten eher pragmatischen Perspektive erhält die Praxis der empirischen Sozialforschung, die Institutionen, die empirisch fundiertes Wissen produzieren und verwenden, einen wichtigen Raum in dieser Einführung. D. h., es soll kein Idealbild empirischer Forschung gezeichnet werden, das alle Tücken der Forschungspragmatik umschifft.

Angesichts dieser Überlegungen stellt sich die Struktur der folgenden Darstellung so dar: In einem ersten Teil wird die Frage geklärt: Was ist empirische Sozialforschung? Einige Antworten können aus einer Beschäftigung mit der Geschichte der empirischen Sozialforschung entwickelt werden. Weitere Antworten werden aus einer Betrachtung der gegenwärtigen Praktiken der Produktion und Verwendung empirisch fundierten Wissens gewonnen. Dabei wird auch erläutert, was eigentlich das Besondere an diesem empirisch fundierten Wissen über die soziale Welt ist und wie es sich von Alltagswissen und Expertenwissen unterscheidet. Auf dieser Ebene wird auch der Unterschied zwischen qualitativen und quantitativen Forschungsansätzen erörtert.

Im *zweiten Teil* wird geklärt, wie empirische Sozialforschung sinnvollerweise betrieben werden kann. Hier findet sich dann ein Überblick über Forschungsprozesse, mögliche Forschungsdesigns und Erhebungsmethoden.

Am Ende steht ein Überblick über das Spektrum statistischer und interpretativer Analyseverfahren für sozialwissenschaftliche Daten. Die vorliegende Darstellung bietet so eine kondensierte Einführung in die Möglichkeiten und Grenzen der empirischen Sozialforschung; sie möchte einen relativ breiten Überblick vermitteln. Für eine weitere Vertiefung einzelner Themen ist auf spezialisierte Abhandlungen zu verweisen, die sich einzelnen Erhebungs- und Analyseverfahren zuwenden. Der Akzent dieser Darlegungen wird stärker auf der Kompetenz liegen, sinnvolle Forschungsarbeiten zu entwickeln, zu strukturieren und durchzuführen.

*Danksagung*
Ich möchte allen, die zum Gelingen des vorliegenden Bandes beigetragen haben, danken: Studierende an verschiedenen Hochschulen, die das einfache ›Lagerdenken‹ entbehren mussten; Kolleginnen und Kollegen, die das Konzept diskutiert bzw. Teile gelesen und kommentiert haben; schließlich die Mitarbeiterinnen und Mitarbeiter des Verlags, die viel Geduld aufgebracht haben.

# I. Was ist empirische Sozialforschung?

Zunächst sollen einige Beispiele illustrieren, was empirische Sozialforschung ist und in welchen Bereichen sie eingesetzt wird.

- Eine Sozialwissenschaftlerin erstellt im Auftrag des Bundesministeriums für Gesundheit und Soziale Sicherung ein Gutachten, das im Rahmen der Armuts- und Reichtumsberichterstattung die Lebenslage von Alleinerziehenden untersucht; dabei wird auf ›statistische Daten‹ aus einer Bevölkerungsumfrage und auf Interviews mit ›betroffenen‹ Frauen und Männern zurückgegriffen.
- Um die Wahlkampfstrategie seiner Partei zu optimieren, gibt der Generalsekretär einer Partei eine Untersuchung in Auftrag, die klären soll, wie sich die Gruppe der Nicht-Wähler zusammensetzt und welche Motive hinter der Nicht-Teilnahme stehen.
- Ein Beschäftigter des Statistischen Bundesamts ist damit befasst, die repräsentative Haushalts- und Personenbefragung für die vom Europäischen Parlament beschlossene Gemeinschaftsstatistik über Einkommen und Lebensbedingungen vorzubereiten.
- Ein Wissenschaftler führt im Rahmen einer Dissertation eine Untersuchung über die Sozialisationsbedingungen in einer Favela in Rio de Janeiro durch und beobachtet das Verhalten von Kindern.
- Eine Wissenschaftlerin beschäftigt sich mit den Ursachen der schichtspezifisch unterschiedlichen Bildungschancen von Jugendlichen; sie nutzt für diese Fragestellungen die Daten aus den ›PISA-Studien‹ der OECD.

In diesen Beispielen geht es um die Produktion sozialwissenschaftlichen Wissens; d. h., geleitet von bestimmten Fragestellungen, Modellüberlegungen oder theoretischen Konzepten wird Wissen über die soziale Welt zusammengetragen; die empirische Sozialforschung liefert dabei ein gewisses Werkzeug bzw. Know-how.

Ein einfaches Phasenmodell eines solchen Forschungsprozesses sieht dann so aus:

**Abb. 1: Ein erstes Modell des Forschungsprozesses**

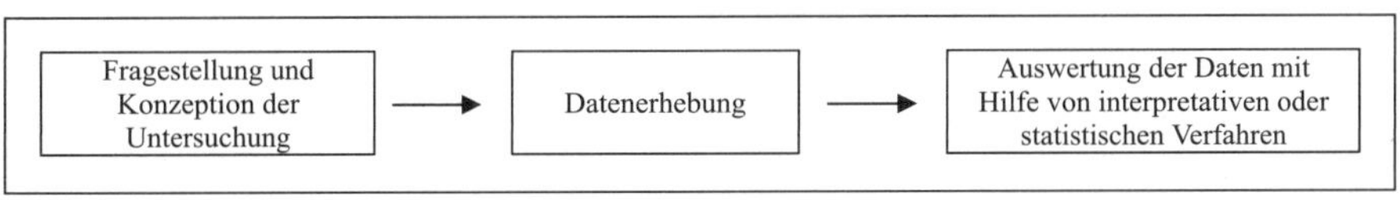

Diese Überlegungen lassen sich in einer ersten Definition zusammenfassen: Empirische Sozialforschung umfasst einen Fundus von Techniken, die ausgehend von klar umrissenen und theoretisch reflektierten Fragestellungen die regelgeleitete, systematische Hervorbringung von empirisch fundiertem (wörtlich: aus Beobachtung bzw. Erfahrung gewonnenem) sozialwissenschaftlichem Wissen ermöglichen. Das beinhaltet die Erhebung und die Analyse von Daten, so dass bestimmte Antworten auf die eingangs gestellten Fragen gegeben werden können.

Die empirische Sozialforschung kann dabei – auch wenn sie ausschließlich als wissenschaftliche Methode begriffen wird – recht unterschiedlichen Zielsetzungen folgen:

- Sie kann neue gesellschaftliche Phänomene, neue soziale Problemstellungen entdecken oder vermeintlich vertraute Phänomene aus einer anderen Perspektive betrachten. Das beinhaltet dann auch eine detaillierte Beschreibung dieser Phänomene, erste Überlegungen zu ursächlichen Zusammenhängen etc. So hat z. B. die Frauen- und Geschlechterforschung der 1970er und 80er Jahre die klassische soziologische Frage der sozialen Ungleichheit um die Frage nach den ungleichen Arbeits- und Lebensbedingungen von Männern und Frauen erweitert. Mit der wissenschaftlichen Erforschung war auch eine soziale Bewegung verknüpft, der es nach und nach gelungen ist, das Thema auch in der politischen Agenda zu verankern.
- Sie kann bekannte soziale Probleme differenziert und im zeitlichen Verlauf beobachten. Somit kann sie ursächlichen Zusammenhängen nachgehen, Entwicklungstrends erkennen, Prognosen anstellen oder die Wirkungen von Maßnahmen zur Lösung eines Problems untersuchen. So werden im Rahmen der Armutsforschung von Ministerien oder Wohlfahrtsverbänden wissenschaftliche Berichte in Auftrag gegeben, die für einzelne Bundesländer oder Nationalstaaten das Ausmaß und die Entwicklung der Armut beschreiben und vergleichen sowie die Erwerbs- und Lebenslagen mit hohen und niedrigen Armutsrisiken unterscheiden. Sozialforschung kann auch die Wirkungen von sozialpolitischen Reformen für verschiedene Armutsgruppen untersuchen – im Sinne einer im Nachhinein angestellten Bewertung (Evaluation) oder einer im Vorhinein getätigten Prognose.
- Schließlich kann sie sich gezielt mit der Erklärung von sozialen Phänomenen befassen, mit der Entwicklung und Überprüfung von theoretischen Überlegungen, die auf eine Beschreibung und Analyse dieses Phänomens zielen. Sozialforschung kann keine neuen Theorien ›erfinden‹ oder vorliegende Theorien ›beweisen‹, die Befunde empirischer Forschung können jedoch bestimmte theoretische Überlegungen oder Erklärungen nahelegen, mit ihnen korrespondieren oder umgekehrt mit ihnen weniger vereinbar sein.

In der Entwicklung der empirischen Sozialforschung lassen sich verschiedene Leitbilder erkennen, die mit dem Einsatz dieser »neuen Technik« und dem damit hervorgebrachten spezifischen Wissen verknüpft wurden. So wurde Sozialforschung in gesellschaftskritischem Sinn betrieben, um die drängenden Probleme sozialer Ungleichheit zu Tage zu bringen und gesellschaftliche Veränderungen zu fordern; sie wurde im Sinne einer Sozialtechnologie betrieben, um soziale Reformen zu konzipieren und zu steuern. Schließlich bildete die empirische Sozialforschung aber auch ein zentrales Moment für den Aufbau und die empirische Fundierung eines sozialwissenschaftlichen Wissensgebäudes. Die empirische Sozialforschung ist also in vielfacher Weise in die gesellschaftlichen Vollzüge, die sie sich zum Gegenstand macht, integriert. Sie steht nicht als ein »quasi neutrales Beobachtungsinstrument sozialer Vorgänge und Zustände außerhalb der Form und Gestalt gebenden gesellschaftlichen Verhältnisse«. Sie hat vielmehr »Teil an den gesellschaftlichen Entwicklungen, Umbrüchen, an zukunftsgerichteten Reformprojekten wie an den gesellschaftlichen Katastrophen. Sie ist Teil der mächtigen gesellschaftlichen Rationalisierungsprozesse der ›Moderne‹, der Ausbildung rationaler Herrschaftsformen, der Anonymisierung von Gewalt und Zwang, der Doppelung von Staat und ziviler (bürgerlicher) Gesellschaft wie der parallel laufenden Prozesse der Demokratisierung, der Durchsetzung und Verallgemeinerung von Gleichheit und Gerechtigkeit, von Sicherheit und allgemeiner Wohlfahrt« (Wienold 2000:11).

Nach diesem ersten Vorschlag, empirische Sozialforschung als eine besondere Technologie der kontrollierten Wissensproduktion zu begreifen, soll der Frage ›Was ist empirische Sozialforschung?‹ weiter nachgegangen werden, indem dargestellt wird, wie sich diese Forschung und der ihr eigene Blick entwickelt und institutionalisiert haben:

– So kann in *wissenschaftsgeschichtlicher Perspektive* gefragt werden, wie sich Praktiken der Produktion und Verwendung empirisch fundierten Wissens herausgebildet und verändert haben (Kap. 1).
– Man kann für die Gegenwartsgesellschaft in *institutioneller Perspektive* nach den gesellschaftlichen Praktiken der Produktion dieses spezifischen, empirisch fundierten Wissens über die soziale Welt fragen (Kap. 2 und 3).
– Schließlich kann in *wissenssoziologischer Perspektive* untersucht werden, was sozialwissenschaftliches Wissen ist, was dieses Wissen von anderen Wissensbeständen unterscheidet und welche Bedeutung einer wissenschaftlichen empirischen Forschung zukommt (Kap. 4).
– Am Ende dieses ersten Teils finden sich als Exkurs einige Hinweise auf den (erkenntnis-)theoretischen Hintergrund der hier gewählten Darstellung (Kap. 5).

# 1. Die Entwicklung der empirischen Sozialforschung

Ein Blick in die Geschichte empirischer Sozialforschung soll einen Eindruck von den historischen Kontexten bzw. den zeitspezifischen Problemen und Fragestellungen vermitteln, in denen Menschen begonnen haben, sich forschend mit der sie umgebenden sozialen Welt auseinanderzusetzen. Es soll deutlich werden, welche weit reichenden Transformationen dem heute ›normalen‹ Gebrauch empirischer Forschungsergebnisse im alltäglichen wie im öffentlichen Leben vorausgegangen sind. So bietet sich die Möglichkeit, das später systematisch zu erschließende Know-how der empirischen Forschung zunächst in ganz unterschiedlichen Anwendungsfeldern kennen zu lernen. Nicht zuletzt werden auch manche Kontroversen, die heute um die angemessenen Methoden der Sozialforschung geführt werden, in einer historischen Perspektive weitaus besser verständlich.

## a) Eine lange Geschichte der Datensammlung

In allen frühen Hochkulturen, z. B. in China, Ägypten, Griechenland und im Römischen Reich, wurden Zählungen durchgeführt. Man interessierte sich für die Zahl der Steuer- und Abgabenpflichtigen, für Möglichkeiten der Rekrutierung von Soldaten. In Ägypten spielte z. B. das Vermessungswesen eine wichtige Rolle, man verfügte über Grundbücher. In Athen gab es laufende Aufzeichnungen über die Getreidezufuhr, auch das Zollwesen verlangte eine Art Handelsstatistik.

Diese frühen Formen von Erhebungen (Bevölkerungszählungen, Vermessungswesen, Statistiken der Lagerhaltung und Vorratswirtschaft) verdeutlichen, dass die Entwicklung von Datensammlungen eng mit der Herausbildung von komplexeren gesellschaftlichen Organisationsformen und mit einer Zentralisierung politischer Macht verknüpft war.

Aber auch die Ausweitung des Handels, die Entstehung zunächst regionaler und dann immer größerer Märkte, die Entstehung von Geldwirtschaften, Kreditsystemen, Börsen etc. setzte präzise Aufzeichnungen und Zählungen voraus. Der Franziskaner Luca Pacioli (1445–1514), ein italienischer Mathematiker, verfasste 1494 eine der größten mathematischen Arbeiten der Renaissance; dort findet sich u. a. die erste Darstellung der ›Venezianischen Methode‹ der doppelten Buchführung. Mit der frühen Neuzeit gewinnt auch die Sammlung naturwissenschaftlicher und anderer Daten an Bedeutung. Mit diesen Datensammlungen, mit ihrer Kategorisierung und Systematisierung, wurden wichtige Vorarbeiten für die Herausbildung der modernen Wissenschaften geleistet (Bayly 2006:386).

Das Sammeln von Informationen über die soziale Welt ist dem sozialen Handeln in institutionellen Kontexten inhärent. Typische Kondensationspunkte solcher Praktiken finden sich in Organisationskontexten, die mit der Bilanzierung und Verwaltung sozialer Praktiken betraut sind (Besteuerung, Buchhaltung, Rekrutierung von Soldaten, Zollwesen etc.).

Die Bedeutung dieser Datensammlungen hat sich jedoch im Laufe der Jahrhunderte verändert. Clark (1972:17) verdeutlicht am Beispiel des 1086 erschienenen *Doomsday Book* von William dem Eroberer, in dem die materiellen Grundlagen des Königreichs verzeichnet wurden, dass zwar die einzelnen Eintragungen sehr bedeutsam, aber als Summe nicht von Interesse waren, weil die Einkünfte stets bestimmten Zwecken zugedacht waren und gar nicht zu einem Fonds zusammenflossen. Demgegenüber habe sich die Situation in dem zunehmend komplexen ökonomischen System des 16. Jahrhunderts grundsätzlich verändert: Man musste versuchen, einen Überblick der verschiedenen Einnahmen zu gewinnen, da z. B. Soldaten, teure militärische Ausrüstungsgüter, Beamte und Staatsgeschäfte finanziert werden mussten.

## b) Entwicklung der Sozialforschung in der Neuzeit

Erste Ansätze der Erkundung sozialer Phänomene mit Mitteln der empirischen Forschung gingen in der (frühen) Neuzeit von ganz unterschiedlichen Problemen und Fragestellungen aus; auch die Akteure, die diese Forschungen betrieben, sind in recht unterschiedlichen gesellschaftlichen Milieus zu verorten; schließlich waren auch die Ziele dieser Forschungsarbeit und die damit verbundenen Vorstellungen von der sozialen Welt ganz verschieden.

Die folgende Übersicht soll zum einen verschiedene gesellschaftliche Sphären verdeutlichen, in denen sich solche Datensammlungen und zunehmend auch -analysen verdichtet haben, zum anderen soll sie eine grobe zeitliche Einordnung ermöglichen.

Wie schon in der langen Vorgeschichte der Datensammlung lag ein Schwerpunkt der frühen Ansätze der Sozialforschung im Bereich der *Wirtschafts- und Bevölkerungsstatistik*, wo sich mit den weit reichenden ökonomischen, politischen und sozialen Veränderungen dieser Jahrhunderte neue Aufgaben und Probleme für die Planung und Steuerung stellten. Die industrielle Revolution und die damit einhergehenden dramatischen sozialen Transformationen rückten z. B. in England

Abb. 2: Themen und Institutionen der frühen empirischen Sozialforschung

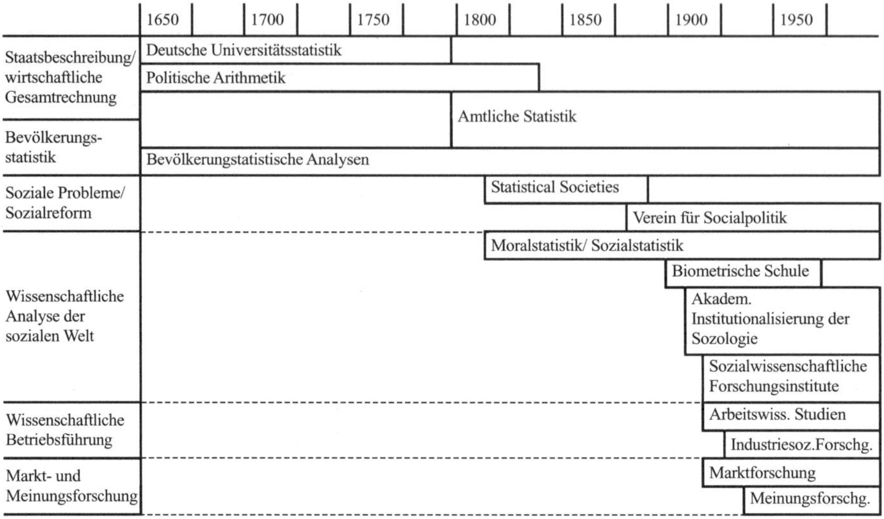


und Deutschland die *›soziale Frage‹* und Möglichkeiten ihrer (sozialreformerischen) Bewältigung in den Mittelpunkt des Forschungsinteresses.

Ausgehend von diesen verschiedenen Wurzeln schält sich nach und nach eine stärker *wissenschaftsorientierte Herangehensweise* heraus; über frühe Methoden der Datensammlung bzw. -erhebung hinaus entwickeln sich differenziertere Fragestellungen zur Analyse des Materials, die korrespondierend mit Fortschritten im Bereich der Statistik zu elaborierteren Techniken der Datenanalyse führen.

Schließlich werden mit der Erweiterung der Produktion, mit größeren betrieblichen Einheiten und der zunehmenden Bedeutung der Konsumgüterproduktion neue Forschungsfelder eröffnet, wenn es um Fragen der *wissenschaftlichen Betriebsführung* oder um die *Marktforschung* geht. In parlamentarischen Demokratien beginnt man sich für die *Meinungen* der Wähler und Wählerinnen und die Wirkung von Medien zu interessieren.

Mit der Entwicklung der modernen Wissenschaften und einer Rationalisierung der Verwaltung gingen auch ein veränderter Blick auf die soziale Welt und Möglichkeiten ihrer Veränderung einher. Es bildeten sich nicht nur neue Techniken heraus, empirisch fundiertes Wissen über die soziale Welt zu gewinnen. Damit verbunden war auch die Hoffnung, dieses Wissen für eine Verbesserung der Arbeits- und Lebensbedingungen, der politischen Planung oder für eine Rentabilitätssteigerung in Unternehmen nutzen zu können. D. h., neben den sich verändernden Möglichkeiten, empirisches Wissen zu produzieren, müssen auch die sich verändernden Formen der Verwendung dieses Wissens beachtet werden.

Diese Entwicklungen sollen im Folgenden mit einigen Schlaglichtern genauer beleuchtet werden.

## c) Entwicklung einer Wirtschafts- und Bevölkerungsstatistik

### Die deutsche Universitätsstatistik

Die so genannte deutsche Universitätsstatistik entstand ab Mitte des 17. Jahrhunderts zunächst an den Universitäten Helmstedt und Göttingen. Man befasste sich mit Staatsbeschreibungen, also frühen Formen einer politisch-wirtschaftlichen Gesamtdarstellung.

Der Begriff ›Statistik‹ steht in seiner frühen Verwendungsform für Staatsbeschreibung oder Statusbeschreibung; er geht auf lat. ›status‹ (Stand, Verfassung Umstände) bzw. auf die daraus in verschiedenen Sprachen abgeleiteten Begriffe zurück. So bezeichnet ital. ›statista‹ einen Staatsmann, der französische Begriff ›statistique‹ steht für Staatswissenschaft. Man sprach auch von Kameralistik, abgeleitet aus lat. ›camera‹ für die fürstliche Schatzkammer. Die Universitätsstatistik war eine Lehre der Staatsverwaltung bzw. der Verwaltung des fürstlichen Vermögens, die von den Beratern an den Fürstenhöfen entwickelt wurde. Man schuf im Geiste des Merkantilismus ein System wirtschafts- und finanzpolitischer sowie regierungswissenschaftlicher Kenntnisse im Interesse des absolutistischen Staates.

Nach ersten Vorläufern entwickelte sich die Universitätsstatistik in Deutschland insbesondere zwischen 1750 und 1800. Zu den Vorläufern zählt Hermann Conring (1606–1681), der an der Universität Helmstedt tätig war – eine Art Universalgelehrter, Professor für Naturphilosophie, Medizin und Politik. Er begriff die Politik als eine angewandte ›Staatsmedizin‹ und war Berater von Grafen, Fürsten und Königen. Zu den späteren Vertretern zählen der Göttinger Professor Gottfried Achenwall (1719–1772) sowie sein Schüler August Ludwig Schlözer (1735–1809).

Die Untersuchungsgegenstände der Universitätsstatistik waren so genannte ›Staatsmerkwürdigkeiten‹, die Auskunft über die realen Gegebenheiten des Staates und dessen Entwicklungsmöglichkeiten geben sollten. Man betrieb die Sammlung statistischer Daten aller Art (Geographie, sozioökonomische Daten, Bevölkerung). Der Schwerpunkt lag eher auf qualitativen Beschreibungen; man grenzte sich zunächst gegen die so genannten ›Tabellenknechte‹ ab, die in England tätig waren.

Bereits unter Schlözer war dann aber eine stärkere Hinwendung zur Quantifizierung der Daten im Sinne der ›englischen‹ politischen Arithmetik (s. u.) erkennbar.

Die Universitätsstatistiker versuchten »aus dem unzählbaren Haufen derer Sachen, die man in einem Staatscörper antrifft, dasjenige sorgfältig herauszusuchen,
- was die Vorzüge oder Mängel eines Landes anzeigt,
- die Stärke oder Schwäche eines Staates darstellt,
- den Glanz einer Crone verherrlicht oder verdunkelt,
- den Unterthan reich oder arm, vergnügt oder mißvergnügt;
- die Regierung beliebt oder verhaßt;
- das Ansehen der Majestät in- und außerhalb des Reichs furchtbar oder verächtlich macht,
- was einen Staat in die Höhe bringt, den andern erschüttert, den dritten zu Grunde richtet,
- einem die Dauer, dem anderen den Umsturtz prophezeyet,

kurtz alles, was zu gründlicher Einsicht eines Reichs, und zu vortheilhafter Anwendung im Dienste seiner Landesherrn etwas beytragen kann« (Achenwall, § 5, S. 4, zit. nach Kern 1982:20).

Die Beschreibungen und Datensammlungen der Universitätsstatistik befassten sich z. B. mit der Größe und den natürlichen Gaben der Bevölkerung (körperliche Merkmale, Gemüt, Krankheiten, Lebensgewohnheiten), mit sozioökonomischen Merkmalen (Handwerk und Kommerz, Wissenschaft, Landwirtschaft, Manufakturen) und schließlich mit dem Regierungssystem und der Administration. Die frühen Universitäten boten dabei einen geeigneten organisatorischen Rahmen für diese Formen einer datengestützten Staatsbeschreibung.

Die ökonomischen und politischen Erfordernisse des Frühkapitalismus und der allmählich entstehenden Nationalstaaten bilden den gesellschaftlichen Hintergrund für die Herausbildung der deutschen Universitätsstatistik. Stadt- und Regionalwirtschaften entwickelten sich zu großen Wirtschaftsräumen. Die merkantilistische Wirtschaftspolitik zielte im Absolutismus auf eine Förderung des Außenhandels wie des einheimischen Gewerbes, um die Staatsfinanzen zu verbessern; ergänzt wurde dies durch eine restriktive Zollpolitik. In der deutschen Variante des Merkantilismus, dem Kameralismus, werden Gewerbe und frühe Manufakturen zentral gefördert; in Preußen führt diese Politik unter Friedrich II. zu großen wirtschaftlichen Erfolgen. Mit der Entstehung von Nationalstaaten und zentralen Geldwirtschaften entsteht dann ein noch weiter gehender Bedarf an wirtschafts- und bevölkerungsstatistischen Informationen.

Die Aufgaben der Universitätsstatistiker lagen demnach in der Informationsbeschaffung für merkantilistische Politik, in der Vorbereitung der Rationalisierung der Verwaltung (z. B. unter Napoleon) und in der Bereitstellung von Daten für politische Entscheidungen (z. B. beim Wiener Kongress).

## Politische Arithmetik

Der Ansatz der politischen Arithmetik entstand in der zweiten Hälfte des 17. Jahrhunderts zunächst in Großbritannien. Dabei lassen sich eher wirtschafts- und eher bevölkerungsstatistische Fragestellungen unterscheiden. Ein Vertreter der wirtschaftsstatistischen Richtung war z. B. William Petty (1623–1687), der 1676 eine Schrift mit dem Titel ›Politische Arithmetik‹ vorlegte; später befasste er sich auch mit der ›Politischen Anatomie Irlands‹. Petty war Doktor der Medizin, Armeeführer sowie Mitglied in staatlichen Kommissionen und wissenschaftlichen Clubs. Die bevölkerungsstatistische Richtung vertrat John Graunt (1620–1674); er verfasste 1662 die ›Natural and Political Observations about the Bills of Mortality‹. Graunt arbeitete als Tuchhändler, war Mitarbeiter in der Londoner Verwaltung und Ratsmitglied.

Die Zielsetzung und das Selbstverständnis dieses Forschungsansatzes lassen sich gut an einigen programmatischen Überlegungen Pettys verdeutlichen. »Die Methode, welche ich hier einschlage, ist noch nicht sehr gebräuchlich, denn anstatt nur vergleichende und überschwängliche Worte und Argumente des eigenen Geistes zu gebrauchen, wähle ich als einen Versuch der politischen Arithmetik (...) den Weg,

- mich in Zahl-, Gewichts- oder Maßbezeichnungen auszudrücken;
- mich nur sinnfälliger Beweise zu bedienen;
- nur solche Ursachen in Betracht zu ziehen, welche ersichtlich in der Natur der Dinge selbst ruhen;
- jene Ursachen dagegen, welche von den wechselnden Meinungen, Neigungen, Leidenschaften einzelner Menschen abhängen, andern zu überlassen« (Petty, Political Arithmetick, 1676/1690:244, zit. nach Kern 1982:28 f.).

Es wird die Orientierung an einem Erkenntnismodell deutlich, wie es sich später in den Naturwissenschaften durchsetzte; man strebte eine objektive Darstellung an, suchte nach Regelmäßigkeiten und bemühte sich konsequent um eine Quantifizierung der Analysen. Wie auch in der Universitätsstatistik geht es um Daten zur Politikvorbereitung und zu ihrer argumentativen Unterstützung.

Zu den wirtschaftsstatistischen Arbeiten zählen die 1691 posthum veröffentlichte ›Politische Arithmetik‹ und die ›Politische Anatomie Irlands‹; sie haben eine Staatsbeschreibung zum Ziel und heben jene Faktoren hervor, die die allgemeine Wohlfahrt begünstigen können. In der politischen Anatomie Irlands finden sich Angaben über die wirtschaftliche und soziale Struktur, Untersuchungen zur Verwaltungsreform, Informationen über Haushaltsbudgets, Konsumnormen und schließlich über die Stellung Englands im internationalen Vergleich. Die politische Arithmetik ist als früher Versuch einer wirtschaftlichen Gesamtrechnung zu begreifen.

Den zeitgeschichtlichen Hintergrund dieser Analysen bilden die ökonomischen und politischen Veränderungen Englands bzw. die damit verbundene Umwälzung der ständisch-feudalen Strukturen zwischen Revolution und Restauration.

Die bevölkerungsstatistischen Arbeiten konnten auf die Datensammlungen in Kirchenbüchern zurückgreifen, in denen im Sinne eines Berichtswesens die Arbeit der Pfarrer dokumentiert wurde: Geburten, Heiraten, Sterbefälle. Das Novum war die allmähliche Entwicklung von der Datensammlung zur Datenanalyse. Die Grundlagen wurden 1662 mit Graunts ›Natural and Political Observations‹ gelegt, sie wurden 1702 ins Deutsche übertragen. Diese Beobachtungen enthielten Analysen zum Geschlecht, zur Bevölkerungsentwicklung und Migration, zu den Folgen von Pest und Krieg etc.; er machte auch Angaben über Selbstmorde und psychisch Kranke. Aus den Sterbedaten berechnete er so genannte Absterbeordnungen, die später von anderen Bevölkerungsstatistikern weiterentwickelt werden. Zudem findet sich bei Graunt durchgängig ein recht kritischer Blick auf die Qualität seiner Datenquellen; er publizierte die Quellen seiner Analysen, um diese für andere überprüfbar zu machen.

Wie aus der folgenden Schätzung der Einwohnerzahl Londons im 17. Jahrhundert ersichtlich wird, versuchte Graunt systematisch den Informationsgehalt vorliegender Daten für die Berechnung einfacher Modelle zu nutzen. Diese Schätzungen wurden durch weitere Beobachtungen validiert.

An die bevölkerungsstatistischen Arbeiten der frühen politischen Arithmetiker wurde in Europa vielerorts angeknüpft. Gregory King legt 1669 eine Studie zur Lage Englands vor, wo er – ähnlich wie Graunt für London – versucht, die Einwohnerzahl Englands zu bestimmen (vgl. Kent 1981:16).

Der Astronom Edmond Halley veröffentlicht 1693 eine Untersuchung zu altersspezifischen Sterblichkeitsgraden auf Basis der Geburts- und Sterbelisten der Stadt Breslau. Johann Peter Süßmilch war ein Berliner Pfarrer, der 1741 ein wichtiges Werk zur Bevölkerungsstatistik verfasste: ›Die göttliche Ordnung in den Veränderungen des menschlichen Geschlechts, aus der Geburt, dem Tode und der Fortpflanzung desselben erwiesen‹. Kersseboom entwickelt 1742 die so genannten holländischen Sterbetafeln; bei ihm finden sich auch erste Überlegungen zum »Verschwinden des Zufälligen in der Beobachtung großer Massen« (John 1986:233). Déparcieux, königlicher Zensor und ausgebildeter Mathematiker und Astronom, systematisiert diese Perspektive in seinem 1746 erschienenen ›Essay über die Wahrscheinlichkeiten der Dauer des menschlichen Lebens‹. Sowohl die Arbeiten Halleys wie auch die von Déparcieux stellen eine Grundlage für die Kalkulierung von Leibrenten und Lebensversicherungen dar.

### Abb. 3: Schätzung der Einwohnerzahl Londons durch Graunt

| | |
|---|---|
| Bekannt: | Zahl der Taufen: 12.000 |
| Annahme 1: | Frauen im gebärfähigen Alter bekommen alle zwei Jahre ein Kind. |
| folglich: | Zahl der gebärfähigen Frauen: 2x12.000 = 24.000 |
| Annahme 2: | Die Zahl der Familien ist etwa doppelt so hoch wie die Zahl der Frauen: |
| folglich: | Zahl der Familien: 2 × 24.000 = 48.000 |
| Annahme 3: | Eine Familie besteht aus 2 Ehepartnern, 3 Kindern und 3 Dienern oder Mietern (= 8) |
| folglich: | Einwohnerzahl Londons: 48.000 × 8 = 384.000 |

Quelle: Kennedy (1993:40 f.)

Im Vergleich der Deutschen Universitätsstatistik mit der politischen Arithmetik wird deutlich, dass bei Ersterer Daten eher in einem qualitativen Sinne genutzt und als Illustration gehandhabt werden. Demgegenüber findet sich in der politischen Arithmetik eher der Versuch der quantifizierenden Beschreibung bzw. Analyse der sozialen Welt und einer Suche nach Regelmäßigkeiten. Bemerkenswert ist der bereits recht früh entbrannte Streit über den Umgang mit Zahlen. Diese Auseinandersetzung ›Studierstubenstatistiker‹ gegen ›Tabellenknechte‹ gewann an Schärfe, als deutlich wurde, dass sich mit dem Ansatz der politischen Arithmetik und den Arbeiten Adam Smiths quantifizierende Darstellungen der sozialen und wirtschaftlichen Verhältnisse durchzusetzen begannen.

Die politischen Arithmetiker werden mit ihren stärker ›naturwissenschaftlich‹ orientierten Argumentationsgängen gern in eine Erfolgsgeschichte der Sozialforschung eingereiht. So spricht Menges von der »historischen Überlegenheit« der politischen Arithmetiker und konstatiert, sie »hatten eine ganz neue Zielsetzung: die Suche nach *Gesetzmäßigkeiten* in den gesellschaftlichen und wirtschaftlichen Erscheinungen. Sie waren Ursachenforscher« (1968:6). Demgegenüber weist Bonß darauf hin, diese neue »subjektunabhängige Ordnung von Zahlen« sei in der damaligen Zeit durchaus »ambivalent, als die Kategorien von Maß und Zahl in der Regel auf weit mehr verwiesen als auf eine instrumentell handhabbare Realität« (1982:61). Für manche Bevölkerungsstatistiker stehen die beobachteten Regelmäßigkeiten für Zeichen einer ›göttlichen Ordnung‹, der persönliche Gott wird »ein unendlicher und genauer Arithmeticus, welcher *alles Zeitliche und Natürliche* nach *Maß, Zahl und Gewicht* bestimmt« (John 1986:248).

## Frühe Formen der Institutionalisierung von Sozialforschung in der amtlichen Statistik

Die Erhebung von Daten im Dienste der Obrigkeit ist eng mit der Herausbildung und Veränderung von Herrschaftsstrukturen verknüpft; so gibt es eine lange Geschichte der Zählung von Untertanen, der Bestandsaufnahme von Besitztümern, der Rechnungsführung etc. Eine Verdichtung erfahren solche Zählungen vor allem im 18. Jahrhundert im Kontext des Merkantilismus und des aufgeklärten Absolutismus. Michel Foucault verweist auf die Schlüsselstellung der ›merkantilistischen Erfahrung‹ für die veränderte Erfahrung des Reichtums: »Jeder Reichtum ist ›münzbar‹ und tritt so in ›Umlauf‹« (1974:221). Mandrou vermerkt für die 40er Jahre des 18. Jahrhunderts: »In ganz Mitteleuropa schien eine neue Periode zu beginnen, gekennzeichnet durch umfassende Reformvorhaben im Bereich der Staatsverwaltung, mit dem Ziel, die für den Ehrgeiz der Landesherren erforderlichen Mittel bereitzustellen« (1982:241). Insbesondere die Ausgaben für die neuen Militärtechniken waren außerordentlich hoch (vgl. Bayly 2006:118).

In den sich herausbildenden Nationalstaaten Europas kommt es allmählich zu einer Integration und Verstetigung statistischer Erhebungen. Im Gefolge der französischen Revolution und der Verwaltungs-, Rechts- und Militärreformen Napoleons verändern sich Organisationsformen in Politik und Verwaltung. Von Mayr betont den großen Einfluss der statistischen Traditionen des napoleonischen Kaiserreichs »auf die Entwicklung der gesamten Verwaltungsstatistik in den europäischen Staaten« (1914:293). Es verändert sich aber auch der Blick auf den ›Gegenstand‹: An die Stelle des »ständisch gebundenen Subjekt(s)« tritt das »bürgerliche Individuum, das als ›average citizen‹ offiziell anerkannt und gesellschaftlich allgemein gesetzt wurde. Diese Umdefinition (...) mußte allerdings erst in der Alltagswelt verankert werden« (Bonß 1982:79).

In Preußen geht der Einrichtung eines statistischen Büros 1805 eine ganze Reihe von ›statistischen Aufnahmen‹ voraus. Nachdem seit 1719 für die Städte und später auch für die ländlichen Gebiete Bevölkerungsstatistiken erstellt wurden (vgl. Boeckh 1863:3 ff.), werden seit 1748 für alle Provinzen Populationslisten mit Angaben über Geburten, Trauungen und Sterbefälle erstellt. Darüber hinaus wurden auch wirtschaftsstatistische Daten erhoben und das Vermessungswesen machte mit der Generalstabskartierung große Fortschritte.

Rückblickend beschreibt von Mayr die Statistik im Bayern des frühen 19. Jahrhunderts: »Es kennzeichnet nämlich jene Zeit überquellenden statistischen Verlangens, dass die Zentralverwaltung auf die Initiative eines geistig bedeutenden Staatsmannes hin ein wohlgeordnetes Tabellenwerk der Nachweise entwirft, welche sie aus den einzelnen Landesteilen zu erhalten wünscht, ohne dabei um die

Methode der Sammlung und Ausbeutung des Urmaterials sich weiter zu kümmern« (1890:35).

Das Arbeitsfeld der amtlichen Statistik hat sich später durch die wirtschaftliche Entwicklung, die Gründung von Zollverein und Deutschem Reich, aber auch durch die Erweiterung des staatlichen Handlungsfeldes (z. B. im Bereich der Sozialpolitik und -verwaltung) erheblich erweitert.

**Abb. 4: Etablierung integrierter Nationalstatistiken in Europa und Nordamerika**

| | | |
|---|---|---|
| 1796 Schweden | 1859 Rumänien | 1900 Luxemburg |
| 1797 Norwegen | 1860 Schweiz | 1901 Jugoslawien |
| 1800 Frankreich | 1865 Finnland | 1905 Kanada |
| 1829 Österreich | 1867 Ungarn | 1910 USA |
| 1830 Belgien | 1870 Spanien | 1914 Island |
| 1834 Rußland | 1892 Holland | 1919 Tschechoslowakei |
| 1834 Deutscher Zollverein | 1898 Portugal | 1941 Großbritannien |
| 1849 Dänemark | | |

Quelle: Menges (1968:3) mit Ergänzungen

Mit der Wende zum 19. Jahrhundert findet sich in sehr vielen europäischen Staaten (beginnend in Skandinavien) eine Institutionalisierung der Statistik in eigenen Behörden, separiert vom laufenden Verwaltungsgeschäft. Dabei orientierte sich die amtliche Statistik vornehmlich an der politischen Arithmetik. Die gesellschaftlichen Hintergründe für diese Institutionalisierung sind in den wachsenden Aufgaben der neu entstehenden Nationalstaaten zu suchen; es entwickelt sich ein steigender Bedarf an politischer und ökonomischer Steuerung durch den Staatsapparat sowie an einem rationalisierten Verwaltungshandeln. Die dramatischen sozialen Verwerfungen, die insbesondere in der Frühphase mit der Industrialisierung einhergehen, führen zu einem wachsenden Bedarf an Möglichkeiten der sozialen Kontrolle und Steuerung. Insbesondere zwischen Kontinentaleuropa und den angloamerikanischen Ländern zeichnen sich aber auch deutliche Unterschiede bei der Institutionalisierung von Datensammlung in der Regie des Staates ab.

## d) Beschreibung und wissenschaftliche Analyse der sozialen Welt

Neben der im weiteren Sinne administrativen Perspektive war die frühe Sozialforschung auch von wissenschaftlichen Fragestellungen motiviert. Dies soll im Folgenden an einigen Beispielen gezeigt werden.

### Soziale Physik und Moralstatistik

In der Entwicklung von Statistik und Sozialforschung wird den Arbeiten (z. B. der Sozialen Physik) und institutionellen Anstrengungen von Adolphe Quetelet (1796–1874) eine Schlüsselstellung zugewiesen: Mit ihm wird der Beginn einer stärker mathematisch orientierten Statistik, der Aufbau eines statistischen Lehrgebäudes sowie die so genannte Moralstatistik – heute würde man von Sozialstatistik sprechen – verknüpft. In wissenschaftsgeschichtlichen Darstellungen werden die Arbeiten Quetelets als Markstein in der Entwicklung von Statistik und Sozialforschung dargestellt – im emphatischen wie im kritischen Sinne – als Ausgangspunkt von Quantifizierung, Gesetzesorientierung, Massenbeobachtung etc. Quetelet war ein »wissenschaftlicher Multifunktionär« (Kern 1982:38): Er war Professor der Mathematik, Direktor des Brüsseler Observatoriums, Präsident der belgischen statistischen Zentralkommission und Mitglied vieler wissenschaftlicher Gesellschaften. 1853 initiierte er den ersten internationalen statistischen Kongress.

Quetelet führt die Gedanken zur Messbarkeit des Sozialen, die sich schon bei den politischen Arithmetikern und in der Bevölkerungsstatistik finden, weiter fort. Gegenüber seinen Vorgängern unterscheidet er sich darin, dass er stärker die Idee von *allgemeinen* Gesetzen der menschlichen Existenz bzw. des Sozialen vertritt, dass er in stärkerem Maße auf Wahrscheinlichkeitsrechnung und Statistik rekurriert und er mit seinem Konzept der Sozialstatistik den Gegenstandsbereich verschiebt. Die Schwerpunkte seiner Arbeiten liegen vor allem im Bereich der Demographie, der Kriminologie und der Anthropometrie. »Seine Leitidee ist die einer umfassenden Wissenschaft vom Menschen oder einer Anthropologie, deren Mittelpunkt zwar die Soziologie ist, aber eine Soziologie, die ihre Grenzen weit zur Biologie und Psychologie öffnet« (de Bie 1980:341).

1835 veröffentlichte Quetelet ein ›Essai de Physique Sociale‹, die Übersetzung ins Deutsche erfolgte bereits 1838. Quetelet ging konzeptionell in vier Schritten vor: »(1) Beobachten von Menschen zu verschiedenen Zeiten, (2) Erkennen der Veränderungen, (3) Bestimmung der sozialen Gesetzmäßigkeiten im Rahmen seiner ›Theorie der Mittel‹ und (4) Rückschlüsse auf das ›Gleichgewicht‹ oder die ›Bewegung des Systems‹« (Schubert 1987:289). Er wollte so die »›Entwicklungsgesetze des mittleren Menschen‹« erkunden (289). Durch seine Ausbildung bei den französischen Mathematikern und Wahrscheinlichkeitstheoretikern (Laplace, Fourier u. a.) war Quetelet mit probabilistischen (wahrscheinlichkeitstheoretischen) Modellen und ihren Anwendungen auf die soziale Welt vertraut. Er versuchte, auch die Ursachen der beobachteten Gesetzmäßigkeiten zu eruieren, indem er z. B. die regionale Verteilung von Kriminalitätsraten mit der Verteilung des Bildungsstandes verglich. Er entwickelte daraus die Vorstellung von einem mittleren Menschen, gewonnen aus einer großen Zahl von Beobachtungen – das ›Gesetz der großen Zahl‹ wird gemeinhin auf Quetelet zurückgeführt. Um diesen mittleren Menschen oszillieren die anderen mit mehr oder weniger großen (normalverteilten) Abweichungen. Dieses Konzept des mittleren Menschen möchte er, gewonnen aus seinen anthropometrischen Messungen, auch auf das Feld der Sozialstatistik verallgemeinert wissen.

Vielleicht hängt der besondere Stellenwert, der Quetelet von verschiedenen Seiten eingeräumt wird, auch damit zusammen, dass seine Arbeiten in ganz verschiedene institutionelle Felder ausstrahlten; sie trugen zur Weiterentwicklung und Systematisierung der amtlichen Statistik bei, sie befruchteten die empirische Arbeit wissenschaftlicher und statistischer Vereinigungen und schließlich prägten sie auch die Diskurse der politischen Öffentlichkeit. Quetelet selbst war stets um eine Popularisierung von Wahrscheinlichkeitsrechnung und Statistik bemüht.

Darüber hinaus steht Quetelet auch für den Versuch, neuere mathematisch-statistische Modelle im Bereich der Sozialwissenschaft einzusetzen. Solche vornehmlich auf Wahrscheinlichkeitskalkülen beruhenden Modelle waren bislang vorrangig im Gebiet der Demographie verwandt worden und hatten im Grenzbereich von Bevölkerungsstatistik und (Lebens-)Versicherungswirtschaft ein spezifisches Anwendungsfeld gewonnen. »Quetelets Projektionen repräsentierten einen fundamentalen Angriff auf diesen geisteswissenschaftlichen Denkstil, zielten auf einen Umschwung« (Schubert 1987:281).

## Fallstudien

Für seine familiensoziologischen Forschungen betrieb Fréderic Le Play (1806–1882) vorrangig Fallstudien. Er war Ingenieur und später Professor für Bergbau und Hüttentechnik; zudem war er als politischer Berater (unter Napoleon III.) und Organisator großer Ausstellungen tätig. Bei seinen Erhebungen griff Le Play auf Methoden der direkten Beobachtung und der Befragung zurück, die bereits früher verwandt worden waren. Le Play zeichnet sich jedoch dadurch aus, dass er auch in der Auswertung und Darstellung seiner Materialien durchgängig bei einer fallorientierten Perspektive bleibt. Auf seinen Forschungsreisen, die zunächst auch seiner technischen Ausbildung als Ingenieur dienten, sammelte er Daten über die Lebens- und Arbeitsweisen von Familien in verschiedenen Regionen Europas. Diese Materialien verdichtete er zu Familienmonographien, die nach einem einheitlichen Schema aufbereitet sind: Beschreibung der Örtlichkeiten, der beruflichen Tätigkeiten, der Familienstruktur, der Einkommensquellen, des Lebensstils und der Familiengeschichte (vgl. Lazarsfeld 1961:313). Im Zentrum der Darstellung steht schließlich die Berechnung eines Familienbudgets, in dem die verschiedenen Einkommensarten und Ausgaben einander in monetarisierter Form gegenübergestellt sind. In diesen Budgets schlagen sich nach Le Play alle gesellschaftlich relevanten Faktoren nieder.

Eine erste Zusammenstellung solcher Monographien erschien 1855 unter dem Titel ›The European Workers‹. Le Play sah im Kontext seiner konservativen Weltanschauung in diesen Familienforschungen den Schlüssel zur Reformierung des gesamten Sozialsystems; die in der Familie zu Tage tretenden Probleme interpretierte er als Ausdruck des Verfalls familiärer und patriarchaler Werte. In diesem Geiste gründete er mehrere wissenschaftliche und politische Gesellschaften sowie entsprechende Publikationsorgane, die sein Ideengut weitertragen und die Forschungsarbeiten fortführen sollten. Le Play war für seine Anhänger eine charismatische Figur, seine Methoden schienen *den* Schlüssel zum Verständnis der zentralen sozialen Prozesse zu liefern. Eine Weiterentwicklung findet sich später in den Studien von Schnapper-Arndt ›Fünf Dorfgemeinden im Hohen Taunus‹, wo er das Le Play'sche Budget-Konzept – von seinen ideologischen Konnotationen befreit – neben anderen Quellen für eine monographische Darstellung dörflicher Strukturen einsetzt. In anderer Form finden sich die Le Play'schen Budgetberechnungen in den Analysen des Statistikers Ernst Engels wieder, der diese nach verschiedenen Ausgabengruppen (Wohnung, Ernährung etc.) aufbereitet und Gesetzmäßigkeiten untersucht.

## Die biometrische Schule

Im ausgehenden 19. Jahrhundert entstand die von Francis Galton, Karl Pearson und Walter F. R. Weldon begründete biometrische Schule. Die Vertreter dieser Schule sind insbesondere für die Entwicklung der Statistik von Bedeutung. Sie lösten sich mit ihrem Wissenschaftsprogramm vollständig aus der im Gefolge von Quetelet geführten Debatte der kontinentaleuropäischen Statistiker (Menges 1968:9). Unter inhaltlichen Gesichtspunkten ist der Beitrag der biometrischen Statistiker für die Entwicklung der empirischen Sozialforschung gering; umso bedeutender ist jedoch ihre Rolle für die Entwicklung der Statistik als einer mathematisch fundierten Wissenschaft und damit für die Anwendung statistischer Modelle in den Natur- wie den Human- und Gesellschaftswissenschaften.

Die Biometriker beschäftigten sich u. a. mit Vererbungsprozessen, grenzten sich aber scharf von den Mendelianern ab. Sie fundierten ihre Aussagen über kausale Zusammenhänge im Vererbungsprozess mit Hilfe statistischer Zusammenhangsmodelle. Das in diesem Bereich entwickelte statistische Handwerkszeug wurde schließlich in vielen Wissenschaftsbereichen eingesetzt. »They thus structured the very terms of debates, and the language spoken in the space of the politico-scientific debate« (Desrosières 1998:329).

Zugleich spielten Vertreter dieses Ansatzes eine wichtige Rolle in der damals entstehenden eugenischen Bewegung; so sollte durch ›Auswahlprozesse‹ der Anteil von positiv bewerteten Erbanlagen erhöht werden; spätere Theorien der ›Rassenhygiene‹ und die nationalsozialistische ›Rassenlehre‹ mit ihren katastrophalen Folgen bauten darauf auf. In den Schriften Karl Pearsons wurde noch der Versuch unternommen, die verschiedenen Ideen, die das damalige Gedankengut der englischen Mittelklasse prägten, zu verknüpfen: Fabianischer Sozialismus, wissenschaftlicher Naturalismus, Darwinismus und Eugenik (McKenzie 1981:87). Es entstand eine eigentümliche Mischung von politischem und wissenschaftlichem Programm.

Wie an diesen Beispielen erkennbar wird, wurden die frühen Arbeiten, die sich mit der Erforschung sozialer Phänomene befassten, von ganz unterschiedlichen Fragestellungen und theoretischen Überlegungen geleitet. Oft standen auch das Sammeln von Informationen oder einfache Zählungen und Analysen im Mittelpunkt. So wurden die Arbeiten Quetelets von dem Philosophen und Mathematiker Auguste Comte (1798–1857), der als Erster den Begriff der Soziologie einführte, scharf kritisiert: Er warf Quetelet insbesondere vor, dass er reinen Empirismus betreibe; er forderte demgegenüber, dass jeder Beobachtung eine positive Theorie vorauszugehen habe.

Erst relativ spät kommt es, wie von Comte eingefordert, zu einer engeren Verzahnung von soziologischer Theoriebildung und empirischer Sozialforschung. Wichtige Beiträge wurden hier von Émile Durkheim (1983) geliefert, der in seiner 1897 erschienenen Studie zum Selbstmord auf die Daten der amtlichen Statistik zurückgreift. In seinen ›Regeln der soziologischen Methode‹ (1984) von 1895 hatte er bereits eine Vorgehensweise für die Betrachtung soziologischer Tatbestände, ihre Typologisierung und Erklärung entwickelt.

In Deutschland spielen hier Max Weber und Ferdinand Tönnies eine wichtige Rolle, die im Verein für Socialpolitik und in der Deutschen Gesellschaft für Soziologie tätig waren (s. u).

## e) Soziale Probleme und Sozialreform als Ausgangspunkt empirischer Sozialforschung

### Social Surveys der statistischen Gesellschaften in England

Der in Großbritannien bereits am Ende des 18. Jahrhunderts einsetzende Industrialisierungsprozess brachte insbesondere in den ersten Jahrzehnten des 19. Jahrhunderts die rasch wachsende Industriearbeiterschaft in eine sehr prekäre Lage; in den neuen industriellen Zentren waren die Lebens- und Arbeitsbedingungen katastrophal. Vor diesem Hintergrund bildeten sich in vielen größeren Städten neben wohltätigen Vereinen auch so genannte statistische Gesellschaften heraus, die Datenerhebungen und Befragungen, Social Surveys, zur sozialen Lage dieser Bevölkerungsgruppen durchführten. Die bedeutsamsten statistischen Gesellschaften waren die in Manchester, London und Dublin.

Es wurden einfache Fragebogen entwickelt und an Experten (z. B. Regierungsbeamte, Inspektoren, Geistliche, Ärzte, Arbeitgeber etc.) versandt; man wollte *Fakten* erheben und versuchte, Meinungsäußerungen zu vermeiden. Die Fragebogen wurden entweder per Post verschickt oder man setzte Interviewer ein. Zunehmend wurde versucht, die erhaltenen Informationen aus verschiedener Perspektive zu validieren; dennoch spielten messtechnische Überlegungen oder Fragen der Güte der erhaltenen Daten nur eine sehr geringe Rolle. Sofern überhaupt solche Überlegungen angestellt wurden, hoffte man, bei einer hinreichend großen Zahl von Fällen, dass sich eventuelle Fehler zu einem ›wahren‹ Durchschnitt ausgleichen würden.

Die statistischen Vereinigungen verfolgten eine spezifische sozialreformerische Orientierung. Sozialforschung wurde als ein Mittel begriffen, soziale Missstände offenzulegen: Armut, gesundheitliche Probleme, schlechte Wohnbedingungen, unzureichende Erziehung und Ausbildung etc. Die öffentliche Anprangerung dieser Missstände war an die Regierung bzw. die öffentliche Verwaltung adressiert und sollte zum Ausgangspunkt gezielter sozialer Reformen werden. Auf der einen Seite grenzten sie sich gegen jede Art sozialrevolutionärer Vorstellungen ab: Die politischen Optionen und Aktionen der Arbeiterklasse und ihrer sich herausbildenden Organisationen erschienen als bedrohlich. Auf der anderen Seite wandten sie sich aber auch gegen wissenschaftliche und ideologische Argumentationen, die Armut in der einen oder anderen Weise als ein notwendiges Übel betrachteten (vgl. Abrams, 1951:23 ff.).

Die Sozialforschung geht mit dieser Reformorientierung über die vorherrschenden individualistischen (Laissez-faire-)Doktrinen hinaus und knüpft an viktorianische Vorstellungen der gemeinschaftlichen Verantwortlichkeit an. Sozialforschung wurde in diesem Sinne als ein Werkzeug betrachtet, soziale Reformen voranzubringen. Zwei scheinbar unvereinbare Ziele wurden so verknüpft: Durch eine Untersuchung der Lebensumstände der Armen sollte ermittelt werden, wie ihnen geholfen werden konnte, ohne sie dabei ihrer Unabhängigkeit und Eigeninitiative zu berauben (Cole 1972:100).

Die statistischen Vereinigungen stehen im Kontext anderer wissenschaftlicher Gesellschaften, die angesichts der fehlenden akademischen Verankerung sozialwissenschaftlicher Themen eine wichtige Rolle für die Etablierung eines sozialwissenschaftlichen Diskurses spielten. Sie ermöglichten wissenschaftlichen Austausch, in dem Papiere diskutiert und veröffentlicht werden konnten. Im 19. Jahrhundert entstanden z. B. der *Political Economy Club* (1821); die *British Association for the Advancement of Science* gründete 1832 eine statistische Sektion und 1884 eine anthropologische Sektion. 1857 bildete sich die *National Association for the Promotion of the Social Sciences* und schließlich 1903 eine *Sociological Society.* Diese wissenschaftlichen Gesellschaften standen ihrerseits in einem weiteren Rahmen von wissenschaftlich künstlerischen Vereinigungen, politischen Klubs, Bildungsgemeinschaften und Wohltätigkeitsvereinen, die im 18. und 19. Jahrhundert entstanden waren.

Die Gesellschaften waren bemüht, sich der politischen Stellungnahme zu enthalten; so entsagten sie auch über weite Strecken einer Suche nach den Ursachen und den Auswirkungen der von ihnen untersuchten Phänomene. Sie verstanden sich als Sammler von quantifizierbaren Fakten, als Buchhalter des Sozialen und orientierten sich – zumindest in ihren Proklamationen – an naturwissenschaftlichen Gesetzesvorstellungen (Cole 1972:75). Diese empirizistische Orientierung, wie sie sich auch in der zeitgenössischen Philosophie und den Naturwissenschaften fand, wurde als ein wichtiger Schritt hin zu einer Wissenschaft des Sozialen begriffen. Man hoffte, mit den empirischen Daten nicht nur Theorien wie die politische Ökonomie beweisen zu können, sondern hoffte auch auf die Lösung praktischer Probleme. Die dargelegten Fakten sollten unmittelbar zur Grundlage staatlichen Handelns werden.

## Sozialreportagen und städtische Surveys

Neben den Forschungsarbeiten der statistischen und sozialwissenschaftlichen Gesellschaften entstanden im späten 19. Jahrhundert (populär-)wissenschaftliche Arbeiten, die eher auf das soziale bzw. wissenschaftliche Engagement von Privatpersonen zurückgingen. Das Forschungsfeld reicht von literarischen bzw. journalistischen Beschreibungen bis hin zu den umfassenden Städtestudien.

Henry Mayhew arbeitete als Sozial-Journalist. 1849 und 1850 veröffentlichte er eine Serie von 82 Beiträgen, die großes Interesse hervorriefen und später unter dem Titel ›London Labour and the London Poor‹ erschienen. Spätere Themen seiner Arbeiten waren Niedriglöhne und die Situation in den Gefängnissen. Kent bezeichnet Mayhew als einen ›Pionier‹ der interpretativen Soziologie (1981:46). Seine Darstellungen basierten hauptsächlich auf Beobachtungen sowie mündlichen oder schriftlichen Informationen jeder Art; daneben benutzte er auch Interviews. Er wollte Fakten sammeln und Meinungen wiedergeben; hierzu entwickelte er ein System der kreuzweisen Validierung von Angaben und eine spezielle Interviewtechnik: Ausgehend von Angaben über Löhne und Arbeitsbedingungen fragte er nach Veränderungen dieser Merkmale im zeitlichen Verlauf, nach drängenden Problemen etc. Er erhob auch Haushaltsbudgets und fragte nach dem Konsumverhalten. Die Ergebnisse der Interviews wurden dann zusammengefasst bzw. paraphrasiert. Seine Untersuchungen waren dabei mehr als eine deskriptive Soziographie; er versuchte, zu Generalisierungen zu kommen, verschiedene Beschäftigtengruppen und Berufskulturen zu unterscheiden, und entwickelte Vorstellungen zur relativen Deprivation sozialer Gruppen.

Die Forschungstradition der statistischen Gesellschaften wurde in den 1880er Jahren von Charles Booth wieder aufgegriffen. Ausgangspunkt waren die zunehmenden sozialen Spannungen, die in jener Zeit insbesondere in London zu Tage traten. Er begann 1880 ein Forschungsprogramm, dass in den folgenden Jahrzehnten eine Reihe weiterer lokaler Untersuchungen hervorbrachte. Die Ergebnisse seiner Londoner Studien veröffentlichte er ab 1889 in insgesamt 17 Bänden unter dem Titel ›Life and Labour of the People in London‹.

Die ersten Untersuchungen Booths stützten sich auf das Wissen der Londoner Schulinspektoren, die detaillierte Informationen über die Straßen, Häuser und Familien ihres Bezirks gesammelt hatten. Diese Daten wurden mit Informationen aus weiteren Quellen (Schulkomitees, Armenhilfe, Distriktverwaltungen, Polizei und Geistlichkeit) validiert (Kent 1981:53). Auf der Basis der so gewonnenen Informationen über Erwerbstätigkeit, Lebensbedingungen und Einkommenshöhe wurden die Familien in Klassen eingeteilt. Für eine kleinere Gruppe von 4.000 Fällen versuchte er, die Hintergründe für Verarmungsprozesse zu ermitteln. Darüber hinaus arbeitete er auch mit Mitteln der teilnehmenden Beobachtung, logierte in den beobachteten Haushalten etc. Am Ende standen neben seinem Klassenmodell genaue Karten über die Verteilung von Armut in London, distrikt- und straßenweise Beschreibungen von Arbeits- und Lebensbedingungen, kulturellen Praktiken etc. In einer Studie über Industriearbeit griff Booth auf die Daten des Census zurück und führte ergänzend eine große Zahl von Interviews mit Arbeitern, Gewerkschaftsvertretern, Arbeitgebern etc.

Die politischen Schlussfolgerungen, die Booth aus seinen Arbeiten zieht, sind sehr vorsichtig gehalten: so plädiert er auf der einen Seite für Maßnahmen zur

Erhöhung des Lebensstandards und zur Verbesserung der Wohnsituation, weist aber andererseits auch darauf hin, dass diese Gruppen den vernünftigen Umgang mit den zur Verfügung stehenden Mitteln erlernen müssten.

Die Booth'schen Studien inspirierten weitere städtische Surveys. Seebohm Rowntree führte Ende des 19. Jahrhunderts einen ersten Survey in York durch. Er organisierte eine Befragung von 46.754 Personen in 11.560 Haushalten. Das Gros der Untersuchung wurde von einem bezahlten Erheber und einer Gruppe ehrenamtlicher Helfer unternommen; sie gingen systematisch von Haus zu Haus. Zur Bestimmung von Haushaltsbudgets ließ er Haushaltsbücher verteilen; zudem sammelte er Informationen über Public Houses, Kirchen, Schulen etc.

Die Erfahrungen von Booth und Rowntree wurden schließlich von Arthur Bowley aufgegriffen. Er setzte 1912 erstmals die Methode einer 5 %-Zufallsauswahl ein und führte in vier verschiedenen Städten Studien zur Einkommenssituation von Haushalten durch.

In den USA war im späten 19. Jahrhundert das Social Survey Movement entstanden, das vorrangig mit drängenden sozialen Problemen und Fragen der Sozialpolitik befasst war. Daneben haben sich aber auch Ansätze der Sozialforschung entwickelt, die sich stärker an wissenschaftlichen Standards orientierten, wie z. B. die Chicagoer Schule. Sie erlangte bereits vor der Jahrhundertwende als Schule der pragmatischen Philosophie (John Dewey und George Herbert Mead) große Bedeutung. Etwa ab 1915 beginnt unter William I. Thomas und Robert E. Park der Aufstieg der Chicagoer Soziologie zum führenden Department in den USA. Man befasste sich mit stadtsoziologischen Themen, mit sozialen Minderheiten und ihren Subkulturen; so wurden z. B. Studien über die Lage polnischer Einwanderer, über lokale Gangs oder über die Street Corner Society erstellt. Hierzu wertete man Briefe, biographische Materialien und amtliche Dokumente aus; man führte teilnehmende Beobachtungen durch, machte Interviews und betrieb Feldforschung. Diese Studien hatten große Bedeutung für die Entwicklung der qualitativen Sozialforschung.

## Soziale Enquêten im Deutschen Reich – der Verein für Socialpolitik

Die Sozialforschung, die seit den 1870er Jahren in Deutschland durchgeführt wurde, weist manche Parallelen zur geschilderten Entwicklung insbesondere in Großbritannien auf. Ausgangspunkt waren die gewaltigen Umwälzungen der produktiven Basis dieser Gesellschaften und die damit verknüpften tief greifenden Veränderungen der sozialen Struktur. Neben der in Deutschland bereits institutionalisierten amtlichen Statistik sollten gezielte Forschungsarbeiten dazu beitragen, ausgewählte soziale und ökonomische Probleme vertiefend zu behandeln und gegebenenfalls administrative bzw. gesetzgeberische Maßnahmen zu ihrer Bewältigung vorzuschlagen. Im Anschluss an die Lösung der ›nationalen Frage‹ sollte die Lösung der ›sozialen Frage‹ angegangen werden.

Vor diesem zeitgeschichtlichen Hintergrund wurde 1872 der Verein für Socialpolitik konstituiert. Zu den Gründungsmitgliedern gehörten vor allem Hochschullehrer der Nationalökonomie, der Geschichte und der Jurisprudenz sowie Leiter der statistischen Büros und einige Industrielle; Vertreter der Gewerkschaften und der Sozialdemokratie fehlten. Der Verein war in seiner wissenschaftlichen und gesellschaftlichen Orientierung zum einen von der historischen Schule der Nationalökonomie geprägt; andere Vertreter orientierten sich eher an sozialstatistischen Daten- und Analyseverfahren. Die Vertreter der historischen Schule wandten sich gegen den ›Manchester-Liberalismus‹ der klassischen Nationalökonomie. Auf politischer Ebene trat man für sozialpolitische Reformen ein, die durch wissenschaftliche Forschungsarbeit vorbereitet und fundiert werden sollten. Zu den frühen Forderungen gehörte: die Anhebung des Lebensniveaus der Arbeiter, aber keine gesellschaftliche Nivellierung; die Ausweitung der Fabrikgesetzgebung; die Vertragsfreiheit der Arbeiter; die Einführung eines Fabrikinspektorats und eines Banken- und Versicherungskontrollamts sowie die Einführung staatlicher Enquêten zu den drängenden sozialen Problemen (vgl. Gorges 1980:56 f.).

Der Verein hat zum einen Gutachten und Untersuchungen in Eigenregie organisiert, zum anderen hat er Studien vorgeschlagen bzw. inspiriert, die dann vom Deutschen Reich und seinen Ländern umgesetzt wurden. Man wollte die Kluft zwischen Realität und nationalökonomischer Theorie dadurch überwinden, dass »man jede abstrakte Theorie überhaupt verwarf und in der Darstellung der Wirklichkeit den einzigen Gegenstand der Wissenschaft sah« (46). Ein zentrales Thema war dabei die ›soziale Frage‹. Dabei wurde der Streit um wissenschaftliche Positionen auch von einer Differenz in den politischen Positionen überlagert; zentraler Konfliktpunkt war die Frage der Einmischung des Staates in das wirtschaftliche und soziale Leben.

Zunächst wurden vom Verein für Socialpolitik keine eigenen Enquêten durchgeführt; man beschränkte sich auf Gutachten zu ausgewählten Themen bzw. machte Vorschläge für staatliche Enquêten. Die während der 1870er Jahre vom Verein für Socialpolitik erstellten Gutachten basierten auf einem Fragenkatalog, der einzelnen Gutachtern zuging. Die Antworten wurden dann auf den regelmäßigen Treffen des Vereins diskutiert. So wurden in der Anfangsphase Gutachten über Themen der sozialen Sicherung, der industriellen Beziehungen, der Aus- und Fortbildung, des Steuerwesens etc. erstellt (Gorges 1980:97 ff.).

Abb. 5: Fragebogenauszug ›Auslese und Anpassung der Arbeiterschaft‹

**Fragebogen Nr.** ............

(Bei den mit dem Zeichen * versehenen Stellen sind die jedesmal zutreffenden Worte zu unterstreichen.)

1. **Vor- und Zuname des Arbeiters:** ..................
(kann ev. unausgefüllt bleiben)
beschäftigt als .................. bei der Firma ..................

2. **Geburtsjahr:** .......... **Geburtsort:** .......... **Staat:** ..........

3. **Geschlecht und Familienstand:** männlich* — weiblich* ledig* — verheiratet* — verwitwet* — geschieden*.

4. **Konfession:** ..................

5. **Beruf und Geburtsort:** des Vaters .................. der Mutter ..................

6. **Beruf der Großväter:** ..................

7. **Militärdienst:** noch nicht militärpflichtig* — gedient* — militäruntauglich* — bedingt tauglich*. Hat Ihr Vater gedient? ..................

8. **Schulbildung:** .................. Wo? ..................

9. **Berufslehre:** als was und wo? .................. wie lange haben Sie gelernt? .......... Haben Sie Lehrgeld bezahlt? .......... wie viel? .......... oder haben Sie Lohn erhalten? .......... und von wann an? ..................

10. **Aus welchem Grunde haben Sie diesen Beruf ergriffen?** ..................

11. Was für Arbeiten machen Sie in Ihrer jetzigen Stellung? ..................
..................

12. Besitzen Sie außer der jetzt von Ihnen ausgeübten noch **andere Berufsgeschicklichkeiten?** .......... Welche sind dies? ..................

13. Ist Ihre **Arbeit etwa besonders anstrengend?** ..................
Wodurch? ..................

14. **Von welchem Alter** an finden Leute Ihrer Arbeitsstellung nicht mehr leicht Beschäftigung? ..................

15. Waren Sie etwa **früher in anderen Berufsstellungen?** Wo? wie lange? als was?
(Genaue Angabe des Arbeitsortes, des Arbeitgebers, der Arbeitsstellungen. Angabe, ob selbständig oder unselbständig.) Reicht der Raum nicht aus, so ist ein Zusatzbogen zu benutzen.
..................
..................

16. **Gründe des Wechsels der Stellungen:** ..................
..................

17. Stehen Sie in **Zeit-** oder in **Akkordlohn?** .......... Ungefährer Wochenverdienst .......... *M.* Ziehen Sie Zeitlohn oder Akkordlohn vor? ..........
..................

Quelle: Bernays (1910:XII)

Quelle: Bernays (1910:XII)

In den 1880er Jahren begann der Verein auch eigene Enquêten in Bereichen durchzuführen, die bislang nicht durch staatliche Untersuchungen abgedeckt wurden (167). Diese ›Privatisierung‹ der Enquêteforschung führte auch zu einer stärkeren Verwissenschaftlichung; Ziel der Untersuchungen wurde eine Tatsachenbeschreibung. »Die Arbeiten des Vereins für Socialpolitik wurden während der zweiten Hälfte der 1890er Jahre stark durch die innenpolitischen Ereignisse bestimmt. Die Mitglieder hatten nicht nur wegen ihres immer noch wirksamen Rufs, Verfechter der Sozialdemokratie zu sein, vor allem soweit sie eine akademische Tätigkeit ausübten, berufliche Repressionen zu erleiden (…) auch die inhaltlichen Themenstellungen wurden durch sie diktiert« (Gorges 1980:263).

Insbesondere nach der Jahrhundertwende ging der Verein von einer praktisch politischen zu einer stärker wissenschaftlich orientierten Arbeitsweise über. In diese Zeit fallen z. B. die Untersuchungen von Ferdinand Tönnies zur ›Lage der in der Seeschifffahrt beschäftigten Arbeiter‹ sowie später die von Max Weber vorbereiteten ›Untersuchungen über Auslese und Anpassung (Berufswahl und Berufsschicksal) der Arbeiter in verschiedenen Zweigen der Großindustrie‹.

**Abb. 6: Wichtige Enquêten des Vereins für Socialpolitik**

| | |
|---|---|
| 1873 | Enquête über die Fabrikgesetzgebung |
| 1875 | Enquête über das Lehrlingswesen |
| 1879 | Enquête über die gewerbliche Fortbildung |
| 1883 | Enquête über die Zustände in der Landwirtschaft |
| 1886 | Enquête zur Wohnungsnot |
| 1887 | Enquête zum Wucher |
| 1889 | Untersuchung der Hausindustrie, 1899 wiederholt |
| 1892 | Verhältnisse der Landarbeiter |
| 1909 f. | Untersuchung über Auslese und Anpassung (Berufswahl und Berufsschicksal) der Arbeiter in verschiedenen Zweigen der Großindustrie |

Das Forschungsdesign der Enquêten entsprach in hohem Maße dem methodologischen Selbstverständnis der historischen Schule der Nationalökonomie. »Schon der Fragebogen war (…) verdächtig; er wurde als Erinnerungs- und Hilfsmittel wohl zugelassen, nicht aber empfohlen oder als bindende Norm vorgeschrieben« (Schäfer 1971:198). Man wusste sehr wohl um die Möglichkeiten und Erträge der statistischen Analyse von Daten der amtlichen Statistik; dennoch befand man, die Statistik könne keine Ursachen aufdecken, sondern nur Wirkungen messen (203). Nur einzelne Enquêten fielen aus diesem Rahmen heraus und wurden zu einem wichtigen Orientierungspunkt für spätere Ansätze der empirischen Sozialforschung; so kann die oben angesprochene von Max Weber und anderen konzipierte Erhebung als frühes Beispiel industriesoziologischer Forschung betrachtet werden.

Neben der amtlichen Statistik und den hochschulnahen Forschungsaktivitäten des Vereins für Socialpolitik entwickelten sich im Kaiserreich und in der Weimarer Republik verschiedene Ansätze von Sozialforschung unter der Regie kirchlicher und gewerkschaftlicher bzw. beruflicher Verbände. Im Zentrum dieser Untersuchungen standen die Arbeits- und Lebensbedingungen sowie die Einstellungen der unteren gesellschaftlichen Klassen, zunächst vor allem der Landarbeiter, später vornehmlich der Industriearbeiter und der Angestellten.

Das methodische Spektrum dieser Untersuchungen war recht breit: Auf der einen Seite wurden mit standardisierten Fragebogen die Lebens- und Arbeitsbedingungen einzelner Beschäftigtengruppen analysiert, um arbeitsrechtliche Verbesserung zu erreichen und um Forderungen nach besseren Löhnen und Arbeitsbedingungen zu legitimieren. Auf der anderen Seite finden sich teilnehmenden Beobachtungen oder Analysen von Arbeitermemoiren, um etwas über die politischen und religiösen Einstellungen von Arbeitern zu erfahren.

Ende der 1920er Jahre rückten die Angestellten als eine neue Zielgruppe empirischer Forschungsarbeit in den Blick. So führte der Gewerkschaftsbund der Angestellten (1931) die außerhalb der amtlichen Statistik vermutlich umfangreichste empirische Untersuchung der Weimarer Zeit über ›Die wirtschaftliche und soziale Lage der Angestellten‹ durch. Im Rahmen der Enquête wurden 120.000 männliche und weibliche Angestellte befragt. 1933 erschien eine weitere Studie des Verbands über die Lage der Lehrlinge in Angestelltenberufen: ›Die kommende Angestelltengeneration‹. Der freigewerkschaftliche Zentralverband der Angestellten erstellte eine Studie über die Lebens- und Arbeitsverhältnisse der weiblichen Angestellten (Suhr 1930), basierend auf einer Befragung von 5741 Personen. Auch aus journalistischer Perspektive näherte man sich dem neuen Phänomen der ›Angestellten‹; Siegfried Kracauer veröffentlichte 1929 eine Serie von Artikeln, die auf Gesprächen mit Angestellten, mit Gewerkschaften, Betriebsräten und Unternehmensvertretern basierten.

Es ging in den Untersuchungen von Gewerkschaften und Berufsverbänden zum einen darum, die Lebenslage spezifischer Beschäftigtengruppen (Frauen, Lehrlinge) darzustellen, zum anderen zielen die Erhebungen zu den Lebenshaltungskosten auf die Begründung und Legitimierung von Lohn- und sozialpolitischen Forderungen. Den Erhebungen des statistischen Reichsamts zum Lebenshaltungskostenindex wird von den Gewerkschaften mit Misstrauen begegnet.

Daneben gab es jedoch auch eine Entwicklungslinie kritischer Sozialforschung, die z. B. auf Engels Bericht zur ›Lage der arbeitenden Klasse in England‹ von 1845 und auf die Marx'sche ›Enquête Ouvrière‹ von 1880 zurückging. Dieser Typus einer kritisch aufklärenden Sozialforschung verstand sich in Abgrenzungen zu den sozialreformerischen Enquêten. So hebt Marx in seinem Begleitschreiben zu der ›Enquête Ouvrière‹ hervor, dass sich die vom Staat, von wissenschaftlichen Gesellschaften oder von Philanthropen durchgeführten Erhebungen niemals ernsthaft für die Lage der Arbeiterklasse interessiert hätten. Demgegenüber verfolgte die Marx'sche Untersuchung, wie Hilde Weis in der Zeitschrift für Sozialforschung darstellt, andere Ziele: »Erstens geht aus ihrer Zielsetzung und den gestellten Fragen das Interesse an einer genauen Schilderung der wirklichen sozialen Verhältnisse hervor, zweitens richtet sie die Aufforderung zur Dokumentierung ausschliesslich an die Arbeiter selbst, drittens erfüllt sie einen pädagogischen Zweck: Förderung der Erkenntnis im Sinne der Marxschen Lehre« (1936:83).

Abb. 7: Auszug aus der Enquête Ouvrière

46. In welchem Vertragsverhältnis stehen Sie mit Ihrem Unternehmer?
Sind Sie täglich, wöchentlich, monatlich usw. eingestellt?
47. Welche Kündigungsbedingungen bestehen von Seiten des Unternehmers und von Seiten des Arbeiters?
48. Wann ist im Falle eines Vertragsbruches der Unternehmer im Unrecht, und was ist seine Strafe?
49. Wann ist der Arbeiter im Unrecht, und was ist seine Strafe?
50. Falls es Lehrlinge gibt: welches sind die Bestimmungen ihres Lehrvertrags?
51. Haben Sie regelmässige oder unregelmässige Arbeit?
52. Arbeitet man in Ihrem Beruf nur während bestimmter Jahreszeiten, oder ist die Arbeit während normaler Zeiten mehr oder weniger gleichmässig auf das Jahr verteilt? Falls Sie nur zu bestimmten Jahreszeiten arbeiten: wie leben Sie in der Zwischenzeit?

Quelle: Weiss (1936:94)

Wie an diesem Auszug deutlich wird, bestand das »Interesse an einer besonders genauen und umfassenden Schilderung der wirklichen sozialen Verhältnisse« (Kern 1982:82), der betrieblichen Arbeit wie der Klassenorganisation.

## f) Neue soziale Probleme – neue Muster der Problembearbeitung

Wenn man noch einmal auf das eingangs entwickelte Bild von der empirischen Sozialforschung als einer Technologie zurückgreift, so ermöglicht es diese Technologie, ein bestimmtes Wissen über die soziale Welt hervorzubringen: das Wissen um die Arbeitsbedingungen und die Einkommenssituation von Arbeitern und Angestellten oder das Wissen um die sozialen und psychischen Folgen der Arbeitslosigkeit. Verglichen mit anderen Technologien, die die schnelle Fortbewegung von Menschen oder die Gewinnung elektrischen Stroms ermöglichen, scheint der Nutzen dieser Technologie weitaus abstrakter zu sein, aber man sollte sich nicht täuschen lassen. Viele Schwierigkeiten, die mit der Entwicklung und dem Einsatz z. B. der Fortbewegungstechnologien verbunden waren, sind ganz ähnlicher Natur.

Man sollte sich von einem allzu engen Verständnis von Technologien, wie es häufig in einem technischen Museum vermittelt wird, lösen. Ein Blick in die Geschichte der automobilen Fortbewegung verdeutlicht, dass es nicht nur darum ging, diese Technologie zu konstituieren und weiterzuentwickeln; es ging auch darum, Konsumenten und Investoren vom Nutzen dieser Technologie zu überzeugen; es ging darum, neue Muster der Automobilität einzuüben, sich mit den damit verbundenen Risiken abzufinden etc. Auch in der Entwicklung der empirischen Sozialforschung stellten sich ganz ähnliche Probleme. Auf der einen Seite lässt sich beobachten, wie bestimmte statistische Verfahren oder empirische Erhebungen auf einen Bedarf nach diesen Formen des Wissens zurückgehen. Auf der anderen Seite gewinnt dieses Wissen aber auch ein Eigenleben, indem es in neue Bereiche des gesellschaftlichen Lebens vordringt und sich neue Anwendungen erschließt.

Mit der Herausbildung der ersten Manufakturen und der Entstehung kapitalistisch strukturierter Wirtschaftsunternehmen, die nach und nach immer größer werden, entsteht ein spezifischer Wissensbedarf: Informationen über die Waren- und Dienstleistungsmärkte, auf denen ein Unternehmen agiert, über Kapital- und Arbeitskraftmärkte; Informationen für die Steuerung von Unternehmen (Buchhaltung, Personaleinsatz, Arbeitsorganisation) und Möglichkeiten der Berechnung von Risiken. Mit der Ersetzung von persönlichen Abhängigkeitsverhältnissen, wie sie in den feudalen Strukturen vorherrschten, durch Verhältnisse, die stärker über die Medien Vertrag und Geld vermittelt sind, und mit dem Bedeutungsverlust hauswirtschaftlicher und handwerklicher Produktionsformen entstehen ›freie Lohnarbeiter‹, die in neu entstehende Kontrollsysteme in den Fabriken bzw. in den neuen Städten eingebunden wurden. Es vollzog sich ein Prozess der allmählichen Auflösung ständischer Gesellschaftsstrukturen und der damit verbundenen Ordnungs- und Versorgungssysteme.

Diese Transformationen sind nicht einmaliger Natur; vielmehr erwächst mit der beständigen Veränderung von Produktionstechnologien und Arbeitsorganisation, mit der Veränderung von Produkten und Dienstleistungen und ihrer Vermarktung ein stets neuer Regelungsbedarf.

Dieser ökonomisch soziale Transformationsprozess ist eng mit Veränderungen in der politischen Regulation verzahnt – beginnend z. B. mit der merkantilistischen Politik im Frühkapitalismus und dann vor allem mit der Herausbildung von Nationalstaaten und der damit verbundenen Zentralisierung von Verwaltung und politischer Macht. Es wird erforderlich, bestimmte Voraussetzungen der unternehmerischen Tätigkeit sowie die Rahmenbedingungen der Produktion und Vermarktung zu regulieren und die mit den Veränderungen im Produktionsbereich verknüpften sozialen Verwerfungen zu moderieren. Mit dem Aufgabenzuwachs der Nationalstaaten sind nicht nur Informationen zur Bevölkerungsentwicklung, über Krankheiten und Epidemien etc. erforderlich; der Anspruch einer rationalen Politikgestaltung erfordert auch umfassende Informationen über das Sozialleben in den nationalstaatlichen Grenzen, die im Rahmen unterschiedlicher sozialtechnologischer Konzepte (Sozialplanung, Sozialberichterstattung, Sozialreform) genutzt werden. Die Herausbildung von parlamentarischen Demokratien, die damit entstehenden Parteien, Verbände und Interessengruppen sowie die Entwicklung von Wohlfahrtsstaaten bringen zusätzlichen Informations- und Steuerungsbedarf. »Die Vorstellung einer rationalen Staatsmacht war etwas wirklich Neues. (...) Die Staatsmacht wurde jetzt als eine Macht gesehen, die – wissentlich oder durch Unterlassung – die äußeren Rahmenbedingungen des menschlichen Lebens formte. Die Vorstellung, die Gesellschaft sei ›von Menschen gemacht‹, drückte den bis dahin noch nie dagewesenen Ehrgeiz des modernen Staates aus, die Gesellschaft tatsächlich zu machen, und die beispiellose Mobilisierung von Ressourcen, die eine solche Tat als realisierbar erscheinen ließen« (Bauman 1995:37 f.).

Man kann so betrachtet von einem neuen Bedarf an Wissen über soziale Phänomene und einen Bedarf an Strukturen und Mustern der Problembearbeitung sprechen; beide Entwicklungen sollten in ihren Wechselwirkungen begriffen werden.

## Ein veränderter Blick auf die soziale Welt

In diesem Zusammenhang sollten insbesondere die kulturellen und kognitiven Entwicklungen beachtet werden, die mit der Entwicklung der empirischen Sozialforschung einhergingen. Es vollziehen sich gesellschaftsweite Säkularisierungsprozesse, in denen andere Deutungs-, Erklärungs- und Ordnungsmuster allmählich zurücktreten. Mit dem Prozess der Aufklärung als einem »Ausgang des Menschen aus seiner selbstverschuldeten Unmündigkeit« (Kant), dem Glauben an dauerhaften gesellschaftlichen Fortschritt durch vernunftgemäßes, bürokratisches, rationales Handeln und mit der Hoffnung auf Emanzipation treten neue Muster der Erklärung und Deutung auf den Plan.

Michel Foucault konstatiert an der Wende vom 16. zum 17. Jahrhundert einen Entwicklungssprung. So sei »ein Wille zum Wissen aufgetreten, der im Vorgriff auf seine wirklichen Inhalte Ebenen von möglichen beobachtbaren, meßbaren, klassifizierbaren Gegenständen entwarf; ein Wille zum Wissen, der dem erkennenden Subjekt (gewissermaßen vor aller Erfahrung) eine bestimmte Position, einen bestimmten Blick und eine bestimmte Funktion (zu sehen anstatt zu lesen, zu verifizieren anstatt zu kommentieren) zuwies« (Foucault 1991:15). Am Beispiel der Veränderungen in der Medizin hatte Foucault die Veränderungen in der Wahrnehmung rekonstruiert, die damit einhergingen. An die Stelle des Versuchs, »die Wahrnehmung auf den Vollzug des Geistes hin transparent zu machen« trat das Bestreben, sich der »Erscheinung sichtbarer Inhalte« zuzuwenden (1973:11).

Auch die Entwicklung statistischen Denkens lässt sich als die Entwicklung eines spezifischen Blicks zeichnen (Gigerenzer 1989). Die Quantifizierung von Phänomenen und darauf aufbauende Möglichkeiten der statistischen Beschreibung finden Eingang in viele Wissenschaften; bestimmte Modellvorstellungen werden von einem Wissenschaftsbereich auf andere übertragen. Das Denken in Wahrscheinlichkeiten, in statistisch zu prüfenden Zusammenhängen und die präzise Beschreibung von Risiken haben die Vorstellungen der materialen wie der sozialen Welt verändert.

Mit der sich durchsetzenden empirischen und statistischen Orientierung, die sich in vielen Wissenschaften findet, geht in den Sozial- und Humanwissenschaften, aber auch in den politischen Diskursen ein veränderter Blick auf das Individuum einher. »Die Vorstellung von einem rationalen Individuum war ebenfalls auf revolutionäre Weise neu. Im Kern ging es nicht bloß um die Ersetzung einer Sache durch eine andere: vernünftiges und verläßliches Denken an Stelle von Irrtum und Aberglaube – sondern um einen völlig neuen Begriff vom Menschen, dessen Verhalten geformt wird durch sein/ihr Wissen, und deren Wissen von denen geformt wird, die es ihnen vermitteln« (Bauman 1995:38).

Um die Entwicklung der empirischen Sozialforschung und um die heutige Produktion bzw. Verwendung von empirisch fundiertem Wissen über die soziale Welt zu verstehen, sollte man sich der Herausforderungen vergewissern, die für die Zeitgenossen mit diesen neuen Formen des Wissens um soziale Phänomene verbunden waren. Überlieferte und bewährte Muster der Wirklichkeitsdeutung, der Art und Weise das politische, soziale und ökonomische Handeln zu begründen, wurden in Frage gestellt; die Arbeit der Entscheidung und Begründung in der Verwaltung, in der Politik, in den Unternehmen veränderte sich grundlegend.

Ein Blick auf die noch in den 1950er Jahren geführten Debatten zeigt, wie lang dieser Transformationsprozess währt. Wilhelm Hennis setzt sich in seiner ›Kritik politischer Umfragen‹ mit dem Anspruch der Meinungsforschung, Aussagen über die ›öffentliche Meinung‹ zu machen, auseinander: »Was die Meinungsforschung mit ihrem komplizierten Instrumentarium in den Griff bekommt, ist mithin nichts anderes als die *gemeine Meinung*, das ›vage Meinen und Raunen‹« (1957:35). Die Ergebnisse der Meinungsforschung traten in Konkurrenz zu den Deutungen der ›öffentlichen Meinung‹, wie sie bislang üblicherweise durch andere berufene Gruppen (Journalisten, Pfarrer, Politiker, Intellektuelle etc.) erfolgten. Gleich in mehrfacher Hinsicht wurden die etablierten Normen und Muster der Wirklichkeitsdeutung dann durch die in den USA durchgeführten, aber recht schnell übersetzten Kinsey-Reports zum Sexualverhalten von Frauen und Männern irritiert.

In der wissenschaftlichen Sozialforschung wurde seit den 1950er Jahren eine Reihe von Jugendstudien erstellt, so z. B. die noch heute von der Deutschen Shell AG finanzierte gleichnamige Jugendstudie. Das Novum an diesen Studien war, dass nicht Experten oder Journalisten ihre Meinung über ›Die Jugend‹ darlegten, sondern dass Jugendliche direkt befragt wurden. Jürgen Zinnecker hat in seinem Rückblick auf die Anfänge der Jugendforschung diesen ›Frevel‹ der Umfrageforscher beschrieben, der darin lag, dass sie Jugendliche behandelten, »als würde es sich bei ihnen bereits um vollwertige Bürger der Republik handeln« (1985:440). Die repräsentative Jugendforschung rief insbesondere die Kritik von stärker normativen und fallorientierten Wissenschaftsansätzen in den »Reihen der Pädagogen und Entwicklungspsychologen« (440) hervor.

Tenbruck spricht in seiner Kritik an den ›unbewältigten Sozialwissenschaften‹ von einer »Kulturrevolution«, die die Sozialwissenschaften außerhalb der Mauern der Wissenschaft bewirkt haben; sie seien zu einer »neuen Lebensmacht« geworden, die in alle Lebensbereiche hineindränge: »Im Lehrplan der Schulen, in den Programmen des Fernsehens und der Massenmedien, im Kulturbetrieb und in der öffentlichen Meinung, in der Welt der Politik und der Arbeit, zwischen Eltern und Kindern, zwischen den geistigen, religiösen, kulturellen und politischen Gruppen steht, bewundert viel und vielgescholten, unbewältigt das Wissen, welches diese Fächer repräsentieren« (1981:369). So hätten sich »alle Bestände des praktischen Wissens, das unser alltägliches und berufliches, unser privates und öffentliches Handeln leitet« (369), grundlegend gewandelt. Tenbruck betont, dass nicht nur die Welt eine andere geworden sei, sondern sich auch die Perspektive auf dieselbe verändert habe. Es sei zu einer Soziologisierung der gesamten Wissensbestände gekommen. Damit tritt sozial- oder humanwissenschaftliches Wissen in Konkurrenz zu anderen etablierten Mustern der Selbstthematisierung: »Der Angriff auf den undurchsichtigen Kult der Gelehrsamkeit wurde mit den neuen Humanwissenschaften geführt, die eine Sorte des Wissens jenseits des Bildungsprivilegs behaupteten. Der Erkenntnisgewinn von Linguistik, Psychoanalyse oder Soziologie beruhte auf einem Entlarvungseffekt, der genau gegen die ›legitime‹ Kultur gerichtet war, die das Bildungsbürgertum mit allen Mitteln verteidigte« (Bude 1994:250).

# 2. Institutionalisierung der empirischen Sozialforschung im 20. Jahrhundert

Trotz der Fülle empirischer Forschungsarbeiten und ihrer zeitweiligen Verdichtung in einzelnen Forschungsmilieus ist es lange Zeit nicht zu einer institutionellen Verdichtung der empirischen Sozialforschung gekommen. Es fehlte zum einen ein Netz von Institutionen, die empirisch fundiertes Wissen produzieren, und zum anderen fehlten Einrichtungen, die regelmäßig solche Untersuchungen beauftragen und das Wissen in ihrer Arbeit verwenden. Neben diesen Produzenten und Verwendern empirisch fundierten Wissens fehlten aber auch wesentliche Infrastrukturen: eine geregelte und wissenschaftlich kontrollierte Ausbildung von Sozialforschern und Rezipienten, Bücher und Zeitschriften, in denen einführende und fortgeschrittene Methodendiskurse geführt werden, wissenschaftliche und berufs- oder interessenbezogene Vereinigungen etc.

Empirische Forschung wurde außerhalb der amtlichen Statistik in hohem Maße in Eigenregie von mehr oder weniger vorgebildeten und erfahrenen Laienforschern und -forscherinnen, von Studierenden und Doktoranden durchgeführt; es war durchgängig Low-Budget-Forschung, die häufig aus Eigenmitteln finanziert wurde. Das hatte auch zur Folge, dass sich nur in wenigen Fällen eine Arbeitsteilung in der empirischen Arbeit entwickelt hatte; nur gelegentlich war auf bezahlte Interviewer und Interviewerinnen zurückgegriffen worden.

Die amtliche Statistik verfügte mit ihren hoheitsstaatlich legitimierten Zugriffsmöglichkeiten auf die Daten von Individuen und Wirtschaftssubjekten lange Zeit über eine Monopolstellung für repräsentative Aussagen über die soziale Welt. Allenfalls die großen Parteien und Verbände hatten im Rahmen ihrer Mitgliedschaft ähnliche Möglichkeiten und die notwendige Infrastruktur zur Durchführung großer Befragungen. Solange jedoch die Techniken der Zufalls- oder Quotenauswahl und die daran geknüpften Verfahren der schließenden Statistik noch nicht hinreichend bekannt und implementiert waren, waren jenseits der amtlichen Statistik keine repräsentativen Aussagen über das Gesellschaftsganze möglich. Auch auf der Nachfrageseite fehlten die Voraussetzungen für einen Forschungsmarkt. Der empirischen Sozialforschung und dem mit ihren Mitteln hervorgebrachten Wissen kam im öffentlichen Diskurs oder bei der Begründung politischen oder unternehmerischen Handelns noch keine besondere Bedeutung zu.

Dies zusammengenommen hat dazu geführt, dass sich kein konsistentes Forschungsfeld herausgebildet hat. Lazarsfeld spricht davon, dass die empirische Sozialforschung vor 1933 nirgends in Westeuropa eine hinreichende ›kritische Masse‹ erreicht habe, »jene Anzahl von Leuten, die notwendig ist, um durch die Bildung von sich wechselseitig aufeinander beziehenden Gruppen das gegenseitige Interesse wachzuhalten« (1968:149).

Im Folgenden sollen die ersten Schritte der Institutionalisierung von Sozialforschung, die sich in der ersten Hälfte des 20. Jahrhunderts verdichteten, skizziert werden.

## a) Amtliche Statistik

Eine frühe Form der Institutionalisierung empirischer Forschung entstand mit dem Aufbau der amtlichen Statistik. Ihre Bedeutung wuchs und veränderte sich in dem Maße, wie sich die der staatlichen Regulation zugedachten Aufgaben z. B. im Bereich der Wirtschafts- und Konjunkturpolitik oder der Sozialpolitik veränderten.

Das Kaiserliche Statistische Amt, später das Statistisches Reichsamt, wurde im Jahre 1872 begründet. Nach und nach wurden aus den statistischen Büros der größeren Teilstaaten die *Statistischen Landesämter*. Bei der Landesstatistik handelt es sich vorwiegend um ›ausgelöste‹ Statistik; d. h., statistische Aufgaben sind aus anderen Arbeitsbereichen herausgenommen und im statistischen Amt konzentriert. Diese Länderhoheit wurde 1934 von den Nationalsozialisten zeitweilig aufgehoben, zugunsten einer Stärkung des Statistischen Reichsamts, dessen Beschäftigtenzahl 1939 auf etwa 5000 angewachsen war (vgl. Krieger 1959:59).

Auf kommunaler Ebene wurden die ersten Büros der *Städtestatistik* 1862 (Berlin) konstituiert. Die Mehrheit der 45 von Würzburger im Jahre 1918 gezählten kommunalen Büros wurde jedoch erst im 20. Jahrhundert aufgebaut. Die Städte- bzw. Gemeindestatistik war vom Reichsamt und von den Landesämtern unabhängig.

Die Arbeitsgebiete der amtlichen Statistik erweiterten sich mit den Aufgaben, die die Nationalstaaten übernahmen. Die Zoll- und Außenhandelsstatistik entstand im Rahmen des Deutschen Zollvereins; die Berufszählungen und Arbeitsstatistiken waren eng mit der Lösung der ›sozialen Frage‹ und der Einführung des Sozialversicherungssystems verbunden; die Lohn- und Gehalts- bzw. die Geld- und Kreditstatistik entstand in den Krisen der 1920er Jahre; die Berechnung von Volkseinkommen erfolgte angesichts der zu erbringenden Reparationsleistungen; die Industrie- und Agrarstatistik bzw. das erweiterte Programm der Volkszählungen im Kontext der nationalsozialistischen Rüstungs-, Autarkie- und ›Rassenpolitik‹. Diese Entwicklung setzte sich auch nach dem Zweiten Weltkrieg fort. Zunächst musste in der Wiederaufbauphase die Gebäude- und Wohnungsstatistik forciert werden. Mit der einsetzenden Westintegration der Bundesrepublik und der Einbindung in europäische Wirtschaftsprogramme ging der Aufbau von Sozialproduktsberechnungen und der volkswirtschaftlichen Gesamtrechnung, später von gemeinsamen EG-Industriezensen, einher. Der 1957 eingeführte Mikrozensus ermöglicht eine genaue Bestimmung des sich verknappenden Arbeitskräftepotentials; der Aufbau von Input-Output-Rechnungen stand im Kontext einer neuen wirtschaftspolitischen Orientierung (vgl. dazu Litz/Lipowatz 1986:55 f.).

## b) Markt- und Meinungsforschung

Solange Unternehmen vorwiegend für lokale und regionale Märkte produzierten, lieferten traditionelle Netzwerke hinreichende Informationen. Erst mit der wachsenden Bedeutung und Differenzierung der Konsumgüterproduktion im Kontext der fordistischen Massenproduktion und einer Verkürzung der Produktzyklen bildet sich ein einschlägiger Bedarf im Bereich der Marktforschung heraus. So entstand in Deutschland 1925 das ›Institut für Wirtschaftsbeobachtung der deutschen Fertigware‹ in Nürnberg. Wilhelm Vershofen und sein Schüler Erich Schäfer waren Professoren der Wirtschaftswissenschaften bzw. Betriebswirtschaftslehre; sie warfen als Begründer der so genannten Nürnberger Schule der Verbrauchsforschung der damaligen Nationalökonomie »Lebensferne« vor, »sie trage zur Lösung praktischer Probleme der Wirtschaft wenig bei und sähe den Verbraucher so, als seien seine Handlungen allein von der Vernunft bestimmt und als seien neben diesen rein verstandesmäßen keine anderen Ursachen maßgebend« (Kapferer 1994:43 f.). Man arbeitete bei den ersten Konsumentenbefragungen zwar mit einigen hundert Korrespondenten im ganzen Land, benutzte jedoch keinen festen Befragungsapparat. 1934 wurde unter der Regie Vershofens die ›Gesellschaft für Konsumforschung‹ (GfK) konstituiert. 1929 entstand in Hamburg die ›Untersuchungsstätte für Auslands-Marktforschung‹. Viele dieser Gründungen haben »nicht eben geringe Impulse« (Berth 1959:193) aus den USA erhalten, wo sich neben Großbritannien die Markt- und Meinungsforschung bereits recht früh etablieren konnte.

Bereits 1927 wurde von Paul Lazarsfeld die *Österreichische Wirtschaftspsychologische Forschungsstelle* als universitätsunabhängige wissenschaftliche Einrichtung gegründet; sie sollte kommerzielle Forschungsaufträge einwerben und wissenschaftliche Forschungsarbeiten ermöglichen. Viele der Mitarbeiter und Mitarbeiterinnen waren in ihrem wissenschaftlichen Zugang und ihrem empirischen Grundverständnis durch die Psychologen Charlotte und Karl Bühler, die Begründer der ›Wiener Schule der Motivforschung‹, geprägt; zudem standen sie der sozialistischen Partei nahe oder waren in ihrem Umfeld aktiv. Die für die Entwicklung der empirischen Sozialforschung wichtigste Untersuchung, die diesem Forschungszusammenhang entstammte, war die von Jahoda, Lazarsfeld und Zeisel verantwortete Studie über die Arbeitslosen von Marienthal.

Auch im Bereich der (später so genannten) *Meinungsforschung* entwickelt sich, wie die Untersuchungen von Kirchen, Verbänden und Parteien in der Weimarer Zeit zeigen, allmählich ein Forschungsbedarf. Für die Entwicklung der Meinungsforschung waren dann vor allem die Erfolge in der amerikanischen Wahlforschung, die auf den Einsatz von (kostengünstigen und hinreichend zuverlässigen) Stichprobenverfahren zurückgingen, bedeutsam. So entwickelte sich in der Wahlforschung der 1940er Jahre eine regelrechte Konkurrenz verschiedener Institute um die beste Vorhersage. Darüber hinaus wurden empirische Forschungsmethoden auch im Bereich der so genannten Rundfunkforschung genutzt. So baute Paul Lazarsfeld, der in die USA migrieren musste, z. B. ein Büro für angewandte Sozialforschung auf, das sich diesem Untersuchungsfeld zuwandte.

Im Bereich der Markt- und Meinungsforschung wurden die entwickelten Techniken der Zufallsstichprobe modifiziert und der Kostensituation der Befragungsinstitute angepasst; so wurde bevorzugt mit den relativ preisgünstig zu erstellenden, statistisch betrachtet aber wenig zuverlässigen Quoten-Stichproben gearbeitet.

## c) Sozialwissenschaften und wissenschaftliche Sozialforschung

Die *Universitäten* spielten in Deutschland für die Institutionalisierung der empirischen Sozialforschung zunächst eine eher geringe Rolle. Die Soziologie bzw. die Sozialwissenschaften waren an den Hochschulen nur marginal verankert, sofern sie überhaupt als eigenständige Disziplinen wahrgenommen wurden; erst in der Weimarer Republik kam es zu einer schrittweisen Institutionalisierung der Soziologie an den Universitäten. Bereits 1909 waren jedoch mit der Deutschen Gesellschaft für Soziologie und der Deutschen Statistischen Gesellschaft erste Fachverbände entstanden, die sich u. a. auch mit Fragen der empirischen Sozialforschung befassten.

Die Universitäten bieten dennoch einen Rahmen, in dem Forschungsaktivitäten wie die des Vereins für Socialpolitik abgewickelt werden können. Zudem spielen sie eine wichtige Rolle für die Organisation der Diskurse um die empirische Forschung und die Kumulation empirischen Wissens. Die dominante historische und sozialphilosophische Orientierung steht in Deutschland jedoch einer stärkeren Institutionalisierung der empirischen Forschung in den sozialwissenschaftlichen Disziplinen entgegen.

Mit dem Forschungsinstitut für Sozialwissenschaften in Köln (1919), dem Institut für Sozialforschung in Frankfurt (1924) oder dem Institut für Zeitungskunde an der Universität Leipzig (1926) entstehen die ersten wissenschaftlichen

Forschungsinstitute – mehr oder weniger eng mit einzelnen Universitäten verbunden. Diese Institute haben jedoch für die empirische Sozialforschung zunächst nur begrenzte Bedeutung; sie waren in hohem Maße auf Eigenmittel angewiesen, ein Markt für Auftragsforschung hatte sich nur rudimentär entwickelt.

Unmittelbar nach dem Ende von Nationalsozialismus und Weltkrieg entstanden weitere Institute, so z. B. die Sozialforschungsstelle Dortmund, die 1946 gegründet wurde und als Außenstelle der Universität Münster fungierte. Man wollte Grundlagenforschung für eine neue Sozialpolitik durchführen. Forschungsschwerpunkte sind nach den ersten Jahren, wo es vorrangig um Versorgungsfragen ging, Industrie- und Betriebssoziologie sowie Gemeinde- und Stadtsoziologie. Neben dem Dortmunder Institut hatte insbesondere das von Adorno und Horkheimer neu begründete Frankfurter Institut für Sozialforschung eine wichtige Stellung in der Forschungslandschaft der 1950er Jahre. Erst in den 1960er Jahren kam es dann zum Ausbau der Sozialwissenschaften an den Hochschulen und auch zum Aufbau weiterer hochschulnaher Forschungseinrichtungen.

## d) Betriebliche Sozialforschung

Neben der Frage nach den Märkten, in denen sich Unternehmen bewegen, wurde die Methoden der empirischen Sozialforschung zunehmend auch für die Organisation der Binnenstrukturen von Unternehmen und Verwaltungen eingesetzt. Anfänge wurden z. B. mit dem auf Frederick Winslow Taylor zurückgehenden Konzept der wissenschaftlichen Betriebsführung gemacht. »Das Taylorsystem lief als Organisationskonzept letztlich darauf hinaus, dem einzelnen Arbeiter durch Arbeitsvereinfachung, straffere Arbeitsorganisation und massiven Druck ein größeres Produktenquantum abzuringen eine ›barbarische‹ Form der Rationalisierung« (Kern 1982:205).

In den USA wurden in den 1920er Jahren die Hawthorne-Studien durchgeführt, so benannt nach dem Standort einer Fabrik der Western Electric Company; sie markieren den Anfang systematischer arbeitssoziologischer Forschungen. »Die Entstehung der Hawthorne-Studien und insbesondere die bereitwillige Aufnahme ihrer betriebspraktischen Implikationen in der Human-Relations-Bewegung sind Ausdruck der Tatsache, daß in der amerikanischen Industrie bereits die Grenzen tayloristischer (…) Rationalisierung spürbar geworden waren« (ebd. 204 f.).

In Deutschland wurde 1924 der Reichsausschuss für Arbeitszeitermittlung (REFA) gegründet, der sich mit der Untersuchung von Arbeitsabläufen, Zeit- und Bewegungsstudien oder Untersuchungen zum Materialfluss und Verschleiß befasste. 1928 entstand unter Götz Briefs das Institut für Betriebssoziologie und soziale

Betriebslehre an der TU Berlin. Aus der Institutsarbeit gingen Arbeiten zum System der Betriebssoziologie und zur Grundlegung der Betriebssoziologie hervor. Daneben wurden einzelne Betriebsstudien, Studien zu spezifischen Politikfeldern im Betrieb (Entlohnung, Sozialpolitik, betriebliche Kooperation, Werkszeitungen) sowie Länderstudien durchgeführt. Methodisch wurde dabei auf Techniken der Feldforschung, der Dokumentenanalyse und auf sekundärstatistische Auswertungen zurückgegriffen.

## e) Der Entwicklungsstand der empirischen Sozialforschung

Die Geschichte der empirischen Sozialforschung lässt sich nicht als eine Fortschrittsgeschichte fassen. Forschungsdesigns oder auch Erhebungsmethoden der Sozialforschung geraten wieder in Vergessenheit; es gibt unterschiedliche Konjunkturen dessen, was als legitime Vorgehensweise der Sozialforschung betrachtet wurde; diese unterscheiden sich auch nach Themenfeldern, Ländern, Disziplinen. Das Wissen um bestimmte Möglichkeiten der Erhebung und Analyse implizierte nicht unbedingt seine praktische Anwendung. So waren z. B. die wesentlichen statistischen Grundlagen und auch erste Erfahrungen mit Stichprobentechniken vorhanden, lange bevor sie in der amerikanischen Markt- und Meinungsforschung erstmals auf breiter Basis eingesetzt wurden.

Dennoch hatte sich in den verschiedenen Entwicklungssphären im Laufe der Zeit ein breites Repertoire an Forschungsdesigns, an Erhebungs- und Auswertungsmethoden herausgebildet. Im Bereich der heute so genannten *qualitativen Forschung* entstanden Verfahren wie teilnehmende Beobachtungen, Feldforschungen, Fallstudien (z. B. über Familien oder Industriedörfer), die Sammlung von Biographien etc. Neben Expertenbefragungen wurden zunehmend auch Befragungen unter Betroffenen durchgeführt.

Im Bereich der so genannten *quantitativen Forschung* entwickelte sich allmählich eine Vorstellung von den Möglichkeiten einer mathematischen Abbildung des sozialen Raums; an die Stelle der Sammlung von Daten tritt die Analyse. Wichtige Fortschritte werden auch in der Mathematik, insbesondere in der Wahrscheinlichkeitstheorie gemacht; vor diesem Hintergrund wurden dann erstmals Stichprobentechniken angewandt. Zu einem Entwicklungsschub kam es in der amerikanischen Sozialforschung der 1920er bis 40er Jahre, als Methoden der Einstellungsmessung entstanden und die Stichprobentechnik perfektioniert wurde. Zur Auswertung wurden Verfahren der schließenden Statistik genutzt; neben der Korrelations- und Regressionsrechnung wurden auch Techniken der multivariaten Analyse entwickelt. Eine nicht unbedeutende Rolle spielte auch der Einsatz von Daten verarbeitenden Maschinen, mit denen nach und nach neue Möglichkeiten für komplexe statistische Analysen eröffnet wurden.

Erst recht spät kommt es zu einer Kanonisierung dieses Wissens in Lehrbüchern oder in einer akademischen Methodenausbildung (zuerst im Bereich der Statistik und Wahrscheinlichkeitsrechnung, später auch im Bereich der Erhebungsmethoden) und zu einer Institutionalisierung empirischer Forschung (über die amtliche Statistik hinaus).

## Klassische methodologische Kontroversen

Die allmähliche Herausbildung der empirischen Sozialforschung, ihr Bezug zu verschiedenen sich ausdifferenzierenden Wissenschaften, verschiedene Formen ihrer Institutionalisierung bzw. Akademisierung und schließlich die Verwendung empirisch fundierten Wissens in ganz unterschiedlichen Praxisfeldern sind alles andere als konfliktfrei verlaufen. Es waren Auseinandersetzungen um die angemessene Art und Weise, die soziale Welt zu beschreiben und zu analysieren, Konflikte um die Rolle der Wissenschaftler im Forschungsprozess, und es waren Auseinandersetzungen um die Bedeutung und gesellschaftliche Verwendung des so gewonnenen Wissens.

All diese inner- und außerwissenschaftlichen Debatten haben dazu geführt, dass sich die empirische Sozialforschung so entwickelt hat, wie sie sich heute darbietet. Die Kenntnis dieser Debatten – in ihrem methodischen Gehalt, nicht unbedingt in ihrem historischen Verlauf – kann dazu beitragen, sich im Feld der empirischen Sozialforschung zu orientieren und manche der gegenwärtig beobachtbaren Grenzziehungen zu verstehen.

- Universitätsstatistik und politische Arithmetik: Die Auseinandersetzungen zwischen den Vertretern der Universitätsstatistik und der politischen Arithmetik kreisten um die Frage der Tabellierung und Quantifizierung sozialer Phänomene und um die damit verbundenen Vorstellungen von Kausalität; dem stand die Favorisierung eines eher fall- und kontextbezogenen Vorgehens gegenüber. Diese Auseinandersetzungen finden ihre Fortsetzung in den heutigen Debatten um das Verhältnis von qualitativer und quantitativer Sozialforschung.
- Der Methodenstreit in der Nationalökonomie: Der Streit wurde zwischen der historischen Schule der Nationalökonomie, z. B. Gustav Schmoller, und den Vertretern der Österreichischen Schule, insbesondere Carl Menger, ausgetragen: Die einen hoben die besonderen Leistungen von historischen, fallorientierten und induktiven Ansätzen hervor, die anderen den Nutzen abstrakter Modelle und eines deduktiven Vorgehens für die exakten Wissenschaften. Eng damit verknüpft war

die Auseinandersetzung um das Verhältnis von Naturwissenschaft und historisch kulturell orientierter Geisteswissenschaft.

Der Methodenstreit steht exemplarisch für so genannte Historismus-Kontroversen, die sich in vielen benachbarten Wissenschaften finden. Es ging dabei unter anderem um die Frage, welchen Status wissenschaftliches Wissen haben kann, wenn doch in der historischen Analyse die zeitspezifischen Prägungen dieses Wissens offenbar werden (vgl. dazu Daniel 2001:409 ff.).

- Der Werturteilsstreit: Im Verein für Socialpolitik wurde erstmals 1909, eingehender dann 1914, die Rolle von Werturteilen im Forschungsprozess diskutiert. Die Auseinandersetzung machte sich zunächst an den Fragen des sittlichen Werturteils und der praktischen Wertung in der Nationalökonomie fest; zudem ging es auch um das Verhältnis von wirtschafts- und sozialpolitischen Fragen. Max Weber vertrat das Konzept einer »parteienlosen« Wissenschaft: Die Existenz von Werturteilen, ihre Hintergründe und die daraus erwachsenden Konsequenzen können zwar zum Gegenstand der wissenschaftlichen Arbeit werden, diese müsse aber eine »rein objektive, von allen eigenen Bewertung freie, ermittelnde *Analyse*« (1988:431) sein. Im Hintergrund der Kontroversen standen, wie Lindenlaub (1967:433 ff.) ausführt, neben einem Generationenkonflikt vor allem divergierende sozialpolitische Zielsetzungen.
- Der Positivismusstreit: In den 1960er und 70er Jahren wurde der so genannte Positivismusstreit ausgetragen. Die Etikettierung dieses Streits trifft nicht unbedingt den Kern; die Auseinandersetzung ging eher um das Verhältnis von Soziologie und empirischer Forschung. Der Fraktion, die sich insbesondere auf die kritisch-rationalistische Wissenschaftstheorie Karl Poppers bezog, standen die Vertreter der Frankfurter Schule (insbesondere Theodor W. Adorno und später Jürgen Habermas) gegenüber, die das Projekt einer Kritischen (Gesellschafts-)Theorie verfolgten. Dabei können vier Ebenen der Auseinandersetzung und Kritik unterschieden werden: eine Auseinandersetzung um die (wissenschaftstheoretischen) Grundlagen der empirischen Sozialforschung, eine Kritik an der vorherrschenden (quantifizierenden) Erhebungs- und Auswertungsmethodik der empirischen Sozialforschung, eine (Binnen-)Kritik an den spezifischen Zielsetzungen der hypothesentestenden Forschung und eine Kritik der vorherrschenden Verwendungsformen empirischer Forschung.
- Entzauberung der Wissenschaft: Die bereits in den Historismus-Kontroversen behandelten Fragen wurden mit der Veröffentlichung von Thomas Kuhns ›Die Struktur wissenschaftlicher Revolutionen‹ und mit der bereits 1935 entstandenen Schrift Ludwik Flecks ›Entstehung und Entwicklung einer wissenschaftlichen Tatsache‹ durch eingehende wissenschaftsgeschichtliche und -soziologische Analysen bereichert. Es wird deutlich, dass die in der Wissenschaftsgeschichte gern bemüh-

ten Bilder eines stets fortschreitenden linearen Erkenntnisgewinns nicht unbedingt der beobachtbaren Entwicklung entsprechen. Kuhn unterscheidet Phasen des wissenschaftlichen Normalbetriebs, in denen es einen weitgehenden Konsens um Paradigmen – zentrale Fragestellungen, Methoden und Lehrmeinungen – gibt, von Krisenphasen, die dann zu einem Paradigmenwechsel führen können. Die hier angestoßenen Themen wurden in weiteren Forschungen aufgenommen und weitergeführt (vgl. z. B. Cicourel 1974, Foucault 1974, Hacking 1975, Knorr-Cetina 1984 oder Latour/Woolgar 1986). Sie zeigen, dass einfache Modelle einer Akkumulation wissenschaftlichen Wissens mit den wissenschaftsgeschichtlichen Beobachtungen kaum zu vereinbaren sind (vgl. dazu Bonß/Hartmann 1985).

- Debatten um die Funktion und Verwendung sozialwissenschaftlichen Wissens: Ausgangspunkt dieser Debatten war in den 1960er Jahren zum einen die Frage nach der ethischen Verantwortbarkeit von empirischer Forschung, die für militärische Zwecke oder die Fortschreibung von Ausbeutung und Unterdrückung verwandt wird. Zum anderen wurde diskutiert, welchen Nutzen sozialwissenschaftliches Wissen habe, nachdem z. B. in den USA wie in Deutschland deutlich wurde, dass die in einer Phase der ›Planungseuphorie‹ gehegte Hoffnung, sozialwissenschaftliches Wissen systematisch für eine rationale Gestaltung von Politik und Gesellschaft nutzen zu können, enttäuscht wurde. So waren in den 1960er und 70er Jahren erhebliche öffentliche Mittel in die sozialwissenschaftliche Lehre und Forschung (z. B. Bildungs- und Humanisierungsforschung) investiert worden, ohne größere praktische oder politische Fortschritte verzeichnen zu können. Neben dieser eher immanenten Kritik war immer auch der Charakter der Sozialwissenschaft als Staatswissenschaft kritisiert worden (vgl. Wienold 1987, Wagner 1990). Auch die sich entwickelnde Frauen- und Geschlechterforschung übte vehemente Kritik an Forschungsperspektiven einer empirischen Sozialforschung, die zu einer Ausblendung der Lebens- und Arbeitswelten von Frauen führten.
- Qualitative und quantitative Sozialforschung: Insbesondere seit den 1980er Jahren hat eine Renaissance der qualitativen Sozialforschung die in Forschung und Lehre dominanten quantifizierenden Forschungsansätze herausgefordert. Obwohl die anfangs eher ausschließenden Stellungnahmen für den einen oder anderen Ansatz mehrheitlich zugunsten eines versöhnlichen Nebeneinanders zurückgetreten sind, scheinen die Lager fortzubestehen. So räumte z. B. noch im Jahr 2006 ein Sonderheft der Kölner Zeitschrift für Soziologie und Sozialpsychologie zum Thema ›Methoden der Sozialforschung‹ (Diekmann 2006) der qualitativen Sozialforschung keinen systematischen Platz ein.

Die hier skizzierten Kontroversen haben die Grundlagen der Produktion empirisch fundierten Wissens, die verschiedenen Formen dieses Wissens und schließlich seine gesellschaftliche Verwendung zum Thema. Für diese Einführung in die Techniken der empirischen Forschung sind sie nur bedingt von Interesse, für ein Verständnis des Charakters empirisch fundierten Wissens und die Art und Weise seiner gesellschaftlichen Verwendung können sie jedoch erhellend sein. Daher werden die verschiedenen im Rahmen dieses Abrisses angesprochenen Themen in die folgende Darstellung eingehen; jedoch nicht im Sinne einer einmaligen Abhandlung der (wissenschaftstheoretischen) Grundlagen der empirischen Sozialforschung. Vielmehr werden sie implizit in die Darstellung des Forschungsfeldes und des Handwerkszeugs einbezogen.

## 3. Das Feld der empirischen Sozialforschung

Nach diesem Blick in die Geschichte der empirischen Sozialforschung soll nun die heutige Forschungspraxis genauer beleuchtet werden. Es ist sinnvoll, die empirische Sozialforschung als ein Feld zu begreifen: Hier finden sich verschiedene Akteure, z. B. Organisationen, die Sozialforschung betreiben und so empirisch fundiertes Wissen produzieren, andererseits Organisationen, die dieses Wissen in verschiedenen Praxisfeldern verwenden. Das Medium oder die Ware, über die beide miteinander in Beziehung treten, ist empirisch fundiertes sozialwissenschaftliches Wissen.

### a) Die Struktur des Feldes

Man kann sich das Feld der empirischen Sozialforschung, wie es heute in Deutschland und anderen Ländern besteht, vereinfacht als ein Feld der Produzenten und Verwender empirisch fundierten Wissens vorstellen.

Die Methoden der empirischen Sozialforschung (im weiteren Sinne) sind dabei als Technik zu verstehen, mit der verschiedene Produzenten regelgeleitet diese spezifische Form von Wissen über die soziale Welt hervorbringen. Dazu gehören Techniken bzw. Regeln der Datenerhebung und Verfahren der Datenanalyse also z. B. der Statistik oder der qualitativen Analyse.

Mit Hilfe dieser Technik wird nun auf regionaler bzw. nationaler Ebene, im Kontext der Europäischen Union oder bei den Vereinten Nationen eine bestimmte Form von sozialwissenschaftlichem Wissen produziert. Man kann etwa fünf Typen von Institutionen unterscheiden, in denen mit den Techniken der empirischen Sozialforschung gearbeitet wird: Einrichtungen der amtlichen Statistik, Institute der Markt- und Meinungsforschung, hochschulnahe und andere wissenschaftliche Forschungsinstitute. Zudem ist auch der Bereich der betriebsbezo-

Abb. 8: Das Feld der empirischen Sozialforschung

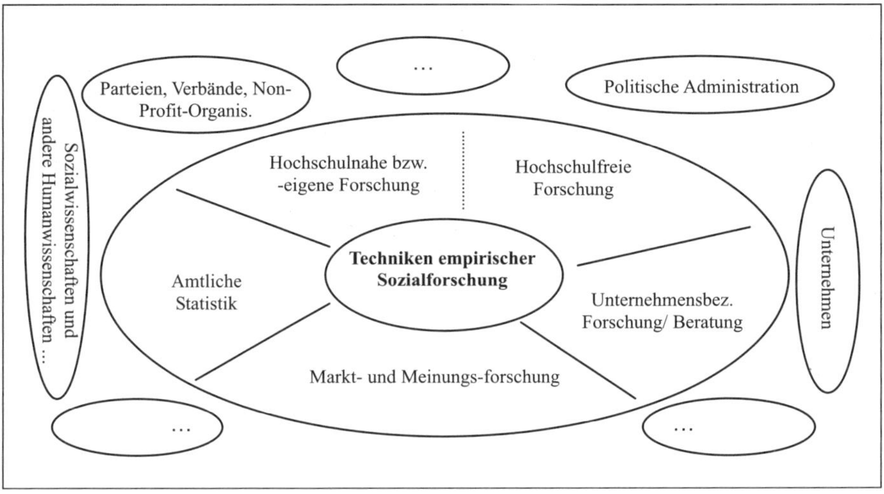


genen Forschungen zu berücksichtigen (vgl. Abb. 8). Nicht dargestellt sind die verschiedenen Einrichtungen der Forschungsinfrastruktur, die wichtige Rahmenbedingungen für die Forschungsarbeit bereitstellen.

Diese Institutionen produzieren ein bestimmtes mit Mitteln der empirischen Sozialforschung gewonnenes bzw. auch legitimiertes Wissen über die soziale Welt.

Dieses Wissen wird nun in verschiedenen gesellschaftlichen Kontexten mit ganz unterschiedlichen Zielsetzungen verwendet. Exemplarisch wurden in dem Modell vier Kontexte herausgehoben:

- Im engeren Rahmen der Sozialwissenschaften oder in benachbarten Wissenschaften wird empirische Sozialforschung eingesetzt, um fundiertes Wissen über soziale Phänomene hervorzubringen, um Phänomene zu beschreiben, um Zusammenhangsbeziehungen zu untersuchen oder um Hypothesen und theoretische Annahmen zu testen.
- In öffentlichen Verwaltungen interessiert man sich für Sozialforschung, um soziale Problemlagen bestimmen und auch ursächlich einschätzen zu können. Dies geschieht z. B. im Rahmen der Sozialberichterstattung, wenn auf Bundes-, Landes- oder kommunaler Ebene ein Jugendbericht, ein Armuts- und Reichtumsbericht oder ein Bildungsbericht erstellt wird. Man spricht in diesem Zusammenhang dann oft von Ressortforschung; diese ist an sozialwissenschaftlichem Wissen interessiert, um es für politische Entscheidungs- und Steuerungsprozesse oder legitimatorische Zwecke zu nutzen.

- In Parteien oder politischen Organisationen interessiert man sich für das Wahlverhalten, für die politischen Optionen einzelner sozialer Gruppen, um z. B. die Öffentlichkeitsarbeit zu verbessern und bei der nächsten Wahl eine größere Zahl von Wählerinnen und Wählern mobilisieren zu können.
- In einem Unternehmen möchte man zum einen Informationen über immer komplexere Märkte gewinnen; so interessiert man sich, um z. B. ein neues Automodell für junge Leute auf den Markt zu bringen, für deren Konsumwünsche, für ihren Geldbeutel, für das Image des Produkts usw. Zum anderen stellt sich die Aufgabe, die Binnenstruktur großer Unternehmen zu optimieren, menschliche Arbeit rational einzusetzen etc.

Diese Überlegungen verdeutlichen, dass empirische Sozialforschung nicht nur in einem akademischen Kontext zu begreifen ist; neben einem wissenschaftlichen Interesse an einer möglichst guten und differenzierten Beschreibung und Analyse der sozialen Welt finden sich in anderen Verwendungskontexten Anforderungen, die sich am ehesten unter dem Stichwort Problemlösung beschreiben lassen: Eine gute Marktstudie muss nicht die tatsächliche Lebenssituation von jungen Menschen ermitteln, sondern sie soll die Konsumwünsche einer bestimmten kaufkräftigen Gruppe ermitteln. Sie muss in einer Situation, die von vielerlei Unwägbarkeiten geprägt ist, Entscheidungshilfen für Investitionsentscheidungen geben. Auch eine Partei interessiert sich nicht in erster Linie für eine differenzierte Bestimmung der sozialen Lage verschiedener Wählergruppen, sondern es wird gefragt, wie sie ihr Programm am besten an den Mann oder die Frau bringen kann.

Um das hier skizzierte Feld näher kennen zu lernen, wird im Folgenden zum einen die Arbeit wichtiger Produzenten empirisch fundierten Wissens näher dargestellt, zum anderen wird der *Output* dieser Wissensproduktion, der besondere Charakter dieses empirisch fundierten Wissens beleuchtet.

## b) Produzenten empirisch fundierten Wissens

### Amtliche Statistik

Die Einrichtungen der amtlichen Statistik sind auf der Ebene der Europäischen Union, auf Bundes- wie auf Länderebene angesiedelt: Eurostat (das statistische Amt der Europäischen Gemeinschaften), das Statistische Bundesamt sowie die statistischen Landesämter. Diese Einrichtungen sammeln Daten, die in der Verwaltungspraxis bzw. in Meldeverfahren anfallen, und bereiten sie auf. In der Regel erfolgt diese Datensammlung dezentral, d. h., die jeweils übergeordneten Ebenen greifen auf die Daten der untergeordneten Ebenen zurück.

Darüber hinaus werden im Rahmen der amtlichen Statistik auch eigene Befragungen durchgeführt, in Deutschland z. B. Stichprobenerhebungen wie der Mikrozensus oder die Einkommens- und Verbrauchsstichprobe. Im Gegensatz zu den Befragungen anderer Einrichtungen besteht bei vielen amtlichen Befragungen eine Auskunftspflicht.

Die statistischen Ämter können in Deutschland keine Erhebungen in eigener Verantwortung durchführen; alle Untersuchungen bedürfen einer spezifischen gesetzlichen Grundlage. Das Aufgabengebiet der amtlichen Statistik reicht weit über den Gegenstandsbereich der empirischen Sozialforschung hinaus; neben der Sozialstatistik spielt seit den 1920er Jahren insbesondere die Wirtschaftsstatistik eine zentrale Rolle. Erst in den letzten Jahren kommt es zu einer intensiveren Kooperation von wissenschaftlicher Sozialforschung und amtlicher Statistik, so dass nunmehr Daten der amtlichen Statistik in breitem Umfang für die wissenschaftliche Sozialforschung verfügbar sind.

Unabhängig von den bislang genannten Einrichtungen der amtlichen Statistik betreiben auch viele Kommunen oder Kommunalverbände eigene statistische Ämter oder vergleichbare Einrichtungen und führen eigene Erhebungen durch.

Die Daten der amtlichen Statistik gehen auf unterschiedliche Quellen (vgl. auch Teil II, Kap. 11) zurück:

- Aufbereitung von Daten aus öffentlichen Verwaltungen und statistischen Einrichtungen sowie andere meldepflichtige Ereignisse
- ›Vollerhebung‹ der Bevölkerung: Volkszählungen oder registergestützte Zählungen
- (vergleichsweise) große Stichprobenerhebungen: Mikrozensus, Einkommens- und Verbrauchsstichprobe, Zeitbudgeterhebung

## Markt- und Meinungsforschung

Die Institute der Markt- und Meinungsforschung sind in der Regel als private Unternehmen verfasst und betreiben empirische Sozialforschung im Sinne der Auftragsforschung: Auftraggeber sind Unternehmen, Verbände und Parteien, die öffentliche Verwaltung, aber auch wissenschaftliche Einrichtungen. Markt- und Meinungsforschungsinstitute bieten eine breite Palette von Verfahren zur Erhebung empirischer Daten an; die großen Institute verfügen über einen breiten Stamm von Interviewern bzw. Interviewerinnen und können bundesweite Bevölkerungsstichproben realisieren. Verglichen mit der amtlichen Statistik können solche Erhebungen auch recht kurzfristig durchgeführt werden. Neben der Erhebung von Daten werden aber auch Dienstleistungen im Bereich der Aufbereitung und Auswertung von Daten angeboten. Mit der Entstehung der Markt- und Meinungsforschungsinstitute werden die Potentiale der empirischen Sozialforschung, ›repräsentative‹ Aussagen über große Personengruppen zu machen, einer breiteren Gruppe von (zahlungskräftigen) Interessenten zugänglich; bis dahin hatte die amtliche Statistik quasi ein Monopol für solche Aussagen.

Ein Überblick über die im Bereich der Markt- und Meinungsforschung tätigen Forschungsinstitute lässt sich über die Homepage des Arbeitskreises Deutscher Markt- und Sozialforschungsinstitute (ADM) gewinnen. Wichtige Datenquellen, auf die in der Forschungsarbeit der Institute zurückgegriffen wird, sind z. B.

- Befragungen (quantitativ, qualitativ), Panels, Experteninterviews,
- Gruppendiskussionen,
- teilnehmende oder verdeckte Beobachtungen,
- Tests (z. B. in der Werbeträgerforschung),
- Fallstudien.

Die größeren Institute der Markt- und Meinungsforschung sind durch ihren Interviewerstab, neben der amtlichen Statistik, die zentrale Instanz zur Durchführung von Bevölkerungsumfragen mit hohen Fallzahlen. D. h., wenn z. B. ein wissenschaftliches Forschungsinstitut eine standardisierte Befragung konzipiert, so wird die Befragung in der Regel durch ein Markt- und Meinungsforschungsinstitut durchgeführt.

## Hochschulabhängige und hochschulfreie Forschungseinrichtungen

Wissenschaftlich orientierte hochschulabhängige oder hochschulfreie Forschungsinstitute betreiben empirische Sozialforschung im akademischen Rahmen und in der Regie von öffentlichen Körperschaften bzw. Verbänden oder sie bieten in unterschiedlicher Trägerschaft ihre Leistungen auf dem Markt für sozialwissenschaftliche Expertisen und Forschungen an. Die Vielfalt der Organisations-, Rechts- und Finanzierungsformen macht es nicht immer möglich, klare Abgrenzungen zu treffen. Mit der im Schaubild vollzogenen Unterscheidung sollten jedoch die prinzipiellen Unterschiede zwischen akademisch orientierten Einrichtungen einerseits und Einrichtungen, die dem Forschungsmarkt, einer Behörde oder einem Verband verpflichtet sind, andererseits herausgestrichen werden. Angesichts der Veränderungen in der Hochschul- und Forschungswelt ist eine exakte Unterscheidung praktisch unmöglich geworden.

Heute sind zu den hochschulnahen Forschungseinrichtungen z. B. folgende Institute zu zählen:

- Institut für Sozialforschung (Frankfurt)
- Institut für sozialwissenschaftliche Forschung (München)
- Soziologisches Forschungsinstitut (Göttingen)

- Institut für angewandte Sozialforschung der Universität zu Köln
- Forschungsinstitut für Soziologie der Universität zu Köln
- Mannheimer Zentrum für Europäische Sozialforschung
- Forschungsgruppe Wahlen (Mannheim)

Schließlich wird Sozialforschung an Hochschulen auch im Rahmen kleinerer Forschungsabteilungen als projektbezogene Forschungsarbeit an Lehrstühlen sowie im Rahmen der Qualifizierungsarbeiten von Sozialwissenschaftlern und Sozialwissenschaftlerinnen betrieben. Diese Forschungen werden über Mittel dieser Einrichtungen, über Drittmittel aus der Forschungsförderung sowie über Eigenmittel der Forschenden finanziert.

Im Bereich der hochschulfreien Institute lassen sich entsprechend den unterschiedlichen Trägerschaften bzw. unterschiedlichen Organisations- und Finanzierungsformen unterscheiden:

- Institute der Leibniz-Gemeinschaft (insbesondere die Sektion Wirtschafts- und Sozialwissenschaften, Raumwissenschaften): z. B. Wissenschaftszentrum Berlin für Sozialforschung (WZB) oder Deutsches Institut für Wirtschaftsforschung (DIW), Berlin
- Institute der Max-Planck-Gesellschaft (Forschungsgebiet Sozial- und Verhaltenswissenschaften): z. B. die Max-Planck-Institute (MPI) für Bildungsforschung, Berlin, für demographische Forschung, Rostock, für Gesellschaftsforschung, Köln
- Forschungseinrichtungen des Bundes bzw. der Bundesanstalten: z. B. das Bundesinstitut für Berufsbildung oder das Institut für Arbeitsmarkt- und Berufsforschung der Bundesagentur für Arbeit, Nürnberg. Dazu gehören im weiteren Sinne auch Institute, wie das Deutsche Jugendinstitut (DJI), München, das nach einem Beschluss des Deutschen Bundestages gegründet wurde und insbesondere durch Bundesaufträge finanziert wird.
- Forschungseinrichtungen von Verbänden und Gewerkschaften, z. B. das Wirtschafts- und Sozialwissenschaftliche Institut in der Hans-Böckler-Stiftung, das Institut der deutschen Wirtschaft Köln oder die Forschungseinrichtungen der parteinahen Stiftungen.

Eine Reihe dieser Institute ist in der Arbeitsgemeinschaft Sozialwissenschaftlicher Institute (ASI) zusammengeschlossen.

Zu den Datenquellen, auf die in diesen Einrichtungen zurückgegriffen wird, gehören z. B.:

- eigenverantwortete Erhebungen, die in der Regel bei einem Befragungsinstitut in Auftrag gegeben werden
- Sekundäranalysen von Mikro- und Makrodaten aus der amtlichen Statistik

- Daten aus regelmäßig durchgeführten Befragungen verschiedener Träger: Sozioökonomisches Panel (SOEP), Allgemeine Bevölkerungsumfrage Sozialwissenschaft (ALLBUS), Befragungen, die von verschiedenen Einrichtungen der EU oder von Eurostat durchgeführt werden, z. B. das Eurobarometer
- prozessproduzierte Daten; d. h. Daten, die im regelmäßigen Verwaltungsablauf der eigenen oder anderer Institutionen anfallen

## Unternehmensbezogene Forschung und Beratung

Über die oben beschriebenen wissenschaftlich orientierten Forschungseinrichtungen hinaus wird Sozialforschung auch im Sinne der unternehmensbezogenen Forschungs- und Beratungsarbeit eingesetzt; so z. B. in Einrichtungen, die Dienstleistungen im Bereich der Unternehmensberatung und Organisationsentwicklung anbieten. Aber auch innerhalb von Verwaltungen und Unternehmen werden Instrumente der empirischen Sozialforschung genutzt, wenn z. B. die Personalabteilung eines Unternehmens Daten über die Beschäftigten sammelt, wenn im Rahmen des Berichtswesens systematisch bestimmte Informationen über die Tätigkeit einer Organisation zusammengestellt werden oder zum Zweck der Organisationsberatung Arbeitsabläufe beobachtet und Gruppengespräche mit den Mitgliedern einer Abteilung geführt werden.

Entsprechend der unterschiedlichen Verfasstheit dieser Forschungseinrichtungen, den unterschiedlichen Fragestellungen und Interessenlagen der beteiligten Akteure gestaltet sich die Forschungspraxis ganz unterschiedlich. Allen Einrichtungen ist jedoch gemein, dass hier (i. w. S.) empirische Sozialforschung betrieben wird; d. h., es wird mit einem vergleichbaren Spektrum von Techniken regelgeleitet und systematisch empirisch fundiertes Wissen hervorgebracht. Es ist jedoch nicht ganz einfach, dieses Feld der Produktion empirisch fundierten Wissens genau abzugrenzen:

Zum einen stellt sich das Problem der inhaltlichen Abgrenzung der Sozialforschung. Die Übergänge z. B. zur Wirtschaftsforschung, zur Städtebauforschung oder zur arbeitswissenschaftlichen Forschung sind fließend. Neben den Sozialwissenschaften im engeren Sinne kann das Know-how der empirischen Sozialforschung auch in vielen benachbarten Wissenschaften genutzt werden. Zum anderen ist es oft schwierig, zwischen wissenschaftlichen und nicht-wissenschaftlichen Sphären der Wissensproduktion zu unterscheiden. Der Zugriff auf einen gemeinsamen Fundus von Erhebungs- und Analysenmethoden impliziert nicht automatisch, dass dabei immer auch mit den gleichen Qualitätsstandards gearbeitet wird.

## Instanzen der Forschungsförderungen und der Forschungsinfrastruktur

Neben den verschiedenen Forschungsinstitutionen spielen im Feld der empirischen Sozialforschung jene Institutionen eine wichtige Rolle, die sozialwissenschaftliche Forschungsarbeit finanzieren und Infrastrukturleistungen für die Forschung bereitstellen.

Verglichen mit naturwissenschaftlicher Forschung, wo oft hohe Aufwendungen für Gerätschaften, Labore etc. erforderlich sind, nimmt sich sozialwissenschaftliche Forschung bescheiden aus. Dennoch sind insbesondere für die eigene Datenerhebung und Aufbereitung erhebliche Finanzmittel erforderlich. Zudem entstehen Kosten für Wissenschaftler und Hilfskräfte, die die Forschungsarbeit planen, koordinieren, durchführen und schließlich die Daten auswerten und interpretieren. Komplexe Probleme müssen häufig im Verbund verschiedener Forschungsgruppen oder Forschungseinrichtungen angegangen werden.

Eine wichtige Rolle bei der Förderung der sozialwissenschaftlichen Forschung spielt die Deutsche Forschungsgemeinschaft (DFG), die im Rahmen von Schwerpunktprogrammen, Sonderforschungsbereichen oder auch in der Einzelförderung Forschungsarbeiten finanziert. Als Ressortforschung bezeichnet man Forschungen, die von Ministerien auf der Ebene der EU, des Bundes oder der Länder finanziert werden. So gibt es z. B. bei den Bundesministerien für Bildung und Forschung, für Wirtschaft und Arbeit, für Familie, Senioren, Frauen und Jugend oder für Gesundheit und Soziale Sicherung eine Vielzahl an Forschungsprogrammen, über die sozialwissenschaftliche und andere Forschungsarbeiten finanziert werden. Darüber hinaus spielen private Stiftungen wie die Volkswagen-Stiftung, die Bertelsmann-Stiftung oder die Stiftungen von Gewerkschaften und politischen Parteien eine wichtige Rolle für die Forschungsfinanzierung. Schließlich wird Sozialforschung in bescheidenem Umfang auch von den Hochschulen als Einrichtungen der Lehre und Forschung finanziert.

Wichtige Infrastrukturleistungen für die Sozialforschung werden von der Gesellschaft sozialwissenschaftlicher Infrastruktureinrichtungen (GESIS) erbracht; diese umfasst das Zentrum für Umfragen, Methoden und Analysen in Mannheim (ZUMA), das Zentralarchiv für empirische Sozialforschung in Köln (ZA) sowie das Informationszentrum Sozialwissenschaften in Bonn (IZ). Sie stellen Datensätze bereit, bieten methodische Qualifizierung und Beratung oder katalogisieren relevante Literatur. Auf die Arbeit der ZUMA und des ZA wird im Kapitel zur Sekundäranalyse (Teil II, Kap. 11) genauer eingegangen.

# 4. Empirisch fundiertes Wissen über die soziale Welt

Die Entstehung der empirischen Sozialforschung war mit der Produktion eines bestimmten Wissenstyps verknüpft, der in vielen gesellschaftlichen Praxisfelder und den dort geführten Diskursen Verwendung gefunden, aber auch das Alltagshandeln und Alltagsdenken verändert hat.

In dem folgenden Modell (Abb. 9) wird versucht, dieses neue empirisch fundierte sozialwissenschaftliche Wissen im Kontext anderer Formen des Wissens über die soziale Welt zu verorten.

Abb. 9: Beobachtungsebenen der sozialen Welt

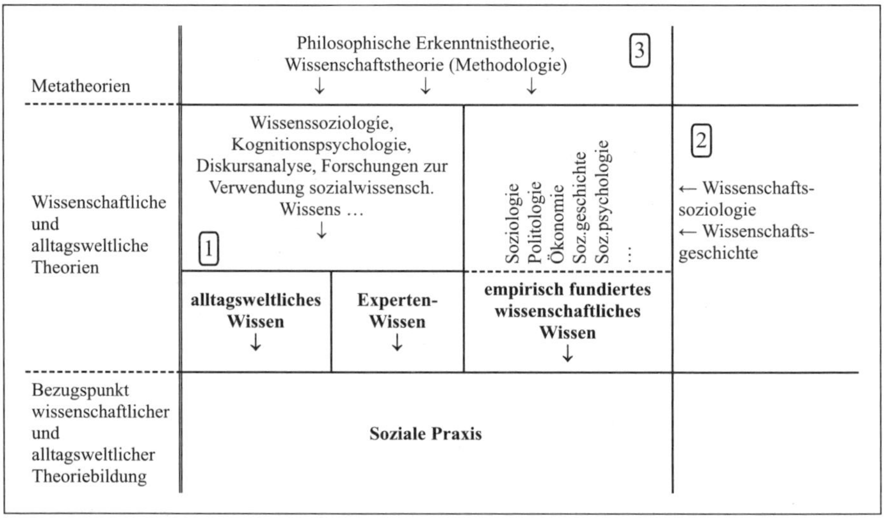


Zum Verständnis des Modells kann ein einfaches Beispiel dienen:

- Ein Student schreibt eine Klausur, eine Dozentin bewertet diese Klausur mit ›nicht bestanden‹. Wir haben es hier mit sozialen Praktiken (Klausuren schreiben bzw. bewerten) zu tun. Diese Praktiken werden nun in verschiedener Weise reflektiert; sie werden zum Bezugspunkt für wissenschaftliche und alltagsweltliche Theorien.
- Auf der Ebene alltagsweltlichen Wissens bieten sich verschiedene Möglichkeiten der Deutung dieses Geschehens. Die einen sagen ›Der war den ganzen Sommer

mit dem Surfbrett unterwegs‹; die anderen meinen ›Die Dozentin urteilt immer so hart‹; wieder andere fordern eine Verbesserung der Studienbedingungen.
- Die Studienberaterin hat im Kontext ihres Expertenwissens eine andere Erklärung anzubieten; sie geht davon aus, dass der Student XY ein Motivationsproblem habe, weil..
- Im Kontext sozialwissenschaftlicher Forschung und Theorienbildung kommt man zu dem Ergebnis, dass Studierende aus einem Arbeiterhaushalt eine um x-mal kleinere Chance haben, ein Studium erfolgreich abzuschließen, als Studierende aus der Mittelklasse. Ein Sozialpsychologe oder eine Ökonomin, die sich mit Bildungsfragen beschäftigen, würden im Kontext ihrer Disziplin vielleicht zu anderen Beschreibungen und Erklärungen kommen.

Die verschiedenen Formen gesellschaftlichen Wissens gehen auf Beobachtungen (im weiteren Sinne) zurück; die Pfeile stehen somit für verschiedene Typen der Beobachtung:
- alltagsweltliche Beobachtung
- Expertenbeobachtung
- wissenschaftliche Beobachtung

Empirische Sozialforschung wäre im Rahmen dieses Modells dann als ein spezifischer Typ der wissenschaftlichen Beobachtung zu verstehen. Um das Modell überschaubar zu halten, wurde darauf verzichtet, diese Praktiken der Beobachtung und die damit verknüpften Prozesse der Wissensbildung ihrerseits auch als soziale Praktiken zu markieren. In diesem Modell wird das Wissen, das über die empirische Sozialforschung gewonnen wird, auf derselben Ebene angesiedelt wie das Experten- oder auch das Alltagswissen: Damit soll verdeutlicht werden, dass nicht Wissenschaft als Institution ein besonderes und exklusives Wissen hervorbringt, sondern dass eine solche Besonderheit wissenschaftlichen Wissens erst durch die Einhaltung bestimmter wissenschaftlicher Regeln und Praktiken hergestellt werden muss.

Bereits an diesem Ausschnitt des Modells wird deutlich, dass die Sozialwissenschaften bzw. die empirischen Sozialforscher als Beobachtende der sozialen Welt nicht allein stehen. Sie konkurrieren mit anderen Wissensproduzenten im Bereich der Wissenschaft, verschiedener Expertensysteme, aber auch im Bereich des Alltagswissens.

Darüber hinaus finden sich in dem Modell noch drei weitere mögliche wissenschaftliche Beobachtungsstandpunkte:

1. Die *Wissenssoziologie* beschäftigt sich z. B. mit der Frage, wie Menschen im Alltag oder in einer bestimmten Expertenfunktion zu dem Wissen über die sie umgebende soziale Welt kommen, wie sich dieses Wissen verändert oder welche

sozialen Gruppen über welches Wissen verfügen (vgl. Berger/Luckmann 1972). Die *Kognitionspsychologie* beschäftigt sich damit, wie Menschen ihre Umwelt wahrnehmen, wie sie Reize aus ihrer Umgebung aufnehmen und verarbeiten. Die *Diskursanalyse* interessiert sich gewissermaßen für das ›Eigenleben‹ des gesellschaftlichen Wissens. Es geht z. B. um die Frage, wie in einer Gesellschaft Diskurse über ein bestimmtes Thema geführt werden, wie sich diese verändern, wie es dazu kommt, dass spezifische Muster der Wirklichkeitsdeutung andere dominieren. Allen Perspektiven ist gemein, dass sie gesellschaftliches Wissen bzw. das Wechselspiel von Wissen und sozialen Praktiken beobachten. So wurde in den Forschungen zur Verwendung sozialwissenschaftlichen Wissens die Frage untersucht, wie Ergebnisse der empirischen Forschung z. B. in Politik und Verwaltungen genutzt werden (vgl. Beck/Bonß 1989).

2. Der zweite Beobachtungsstandpunkt ermöglicht einen Blick auf das Treiben der Sozial- und anderer Wissenschaften. So kann man sich mit der *Geschichte der Sozialwissenschaften, der Sozialforschung* oder anderer Wissenschaften befassen, um zu erfahren, wie solche Wissenschaften entstehen und wie sich diese Wissenschaften und ihr Blick auf die soziale Welt verändern. Ähnliche Fragen lassen sich auch aus *wissenschaftssoziologischer* Perspektive formulieren, so lässt sich z. B. beobachten, was Wissenschaftler tun, wenn sie ›Wissenschaft betreiben‹ oder wenn sie ›forschen‹. Auch die hier geschilderten Beobachtungen wären dem Typ der wissenschaftlichen Beobachtung zuzurechnen.

3. Schließlich kann man sich den hier geschilderten Prozessen auch aus einer metatheoretischen Perspektive annähern. *Erkenntnistheorien* befassen sich mit den Möglichkeiten der Erkenntnis im Allgemeinen, *Wissenschaftstheorien* befassen sich aus philosophischer Perspektive mit der Frage, wie Wissenschaft möglich ist bzw. wie Wissenschaft betrieben werden sollte etc. Sie sind demnach den anderen Theorien übergeordnete Metatheorien der Sozialwissenschaften wie auch anderer Wissenschaften. Diese Reflexionsebene wird üblicherweise der Philosophie zugerechnet.

Ein solches Modell verschiedener Beobachtungs- und Theorieebenen der sozialen Welt geht seinerseits auf eine Reihe von Überlegungen zur Erkenntnis- bzw. Wissenschaftstheorie zurück. Diese eher der konstruktivistischen Tradition entstammenden Überlegungen werden in einem Exkurs (Kap. 5) am Ende dieses ersten Teils genauer erläutert.

Das hier vorgestellte Modell grenzt sich in verschiedener Hinsicht von dem ›Drei-Welten-Modell‹ des Wissenschaftsphilosophen Karl Popper ab, auf das in vielen Einführungen zur Sozialforschung implizit wie explizit Bezug genommen wird. Popper hat dieses Modell in seinem Aufsatz ›Subjektive und objektive Erkenntnis‹ entworfen. Er unterscheidet dort eine »Welt der physikalischen

Gegenstände oder physikalischen Zustände« (Welt 1), eine »Welt der Bewußtseinszustände oder geistigen Zustände oder vielleicht der Verhaltensdispositionen zum Handeln« (Welt 2) und schließlich eine »Welt der *objektiven Gedankeninhalte,* insbesondere der wissenschaftlichen und dichterischen Gedanken und der Kunstwerke« (Welt 3) (1976:40). Wichtig ist dabei insbesondere seine Argumentation für eine Differenzierung der Welten zwei und drei; er versucht mit seinen wissenschaftstheoretischen Überlegungen, Vorschläge für eine Logik der Welt 3 zu entwickeln. Gegenüber dem Popperâ schen Modell steht das hier vorgeschlagene Beobachtungsmodell grundsätzlich für eine stärkere Integration der Ebenen zwei und drei. D. h., es wird gerade für die Sozialwissenschaften nicht von einem prinzipiellen (wissenslogischen) Unterschied zwischen wissenschaftlichem Wissen und anderen Wissensbeständen ausgegangen.

Die wissenschaftsgeschichtliche und implizit auch die wissenschaftssoziologische Perspektive wurden in den einleitenden Kapiteln hinlänglich dargestellt. Im Folgenden soll es zum einen um die Abgrenzung wissenschaftlichen Wissens gegenüber anderen Wissensformen (Alltagswissen, Expertenwissen) gehen; zum anderen sollen mit Bezug auf die Unterscheidung von qualitativen und quantitativen Forschungsansätzen verschiedene Formen empirisch fundierten sozialwissenschaftlichen Wissens vorgestellt werden.

## a) Sozialwissenschaftliches Wissen – Expertenwissen – Alltagswissen

Trotz des hier beschriebenen Prozesses einer Diffusion sozialwissenschaftlichen Wissens in gesellschaftliche Expertensysteme, aber auch in das Alltagswissen, lassen sich noch recht deutliche Unterschiede in der Logik der Wissensproduktion und -verwendung in diesen Sphären ausmachen.

### Beispiel: Wissen zur Langzeitarbeitslosigkeit

Die längerfristige Arbeitslosigkeit von Männern und Frauen ist seit vielen Jahren zu einem gravierenden gesellschaftlichen Problem geworden. Der Begriff ›Langzeitarbeitslosigkeit‹, mit dem ein solches Phänomen gemeinhin beschrieben wird, ist historisch betrachtet recht voraussetzungsvoll. Menschen haben sich schon immer mit ihrer Umwelt auseinandergesetzt; sie sind verschiedenen Tätigkeiten nachgegangen, um Nahrungsmittel zu gewinnen und diese für den Verzehr aufzubereiten, um Werkzeuge herzustellen etc. Der Begriff der Arbeit ist demgegenüber weitaus jünger (vgl. Conze 1972). Die Bezeichnung Arbeitslosigkeit tritt erst mit der Entwicklung der Lohnarbeit und mit der beginnenden Absicherung gegen Arbeitslosigkeit im Rahmen beruflicher, gewerkschaftlicher oder sozialstaatlicher Sicherungssysteme auf den Plan. Der Begriff der Langzeitarbeitslosigkeit wird auf der Expertenebene z. B. in den Statistiken der Bundesagentur für Arbeit verwandt; er findet sich zudem in wissenschaftlichen Abhandlungen. Aber auch im Alltagsverständnis wird zwischen Personen unterschieden, für die Arbeitslosigkeit nur ein kurzfristiges Problem darstellt, und solchen, für die es zu einem Dauerzustand wird.

Wenn man nun der Frage nachgeht, was längerfristige Arbeitslosigkeit für die Betroffenen bedeutet, welche Ursachen sie hat und welche Strategien zu ihrer Verringerung denkbar sind, so kann man verschiedene Wissensbestände unterscheiden:
- Alltagswissen: das Wissen der Betroffenen, aber auch die alltäglichen Etikettierungen, die diese Betroffenen erfahren
- Experten- bzw. Organisationswissen: das Wissen verschiedener Expertengruppen: Qualifizierte Sachbearbeiter bei der Arbeitsagentur, Mitarbeiterinnen einer psychologischen Beratungsstelle, Betreuer einer Arbeitsloseninitiative, Gewerkschaftsfunktionäre
- sozialwissenschaftliches Wissen

Diese verschiedenen Wissensformen sollen nun an einigen (fiktiven) Beispielen erläutert werden:

• Auf der Ebene des *Alltagswissens* finden sich vielerlei Deutungen, mit denen Betroffene ihre Situation charakterisieren, Ursachen benennen, Perspektiven beschreiben etc.: ›Wenn mal wieder bessere Zeiten kommen, dann werde ich schon was finden.‹, ›Wenn mir mal einer wieder eine Chance geben würde, dann könnte ich schon zeigen, was ich noch leisten kann.‹, ›Die wollen doch nur, dass die Frauen wieder alle an den Herd zurückgehen.‹, ›Einen wie mich, den nimmt doch keiner mehr, die Arbeitgeber wollen doch lieber jüngere, die sind auch technisch versierter; jetzt in meinem Alter noch mal umlernen, das trau ich mir nicht zu.‹

Darüber hinaus findet sich auch ein breiter Fundus von Fremdetikettierungen, mit denen ›die Arbeitslosen‹ bedacht werden; ein Blick in die Boulevard-Presse kann darüber Aufschluss geben.

• Neben den Betroffenen sind auch viele Expertensysteme mit dem Phänomen Langzeitarbeitslosigkeit befasst. Solche haben sich im Kontext ganz unterschiedlicher Organisationen herausgebildet; auch hier einige (fiktive) Beispiele, wie das *Expertenwissen* bzw. das darin aufgehobene Organisationswissen aussehen könnte: Der Sachbearbeiter beim Arbeitsamt erklärt: ›Die einen sind recht engagiert und bemühen sich, wieder in Arbeit zu kommen; andere müsste man erstmal weiterbilden, damit die eine Chance haben; dann gibt es welche, da hat man den Eindruck, die wollen oder können nicht mehr.‹. Für die Mitarbeiterin einer psychologischen Beratungsstelle stellt sich die Situation so dar: ›Manchmal erscheint es wie ein Teufelskreis; mit dem Verlust der Arbeit gerät bei manchen auch das psychische Gleichgewicht, der Glaube an sich selbst in Gefahr; damit wird es für sie aber auch schwieriger, Initiative zu ergreifen, sich gegenüber neuen Arbeitgebern gut zu verkaufen.‹ Die Vertreterin eines Arbeitgeberverbands konstatiert: ›Wir müssen am Weltmarkt wieder konkurrenzfähiger werden; darum müssen die Lohnnebenkosten sinken, damit der Wirtschaftsstandort Deutschland wieder attraktiver wird.‹ Der Betreuer einer Arbeitsloseninitiative meint: ›Also bei uns da können die Leute die Erfahrung machen, dass sie noch gebraucht werden, dass sie als Mensch (auch ohne Arbeit) noch etwas Wert sind.‹ Eine Gewerkschafterin fordert schließlich: ›Wir brauchen kein Verständnis für die Arbeitslosen, sondern wir brauchen schlicht mehr Arbeitsplätze; wir brauchen eine regionale Strukturpolitik, die dieser Region wieder auf die Beine hilft, sie wettbewerbsfähiger macht.‹

• Auch die verschiedenen Bereiche der Sozialwissenschaften befassen sich mit den Problemen der Langzeitarbeitslosigkeit; auch hierzu einige fiktive Beispiele sozialwissenschaftlichen Wissens: Aus Sicht der Arbeitsmarktstatistik lässt sich sagen: ›Die Arbeitslosigkeit in der Region XY liegt um 8 Prozentpunkte über dem Landesdurchschnitt, die von Frauen liegt um 4 Prozentpunkte über der der Männer.‹ Eine Untersuchung über die Verläufe von Arbeitslosigkeitsphasen ermittelt: ›Mit der Dauer der Arbeitslosigkeit sinkt die Chance, in ein neues Arbeitsverhältnis übernommen zu werden.‹ Auf der Basis von Fallstudien wird festgestellt: ›Mit der Dauer der Arbeitslosigkeit wachsen die sozialen Folgekosten (psychische Krisen, familiäre Konflikte etc.).‹ Die Evaluation von Maßnahmen für Langzeitarbeitslose kommt zu dem Ergebnis: ›Arbeitslose, die an dem Selbstsicherheitstraining des Trägers XY teilgenommen haben, hatten um 55 % höhere Vermittlungschancen als vergleichbare Arbeitsuchende.‹

An dem Beispiel werden auch die Schwierigkeiten der hier gezogenen Grenzen deutlich. Es findet sich eine weit reichende Diffusion dieser Wissensbestände, nicht wenige Experten sind inzwischen auch sozialwissenschaftlich ausgebildet, auch in das alltägliche Leben hat das sozialwissenschaftliche Wissen, z. B. schulisch oder medial vermittelt, Einzug gehalten; oder man greift auf die Deutungen verschiedener Expertensysteme zurück. Dennoch ist es sinnvoll und möglich, diese verschiedenen Wissensbestände zu unterscheiden, da ihnen unterschiedliche Praktiken der Wissensproduktion und Verwendung entsprechen.

Zunächst sollen diese verschiedenen Wissensformen für sich beschrieben werden, um dann in der Gegenüberstellung wichtige Differenzen zu markieren.

## Empirisch fundiertes sozialwissenschaftliches Wissen

Sozialwissenschaftliches Wissen, d. h. Aussagen und theoretische Überlegungen zur sozialen Welt, können auf verschiedenen Wegen gewonnen werden. Man kann normative Setzungen vornehmen und davon ausgehend überlegen, wie die soziale Welt oder bestimmte soziale Beziehungen gestaltet sein sollten; man kann sich mit vorliegenden Theorien über die soziale Welt auseinandersetzen, diese weiterentwickeln bzw. differenzieren oder neue Theorien entwickeln, indem man einen neuen Beobachtungsstandpunkt einnimmt; man kann neue Aussagen über die soziale Welt treffen, indem man sich auf eigene Beobachtungen oder die Beobachtungen anderer stützt; schließlich kann man auch empirische Sozialforschung betreiben, um auf diesem Wege systematisch neues sozialwissenschaftliches Wissen hervorzubringen oder vorliegendes Wissen zu überprüfen. Nur in letzterem Fall soll von empirisch fundiertem sozialwissenschaftlichem Wissen gesprochen werden. D. h., neben der systematischen und reflektierten Erschließung empirisch fundierten Wissens finden sich in der sozialwissenschaftlichen Praxis viele Varianten unkontrollierter empirischer Operationen.

(Sozial-)Wissenschaftliches Wissen zeichnet sich zum einen durch die kontrollierte Form seiner Hervorbringung aus; mindestens genauso wichtig sind zum anderen die verschiedenen Kontrollmomente, z. B. wissenschaftliche Institutionen oder die Strukturen des wissenschaftlichen Diskurses. So durchlaufen Wissenschaftler und Wissenschaftlerinnen kontrollierte Wege des Qualifikationserwerbs und die Ergebnisse wissenschaftlicher Arbeit müssen sich personell zurechenbar der Kritik der Scientific Community stellen. Für den Bereich der empirischen Forschung bedeutet das insbesondere, dass das Vorgehen transparent und damit kontrollierbar, reproduzierbar und kritisierbar sein sollte.

## Alltagswissen

Dem Lexikon zur Soziologie folgend lässt sich Alltagswissen als »das Wissen und Denken von Gruppen und einzelnen« bezeichnen, »das ihre unmittelbaren alltäglichen Lebenszusammenhänge organisiert. Alltagswissen ist unproblematisch, stützt sich auf einen praktischen Fundus von Erfahrungen; es ist Resultat praktisch eingeübter Routine« (Fuchs-Heinritz et al. 1994:31 f.). Alltagswissen ermöglicht Orientierung in der sozialen Welt und macht Menschen überhaupt erst handlungsfähig; es liefert kurzfristige Situationsdeutungen. Damit werden in Entscheidungssituationen schnelle Reaktionen möglich. Das Alltagswissen verleiht dem alltäglichen Handeln eine gewisse Normalität und Selbstverständlichkeit; es bietet gewisse Sinnkonstruktionen und ermöglicht die Verarbeitung vergangener und die Abschätzung neuer Situationen. Diese Leistungen werden über ein Gerüst von Relevanzstrukturen ermöglicht, die mit dem Alltagswissen verbunden sind. Je nach Situation können diesen Relevanzstrukturen entsprechend Prioritäten gesetzt werden.

Damit ermöglicht Alltagswissen, insbesondere als gemeinsam geteiltes Wissen, Kommunikation und Interaktion in kleinen und großen sozialen Gruppen. Dabei verfahren die Beteiligten stets strategisch, indem sie versuchen, die Reaktion der Beteiligten auf ihren Beitrag oder ihre Intervention zu antizipieren. Eine solche Antizipation setzt jedoch die Fähigkeit zur Perspektivenübernahme voraus. Die Beteiligten müssen sich in die Situation der anderen Beteiligten versetzen können und dabei ist gemeinsam geteiltes Alltagswissen sehr bedeutsam.

Schließlich spielt das Alltagswissen eine wichtige Rolle für die Lösung alter und neuer Probleme, die sich den Beteiligten stellen. Es liefert als geronnene Erfahrung einen Fundus von bewährten Lösungsmustern. Soweit es sich um Probleme bekannter Art handelt, werden diese Lösungsmuster voraussichtlich erfolgreich sein; auch bei neuartigen Problemen wird zunächst versucht, mit den erprobten Strategien zu arbeiten. Scheitern diese Strategien jedoch, kommt es zur Modifizierung oder Entwicklung neuer Problemlösungsmuster (vgl. Schütz 1974, Goffman 1980 oder Soeffner 1989).

## Wissenschaftliche Beobachtung und Alltagsbeobachtung

Die bislang getroffenen Unterscheidungen von wissenschaftlichem Wissen und Alltagswissen sollen nun auf den Prozess der Beobachtung zugespitzt werden. Beobachtung erfolgt in jedem Fall theoriegeleitet (vgl. Abb. 10); erst ausgehend von Fragestellungen, Begriffsrastern und Ordnungsschemata können Beobachtungen getätigt werden. Darin unterscheiden sich wissenschaftliche und alltägliche Beobachtungen nicht.

Sozialwissenschaftliche Beobachtungen setzen jedoch eine Explikation solcher Begriffe und Theorien voraus. Zudem handelt es sich in der Regel um wissenschaftlich bewährte Beobachtungskategorien.

Wichtige Unterschiede liegen bei den Zielen, mit denen Beobachtungen getätigt werden. Wenngleich bei beiden Beobachtungstypen die Geltung des Wissens oder das Bemühen um Erklärungen wichtig ist, unterscheiden sich die Kriterien, nach denen dies geschieht. Im wissenschaftlichen Sinne gute Erklärungen folgen bestimmten Erklärungsmustern, die im Rahmen von Theorien entwickelt wurden. Bei alltagspraktischen Beobachtungen und Erklärungen geht es eher darum, mit diesen Beobachtungen und dem daraus gewonnenen Wissen handlungsfähig zu werden. Die Alltagsbeobachtung steht oftmals unter Handlungsdruck, und die Beobachtenden sind in die Situationen häufig als Akteure involviert; d. h., sie kön-

### Abb. 10: Wissenschaftliche Beobachtung und Alltagsbeobachtung (I)

| Wissenschaftliche Beobachtung | | Alltagsbeobachtung |
|---|---|---|
| | Theoriebezug | |
| Explizierte wissenschaftlich bewährte Begriffe und Theorien | ↔ | Alltagspraktisch bewährte Begriffe und Theorien |
| | Ziele und Rahmenbedingungen | |
| Kriterium: Wahrheitsfindung, Erklärung, | ↔ | Kriterium: Handlungsrelevanz, |
| exakte Beschreibung | ↔ | Sicherung der Handlungsfähigkeit, Situationsadäquanz |
| Handlungsentlastete wissenschaftliche Beobachtung | | Alltagsbeobachtung unter Handlungsdruck |
| | Komplexitätsreduktion | |
| Kontrollierte Selektion von Perspektiven, Wirklichkeitsausschnitten | ↔ | Selektion nach dem Kriterium der Handlungsrelevanz oder nach der Vereinbarkeit mit gegebenen Deutungsmustern und Sinnwelten |
| Komplexitätsreduktion durch *kontrollierte* Typisierung im Auswertungsprozess | ↔ | Komplexitätsreduktion durch *spontane* Typisierung von Personen/Situationen |

nen keine autonome Beobachterposition einnehmen. Umgekehrt ist es ein zentrales Kriterium wissenschaftlicher Beobachtung, dass diese handlungsentlastet ist; soziale Phänomene können so aus verschiedenen Perspektiven betrachtet werden, ohne dass ein Druck besteht, handelnd einzugreifen oder Stellung zu beziehen.

Beide Typen von Beobachtung sind selektiv; es ist nicht möglich, ein soziales Phänomen ›im Ganzen‹ zu beschreiben. Damit wird bei solchen Beobachtungen immer Komplexität reduziert. Aber die Kriterien, nach denen selektiert und eine solche Reduktion betrieben wird, unterscheiden sich erheblich. Auf der einen Seite eher der Versuch, möglichst kontrolliert bestimmte Wirklichkeitsausschnitte unter ausgewählten Fragestellungen zu beobachten; auf der anderen Seite Beobachtungen, die nach den alltagsweltlichen Relevanzstrukturen, nach persönlichen Vorlieben und Abneigungen gefiltert werden. Auch die Verarbeitung solcher Beobachtungen folgt eher eingeübten, nicht weiter reflektierten Mustern der Typologisierung.

Schließlich unterscheidet sich auch die diskursive Einbindung der Beobachtenden (Abb. 11). Während auf der einen Seite die Beobachtungen und die daraus gezogenen Schlüsse in einen kritischen wissenschaftlichen Diskurs eingehen und damit reflektiert bzw. überprüft werden können, sind sie auf der anderen Seite in alltägliche Diskurse eingebettet und unterliegen den dort herrschenden Regeln; sie werden in Geschichten eingebunden und mit Stellungnahmen verknüpft. Eine

### Abb. 11: Wissenschaftliche Beobachtung und Alltagsbeobachtung (II)

| Wissenschaftliche Beobachtung | | Alltagsbeobachtung |
|---|---|---|
| | Diskursive Einbindung | |
| Beobachtungen und Theorien werden versprachlicht und gehen somit in den Diskurs der Scientific Community ein, sie können damit überprüft und verändert werden. | ↔ | Beobachtungen und Theorien sind Bestandteil alltäglicher Diskurse um die soziale Welt. Sie werden in Geschichten eingebunden, sind aber auch Medium der Distinktion, der eigenen Verortung im sozialen Raum. |
| | Werturteil und Moral | |
| Wissenschaftlich geleitete Beobachtung versucht sich der Parteinahme und des moralischen, des wertenden Urteils zu enthalten. | ↔ | Alltagswissen und Alltagsbeobachtungen sind stets mit Stellungnahmen verknüpft; sie sind damit in der Regel moralisch, sie ergreifen Partei. |

Beobachtung ohne Parteinahme und Kommentierung ist hier eher unüblich und dient kaum der Kommunikation.

Die wichtigsten Voraussetzungen für wissenschaftliche Beobachtungen sind ein autonomer Beobachtungsort und damit eine gegenüber dem beobachteten Geschehen handlungsentlastete Rolle; ohne diese Voraussetzungen ist eine systematische ergebnisoffene Beobachtung nicht möglich.

## Das Wissen von Expertinnen und Experten

Wenn man nun das Expertenwissen in diese Gegenüberstellung einordnen möchte, so ist es sicherlich zwischen dem Alltagswissen und dem sozialwissenschaftlichen Wissen zu verorten.

Es ist auf der einen Seite ganz ähnlichen Anforderungen ausgesetzt wie das Alltagswissen; es muss kurzfristig Orientierung und Handlungsfähigkeit ermöglichen. Oftmals sind die Experten auch einer im beobachteten Handlungsfeld aktiven Partei zuzurechnen; d. h., ihre Autonomie ist kaum gegeben.

Auf der anderen Seite bieten sich weit größere Möglichkeiten der Distanzierung und Reflexion, da viele Organisationen spezielle Beobachtungseinheiten ausdifferenziert haben. Die fachliche Qualifizierung und die Verwendung von Fachsprachen ermöglicht eine präzise Beschreibung von Beobachtungen und grundsätzlich auch einen kritischen Diskurs; begrenzt wird dieser jedoch durch die jeweils verfolgten Ziele der Organisation, in der das Expertensystem verortet ist.

Historisch ist zu beobachten, wie das klassische Expertenwissen, das aus einem bestimmten Arbeitsfeld hervorgegangen ist, tendenziell durch akademisch qualifiziertes Expertenwissen ersetzt wird. Der viel zitierte Praxisschock, der die frischgebackenen akademisch qualifizierten Expertinnen und Experten dann aber ereilt, zeugt von den fortbestehenden Unterschieden zwischen den Logiken des wissenschaftlichen Feldes bzw. der verschiedenen Praxisfelder. So kann man in vielen Arbeitsfeldern eine fortwährende Konkurrenz dieser Wissensbestände beobachten, z. B. kodiert als der Konflikt zwischen ›Theorie‹ und ›Praxis‹.

## b) ›Qualitatives‹ und ›quantitatives‹ Wissen

Bislang wurde empirisch fundiertes sozialwissenschaftliches Wissen nicht weiter differenziert. In der Darstellung der Entwicklung der empirischen Sozialforschung war jedoch deutlich geworden, dass sich unter den Paradigmen der so genannten qualitativen und quantitativen Forschung ganz verschiedene Forschungsstile entwickelt haben. Stark vereinfacht lassen sich diese unterschiedlichen Forschungsstile so gegenüberstellen:

**Abb. 12: Quantitative und qualitative Sozialforschung – eine erste Gegenüberstellung**

| Quantitative Sozialforschung | Qualitative Sozialforschung |
|---|---|
| standardisierte Erhebungsinstrumente (z. B. Fragebogen) | offene Erhebungsinstrumente (z. B. Interviewleitfaden) |
| hohe Fallzahlen (Zufallsauswahl) | geringe Fallzahlen (gezielte Auswahl) |
| standardisierte Daten (z. B. kodierte Antworten auf geschlossene Fragen) | Texte (z. B. Abschriften von aufgezeichneten Interviews) |
| statistische Analysen | interpretative Auswertungsverfahren |

Im Folgenden sollen an einer Reihe von Beispielen die Möglichkeiten qualitativer und quantitativer Forschungsansätze verdeutlicht werden. Sie beziehen sich wiederum auf die Möglichkeiten, empirisch fundierte Aussagen über Arbeitslosigkeit zu gewinnen.

Zunächst kann man sich ganz unterschiedliche Fragen vorstellen, die zu dem Phänomen Arbeitslosigkeit gestellt werden können:

- Wie viele Arbeitslose gibt es? Ein Problem ist dabei, dass es neben den gemeldeten Arbeitslosen verschiedene Formen der verdeckten Arbeitslosigkeit gibt. Daneben gibt es Beschäftigte, die in prekären Positionen mehr oder weniger akut von Arbeitslosigkeit bedroht sind.

- Wie lange bzw. wie oft sind Menschen arbeitslos? Dabei geht es um die Dauer von Episoden der Arbeitslosigkeit und um deren Häufigkeit. So ist zu unterscheiden, ob Arbeitslosigkeit ein kurzes Durchgangsstadium zwischen zwei recht sicheren gut dotierten Jobs ist, ob sie zwischen der einen prekären Beschäftigung und der nächsten angesiedelt ist oder zu einem Dauerphänomen geworden ist.
- Welche sozialen Gruppen sind von Arbeitslosigkeit betroffen? Dahinter steckt die Frage, wie verbreitet die Erfahrung von Arbeitslosigkeit in einer Gesellschaft ist: Sind es abgrenzbare Gruppen, wie die ›Gering-Qualifizierten‹ oder ist es eine Erfahrung geworden, die auch ›die Mitte der Gesellschaft‹ erfasst hat?
- Warum sind Menschen arbeitslos? Diese Frage ist in dieser Form wissenschaftlich nicht beantwortbar, aber es lassen sich, ausgehend von bestimmten Hypothesen Daten gewinnen, die solche Erklärungsversuche stützen oder ihnen entgegenstehen. Entsprechend den unterschiedlichen Perspektiven verschiedener Sozial- und Humanwissenschaften sind solche Hypothesen eher auf einer Makro- oder eher auf einer Mikroebene anzusiedeln.
- Wie wird Arbeitslosigkeit individuell und kollektiv wahrgenommen? Die Wahrnehmung einer Arbeitslosigkeitsphase durch die Betroffenen hat vermutlich erhebliche Auswirkungen auf die Strategien, die diese einschlagen, um wieder in Arbeit zu kommen oder sich mit der Situation zu arrangieren.
- Welche Strategien wählen Arbeitslose, um wieder erwerbstätig zu werden? Wie gestaltet sich die Zusammenarbeit von Mitarbeitern der Arbeitsagentur und ihren Klienten?

Im Folgenden soll nun überlegt werden, welche Möglichkeiten qualitative und quantitative Forschungsansätze bieten, um diesen Fragen systematisch nachzugehen. Anschließend erfolgt eine Gegenüberstellung beider Ansätze.

## Qualitative Forschungsansätze – Beispiele

• *Biographische oder narrative Interviews* bieten die Möglichkeit, mit einer eher kleinen Zahl von Personen vertiefende, wenig strukturierte Interviews zu führen. Ein biographisches Interview kann man sich so vorstellen: Man fordert die Befragten nach einer Erläuterung des Forschungsvorhabens auf, ihren Lebensweg zu schildern. Während dieser Schilderungen halten sich die Interviewenden weitgehend zurück; sie geben höchstens unterstützende Rückmeldungen, die den weiteren Erzählfluss fördern sollen. Ein biographisches Interview lebt davon, dass die Befragten eine Entwicklung im Zusammenhang schildern; bei einigen Befragtengruppen ist es vielleicht so, dass sie erstmals solche zusammenhängenden Schilderungen geben. In einer zweiten Interviewphase ist es dann aber auch möglich, Nachfragen zu stellen, einzelne Punkte zu vertiefen.

Der Grundgedanke ist, dass die Interviewten orientiert am roten Faden, den die biographische Perspektive vorgibt, ihre Sicht der Dinge darlegen, dass sie es sind, die die Relevanz einzelner Problembereiche gewichten. D. h., es wird nicht von vornherein vorgeben, hier gehe es um die Folgen von Arbeitslosigkeit, sondern es wird aus den lebensgeschichtlichen Darstellungen erschlossen, welche Bedeutung Arbeitslosigkeit für die Befragten hat.

Sehr ähnlich sieht es auch bei so genannten narrativen Interviews aus. Ausgehend von einem Erzählanreiz, einer Eingangsfrage, werden die Befragten gebeten zu berichten, wie ihr Alltag aussieht, wie sie sich um Arbeit bemühen etc. Auch hier geht es um lange, möglichst zusammenhängende Erzähleinheiten. Vertiefende Nachfragen können später erfolgen. Darüber kann es gelingen, möglichst umfassende Informationen über die Situation der Befragten, ihre Lebenskontexte, ihre Problemsicht zu gewinnen. Umgekehrt ist jedoch bei diesem sehr offenen Vorgehen die Vergleichbarkeit verschiedener Fälle eingeschränkt.

Was bringt das nun für die Untersuchungen zur Arbeitslosigkeit? Man bekommt vermutlich nichts darüber heraus, warum der Betrieb des XY geschlossen wurde, aber man kann etwas darüber erfahren, was Arbeitslosigkeit für XY bedeutet, wie sich dadurch sein Alltag, seine sozialen Beziehungen verändern. Man erfährt, was Arbeitslosigkeit im Kontext einer Biographie oder eines Berufswegs bedeutet; man erfährt auch etwas über die Strategien im Umgang mit der Situation, die Strategien, einen neuen Arbeitsplatz zu finden, die damit verbundenen Hoffnungen und Erwartungen.

Da man angesichts des hohen Aufwands für die Interviewführung, die Transkription der Interviews und die Auswertung nur eine begrenzte Zahl von Fällen bearbeiten kann, bekommt die Frage der Auswahl von Fällen große Bedeutung. Man wird die Interviewpartnerinnen so auswählen, dass wichtige Teilgruppen von Arbeitslosen vertreten sind. So würde man darauf achten, dass Männer wie Frauen, Ältere wie Jüngere, Migranten und Nicht-Migranten, Qualifizierte und weniger Qualifizierte angemessen berücksichtigt werden. Man kann zwar nicht wie bei einer standardisierten Befragung eine Zufallsauswahl herstellen, aber man sollte bei der bewussten Auswahl versuchen, wesentliche Dimensionen, die verschiedene Arbeitslose unterscheiden, abzubilden. Oder man fokussiert die Untersuchung von vornherein auf eine Teilgruppe.

Qualitative Interviews setzen über die schlichte Kooperationsbereitschaft auch ein gewisses Vertrauensverhältnis voraus; nur so wird es denkbar, dass die Befragten mit den ihnen fremden Forscherinnen auch über eher persönliche Erfahrungen und Probleme sprechen. Der große Vorteil dieser Interviews liegt darin, dass sie im Prinzip ergebnisoffen angelegt sind. Vielleicht stößt man auch auf Befragte, die gar nicht so unzufrieden mit ihrer Situation als Arbeitslose sind. Ein offenes

Interview ermöglicht es dann, sich flexibel auf die unerwartete Situation einzustellen; bei einem standardisierten Fragebogen ist das nicht möglich.

- Eine stärkere Zuspitzung von Fragestellungen wird in so genannten *Leitfadeninterviews* möglich. Diese Interviews sind erheblich strukturierter. Man führt z. B. Interviews mit Arbeitslosen, in denen nacheinander einzelne Problembereiche bearbeitet werden. Zuvor wurde ein Interviewleitfaden entwickelt, der durch eine Reihe von Oberfragen und spezifizierenden Unterfragen strukturiert ist. Mit einem solchen Leitfaden werden einzelne Problembereiche vorgegeben, die in allen Interviews angesprochen werden; das erhöht die Vergleichbarkeit der Interviews. Aber es ergibt sich das Problem, dass der Interviewprozess recht stark durch die Interviewerinnen strukturiert wird. Während bei narrativen Interviews die Befragten die zentrale Rolle spielen, kommt es bei einem Leitfaden schnell zu einer asymmetrischen Situation, in der die Interviewenden das Gespräch prägen. Je nachdem, wie rigide ein solcher Leitfaden gehandhabt wird, verläuft das Interview dann eher wie ein narratives Interview oder wie ein Interview mit einem offenen Fragebogen. Ein Vorteil von Leitfadeninterviews liegt darin, dass die Auswertung leichter fällt, weil im Prinzip alle Befragten mit annähernd den gleichen Fragen konfrontiert wurden.
- Verglichen mit diesen Individualbefragungen, die sich eher an der Logik eines vertiefenden Gesprächs orientieren, spiegeln *Gruppendiskussionen* eher Prozesse der Meinungsbildung und Auseinandersetzung, wie sie in Gruppenzusammenhängen verlaufen, wider. Bezogen auf das Beispiel Arbeitslosigkeit könnte man sich solche Gruppendiskussionen in vorgefundenen Zusammenhängen vorstellen, also z. B. in einem Arbeitslosenzentrum oder in einer Qualifizierungsmaßnahme für Langzeitarbeitslose. Es kann aber auch sinnvoll sein, solche Gruppen zu konstruieren, indem man gezielt oder zufällig einander fremde Personen für solche Diskussionen rekrutiert. Üblicherweise wird in Gruppendiskussionen mit einem Diskussionsanreiz gearbeitet, d. h., der Diskussionsgruppe wird z. B. ein kurzer Film gezeigt, es wird eine kleine Geschichte vorgelesen, ein provozierendes Statement oder Bild vorgelegt. Zudem ist zu entscheiden, ob die Forscherinnen während der Diskussion anwesend sind, ob sie steuernd eingreifen oder ob sie sich ganz aus dem Prozess zurückziehen.

Die Chancen eines solchen Verfahrens liegen darin, dass über die Gruppensituation Themen und Probleme angesprochen werden, die im Einzelinterview verschlossen bleiben, z. B. weil sich die Befragten mit ihren Vorurteilen über Arbeitslose gegenüber den Forschenden, die häufig einem anderen sozialen Milieu entstammen, zurückhalten. Umgekehrt besteht aber auch das Risiko, dass sich in der Gruppendiskussion eher Stereotype in den Einschätzungen der Arbeitslosigkeit und ihrer Ursachen durchsetzen, die vielleicht gar nicht in dem Maße von den dort Versammelten geteilt werden. Die Auswertung solcher Gruppendiskussionen ist nicht ganz einfach, da man über einzelne Personen nicht so umfangreiches Material sammeln kann wie in einem Interview unter vier Augen.

• Eine *Befragung von Expertinnen und Experten* bewegt sich auf einer grundsätzlich anderen Ebene als die bislang aufgeführten qualitativen Erhebungsverfahren. Bei den bisher dargestellten Verfahren ging es implizit auch immer darum, etwas über die Persönlichkeit der Befragten zu erfahren. Demgegenüber sind bei einem Experteninterview diese in der Regel nur als Informanten gefragt; wie er oder sie diese Information herüberbringt, ist oft weniger von Bedeutung. Zum Thema Arbeitslosigkeit können ganz verschiedene Typen von Experten angesprochen werden: Sachbearbeiter beim Arbeitsamt, Expertinnen, die mit der Betreuung von Arbeitslosen befasst sind (in einem Arbeitslosenzentrum oder bei einer Gewerkschaft), Sozialarbeiter, Kirchenvertreterinnen etc. Zur Strukturierung eines solchen Experteninterviews werden üblicherweise Interviewleitfäden eingesetzt.

• Techniken der *teilnehmenden Beobachtung* bieten eine andere Perspektive auf das Geschehen. Die Meldung der Arbeitslosigkeit und die sich daran anschließenden Prozeduren sind, wenn man es genauer betrachtet, eine recht dramatische Geschichte. In einer Gesellschaft, die auf Leistung, Selbstverantwortung, Professionalität und auf individuelle Problemlösungen setzt, müssen sie die Hilfe anderer in Anspruch nehmen. Sie müssen – man denke an die Hartz-IV-Formulare – sehr detailliert ihre Arbeits- und Lebensverhältnisse offenlegen. Wie gehen die Betroffenen damit um, wie agieren die Vertreter der Bundesagentur für Arbeit? Dazu kann man nicht nur Befragungen anstellen, sondern man kann die Dinge auch beobachten: Was läuft da ab, wenn Menschen erstmals zur Arbeitsagentur kommen, wenn sie sich in den Routinen dieser Behörde zurechtfinden müssen, wenn sie von einer Tür zur nächsten gereicht werden? Wie organisiert sich eine Schlange? Reden die Antragsteller miteinander? Treffen sich der Aushilfsjobber und der arbeitslose Akademiker? Wie laufen Gespräche zwischen Arbeitsamtsmitarbeitern und Antragstellern ab, welche Mimik, Gestik welche Körperhaltungen sind zu beobachten? Solche Fragestellungen bieten reichlich Stoff für Prozesse der teilnehmenden Beobachtung, die dann protokolliert oder anderweitig aufgezeichnet werden müssen. Hier stellen sich aber auch forschungsethische Probleme: Begreift man die Beforschten als Objekte, die wie die Maus im Forschungslabor ohne Rücksicht auf Privatheit und Intimität beobachtet werden, und ist es überhaupt vertretbar, dass solche Beobachtungen verdeckt durchgeführt werden?

• Während die Forschenden bei der teilnehmenden Beobachtung mitten im Geschehen sind, bieten die *Inhalts- und Dokumentenanalysen* ein eher distanzierteres Herangehen. Die hier interessierenden Vorgänge drücken sich in einer Vielzahl von Textmaterialien und Dokumenten aus: Broschüren der Arbeitsagentur, in denen Arbeitslosen Verfahrenshinweise gegeben werden; Stellenanzeigen, die ein

Bild der idealen Bewerberin zeichnen; Bewerbungsschreiben, in denen sich Stellensuchende nach einem bestimmten Regelsystem darstellen; auch die vermeintlich ›nüchternen‹ Formulare sprechen eine eigene Sprache. Vielleicht gelingt es auch, Zugang zu Dienstvorschriften etc. der Arbeitsagenturen zu erhalten. Diese Materialien können genutzt werden, um etwas über die Strukturen einer solchen Behörde herauszubekommen, über das Bild der Arbeitsverwaltung von seinen Klientinnen, über das Bild vom idealen Arbeitslosen etc.

Hierbei handelt es sich in den meisten Fällen um vorgefundene Materialien; sie gehen dem Forschungsprozess voraus und werden nicht erst durch die Forschenden (z. B. im Interviewprozess) hervorgebracht. Denkbar ist es aber auch, dass man gezielt die Produktion solcher Materialien anstößt, indem man die Beteiligten bittet, Erfahrungen niederschreiben und zur Verfügung zu stellen.

Die verschiedenen Erhebungsverfahren der qualitativen Forschung liefern ein Datenmaterial, das sich am einfachsten in Textform aufbereiten lässt; d. h., die Aufzeichnungen einer Befragung werden transkribiert, die Befunde einer Beobachtung werden schriftlich niedergelegt. Die Analyse dieser Materialien erfolgt mit interpretativen Verfahren; sie haben gewisse Ähnlichkeiten mit Verfahren zur Analyse literarischer Texte. Damit wird zunächst eine Fülle von detaillierten Befunden hervorgebracht; anschließend werden in der qualitativen Forschung unterschiedliche Techniken der Verdichtung eingesetzt:

- Das kann im Sinne einer *Fallrekonstruktion* erfolgen, indem wichtige Informationen fallbezogen zusammengestellt werden und so eine verdichtete Geschichte einiger Arbeitsloser entsteht.
- Ausgehend von einer Reihe von relativ strukturierten Experteninterviews könnte ein *Tableau* erstellt werden, in dem Antworten auf die Fragen der Forschenden in Kurzform gegenübergestellt werden.
- Eine weitere Verdichtung kann über eine *Typologisierung* erreicht werden, indem ähnliche Fälle zu Typen von Arbeitslosen zusammengefasst werden.

Diese interpretativen Analyseverfahren werden in Teil II, Kap. 12, genauer beschrieben. Hier geht es zunächst darum, den spezifischen Typ sozialwissenschaftlichen Wissens zu charakterisieren, der mit diesen Techniken der Datengewinnung und -analyse verknüpft ist.

Allen Techniken der Informationsverdichtung ist jedoch gemein, dass sie ausgehend von den besonderen Qualitäten des Ausgangsmaterials, z. B. der detaillierten Beschreibung der Arbeits- und Lebenssituation von ›Arbeitslosen‹, eine spezifische Form sozialwissenschaftlichen Wissens hervorbringen, das sich systematisch von den Wissensbeständen unterscheidet, die aus der Analyse einer großen Zahl standardisierter Daten gewonnen werden können.

## Quantitative Forschungsansätze – Beispiele

Die quantifizierende, also zählende Auswertung von Daten setzt deren Zählbarkeit voraus. Zählbar sind sinnvollerweise nur Objekte, die in einer bestimmten Perspektive untereinander vergleichbar sind.

• Angesichts der oben entwickelten Fragen zur Arbeitslosigkeit kann es sinnvoll sein, z. B. auf Daten der *Bundesagentur für Arbeit* zurückzugreifen. Das können die *Individualdaten* aus dem Meldevorgang der Arbeitslosen sein; sie bieten Angaben über die Arbeitslosen und eine Reihe von Kontextmerkmalen. Ein gewisses analytisches Problem erwächst jedoch daraus, dass damit nur Informationen über die Teilgruppe der Arbeitsuchenden vorliegen und nicht über diejenigen, die in einem Beschäftigungsverhältnis stehen oder gar nicht am Arbeitsmarkt auftreten. Das schränkt die Möglichkeiten einer vergleichenden Analyse ein. Probleme bereitet möglicherweise auch die unterschiedliche Auslegung der Vorschriften in den einzelnen Dependancen der Arbeitsagentur, die dann die Vergleichbarkeit des Materials zumindest bei bestimmten Merkmalen einschränkt. Denkbar ist auch die vergleichende Analyse von *Aggregatdaten* (zusammengefassten Daten), z. B. der Arbeitslosenquoten in verschiedenen Regionen oder im zeitlichen Verlauf.

• Neben solchen Sekundäranalysen bereits vorliegender Daten können auch über eine einmalige Befragung, eine so genannte Querschnittsbefragung, mit einem standardisierten Fragebogen Daten über Arbeitslose und Nicht-Arbeitslose gewonnen werden. Gegenüber der Sekundäranalyse von Daten aus der Arbeitslosenstatistik bietet dieses Vorgehen zum einen die Möglichkeit der vergleichenden Analyse, zum anderen können mit der Eigenentwicklung des Fragebogens auch diejenigen Kontextmerkmale erfragt werden, die für die verfolgten Fragestellungen und Hypothesen bedeutsam sind. Verglichen mit einer offenen Befragung ist jedoch der Umfang an Informationen, die über einen einzelnen Fall, eine einzelne Person gewonnen werden können, sehr begrenzt. Zudem ist eine standardisierte Befragung nur möglich, wenn die interessierenden Aspekte eines Phänomens bzw. die daraus entwickelten Fragen und Antworten vorgegeben werden. In ähnlicher Weise könnte man sich auch die Befragung anderer Personengruppen vorstellen, die Auskunft über die interessierenden Fragen geben können, z. B. eine Befragung von Sachbearbeitern bei der Arbeitsagentur.

Standardisierte Fragebögen könnten auch dafür eingesetzt werden, um ›Persönlichkeitstests‹ mit Arbeitslosen durchzuführen. Dazu können sozialpsychologische Skalen genutzt werden, die ausgehend von der Beantwortung spezieller Fragen Auskunft über bestimmte Persönlichkeitsmerkmale oder Kompetenzen, z. B. über die soziale Kompetenz, geben.

• Auf der Basis von Querschnittsdaten kann z. B. konstatiert werden, dass am 1.1.2007 genauso viele Personen arbeitslos gemeldet waren wie am 1.1.2006. Man weiß jedoch nicht, ob es sich dabei um dieselben Personen handelt, die bereits vor einem Jahr arbeitslos gemeldet waren. Eine solche Information ist jedoch für eine Einschätzung der Arbeitslosenquote von großer Bedeutung: So ist es ein erheblicher Unterschied, ob sich längere Phasen der Arbeitslosigkeit bei einzelnen Gruppen verdichten oder ob viele Erwerbstätige im Laufe ihres Erwerbslebens von eher kürzeren Phasen der Arbeitslosigkeit betroffen sind.

Solche weiter gehenden Informationen können nur aus *Verlaufsdaten* erschlossen werden; d. h. Daten, die über einzelne Personen zu verschiedenen Zeitpunkten vorliegen. Verlaufsdaten können z. B. aus einer Panelbefragung gewonnen werden, d. h., eine Untersuchungsgruppe, z. B. die Absolventinnen von Qualifizierungsmaßnahmen der Arbeitsagentur, wird in einem Abstand von jeweils einem halben Jahr mit demselben Fragebogen erneut befragt. Oder man greift auf prozessproduzierte Daten der Bundesagentur für Arbeit oder der Sozialversicherungen zurück, die z. B. über eine personenbezogene Nummer die Konstruktion von Verläufen ermöglichen; d. h., die zu verschiedenen Stichtagen erhobenen Daten von Arbeitslosen können über eine Stammnummer einander zugeordnet werden.

• Auch über Verfahren der *teilnehmenden Beobachtung* oder die Aufbereitung von *Textmaterialien* können standardisierte Daten gewonnen werden. So wäre es denkbar, bei Beratungsgesprächen oder in Bewerbungssituationen systematisch bestimmte Sprachformen oder Körperhaltungen zu untersuchen. Hier stellt sich jedoch das bereits angesprochene Problem, dass die Vorteile, die sich bei der Analyse standardisierter Daten ergeben, über eine Verengung des Blicks erkauft werden.

Den – über die verschiedenen hier vorgestellten Zugänge gewonnenen – standardisierten Daten ist gemein, dass sie über den einzelnen Fall, den Arbeitslosen Günter S., nur sehr wenig aussagen; so liegen nur die Informationen vor, die das Formular der Arbeitsagentur oder der standardisierte Fragebogen einer Forschungsgruppe vorsieht. Viele Zusammenhänge müssen außen vor bleiben. Ein großer Vorteil liegt demgegenüber darin, dass

- die standardisierte Erhebung bei einer großen Zahl von Personen vorgenommen werden kann,
- man über alle Fälle annähernd dieselben Informationen hat, d. h., man hat es mit Fällen zu tun, die in bestimmter Hinsicht vergleichbar sind,
- unter der Voraussetzung einer Zufallsauswahl kontrollierte Rückschlüsse z. B. auf die gesamte Bevölkerung der Bundesrepublik möglich sind.

Die Erhebung standardisierter Daten bietet so weit reichende Möglichkeiten der quantifizierenden Auswertung und damit der Informationsreduktion. Mit Mitteln der *deskriptiven Statistik* lässt sich über einfache statistische Kennzahlen darstellen, wie hoch die Arbeitslosenquoten in verschiedenen Regionen sind, wie sich die Arbeitslosenquoten von Frauen und Männern, von Migranten und Nicht-Migranten, von Qualifizierten und weniger Qualifizierten unterscheiden und wie sich diese Quoten im Monats- oder Jahresverlauf verändern.

Die Methoden der *schließenden Statistik* ermöglichen es darüber hinaus, ausgehend von Daten aus einer Zufallsstichprobe Schlüsse auf die Grundgesamtheit zu ziehen. So kann z. B. angegeben werden, in welchem Intervall sich die in einer Stichprobe ermittelte Quote der verdeckten Arbeitslosigkeit in der Grundgesamtheit (mit einer 95 %-Wahrscheinlichkeit) bewegen wird.

Verfahren der *bivariaten Statistik* ermöglichen die Untersuchung einfacher Zusammenhänge. So kann z. B. analysiert werden, ob der Besuch einer Qualifizierungsmaßnahme die Vermittlungschancen einer bestimmten Arbeitslosengruppe erhöht. Mit komplexeren *multivariaten statistischen Verfahren* lassen sich auch Zusammenhänge zwischen drei und mehr Einflussfaktoren beschreiben; so kann ermittelt werden, wie stark z. B. ein Einflussfaktor im Vergleich zu anderen ausgeprägt ist.

## Gegenüberstellung von qualitativen und quantitativen Forschungsansätzen

Blickt man nun noch einmal auf die eingangs formulierten Fragen zum Phänomen Arbeitslosigkeit zurück, so wird deutlich, dass diese mit den hier skizzierten Verfahren mehr oder weniger gut beantwortet werden können:

- Die Fragen nach der Zahl der gemeldeten Arbeitslosen oder der Dauer und Häufigkeit von Arbeitslosigkeitsphasen lassen sich sinnvollerweise nur auf der Basis standardisierter Voll- oder Stichprobenerhebungen verfolgen. Wenn es jedoch um verschiedene Formen von verdeckter Arbeitslosigkeit oder von Schwarzarbeit und illegaler Beschäftigung geht, wird die Nutzung amtlicher Daten oder auch eine standardisierte Befragung nur wenige Informationen liefern. Hier bieten offene Befragungen weitaus eher die Möglichkeit, diese Phänomene zu erkunden. Wenn auch keine ›repräsentativen‹ Aussagen möglich sind, so ermöglichen qualitative Untersuchungen zumindest eine Erkundung und Abschätzung bestimmter Problemlagen.
- Bei vielen anderen Fragestellungen sind sowohl qualitative wie quantifizierende Ansätze sinnvoll. So kann z. B. die Frage, warum Menschen längerfristig arbeitslos sind, zum einen aus quantitativer Perspektive verfolgt werden, indem man z. B. die Arbeitlosenquoten verschiedener sozialer Gruppen vergleicht und so aus einer

Makroperspektive bestimmte Risikogruppen ausmacht. Ansätze der qualitativen Forschung können vielleicht eher darüber Auskunft geben, wie und warum es einzelnen Betroffenen gelingt, aus einer solchen Krisensituation herauszukommen, anderen aber nicht. An diesen Beispielen wird deutlich, dass qualitative und quantitative Verfahren unterschiedliche Formen der Beschreibung und auch unterschiedliche Formen von Erklärungen liefern. Beide können sich bei der Analyse eines Phänomens ergänzen und so z. B. Wissen für eine Optimierung der Arbeitsmarktpolitik bereitstellen: Indem z. B. Fördermittel gezielt in die Regionen gelenkt werden, wo die Quote der Langzeitarbeitslosen besonders hoch ist, oder indem die eher mikrosoziologischen Informationen aus qualitativen Analysen für eine Verbesserung bei der Fallberatung genutzt werden.

• Schließlich gibt es auch Fragen, deren Beantwortung eher eine Domäne der qualitativen Forschung ist: so z. B. Fragen nach der Deutung von ›Arbeitslosigkeit‹ durch die Beteiligten oder durch ihre soziale Umgebung. Auch für die Analyse biographischer Feinstrukturen ist eine qualitative Befragung unverzichtbar. Aber man sollte nicht kurzschlüssig alle Fragen ›verstehender Art‹ der qualitativen Forschung zuschreiben: Man könnte z. B. eine standardisierte Analyse von Tageszeitungen durchführen, bei der die Berichterstattung über Arbeitslosigkeit nach bestimmten Deutungsmustern klassifiziert wird.

Im Folgenden sollen qualitative und quantitative Forschungsansätze einander gegenübergestellt werden, um Gemeinsamkeiten und Unterschiede genauer bestimmen zu können. Die Beispiele beziehen sich auf den Vergleich von standardisierten und offenen Formen der Befragung; die daraus gewonnenen Charakteristika lassen sich aber auch auf andere Erhebungsformen übertragen.

Beide Forschungsansätze zielen auf eine Beschreibung und Analyse der sozialen Welt; man möchte Zusammenhänge zwischen Phänomenen beobachten, Erklärungen liefern und Strukturen entdecken. Wie solche Erklärungen angelegt sind und auf welche theoretischen Konzepte und Modelle sich diese beziehen, wird sicherlich variieren.

Die Unterschiede zwischen qualitativen und quantitativen Forschungsansätzen sollen im Weiteren an einzelnen Phasen des Forschungsprozesses festgemacht werden.

• *Entwicklung von Erhebungsinstrumenten*: Am Anfang der Erhebung stehen die Entwicklung und Spezifizierung von Fragen bzw. Hypothesen, denen in der Untersuchung nachgegangen werden soll. Unterschiede ergeben sich hier aus der Logik des zu entwickelnden Instruments; ein standardisierter Fragebogen besteht aus einzelnen möglichst präzise formulierten Fragen, für die in der Regel geschlossene Antwortmöglichkeiten entwickelt werden. Daraus folgt, dass die Entwicklung eines standardisierten Instruments eine vergleichsweise enge Umgrenzung des zu untersuchenden Wirklichkeitsausschnitts erfordert. Wenn in einer Befragung von Studierendender Zusammenhang von Lebenssituation und Studienerfolg untersucht werden soll, so müssen einzelne Lebensbereiche (z. B. Wohnsituation, Finanzierung des Studiums) spezifiziert werden, zu denen dann eine oder mehrere Fragen entwickelt werden. Die Auswahl dieser Wirklichkeitsausschnitte wie auch die Entwicklung von einzelnen Fragen setzen eine Reihe von Hypothesen über mögliche Zusammenhänge zwischen Lebenssituation und Studienerfolg voraus; solche Hypothesen können auf theoretische Überlegungen, auf Beobachtungen aus anderen Untersuchungen oder auf Erfahrungswissen zurückgehen. Auch die Entwicklung von Antwortkategorien setzt ein solches Wissen voraus. Grundsätzlich können bei der späteren statistischen Auswertung der Daten nur jene Zusammenhänge untersucht werden, die in der Erhebung durch entsprechende Fragen erfasst wurden; d. h., »jede dieser Reduktionsentscheidungen im Zuge des linear angelegten Forschungsprozesses ist prinzipiell unwiderruflich« (Kromrey 1994:166).

Auch bei einer qualitativen Untersuchung, z. B. einem offenen Interview zur Lebens- und Studiensituation, ist eine Präzisierung der Untersuchungsfrage erforderlich. Bei einem Leitfadeninterview muss zudem geklärt werden, welche Aspekte des Themas durch die Interviewenden in den Vordergrund gerückt werden. Im Sinne einer Reflexion eigener ›Vorurteilsstrukturen‹ kann es auch sinnvoll sein, eigene Vorannahmen und Hypothesen festzuhalten, um zu vermeiden, dass diese später unreflektiert in die Interviewführung oder die Interpretation des Materials eingehen. Der Grad der vorab erforderlichen Klärung ist jedoch weitaus geringer als der, der aus der Logik eines standardisierten Instruments zwangsläufig erwächst. Zudem ist bei einer offenen Interviewstruktur zu erwarten, dass Fehleinschätzungen der Interviewenden, die bei der Entwicklung des Leitfadens gemacht wurden, durch die Darstellung der Befragten ›korrigiert‹ werden.

Die Entwicklung eines Erhebungsinstruments gestaltet sich damit in der standardisierten Forschung weitaus aufwendiger, da hier sehr wichtige, im weiteren Forschungsverlauf nicht mehr revidierbare Entscheidungen getroffen werden müssen. Wenngleich auch die Entwicklung eines qualitativen Befragungsinstruments nicht unterschätzt werden sollte, sind doch viele der getroffenen Entscheidungen nicht derartig folgenreich wie bei einer qualitativen Befragung.

• *Datenerhebung*: Der Prozess der Datenerhebung sollte in der quantitativen Sozialforschung eher ›maschinell‹ verlaufen. Alle forschungsrelevanten Entscheidungen wurden vorab getroffen; nun gilt es, dass die Interviewenden das Instrument in einem weitgehend standardisierten Kontext einsetzen; d. h., man möchte orientiert am Ideal einer Laborsituation die Befragten in einer vergleichbaren Situation vergleichbaren Fragereizen aussetzen und die Antwortreaktion festhalten. Nicht beein-

Abb. 13: Quantitative und qualitative Forschungsansätze (I)

| Quantitative Forschungsansätze | Qualitative Forschungsansätze |
|---|---|
| Eine möglichst präzise Frage- oder Themenstellung, ein möglichst präzise und endgültig bestimmter Gegenstandsbereich | Eine (vergleichsweise) ›offenere‹ Themenstellung, ein vorläufig abgegrenzter Gegenstandsbereich |
| Entwicklung von Zusammenhangshypothesen, um später den Einfluss wichtiger Kontextfaktoren analysieren zu können | ›Sensibilisierende‹ Hypothesen |
| Präzise Fragen und Antwortmöglichkeiten | Offene Fragen oder Erzählaufforderungen |
| Starke Eingrenzung des zu untersuchenden Wirklichkeitsausschnitts durch die Forschenden (vor der Datenerhebung) | Eingrenzung des Wirklichkeitsausschnitts durch die Befragten (im Laufe der Befragung) |

flussbare Kontextfaktoren (z. B. Anwesenheit Dritter beim Interview, Dauer des Interviews etc.) können zusätzlich zu den Befragungsdaten festgehalten werden.

Demgegenüber ist die Befragung im Kontext der qualitativen Sozialforschung eher an einem ›natürlichen‹ Gespräch orientiert, wenngleich die Gesprächssituation wie bei der standardisierten Befragung eher asymmetrisch strukturiert ist. Der Interviewverlauf kann je nach Befragungskonzept situativ variiert werden oder wird gänzlich durch die Erzählungen der Befragten strukturiert. Im Rahmen des vergleichsweise ausführlichen Interviews sollen fallbezogene Informationen gesammelt werden, die es ermöglichen z. B. einzelne Handlungen oder Entscheidungen vertiefend zu analysieren. So wird versucht, Vorgeschichte, Kontextbedingungen, Motive und Situationsdeutungen zu rekonstruieren. Der Gewinn an fallspezifischen Informationen wird jedoch nur durch einen Verlust an Vergleichbarkeit erreicht. Üblicherweise werden die Befragungen in der qualitativen Forschung von den Forschenden selbst oder unter Beteiligung anderer einschlägig qualifizierter und mit der Fragestellung vertrauter Personen geführt; damit kommt es zu einer weitaus größeren Nähe von Forschenden und Beforschten, die über das Interview auch den Zugang zu weiteren Kontextinformationen (Persönlichkeitsmerkmale, Lebensstil der Befragten) eröffnet.

Der aufwendige Prozess qualitativer Befragungen und der damit verbundene weitaus höhere Verarbeitungs- (Transkription) und Analyseaufwand bedingen, dass nur eine relativ kleine Zahl von Interviews geführt werden kann. Bei der standardisierten Erhebung wird die Zahl der geführten Interviews eher durch die später zu ziehenden statistisch kontrollierten Schlüsse von der Stichprobe auf die Grundgesamtheit bestimmt; unter Umständen kann anstelle einer Stichprobenerhebung auch eine Vollerhebung erfolgen.

## Abb. 14: Quantitative und qualitative Forschungsansätze (II)

| Quantitative Forschungsansätze | Qualitative Forschungsansätze |
|---|---|
| Weitgehende Standardisierung des gesamten Erhebungsprozesses, um vergleichbare, statistisch analysierbare Daten zu erhalten | Gewinnung von möglichst gegenstandsnahen, fallbezogenen Daten |
| (Kontrollierte) ›Intersubjektivierung‹ der Datenerhebung | (Kontrollierte) ›Subjektivierung‹ der Informationserhebung |
| Weitgehende Ausschalten von Kontexteinflüssen | Informationsgewinnung im ›natürlichen‹ Kontext der Befragten |
| Gewinnung selektierter Informationen | Wenig selektive Informationssammlung; Offenheit gegenüber unerwarteten Erkenntnissen |
| Vollerhebungen oder Zufallsauswahlen (›Repräsentativität‹) | Gezielte oder prozessgesteuerte Auswahl (Theoretical Sampling), Schneeballprinzip |
| ›Distanzierung‹ der Forschenden gegenüber den Beforschten (Einsatz von Befragungsinstituten) | Relativ engere Beziehung zwischen Forschenden und Beforschten (Erhebung durch die Forschenden) |

Die Auswahlentscheidungen werden in der qualitativen Forschung entweder über bestimmte Merkmale der Befragten begründet, indem man z. B. versucht, für die Fragestellung relevante unterschiedliche Personengruppen abzubilden, oder man steuert die Auswahl in Abhängigkeit vom bisherigen Stand der Analyse, indem man z. B. gezielt nach kontrastierenden Fällen sucht.

• *Datenform und Datenanalyse*: Die aus diesen Prozessen resultierenden Daten haben auf der einen Seite die Form standardisierter Zahlenkodes, die je nach Frage- bzw. Antworttyp nach bestimmten Regeln gezählt oder in komplexerer Weise verarbeitet werden können. Diese Form der Analyse bzw. die an solche Analysen gestellten Voraussetzungen (Vergleichbarkeit, Zählbarkeit) sind, wie auch der Begriff der ›quantitativen Sozialforschung‹ ausdrückt, der Angelpunkt dieses Forschungsansatzes. Auf der anderen Seite stehen in der Regel Daten in Textform, die z. B. aus der Transkription einer Tonaufzeichnung oder einem Beobachtungsprotokoll entstanden sind.

Das in der quantitativen Forschung gewonnene Datenmaterial kann statistisch analysiert werden. Diese Analysen ermöglichen es, einzelne Merkmale zu beschreiben und Zusammenhänge zwischen zwei und mehreren Merkmalen zu bestimmen. Darüber hinaus erlauben Zufallsauswahlen statistisch kontrollierte Schlüsse auf die Grundgesamtheit. Am Ende können einzelne Merkmale oder Zusammenhangsbeziehungen über wenige statistische Maßzahlen dargestellt werden. Diese

Befunde können für eine Deskription von Phänomenen oder eine Klärung von Zusammenhangsbeziehungen genutzt werden; darüber hinaus lassen sich auch auch gezielt die eingangs formulierten Hypothesen überprüfen.

Die qualitative Analyse des Textmaterials nutzt verschiedene Techniken der interpretativen Analyse, die dann entsprechende Möglichkeiten der Verdichtung des Materials ermöglichen. Ziel ist dabei, je nach Ansatz, z. B. die Entdeckung von Strukturen und Zusammenhängen oder die Entwicklung empirisch gestützter, gegenstandsbezogener Theorien.

**Abb. 15: Quantitative und qualitative Forschungsansätze (III)**

| Quantitative Forschungsansätze | Qualitative Forschungsansätze |
|---|---|
| Wenig differenzierte aber vergleichbare Informationen über viele (kontrolliert ausgewählte) Fälle | Differenzierte Informationen über wenige Fälle |
| Zahlenkodes (mit unterschiedlichem Informationsgehalt) | Texte (Originaltexte, Transkriptionen, Protokolle ...), bildliche Darstellungen ... |
| Statistische Analyse einzelner Merkmale und ihrer Zusammenhänge | Interpretative Auswertung auf Basis von Einzelfall und Vergleich |
| Deskription, Test von Hypothesen, Überprüfung von Gesetzmäßigkeiten | Entdeckung von Strukturen und Zusammenhängen; Entdeckung empirisch gestützter Theorien |
| Ausblenden individueller Besonderheiten zugunsten genereller Tendenzen | Herausarbeiten individueller oder typologischer Besonderheiten |
| Generalisierte Aussagen auf Basis von wahrscheinlichkeitstheoretisch abgesicherten Schlüssen auf die Grundgesamtheit | Fallrekonstruktion (Verzicht auf Generalisierung), Generalisierung durch Typologisierung oder ›theoretische Sättigung‹ |

Ausgehend von den unterschiedlichen Datenmaterialien werden auch ganz verschiedene Verallgemeinerungsansprüche formuliert. Während die quantifizierende Forschung kontrollierte Schlüsse auf die Grundgesamtheit ermöglicht, fallen diese Verallgemeinerungsansprüche in der qualitativen Forschung sehr unterschiedlich aus. Im einen Extrem wird auf den Anspruch einer Verallgemeinerung verzichtet; der Gewinn qualitativer Forschung wird vielmehr in der präzisen Rekonstruktion von Fällen gesehen. Andere Ansätze erheben den Anspruch, beobachtete typologische Strukturen auch auf die Grundgesamtheit zu übertragen. Die Entwicklung von datengestützten Theorien (*Grounded Theories*) bezieht sich auf Modelle, die sich im Analyseprozess bewährt haben. Am radikalsten ist sicherlich die der objektiven Hermeneutik implizite These, dass sich die Strukturen der sozialen Welt in jedem zu analysierenden Textmaterial auffinden lassen und somit über die Analyse rekonstruiert werden können.

• *Prozessmerkmale*: Führt man sich noch einmal den gesamten Prozess vor Augen, wird deutlich, dass man es bei qualitativen und quantitativen Untersuchungen mit unterschiedlichen Strategien des Informationsmanagements zu tun hat. Die standardisierte Form der Datenerhebung erfordert es, dass der zu untersuchende Wirklichkeitsausschnitt, die zu erhebenden Merkmale eines Phänomens im vorhinein präzise abgegrenzt werden. Diese Selektionsleistung vorausgesetzt ist es dann im Folgenden möglich, den verbleibenden Informationsgehalt mit verschiedenen statistischen Verfahren recht umfassend auszuschöpfen. Die Informationsselektion setzt also, wenn man den Prozess betrachtet, bereits sehr früh ein, noch vor dem ersten Feldkontakt.

Demgegenüber ermöglicht es das offene Befragungsinstrument zunächst, einen möglichst breiten Wirklichkeitsausschnitt zu erfassen und dazu viele Informationen zu gewinnen. Der über eine offene Befragung erfasste Wirklichkeitsausschnitt wird zudem stärker durch die befragten Personen festgelegt. Angesichts dieser zunächst wenig selektiven Vorgehensweise stellen sich dann die Probleme der Informationsreduktion eher im Prozess der Auswertung.

Abb. 16: Quantitative und qualitative Forschungsansätze (IV)

| Quantitative Forschungsansätze | Qualitative Forschungsansätze |
|---|---|
| Standardisierte Erfassung eng abgegrenzter Wirklichkeitsausschnitte | Offenheit: möglichst umfassende Erhebung von sozialen Phänomenen |
| Standardisierte Auswertung (aller) erhobenen Informationen<br>Hohe Informationsreduktion, hohe Fallzahlen | Selektion der relevanten Informationen im Interpretationsprozess<br>Geringere Informationsreduktion, kleine Fallzahlen |
| Relativ festgelegte Abfolge einzelner Erhebungs- und Auswertungsschritte | Wenig festgelegte oder prozessgesteuerte Abfolge einzelner Erhebungs- und Auswertungsschritte |
| Wichtige Entscheidungen können handlungsentlastet und reflektiert bei der Vorbereitung der Erhebung getroffen werden | Viele Entscheidungen (z. B. zur Interviewführung) müssen ad hoc im Erhebungsprozess getroffen werden |
| Gütekriterien der verwendeten Erhebungsverfahren, Methodenforschung,<br>Publikation und Kritik durch die Scientific Community | Reflexion, Gruppeninterpretation, Supervision,<br>Publikation und Kritik durch die Scientific Community |

Mit der unterschiedlichen Logik der Erhebungs- und Auswertungsverfahren sind auch unterschiedliche Möglichkeiten der Qualitätssicherung verbunden. Der weitgehend standardisierte Erhebungsprozess bietet bestimmte Möglichkeiten der wiederum mit statistischen Instrumenten arbeitenden Methodenkontrolle; so lassen sich z. B. sehr genaue Angaben über die nicht intendierten Einflüsse des Geschlechts der Interviewenden auf die gewonnenen Ergebnisse machen. In der qualitativen Forschung muss demgegenüber eher auf prozessbezogene Kontroll- und Reflexionsinstrumente gesetzt werden; letztlich verbleibt hier jedoch eine große Verantwortung bei den Forschenden.

Darüber hinaus wird in der qualitativen wie in der quantitativen Forschung über die allgemeinen Prinzipien wissenschaftlichen Arbeitens – z. B. die Publikation von Ergebnissen (inklusive einer detaillierten Beschreibung ihres Zustandekommens) und die daran ansetzenden Praktiken der wissenschaftlichen Kritik – versucht, die Qualität der Forschungsarbeit zu sichern.

Neben den hier beschriebenen forschungspraktischen Unterschieden zwischen den so genannten qualitativen und quantitativen Forschungsansätzen wird in Darstellungen zur qualitativen bzw. quantitativen Forschung häufig versucht, diese sicherlich bedeutsamen Unterschiede zu je eigenen Forschungswelten auszubauen. Einige der hier angeführten Unterscheidungen sollen im Folgenden kritisch diskutiert werden.

- *›Erklären‹ und ›Verstehen‹*: Die Gegenüberstellung von ›erklären‹ und ›verstehen‹ als verschiedene wissenschaftliche Vorgehensweisen oder Zielsetzungen findet sich spätestens seit der 1910 erschienenen Schrift Wilhelm Diltheys (1990) ›Der Aufbau der geschichtlichen Welt in den Geisteswissenschaften‹ in den methodologischen Debatten. Bei Dilthey fungierte dieses Gegensatzpaar zur Charakterisierung unterschiedlicher Vorgehensweisen in den Natur- und Geisteswissenschaften. Vor diesem Hintergrund wurde auch in Einführungen zur qualitativen bzw. quantitativen Sozialforschung gern auf solche Unterscheidungen zurückgegriffen.

Blickt man auf die Konstruktion und den Verlauf dieser Debatten zurück, bleibt nur zu konstatieren, dass sie für den Forschungsprozess und seine Reflexion nicht gerade fruchtbar waren. Daher empfiehlt es sich, »die dichotomische Zweiteilung der wissenschaftlichen Welt in ein Reich des *Erklärens* und ein solches des *Verstehens* zurückzuweisen inklusive der damit einhergehenden Wertungen, die die größere Solidität des Wissens entweder auf der einen oder auf der anderen Seite ansiedeln« (Daniel 2001:404).

Es finden sich viele theoretische Ansätze, die die Möglichkeiten beider Konzepte nutzen, um Phänomene der sozialen Welt differenziert zu beschreiben. Am bekanntesten ist wohl Webers Bestimmung: »Soziologie soll heißen: eine Wissenschaft, welche soziales Handeln deutend verstehen und dadurch in seinem Ablauf und seinen Wirkungen ursächlich erklären will« (Weber 1972).

Für die Analyse von Handlungssituationen erscheint es grundsätzlich sinnvoll, möglichst alle zugänglichen Informationen zu nutzen. Das impliziert, dass solche Situationen nicht nur aus der Perspektive der beobachtenden Wissenschaftler, sondern auch aus der Perspektive der Beteiligten rekonstruiert werden; Letzteres mag man als ›Verstehen‹ bezeichnen. Grundsätzlich sind sowohl qualitative wie quantitative Verfahren geeignet, um diese Informationen zu gewinnen: Die eher fallbezogene Logik der qualitativen Forschung ermöglicht es weitaus differenzierter, die Perspektive, die Motivationen und Handlungslogik von einzelnen Beteiligten zu rekonstruieren. Die fallübergreifend generalisierende Perspektive der quantitativen Forschung könnte demgegenüber z. B. darüber Auskunft geben, wie sich solche Wirklichkeitsperspektiven über verschiedene soziale Gruppen verteilen und sich im zeitlichen Verlauf verändern. Solche Informationen können jedoch nur in der Differenziertheit erhoben werden, die ein standardisiertes Erhebungsinstrument erlaubt.

Manche Kontroversen können auch darüber aufgelöst werden, dass man sich der verschiedenen Typen von Erklärungen bewusst wird, mit denen in den Sozialwissenschaften gearbeitet wird (vgl. Teil II, Kap. 3).

- *Unterschiedliche wissenschafts- und erkenntnistheoretische Bezüge*: Eine wissenschaftliche Adelung erfährt das Gegensatzpaar ›erklären‹ und ›verstehen‹ über die Konstruktion unterschiedlicher wissenschafts- und erkenntnistheoretischer Bezüge. In Einführungen zur empirischen Sozialforschung, die eher standardisierte Erhebungspraktiken in den Vordergrund rücken, finden sich vornehmlich wissenschaftstheoretische Bezüge auf das mit Karl Popper verknüpfte Konzept des kritischen Rationalismus und die daran anlehnten Konzepte aus der amerikanischen Wissenschaftstheorie. Lehrbücher, die dem Kontext der qualitativen Sozialforschung entstammen, rekurrieren demgegenüber eher auf konstruktivistische Modelle, auf den Symbolischen Interaktionismus, die Phänomenologie oder den Sozialkonstruktivismus.

Man kann den gegenwärtigen Stand dieser Debatten am ehesten als schismatische Situation beschreiben; damit wird in der Theologie bzw. in Religionsgeschichte eine Spaltung zwischen Glaubensgemeinschaften bezeichnet. Diese schismatische Situation hat dazu geführt, dass typischerweise unter den Etiketten der quantitativen und qualitativen Forschung verschiedene, scheinbar nicht vereinbare Theorie- bzw. Praxis-Pakete geschnürt werden.

Solche schismatischen Konstrukte, wie sie sich implizit oder explizit häufig in Darstellungen zur quantitativen oder qualitativen Forschung finden, sind irreführend. So werden z. B. völlig unterschiedliche Typen von (Meta-)Theorien gegen-

Abb. 17: Das ›Schisma‹ der empirischen Sozialforschung

| | Quantitative Sozialforschung | Qualitative Sozialforschung |
|---|---|---|
| Theoretische Bezüge | Kritischer Rationalismus | Konstruktivismus, Phänomenologie, symbolischer Interaktionismus, Ethnomethodologie |
| Erklärungsanspruch | Erklärung durch Herausarbeitung von Gesetzmäßigkeiten | Erklärung durch Verstehen, durch Rekonstruktion von Regelmäßigkeiten |
| Forschungsziele | Theorie-/Hypothesentest und Prognose | Exploration/Deskription Theoriegenerierung |

übergestellt: Der Kritische Rationalismus zielt als *Wissenschaftstheorie* auf Strategien des wissenschaftlichen Erkenntnisgewinns; er macht z. B. Vorschläge für die Entwicklung und Prüfung von Theorien bzw. Hypothesen. Auch die Phänomenologie hat eher den Charakter einer Wissenschaftstheorie, bezieht sich aber ausschließlich auf Phänomene der sozialen Welt. Der Konstruktivismus beschäftigt sich demgegenüber mit weitaus allgemeineren *erkenntnistheoretischen Fragestellungen*. Symbolischer Interaktionismus und Ethnomethodologie lassen sich am ehesten als *Handlungstheorien* begreifen, die sich weder auf erkenntnis- noch auf wissenschaftstheoretische Fragen beziehen lassen.

Die Gegenüberstellung der Erklärungsansprüche und Ziele liefert zwar sinnvolle Unterscheidungen, sie decken sich aber nur sehr bedingt mit der Differenzierung nach qualitativen und quantitativen Forschungskonzepten.

Ein solches schismatisches Bild lebt neben der Konstruktion von Gegensätzen auch von vielerlei Ausgrenzungen. Indem die Fragen der qualitativen oder quantitativen Forschung in den Vordergrund gerückt werden, verschwinden andere kritische Debatten, die um die empirische Sozialforschung geführt wurden, in den Kulissen: so z. B. die Debatten um die Verwendung sozialwissenschaftlichen Wissens oder die Debatte um das Verhältnis von Forschenden und Beforschten, die im Kontext der Aktions- oder Handlungsforschung geführt wurde.

Die Pakete werden so geschnürt, dass je nach Wahl des Paradigmas nur noch bestimmte Probleme zugelassen werden. Über die Konstruktion solcher Dichotomien hinaus kann auch weiter gehend der forschungspraktische Ertrag der wissenschaftstheoretischen Begründung der Sozialforschung in Zweifel gezogen werden; man befände sich damit in guter Gesellschaft. Max Weber (1968:217) erklärt, die Methodologie sei »sowenig Voraussetzung fruchtbarer Arbeit, wie die Kenntnis der Anatomie Voraussetzung ›richtigen‹ Gehens«. Paul Lazarsfeld und in ähnlicher Weise auch Ralf Dahrendorf bemängelten den unzureichenden sozialwissenschaftlichen Bezug der methodologischen Debatten. Auch bei Pierre Bourdieu wird eine eher skeptische Haltung erkennbar: »Es soll keineswegs geleugnet werden, daß die logische Formalisierung, verstanden als ein Mittel zur Überprüfung der im Forschungsprozeß verwandten Logik und der Kohärenz ihrer Resultate, eines der leistungsfähigsten erkenntniskritischen Instrumente darstellt. Nur dient dieser legitime Gebrauch logischer Instrumente allzu häufig als Vorwand für eine geradezu perverse Leidenschaft, für methodologische Exerzitien, die keinen anderen Zweck erkennen lassen, als den, vorzuführen, welches Arsenal an Hilfsmitteln dem Forscher zur Verfügung steht« (Bourdieu et al. 1991:11).

Für die Darstellung der empirischen Sozialforschung im Rahmen dieses Lehrbuchs, aber auch für eine Weiterentwicklung der empirischen Sozialforschung erscheint es sinnvoll, die in der schismatischen Situation entstandenen Pakete aufzuschnüren. Nur so wird es möglich, die einzelnen Fragen und Probleme, die in der Logik der verschiedenen Methodenstreite auf oft abenteuerliche Weise miteinander verknüpft wurden, fruchtbar für die Entwicklung der empirischen Sozialforschung zu nutzen.

## Fazit

Qualitative wie quantitative Untersuchungsansätze konstruieren je spezifische Modelle der sozialen Welt, die zueinander in komplementärem Verhältnis stehen. »Somit ergänzen sich qualitative und quantitative Ansätze gegenseitig und konkurrieren nicht miteinander. Jeder liefert eine Art von Information, die sich nicht nur von der anderen unterscheidet, sondern auch für deren Verständnis wesentlich ist. Quantitative Untersuchungen legen regelhafte Strukturen in situativen Handlungen bloß und liefern im Wesentlichen Informationen über Häufigkeitsverteilungen; qualitative Untersuchungen beleuchten konkrete soziale Vorgänge, die bestimmte Strukturen situativer Handlungen hervorbringen. Die Anwendung einer bestimmten Methode kann man also nicht mit seinem ›Paradigma‹ oder seinen Neigungen begründen, sondern sie muß von der Eigenart des jeweiligen Forschungsproblems ausgehen« (Wilson 1982:501).

Wenn man verschiedene gesellschaftliche Praxisfelder betrachtet, in denen auf soziologisches Wissen zurückgegriffen wird, dann kann man diese auch danach unterscheiden, dass die dort typischerweise auftauchenden Fragen eher dem einen oder eher dem anderen Forschungsansatz nahekommen. Ein einfaches Beispiel soll das illustrieren. Es geht um Maßnahmen, mit denen die Arbeitslosigkeit gesenkt werden kann:

- Man stelle sich zum einen eine Person vor, die im Arbeits- und Sozialministerium mit der Ausgestaltung der Hartz-Gesetze befasst ist. Die kann nicht auf den einzelnen Arbeitslosen oder den einzelnen Arbeitgeber Einfluss nehmen; sie kann Rahmenbedingungen setzen, die das Verhalten der Arbeitgeber oder der Arbeitslosen möglicherweise verändern, so dass am Ende die Arbeitslosenquote sinkt. Sie fragt sich dann, welchen Effekt es hat, wenn erreicht werden kann, dass die Lohnnebenkosten um einen Prozentpunkt sinken, oder wenn die Regeln für die Zumutbarkeit von Arbeitsangeboten verschärft werden. Das wäre ein Typ von Fragestellungen, der eher mit den Modellen und der Wirklichkeitsperspektive der quantifizierenden Ansätze korrespondiert.

• Man stelle sich zum anderen eine Person vor, die als Fallmanager in der Beratung von Arbeitslosen tätig ist; sie muss sich mit den konkreten Problemen von Gudrun S. auseinandersetzen, deren berufliche Qualifikation nicht die beste ist. Für ein solches Arbeitsfeld bringen vielleicht die Problemperspektive und typischen Befunde, die die qualitative Forschung hervorbringt, mehr als für den Vertreter des Arbeitsministeriums.

An diesem Beispiel wird deutlich, dass die verschiedenen Forschungsperspektiven auch mit den typischen Fragestellungen in unterschiedlichen Praxisfeldern korrespondieren. Wenn man jedoch länger über das Beispiel nachdenkt, wird auch erkennbar, dass keine von beiden ohne das Wissen der anderen Person auskommen kann.

Die pauschale Gegenüberstellung von quantitativen und qualitativen Forschungsansätzen und dem so hervorgebrachten Wissen liefert vielleicht eine erste Ordnung in der sozialwissenschaftlichen Forschungslandschaft; sie verstellt aber auch den Blick auf die große Spannweite unterschiedlicher Ansätze, die sich unter dem einen wie dem anderen Label verbergen. Dies wird im zweiten Teil der Einführung eingehender dargestellt.

# 5. Exkurs: Empirische Sozialforschung in erkenntnistheoretischer Perspektive

Nachdem in den vorigen Kapiteln dargelegt wurde, wie es der empirischen Sozialforschung im Laufe der historischen Entwicklung gelungen ist, eine neue Perspektive auf die sich verändernde soziale Welt zu gewinnen und diese Perspektive auch institutionell festzuschreiben, soll es in diesem Kapitel darum gehen, den selbigen Prozess in erkenntnistheoretischer Perspektive zu beleuchten.

Die bislang vorgestellten Überlegungen zum Stellenwert sozialwissenschaftlichen Wissens und zum Forschungsprozess gehen auf eine im weiteren Sinne konstruktivistische Perspektive zurück. Der Konstruktivismus umfasst eine Gruppe von philosophischen Ansätzen aus dem Gebiet der Erkenntnistheorie. Es geht um die Möglichkeiten, die uns umgebende Welt zu beobachten und zu erkennen. Um einige Grundüberlegungen dieses Ansatzes möglichst konsistent darzustellen, beziehen sich die folgenden Ausführungen auf eine Darstellung Ernst von Glasersfelds.

Der kleinste gemeinsame Nenner konstruktivistischer Denkansätze liegt in ihrer Abgrenzung von einem naturalistischen Erkenntnismodell. »Über 2500 Jahre lang hat das Abendland menschliches Wissen überwiegend als die Abbildung einer unabhängigen Welt außerhalb des erkennenden Menschen aufgefaßt. Die Abbildung sollte zumindest einen Teil der Struktur jener ›realen‹ Welt und ihrer Funktionsprinzipien widerspiegeln. Wie unvollkommen dieses Bild auch sein mochte, es herrschte doch die Überzeugung, daß seine Vervollkommnung prinzipiell erreichbar war. Wie im Falle eines Porträts sollte die Güte allen Wissens nach dem Grad seiner Übereinstimmung mit der ›Realität‹ beurteilt werden« (Glasersfeld 1997:186). Ein solches Modell der Abbildung der uns umgebenden sozialen oder auch physischen Welt durch die Anwendung von wissenschaftlichen Forschungs- oder Beobachtungstechniken wird vom konstruktivistischen Standpunkt radikal bestritten.

Die Skepsis gegenüber einem solchen Abbildmodell rührt aus theoretischen Überlegungen über die Möglichkeiten menschlicher Erkenntnis; solche Positionen finden sich in vielen Phasen der Philosophiegeschichte. Die konstruktivistische Position, wie sie insbesondere in den 1980er und 90er Jahren reformuliert wurde, geht auf eine sehr lange Tradition erkenntnistheoretischer Debatten zurück.

Eine Erneuerung der konstruktivistischen Perspektive hing insbesondere mit Forschungen und Theorien zum menschlichen Wahrnehmungsapparat zusammen. Wichtige Impulse gingen z. B. von dem Biologen Umberto Maturana aus. Diese Ansätze hat auch Niklas Luhmann intensiv rezipiert und in sein Projekt einer ›Systemtheorie‹ integriert. Maturana spricht von einer informationellen Geschlossenheit unseres Wahrnehmungsapparats; in den Worten Glasersfelds: »Die Signale, die von Neuronen in den Fingerspitzen oder Zehen, in den Ohren oder der Netzhaut Ihrer Augen an das Gehirn geschickt werden, sind alle von der gleichen Art. Sie vermitteln die Intensität der jeweiligen Perturbation eines peripheren Organs, aber keinerlei Information hinsichtlich ihrer Ursache. Das Bild einer Welt mit sichtbaren, hörbaren, berührbaren Dingen usw. kann nur durch Relationen entstehen, die ein Beobachter zwischen internen Signalen herstellt, zum Beispiel daß bestimmte Signale gemeinsam ankommen, andere in einer bestimmten Reihenfolge« (190). Ausgehend von diesen Beobachtungen erscheint es sinnvoll, die Vorstellungen, die wir uns von der umgebenden Welt machen, als »Konstruktionen« zu bezeichnen. Man sollte jedoch nicht behaupten, dass die Forschungen Maturanas oder anderer Wahrnehmungs- und Hirnforscher ein konstruktivistisches Konzept *begründen* können; ihre Beobachtungen *korrespondieren* mit einem konstruktivistischen Ansatz der Erkenntnistheorie.

Häufig werden die konstruktivistischen Überlegungen jedoch völlig missverstanden, wenn behauptet wird, sie würden die Existenz einer Welt außerhalb unseres Wahrnehmungsapparats leugnen: Darüber machen sie keinerlei Aussagen. Der Konstruktivismus hat »nichts darüber zu sagen, ob etwas *existiert* oder nicht. Er versteht sich als eine Theorie des Wissens, nicht als eine Theorie des Seins« (187).

Mit der radikalen Kritik der Abbildvorstellungen ist aber nur ein allererster Schritt getan; die Rede, dass alles ›sozial konstruiert‹ sei, findet sich inzwischen in vielen Feuilleton-Beiträgen. Die soziologisch interessanten Aufgaben beginnen erst danach: »Die konstruktivistische Theorie hat ihrerseits die Verpflichtung, ein Modell anzubieten, das zeigen kann, wie wir trotz unserer informationellen Geschlossenheit zu einer Erfahrungswirklichkeit von so bemerkenswerter Stabilität gelangen, wie die, in der unser alltägliches Leben sich abspielt« (191). D. h., es ist zu klären, warum es gelingt, dass Menschen kooperieren und gemeinsam ganz wunderbare, aber auch ganz schreckliche materielle und geistige Produkte hervorbringen, obwohl sie als Monaden mit je spezifischen Wahrnehmungsapparaten agieren.

Eine wichtige Rolle für das Zustandekommen zumindest eines Minimums an gemeinsamen Vorstellungen der uns umgebenden Welt spielen Prozesse der sprachvermittelten Kommunikation und der Prozess der Sozialisation in diese gemeinsam geteilten Deutungswelten. Nicht zufällig ging auch der Entwicklungspsychologe Piaget von Erkenntniskonzepten aus, die denen des Konstruktivismus nahestehen. Auch die von Peter L. Berger und Thomas Luckmann (1972) verfolgte Frage nach der ›Gesellschaftlichen Konstruktion von Wirklichkeit‹ knüpft produktiv an diese Probleme an.

Solche Fragen gehen über die Möglichkeiten dieser Einführung in die empirische Sozialforschung hinaus; hier gilt es zu erwägen, welche Konsequenzen sich aus den Grundüberlegungen des Konstruktivismus für die Möglichkeiten der (sozial-)wissenschaftlichen Forschung und Analyse ergeben. Wenn man sich von einfachen Abbildtheorien der Erkenntnis verabschiedet und auch die Popperâ sche Hoffnung auf eine näherungsweise Übereinstimmung mit der Welt als Wahrheitskriterium unserer Überlegungen hinter sich lässt, dann kommt schnell die Sorge vor einem uferlosen Relativismus auf: Der muss Wissenschaftler und Wissenschaftlerinnen ja in ganz besonderem Maße irritieren.

So ist zu fragen, welchen Bezug Forschung zur außerwissenschaftlichen Wirklichkeit, Glasersfeld spricht von ›ontologischer Realität‹, hat. Bezogen auf naturwissenschaftliches Wissen führt er dazu aus: Aus konstruktivistischer Sicht »bezieht sich die naturwissenschaftliche Methode nicht auf eine ontologische Realität, noch setzt sie so eine Realität voraus. Sie funktioniert und liefert ihre Ergebnisse innerhalb der Erfahrungsbereiche der Beobachter. Naturwissenschaftliches Wissen liefert daher mehr oder minder verläßliche Arten des Umgehens mit Erfahrungen, also mit der einzigen uns bekannten Wirklichkeit; und Umgang mit unseren Erfahrungen bedeutet, mehr oder minder erfolgreich sein im Bezug auf die von uns gesteckten Ziele« (192 f.).

Diese Welt der Erfahrungen, in denen sich wissenschaftliche wie alltagsweltliche Beobachter bewegen, ist jedoch nicht in dem Sinne geschlossen, dass es keinerlei äußere Einflüsse gibt: Es werden Experimente durchgeführt, deren Ausgang den Erwartungen entspricht oder auch nicht, in den Sozialwissenschaften werden Personen beobachtet oder man konfrontiert sie mit bestimmten Fragen etc. Das Forschungshandeln bezieht sich somit auf diese außerwissenschaftlichen Realitäten. Daher ist es »immer möglich, daß sich eine ontische Realität dadurch bemerkbar macht, daß bestimmte unserer Handlungen behindert und manche unserer Anstrengungen vereitelt werden. Aber auch wenn dies der Fall ist, könnte sich die ontische Realität nur im Scheitern unserer Handlungen und unseres Denkens manifestieren, und wir hätten darum keine Möglichkeit, sie irgendwie anders zu beschreiben, als mit Bezug auf eben jene unserer Handlungen und Gedanken, die sich als erfolglos erwiesen haben« (193).

Die Eingriffe einer unabhängig vom Menschen bestehenden (ontischen) Realität in die wissenschaftliche Erfahrungswelt lassen sich also wiederum nur mit den uns zur Verfügung stehenden Mitteln beschreiben und erklären.

Zu fragen ist auch, welchen Status wissenschaftliches Wissen haben kann, welche Leistungen es erbringt, wenn wir uns von einer Abbildvorstellung als Referenz und als Wahrheitskriterium verabschieden. »Es umfaßt (…) Handlungsschemas, Begriffe und Gedanken, und es unterscheidet jene, die es für brauchbar hält von den unbrauchbaren. Mit anderen Worten, Wissen besteht in den Mitteln und Wegen, die das erkennende Subjekt begrifflich entwickelt hat, um sich an die Welt anzupassen, die es erlebt« (187). Brauchbares Wissen, zeichnet sich dadurch aus, dass es uns handlungsfähig macht, uns hilft, Probleme zu erörtern und zu lösen. Diese Überlegungen korrespondieren mit dem eingangs dargelegten Bezug auf den Neopragmatismus. »Der Wert wissenschaftlichen Wissens hängt folglich nicht von seiner Wahrheit im philosophischen Sinne ab, sondern von seiner Viabilität« (193). Es interessiert ein Wissen, das gangbare (viable) Problemlösungen ermöglicht. Brauchbares Wissen wird aber auch im Alltagsleben hervorgebracht; hier ist eine Abgrenzung gefragt: »Wissenschaftliches Wissen wird als verläßlicher angesehen als unser Alltagswissen, nicht weil es auf irgendeine besondere Art aufgebaut wäre, sondern weil es in expliziter und wiederholbarer Weise zustande kommt« (193).

Bezieht man diese Überlegungen nun auf den Prozess der sozialwissenschaftlichen Forschung so kommt man zu einem Modell, das den von Glasersfeld verfolgten Vorstellungen recht nahekommt.

Abb. 18: Struktur der Erkenntnisoperation

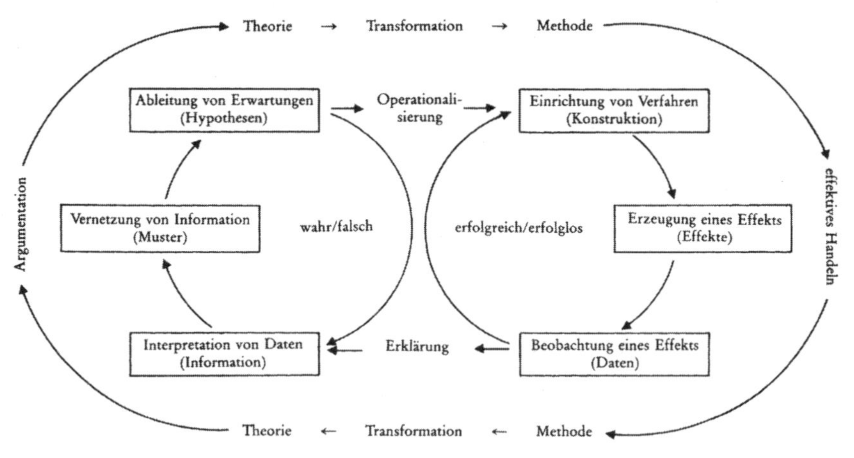


Quelle: Krohn/ Küppers (1989:58)

Krohn und Küppers beschreiben mit engem Bezug auf die Luhmann'sche Systemtheorie den Forschungsprozess als einen rekursiven Prozess, in dem zwei Teilbereiche, die auf intellektuelles (Argumentation) bzw. effektives Handeln zurückgehen, miteinander verkoppelt sind. In dem methodischen Teil der Forschung – im Schaubild rechts – werden Verfahren entwickelt (z. B. ein standardisierter Fragebogen); diese erzeugen bei den Befragten bestimmte Effekte (z. B. Antworten als Reaktionen auf eine Frage), die dann beobachtet werden und als Daten zur Verfügung stehen.

In dem theoretischen Teil werden die über die Verfahren erzeugten Daten interpretiert, die daraus gewonnenen Informationen werden vernetzt. Beide Teilbereiche folgen einer eigenen Logik, arbeiten nach Luhmann mit unterschiedlichen ›symbolisch generalisierten Kommunikationsmedien‹. Ob diese nun, wie von Luhmann bzw. Krohn und Küppers vorgeschlagen, sinnvollerweise als ›wahr/falsch‹ bzw. ›erfolgreich/erfolglos‹ etikettiert werden sollten, ist hier nicht zu entscheiden. Weitaus wichtiger ist das damit angesprochene Problem, dass es zwischen den Bewertungsrastern in beiden Teilbereichen keine eindeutige Abbildung gibt. Man ist auf Koppelungen verwiesen, die Krohn und Küppers in Anlehnung an die empirische Forschungstradition als ›Operationalisierung‹ und ›Erklärung‹ bezeichnen. Sofern man hier nicht auf allseits akzeptierte Routinen zurückgreifen kann, »muß für die Angemessenheit einer gewählten Koppelung jeweils spezifisch argumentiert werden« (59). Aber innerhalb der beiden Bereiche besteht Entscheidungs- und Begründungsbedarf; prinzipiell lose Koppelungen müssen im Prozess der Forschung in feste überführt werden. »Auf der Seite der theoretischen Argumentation ergibt sich nirgendwo zwingend eine bestimmte Interpretation von Daten aus einem Muster und nur selten eine strenge Ableitung einer empirischen Hypothese aus einem theoretischen Muster. Auf der Seite des effektiven Handelns unterliegt die Wahrnehmung und Anerkennung von Daten Entscheidungen, nicht aber dem unentziehbaren Zwang eines ›factum brutum‹« (63). Wir haben es somit weder in der natur- noch in der sozialwissenschaftlichen Forschung mit unhintergehbaren Fakten (›facta bruta‹), mit Daten, die für sich sprechen, zu tun; die Forschenden sind – unabhängig davon, ob es sich um vermeintlich ›weiche Daten‹ eines offenen Interviews oder vermeintlich ›harte Daten‹ einer standardisierten Befragung handelt – zur Interpretation gezwungen.

Diese Grundüberlegungen des Konstruktivismus bzw. die damit verknüpften Überlegungen zu den Möglichkeiten wissenschaftlicher Forschung können für die empirische Sozialforschung ausgesprochen produktiv genutzt werden, wenn man sie nicht in einem ausschließenden Sinne versteht. Verglichen mit den erkenntnistheoretischen Überlegungen Poppers stellt der Konstruktivismus gewissermaßen den weiter gehenden Ansatz dar, in dem er weniger Vorannahmen über die Verfasstheit der Welt und die Möglichkeiten der wissenschaftlichen und nichtwissenschaftlichen Erkenntnis macht; dazu einige abschließende Überlegungen:

- Die Grundüberlegungen des Konstruktivismus, wie sie z. B. durch Glasersfeld vertreten werden, stehen zwar in einigen Punkten dem von Popper entwickelten Konzept des Kritischen Rationalismus entgegen (vgl. dazu Glasersfeld 53 ff.); das bezieht sich jedoch vorrangig auf den erkenntnistheoretischen Teil seiner Überlegungen. Seine wissenschaftstheoretischen Überlegungen und den daraus abgeleiteten Vorschlägen z. B. für eine Hypothesen testende Forschung sind davon jedoch nicht unbedingt berührt. In der Kritik am Naturalismus bzw. an einfachen positivistischen Vorstellungen und in dem eher kritisch-skeptischen Blick auf die Möglichkeiten wissenschaftlicher Erkenntnis sind die Ansätze sich weitaus näher, als gemeinhin suggeriert wird.
- Die Verabschiedung von Abbildkonzepten oder (approximativen) Wahrheitsvorstellungen führt nicht, wie vielfach befürchtet, in die Beliebigkeit; sie hat einen eher umgekehrten Effekt. Wissenschaftliches Wissen kann sich nur dadurch aus-

weisen und seine Nützlichkeit unter Beweis stellen, dass es nach bestimmten Regeln hervorgebracht wird. Es erlangt nicht allein dadurch eine besondere Bedeutung, dass es von Wissenschaftlern und Wissenschaftlerinnen in einem bestimmten institutionellen Kontext produziert wird; bedeutsam sind vielmehr die strengen methodischen Regeln, nach denen dies geschieht, und die Verfahren der Reflexion und Kritik, denen wissenschaftliches Wissen unterliegt. Bedeutsam sind auch die kumulierten Erfahrungen mit den Methoden zur Gewinnung und Analyse empirischer Daten.

• Mit dem Plädoyer für die wissenschaftliche Produktivität einer konstruktivistischen Perspektive sollten keinerlei Aussagen über die Angemessenheit unterschiedlicher sozialwissenschaftlicher Forschungskonzepte (etwa der so genannten qualitativen oder quantitativen Forschung) und Theorieansätze (etwa system- oder akteursbezogene Theorien) verknüpft werden.

• Insbesondere für die sozialwissenschaftliche Forschung und Theoriebildung kann die konstruktivistische Perspektive als ein fruchtbarer Fragengenerator fungieren. Die Perspektive schützt z. B. vor einem allzu einfachen Verständnis von Prozessen der Kommunikation und Interaktion. Die konstruktivistischen Überlegungen helfen, alltagsweltlich geteilte Selbstverständlichkeiten in Frage zu stellen. Daran knüpft der bereits erwähnte Ansatz des Sozialkonstruktivismus (Berger/Luckmann 1972) an: Hier werden die Wissensbestände und Wirklichkeitsordnungen untersucht, die die Orientierung und das Handeln der Menschen im Alltagsleben strukturieren. Weitere Anknüpfungspunkte bieten sich z. B. mit dem symbolischen Interaktionismus und der Ethnomethodologie an. Hier geht es um die Frage, wie sich in Interaktionen Strukturen herausbilden oder wie im Alltagsleben Routinen entwickelt werden und Vorstellungen von Normalität entstehen.

# II. Wie betreibt man empirische Sozialforschung?

Im zweiten Teil dieser Einführung soll das praktische Wissen ins Zentrum rücken, das Frauen und Männer zur Konzeption und Durchführung empirischer Forschungsvorhaben befähigt. Die empirische Sozialforschung kann dabei auf eine Fülle von erprobten Techniken der Datengewinnung und -analyse zurückgreifen. Zudem kann dieser Fundus erweitert werden, indem ausgehend von spezifischen Problemstellungen bestehende Erhebungsverfahren variiert und neue Möglichkeiten der Analyse entwickelt werden. In der Herausbildung und Verfeinerung dieses methodischen Fundus liegt ein wesentliches Moment des wissenschaftlichen Fortschritts in den Sozialwissenschaften.

Zunächst soll ein Überblick über Strukturen und Verläufe von Forschungsprozessen (Kap. 1) und verschiedene Forschungsdesigns (Kap. 2) gegeben werden. Die folgenden Kapitel informieren über die Konzeptionsphase (Kap. 3) und die breite Palette von Erhebungsverfahren (Kap. 4 bis 11). Abschließend findet sich ein Überblick über Möglichkeiten der Datenanalyse (Kap. 12) und den zu erstellenden Forschungsbericht (Kap. 13).

## 1. Strukturmomente eines Forschungsprozesses

Empirische Sozialforschung soll im Folgenden als ein Prozess begriffen werden, in dem man – ausgehend von spezifischen Forschungsfragen und theoretischen Überlegungen zu einem sozialen Phänomen – sinnvoll bestimmte Instrumente der Datengewinnung und -analyse kombiniert und die Ergebnisse dieser Analysen niederlegt.

Die erfolgreiche Durchführung von Forschungsarbeiten erfordert daher zum einen Kenntnisse über einzelne Verfahren der Datengewinnung und über daran angepasste Verfahren der Analyse; zum anderen bedarf es der Kompetenz, diese verschiedenen Verfahren sinnvoll zu kombinieren, um so die Ausgangsfragen zu klären.

Ein solcher Forschungsprozess lässt sich auch als eine lange Kette von Entscheidungen charakterisieren. Diese Entscheidungen stehen in einem Zusammenhang und sie lassen sich auch nicht unbedingt in einer linearen Folge bearbeiten. Die in vielen Einführungen zu findenden Darstellungen von Forschungsprozessen als einer Schrittfolge, die linear abzuarbeiten ist, können vielleicht der ersten Orientierung dienen; angesichts der Vielfalt praktischer Forschungskonstellationen sagen sie doch recht wenig aus.

## a) Theoretisch reflektierte Fragen und Daten

Typischerweise haben es die Forschenden mit verschiedenen Komplexen von Entscheidungen zu tun (vgl. Abb. 19):

Abb. 19: Strukturmomente eines Forschungsprozesses

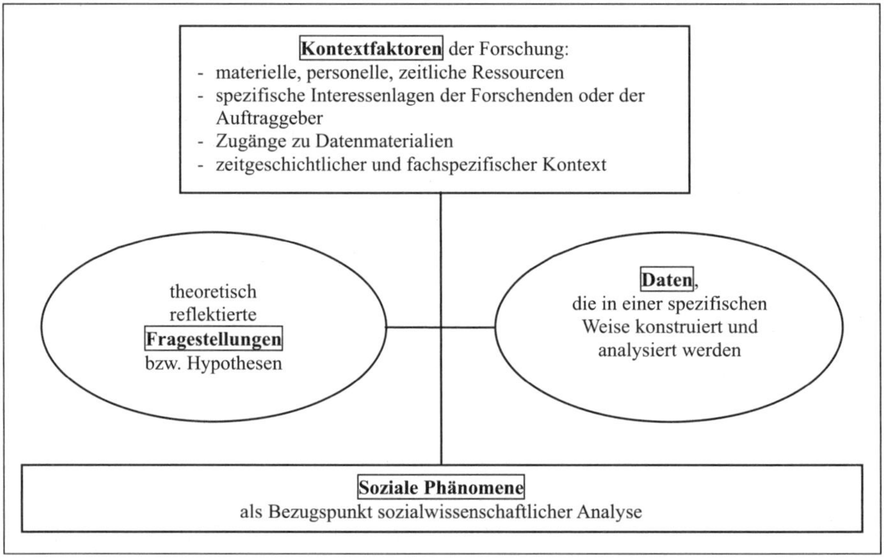


• Zum einen geht es um die Bestimmung einer forschungsleitenden Fragestellung: Mit einer solchen Frage wird der Fokus einer empirischen Untersuchung auf spezifische Phänomene der sozialen Welt gerichtet. Zugleich werden damit immer auch theoretische Bezüge eingegangen; d. h., man beleuchtet ein Phänomen unter einer bestimmten theoretischen Perspektive. Wenn also z. B. nach den Gründen gefragt wird, die zu einer bestimmten Handlung führen, wird damit auf theoretische Überlegungen, auf Begründungsdiskurse verwiesen, die im wissenschaftlichen Feld oder anderswo geführt werden.

- Zum anderen ist zu erwägen, wie diese Forschungsfrage auf empirisch gewonnene Daten zu einem sozialen Phänomen bezogen werden kann: Es ist zu klären, wie ausgehend von der Forschungsfrage Daten gewonnen werden können, deren Analyse für eine Beantwortung der entwickelten Fragen dienlich ist. So kann man z. B. eine Befragung oder eine Beobachtung durchführen oder auf vorliegende Datenmaterialien, im Sinne einer Sekundäranalyse zurückgreifen.

  Wenn eigene Erhebungsinstrumente entwickelt werden sollen, z. B. eine standardisierte Befragung, so ist zu bestimmen, welche Fragen gestellt und wie sie formuliert werden. Es ist auch zu klären, an welche Personengruppe diese Befragung gerichtet wird und wie die zu befragenden Personen ausgewählt werden. Wenn auf bestehende Datenmaterialien zurückgegriffen wird, ist genau zu rekonstruieren, wie die Erhebungsinstrumente aussahen und mit welchen Auswahlprozessen gearbeitet wurde, um die vorliegenden Daten zu produzieren.

  Es ist zu entscheiden, wie die Analyse des Datenmaterials gestaltet werden soll, um ausgehend von den entwickelten Fragestellungen zu bestimmten Aussagen über die interessierenden sozialen Phänomene zu kommen.
- Schließlich werden all diese Entscheidungen in einem spezifischen *Kontext* getroffen, der bestimmte Möglichkeiten eröffnet, der aber immer auch begrenzend wirkt.

In dem Schaubild wurde wohlgemerkt auf Pfeile, die die verschiedenen Momente in einen gerichteten Zusammenhang bringen, verzichtet; auch eine lineare Ordnung erscheint, wie eingangs dargelegt, nicht hilfreich. Es geht bei der Konzeption von wissenschaftlichen Forschungsprozessen vielmehr darum, angemessene Arrangements herzustellen: Unter spezifischen Kontextbedingungen sind die entwickelten Fragestellungen mit den Datenmaterialien, die in einer spezifischen Weise analysiert werden, in einen Zusammenhang zu bringen, der es ermöglicht, im Sinne der Fragestellung sinnvolle – empirisch fundierte – Aussagen zu treffen. Weder die zu untersuchenden sozialen Phänomene oder eine theoretisch eingebettete Forschungsfrage, noch die Daten bzw. Modi ihrer Analyse, noch die Kontextbedingungen können je für sich als Angelpunkte für die Gestaltung eines solchen Arrangements fungieren. Dennoch lassen sich über eine Diskussion dieser Varianten einige typische Probleme der empirischen Sozialforschung illustrieren:

- Würde man die (Sozial-)Wissenschaft als ein autonomes, hinreichend mit Ressourcen versorgtes System begreifen, erschiene die Forschungsfrage als ein sinnvoller Angelpunkt eines Forschungsunternehmens. Ausgehend von einer Forschungsfrage wären dann Entscheidungen darüber zu treffen, welche Daten konstruiert bzw. in welcher Weise die konstruierten Daten analysiert werden. Besondere Rahmenbedingungen wären angesichts der getroffenen Annahmen nicht zu berücksichtigen. Mit guten Gründen wird in vielen Lehrbüchern zur empirischen Sozialforschung eine solche Perspektive gewählt, weil daran ein bestimmter Idealtyp wissenschaftlichen Arbeitens entwickelt werden kann. Das hat jedoch zur Folge, dass ein nicht unerheblicher Teil der sich in der Forschungspraxis einstellenden Konstellationen von Fragestellungen bzw. Theorien, Daten(-Analyse) und Kontextbedingungen aus dem Blick gerät, weil eben diese Verfügung über Ressourcen und diese Freiheiten in der Entwicklung von Fragestellungen und der Erschließung von Daten nicht annähernd gegeben sind.

• In nicht wenigen Fällen bildet ein spezifisches Datenmaterial bzw. ein spezifischer analytischer Zugang zu diesem Material den Ausgangspunkt für die Konzeption eines Forschungsvorhabens. Das geht zum einen auf die hohen Aufwendungen für die Konstruktion sozialwissenschaftlicher Daten zurück; da für viele Fragestellungen die z. B. aus einer Querschnittsbefragung gewonnenen Daten unzureichend sind, müssen komplexere und damit kostenintensivere Untersuchungsdesigns (Haushaltsbefragungen, Paneluntersuchungen etc.) gewählt werden. Nicht wenige Forschungsvorhaben verfügen somit gar nicht über die Ressourcen zur Durchführung angemessener eigener Erhebungen. Zum anderen lassen sich nur sehr spezifische Fragestellungen mit Daten aus Individualbefragungen verfolgen. Man denke z. B. an Forschungsfragen, die sich eher für Makrophänomene oder für historische Entwicklungen interessieren. D. h., in diesen Fällen werden Struktur und Zugang zu möglichen Daten oft zum Ausgangspunkt für die Konzeption von Forschungsvorhaben: der Zugang zu historischen Quellen, zu Daten für die Sekundäranalyse, zu Daten der amtlichen Statistik etc. Die Entwicklung und Spezifizierung von Forschungsfragen muss somit auf die verfügbaren Daten abgestimmt werden.

• Nicht selten ist in der Forschungspraxis zu beobachten, dass ein bestimmter Datentyp (qualitative, quantitative Daten) oder eine bestimmte Methode der Datenanalyse (bestimmte statistische Verfahren oder qualitative Analysetechniken) zum bevorzugten Ausgangspunkt von Forschungsentwürfen werden. So sehr dies angesichts der erforderlichen hohen persönlichen Investitionen in immer differenziertere Datenstrukturen bzw. Verfahren der Datenerhebung und -analyse nachvollziehbar ist, so problematisch bleibt doch der damit verbundene Effekt einer Zurichtung des analytischen Blicks.

• Schließlich finden sich auch Forschungskonstellationen, in denen gewisse Kontextbedingungen zum Ausgangspunkt für den Entwurf eines Forschungsvorhabens werden, wenn man sich um den Forschungsauftrag des Ministeriums XY bewirbt, wenn im Rahmen eines inhaltlich umrissenen Forschungsprogramms Mittel beantragt werden oder im Rahmen einer akademischen Qualifizierungsarbeit bestimmte Kontextbedingungen an einer Hochschul- oder Forschungseinrichtung gesetzt sind. Auch die Begrenztheit von Forschungsmitteln bzw. anderen Ressourcen führt nicht selten dazu, dass die Kontextfaktoren eine Modifikation bzw. Restriktion des Forschungsprogramms erfordern.

Diese Beispiele machen deutlich, dass es eine Reihe von Faktoren gibt, die den Idealtyp einer wissenschaftlichen Sozialforschung, der sich einzig einer von inhaltlichen oder theoretischen Gesichtspunkten geleiteten Bearbeitung einer Forschungsfrage zuwendet, konterkarieren können. Vor diesem Hintergrund steht der obige Vorschlag, von einem Arrangement aus Fragestellungen, Daten und Kontextbedingungen auszugehen.

## b) Ablauf von Forschungsprozessen

Das oben eingeführte Bild des Forschungsprozesses als einer langen Kette von zu treffenden Entscheidungen soll nun etwas präziser strukturiert werden. Es lassen sich einzelne Phasen im Forschungsprozess gegeneinander abgrenzen. Im einfachsten Fall kann man sich dann den Forschungsprozess als eine Abfolge solcher Phasen vorstellen.

Abb. 20: Phasen eines Forschungsprozesses

| | | |
|---|---|---|
| Konzeptionsphase | Abgrenzung eines sozial relevanten Problems/ Entwicklung von Forschungsfragen/ Hypothesen | |
| | Entwicklung eines Forschungsplans | |
| Datengewinnungs- und Analysephase | Entwicklung und Test eines Erhebungsinstruments/ Auswahlverfahren | Beschaffung und Rekonstruktion von Sekundärdaten |
| | Datenerhebung | |
| | Datenaufbereitung und -analyse | |
| | Niederlegung von Zwischenergebnissen/ [Reflexion des Forschungsplans] | |
| Abschlussphase | Niederlegung von Forschungsergebnissen/ Publikation | |

## Konzeptionsphase

Zur Konzeption eines Forschungsprozesses wird zunächst ein sozial relevantes Forschungsproblem bestimmt. Mit Bezug auf dieses Problem sollten wissenschaftlich zu klärende Fragen formuliert oder Hypothesen aufgestellt werden.

Im nächsten Schritt ist ein Plan zu entwickeln, wie Antworten auf die zuvor konzipierten Fragen gefunden werden können und wie ein solcher Prozess zeitlich, personell und logistisch bewältigt werden kann. Der Plan sollte darüber Auskunft geben, wie der Forschungsprozess als eine Folge von Datengewinnungs- und Analyseschritten gestaltet werden kann. Dabei ist festzulegen, mit welchen Instrumenten in den einzelnen Schritten Primärdaten gewonnen bzw. Sekundärdaten genutzt werden sollen. Ein solcher Plan sollte so präzise wie möglich ausgestaltet werden, in der Regel wird er auch der Vergabe von Forschungsmitteln zu Grunde gelegt.

## Datengewinnungs- und Analysephase

Diese Phase wird durch die Gewinnung, Aufbereitung und Analyse eines oder verschiedener Datenmaterialien strukturiert. Wie die Pfeile indizieren (s. Abb. 20), kann eine solche Schrittfolge durchaus mehrfach durchlaufen werden.

Die Gewinnung von Daten kann entweder über die Entwicklung eines eigenen Untersuchungsinstruments erfolgen – in Abb. 20 die linke Teilspalte. Dazu ist ausgehend von den Forschungsfragen ein Erhebungsinstrument wie z. B. ein standardisierter Fragebogen oder ein Leitfaden für ein Experteninterview zu entwickeln und zu erproben. Dabei ist auch zu entscheiden, wie dieses Instrument eingesetzt werden soll; so ist z. B. zu klären, nach welchem Kriterium die zu befragenden Personen ausgewählt, wie die Personen kontaktiert werden etc. Ist dieser Prozess der Entwicklung eines Instruments abgeschlossen, folgt die eigentliche Datenerhebung, die dann von den Forschenden, von gezielt qualifizierten Fachkräften oder von einem beauftragten Erhebungsinstitut durchgeführt wird.

Alternativ zur Gewinnung von Daten mit einem eigenen Erhebungsinstrument kann auf verschiedene Typen von Sekundärdaten zurückgegriffen werden – in der Abb. 20 die rechte Teilspalte. Diese können aus vorliegenden Forschungsarbeiten zu einem Thema, aus den Daten der amtlichen Statistik oder anderer Institutionen gewonnen werden. Die Daten können als Aggregatdaten – ›angehäufte‹ Daten – vorliegen, die zusammenfassend über eine Gruppe von Personen informieren, z. B. über das Wahlverhalten der wahlberechtigten Frauen und Männer in einer Stadt; es können aber auch Mikrodaten, z. B. personenbezogene Daten, sein, die über das Wahlverhalten und andere Eigenschaften von einzelnen Personen Auskunft geben. In jedem Fall ist für die Sekundärdaten präzise zu rekonstruieren, wie sie erhoben wurden; alle Entscheidungen, die bei der Entwicklung eines eigenen Instruments getroffen werden müssen, sind für den vorliegenden Sekundärdatenbestand sinngemäß nachzuvollziehen (vgl. Teil II, Kap. 11).

Schließlich werden die auf dem einen oder anderen Wege gewonnenen Daten für die Analyse aufbereitet. Die Aufzeichnung eines offenen Interviews muss transkribiert, also verschriftlicht werden; die Daten aus einem standardisierten Fragebogen müssen vielleicht eingescannt, auf einen Datenträger gespeichert und geprüft werden. Daran schließt sich die Analyse an; bei standardisierten Daten bietet sich ein breites Spektrum statistischer Analyseverfahren; qualitatives Datenmaterial, das z. B. als Text vorliegt, kann mit verschiedenen interpretativen Verfahren ausgewertet werden. Beide Analyseverfahren können computergestützt ablaufen.

Die Zwischenergebnisse, die bei diesen Analysen gewonnen werden, sollten schriftlich festgehalten und interpretiert werden. Auch die Ergebnisse von statistischen Analysen sollten sorgfältig interpretiert werden. Die Fixierung von Zwischenergebnissen erleichtert zum einen die Arbeit an einem später zu erstellenden Forschungsbericht. Zum anderen ist dies die Grundlage, um eventuell an dem eingangs entworfenen Forschungsplan Korrekturen vorzunehmen. Wenn die Beteiligten noch über wenig Forschungserfahrung verfügen, sollte diese Möglichkeit sehr sparsam genutzt werden; für Forschungsprofis liegt hier jedoch ein zentrales Steuerungsinstrument.

Entsprechend dem anfangs entwickelten Forschungsplan bzw. anlässlich seiner Reflexion können dann weitere Schritte der Datengewinnung und -analyse durchlaufen werden oder man entscheidet, dass die vorliegenden empirischen Befunde (unter den gegebenen Rahmenbedingungen) eine zufriedenstellende Beantwortung der Forschungsfragen ermöglichen.

## Abschlussphase

In der Abschlussphase ist ein Forschungsbericht zu erstellen, der über den gesamten Forschungsprozess – die verschiedenen durchlaufenen Phasen – und seine Ergebnisse Auskunft gibt. Der Forschungsbericht ist ein zentrales Medium der wissenschaftlichen Arbeit, da darüber die Forschungsarbeit und ihre Ergebnisse einer wissenschaftlichen Öffentlichkeit zugänglich werden; das impliziert, dass das gewählte Vorgehen und die daraus gezogenen Schlussfolgerungen für andere nachvollziehbar und damit auch kritisierbar werden.

Die einzelnen hier vorgestellten Phasen eines Forschungsprozesses werden im Folgenden eingehender vorgestellt; wie in der Einleitung erläutert, werden die Techniken zur statistischen und zur interpretativen Analyse von Textmaterialien nur summarisch dargestellt. Vorab sollen jedoch verschiedene Forschungsdesigns vorgestellt werden, die für die Strukturierung von Forschungsprozessen genutzt werden können.

## 2. Forschungsdesigns im Überblick

Wenn der Forschungsprozess als eine lange Kette von Entscheidungen begriffen wird, so impliziert das, dass einzelne – nicht alle – Entscheidungen in Zusammenhang stehen: die Entscheidung für ein Hypothesen testendes Vorgehen legt bestimmte Folgeentscheidungen nahe; die Entscheidung für eine standardisierte Befragung begrenzt die Palette möglicher Analyseverfahren.

Eine spezifische Folge solcher Entscheidungen bzw. ein spezifischer Stil, diese Entscheidungen zu treffen, soll im Weiteren als Forschungsdesign bezeichnet werden. Im Laufe der bisherigen Entwicklung der empirischen Sozialforschung hat sich eine Reihe typischer Forschungsdesigns herausgebildet, die sich durch eine spezifische Koppelung einzelner Entscheidungen auszeichnen. Im Überblick werden hier einige wichtige Forschungsdesigns vorgestellt. Es wird kein Anspruch auf Vollständigkeit erhoben; vielmehr sollen charakteristische Unterschiede im Entwurf von Forschungsprozessen, im Forschungsstil, verdeutlicht werden.

### a) Deskriptive und explorative Sozialforschung

Bei der deskriptiven Sozialforschung geht es darum, mehr oder weniger bekannte gesellschaftliche Phänomene zu beschreiben:

- So liefert z. B. eine amtliche Statistik zur Bevölkerungszahl Informationen über die in einem bestimmten Gebiet lebende Bevölkerung und ihre Veränderung.
- Die Allgemeine Bevölkerungsumfrage Sozialwissenschaften (ALLBUS) liefert Daten über die Entwicklung der Lebenszufriedenheit.
- Im Rahmen der Sozialberichterstattung wird ein Armuts- und Reichtumsbericht erstellt, der z. B. detailliert das Ausmaß und die Entwicklung von Einkommensarmut beschreibt.

Hinter einem deskriptiven Design verbergen sich zum einen bestimmte Techniken der Datenerhebung, die sich jedoch nicht grundsätzlich von anderen Designs unterscheiden. Zum anderen sind damit bestimmte statistische Verfahren der Datenanalyse angesprochen: Verfahren zur graphischen und tabellarischen Darstellung einzelner Merkmale, Verfahren zur Abbildung von Zeitverläufen oder biographischen Verläufen oder auch zur Darstellung und Analyse bivariater Zusammenhänge. So wird z. B. eine Armutsquote im zeitlichen Verlauf oder im Vergleich verschiedener Haushaltstypen dargestellt.

Wenn von deskriptiver Sozialforschung oder einem deskriptiven Forschungsdesign gesprochen wird, bedeutet das jedoch nicht, wie es der Begriff nahelegen könnte, dass damit ein ›gegebenes‹ soziales Phänomen in seiner Gestalt beschrieben wird. Man hat es mit Daten zu tun, die mit den Mitteln empirischer Forschung konstruiert werden. In diese Konstruktionen fließen z. B. theoretische Vorstellungen über ein Phänomen ein, und es wird mit bestimmten Messkonzepten gearbeitet, um dieses so konstruierte Phänomen zu erfassen. Auch scheinbar einfache, regelmäßig ermittelte Daten wie die monatlichen Arbeitslosenzahlen sind Ergebnis einer solchen Konstruktionsarbeit. Dahinter stehen z. B. zum einen bestimmte (theoretische) Vorstellungen, was Arbeit ist: Erwerbsarbeit und nicht Reproduktionsarbeit oder ehrenamtliche Arbeit. Zum anderen liegt der Konstruktion dieser Daten ein bestimmtes Messkonzept zu Grunde: Hier werden gewissermaßen Verwaltungsakte (Person XY meldet sich bei der Bundesagentur für Arbeit als arbeitsuchend oder arbeitslos) gezählt; zur Entstehung von Arbeitslosigkeit als einer ›sozialen Kategorie‹ vgl. Zimmermann (2006).

In entwickelten Wohlfahrtsstaaten hat man es gelernt, mit solchen Datenkonstrukten umzugehen. Sie beeinflussen die Wahrnehmung der sozialen Welt; sie werden z. B. zum Ausgangspunkt von Gerechtigkeitsdiskursen oder von Arbeitsmarktpolitik, und auch die Analysten an den Börsen greifen auf diese Daten als Indikatoren zurück. Dennoch sollten solche Routinen der Datenverwendung und die damit einhergehende Integration solcher Beschreibungen in unsere Normalitätskonstruktionen nicht den Blick darauf verstellen, dass auch andere Darstellungen der Phänomene möglich sind. So lässt sich das Phänomen Arbeitslosigkeit durchaus differenzierter erfassen, als es in den medienöffentlichen Diskursen erscheint: so z. B. in amtlichen Schätzungen zur stillen Reserve am Arbeitsmarkt oder in sozialwissenschaftlichen Studien über verdeckte Arbeitslosigkeit.

Leitende theoretische Orientierungen drücken sich auch in der Auswahl von Informationen aus, die zusammen mit der Arbeitslosigkeit erhoben werden. So wird z. B. eine Arbeitslosenquote für Ost- und Westdeutschland ausgewiesen; in den Statistiken des Arbeitsamts erfährt man zudem etwas über die Arbeitslosenquote von Männern und Frauen, Jugendlichen und Älteren etc. All diese Daten dienen der genaueren Beschreibung des Phänomens Arbeitslosigkeit; dahinter stehen aber immer auch theoretische Annahmen über Faktoren, die für die Erklärung oder sozialpolitische Bearbeitung dieses Phänomens bedeutsam sind. So betrachtet ist es nicht immer einfach, deskriptive Forschungsansätze von z. B. Hypothesen testenden Ansätzen (s. u.) abzugrenzen, die sich gezielt für die Untersuchung von

Zusammenhängen interessieren. Die Überlegungen sollten verdeutlichen, dass auch die vermeintlich simple Deskription eines Phänomens historisch und theoretisch betrachtet recht voraussetzungsvoll ist.

In etwas anderer Perspektive werden deskriptive Forschungsdesigns auch als explorative oder Struktur entdeckende Forschung gefasst. Dabei werden zum einen deskriptive bzw. explorative Forschungen als Vorarbeiten für vertiefende Forschungen begriffen, in denen theoriegeleitet sehr spezifische Forschungshypothesen getestet werden. D. h., die explorative Forschung soll im Sinne klassischer Vorstellungen der Naturforschung des 19. und 20. Jahrhunderts eine Terra Incognita – eine unberührte soziale Natur außerhalb von Wissenschaft und Gesellschaft – erkunden; sie soll erste Befunde zusammentragen, um Theorien zu entwickeln und Hypothesen zu generieren. Zum anderen geht die Bezeichnung explorative Sozialforschung auf bestimmte Techniken der Datenanalyse zurück, die sich dadurch auszeichnen, dass sie mit möglichst einfachen Vorannahmen über das Datenmaterial bzw. vermutete Zusammenhänge arbeiten: Das sind z. B. Verfahren der explorativen Datenanalyse, die auf Tukey (1977) und andere zurückgehen – relativ bekannt sind z. B. die so genannten Boxplots (vgl. Teil II, Kap. 12). Aber auch im Bereich der multivariaten Analyse finden sich viele Verfahren, die mehr oder weniger klar einem explorativen oder Struktur entdeckenden Typ (im Gegensatz zu einem Struktur prüfenden Typ) zugerechnet werden, wie z. B. bestimmte Ansätze der Cluster- oder der Faktorenanalyse. Auch Verfahren, die auf die Visualisierung von Zusammenhangsstrukturen zielen, wie z. B. die Korrespondenzanalyse sind hier einzuordnen.

Deskriptive bzw. explorative Designs sollten nicht nur als Vorstufen der ›eigentlichen‹ Sozialforschung begriffen werden. Sowohl die sorgfältige Beschreibung von Phänomenen und der sie bedingenden Faktoren, die Beschreibung von Trends oder Lebensverläufen wie auch die Exploration bislang wenig thematisierter Phänomene gehören zu den zentralen Aufgaben sozialwissenschaftlicher Forschung. Zudem spielen diese Forschungsdesigns eine wichtige Rolle für die Kommunikation sozialwissenschaftlichen Wissens, indem sie im Rahmen der Sozialberichterstattung mit vergleichsweise einfachen Konzepten soziale Phänomene in einem Zusammenhang oder einem zeitlichen Verlauf beschreiben und so Voraussetzungen für eine Rationalisierung sozialpolitischer Diskurse schaffen.

Üblicherweise wird das deskriptive Design mit der Analyse standardisierter Daten, also der so genannten quantitativen Forschung in Zusammenhang gebracht, wie auch an den oben gegebenen Beispielen deutlich wird. Grundsätzlich ist jedoch eine Übertragung auf die Gewinnung und Analyse qualitativer Daten denkbar, indem z. B. Experteninterviews für die Beschreibung von sozialen Phänomenen genutzt werden.

## b) Hypothesen testende Forschung, Experiment

Im Gegensatz zur deskriptiven oder explorativen Forschung setzen die Hypothesen testenden Forschungsdesigns bereits eine sehr genaue Kenntnis der zu untersuchenden Themen voraus. Ausgehend von theoretischen Überlegungen und vorliegenden empirischen Befunden zu einem Forschungsfeld werden spezifische Hypothesen – z. B. Wenn-dann-Hypothesen – entwickelt, die an dem zu erhebenden Datenmaterial mit Hilfe besonderer statistischer Verfahren getestet werden. Die scharfe Abgrenzung des Konzepts der Hypothesen testenden Forschung geht insbesondere auf wissenschaftstheoretische Überlegungen aus dem Umfeld des Kritischen Rationalismus zurück.

Der Ausgangspunkt von Karl Poppers Argumentation liegt in den wissenschaftstheoretischen Debatten um eine Kritik des induktiven Vorgehens in der empirischen Forschung; er setzt sich dabei insbesondere mit David Hume auseinander. Bei einem induktiven Vorgehen wird versucht, ausgehend von einer mehr oder weniger großen Zahl von Beobachtungen, die unter verschiedenen Bedingungen gemacht wurden, allgemeingültige oder wahre Aussagen über die Gesamtheit aller beobachtbaren Fälle abzuleiten. Ein solcher Schluss ist jedoch rein logisch betrachtet nicht zu rechtfertigen, jede weitere Beobachtung könnte zu Ergebnissen kommen, die mit der getroffenen Allaussage nicht vereinbar sind. Auch der Versuch, über bestimmte allgemeine Forschungsregeln den Induktionsschluss zu optimieren, wie dies z. B. John Stuart Mill versucht hat, führt nach Ansicht Poppers nicht zu einer Lösung des Induktionsproblems.

Poppers Vorschlag zum Umgang mit dem Induktionsproblem liegt zunächst in einer Verschiebung der Fragestellung. Er interessiert sich nicht länger für die Frage, wie man zu einer Theorie kommt, sondern er fragt nach den Möglichkeiten der Wissenschaft, eine Theorie zu überprüfen. Eine solche Überprüfung kann jedoch nur auf der Basis von Falsifikationen erfolgen; d. h., es lassen sich möglicherweise Beobachtungen machen, die einem formulierten Gesetz oder einer daraus abgeleiteten Hypothese widersprechen. In der Logik eines solchen Falsifikationismus kann sich keine Theorie als wahr erweisen. Aber man kann zu Theorien gelangen, die zu einem gegebenen Zeitpunkt auch durch strenge Prüfungen (noch) nicht falsifiziert werden konnten; Popper spricht von bestgeprüften Theorien. Als methodologische Regel formuliert er: »Du sollst kühne Theorien mit großem informativen Gehalt ausprobieren; und dann laß diese kühnen Theorien konkurrieren, indem du sie kritisch diskutierst und strengen Prüfungen unterziehst« (1995:97).

Für den Forschungsprozess lässt sich aus diesen Überlegungen folgendes Vorgehen ableiten: Es werden zunächst (beliebige) Hypothesen aufgestellt – wie man dazu kommt, ist nicht Sache der Wissenschaftstheorie. Gemäß den Überlegungen Poppers sollten dies zunächst eher breiter gefasste (kühne) Hypothesen sein. Für die Überprüfung von Theorien sollten solche Hypothesen aus vorliegenden Theorien abgeleitet (deduziert) sein. Im Anschluss an diese Phase der Hypothesenbildung würde im Popperâ schen Sinne die eigentliche wissenschaftliche Arbeit der Hypothesenprüfung beginnen, indem man mit den Techniken der empirischen Sozialforschung zu Beobachtungsaussagen kommt und prüft, ob diese mit den vorliegenden Hypothesen vereinbar sind oder nicht; nach dieser Prüfung könnten die zu Grunde liegenden Hypothesen dann als vorläufig verifiziert oder als falsifiziert bezeichnet werden. D. h., erst nach der Formulierung einer Theorie oder Hypothese gibt es einen rationalen Weg, diese zu überprüfen, indem man sie mit Beobachtungsaussagen konfrontiert.

Ausgehend von zunächst recht breit gefassten Hypothesen sollen diese – sofern sie nicht falsifiziert wurden – weiter zugespitzt werden, damit sie so einem umso härteren Test unterzogen werden können. Damit ist für die (Sozial-)Wissenschaften die Vorstellung einer kumulativen Wissensentwicklung verknüpft, die ausgehend von relativ gesicherten – also bislang nicht falsifizierten – kleinen Wissensbausteinen größere Wissensgebäude konstruiert. Robert Merton (1967) hatte dieses Konzept im Sinn, als er für die Sozialwissenschaften die Entwicklung von Theorien mittlerer Reichweite ins Auge fasste.

**Abb. 21: Wissenschaftlicher Fortschritt als fortschreitender Hypothesentest**

| | | | |
|---|---|---|---|
| | → Verifikation: | Verschärfung, Verallgemeinerung der Hypothese | → erneuter Test |
| Hypothese → empirischer Test | | | |
| | → Falsifikation: | Umformulierung der Hypothese | → erneuter Test |

Schnell, Hill und Esser räumen gegenüber einem solchen Ideal des hypothesentestenden Vorgehens ein: »So einleuchtend diese Struktur der Erklärung theoretisch auch sein mag, so verbergen sich für die sozialwissenschaftliche Forschung dahinter jedoch eine Reihe von grundsätzlichen und praktischen Problemen. Zunächst wird man feststellen, daß in den Sozialwissenschaften keine Gesetze im obigen Sinne bekannt sind und deshalb die ideale Form der Erklärung zur Zeit kaum möglich ist« (1999:57).

Auch wenn man dem Konzept der Hypothesen testenden Forschung im Sinne des kritischen Rationalismus nicht in allen Teilen folgen möchte, kann man aus diesen Überlegungen wichtige Leitlinien für die Strukturierung von Forschungsprozessen und die ›Disziplinierung‹ der Forschenden gewinnen. Das Hypothesen testende Konzept verlangt eine sehr genaue Explikation der theoretischen Überlegungen, die eine bestimmte Hypothese oder ein Hypothesenbündel nahelegen. Die Formulierung einer oder mehrerer Hypothesen impliziert eine hohe begriffliche Präzision; darüber hinaus sind die Rahmenbedingungen anzugeben, unter denen solche Hypothesen gelten sollen. Dies wird im folgenden Kapitel genauer dargelegt. Schließlich sind auch genaue Überlegungen anzustellen, wie die Datengewinnung und -analyse aussehen soll, die dann dazu führt, einzelne Hypothesen zu falsifizieren oder vorläufig zu verifizieren.

Ein hypothesentestendes Forschungsdesign erfordert es, dass die wesentlichen Forschungsentscheidungen gewissermaßen im Vorfeld bzw. mit der Entwicklung von Erhebungsinstrumenten zu treffen sind; im Idealfall könnten dann alle weiteren Schritte routinisiert ablaufen. So stehen dann im Bereich der (in der Regel statistischen) Datenanalyse spezifische Verfahren der bi- und multivariaten Analyse zur Verfügung, die – ausgehend von Stichprobendaten – für den Test von Hypothesen ausgelegt sind. Auch für manche der oben im Kontext der explorativen Analyse vorgestellten Verfahren gibt es Hypothesen testende Varianten, wie z. B. die konfirmatorische Cluster- oder Faktorenanalyse.

Neben diesen forschungspraktischen Implikationen zeichnen sich die Überlegungen des Kritischen Rationalismus durch eine eher skeptische Haltung gegenüber den vermeintlich gesicherten Beständen wissenschaftlichen Wissens und den Möglichkeiten wissenschaftlicher Beobachtung (im weiteren Sinne) aus. Eine solche Skepsis bzw. die davon ausgehenden Überlegungen zu einer Optimierung von Forschungsprozessen können die Qualität wissenschaftlicher Forschung nur erhöhen.

Üblicherweise wird ein Hypothesen testendes Forschungsdesign mit der Konstruktion und Analyse eigener standardisierter Daten verknüpft, sind doch verschiedene Konzepte der Hypothesen testenden Statistik perfekt an dieses Design angepasst. Grundsätzlich lässt sich ein solches Hypothesen testendes Design jedoch sinngemäß auch auf die Konstruktion und Auswertung qualitativer Daten anwenden (vgl. dazu Miles/Huberman 1984:19).

## c) Fallrekonstruktive und typologisierende Forschungsdesigns

Die so genannten qualitativen Forschungsansätze zeichnen sich typischerweise dadurch aus, dass für eine überschaubare Zahl von Fällen möglichst umfassende Informationen zusammengetragen werden. Wenn Personen untersucht werden, so können z. B. über biographisch orientierte Interviews Daten gewonnen werden, die es nicht nur erlauben, den Lebensweg einer Person zu rekonstruieren; das Interviewmaterial ermöglicht es auch, Relevanzstrukturen, Situations- bzw. Wirklichkeitsdeutungen oder auch Motive für Handlungen und getroffene Entscheidungen zu analysieren. Damit bietet sich die Möglichkeit, einzelne Fälle zu rekonstruieren. Zudem kann im Vergleich einer überschaubaren Zahl von Fällen nach Regelmäßigkeiten, nach Gemeinsamkeiten und Unterschieden gesucht werden; eine solche Analyse kann dann in einer Typologie münden. Die Fallrekonstruktion wie die Typologisierung eröffnen auch Möglichkeiten der Generierung von Theorien.

Man sollte sich aber auch der Grenzen einer solchen Fallrekonstruktion bewusst sein. Selbst eine vertiefende Analyse z. B. von qualitativen Interviews und anderen Materialien lässt es nicht zu, umfassende Erklärungsansprüche oder die Vorstellung einer ›ganzheitlichen‹ Erfassung eines Falles zu rechtfertigen. Auch der vielfach angeführte Anspruch einer verstehenden Analyse sollte mit Bedacht verwandt werden. Damit wird eine bestimmte durchaus fruchtbare Untersuchungsperspektive vorgegeben, ein Modus, das Datenmaterial zu befragen; es sollte aber nicht vergessen werden, dass ein solcher Prozess des Verstehens stets in zeitliche und kulturelle Kontexte eingebunden ist.

Bei fallrekonstruktiven oder typologisierenden Forschungsdesigns wird in der Regel mit qualitativen Erhebungsinstrumenten gearbeitet, d. h., es werden z. B. narrative Interviews bzw. Leitfadengespräche geführt oder es werden teilnehmende Beobachtungen gemacht; die Ergebnisse werden dann in Textform niedergelegt und analysiert. Angesichts dieser recht aufwendigen Erhebungs- und Analysemethoden ist die Zahl der untersuchten Fälle in der Regel begrenzt. Soweit möglich, werden bei der Fallauswahl bewusste Auswahlen getätigt, um unterschiedliche, für das zu untersuchende Phänomen relevante Gruppen erfassen zu können; d. h. man führt z. B. Interviews mit Männern und Frauen, mit Angehörigen verschiedener Alltagsgruppen etc. Die Auswertung des gewonnenen Materials kann dann nach verschiedenen Verfahren der qualitativen Datenanalyse erfolgen.

## d) Fallstudien und Vergleiche

Das geschilderte fallrekonstruktive oder typologisierende Vorgehen bezieht sich in der Regel auf Individuen. Man kann jedoch auch kollektive Akteure als Untersuchungsgegenstand wählen; dann wird man einzelne oder vergleichende Fallstudien durchführen. So kann z. B. die Einführung innovativer Technologien in Industrieunternehmen einer bestimmten Branche oder die Einführung neuer Studiengänge an einer Hochschule untersucht werden. Hierzu wird man ganz verschiedene Informationsquellen nutzen: Man führt Interviews mit den Beteiligten auf den verschiedenen Ebenen einer Organisation durch, man befragt Expertinnen und Experten, man führt teilnehmende Beobachtungen durch, wertet Unternehmens- oder Hochschuldaten aus etc. Ein solcher Methodenmix ist für dieses Design charakteristisch.

Auch hier bietet der Untersuchungsansatz die Möglichkeit einer vertiefenden Analyse bzw. des Vergleichs einzelner Fälle. Man hat es mit einem oder verschiedenen kollektiven Akteuren zu tun und wird versuchen, die Ressourcen, Strategien und Wirklichkeitsdeutungen verschiedener Akteursgruppen zu rekonstruieren. Auch hier bietet dann der Vergleich oder die Typologisierung eine Möglichkeit der fallübergreifenden Beschreibung, einen Ansatz zur Theoriebildung. So sind z. B. Horst Kern und Michael Schumann (1984) auf Basis ihrer Fallstudien zum Technologieeinsatz in der Automobilindustrie zu einer Typologie von Managementstrategien, die sich durch spezifische Varianten der Implementation neuer Fertigungstechnologie auszeichnen, gekommen.

Grundsätzlich sind auch ländervergleichende Studien diesem Untersuchungsdesign zuzuordnen. Wie auch bei der Analyse von Organisationen ist es wichtig, in diesen nationalen Rahmen die relevanten kollektiven Akteure auszumachen. Es sind nicht die Nationalstaaten, die agieren, sondern Regierungen, Ministerien, Verbände, Interessengruppen etc.

Im Rahmen der fallorientierten Designs ist auf ein spezifisches Untersuchungsdesign zu verweisen, das von Glaser und Strauss entwickelte Konzept der Grounded Theory. Das Konzept beinhaltet verschiedene Verfahrenstechniken, die angesichts der typischen Probleme des fallorientierten Vorgehens hilfreich sein können. Das sind zum einen Vorschläge, den Prozess der Datenerhebung und -analyse zu verschränken. D. h., die Auswahl der eingesetzten Erhebungsmethoden wie die Auswahl der Erhebungsgegenstände, also z. B. der befragten Personen, erfolgt in Abhängigkeit von den bisher gewonnenen Untersuchungsergebnissen. Man spricht von einem Theoretical Sampling (vgl. Teil II, Kap. 6). Für die Analyse des Datenmaterials werden spezifische Kodierverfahren vorgeschlagen. Darüber hinaus bietet das Konzept Hilfestellung bei der Steuerung und Reflexion des Forschungsprozesses. Ziel der Grounded Theory ist – in Abgrenzung z. B. von den Hypothesen testenden Ansätzen – die Entwicklung von gegenstandsbezogenen, in Daten gegründeten Theorien. Es geht dabei nicht um Theorien mit umfassendem Erklärungsanspruch; vielmehr sollen es Theorien sein, die sich auf ein bestimmtes gesellschaftliches Praxisfeld, z. B. Krankenhäuser in entwickelten Industrieländern, beziehen.

Der beim fallanalytischen und vergleichenden Design typische Methodenmix lässt eine klare Zuordnung zu eher quantitativen wie qualitativen Verfahren obsolet werden. Es haben sich jedoch gewisse – sachlich nicht unbedingt begründete – Vorlieben herausgebildet; so wird z. B. in der industrie- oder organisationssoziologischen Forschung häufig mit qualitativen Erhebungs- und Auswertungsmethoden gearbeitet, während z. B. in der ländervergleichenden Forschung eher quantitative Daten, die auf einer Aggregatebene (z. B. Nationalstaaten) gewonnen werden, domiieren.

## e) Evaluations- und Wirkungsforschung

Während bei den bislang dargestellten Designs wissenschaftsorientierte und theoriebezogene Fragestellungen im Vordergrund stehen, zeichnet sich die Evaluationsforschung dadurch aus, dass sie sich eher dafür interessiert, Interventionen in die gesellschaftliche Praxis zu konzipieren, vor allem aber analytisch zu begleiten und zu optimieren, indem die Wirkungen solcher Interventionen untersucht werden. Ziel ist also nicht in erster Linie eine exakte Beschreibung von Phänomenen oder die Entwicklung von Theorien, sondern die Verbesserung gesellschaftlicher Praxis. Sicherlich setzt ein solches Ziel fundiertes sozialwissenschaftliches Wissen voraus, es steht aber nicht im Zentrum des Forschungsinteresses.

Abb. 22: Evaluations- und Wirkungsforschung

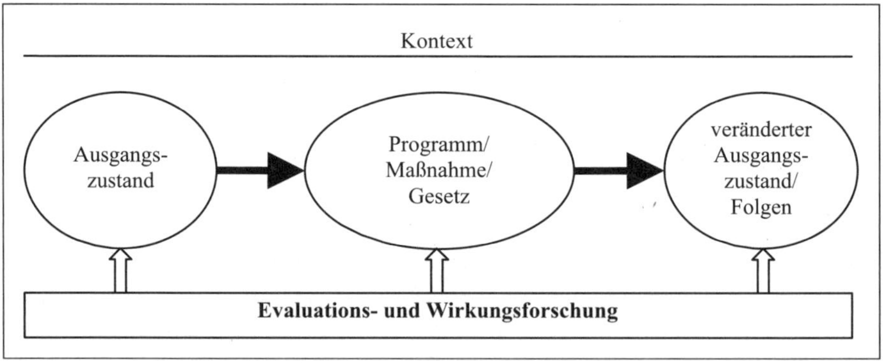


D. h., der Forschungsgegenstand ist mit der zu evaluierenden Intervention (ein sozialpolitisches Programm, ein einzelnes Gesetz) gegeben. Die Forschungsfragen zielen dann z. B. darauf, ob die erwünschten Wirkungen z. B. einer arbeitsmarktpolitischen Reform erreicht werden oder welche Modifizierungen zu empfehlen seien, um die Wirkung einer solchen Maßnahme zu verbessern. Zugespitzt formuliert geht es nicht um wissenschaftliches, sondern um praktisches Wissen; d. h., eine sozialpolitische Maßnahme lässt sich optimieren, ohne dass genau bekannt ist, wie die jeweiligen Instrumente im einzelnen Fall wirken.

Man kann darüber streiten, inwieweit ein solches Untersuchungsdesign dem Kanon wissenschaftlicher Sozialforschung zuzurechnen ist; in vielen sozialwissenschaftlichen Einführungen hat man den Eindruck, als würde diese Frage eher abschlägig beantwortet. Wenn jedoch davon ausgegangen wird, dass sozialwissenschaftliche Forschung und Theoriebildung ohne einen Bezug auf gesellschaftliche Praxis und ihre Veränderung wenig sinnvoll sind, sollte die Evaluationsforschung in den sozialwissenschaftlichen Designkanon eingeordnet werden. Grundsätzlich setzt die Evaluation solides sozialwissenschaftliches Wissen über den Gegenstandsbereich voraus; erst dieses Wissen bietet die Möglichkeit, gegenüber den im Untersuchungsfeld vorherrschenden Wirklichkeitskonstruktionen eine eigene ›fremde‹ Perspektive zu entwickeln und kritische Forschungsfragen zu formulieren. Schließlich bietet die Evaluationsforschung – hinreichende wissenschaftliche Freiräume vorausgesetzt – auch Möglichkeiten der Entwicklung wissenschaftlichen Wissens, eröffnen doch viele Evaluationsdesigns ganz eigene Zugänge zu empirischem Datenmaterial, wenn z. B. die Umsetzung einer sozialpolitischen Reform evaluiert wird.

Bezüglich der Erhebungsmethoden bzw. der eingesetzten Verfahren der Datenanalyse weist das Evaluationsdesign keine Spezifika auf. In der Forschungspraxis finden sich sowohl eher qualitativ wie auch eher quantitativ vorgehende Ansätze der Evaluationsforschung.

Der Optimismus, mit dem die ersten Generationen der Evaluationsforschung aufbrachen, mutet heutzutage etwas romantisch an. Ausgehend von einer (im weiteren Sinne sozialpolitischen) Planungseuphorie in den sich entwickelnden Wohlfahrtsstaaten sollte die sozialwissenschaftliche Evaluationsforschung dazu beitragen, politische und soziale Konflikte zu antizipieren bzw. zu entschärfen und sozialstaatliche Maßnahmen im Bereich der Sozial- und Bildungspolitik oder der Stadt- und Regionalpolitik zu entwickeln und zu verbessern. Ziel war eine wissenschaftlich fundierte Rationalisierung von Politik. Heute herrschen in der wissenschaftlichen Evaluationsforschung eher moderatere Töne vor.

Das Grundmuster des evaluativen Forschungsdesigns findet sich auch in der Medienwirkungsforschung oder in der Marketingforschung wieder. Auch hier werden bestimmte Interventionen, ein Medienereignis, ein neues Produkt und ihre Folgen (Wirkungen) evaluiert.

## f) Aktionsforschung, Feldforschung

Das Forschungsdesign der Aktions- bzw. Handlungsforschung unterscheidet sich von anderen durch ein spezifisches Verhältnis von Forschenden und Beforschten, von Subjekten und Objekten der Forschung; d. h., die Trennung zwischen (forschenden) Wissenschaftlern und Nicht-Wissenschaftlern wird tendenziell aufgehoben, indem z. B. die Akteure in einem bestimmten Praxisfeld an der Entwicklung von Fragestellungen bzw. an der Forschungsarbeit beteiligt werden.

Mit der Aktionsforschung ist zum einen das Verständnis verknüpft, dass die in einem gesellschaftlichen Praxisfeld Tätigen auch als Expertinnen und Experten in diesem Feld begriffen werden. Zum anderen ist mit der Aktionsforschung auch ein aktivierendes Moment verbunden, indem sich die Beteiligten im Kontext des Forschungsprozesses mit ihren Arbeits- und Lebensbedingungen auseinandersetzen. So könnten z. B. Jugendliche in einem Stadtviertel dafür gewonnen werden, mit einer Kamera ihre Lebenswelt zu dokumentieren.

Für die Forschenden heißt das, dass sie sich als Akteure in ein Praxisfeld hineinbegeben und somit einen reinen Beobachtungsstatus aufgeben. Das ist zum einen mit einem Gewinn an Informationen verbunden, indem man zumindest ansatzweise in Kontakt mit der Handlungssituation der zu untersuchenden Akteure gerät; zum anderen werden damit jedoch wesentliche Voraussetzungen wissenschaftlicher Arbeit, nämlich ein handlungsentlasteter Ort der Beobachtung und Analyse, gefährdet.

Der Ansatz der Feldforschung wird z. B. im Kontext der kultursoziologischen oder der ethnologischen Forschung genutzt. Eine klassische Vorstellung der Forschungskonstellation geht auf Ethnologinnen und Ethnologen zurück, die sich in eine wie auch immer konstruierte ›Wildnis‹ begeben, unter den ›Wilden‹ leben und Informationen sammeln. Das Forschungskonzept kann damit sowohl für die Untersuchung indigener Völker als auch für die Erkundung großstädtischer Subkulturen eingesetzt werden. Auch hier liegt ein wesentlicher Gewinn darin, dass die Lebensbedingungen der untersuchten sozialen Gruppe für die Forschenden erfahrbar werden. Die mit der Aufgabe des externen Forscherstatus verbundenen Probleme stellen sich in ähnlicher Weise.

Methodisch kann für Aktions- und Feldforschungen die gesamte Palette von Erhebungsverfahren genutzt werden; häufig werden insbesondere Beobachtungen und offene Interviews eingesetzt.

## g) Fazit

Für ein Verständnis empirischer Forschungsarbeit bieten diese Forschungsdesigns viele Vorteile; sie vermitteln eine erste Orientierung, indem sie die Vielfalt der zu treffenden Forschungsentscheidungen entlang einer bestimmten Forschungslogik, eines bestimmten Forschungsstils bündeln. Sie erleichtern sicherlich auch den Einstieg in die eigene empirische Forschungspraxis. Die vorgestellten Forschungsdesigns können methodologisch (mehr oder weniger) gut begründet werden; sie haben zugleich zu einer gewissen Routinisierung von Forschungsprozessen geführt. Diekmann bemerkt zur Forschungsplanung, es sei wie beim Schachspiel: »Wer das Terrain noch nicht sicher beherrscht, sollte sich an Standardregeln halten. Erst mit entsprechender Meisterschaft entwickelt sich das Gespür für Erfolg versprechende Ausnahmen und innovative eigene Wege« (1995:163).

Jenseits der sinnvollen Strukturierung der empirischen Sozialforschung durch spezifische Untersuchungsdesigns haben sich in der Praxis der empirischen Forschung aber auch bestimmte Forschungsmuster herausgebildet, die einer inhaltlichen Begründung entbehren und vorrangig einem nicht weiter hinterfragten Common Sense in bestimmten Forschungssegmenten geschuldet sind. Jennifer Platt (1996:130) spricht in ihrer Analyse der amerikanischen Forschungslandschaft der 1920er bis 60er Jahre von Packages; auch in der europäischen Forschungslandschaft stößt man immer wieder auf solche Koppelungen.

So finden sich methodenspezifische, themenspezifische, fachspezifische, zeitspezifische und gelegentlich auch landespezifische Besonderheiten in empirischen Forschungsprozessen, die einer methodologischen Begründung entbehren und sich allenfalls wissenschaftssoziologisch erklären lassen; exemplarisch sei dies an einigen Beispielen illustriert:

- Theoretische Konzepte aus dem Bereich der verstehenden Soziologie oder der symbolischen Interaktion werden zu einem bevorzugten Ausgangspunkt qualitativer Ansätze der Sozialforschung. Umgekehrt werden wissenschaftstheoretische Bezüge auf den Kritischen Rationalismus oder handlungstheoretische Bezüge auf Rational-Choice-Konzepte eher mit Ansätzen der standardisierten Sozialforschung verknüpft.
- Ebenso haben sich in einzelnen Teilbereichen der Soziologie wie auch in anderen sozialwissenschaftlichen Disziplinen präferierte Forschungsstile herausgebildet, so dominieren z. B. in der Industriesoziologie eher qualitative Forschungsansätze wie teilnehmende Beobachtungen, Experteninterviews oder Fallstudien; in der Wahlforschung wird fast ausschließlich mit standardisierten Befragungen gearbeitet. D. h., hier kommt es zu unreflektierten Koppelungen von Untersuchungsgegenständen und spezifischen Erhebungsdesigns. Auch der Vergleich verschiedener

sozial- bzw. humanwissenschaftlicher Teildisziplinen offenbart methodische Präferenzen. Während in der Psychologie oder der Kriminologie quantitative Ansätze im Vordergrund stehen, dominieren in der Politikwissenschaft qualitative Forschungsansätze; die Soziologie bewegt sich im Mittelfeld zwischen diesen Polen.

Solche unreflektierten Designentscheidungen sind für die Entwicklung der Sozialwissenschaften bzw. der empirischen Forschung nicht besonders hilfreich, führen sie doch dazu, dass Forschungsentscheidungen eher entlang bestimmter Konventionen als nach wissenschaftlichen und damit problemangemessenen Kriterien getroffen werden. Sie sind der Kreativität und Qualität der wissenschaftlichen Analyse abträglich, da sie die Vielfalt von methodischen und theoretischen Ansätzen und damit die Vielfalt wissenschaftlicher Perspektiven auf die soziale Welt begrenzen.

## 3. Die Entwicklung und Operationalisierung von Forschungsfragen und -hypothesen

Der Forschungsprozess wurde eingangs als eine lange Kette von Entscheidungen skizziert. Die wichtigsten Kriterien für diese Entscheidungen gehen auf die vorab formulierten Forschungsfragen zurück, die einen solchen Prozess anleiten. In vielen Darstellungen zur empirischen Sozialforschung wird davon ausgegangen, dass bereits dezidierte Fragestellungen vorliegen, so dass sich die Forschenden dann auf die methodische ›Umsetzung‹ dieser Fragen konzentrieren können. Diese Perspektive wurde durch die wissenschaftstheoretischen Überlegungen des Kritischen Rationalismus unterstützt, denen zufolge sich der wissenschaftstheoretisch begründbare Forschungsprozess auf die Überprüfung von Hypothesen zu konzentrieren habe; Fragen der Generierung von Theorien und Hypothesen wie auch Fragen der Verwendung von Forschungsergebnissen wurden in diesem Sinne nicht weiter betrachtet.

Erst mit der Kritik dieser Ansätze und der Renaissance der qualitativen Forschung ist der Forschungsprozess als Ganzes wieder stärker in den Blick geraten: Man interessierte sich für Fragen der Heuristik (Kleining 1995), für Prozesse der Theoriegenerierung (Glaser/Strauss 1998) etc. Wenn in dieser Einführung die wissenschaftliche Sozialforschung als ein methodisch kontrollierter Prozess begriffen wird, so darf das damit verbundene Bemühen um eine kritische Reflexion vor dem – in der Regel nicht geradlinigen – Prozess der Entwicklung von Forschungsfragen nicht Halt machen. Der Forschungsfrage kommt für den weiteren Prozess ein zentraler Stellenwert zu, indem sie zum Bezugspunkt für alle weiteren zu treffenden Entscheidungen wird. D. h., die Entscheidung, ob ein bestimmter Themenkomplex in einen standardisierten Fragebogen oder einen Interviewleitfaden aufgenommen wird, ob ein bestimmter Analysestrang in der qualitativen bzw. quantitativen Analyse weiter verfolgt wird, sollte unter Bezug auf die Forschungsfrage und die daraus abgeleiteten Überlegungen getroffen werden. Grundsätzlich erfordern – ausgehend von diesem Gedanken – insbesondere relativ schwächer strukturierte Forschungsdesigns eine umso strukturiertere gedankliche Vorarbeit.

Im Folgenden sollen zunächst einige allgemeine Hinweise für die Formulierung von Forschungsfragen entwickelt und diskutiert werden, um dann verschiedene Handwerkszeuge vorzustellen, die den Prozess der Entwicklung und Spezifizierung von Forschungsfragen unterstützen und strukturieren können.

Für die Entwicklung und Differenzierung von Forschungsfragen können grundsätzlich verschiedene Bezugssysteme bedeutsam sein:

- Manifeste und latente soziale Probleme, die sich in einem gesellschaftlichen Praxisfeld stellen,
- Fragestellungen und Probleme aus fachwissenschaftlichen Diskursen,
- aber auch bestimmte zeitgenössische Erfahrungen oder die Erfahrungen einer Generation können zum Anlass von Forschungsarbeiten werden.

Schließlich können die forschungsleitenden Fragen aber auch durch externe Faktoren geprägt sein, wenn z. B. im Rahmen einer Drittmittelforschung der Forschungsauftrag eines Ministeriums übernommen wird. Grundsätzlich sollten sich die Forschenden aber auch in diesem Fall sehr genau darüber verständigen, was denn ihre eigenen Fragen und Zielsetzungen sind.

## a) Forschungsfragen und Hypothesen

Das zu Beginn dieses zweiten Teils entwickelte Verständnis von empirischer Sozialforschung als einem Prozess, in dem ausgehend von spezifischen Forschungsfragen und von theoretischen Überlegungen zu einem sozialen Phänomen sinnvoll bestimmte Instrumente der Datengewinnung und Analyse kombiniert werden, misst der Forschungsfrage einen zentralen Stellenwert zu. Sie liefert die Kriterien für die im weiteren Verlauf zu treffenden Forschungsentscheidungen. Daher zunächst einige Überlegungen zu den Anforderungen an (sozial-)wissenschaftliche Forschungsfragen.

- Eine wissenschaftliche Forschungsfrage sollte sich auf ein gesellschaftlich relevantes Problem beziehen. Diese Forderung impliziert keineswegs den Ausschluss von Fragestellungen, die sich eher an den in einem Theoriediskurs aufgeworfenen Problemstellungen orientieren; sie kann jedoch dazu anregen, auch diese Fragen auf die soziale Welt, in der sich Forschende wie Beforschte bewegen, zu beziehen. Mit dieser Forderung ist ein Verständnis der Sozialwissenschaften verknüpft, das diese in einem weiteren Sinne als problemlösende Wissenschaft begreift. Es sei daran erinnert, dass auch Popper (1995) die Soziologie als eine technologisch orientierte Wissenschaft verstanden hat. Die Entwicklung theoretischer Konzepte in den Sozialwissenschaften erfolgt nicht zum Selbstzweck, sondern zielt auf die Reflexion und Bearbeitung sozialer Probleme. Diese ›Erdung‹ der sozialwissenschaftlichen Forschungsarbeit trägt dazu bei, den im Dschungel der Forschung zu treffenden Entscheidungen auch eine außerwissenschaftliche Orientierung zu geben.

- Die Bearbeitung der Forschungsfrage sollte für andere bzw. für die Gesellschaft von Nutzen sein (vgl. Eco 1993:42); sie wird nicht ›alle Probleme der Welt‹ lösen; aber sie ermöglicht es, gesellschaftliche Diskurse weiter zu entwickeln und Problemlösungen aufzuzeigen. Diese Forderung impliziert, dass die Untersuchung Dinge sagt, »die noch nicht gesagt worden sind, oder schon gesagte Dinge aus einem neuen Blickwinkel« (41) sieht.
- Die Forschungsfrage ist theoretisch zu reflektieren; sie sollte sich auf vorliegendes theoretisches Wissen beziehen und eine theoretische Einordnung der zu gewinnenden Forschungsergebnisse ermöglichen. D. h., auch bei vermeintlich einfachen eher explorativen Fragestellungen, muss man sich der impliziten theoretischen Annahmen bewusst werden, die mit den jeweiligen Fragestellungen verknüpft sind. So ist zu bedenken, mit welchen Modellvorstellungen von der sozialen Welt operiert wird: Welche Annahmen über Akteure (Personen, soziale Gruppen, Organisationen) werden gemacht? Welche Handlungsmodelle werden zu Grunde gelegt? Wie können mögliche Erklärungen aussehen? Sind die Analysen und Erklärungen eher auf einer Mikro- oder eher auf einer Makroebene anzusiedeln? Für welche räumlichen bzw. zeitlichen Horizonte sollen Aussagen getroffen werden?
- Forschungsfragen sollten mit den Mitteln der wissenschaftlichen Sozialforschung bearbeitbar sein. Diese Forderung bezieht sich zum einen auf die Reichweite von Fragestellungen, die sinnvollerweise mit empirischen Methoden beantwortbar sind. Zum anderen werden damit Fragestellungen z. B. moralischer oder normativer Natur ausgeschlossen, zu deren Bearbeitung wissenschaftliche Analysen keinen Beitrag leisten können. Das beinhaltet auch, dass die Forschungsfragen möglichst präzise gefasst werden. Oft ist es sinnvoll, neben einer Oberfrage hierarchisch verschiedene spezifizierende Fragen zu formulieren. Die dabei verwendeten Begriffe und Beziehungen sind genau zu klären. Die Forderung nach einer mit wissenschaftlichen Methoden bearbeitbaren Forschungsfrage sollte jedoch umgekehrt nicht einem allzu defensiven Vorgehen Vorschub leisten, indem nur Fragen gestellt werden, für die man mit hoher Gewissheit eine Antwort erwar-

tet. Innovative Forschungsarbeiten, die im Sinne Ecos Dinge sagen, die noch nicht gesagt worden sind, setzen auch kühne Fragestellungen voraus.

Bisher war stets von Forschungsfragen die Rede; insbesondere im Kontext des kritischen Rationalismus wurde jedoch die Bedeutung von Hypothesen hervorgehoben, die am Beginn einer jeden Forschungsarbeit stehen und deren Prüfung den weiteren Prozess anleitet. Hypothesen sollen einer induktiven Forschungslogik entgegenarbeiten; sie werden vorab formuliert und der Forschungsprozess gestaltet sich dann als Prozess der Prüfung dieser vor dem Kontakt mit den Daten formulierten Hypothesen.

In dieser Einführung wurde einer solchen scharfen Abgrenzung nicht gefolgt; zumal eine präzise formulierte Frage sich nicht grundsätzlich von einer nach den Regeln der Kunst formulierten Hypothese unterscheiden muss. Wenngleich es forschungslogisch betrachtet nicht unbedingt korrekt ist, könnte man die Hypothese forschungspraktisch als eine spezifische Form einer Forschungsfrage ansehen. Anders als die Logik des Fragens, die ausgehend von zunächst recht weit gefassten – an Alltagsvorstellungen anknüpfenden – Fragen immer weiter spezifiziert werden kann, erfordert die Formulierung von Hypothesen jedoch bereits ein erhebliches Maß an wissenschaftlicher Vorarbeit. Somit könnte man Hypothesen als fortgeschrittene, als gerichtete Fragen begreifen.

Hypothesen zeichnen sich dadurch aus, dass sie soziale Phänomene in einen Zusammenhang bringen; so wird z. B. eine Wenn-dann-Aussage oder eine Je-desto-Aussage gemacht. Mit solchen Aussagen werden bestimmte Gesetzmäßigkeiten formuliert. Von Gesetzen im engeren Sinne kann dann gesprochen werden, wenn bestimmte Hypothesen über längere Zeit erfolgreich gestestet wurden. Als Theorien werden dann in diesem Sinne Aussagensysteme begriffen, die aus mehreren Gesetzen und Hypothesen bestehen.

Hempel und Oppenheim haben ein Schema vorgeschlagen, wie solche Hypothesen im Rahmen deduktiv-nomologischer Erklärungen genutzt werden können.

**Abb. 23: Beispiel zum Hempel-Oppenheim-Schema**

| | | |
|---|---|---|
| Explanans<br>(das Erklärende) | Gesetz<br>(Allaussage)<br><br>Randbedingung | Wenn Konkurrenz, dann Ausländerfeindlichkeit<br><br>In Gesellschaft x besteht Konkurrenz |
| Explanandum<br>(das zu Erklärende) | zu erklärendes Phänomen | In Gesellschaft x existiert Ausländerfeindlichkeit |

Quelle: Schnell/Hill/Esser (1999:57)

Einem Beispiel von Schnell, Hill und Esser folgend, stelle man sich Forschende vor, die zu einer wissenschaftlichen Erklärung von ›Ausländerfeindlichkeit‹ kommen möchten. Sie gehen der in der wissenschaftlichen Literatur und anderweitig vertretenen These nach, dass insbesondere die Konkurrenz um knappe Arbeitsplätze die Ausländerfeindlichkeit hervorbringe. Eine Hypothese kann dann etwa so aussehen: »Wenn die einheimischen Mitglieder einer multinationalen Gesellschaft sich auf dem Arbeitsmarkt in Konkurrenz zu Ausländern sehen, dann neigen sie zu Ausländerfeindlichkeit« (1999:56). Die Erklärung des Phänomens Ausländerfeindlichkeit könnte dann über ein solches Gesetz und die Prüfung der Randbedingung (wahrgenommene Konkurrenz zwischen Ausländern und Nicht-Ausländern am Arbeitsmarkt) erfolgen.

Ausgehend von diesem Beispiel sollte eine einfache Hypothese bestehen aus

- »der Angabe ihres Geltungsbereiches, der im Idealfall keinen spezifischen Raum-Zeit-Bezug hat (d. h. daß die Hypothese immer und überall Geltung beansprucht),
- einem Objektbereich oder Individuenbereich (Menschen, Frauen, Männer unter 30 Jahren usw.),
- dem Allquantor, der besagt, daß die Aussage für alle Objekte des Objektbereiches Geltung haben soll
- und zwei Prädikaten, d. h. Eigenschaften der im Objektbereich angegebenen Individuen (z. B. Ausländerfeindlichkeit, wahrgenommene Konkurrenz)« (60).

Das Hempel-Oppenheim-Schema lässt sich auch zur Bestimmung wissenschaftlicher Prognosen nutzen. Während bei der Erklärung ausgehend von einem gegebenen Explanandum (einem zu erklärenden Phänomen) nach einem Gesetz und seinen Randbedingungen gesucht wird, gestaltet sich die Logik der Prognose umgekehrt: Hier wird ausgehend von einem gegebenen Gesetz und seinen Randbedingungen ein bestimmter Effekt (das Explanandum) vorhergesagt.

Goode und Hatt (1956:71 ff.) haben eine Reihe von Kriterien für die Entwicklung brauchbarer Hypothesen benannt:

- »Die Hypothesen müssen begrifflich klar sein«: d. h., es sollten klare wenn möglich instrumentelle Definitionen vorliegen, die allgemein anerkannt sind.
- »Die Hypothesen müssen empirische Bezüge haben«: d. h., es sollten Forschungsoperationen benannt werden können, die die empirische Überprüfung der Thesen ermöglichen.
- »Die Hypothesen müssen spezifisch sein: Das heißt, daß alle in einer Hypothese enthaltenen Forschungsoperationen und Vorhersagen ausdrücklich gemacht werden sollten. Nur dann kann man sich über die bestehenden Möglichkeiten, die Hypothese tatsächlich zu prüfen, ein zureichendes Bild machen«.

- »Hypothesen sollten mit den verfügbaren Methoden in Beziehung stehen: (…) Der Theoretiker, der die Techniken zur Prüfung seiner Hypothese nicht kennt, ist kaum in der Lage, brauchbare Fragen zu formulieren«.
- »Die Hypothese sollte mit einem theoretischen System in Beziehung stehen: (…) Eine Wissenschaft kann jedoch nur dann Fortschritte machen, wenn sie auf den schon bestehenden Tatsachen und Theorien aufbaut. Sie kann sich nicht entwickeln, wenn jede Untersuchung eine isolierte Erhebung darstellt«.

Insbesondere der hohe Grad an erforderlichen Explikationen kann gut spezifizierte Hypothesen – unabhängig von der Frage ihrer wissenschaftstheoretischen Bedeutung – zu einem wichtigen Steuerungsinstrument des Forschungsprozesses machen.

## Die Rolle von Werturteilen

Bei der Beschäftigung mit der Gestalt von Forschungsfragen sollte auch ein klassisches – oft aber doch eher überschätztes – Thema der empirischen Sozialforschung angesprochen werden: die Rolle von Werturteilen. Diekmann (1995:65) schlägt vor, bei der Diskussion um Werturteile in der Sozialforschung vier Aspekte zu unterscheiden:

- Zunächst können Werte zum Objektbereich der Wissenschaften werden; d. h., sozialwissenschaftliche Analysen können sich dafür interessieren, welche Werte und Wertvorstellungen in einer Gesellschaft oder einer Subkultur zu beobachten sind. So werden z. B. Untersuchungen durchgeführt, die klären, welche Einstellungen die deutsche Bevölkerung zu Fragen der sozialen Gerechtigkeit hat.
- Die Sozial- und auch andere Wissenschaften ruhen auf einer Wertbasis der Wissenschaften; d. h., wissenschaftliches Arbeiten ist nicht ohne eine Bindung an bestimmte Werte denkbar. Sie haben sich z. B. einem Ideal der Wahrheitsfindung verschrieben. Wenngleich es unterschiedliche Vorstellungen von den Forschungsmethoden geben mag, die auf dem Weg der Wahrheitsfindung weiterhelfen, sind doch bestimmte Regeln erkennbar, denen die Forschenden folgen. Zum anderen sollte sozialwissenschaftliche Forschung bestimmten forschungsethischen Kriterien folgen. Das beginnt bei der Auswahl von Forschungsthemen und endet bei der Frage nach der Verwendung von Forschungsergebnissen: So wäre kritisch zu diskutieren, ob sozialwissenschaftliche Forschungen verantwortbar sind, die Krieg und Unterdrückung unterstützen.
- Schließlich spielen Werturteile auch bei der Auswahl von Forschungsfragen eine wichtige Rolle; d. h. wenn sich jemand für Fragen der sozialen Ungleichheit in Deutschland interessiert, so folgt das bestimmten Wertvorstellungen. Das ist unproblematisch, solange die einmal gewählten Fragestellungen nach wissenschaftlichen Regeln bearbeitet werden.

• Ausgesprochen problematisch und mit einem wissenschaftlichen Vorgehen nicht vereinbar sind Werturteile, die auf sozialwissenschaftliche Aussagen Einfluss nehmen, indem sie Beobachtungsaussagen verfälschen, eine selektive Wahrnehmung fördern etc. D. h., im eigentlichen Forschungsprozess haben Werturteile keinen Platz. Hier ist den jeweils geltenden Regeln wissenschaftlichen Arbeitens zu folgen; wenn Forschung als wissenschaftliche Forschung ausgewiesen wird, so wird damit behauptet, dass bei der Prüfung einer Hypothese oder der Beantwortung einer Forschungsfrage einzig nach ausgewiesenen wissenschaftlichen Methoden gearbeitet wurde.

Man sollte angesichts der eingangs formulierten Kriterien darauf verweisen, dass es auch Fragestellungen und Forschungskonstellationen gibt, in denen sinnvollerweise nicht mehr von wissenschaftlicher Sozialforschung gesprochen werden kann. Ein entscheidendes Kriterium sind die ›Freiheitsgerade‹, die angesichts stets beschränkter Ressourcen und restringierender Kontextfaktoren verbleiben. Bei einigen typischen Restriktionen lässt sich die Grenze zwischen wissenschaftlicher und nicht-wissenschaftlicher Forschung noch recht einfach ziehen:
- Z. B. wenn seitens eines Auftraggebers oder anderer Instanzen nicht nur auf die Fragestellungen, sondern eventuell auch auf Ergebnisse Einfluss genommen wird,
- wenn wesentliche Forschungsentscheidungen durch den Auftraggeber bereits mit der Auftragsvergabe festgeschrieben sind,
- wenn Werturteile auf die Struktur des Forschungsprozesses oder die getätigten Analysen Einfluss haben,
- wenn mit dem Forschungsprozess ethische oder humanitäre Standards verletzt werden.

Diese Beispiele lassen aber bereits erahnen, dass solche Grenzziehungen nicht immer leicht zu treffen sind. In den reflexiven Diskursen der beteiligten Disziplinen wurden insbesondere die ethischen Fragen vertiefend analysiert (vgl. Kimmel 1988, Sieber 1992), so wurden von vielen wissenschaftlichen Fachorganisationen, aber auch von den Instituten der Markt- und Meinungsforschung ethische Grundsätze der Forschung erarbeitet (vgl. z. B. Deutsche Gesellschaft für Soziologie et al. 1992).

## b) Die Entwicklung von Forschungsfragen

Die Entwicklung von Forschungsfragen ist eng verknüpft mit der Entwicklung von Modellvorstellungen zu den zu untersuchenden sozialen Phänomenen. Modelle können in ihrer Abstraktion als wichtiges vermittelndes Glied zwischen theoretisch geleiteten Fragestellungen und zu analysierenden Daten fungieren.

Ein solches Modell gibt einen ersten Ansatzpunkt für die Entscheidungen über Forschungsdesigns und Erhebungsinstrumente. Bei der Entwicklung derartiger Modelle wird deutlich, dass in die Formulierung von Forschungsfragen sehr viele – mehr oder weniger gesicherte – Überlegungen eingehen. Systematischer betrachtet, lassen sich verschiedene Quellen ausmachen, auf die bei der Konstruktion solcher Handlungsmodelle zurückgegriffen wird:

• Eine zentrale Rolle für die Modellkonstruktion spielt das im Kontext verschiedener sozialwissenschaftlicher Theorien akkumulierte theoretische Wissen. Diese Theorien eröffnen je spezifische Möglichkeiten, die soziale Welt zu betrachten und zu modellieren: Sie favorisieren eine Mikro- oder eine Makroperspektive; sie interessieren sich für Handlungen und Strukturen; sie entwickeln eine Vorstellung, wie Phänomene (kausal, funktional, historisch etc.) zusammenhängen.

• Neben theoretischen Überlegungen kann auf bereits vorhandenes empirisch gewonnenes wissenschaftliches Wissen zurückgegriffen werden. Für die Konstruktion von Handlungsmodellen können vorliegende Befunde der empirischen Forschung über die Ausprägung eines Phänomens oder über Zusammenhangsbeziehungen verwendet werden. Das setzt voraus, dass sich die Forschenden zu Beginn eines Forschungsvorhabens einen Überblick über den bisherigen sozialwissenschaftlichen Erkenntnisstand verschaffen – in einer sich beständig entwickelnden Wissenschaft kein einfaches Unterfangen.

• Soweit Forschungsfelder noch wenig erkundet sind, kann auch das alltagspraktische Wissen der Forschenden oder der in einem sozialen Feld tätigen Akteure für die Modellkonstruktion genutzt werden.

Auf diese Weise entstehen aus der Beschäftigung mit dem vorliegenden theoretischen und empirisch gewonnenen Wissen bei den Forschenden begründete Zusammenhangsvermutungen, die für die Konstruktion von Handlungsmodellen genutzt werden können. Man kann sich den Prozess der Entwicklung und Spezifizierung einer Forschungsfrage schematisch wie folgt vorstellen:

Die Herausbildung und Spezifizierung einer Forschungsfrage geht mit der Konstruktion von Modellvorstellungen zu den relevanten Aspekten eines Gegenstandsbereichs einher. Dieser Prozess sollte reflektiert werden, indem sich die Forschenden einerseits mit verschiedenen theoretischen Konzepten auseinandersetzen und andererseits bereits vorhandenes (eigenes und anderes) Wissen nutzen. Ein solcher Klärungsprozess lässt sich nicht in allgemeiner Form beschreiben; im Folgenden sollen vielmehr verschiedene Handwerkszeuge erläutert werden, die für einen solchen Prozess genutzt werden können. Das sind zum einen einfache Arbeitstechniken, die den Prozess der Strukturierung eines Forschungsfeldes und die Entwicklung von Fragestellungen unterstützen. Zum anderen sollen wichtige

Abb. 24: Die Entwicklung von Forschungsfragen

| | | |
|---|---|---|
| **Spezifizierung einer Forschungsfrage**<br>↕<br>**Konstruktion von Modellen** | ←<br>← | Reflexion eigener Vorverständnisse,<br>Reflexion des vorliegenden empirisch fundierten Wissens |
| | ← | Theoretische Reflexion |

↓

**Operationalisierung der Forschungsfragen**
(Designentscheidungen, Entwicklung eines Untersuchungsplans, Entwicklung einzelner Erhebungsinstrumente etc.)

theoretische Modelle (und Beispiele) vorgestellt werden, die für den Prozess der Modellentwicklung hilfreich sein können.

Auf der Basis der so reflektierten Fragestellungen und Modelle werden dann im weiteren Forschungsprozess Planungs- und Operationalisierungsentscheidungen (Designentscheidungen, Entwicklung eines Untersuchungsplans, Entwicklung einzelner Erhebungsinstrumente etc.) getroffen.

## c) Arbeitstechniken zur Strukturierung des Forschungsfeldes und zur Spezifizierung von Forschungsfragen

Bei der Strukturierung des Forschungsfeldes, das ins Auge gefasst wurde, und bei der Spezifizierung von Forschungsfragen kann auf verschiedene Arbeitstechniken zurückgegriffen werden. Diese Techniken entfalten eine gewisse Eigenlogik, indem ihre Handhabung bestimmten Regeln folgt oder sie bestimmte Strukturen vorgeben; darin liegt der Ertrag dieser Verfahren.

### Mind-Maps

Um ein Forschungsfeld, das in einem ersten Sondierungsprozess abgegrenzt wurde, genauer zu strukturieren, können so genannte Mind-Maps genutzt werden. Sie können dazu beitragen, komplexe Zusammenhänge zu visualisieren. Sie zwingen zudem dazu, die dargestellten Phänomene in eine gewisse Ordnung zu bringen, indem man sich für ein Zentrum entscheidet, Unterscheidungen trifft und einzelne Phänomene den Hauptästen bzw. den feiner strukturierten Zweigen zuweist.

In dem hier abgebildeten Mind-Map (Abb. 25) wurde versucht, wichtige Aspekte der Arbeits- und Lebenssituation von Studienanfängern abzubilden. Nach einem solchen ersten Überblick ist zum einen zu überlegen, ob es möglich ist, das Forschungsfeld weiter einzugrenzen; d. h., man würde sich nicht für alle hier abgebildeten Äste interessieren und die Forschungsperspektive stärker fokussieren. Dennoch ist es sinnvoll, zunächst einen weiter gefassten Kontext zu betrachten, um dann begründet bestimmte Selektionen vorzunehmen.

Zum anderen ist von einer wissenschaftlichen Analyse zu verlangen, dass sie über eine rein beschreibende Perspektive hinausgeht. Sie sollte sich z. B. für Probleme und deren Ursachen interessieren: Das können manifeste Probleme sein, die z. B. von Studierenden, Lehrenden oder anderen Akteuren formuliert werden, das können aber auch latente Probleme sein, die sich ausgehend von theoretischen Analysen, normativen Überlegungen oder der Auswertung empirischer Daten stellen. So könnte man sich z. B. – ausgehend von Daten zur ungleichen sozialen Verteilung von Studierenden – dafür interessieren, wie sich einzelne Probleme für Studierende mit unterschiedlicher sozialer Herkunft stellen und wie sie damit umgehen.

Abb. 25: Handlungssituation von Studienanfängern und Studienanfängerinnen

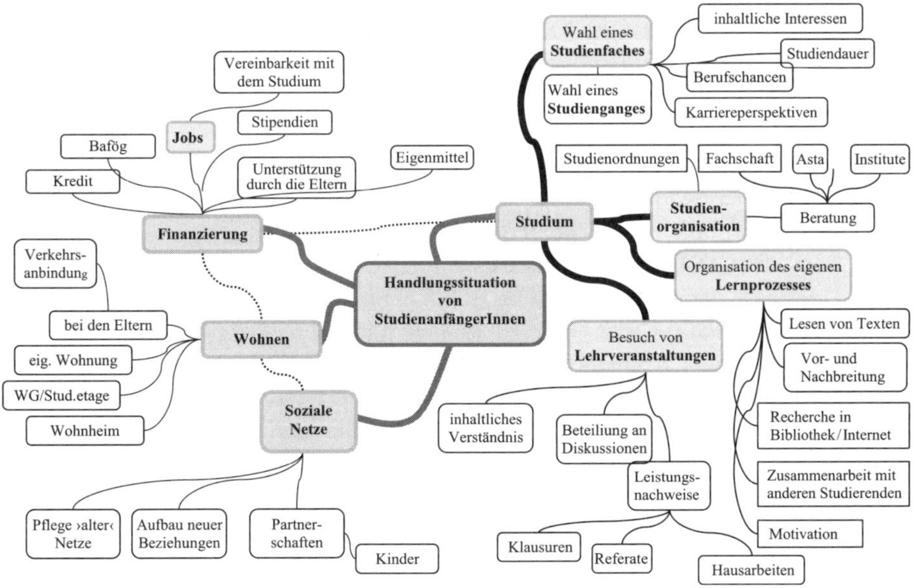

### Brainstorming

Beim Brainstorming handelt es sich um einen zweistufigen Prozess; zunächst werden Ideen für eine mögliche Forschungsfrage oder – ausgehend von einer bereits existierenden Fragestellung – für eine Spezifizierung dieser Frage gesammelt. In dieser Sammlungsphase sollten zunächst mögliche restriktive Rahmenbedingungen unberücksichtigt bleiben. Diese Ideen werden schriftlich festgehalten; insbesondere in Gruppensituationen ist die Notation z. B. auf Karteikarten sinnvoll, um den Planungsprozess und die darin einfließenden unterschiedlichen Interessen möglichst transparent zu gestalten. Anschließend wird diese Sammlung dann strukturiert, z. B. in Form einer hierarchischen Gliederung.

### Moderationsverfahren

Es kann durchaus sinnvoll sein, Forschungsfragen nicht im ›Alleingang‹ zu entwickeln, sondern den Rat und das Know-how anderer (Sozial-)Wissenschaftler bzw. Praktiker zu nutzen. In Gruppenprozessen kann eine Vielfalt an Perspektiven und Fragestellungen erschlossen werden. Für die Organisation solcher gemeinsamen Planungs- und Entwicklungsprozesse kann man auf bewährte Techniken zur Planung und Moderation zurückgreifen: Techniken der Visualisierung und Moderation unterstützen solche Prozesse der Sammlung und Strukturierung und machen sie transparent (vgl. Deutsche Gesellschaft für Technische Zusammenarbeit 1997). Techniken der Supervision (vgl. Giesecke u. a. 1997) können darüber hinaus dazu beitragen, die blinden Flecken der Forschenden zu reflektieren und möglicherweise Forschungskonzepte zu entwickeln, die die ausgetretenen Pfade der Forschung verlassen.

## d) Theoretische Modelle

In sozialwissenschaftlichen Theorien werden unterschiedliche Modellvorstellungen individuellen und kollektiven Handelns und seiner Beweggründe entwickelt. Das Spektrum dieses theoretischen Wissens über die Grundlagen sozialen Handelns reicht dabei von Max Webers Diktum, soziales Handeln deutend zu verstehen und dadurch in seinem Ablauf und seinen Wirkungen ursächlich zu erklären, bis zu Rational-Choice-Theorien, die möglichst einfache mikrosoziologische oder -ökonomische Handlungsmodelle bevorzugen. Schließlich finden sich auch Ansätze wie die Luhmann'sche Systemtheorie, die akteurszentrierte Handlungsmodelle, wie sie in der Sozialforschung häufig verwandt werden, zurückweisen würden. Diese unterschiedlichen Theorieansätze bzw. Handlungsmodelle implizieren auch verschiedene Vorstellungen, wie ein soziales Phänomen abgegrenzt wird, wie Erklärungen eines Phänomens auszusehen haben oder was als ein Zusammenhang zu begreifen ist.

Die folgenden Überlegungen können keine solide Einführung in soziologische und andere Theorien ersetzen; vielmehr sollen einige Fragen bzw. Perspektiven entwickelt werden, die es ermöglichen, ganz unterschiedliche theoretische Konzepte daraufhin zu beleuchten, wie sie für die Konzeptionierung empirischer Forschung genutzt werden können. Dabei sollen drei Fragen interessieren:

- Wie werden soziale Phänomene in einen Zusammenhang gebracht, mit welchen Erklärungstypen wird gearbeitet?
- Auf welche Aggregatebene (z. B. mikro- oder makrosoziologisch) beziehen sich solche Erklärungen?
- Wie wird das Verhältnis von Handlung und Struktur konzipiert?

Auch diese Fragen können hier nicht systematisch beantwortet werden; es soll vielmehr eine Vorstellung davon vermittelt werden, wie verschiedene theoretische Überlegungen die empirische Arbeit orientieren können.

## Muster der Erklärung sozialer Phänomene

In den diversen sozial- und humanwissenschaftlichen Fachkulturen haben sich verschiedene Muster der Abgrenzung und Erklärung von sozialen Phänomenen herausgebildet. Damit verbunden sind unterschiedliche Vorstellungen, wann ein Phänomen als erklärt gilt. Im Mainstream der Ökonomie wird das Verhalten von Menschen oder Wirtschaftssubjektiven auf möglichst einfache ökonomische Kalküle zurückgeführt: Nutzenmaximierung, Gewinnmaximierung etc.; dabei werden mikro- und makroökonomische Erklärungsansätze unterschieden. In den Erziehungswissenschaften oder der Psychologie wird angesichts recht unterschiedlicher Traditionen auf verschiedene Ansätze zurückgegriffen, um Handlungen oder das Verhalten von Menschen zu erklären; das Spektrum reicht von der Psychoanalyse bis zum Behaviorismus oder biologistischen Erklärungen. Die Mehrheit dieser Erklärungsansätze bewegt sich eher auf einer Mikroebene; bezieht sich auf Individuen, Beziehungen oder kleine Gruppen. Auch in der Soziologie ist man mit ganz unterschiedlichen theoretischen Traditionen konfrontiert, deren Argumentationen sich auf unterschiedlichen Erklärungsebenen bewegen.

Exemplarisch seien hier einige typische Erklärungsmuster benannt, die sich in sozialwissenschaftlichen Theorien finden.

• Funktionalistische oder systemtheoretische Ansätze zeichnen sich dadurch aus, dass sie den Blick auf das zu Erklärende verschieben; es werden nicht länger individuelle oder kollektive Akteure betrachtet, sondern soziale Systeme oder Funktionssysteme. Parsons hat z. B. versucht, in allgemeiner Form Funktionen von sozialen Systemen zu bestimmen, die für das Fortbestehen des Systems bedeutsam sind. So kann z. B. die Arbeitslosigkeit oder die strukturell schlechtere Bezahlung von Frauen funktional für ein Unternehmen oder ein Wirtschaftssystem sein, weil es den Preis der Ware Arbeitskraft senkt. Aus der funktionalen Perspektive entsteht ein spezifisches Interesse an Zusammenhängen: Man interessiert sich dafür, welchen Beitrag »bestimmte Interaktionseigenschaften von Komponenten« für die »Konstitution eines als Einheit wahrgenommenen komplexen Sachverhalts oder Systems« (Moser 2004:18) liefern; man fragt nach den »funktionalen Äquivalenzen verschiedener Strukturen«, nach Wechselwirkungen innerhalb funktionaler Einheiten oder sozialer Systeme, nach »Feedbackschleifen der Kreiskausalitäten«, die dazu führen, dass »Effekte eines spezifischen Sachverhalts (...) zu einem späteren Zeitpunkt zur Ursache desselben Sachverhalts« werden (ebd.).

• Max Weber hat mit seinem Programm einer soziologischen Wissenschaft, »welche soziales Handeln deutend verstehen und dadurch in seinem Ablauf und seinen Wirkungen ursächlich erklären will« (1972:1), eine lange Debatte um den Typ soziologischer Erklärungen provoziert. Weber verweist selbst auf eine Reihe von Varianten des Verstehens: »›Verstehen‹ heißt in all diesen Fällen: deutende Erfassung: a) des im Einzelfall real gemeinten (bei historischer Betrachtung) oder b) des durchschnittlich und annäherungsweise gemeinten (bei soziologischer Massenbetrachtung) oder c) des für den reinen Typus (Idealtypus) einer häufigen Erscheinung wissenschaftlich zu konstruierenden (›idealtypischen‹) Sinnes oder Sinnzusammenhangs« (1972:4). Auch mit seiner Unterscheidung von Handlungstypen (zweckrationales, wertrationales, affektives und traditionales Handeln) wird deutlich, dass Handeln im Kontext ganz unterschiedlicher Rationalitäten als begründet erscheinen kann.

• In der Geschichtswissenschaft eröffnen sich, wenn sie über eine Geschichte der Ereignisse oder der kurzen Zeitabläufe hinausgeht, mit der Geschichte des »sehr langen Zeitablaufs (›longue durée‹)« (Braudel 1984:191) auch ganz spezifische Muster der Erklärung, die anderen Wissenschaften kaum zugänglich sind. Es bietet sich die Möglichkeit, über die ›soziale Zeit‹, wie sie z. B. von der Soziologie thematisiert wird, hinauszugehen. Strukturen, die sich aus der Gegenwartsperspektive nur konstatieren lassen, können in ihrer Herausbildung, in ihrer Reproduktion und in ihren Veränderungen beobachtet werden. Man müsse, so Braudel, wohl eingestehen, »dass die Sozialwissenschaften aus Neigung, aus tiefem Instinkt (...) immer dazu tendieren, die historische Erklärung auszuschalten« (198).

• Die lebensgeschichtliche Perspektive, der Blick auf einzelne Lebensphasen oder Prozesse der Sozialisation eröffnen wiederum spezifische Muster der Erklärungen von Phänomenen, die in der Psychologie, den Erziehungswissenschaften oder in der Sozialisationsforschung genutzt werden. Frühkindliche Erfahrungen, Lebenskrisen oder spezifische Lernerfahrungen werden als Erklärungsmuster für das spätere Verhalten von Personen herangezogen. Auch hier eröffnet die Zeit – nunmehr die bislang durchschrittene Lebenszeit – spezifische Muster der Erklärung von Phänomenen. Auch in der Soziologie wird auf solche Muster rekurriert, wenn z. B. mit dem Bourdieu'schen Modell des Habitus gearbeitet wird, der als individuelle und kollektive Denk-, Wahrnehmungs- und Handlungsmatrix im Laufe der Sozialisation oder in der lebensgeschichtlichen Zeit erworben und verändert wird.

• In Teilen der Psychologie wird mit Erklärungen gearbeitet, die sich wie das behavioristische Reiz-Reaktions-Modell eher an einer klassisch naturwissenschaftlichen oder mechanischen Vorstellung von Ursache und Wirkung orientieren.

Viele der hier skizzierten Erklärungsmuster unterscheiden sich zudem danach, auf welcher Aggregatebene Erklärungen bevorzugt angesiedelt werden: auf einer Makro-, einer Meso- oder einer Mikro-Ebene.

## Mikro- und Makroperspektiven

Die Auseinandersetzung um eine angemessene Ebene der Erklärung sozialer Phänomene durchzieht die Soziologiegeschichte; exemplarisch sei hier auf einige theoretische Konzepte und die ihnen inhärenten Muster der Begründung verwiesen; zunächst zu den mikro(soziologischen) Ansätzen.

• Theoretische Konzepte, die der Rational-Choice-Theorie bzw. dem methodologischen Individualismus zuzurechnen sind, gehen von soziologisch erweiterten Modellen eines Homo oeconomicus aus. Der Fokus des Forschungs- und Erklärungsinteresses wird auf eine gesellschaftliche Mikroebene gerichtet, und es wird davon ausgegangen, dass Menschen im Sinne der Nutzenmaximierung (im weiteren Sinne) agieren. D. h., sie treffen ausgehend von bestimmen Präferenzstrukturen eine rationale Wahl: Sie entscheiden sich für die Variante, die ihnen den größten Nutzen verspricht. Dabei wird über das einfache Modell des Homo oeconomicus hinausgegangen: So muss es nicht unbedingt Nutzen in einem ökonomischen Sinne sein, den es zu maximieren gilt; es kann auch um soziale Anerkennung oder die Befriedigung anderer nicht materieller Bedürfnisse gehen. Hartmut Esser (1993:237 ff.) hat seine Überlegungen in dem auf Siegwart Lindenberg zurückgehenden Rreemm-Modell ausgedrückt; es integriert die Modelle des Homo oeconomicus und sociologicus.

Mit diesen Überlegungen liegt ein überschaubares Modell der Erklärung von Handlungen auf der Mikroebene vor.

Abb. 26: RREEMM-Modell

| | |
|---|---|
| **R**-esourceful | Innovativität, Kreativität, Reflexivität |
| **R**-estricted | Restriktion der materiellen und informationellen Ressourcen |
| **E**-xpecting | rationale Erwartungsbildung bei Unsicherheit |
| **E**-valuating | Bewertung der Handlungsalternativen |
| **M**-aximizing | Maximierung des Nutzens |
| **M**-an | |

Vgl. Esser (1993:237 f.)

• Auch der Ansatz des symbolischen Interaktionismus ist auf einer mikrosoziologischen Ebene angesiedelt. Die auf George Herbert Mead zurückgehenden Konzepte zielen darauf, individuelles Handeln, Verhalten und Bewusstsein in sozialen, insbesondere in Interaktionskontexten zu begreifen. Der klassischen Beschreibung Herbert Blumers folgend geht es darum, »dass Menschen ›Dingen‹ gegenüber auf der Grundlage der Bedeutungen handeln, die diese Dinge für sie besitzen«; die Bedeutung dieser Dinge wird in Prozessen der sozialen Interaktion ausgehandelt. Sie können »in einem interpretativen Prozess, den die Person in ihrer Auseinandersetzung mit den ihr begegnenden Dingen benutzt, gehandhabt und abgeändert werden« (1973:81). Wichtig ist dabei das strategische Moment, das sich darüber einstellt, dass die Beteiligten zu antizipieren versuchen, welche Reaktionen ihr Handeln bei ihrem Gegenüber hervorrufen wird. In der Perspektive Essers wäre das dann ein Modell, »wonach Menschen handeln, indem sie Symbole interpretieren, Situationen definieren und strategisch sich ins beste Licht zu rücken versuchen«; das wäre dann das SSSM-Modell: »ein Symbols Interpreting, Situations Defining, Strategic Acting Man« (Esser 1993:234).

Demgegenüber finden sich in der Soziologie nicht wenige Modelle, in denen Erklärungen vorrangig auf der Makroebene gesucht werden.

• So interessierte sich Marx für die Zusammenhänge zwischen der produktiven Basis von Gesellschaften und verschiedenen Phänomenen des ›Überbaus‹; auf einer gesellschaftlichen Meso-Ebene sind dann die Konflikte zwischen verschiedenen Klassen bedeutsam, die zu einem wesentlichen Impuls gesellschaftlichen Wandels werden. Individuen sind demgegenüber eher durch ihre Stellung im gesellschaftlichen Produktions- und Reproduktionsprozess oder durch ihre Klassenlage geprägt.

Daran anknüpfend interessieren sich Vertreter der Regulationstheorie heute für die Frage, wie sich in verschiedenen Phasen der kapitalistischen Produktion (Akkumulationsregimes) spezifische Regulationsmodi (staatliche und andere Institutionen, soziale Netzwerke, Konsummuster und Lebensstile etc.) gestaltet haben. In ähnlicher Weise wird auf einer Meso-Ebene versucht, mit den ›Varieties of Capitalism‹ unterschiedliche Variationen kapitalistischer Wirtschaftssysteme zu analysieren, indem Unternehmen im Kontext der sie tragenden nationalen und übernationalen historisch sich wandelnden Institutionensysteme begriffen werden.

Abb. 27: Unternehmen in verschiedenen Sphären der Koordination

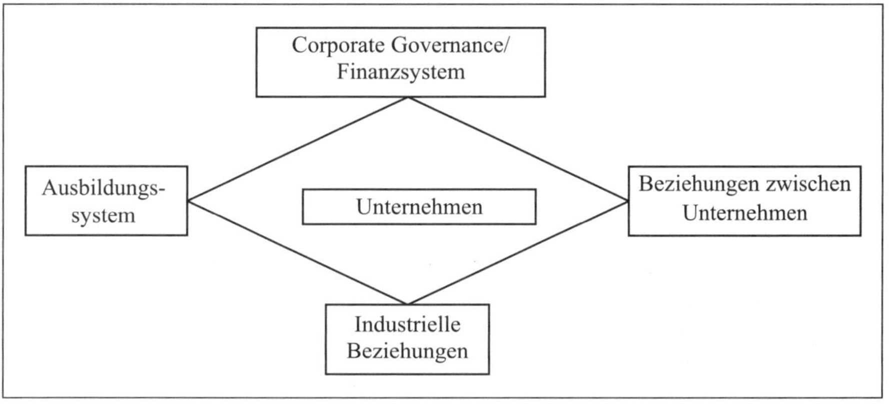


Eigene Darstellung in Anlehnung an Hall/Soskice (2001:28)

Die obige Abbildung skizziert einen solchen institutionellen Zusammenhang, der in seinen nationalen und historischen Unterschieden dann zu einem Erklärungsmuster für verschiedene Unternehmensformen und -politiken werden kann.

• Auch Modernisierungstheorien oder allgemeiner differenzierungstheoretische Ansätze liefern eher makrosoziologische Analysen. Gesellschaftliche Entwicklung wird als stufige Entwicklung von vormodernen zu modernen Gesellschaften begriffen. Die differenzierungstheoretische Perspektive »unterscheidet und charakterisiert Ebenen und Formen gesellschaftlicher Differenzierung, benennt Ursachen fortschreitender Differenzierung und identifiziert deren Folgewirkungen im Hinblick auf die einzelnen Gesellschaftsmitglieder und die Gesellschaft als Ganze« (Schimank 1996:271). Dabei geht es z. B. um Prozesse der funktionalen Differenzierung, um Prozesse der Rationalisierung, um die Entwicklung und das Zusammenspiel von Teilsystemen oder um Fragen der Integration und Desintegration.

Neben diesen Modellen, die sich eher als Mikro- oder Makrokonzepte identifizieren lassen, finden sich viele Vorschläge zu einer Verknüpfung dieser Ebenen.

• Dies kann zunächst über eine Addition der Perspektiven geschehen; im Folgenden ein Vorschlag, der sich bei Derek Layder findet:

### Abb. 28: Research Map

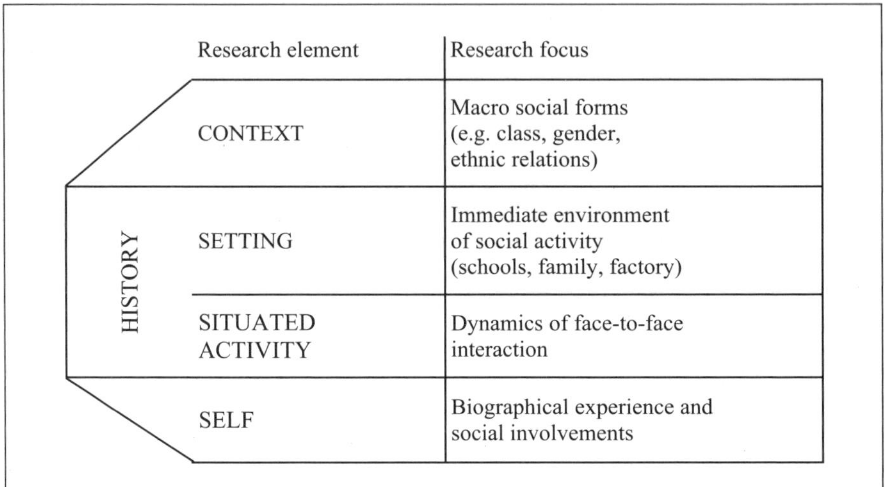


Quelle: Layder (1993:9)

Layder schlägt ein Modell variierender Untersuchungshorizonte vor. Der eine Pol entspricht eher einer Makroperspektive, die sich für bestimmte soziale Formationen wie Klassen, Geschlechter und ethnische Zurechnungen interessiert; auf der anderen Seite wird der Fokus auf die biographischen Erfahrungen von Individuen gerichtet. Eine wichtige vermittelnde Funktion spielt die Ebene der Interaktionen im sozialen Nahbereich wie auch im Kontext intermediärer Organisationen. All diese Untersuchungsebenen und die damit variierenden Untersuchungseinheiten sind auch in ihrer historischen Dimension zu betrachten.

• Eine andere Variante der Integration der Mikro- und Makroebene geht von den Überlegungen James Colemans aus. Er hat den Prototyp eines Modells vorgelegt (die ›Badewanne‹), auf das insbesondere im Kontext der Rational-Choice-Theorie bzw. des methodologischen Individualismus Bezug genommen wird. Am Beispiel der eher makrosoziologisch orientierten Forschungen Max Webers legt Coleman dar, wie dessen Analysen über die historischen Zusammenhänge zwischen der Herausbildung des Protestantismus in Westeuropa und der Entwicklung des Kapitalismus aus der Perspektive des methodologischen Individualismus zu fundieren wären.

Nach Colemans Überlegungen kann eine Erklärung von sozialen Phänomenen grundsätzlich nur auf der Mikroebene erfolgen. Um dennoch sinnvolle Aussagen über Makrophänomene zu treffen, ist es erforderlich, die vermittelnden Instanzen zwischen diesen Ebenen zu analysieren.

Abb. 29: Colemans Erklärungsmodell

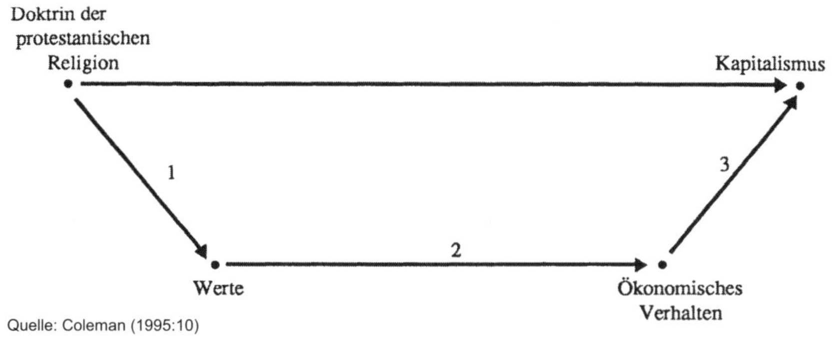


Quelle: Coleman (1995:10)

Für die Verknüpfung zwischen der Makroebene (die obere Ebene) und der Mikroebene (die untere Ebene) sind nach Coleman so genannte ›Brückenannahmen‹ (1) erforderlich. Es sind gewissermaßen die Kontextbedingungen, die die zu analysierende Handlung auf der Mikroebene einrahmen: Dazu zählen z. B. rechtliche bzw. institutionelle Rahmenbedingungen oder der soziale Kontext, in dem bestimmte Handlungen stattfinden. Die zweite Komponente des Erklärungsmodells wären die eigentlich zu erklärenden Handlungen auf der Mikroebene; diese können mit Hilfe der Rational-Choice-Theorie (2) modelliert werden. Als dritte Komponente kommen schließlich die Transformationsregeln (3) hinzu, die wieder den Bezug zur Makroebene herstellen. Das sind z. B. die kollektiven Folgen bestimmter Handlungen auf der Mikroebene.

• Auch die Konzepte zur Vermittlung von handlungs- und strukturtheoretischer Perspektive liefern eine spezifische Antwort auf das Mikro-Makro-Problem. So geht es in der Soziologie Pierre Bourdieus u. a. um die Frage, wie sich bestimmte in struktureller Perspektive beobachtbare Unterschiede zwischen sozialen Klassen (z. B. Unterschiede in der Ausstattung mit ökonomischen, kulturellen und sozialen Kapitalien) in sozialen Praktiken niederschlagen. Eine wichtige vermittelnde Funktion spielt das Konzept des Habitus als einer ›strukturierten Struktur‹, die ›strukturierend‹ wirkt: d. h., der Habitus wird auf der einen Seite im Kontext bestimmter gesellschaftlicher Strukturen (z. B. Klassenstrukturen) hervorgebracht (›strukturierte Struktur‹); auf der anderen Seite fungiert er als Denk-, Wahrnehmungs- und Handlungsschema, das unterschiedliche soziale Praktiken, z. B. Lebensstile, hervorbringt und somit gesellschaftliche Strukturen reproduziert, also ›strukturierend‹ wirkt. Phänomene der sozialen Ungleichheit können damit aus Strukturperspektive z. B. über die Verteilung von Kapitalien (z. B. ökonomisches, kulturelles oder soziales Kapital) beschrieben werden, sie können aber auch aus der Handlungsperspektive beleuchtet werden, indem man die habituell geprägten Strategien verschiedener sozialer Gruppen beobachtet, z. B. ihre soziale Lage zu erhalten oder zu verbessern.

### Abb. 30: Struktur, Habitus und Praxis bei Bourdieu

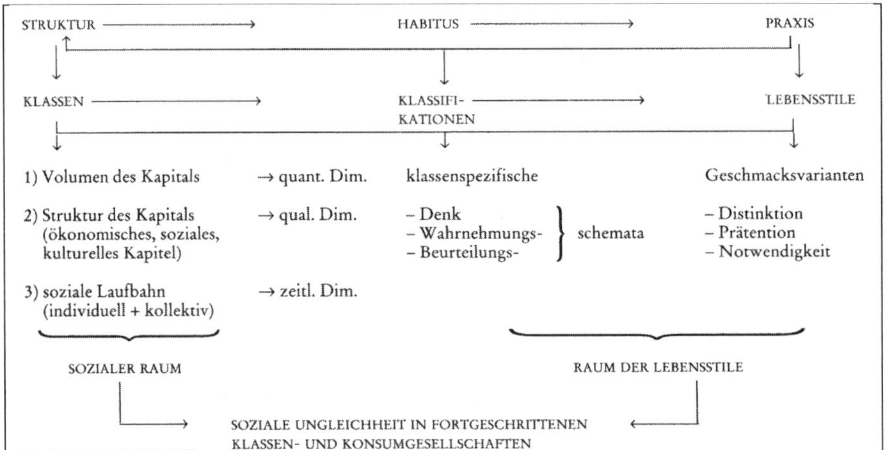

Quelle: Müller (1992:297)

Mit der von Bourdieu vorgeschlagenen Perspektive sind verglichen mit den rein mikrosoziologisch orientierten Modellen eine Reihe von Verschiebungen verbunden. Der Fokus der Analyse richtet sich stärker auf kollektive Phänomene; zugleich werden die gegenwärtig zu beobachtenden Handlungen im Kontext individueller wie kollektiver Lebensgeschichten begriffen. Es können zwar nach wie vor ›Individuen‹ untersucht werden, aber diese Individuen werden im Kontext ihres klassen- oder gruppen- oder feldspezifischen Habitus begriffen, der lebensgeschichtlich erworben wurde.

Die Vielfalt der hier angeführten Modellvorstellungen, die ganz unterschiedlichen Theorietraditionen entstammen, ist sicherlich verwirrend. Man sollte sie im Sinne eines Werkzeugkastens begreifen, auf den bei der Reflexion der eigenen Forschungsfragen und der Entwicklung von Modellen zu dem je spezifischen Gegenstandsbereich einer Untersuchung zurückgegriffen werden kann. Ein solches Repertoire von Werkzeugen soll dazu beitragen, bei der Konzeption von Forschungsprozessen und der Entwicklung von Modellvorstellungen eine bewusste Wahl zu treffen bzw. eine bereits getroffene Wahl einzuordnen. Theoretische Reflexionen können auch dazu beitragen, sich kritisch mit der ›Normalperspektive‹, die sich in vielen Forschungsfeldern herausgebildet hat, auseinanderzusetzen und die ›Theoretical Sensitivity‹ (Glaser 1978) zu fördern.

## e) Beispiele zur Konstruktion von Handlungsmodellen

Im Zentrum des Forschungsinteresses steht – nach dem hier vertretenen Verständnis der Sozialwissenschaften – das Handeln von Individuen und kollektiven Akteuren. Über die Konstruktion von Handlungsmodellen lassen sich wichtige Rahmenbedingungen und Strukturen spezifizieren, die die Handlungssituation bestimmen; die zu untersuchende Situation wird damit kontextualisiert. Drei Beispiele sollen illustrieren, wie einfache Modelle konzipiert werden können.

### Beispiel 1

Dieses Modell fokussiert den Blick auf die verschiedenen Schwellen, die im Rahmen einer Bildungsgeschichte zu überschreiten sind (siehe Abb. 31, Seite 138).

Es zielt auf die Beschreibung von Bildungslaufbahnen und kann dann für die weitere Analyse nach Gruppen mit verschiedener sozialer Herkunft, nach Geschlecht oder Migrationshintergrund differenziert werden.

Ein solches Schwellenmodell kann jedoch nur im Sinne einer Beschreibung genutzt werden; d. h., es kann nicht unterstellt werden, dass z. B. alle sozialen Gruppen ein gleiches Interesse am Überschreiten der nächst höheren Schwelle haben. Dazu wären dann Überlegungen anzustellen, welche Alternativen sich den verschiedenen Gruppen an diesen Schwellen bieten und wie diese Alternativen wahrgenommen und bewertet werden.

### Beispiel 2

In dem zweiten Beispiel geht es um die Entscheidung von Studierenden für ein bestimmtes Studium (siehe Abb. 32, Seite 139). Zunächst sollte überlegt werden, welche Entscheidungen die Studierenden vor dem Studienbeginn bzw. zu Anfang des Studiums treffen: Sie entscheiden sich, ein Studium aufzunehmen, bestimmte

Abb. 31: Bildungsschwellen

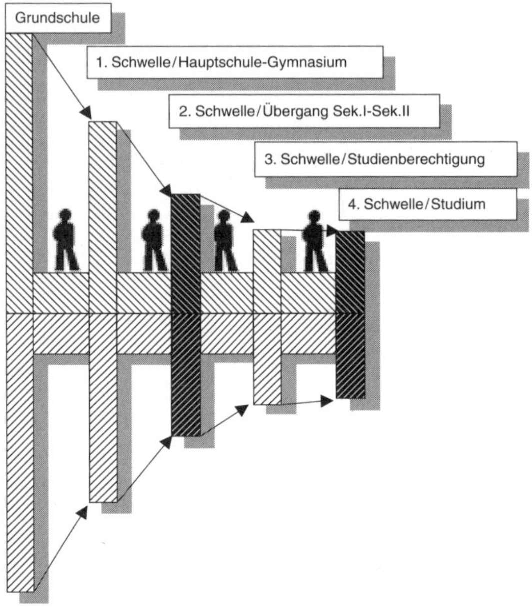


Quelle: Schnitzer (1998:56)

Studienfächer im Rahmen eines Studienganges an einer bestimmten Hochschule zu studieren. Der Begriff Entscheidung sollte aber nicht dazu verleiten, solche Entscheidungen durchgängig als die bewussten Entscheidungen umfassend informierter rationaler Akteure zu begreifen; es ist jedoch in dem Sinne eine Entscheidung, als mit der Aufnahme eines Studiums bestimmte Handlungsalternativen mehr oder weniger ausgeschlossen werden.

Nun kann überlegt werden, welche Faktoren auf diese Entscheidungen Einfluss haben. Wenn man sich zunächst auf die Entscheidung für die Aufnahme eines Studiums konzentriert, dann geht es gewissermaßen um die Vorgeschichte dieser Entscheidung, um Einflüsse, die in dem bisherigen Sozialisationsprozess prägend waren, um Erfahrungen, eigene Präferenzstrukturen etc.

Abb. 32: Wahl eines Studienfachs, ein erstes Modell

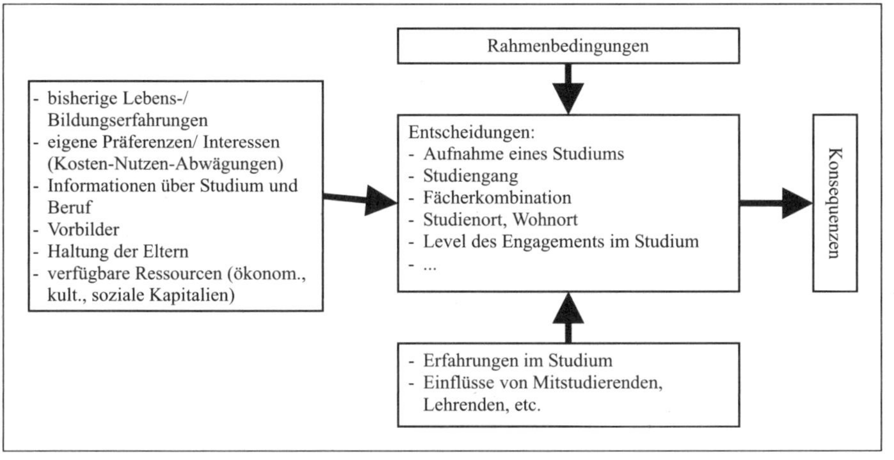


In der zeitlichen Perspektive wird deutlich, dass es nicht um eine einmalige, sondern um eine beständig zu prüfende Entscheidung geht. D. h., man macht z. B. mit dem Studienbeginn neue Erfahrungen, ist anderen Einflüssen ausgesetzt, so dass man überlegt, ob die damalige Entscheidung richtig war. D. h., es sind Entscheidungen, die unter sich verändernden Erfahrungen und Rahmenbedingungen – mit mehr oder weniger hohen ›Kosten‹ – revidierbar sind. So ist ein Wechsel zu anderen Studienfächern oder -gängen vielleicht nach dem ersten Semester noch unproblematisch; hat man aber mehrere Semester investiert (im materiellen wie im immateriellen Sinne), sind die Kosten für einen Wechsel wesentlich höher.

Zudem stellen sich mit der Aufnahme eines Studiums typische Anfangsprobleme ein. Zur Bearbeitung dieser Probleme werden Strategien verwendet, die sich nicht nur situativ begreifen lassen. Man bedient sich bestimmter Wahrnehmungs- und Denkweisen oder greift auf bewährte Problemlösungsstrategien zurück, die im Laufe eines Lebenswegs in einem spezifischen sozialen Kontext erworben wurden. Dabei ist davon auszugehen, dass die bislang erworbenen Habitusmuster je nach sozialer Herkunft in unterschiedlichem Maße geeignet sind, die sich im akademischen Feld stellenden Probleme erfolgreich zu bearbeiten.

## Beispiel 3

Die Entscheidung zur Aufnahme eines Studiums kann auch über ein einfaches Modell, das sich an dem erwarteten Nutzen (in diesem Fall auf Einkommen reduziert) orientiert, dargestellt werden. Die Modellierung der Entscheidung kann dann im Sinne einer rationalen Wahl so aussehen: »Wenn ein Schulabgänger sich für den Verzicht auf ein Studium entscheidet, erzielt er sofort nach Verlassen des allgemein bildenden Schulsystems ein Einkommen. Die Wahl der Alternative Studium bedeutet zunächst einen Verzicht auf Einkommen. Falls das Studium mit Erfolg abgeschlossen wird, kann das höchste Einkommensniveau des Modells erreicht werden. Falls der Student jedoch das Studium vorzeitig abbricht oder ohne Abschluss beendet, landet er in der untersten Einkommensstufe, entsprechend dem Einkommen von Schulabgängern ohne weitere Ausbildung« (Hillmert/Jacob 2002:12).

Abb. 33: Entscheidungssituation nach dem Abitur

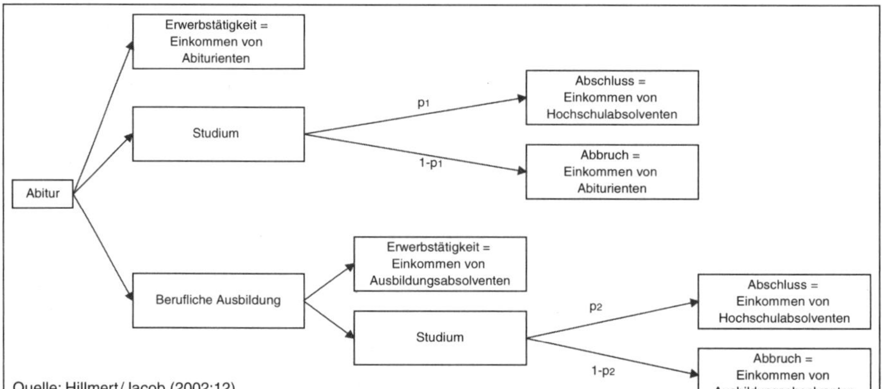

Quelle: Hillmert/Jacob (2002:12)

Im Fall einer (erfolgreich abgeschlossenen) beruflichen Ausbildung wird entweder das Einkommen von Ausbildungsabsolventen erreicht oder es wird ein späteres Studium angeschlossen, dessen Risiken dann jedoch begrenzter sind, da bereits auf einen Abschluss zurückgegriffen werden kann.

Mit allen hier vorgestellten Modellen werden bestimmte Aspekte eines Bildungswegs bzw. der dort zu treffenden Entscheidungen beleuchtet. Es gibt so betrachtet keine richtigen oder falschen Modelle; allenfalls lassen sich Modelle danach unterscheiden, ob sie zur Klärung der in einer Untersuchung aufgeworfenen Fragen mehr oder weniger geeignet sind. Alle hier besprochenen Modelle sind in der einen oder anderen Weise unterkomplex; sie reduzieren soziale Komplexität, sie bilden im Lichte unterschiedlicher theoretischer Überlegungen wesentliche Aspekte eines sozialen Phänomens ab. Der Grad der Komplexitätsreduktion hängt zum einen mit theoretischen Überlegungen zusammen, zum andern spielen aber auch Forschungsdesigns eine wichtige Rolle. Beispiel 1 und 3 können relativ einfach in einem standardisierten Untersuchungsdesign – deskriptiver oder Hypothesen testender Art – umgesetzt werden. Beispiel 2 könnte sowohl als Modell für die Konzeption offener Interviews, aber auch für eine standardisierte Befragung fungieren; im letzteren Fall wären jedoch noch umfangreiche Operationalisierungen zu leisten, um die einzelnen benannten Aspekte in geschlossenen Fragen mit vorgegebenen Antwortmöglichkeiten zu erfassen. An diesen Überlegungen wird deutlich, wie eng die in Abb. 19 und Abb. 24 dargestellten Entscheidungen zusammenhängen.

## f) Operationalisierung

Wenn schließlich eine Forschungsfrage generiert wurde, ist es erforderlich, diese Frage weiter auszuarbeiten, um die späteren Entscheidungen für ein Forschungsdesign bzw. einzelne Erhebungsinstrumente vorzubereiten. Dieser Prozess wird als Operationalisierung bezeichnet. Er umfasst grundsätzlich alle Entscheidungen, die zwischen der Spezifizierung einer Forschungsfrage oder Hypothese und der eigentlichen Datenerhebung getroffen werden müssen; es sind Fragen des Forschungsdesigns, der Erhebungsmethoden, der Auswahlverfahren und insbesondere die Entwicklung spezifischer Erhebungsinstrumente.

Im Prozess der Operationalisierung sollte überlegt werden, welche Phänomene, welche Aspekte der sozialen Welt zu untersuchen sind, um eine Antwort auf die Forschungsfrage zu erhalten. Das sollte zunächst noch ohne Bezug auf die forschungspraktische Umsetzbarkeit geschehen, um dann schrittweise den Raum der Möglichkeiten auszuloten. Bei der Operationalisierung geht es also darum, dass die theoretischen Aussagen bzw. die darin enthaltenen Begriffe mit ›Beobachtungsaussagen‹ verknüpft werden; d. h., die Begriffe müssen so operationalisiert werden, dass sie der empirischen Analyse (Beobachtung, Befragung, Inhaltsanalyse) zugänglich sind. Wenn z. B. wie in Abb. 23 in einer Frage oder Hypothese von Ausländerfeindlichkeit oder von Konkurrenz am Arbeitsmarkt gesprochen wird, so ist zu klären, welche empirischen Befunde das Vorliegen oder Nicht-Vorliegen dieser Phänomene indizieren können; Aussagen über den Grad der Konkurrenz am Arbeitsmarkt ließen sich z. B. aus der Höhe der regionalen Arbeitslosenquote ableiten. Am Ende müssen präzise Anweisungen stehen, welche Daten mit welchen Messinstrumenten erhoben werden sollen: z. B. ein standardisierter Fragebogen sowie ein Stichprobenplan. Alternativ könnte entschieden werden, auf vorliegende Datenmaterialien im Sinne einer Sekundäranalyse zurückzugreifen.

Der Prozess der Operationalisierung wird sich je nach Forschungsdesign sehr unterschiedlich gestalten. Am aufwendigsten wird die Entwicklung eines standardisierten Erhebungsinstruments sein, aber auch die Ausarbeitung eines Interview- oder Beobachtungsleitfadens sollte nicht unterschätzt werden.

Die Möglichkeiten, diesen Operationalisierungsprozess im Rahmen eines Lehrbuchs zu beschreiben, sind angesichts der Vielfalt von Instrumenten und Designentscheidungen begrenzt. Praktische Hinweise zu den einzelnen Designs und Erhebungsinstrumenten sind in den jeweiligen Kapiteln zu finden.

Unabhängig von den spezifischen Methoden kann jedoch auf zwei verwandte Konzepte verwiesen werden, die in einem solchen Operationalisierungsprozess hilfreich sein können: die bei Kromrey eingehender beschriebenen Verfahren der semantischen und der dimensionalen Analyse.

## Semantische Analyse

Mit Hilfe der semantischen Analyse kann der Bedeutungsgehalt von Begriffen, den sie in verschiedenen theoretischen Kontexten haben, erschlossen werden. Kromrey (1991:86 ff.) verdeutlicht dies an dem theoretischen Begriff der Entfremdung. Die semantische Analyse müsse einerseits die Bedeutungskomponenten, die Bedeutungsdimensionen dieses Begriffs im Rahmen unterschiedlicher Theoriezusammenhänge herausarbeiten. Andererseits müssen die empirischen Sachverhalte bestimmt werden, die diesen Bedeutungsdimensionen entsprechen. Der Schlusspunkt der semantischen Analyse besteht dann darin, »daß die in den Hypothesen verwendeten Begriffe mit beobachtbaren Sachverhalten der Realität« verknüpft werden; d. h., »es ist anzugeben, welche empirische Bedeutung den Begriffen zukommen soll, welche konkreten empirischen ›Gegenstände‹ mit den sprachlichen Zeichen gemeint sein sollen« (89).

Goode und Hatt schlagen für die semantische Analyse vor, sich mit den Veröffentlichungen zu befassen, »in denen der Begriff gebraucht worden ist, um seine verschiedenen Verwendungsarten kennen zu lernen. Oft zeigt sich dabei, daß der Begriff überhaupt noch nicht klar definiert worden ist; außerdem kann man auf diesem Wege sehen, wie er in den verschiedenen Untersuchungen verwendet worden ist«. Sie erläutern dies am Beispiel des Begriffs Jugendkriminalität: »›Jugendkriminalität‹ kann zum Beispiel in einer Untersuchung durch Einweisung in eine

Besserungsanstalt definiert werden, in einer anderen durch gerichtliche Verurteilung, in einer dritten von Gerichtsprotokollen oder Polizeiberichten« (1956:58).

Der Darstellung Kromreys entsprechend lassen sich vier Schritte einer semantischen Analyse unterscheiden:

- eine Sammlung verschiedener Bedeutungen und Bedeutungsdimensionen eines Begriffs, die sich z. B. auf fachspezifische Wörterbücher, Handbücher und einschlägige wissenschaftliche Texte stützt
- eine Systematisierung der hier ermittelten Bedeutungen und Bedeutungsdimensionen, z. B. in Form einer Typologie oder einer Gegenüberstellung verschiedener Interpretationslinien
- eine Selektion der Bedeutungen und Bedeutungsdimensionen, die in der Untersuchung weiterverfolgt werden sollen
- und schließlich Überlegungen zur empirischen Umsetzung des selektierten Begriffsverständnisses

## Analyse der Dimensionen eines sozialen Phänomens

Die dimensionale Analyse soll ausgehend von einem Gegenstandsbereich relevante Eigenschaften, Dimensionen, benennen. Das Konzept der dimensionalen Analyse geht auf Zetterberg (1973:65) zurück; hier wird jedoch der Darstellung Kromreys folgend das Konzept etwas anders gefasst. Ausgangspunkt der dimensionalen Analyse ist ein bestimmter Gegenstandsbereich; verglichen mit den ersten Mind-Maps sollte er schon präziser gefasst sein. Ziel der Analyse ist es, (wichtige) Dimensionen oder Eigenschaften dieses Gegenstandsbereichs genauer zu bestimmen. Bei einem Unternehmen lassen sich z. B. sein Umsatz, die Zahl der Beschäftigten, der Kurs der Aktien und andere Eigenschaften bestimmen.

Im Rahmen der Entwicklung eines standardisierten Erhebungsinstruments kann die dimensionale Analyse eingesetzt werden, um in mehreren Schritten der Dimensionierung und der Selektion von Dimensionen von einem relativ allgemeinen begrifflichen Konzept zu spezifischen zu erfassenden Dimensionen zu kommen. Im Folgenden wird ein Beispiel wiedergegeben, mit dem Kromrey eine dimensionale Analyse des theoretischen Konzepts ›Soziale Herkunft‹ verdeutlicht.

In einem ersten Schritt werden verschiedene Dimensionen und Unterdimensionen entwickelt, um die soziale Herkunft einer Person genauer spezifizieren zu können. So wurden zunächst die engere und weitere soziale Umwelt sowie Zugehörigkeiten zu gesellschaftlichen Gruppen angeführt; diese Dimensionen werden durch eine Reihe von Unterdimensionen noch genauer gefasst. Diesem Dimensionierungsschritt folgt dann ein jeweils zu begründender Selektionsschritt; so erfolgt in dem Beispiel eine Entscheidung für den sozialen Status der Familie. Danach

Abb. 34: Dimensionale Analyse: Soziale Herkunft

Soziale Herkunft

- **engere soziale Umwelt**
  - sozialer Status
  - soziales Netzwerk
  - Verhaltensstile
  - demograph. Merkmale
    - **Beruf des Vaters/ der Mutter**
      - Bezeichnung
      - Berufsprestige
      - beruflicher Einfluß
      - ...
        - Berufsprestige des Vaters
    - **Vermögen/ Einkommen**
      - aus Erwerbsarb.
      - aus Vermögen
    - **Bildung des Vaters/ der Mutter**
      - Schulbildung
      - Weiterbildung
        - Schulbildung des Vaters
- **weitere soziale Umwelt**
  - Wohngebiet
  - Stadt/-Land
  - soziale Homogenität
- **Zugehörigkeit zu gesellsch. Gruppen**

Nach Kromrey (1991:75 ff.)

beginnen ein zweiter Zyklus, ein weiterer Dimensionierungs- und ein weiterer Selektionsschritt. Am Ende dieses Verfahrens stehen Eigenschaften oder Merkmale, die dann zum Gegenstand einer noch weiter zu operationalisierenden Frage in einem standardisierten Fragebogen werden können.

Die Techniken der semantischen und dimensionalen Analyse sind ursprünglich im Kontext einer mit standardisierten Instrumenten arbeitenden Sozialforschung entwickelt worden; ihre Anwendungsmöglichkeiten reichen jedoch darüber hinaus. So ist die semantische Analyse in jedem Design sinnvoll einzusetzen, um Begriffe, die einem theoretischen Kontext entstammen, so zu erschließen, dass sie auf empirische Operationen bezogen werden können. D. h., auch wenn man in offenen Interviews etwas über die habituelle Prägung von Bildungsentscheidungen erfahren möchte, ist es angeraten, diesen recht schillernden Begriff der habituellen Prägung genau aufzuschlüsseln.

Verfahren der Dimensionierung können auch in der Analyse qualitativen Datenmaterials genutzt werden; so z. B. im Rahmen der Grounded Theory (vgl. Strauss/Corbin 1996:50 ff.); ein Beispiel findet sich in Teil II, Kap. 12.

# 4. Methoden der sozialwissenschaftlichen Konstruktion von Daten – Überblick

In diesem Kapitel geht es um die für die Sozialforschung zentrale Frage, wie die für die empirische Analyse erforderlichen Daten ›gewonnen‹ werden können. Dazu wird zunächst geklärt, was sozialwissenschaftliche Daten sind, um dann einen Überblick über Verfahren der Datengewinnung – eine eingehende Darstellung der Verfahren erfolgt in den Kapiteln 7 bis 11 – zu geben und verschiedene Datentypen zu erläutern.

Der Begriff der ›Datengewinnung‹ oder auch der hier gebrauchte Begriff der ›Datenerhebung‹ suggeriert, dass diese Daten bereits außerhalb des Forschungskontextes vorliegen und nur noch ›gewonnen‹ oder ›erhoben‹ werden müssen. Angesichts der zuvor angestellten erkenntnistheoretischen Überlegungen sollte eigentlich von Daten›konstruktion‹ gesprochen werden: Die verschiedenen sozialwissenschaftlichen Methoden implizieren, dass die soziale Welt unter verschiedenen Perspektiven und Fragestellungen beobachtet (im weiteren Sinne) wird und die Ergebnisse dieser Beobachtung als Daten fixiert werden: z. B. als Kreuz auf einem standardisierten Fragebogen oder als Protokoll einer teilnehmenden Beobachtung. Die Daten werden somit über den Beobachtungsprozess konstruiert.

Der Wortherkunft entsprechend sollte nicht von ›Daten‹, gemäß der lateinischen Bezeichnung ›das Gegebene‹, sondern von ›Fakten‹, der lateinischen Bezeichnung nach ›das Hergestellte‹, gesprochen werden.

## a) Sozialwissenschaftliche Daten

Ausgehend von einigen Beispielen aus der sozialwissenschaftlichen Forschungspraxis soll im Weiteren diskutiert werden, was man sinnvollerweise in diesem Prozess als Daten begreifen kann.

- Wenn in einem standardisierten Fragebogen eine Person nach ihrem Alter (in Lebensjahren) gefragt wird, so trägt sie in den meisten Fällen eine Zahl in den Fragebogen ein. Dem ist vorausgesetzt, dass es ein gemeinsam geteiltes kalendarisches System der Zeitmessung gibt, auf das sich Fragende und Befragte beziehen, dass die Geburtsdaten als Voraussetzung der Altersermittlung aufgezeichnet oder mündlich überliefert werden, dass die befragte Person bereit ist, diese Informationen ›wahrheitsgemäß‹ preiszugeben etc. D. h., es wird angenommen, dass die meisten Befragten um ihr Alter wissen und es gewohnt sind, bei verschiedenen Gelegenheiten solche Altersangaben zu machen.

Wenn dieselbe Person nach ihrer Wahlentscheidung gefragt wird, wenn am nächsten Sonntag eine Bundestagswahl stattfinden würde, so wird auch diese Frage in der Regel beantwortet, indem z. B. hinter einer der vorgegebenen Parteien ein Kreuz gemacht wird. Eine solche Antwort setzt im Idealfall voraus, dass die Befragten gewisse Erfahrungen mit der Handlungssituation in der Wahlkabine haben und sich nun in eine solche Entscheidungssituation hineinversetzen.

Wenn die Person nun gebeten wird, ihre ›allgemeine Lebenszufriedenheit‹ auf einer Skala von 0 bis 10 einzutragen – die Extreme sind mit ganz und gar zufrieden bzw. ganz und gar unzufrieden überschrieben –, so wird auch hier von einer großen Mehrheit der Befragten ein Kreuz in einem der Kästchen von 0 bis 10 gemacht. Die Frage bzw. Aufforderung knüpft vage an das ›Na wie geht's?‹ in der Alltagskommunikation oder im Gespräch mit einem Arzt an, wobei hier die Frage in der Regel mit der Erwartung einer positiven oder negativen Antwort verknüpft wird.

- Im Rahmen eines narrativen Interviews wird ein Studierender im ersten Semester gebeten, über seine Erfahrungen in der ersten Studienwoche zu erzählen. Er berichtet daraufhin u. a. von seinen Erfahrungen beim Besuch einer Lehrveranstaltung. Diese Darstellung wird auf einem Tonträger aufgezeichnet und nach bestimmten Regeln transkribiert, so dass am Ende ein fortlaufender Text vorliegt, zusätzlich können auch Angaben über Betonungen, Pausen oder andere Besonderheiten festgehalten werden.
- Für einen Vergleich verschiedener Städte in einer wirtschaftlichen Krisenregion werden Informationen zur Arbeitslosenquote in diesen Städten ermittelt. Dazu wird für einen bestimmten Monat der Quotient aus der Zahl der gemeldeten Arbeitslosen und der Gesamtzahl der zivilen Erwerbspersonen berechnet. Diese Informationen werden wiederum aus den Daten der Bundesagentur für Arbeit und der amtlichen Statistik gewonnen.
- Im Rahmen einer Gruppendiskussion über das Arbeitsklima in der Versandabteilung eines größeren Betriebs wird von einem Beschäftigten über einen Mobbing-Fall berichtet. Die Diskussion wird von einer Forscherin beobachtet und in ihrem Verlauf protokolliert.
- Für die Analyse von Kommentaren führender Tageszeitungen wird untersucht, welche Begriffe und Metaphern gebraucht werden, wenn über die Organisation XY gesprochen wird. Am Ende steht eine Liste der verwandten Begriffe und Bilder. Diese können dann in standardisierter Form oder als Textsegmente für die spätere Analyse fixiert werden.
- Auch bildliche und plastische Darstellungen können als Daten begriffen werden, wenn Prozeduren der kontrollierten Erschließung und Analyse solcher Materialien verfügbar sind.

Entsprechend dem hier entwickelten Verständnis von empirischer Sozialforschung sollen die Ergebnisse der geschilderten konstruktiven Prozesse als Daten begriffen werden, die zum Ausgangspunkt der sozialwissenschaftlichen Analyse werden können. Diese Daten liegen in ganz unterschiedlicher Form vor, als Angabe in einem Fragebogen, die in einen Zahlenkode übersetzbar ist, als Textsequenz, in einzelnen Worten oder in bildlicher Form.

Die Vielgestalt des vorliegenden Datenmaterials erfordert unterschiedliche, der spezifischen Beschaffenheit der Daten und ihrem Konstruktionsprozess angemessene Verfahren der weiteren Aufbereitung und Analyse. Das verweist zunächst auf die Unterscheidung zwischen statistischen Verfahren, die eher für die Analyse standardisierter Daten geeignet sind, und interpretativen Verfahren, die eher für die Analyse von Text- und Bildmaterialien geeignet sind.

Prozessbezogen könnte man zu folgender Bestimmung kommen: Daten (Zahlen, Texte, Bilder) sind Repräsentationen der sozialen Welt, die mit wissenschaftlich kontrollierten Verfahren gewonnen bzw. erschlossen werden und für die es kontrollierte Verfahren der systematischen Analyse gibt. Ein solches prozessbezogenes Verständnis von Daten soll dazu anhalten, die Datengewinnung und -analyse in einem Zusammenhang zu begreifen. So sollte z. B. die Zahlenform, die ganz unterschiedliche standardisierte Daten annehmen können, nicht vergessen lassen, wie diese Daten gewonnen wurden. D. h., es ist jeweils zu erwägen, ob mit der Antwort auf die Frage nach der Lebenszufriedenheit in einem standardisierten Fragebogen in gleicher Weise umzugehen ist wie mit der Alters- oder Einkommensangabe. Entsprechende Überlegungen sind auch bei der weiteren Bearbeitung der verschiedenen Textmaterialien anzustellen.

Gemeinsam ist diesen Daten jedoch, dass sie unter angebbaren und kontrollierten Bedingungen hervorgebracht wurden. Es sollte zudem festgehalten werden, wie die Auswahl der zu analysierenden Daten aus der Gesamtmenge möglicher Daten erfolgt. D. h., der Prozess der Datenkonstruktion bzw. die daraus entstandenen Daten sollten reproduzierbar sein.

## b) Methoden der sozialwissenschaftlichen Konstruktion von Daten

Um die Spezifika der verschiedenen Methoden zur Konstruktion sozialwissenschaftlicher Daten charakterisieren zu können, ist es sinnvoll, sich zunächst zu überlegen, worauf sich das sozialwissenschaftliche Forschungsinteresse richtet bzw. richten sollte.

Im Zentrum des sozialwissenschaftlichen Interesses stehen soziale Handlungen, ihre Vorgeschichte und die daraus erwachsenden Handlungsfolgen. Das Adjektiv ›sozial‹ verweist darauf, dass diese Handlungen in einem gesellschaftlichen Kontext, im Kontext einer sozialen Gruppe, einer National- oder der Weltgesellschaft betrachtet werden sollten. Im Folgenden soll dieser Kontext an einem einfachen Handlungsmodell genauer aufgeschlüsselt werden.

Abb. 35: Ein einfaches Handlungsmodell

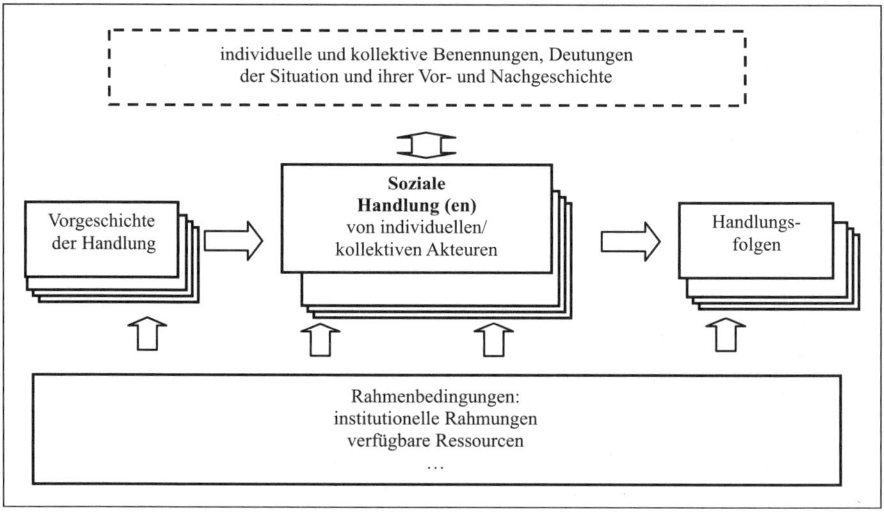


Im Zentrum des Modells steht zunächst eine einzelne soziale Handlung, z. B. die Entscheidung von Jessica S., eine Lehre als Industriekauffrau anzutreten. In der Regel interessieren sich die Sozialwissenschaften nicht für einzelne Handlungen, sondern für eine Vielzahl solcher Handlungen, so z. B. für die Frage, welche Ausbildungsberufe von den Absolventen und Absolventinnen eines Schuljahrgangs gewählt werden.

Informationen über einzelne und vielfache soziale Handlungen sind jedoch immer nur ein Ausgangspunkt des wissenschaftlichen Interesses, man interessiert sich insbesondere für ›Zusammenhänge‹; man möchte etwas über kausale oder funktionale Zusammenhänge erfahren, man analysiert die intendierten oder nicht intendierten Handlungsfolgen, man fragt sich, wie bestimmte institutionelle Rahmenbedingungen verändert werden können, um bestimmte gesellschaftlich nicht erwünschte Handlungen zu unterbinden etc.

- Eine mögliche analytische Perspektive wird über die Zeitdimension von sozialen Handlungen eröffnet; einer Handlung gehen aus individueller Perspektive betrachtet andere Handlungen als Vorgeschichte voraus. D. h., besagte Jessica S. hat z. B. zuvor eine bestimmte schulische Ausbildung durchlaufen, einen schulischen Abschluss erworben. Eine solche Vorgeschichte ist für die Analyse der zu untersuchenden Handlung relevant, wie auch immer man versucht, solche Zusammenhänge zu interpretieren.
- Zudem hat die Entscheidung über die Aufnahme einer bestimmten beruflichen Ausbildung Handlungsfolgen. Jessica S. könnte z. B., wenn sie die Ausbildung erfolgreich abschließt und es ihr gelingt, eine adäquate Anstellung zu finden, als Industriekauffrau tätig sein. Eine solche Anstellung ist dann wiederum mit einem bestimmten Einkommen, einem bestimmten sozialen Ansehen etc. verknüpft. Ausgehend von der Verknüpfung einer Handlung mit bestimmten (intendierten) Handlungsfolgen, lassen sich auch Überlegungen zu den ›Motiven‹ einer Handlung anstellen. Man möchte mit dieser Handlung einen (jeweils genauer zu bestimmenden) Nutzen erzielen, man möchte bestimmten normativen Vorstellungen, bestimmten Vorbildern gerecht werden, man möchte ›sich selbst verwirklichen‹ etc. Dabei ist die Frage zu klären, in welchem Maße diese Handlungsfolgen intendiert oder nicht intendiert sind, sich also hinter dem Rücken der Akteure eingestellt haben. Hinter diesen Überlegungen zu Handlungsmotiven stehen jeweils unterschiedliche theoretische Überlegungen und Modellierungen von Handlungsrationalitäten. Zu klären wäre dabei auch die Frage, ob solche Rationalitäten eher auf individueller Ebene oder auch auf höherer Aggregatebene vermutet werden, bzw. ob eine Systemperspektive eingenommen wird.
- Für die Analyse von Handlungen ist es wichtig zu erfahren, mit welchen individuellen und kollektiven Deutungen oder mit welchen Erwartungen diese verknüpft sind. Es ist zu untersuchen, wie eine solche Handlung in der sozialen Kommunikation, in der Welt der Diskurse erscheint. D. h., Jessica S. macht sich gewisse Vorstellungen von der Tätigkeit einer Industriekauffrau und bringt diese Vorstellungen z. B. mit ihren Erwartungen an eine bestimmte Form der Arbeit und der Lebensführung in Verbindung. Sie orientiert sich dabei an Vorstellungen und Erwartungen, die sie in ihrem Elternhaus, in ihrem sozialen bzw. generationellen Umfeld oder medienvermittelt vorfindet.
- Von Interesse sind immer auch bestimmte Rahmenbedingungen, die einem solchen Handeln vorausgesetzt, d. h. für einen spezifischen Zeitpunkt gegeben sind: Man kann solche Rahmenbedingungen z. B. über die individuellen und kollektiven Ressourcen beschreiben, über die Individuen oder soziale Gruppen im Rahmen ihrer Handlungen verfügen. Bourdieus Überlegungen zu verschiedenen Formen des ökonomischen, kulturellen oder sozialen Kapitals würden es ermöglichen, die

Ressourcen von Jessica S., über die sie persönlich, in ihrem familiären Umfeld und im näheren sozialen Kontext verfügt, zu analysieren. Die Frage nach den institutionellen Rahmenbedingungen würde die beobachtete Handlung im Zusammenhang bestimmter Institutionen, z. B. Einrichtungen der schulischen und beruflichen Ausbildung oder bestimmter familiärer Zusammenhänge, begreifen.

Ausgehend von diesem einfachen Handlungsmodell kann nun überlegt werden, wie über einzelne Aspekte dieser Handlung mit verschiedenen sozialwissenschaftlichen Verfahren der Datengewinnung Informationen gesammelt werden können.

Das folgende Schaubild stellt verschiedene Typen von Erhebungsverfahren gegenüber, um die spezifischen Möglichkeiten und Grenzen einzelner Verfahren darlegen zu können.

• Befragungen eröffnen die Möglichkeit, mit den Handelnden oder mit anderen Beteiligten bzw. Informanten zu sprechen. Dabei können grundsätzlich alle interessierenden Aspekte einer Handlung thematisiert werden. Man sollte jedoch nicht vergessen, dass über eine Antwort oder eine längere Erzählung jeweils nur verbale Auskünfte über ausgewählte, von den Betroffenen wahrgenommene und mit den Regeln der Interaktionssituation vereinbare Aspekte z. B. der Vorgeschichte einer Handlung mitgeteilt werden. D. h., das letztlich interessierende (gegenwärtige, vergangene, zukünftige) Handeln wird nur über verbale Bekundungen zugänglich. Man möchte wissen, ob jemand Brandsätze in Asylbewerberunterkünfte wirft oder nicht; man möchte wissen, ob der Befragte Waschmittel XY kauft. Man erhält in Befragungen aber nur verbale Bekundungen über gegenwärtige und vergangene Handlungen; man erhält Absichtserklärungen oder Hinweise auf Einstellungen einer Person. Je nach Befragungsform haben diese Bekundungen dann die Form eines Kreuzes hinter einer Antwortkategorie oder eines ausführlichen Statements in einer offenen Befragung.

Zudem sind die verschiedenen Befragungsformen als soziale Situationen zu begreifen, d. h., Fragende und Befragte (und eventuell weitere Anwesende) treten zueinander in Interaktion und diese Interaktionen verlaufen nach bestimmten Regeln, die nicht unbedingt mit den Regeln einer kontrollierten wissenschaftlich geleiteten Datenerhebung korrespondieren.

Man kann jedoch aus der Analyse der so gewonnenen Daten einige Rückschlüsse auf die ›Qualität‹ dieser Bekundungen ziehen. So lassen sich bestimmte Angaben aus einer repräsentativen Befragung mit verlässlichen Eckdaten aus anderen Quellen vergleichen, oder es kann bei nicht standardisierten wie auch bei standardisierten Befragungen nach der internen Konsistenz der gegebenen Antworten gefragt werden.

## Abb. 36: Übersicht über den Handlungsbezug verschiedener Erhebungsverfahren

<table>
<tr><th>Erhebungsverfahren / Handlungsaspekt</th><th>Befragung/ Interview</th><th>Inhaltsanalyse von Texten und bildlichen Darstellungen</th><th>Analyse von vorliegenden Daten und Dokumenten</th><th>teilnehmende Beobachtung</th><th>[Labor]-Experiment</th></tr>
<tr><td>soziales Handeln</td><td>verbale/ kategorisierte Bekundungen über soziales Handeln</td><td>Spurensymbolischen Handelns, Rückschlüsse auf Handlungen</td><td>Spuren sozialen Handelns z. B. in Verwaltungsakten</td><td>Beobachtung von Handlungen</td><td>Beobachtung initiierten Handelns</td></tr>
<tr><td>Vorgeschichte von Handlungen</td><td rowspan="2">verbale/ kategorisierte Bekundungen (retrospektiv, prospektiv)</td><td rowspan="2">Rückschlüsse auf Vorgeschichte und Handlungsfolgen</td><td rowspan="2">Spuren der Vor- und Nachgeschichte z. B. in Verwaltungsakten</td><td rowspan="2">Beobachtung der Vorgeschichte und der Handlungsfolgen</td><td></td></tr>
<tr><td>Handlungsfolgen</td><td>Beobachtung von Handlungsfolgen</td></tr>
<tr><td>individuelle und kollektive Deutungen/ Einstellungen und Dispositionen</td><td>verbale/ kategorisierte Bekundungen über Deutungen und Einstellungen</td><td>Rekonstruktion von Diskursen/ kollektiven Wirklichkeitsdeutungen</td><td></td><td></td><td></td></tr>
<tr><td>Rahmenbedingungen des Handelns (individuell, kollektiv)</td><td>verbale/ kategorisierte Bekundungen über Rahmenbedingungen</td><td>Rückschlüsse auf wahrgenommene Rahmenbedingungen des Handelns</td><td>nur soweit aus den vorliegenden Daten/Dokumenten ersichtlich</td><td>Beobachtung von (aktuellen) Rahmenbedingungen</td><td>kontrollierte Rahmenbedingungen</td></tr>
</table>

- Inhaltsanalysen basieren in der Regel auf vorgefundenen Text- und Bildmaterialien (oder anderen Darstellungsformen). Bezogen auf das Handlungsmodell geben sie insbesondere über die individuellen und kollektiven Deutungen sozialen Handelns Auskunft; sie erlauben aber auch Rückschlüsse auf symbolische oder manifeste Handlungen. So kann z. B. eine Analyse von Stellenanzeigen in überregionalen Tageszeitungen Auskunft über die formellen und informellen Qualifikationen geben, die mit dem professionellen Handeln in bestimmten Berufsfeldern verknüpft werden. Die Analyse von Schulaufsätzen ermöglicht Rückschlüsse auf die Erwartungshaltungen von Jugendlichen bei der Wahl von Ausbildungsberufen. Diese Materialien werden nicht in einer von den Forschenden beeinflussten Situation generiert. Dennoch entstehen auch diese Materialien in einem sozialen Zusammenhang, wenn z. B. der Aufsatz im schulischen Kontext verfasst, von einem Lehrenden gelesen oder gar in der Klasse auszugsweise vorgetragen wird.

Besondere Möglichkeiten der Inhaltsanalyse liegen in der Rekonstruktion von Diskursen, von legitimen Deutungsmustern, die sich in bestimmten gesellschaftlichen Feldern durchgesetzt haben. So könnte z. B. ausgehend von der Frage nach den bedingenden Faktoren für die Wahl von Ausbildungsberufen untersucht werden, wie einzelne Berufsfelder in verschiedenen Medien oder den Berufsinformationen der Bundesagentur für Arbeit dargestellt werden, mit welchen geschlechtsspezifischen oder anderen Konnotation sie versehen sind.

• Die Sekundäranalyse vorliegender Daten und Dokumente ermöglicht es, soziale Handlungen u. U. auch deren Vorgeschichte und Folgen aus der Perspektive bestimmter Berichtssysteme (z. B. der amtlichen Statistik, der Personalakten eines Betriebs, des Sterberegisters einer Pfarrei oder der Mitgliedsliste eines Vereins) zu rekonstruieren. Bei der Analyse der Wahl von Ausbildungsberufen könnte z. B. ermittelt werden, welche Handlungsfolgen die Wahl bestimmter Ausbildungsberufe hat: z. B. für das zu erzielende Einkommen oder für das Risiko der Arbeitslosigkeit; so kann mit den Daten der amtlichen Statistik z. B. das durchschnittliche Tarifeinkommen oder die durchschnittliche Arbeitslosenquote für Industriekauffrauen bestimmt werden.

Andere Perspektiven würden sich eröffnen, wenn man ausgehend von den Personalakten eines Betriebs oder den Daten einer Krankenkasse biographische Verläufe von Beschäftigten, soweit sie sich in solchen Berichtssystemen widerspiegeln, rekonstruieren kann oder wenn man z. B. über den Namen von Personen Daten aus verschiedenen Quellen (z. B. dem Personenstandsregister der Kirchengemeinde, dem Arbeitsbuch eines Betriebs und den Akten der lokalen Gerichtsbarkeit) miteinander kombinieren kann.

• Über Beobachtungsverfahren ist soziales Handeln unmittelbar zugänglich. Ausgehend von einer spezifischen Fragestellung können einzelne Aspekte sozialen Handelns gezielt beobachtet werden, und das Ergebnis der Beobachtung wird in standardisierter Form oder in Textform, z. B. als Beobachtungsprotokoll, festgehalten. Beobachtungsverfahren bieten die Möglichkeit, soziale Handlungen in einem situativen Kontext zu erfassen; d. h., im Rahmen des Zeitfensters einer Beobachtung können sowohl die Vorgeschichte einer interessierenden Handlung wie auch die unmittelbaren Handlungsfolgen beobachtet werden. Soweit es der Beobachtungshorizont zulässt, können auch bestimmte manifeste Rahmenbedingungen einer Handlung erfasst werden.

• Experimente spielen in der sozialwissenschaftlichen Forschung nur eine geringe Rolle. Sie wurden dennoch in diese Übersicht aufgenommen, da sich an ihnen recht gut die Logik eines bestimmten Forschungsideals verdeutlichen lässt. Man möchte – orientiert am Vorbild eines naturwissenschaftlichen Experiments – Personen unter kontrollierten Rahmenbedingungen einem spezifischen Reiz aussetzen und ihre Reaktion beobachten.

## Reaktive und nicht-reaktive Verfahren

Eine weitere Qualifizierung der Eigenschaften von Erhebungsverfahren kann über die Frage nach der Reaktivität verschiedener Verfahren vorgenommen werden. Nicht immer werden Daten durch die Forschenden hervorgebracht; man kann auch auf Daten zurückgreifen, die in anderen sozialen Zusammenhängen entstanden sind.

Reaktive Verfahren zeichnen sich dadurch aus, dass die zu untersuchenden Personen oder Gruppen in der Erhebungssituation einem kontrollierten Reiz ausgesetzt und zu einer bestimmten Reaktion genötigt werden; d. h. es wird eine Frage gestellt und die Reaktion auf diese Frage, eine bestimmte Antwort oder keine Antwort, wird protokolliert. Das Experiment stellt den Idealtyp eines reaktiven Verfahrens dar; indem in einem weitgehend kontrollierten Kontext eine Person einem bestimmten Reiz ausgesetzt und die Reaktion festgehalten wird.

Demgegenüber wird bei Beobachtungsverfahren eher davon ausgegangen, dass die Beobachteten in einem von der Beobachtung nicht beeinflussten Kontext untersucht werden können. Bei der Analyse von Textmaterialien, die in einem anderen als dem Untersuchungskontext erstellt wurden, kann davon ausgegangen werden, dass diese durch den Forschungsprozess nicht weiter beeinflusst wurden. So ist bei der Analyse von Briefen aus einem Nachlass davon auszugehen, dass diese in keinem Bezug zum Forschungsprozess stehen. Wenn jedoch, wie im Beispiel der Marienthal-Studie, Schulkinder aufgefordert werden, ihre Weihnachtswünsche zu beschreiben, so ist das Kriterium der Nicht-Reaktivität kaum gewährleistet. Auch bei der teilnehmenden Beobachtung sind gewisse Zweifel angebracht.

Bei der Analyse vorliegender Daten und Dokumente hängt die Frage der Reaktivität von den Rahmenbedingungen ab, unter denen dieses Material erstmalig entstanden ist. Wird z. B. auf die Daten der Bundesagentur für Arbeit über Arbeitslosigkeits-Meldungen zurückgegriffen, so sind diese sicherlich nicht durch den späteren Prozess der Aufbereitung und Analyse beeinflusst; das sollte jedoch

Abb. 37: Reaktive und nicht-reaktive Erhebungsverfahren

| eher reaktive Verfahren | | | eher nicht-reaktive Verfahren |
|---|---|---|---|
| Interview | [Labor-]Experiment | Teilnehmende Beobachtung | Inhaltsanalyse |

nicht zu dem umgekehrten Schluss verleiten, solche Daten gewissermaßen als kontextlose Informationen über das Phänomen der Arbeitslosigkeit zu begreifen. Wenn auf Daten aus älteren Befragungen zurückgegriffen wird, so wären diese eher als reaktiv zu bezeichnen, nur nicht bezogen auf den gegenwärtigen, sondern auf den vergangenen Forschungsprozess.

So betrachtet liefert das Kriterium der Reaktivität eine zusätzliche Dimension für die Einschätzung von Prozessen der Datenkonstruktion, wenngleich eine einfache Zuordnung von Erhebungsverfahren entlang diesem Kriterium nur bedingt möglich ist. Zudem sollte das Kriterium der Reaktivität bzw. Nicht-Reaktivität nicht umstandslos als ein Kriterium für die Qualität des so hervorgebrachten Datenmaterials begriffen werden. Die dahinter liegende romantische Vorstellung, man könne Daten gewissermaßen als ›vorgesellschaftliche‹ Information, also vor dem Eingriff der Forschung oder anderer gesellschaftlicher Instanzen gewinnen, führt zu einer falschen Einschätzung des Konstruktionsprozesses sozialwissenschaftlicher Daten.

Im Anschluss an diese beiden systematischen Unterscheidungen von Erhebungsverfahren soll nun ihre forschungspraktische Verbreitung dargestellt werden.

## Verbreitung verschiedener Erhebungsverfahren in der empirischen Forschungspraxis

Befragungstechniken dominieren den Forschungsalltag in der empirischen Sozialforschung; in den 1960er Jahren hatte René König die Befragung als den »Königsweg der empirischen Sozialforschung« bezeichnet (1965). Daneben haben in den vergangenen Jahrzehnten aber auch andere Erhebungsmethoden an Bedeutung gewonnen. Einen gewissen Einblick in den Forschungsalltag der wissenschaftsorientierten Sozialforschung liefert eine Auswertung, der SOLIS-Datenbank, in der die vom Informationszentrum Sozialwissenschaft zusammengetragenen Informationen über sozialwissenschaftliche Veröffentlichungen verzeichnet sind.

Die Auswertung spiegelt die Dominanz der Befragungsverfahren wider; etwa 55 % dieser Befragungen sind dabei dem quantitativen Spektrum zuzuordnen. An

Abb. 38: Verwendung verschiedener Erhebungsformen in der wissenschaftlichen Sozialforschung

| | Häufigkeit | relative Häufigkeit | qualitativ | quantitativ |
|---|---|---|---|---|
| Befragung | 8.575 | 42,8 % | 45,0 % | 55,0 % |
| Fallstudie | 4.375 | 21,8 % | 67,2 % | 32,8 % |
| Sekundäranalyse | 2.330 | 11,6 % | 12,7 % | 87,3 % |
| Inhaltsanalyse | 1.884 | 9,4 % | 62,3 % | 37,7 % |
| Aktenanalyse | 1.270 | 6,3 % | 39,6 % | 60,4 % |
| Beobachtung | 649 | 3,2 % | 74,5 % | 25,5 % |
| Feldforschung | 509 | 2,5 % | 77,8 % | 22,2 % |
| Experiment | 332 | 1,7 % | 26,9 % | 73,1 % |
| Netzwerkanalyse | 110 | 0,5 % | 45,7 % | 54,3 % |
| Summe | 20.034 | 100,0 % | 47,3 % | 52,7 % |
| Querschnittanalyse | 6.896 | 59,0 % | 19,4 % | 80,6 % |
| Längsschnittanalyse | 4.791 | 41,0 % | 13,1 % | 86,9 % |
| Empirische Beiträge | 22.670 | | 34,3 % | 65,7 % |

Erläuterung: Die absoluten Häufigkeiten geben an, wie oft das jeweilige Schlüsselwort im Methodenfeld der SOLIS-Datenbank gefunden wurde, Mehrfachnennungen sind möglich. Die Angaben in den Spalten ›qualitativ‹ und ›quantitativ‹ geben an, mit welcher relativen Häufigkeit eines der beiden Schlüsselwörter qualitativ oder quantitativ in Verbindung mit den Schlüsselwörtern in der ersten Spalte angegeben wurde.
Quelle: Eigene Auswertung, SOLIS (2001–2006)

zweiter Stelle stehen eher qualitativ orientierte Fallstudien. Dem folgen Sekundäranalysen, Inhaltsanalysen, Aktenanalysen und Beobachtungen.

## c) Verschiedene Datentypen

Die verschiedenen Erhebungsverfahren bzw. die Art und Weise, wie sie eingesetzt werden, bringen unterschiedliche Datentypen hervor. Bereits zuvor war die Unterscheidung nach standardisierten und nicht-standardisierten Daten eingeführt worden. Standardisierte Daten, die sich z. B. in Zahlen oder Ziffernform darstellen lassen, gehen auf kontrollierte Verfahren der Datenerhebung zurück, bei denen einzelnen Dimensionen eines Untersuchungsgegenstands systematisch eindeutige Ausprägungen zugewiesen werden; diese Daten werden dann üblicherweise mit Hilfe statistischer Verfahren analysiert. Daten, die auf die Aufzeichnung z. B. eines narrativen Interviews oder auf die Beobachtungsnotizen einer Forscherin zurückgehen, liegen in Text- oder Bildform (bzw. als deren elektronische Aufzeichnung) vor und werden im Regelfall mit interpretativen Verfahren analysiert.

Es ist an dieser Stelle anzumerken, dass vom Typ des erhobenen Datenmaterials (standardisiert – nicht-standardisiert) nicht zwangsläufig auf das entsprechende quantitative (statistische) oder qualitative (interpretative) Analyseverfahren geschlossen werden kann. Es gibt im Normalfall gute Gründe, so zu verfahren und standardisierte Daten mit statistischen, die anderen mit interpretativen Verfahren auszuwerten. Es sind aber Varianten denkbar:

• So können z. B. Textmaterialien im Nachhinein standardisiert werden, indem man die Daten unter ausgewählten Aspekten nachträglich verkodet. Das so gewonnene quantifizierbare Material könnte z. B. ergänzend zur interpretativen Analyse genutzt werden, um bestimmte Merkmale von Fällen in vergleichbarer Form aufzubereiten.

• Grundsätzlich ist es auch denkbar, ein standardisiertes Datenmaterial mit interpretativen Techniken fallanalytisch auszuwerten. Das wäre bei einer einfachen Querschnittsbefragung, wo über den Fall nur wenige kondensierte Informationen vorliegen, sicherlich ein absurdes Unternehmen; denkt man jedoch an die Daten einer Panelbefragung auf Personen- und Haushaltsebene (z. B. das sozioökonomische Panel), dann wird deutlich, dass hier für einzelne Haushalte und Personen Informationen zum Arbeits- und Lebensweg vorliegen, die es erlauben, Personen und soziale Netzwerke über einen Zeitraum von mehr als 20 Jahren zu verfolgen. Hier wäre es durchaus denkbar, interpretative Verfahren zunächst an systematisch ausgewählten Fällen einzusetzen, um fallbezogen sinnvolle Typologien zu entwickeln, die dann in einem weiteren Schritt auch für die quantifizierende Analyse genutzt werden können.

Hierbei handelt es sich wohlgemerkt um Möglichkeiten, die in begründeten Ausnahmefällen sinnvoll sein können. Der Regelfall wird es sein, dass sich an die Erhebung standardisierter Daten statistische Analysen anschließen und Textmaterialien interpretativ analysiert werden; nur so können die spezifischen Vorteile der jeweiligen Erhebungskonzepte adäquat genutzt werden.

Neben der Unterscheidung nach standardisierten und nicht-standardisierten Daten sind es zwei weitere Dimensionen, die die Struktur sozialwissenschaftlicher Daten prägen.

– Zum einen stellt sich die Frage, wie bestimmte zeitliche Strukturen im Datenmaterial abgebildet werden.
– Zum anderen lassen sich Daten nach ihren Aggregatebenen unterscheiden, d. h., Daten liegen für Individuen, für Haushalte, soziale Netzwerke oder für

administrative Einheiten wie eine Stadt bzw. ein Land vor oder sie werden aus Individualdaten aggregiert.

## Zeitstrukturen

Sozialforschung interessiert sich neben Zustandsbeschreibungen vor allem für zeitliche Entwicklungen. Zeitspezifische Informationen lassen sich in ganz unterschiedlicher Weise in sozialwissenschaftlichen Daten abbilden; dies soll zunächst an einigen Beispielen mit standardisierten Daten illustriert werden. Hier lassen sich vier bzw. fünf Grundtypen unterscheiden.

• Querschnittsdaten: Eine Befragung, in der zu einem bestimmten Zeitpunkt nach dem Einkommen einer Person gefragt wird, bringt ein Querschnittsdatum hervor.

Abb. 39: Querschnittsdaten

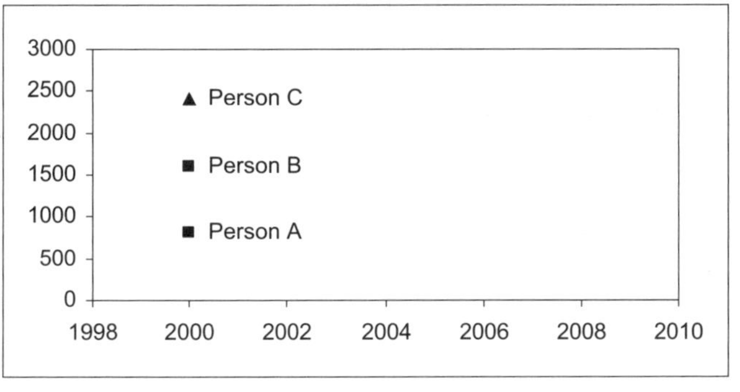


• Trenddaten: Wird eine Befragung mit einem identischen Erhebungsinstrument nach einer gewissen Zeit an einer anderen Personengruppe wiederholt, spricht man von Trenddaten. Auf Basis einer solchen Trendbefragung lässt sich dann die Einkommenssituation einer sozialen Gruppe in Jahresintervallen abbilden (vgl. Abb. 40, fiktive Daten); es sind aber wohlgemerkt nicht dieselben Angestellten, Beamten etc., die jeweils befragt werden. So wird z. B. die Allgemeine Bevölkerungsumfrage Sozialwissenschaften (ALLBUS) mit einem Block von wiederkehrenden Fragen seit 1980 in einem Zweijahresrhythmus wiederholt.

Abb. 40: Trenddaten

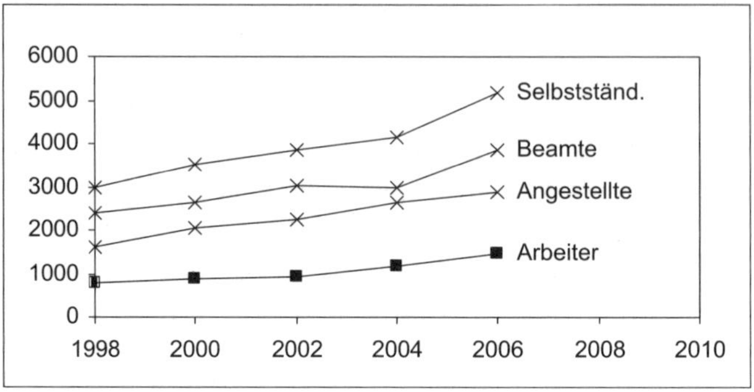


• Kohortendaten: Als Kohorte wird eine Gruppe von Personen begriffen, die zu einem ähnlichen Zeitpunkt geboren wurden, z. B. zwischen 1920 und 1925, und die somit im Laufe ihres Lebens vergleichbare zeitgeschichtliche Erfahrungen gemacht haben; d. h. sie waren z. B. zwischen 8 und 13 Jahre alt, als die Machtübernahme der Nationalsozialisten stattfand. Kohortendaten lassen sich entweder in der gleichen Weise wie Trenddaten erheben, oder man erfasst die erforderlichen Daten für eine Kohorte in einer retrospektiven lebensgeschichtlichen Befragung dieser Gruppe.

Abb. 41: Kohortendaten

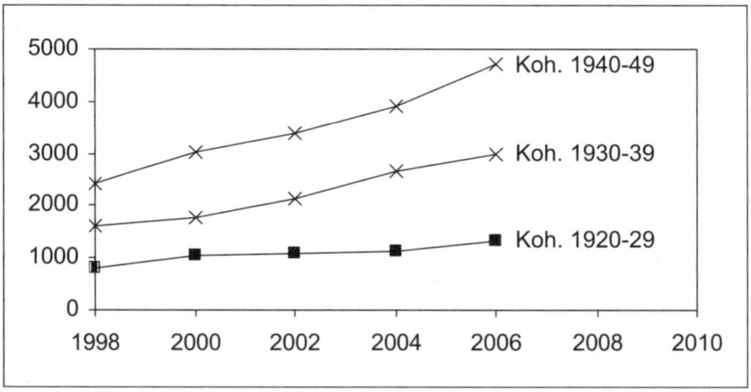


• Paneldaten: Wird ein identisches Erhebungsinstrument bei derselben Personengruppe wiederholt eingesetzt und ist eine personenspezifische Zuordnung der Information aus beiden Erhebungen möglich, wird von einer Panelbefragung gesprochen. So werden z. B. beim sozioökonomischen Panel (SOEP) dieselben Haushalte und Personen in jährlichem Abstand befragt.

Abb. 42: Paneldaten

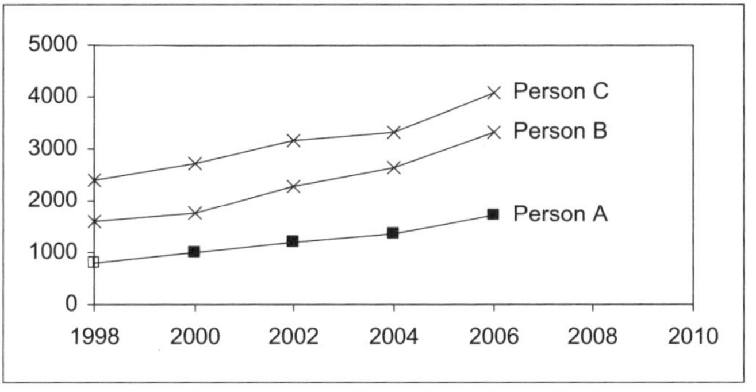


• Ereignisdaten markieren einzelne Ereignisse z. B. im Rahmen eines Lebenslaufs, die zu einem Zustandswechsel führen: Der Beginn einer schweren Krankheit markiert einen Zustandswechsel von einer durch Gesundheit zu einer durch Krankheit geprägten Lebensphase (Episode); die glückliche Überwindung einer solchen Krankheit würde dann wiederum den Wechsel zu einer erneuten Phase der Gesundheit markieren. In ähnlicher Weise kann man sich für Arbeitslosigkeit, den Wechsel des Familienstandes etc. interessieren. In der folgenden Abbildung verbleiben die Personen A und C im gesamten Beobachtungszeitraum im Status ledig bzw. verwitwet; Person B ist zunächst verheiratet, wird dann geschieden und heiratet schließlich erneut.

Abb. 43: Ereignisdaten

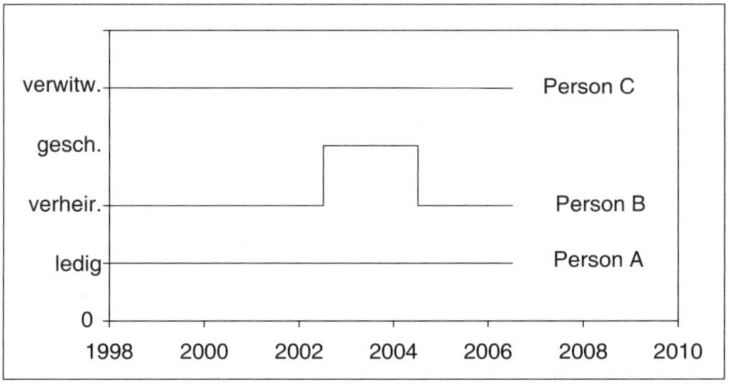

Ereignisdaten können durch spezielle Fragen in einem Panel, durch eine Querschnittsbefragung mit retrospektiven Fragen oder durch eine Sekundäranalyse prozessproduzierter Daten (z. B. der Daten einer Krankenkasse oder eines Standesamts) gewonnen werden.

Die empirische Sozialforschung steht vor dem grundsätzlichen Problem, dass die meisten Erhebungsverfahren die gewünschten Informationen über eine Person jeweils nur für einen Zeitpunkt erfassen können. Es gibt jedoch verschiedene Möglichkeiten, diese Begrenzung zu umgehen (vgl. Abb. 44):

- Die einfache Querschnittsbefragung kann ermitteln, dass Person B im Januar 2005 verheiratet ist.
- Ergänzt man diese Querschnittsbefragung durch retrospektive Fragen, so kann festgestellt werden, wann die Hochzeit und die davorliegende Scheidung stattfanden.
- Eine zweijährliche Wiederholungsbefragung bei derselben Person kann ermitteln, wie der Familienstand in den Jahren 2000, 2002, 2004 und 2006 war,
- Mit Hilfe prozessproduzierter Daten aus einem Standesregister könnte man gezielt die Termine der Familienstandsänderungen erfahren.

Abb. 44: Erhebungstypen zur Ermittlung von Zeitstrukturen

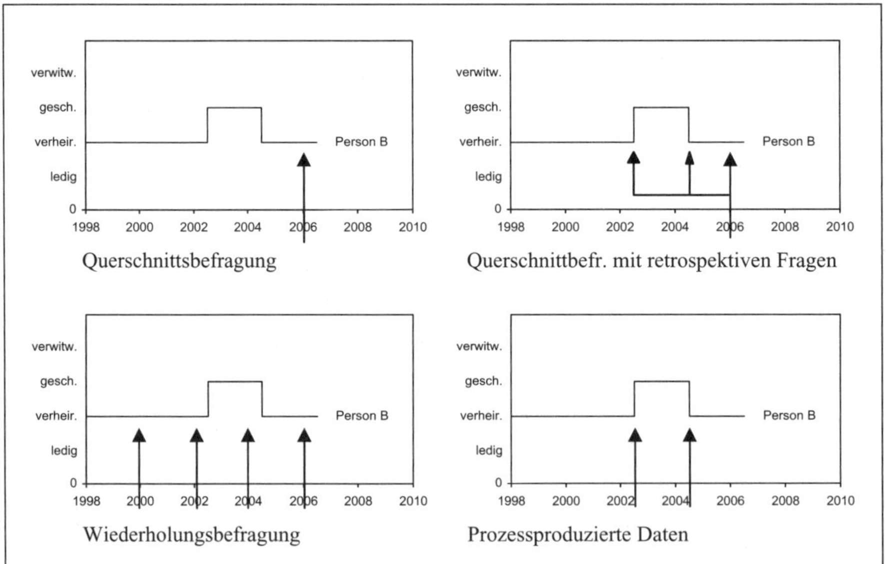

Grundsätzlich eröffnen Daten, die über eine Querschnittsperspektive hinausgehen, komplexere Möglichkeiten der Analyse und Interpretation von statistischen Befunden, da auch die ›Vorgeschichte‹ wie die ›Folgen‹ einer Handlung analysiert werden können; umgekehrt gestaltet sich jedoch auch der Erhebungsprozess entsprechend aufwendiger.

Einige Beispiele sollen die Bedeutung zeitspezifischer Informationen für die empirische Forschung illustrieren:

- Am Beispiel der Arbeitslosigkeit wurde bereits verdeutlicht, dass es neben dem Vergleich von Arbeitslosenquoten bedeutsam ist zu wissen, wie viele der zum 1.1.2007 gemeldeten Arbeitslosen bereits am 1.1.2006 arbeitslos waren.
- Wenn für eine Person Verlaufsdaten vorliegen, so wird es darüber am ehesten möglich, Handlungen in einen Kontext zu stellen, d. h. die Vorgeschichte zu rekonstruieren und Handlungsfolgen zu bestimmen. Auch für die Rekonstruktion eines lebensgeschichtlichen Kontexts sind solche Verlaufsinformationen wichtig. So lässt sich ermitteln, ob der Beginn einer Depressionserkrankung zeitlich betrachtet vor oder nach dem Eintritt in die Arbeitslosigkeit zu verorten ist. Die Frage des ursächlichen Zusammenhangs kann damit letztlich nicht geklärt werden; dennoch ergeben sich aus einer zeitlichen Abfolge begründete Hinweise auf eine kausale Struktur des Zusammenhangs.
- Schließlich sollte man sich verdeutlichen, dass auch vermeintliche Zustandsbeschreibungen, wie z. B. die Einkommensverteilung der Bundesrepublik Deutschland im Jahre 2007, gewissermaßen das Ergebnis ihrer Vorgeschichte ist. Wenn z. B. die Bildungsexpansion der 1960 und 70er Jahre dazu geführt hat, dass ein größerer Anteil von Jugendlichen höhere Bildungsabschlüsse erworben und daher (im Durchschnitt) auch höhere Einkommen erzielt hat, so wird sich dieser Generationeneffekt in den folgenden Jahrzehnten immer auch in der Einkommensverteilung aufweisen lassen. Oder man denke an das lange Gedächtnis einer Bevölkerungspyramide, in der sich alle vergangenen Krisen- und Kriegsjahre auffinden lassen.

Auch in der qualitativen Sozialforschung spielt die Erfassung zeitlicher Strukturen eine wichtige Rolle. Sie können im Rahmen unterschiedlicher Erhebungskonzepte erschlossen werden:

- Biographisch orientierte Interviews spielen für die qualitative Forschung eine zentrale Rolle. Im Kontext ganz unterschiedlicher Theoriekonzepte lässt sich gegenwärtiges Handeln zu der über das Interview erschlossenen Lebensgeschichte von Personen in Bezug setzen. Denkt man an die Struktur von Ereignisdaten, dann wird deutlich, dass die Grundmuster solcher biographischen Darstellungen auf Ereignisgeschichten zurückgehen. Grundsätzlich stellen sich jedoch bei biographischen Darstellungen ganz ähnliche Schwierigkeiten wie bei retrospektiven Fragen in der standardisierten Sozialforschung: Neben selektiven Effekten des mehr oder weniger bewussten Nicht-Erinnerns ergibt sich insbesondere das Problem, dass biographische Darstellungen zur Konstruktion von Entwicklungsgeschichten tendieren (Bourdieu 1990).

- Über den biographischen Kontext hinaus können so genannte Zwei-Generationen-Interviews für den Generationenvergleich genutzt werden. So wurden z. B. von Michael Vester u. a. (1993:183 ff.) narrative Interviews mit Personen aus dem Umfeld der neuen sozialen Bewegungen geführt; diese Interviews wurden dann um Interviews mit einem Elternteil der Befragten ergänzt, um z. B. Metamorphosen des Habitus in der Generationenperspektive zu untersuchen. An anderer Stelle wird in der Studie versucht, auch regionale Milieus in ihrer zeitlichen Veränderung zu beschreiben (Vester et al. 2001:253 ff.). Auch bei der Inhaltsanalyse autobiographischer Materialien können zeitliche Strukturen erschlossen werden.
- Verglichen mit den geschilderten Problemen (auto-)biographischer Retrospektiven haben Tagebuchaufzeichnungen dann eher den Charakter von ›Paneldaten‹, weil sie – idealerweise im Tagesintervall – Längsschnittinformationen liefern.

## Aggregationsebenen

Daten auf verschiedenen Ebenen der Aggregation ermöglichen es, Strukturen der Individuierung, Vergemeinschaftung und Vergesellschaftung zu analysieren. Aggregatdaten gehen auf die Zusammenfassung (Aggregation) von Informationen zurück: Das können Individualdaten, Falldaten oder andere untergeordnete Dateneinheiten sein. So können die Angaben über die Wahlentscheidung von Wählern und Wählerinnen zu Informationen über das Wahlverhalten der bundesdeutschen Männer und Frauen, der Einwohner einer Stadt etc. aggregiert werden. Über diese verschiedenen Aggregatebenen lassen sich ganz unterschiedliche soziale Phänomene beschreiben: Während das Wahlverhalten einer Person vielleicht Auskunft über ihre politische Einstellung gibt, spiegelt sich im Wahlverhalten einer Stadt oder einer Region vielleicht deren wirtschaftliche Situation wider.

Die verschiedenen Verfahren der Datenerhebung, wie z. B. Befragungen, bringen in der Regel Individualdaten hervor; sie erfordern einen vergleichsweise geringeren Erhebungsaufwand. Auch Daten aus administrativen Prozessen, die in die amtliche Statistik eingehen, werden zunächst als Individualdaten gewonnen; so generiert jede Arbeitslosmeldung zunächst einen eigenen Datensatz.

Grundsätzlich können jedoch im Rahmen von Individualbefragungen, wie z. B. dem ALLBUS, auch Informationen über andere Individuen – den Ehe- oder Lebenspartner, Kinder, weitere Haushaltsmitglieder etc. – eingeholt werden. Auch Informationen über den Freundeskreis, die Nachbarschaft oder den Stadtteil können so gewonnen werden. All diese Informationen sind jedoch durch die Sichtweise des Informanten geprägt.

Ausgehend von solchen Individualdaten können dann Aggregate gebildet werden; sinnvollerweise kann man soziale und administrative Aggregate unterscheiden.

Soziale Aggregationen können – greift man auf den Begriff von Tönnies zurück – Prozesse der Vergemeinschaftung beschreiben.

- Haushaltsdaten können zum einen aus der Aggregation von Individualdaten gewonnen werden, indem man z. B. aus der Summe der von den Haushaltsmitgliedern bezogenen Arbeitseinkommen das Arbeitseinkommen des Haushalts berechnet. Zum anderen können diese Daten direkt aus der Befragung von Haushaltsmitgliedern gewonnen werden. Dabei ist jedoch genau zu definieren, welche Personen zu einem Haushalt gerechnet werden; hierzu finden sich in verschiedenen Untersuchungen – so z. B. im Mikrozensus und im sozioökonomischen Panel – ganz unterschiedliche Konzepte, je nachdem, ob man eher die rechtlichen oder eher die sozialen Verhältnisse betrachtet, über die Personen miteinander verbunden sind.
- Netzwerkdaten, d. h. Informationen über soziale Netzwerke, können erhoben werden, indem man z. B. Individuen nach Personen befragt, mit denen sie Freundschafts-, Nachbarschafts- oder Verwandtschaftsbeziehungen pflegen. So gesehen liefern auch Haushaltsdaten Informationen über soziale Netzwerke.

Neben diesen sozialen Aggregationen sind Individuen in vielerlei administrative Aggregate einbezogen; mit ihnen lassen sich eher Prozesse der Vergesellschaftung beschreiben.

- Aggregationen werden häufig auf der Ebene politischer Verwaltungseinheiten vorgenommen. Das ist in der Regel durch die Strukturen öffentlicher Verwaltungen bestimmt, die sich dann aber auch in den Strukturen der amtlichen Statistik oder der Bundesagentur für Arbeit niederschlagen. So werden z. B. bei der Information über Wahlergebnisse Daten auf ganz unterschiedlichen Aggregatebenen berechnet und zugänglich gemacht: vom Wahllokal über den Wahlbezirk bis zur Landes- und Bundesebene. Den verschiedenen Aggregationsebenen entsprechen häufig auch politische Handlungsebenen oder Verwaltungseinheiten, für die diese Aggregatinformationen bedeutsam sind.
- Neben politischen Einheiten liefern auch Wirtschaftseinheiten Strukturen für Aggregierungsprozesse, so z. B. auf der Ebene von Betrieben, Unternehmen, Branchen, Volkswirtschaften oder Wirtschaftsräumen.

Solche Aggregatinformationen finden sich z. B. in den Daten der amtlichen Statistik; sie enthalten nicht die Mikro-Information über das Alter einzelner Personen, sondern nur eine Aggregatinformation, z. B. über die Häufigkeitsverteilung verschiedener Altersgruppen in einer räumlichen Einheit.

Die verschiedenen Aggregationsebenen stehen auch in einem wechselseitigen Bezug; dies sei an einem Beispiel zur Arbeitslosigkeit illustriert.

Zunächst lässt sich die Arbeitslosigkeit einer Person als ein individuelles Phänomen begreifen; die Vermittlungschancen dieser Person hängen z. B. von ihrer individuellen Qualifizierung ab. Auch in der öffentlichen Wahrnehmung wird Arbeitslosigkeit häufig als individuelles Schicksal, als Versagen etc. interpretiert. Diese Selbst- und Fremdwahrnehmungen werden aber auch davon beeinflusst, ob eine Person z. B. in einem Stadtteil oder einer Stadt mit hoher oder niedriger Arbeitslosenquote lebt.

Abb. 45: Mehrebenenmodelle

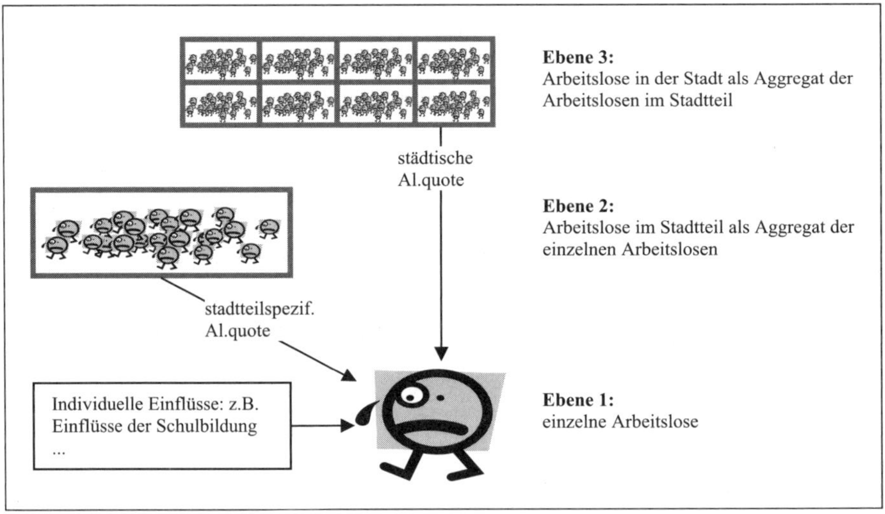


So könnte man vermuten, dass eine hohe Arbeitslosenquote im näheren Umfeld bezogen auf die Problemwahrnehmung eher entlastend wirkt (›Den anderen geht es auch nicht besser‹); umgekehrt hat jedoch eine hohe Arbeitslosenquote in einem Stadtteil vielleicht zur Konsequenz, dass eine Kommune im Bereich des Infrastrukturangebots Einsparungen vornehmen muss. An diesen Beispielen wird deutlich, in welcher Weise Mikro-Informationen und Aggregatinformationen miteinander verschränkt sein können.

Sofern die Individualinformationen als standardisierte räumlich differenzierte Daten vorliegen, lassen sich in der statistischen Analyse im Rahmen von Mehrebenenmodellen solche Beziehungen zwischen Individualdaten und verschiedenen

Ebenen von Aggregatdaten differenziert beschreiben, um so das Zusammenwirken von mikro- und meso- oder makrosoziologischen Phänomenen zu modellieren.

Grundsätzlich lassen sich Aggregationen in dieser Form nur auf der Basis von standardisierten Daten durchführen. Das betrifft insbesondere die über politische oder ökonomische Strukturen vermittelten Aggregate. Mit Mitteln der qualitativen Forschung lassen sich allenfalls kleinteilige soziale Aggregate erfassen:

- Verfahren der Gruppendiskussionen ermöglichen es einerseits, Individualdaten in einem Gruppenkontext zu verorten, zum anderen lassen sich unmittelbar bestimmte Gruppeneffekte beobachten, wenn es z. B. um Fragen der Meinungsführerschaft oder die Ausgrenzung von Personen geht.
- Verfahren der teilnehmenden Beobachtung beziehen sich in den meisten Fällen eher auf Personen im Zusammenhang kleiner Gruppen verwandtschaftlicher, nachbarschaftlicher oder kooperativer Art.
- Auch die Techniken der Feldforschung bieten einen Zugang zu Daten, die auf ganz unterschiedlichen Aggregatebenen anzusiedeln sind. So gehen ethnographische Studien z. B. auf Informationen über Personen, über familiäre und verwandtschaftliche Zusammenhänge oder über ganze Dörfer zurück. Auch die Industriesoziologin, die Fallstudien über die Personalentwicklung in Großunternehmen einer bestimmten Branche anstellt, greift über die Befragung von Einzelpersonen bzw. von Experten oder durch die Analyse statistischen Materials auf Informationen aus unterschiedlichen Aggregatebenen zurück.

Die Unterscheidung zwischen den hier skizzierten Datentypen ist zum einen für die Entwicklung von Untersuchungsdesigns, Auswahlverfahren und einzelnen Erhebungsinstrumenten bedeutsam. Zum anderen spielt sie für die theoretische Modellierung und die Möglichkeiten der Analyse von Daten eine ganz zentrale Rolle. So gibt es spezifische statistische Verfahren, die für die Analyse von Zeitreihen, Paneldaten, Ereignisdaten, Netzwerkdaten oder für die Analyse von Mehrebenenmodellen entwickelt wurden.

# 5. Messungen in der empirischen Sozialforschung

Wenn in der empirischen Sozialforschung standardisierte Daten erhoben werden, wird dieser Vorgang üblicherweise als ein ›Messprozess‹ begriffen. Einem Leitbild naturwissenschaftlicher Forschung folgend sollen bestimmte Phänomene der sozialen Welt, z. B. bestimmte Eigenschaften einer Person, ›gemessen‹ werden. So wird das Lebensalter einer Person in Jahren ausgedrückt, das Geschlecht wird durch die Zahlen 1 und 2 repräsentiert oder die Zustimmung bzw. Ablehnung eines vorgegebenen Statements wird über Zahlen zwischen 1 und 4 dargestellt. D. h., am Ende dieses Messprozesses steht eine Datenmatrix (vgl. Abb. 47), in der jeder Untersuchungseinheit in jeder Merkmalsdimension eine bestimmte Ausprägung zugewiesen wird. Dieser ›Messprozess‹ – die Verwendung der Anführungszeichen wird später noch erläutert – soll im Folgenden zunächst in pragmatischer Perspektive erläutert werden (a). Dann werden die im Kontext der repräsentationalen Messtheorie entwickelten Überlegungen eingehender dargestellt (b–e). Schließlich soll der Messprozess aus konstruktivistischer Perspektive beleuchtet werden (f).

## a) Messen in pragmatischer Perspektive

Die Erhebung empirischer Daten könnte – grob vereinfacht – so aussehen: Eine Interviewerin klopft an die Tür eines zufällig ausgewählten Haushalts. Sie befragt eine ausgewählte Person in diesem Haushalt; je nach Auswahlverfahren liegt entweder bereits fest, welche Person zu befragen ist, oder diese wird an der Haustür nach einem Zufallsschlüssel ermittelt. Nun wird diese Person mit einer Reihe von

Abb. 46: Kodeplan

| Merkmal | Kode | Merkmalsausprägungen |
|---|---|---|
| lfd. Nr. der Befragten | 1-xxx | |
| Lebensalter (in Jahren) | 0-xxx<br>999 | Altersangabe<br>keine Angabe |
| Geschlecht | 1<br>2<br>9 | weiblich<br>männlich<br>keine Angabe |
| höchster Schulabschluss | 1<br>2<br>3<br>4<br>5<br>6<br>7<br>8<br>9 | kein Abschluss<br>Hauptschul-/Volksschulabschluss<br>Realschulabschluss<br>Fachschulabschluss<br>Fachhochschulreife<br>allgemeine Hochschulreife<br>anderer Schulabschluss<br>noch in schulischer Ausbildung<br>keine Angabe |
| … | | … |

Fragen konfrontiert oder sie wird zur Stellungnahme zu bestimmten Statements aufgefordert. So wird die Person u. a. nach dem Lebensalter in Jahren, nach dem Geschlecht und nach dem höchsten Schulabschluss gefragt. Diese Befragung wird auch in anderen ausgewählten Haushalten, bei anderen ausgewählten Personen wiederholt.

Die Antworten der Befragten oder ihre Stellungnahmen werden zunächst im Fragebogen vermerkt. Nach einem zuvor erstellten Kodeplan werden die Antworten dann verschlüsselt (kodiert) und in eine Datenmatrix eingetragen.

**Abb. 47: Datenmatrix**

| Merkmale / Untersuchungseinheiten | $x_1$ | $x_2$ | .. | .. | $x_j$ | .. | $x_m$ |
|---|---|---|---|---|---|---|---|
| $UE_1$ | $x_{11}$ | $x_{12}$ | .. | .. | $x_{1j}$ | .. | $x_{1m}$ |
| $UE_2$ | $x_{21}$ | $x_{22}$ | .. | .. | $x_{2j}$ | .. | $x_{2m}$ |
| .. | .. | .. | .. | .. | .. | .. | .. |
| $UE_i$ | $x_{i1}$ | $x_{i2}$ | .. | .. | $x_{ij}$ | .. | $x_{im}$ |
| .. | .. | .. | .. | .. | .. | .. | .. |
| .. | .. | .. | .. | .. | .. | .. | .. |
| .. | .. | .. | .. | .. | .. | .. | .. |
| $UE_n$ | $x_{n1}$ | $x_{n2}$ | .. | .. | $x_{nj}$ | .. | $x_{nm}$ |

So würde z. B. für die Untersuchungseinheit 1 ($UE_1$) – den 37-jährigen Markus P. – in die Spalte Alter ($x_1$) die Zahl 37 eingetragen; in die Spalte Geschlecht ($x_2$) würde der Kode 2 für männlich eingetragen usw. Wenn bei einer Frage mehrere Antworten vorgesehen sind, so sind entsprechend der Zahl der maximalen Antwortmöglichkeiten in der Datenmatrix mehrere Spalten (für die 1., die 2. … Antwort) vorzusehen.

Die Datenmatrix liefert also eine nach Merkmalen bzw. Merkmalsdimensionen und Untersuchungseinheiten geordnete vollständige Darstellung aller Daten einer untersuchten Gruppe:

• Untersuchungseinheiten ($Ue_{i=1..n}$) sind die sozialen Einheiten, an denen einzelne Phänomene untersucht werden: Das können zum einen ausgewählte Individuen oder soziale Kollektive (Haushalte, Familien, Gruppen, Gesellschaften) sein. Zum anderen können aber auch einzelne Handlungen oder ihre materiellen wie immateriellen Produkte als Untersuchungseinheit gewählt werden; so möchte man z. B. die in einem Jahr erschienenen Leitartikel einer Tageszeitung untersuchen und über bestimmte Merkmale (Zahl der Wörter, Häufigkeit bestimmter Schlüsselwörter etc.) beschreiben. Die Untersuchungseinheiten bilden die Zeilenstruktur der Datenmatrix.

• Als Merkmale oder Merkmalsdimensionen ($x_{j=1..m}$) bezeichnet man die untersuchten Eigenschaften einer Untersuchungseinheit: Alter, Geschlecht etc. Sie bilden die Spaltenstruktur der Datenmatrix. Aus statistischer Perspektive werden Merkmale oder Merkmalsdimensionen als Variablen bezeichnet; sie fungieren als symbolische Repräsentation von Merkmalsdimensionen. Variablen sind im Gegensatz zu einer Konstanten Größen, die verschiedene Werte annehmen können.

• Die Werte, die diese Merkmale annehmen können, werden schließlich als Merkmalsausprägungen bezeichnet; so hat der obige Markus P. bei dem Merkmal Alter die Merkmalsausprägung 37 Jahre. Aus statistischer Perspektive kann man die Werte, die die einzelnen Variablen annehmen können, als Daten bezeichnen. In der Datenmatrix finden sich die Merkmalsausprägungen in den einzelnen Feldern ($x_{ij}$) der Matrix.

Das Prinzip der Vollständigkeit impliziert, dass für den Fall, dass von einer Person einzelne Angaben nicht vorliegen, entsprechende Kodes verwandt werden, die eine solche Nicht-Beantwortung oder den Grund (z. B. ›trifft nicht zu‹, ›weiß ich nicht‹, ›dazu möchte ich keine Angaben machen‹) bzw. den Typ der Nicht-Beantwortung (Nicht-Beantwortung einer einzelnen Frage, eines ganzen Frageblocks, Abbruch des Interviews) charakterisieren.

Damit wäre eine erste pragmatische Vorstellung gewonnen, wie sich bei der Datenerhebung ein solcher ›Messprozess‹ gestaltet. Am Ende des Messprozesses steht eine Datenmatrix als Schnittstelle zwischen der Datenerhebung und der statistischen Analyse. Die meisten standardisierten Erhebungsverfahren bringen Daten hervor, die sich in Form einer solchen nach Untersuchungseinheiten und Merkmalen gegliederten Datenmatrix abbilden lassen. Komplexere Datenstrukturen ergeben sich bei der Verwendung von Netzwerk-, Ereignis- oder Mehrebenendaten.

## b) Die Perspektive der repräsentationalen Messtheorie

Wenn der Prozess der Erhebung standardisierter Daten als ein Messprozess begriffen wird, so liegt dem ein spezifisches theoretisches Modell zu Grunde. Rohwer und Pötter bezeichnen den in der Methodenliteratur vorherrschenden Ansatz als repräsentationale Messtheorie. Ihre Leitidee bestehe darin, »dass Messen als *numerische Repräsentation* (der Beziehungen zwischen Objekten) verstanden werden kann« (2002:108). Dementsprechend stellt sich dann das Problem, wie eine angemessene Repräsentation empirischer Objektrelationen durch Zahlenrelationen erfolgen kann. Bortz und Döhring führen dazu aus: »Zur Darlegung des Repräsentationsproblems gehen wir von einem empirischen Relativ (oder Relationensystem) aus, das aus einer Menge von Objekten sowie einer oder mehreren Relationen besteht, welche die Art der Beziehung der Objekte untereinander charakterisieren. Dieses empirische Relativ wird in ein numerisches Relativ abgebildet, deren Zahlen so geartet sein müssen, daß sie die Objektrelationen des empirischen Relativs korrekt repräsentieren« (1995:65). Eine solche Abbildung wird als homomorph (von gleicher Struktur) bezeichnet. In diesem Sinne kann der Prozess des Messens dann als eine regelgeleitete Zurechnung von Ziffern zu Objekten oder Ereignissen begriffen werden.

Abb. 48: Der Prozess des Messens als Abbildung

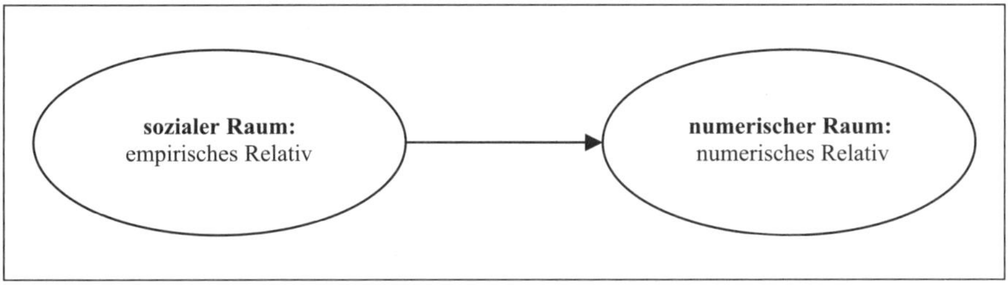


Einen solchen Prozess der Abbildung eines sozialen Raums (die soziale Welt) in einen numerischen Raum (die standardisierte Datenmatrix) kann man sich etwa so vorstellen, wie ihn Jürgen Kriz in einem typischen Beispiel erläutert hat: »Das empirische Relativ soll aus den Kindern ›Hans, Peter, Willy, Heidi, Beate, Ursel‹ und der Relation ›ist nach dem Urteil des Musiklehrers besser in Musik als‹ bestehen. Und zwar gibt der Lehrer folgende Auskunft: Peter und Heidi sind in Musik gleich gut, ebenso finde ich bei Hans und Ursel keinen Unterschied, obwohl sie schlechter als Peter und Heidi sind, allerdings sind sie besser als Beate, und Willy ist am schlechtesten« (1980:29).

Auf Basis dieser Angaben kann man den Kindern im numerischen Raum Zahlenwerte zuweisen, für die die benannten Relationen gleich und ungleich bzw. besser und schlechter zutreffen, so dass sich die Aussagen über den empirischen Raum adäquat im numerischen Raum abbilden lassen. Wie die beiden Beispiele in der folgenden Abbildung zeigen, gibt es mehr als eine Lösung, die eine adäquate Abbildung liefert.

Abb. 49: Abbildung der Informationen im numerischen Raum

| | | | | |
|---|---|---|---|---|
| Peter | 5 | aber auch | Peter | 6 |
| Heidi | 5 | | Heidi | 6 |
| Hans | 3 | | Hans | 5 |
| Ursel | 3 | | Ursel | 5 |
| Beate | 2 | | Beate | 3 |
| Willy | 1 | | Willy | 2 |

Aus den Informationen über die Gegebenheiten des empirischen Raums erwachsen bestimmte Rechenregeln für den numerischen Raum. D. h., die Qualität der Aussagen des Musiklehrers lässt nur bestimmte Rechenoperation im numerischen Raum zu: So wurde festgestellt,

- ob die Leistungen zweier Personen gleich oder ungleich sind,
- ob die Leistungen größer oder kleiner sind,
- es wurden keine Aussagen über die Größe von Leistungsunterschieden, also über Abstände bzw. Intervalle gemacht,
- es wurden zudem keine Aussagen über die Größenverhältnisse der Leistungen gemacht.

Diese Überlegungen kann man nun verallgemeinern. Nach dem Charakter der zu Grunde liegenden Beobachtungen lassen sich Variablen danach unterscheiden, welche Rechenoperationen mit den Werten, die die Variablen annehmen können, zulässig sind. Man spricht dann von dem Skalenniveau einer Variablen.

## c) Skalenniveaus

Üblicherweise werden vier Skalenniveaus unterschieden: Nominal-, Ordinal-, Intervall- und Ratio-Skalen; die Bezeichnungen geben an, welche Informationen diese Skalen wiedergeben: Benennungen, Ordnungen, Abstandsangaben und Verhältnisangaben.

• Eine Nominal-Skala wie die Konfession oder das Geschlecht lässt einfache Zuordnungen zu; eine Person ist männlichen oder weiblichen Geschlechts; sie ist katholisch oder muslimisch. Darüber hinaus lassen sich keine weiter gehenden Aussagen, z. B. Ordnungsaussagen, treffen.

• Sobald solche Aussagen über Rangordnungen möglich sind, kann von einer Ordinal-Skala gesprochen werden. So lassen sich z. B. verschiedene Angaben zum allgemein bildenden Schulabschluss einer Person in eine Rangfolge bringen, die über den Grad der damit verbundenen gesellschaftlich anerkannten Qualifikation

Abb. 50: Skalenniveaus

| | klassifikatorische/qualitative Merkmale | komparative/ Rang-Merkmale | metrische/quantitative Merkmale | |
|---|---|---|---|---|
| | Nominal-Skala | Ordinal-Skala | Intervall-Skala | Ratio-Skala |
| Äquivalenzaussage: $f(x) = f(y), f(x) \neq f(y)$ | + | + | + | + |
| Ordnungsaussage: $f(x) > f(y), f(x) < f(y)$ | - | + | + | + |
| Distanzaussage: $f(x)–f(y) \geq f(w)–f(z)$ | - | - | + | + |
| Verhältnisaussage: $f(x) = a^*f(y)$ | - | - | - | + |
| Beispiel: | Konfessionszugehörigkeit | Schulabschluss | Intelligenzquotient | Nettoeinkommen |

gebildet wird: kein Abschluss, Hauptschulabschluss, Realschulabschluss, Fachabitur, Abitur.

• Intervall-Skalen wie die Temperatur in Grad Celsius oder Angaben zum Intelligenzquotienten ermöglichen über eine Rangordnung hinaus präzisere Abstandsaussagen; so lässt sich feststellen, dass die Temperaturdifferenz zwischen 30 und 20 Grad genauso groß ist wie die zwischen 20 und 10 Grad.

• Ratio-Skalen ermöglichen schließlich auch Verhältnisaussagen; das setzt voraus, dass es bei diesen Skalen einen sinnvoll interpretierbaren Nullpunkt gibt, für den man sagen kann, ihm entspreche die »tatsächliche Abwesenheit des gemessenen Merkmals« (Rohwer/Pötter 2002:130). Dies ist z. B. bei Temperaturangaben in Grad Kelvin (bezogen auf den absoluten Nullpunkt der Temperatur) oder bei Angaben zum Nettoeinkommen der Fall. So kann festgestellt werden, dass eine Person über ein doppelt so hohes Nettoeinkommen verfügt wie eine andere. Das ist aber nur möglich, sofern ausschließlich positive Werte vorliegen; wenn z. B. bei Vermögensangaben auch negative Vermögenswerte also Schulden betrachtet werden, so lässt sich das Vermögen einer Person mit 2000 € Schulden nicht in ein Verhältnis zum Vermögen einer Person von 20.000 € setzen.

Intervall- und ratio-skalierte Merkmale werden zusammenfassend auch als metrisch skalierte Merkmale bezeichnet.

Selbstverständlich lassen die höheren Skalenniveaus jeweils auch die Operationen der untergeordneten Skalenniveaus zu; aus einer Verhältnisskala lassen sich auch Abstandsinformationen gewinnen. Die über die Skalenniveaus ausgedrückten zulässigen Rechenregeln spielen eine große Rolle, wenn dann in der Statistik Maßzahlen zur Beschreibung der Verteilung einer oder mehrerer Variablen berechnet werden. Grundsätzlich gilt, dass sich bei einem metrischen Skalenniveau die komplexesten statistischen Operationen ausführen lassen; auf nominalem Skalenniveau sind die Auswertungsmöglichkeiten sehr beschränkt. So kann z. B. ein Mittelwert nur für Daten metrischen Niveaus berechnet werden. Bei Ordinal- oder Nominaldaten kann ein solcher Wert nicht sinnvoll interpretiert werden, da keine Abstandsinformationen vorliegen.

An dieser Stelle sei auf eine Reihe weiterer Begriffe verwiesen, die verwandt werden, um bestimmte Eigenschaften von Skalen zu beschreiben:

- Wenn ein Merkmal nur zwei Ausprägungen hat, spricht man von einem dichotomen Merkmal: Geschlecht wäre demnach ein dichotomes Merkmal – abgesehen von Kategorien der Nicht-Beantwortung.
- Von kategorialen Daten wird gesprochen, wenn nominal- oder ordinalskalierte Daten nur eine endliche Zahl von Ausprägungen haben und damit z. B. tabellarisch darstellbar sind; gelegentlich werden kategoriale Daten auch als qualitative Daten bezeichnet.

Grundsätzlich sind höhere Skalenniveaus auch in niedrigere Niveaus zu transformieren. So lassen sich die Altersangaben von Personen, die zweifellos auf dem Niveau einer Verhältnisskala anzusiedeln sind, auch auf lediglich ordinalem Niveau interpretieren. Wenn das Leben z. B. in drei Phasen eingeteilt wird – eine Kindheits- und Jugendphase (0–30), eine mittlere Altersphase (30–65 Jahre) und eine Seniorenphase (mehr als 65 Jahre) –, entstehen drei Kategorien, die in einem ordinalen Bezug stehen.

## Probleme der Bestimmung von Skalenniveaus

An den bisherigen Beispielen wird bereits deutlich, dass die Bestimmung von Skalenniveaus sorgfältig begründet werden muss. Das Problem lässt sich an einer klassischen Streitfrage verdeutlichen. In der sozialpsychologischen Einstellungsforschung wird z. B. mit folgendem Fragetyp gearbeitet:

Die Befragten sollen zu jedem der vier Statements auf einer so genannten Rating-Skala (Bewertungsskala) Stellung beziehen. Sie werden eines der Kästchen ankreuzen, je nachdem, ob sie das Statement für mehr oder weniger wichtig befinden. Oft sind wie hier nur die Extreme beschriftet; man kann sich aber auch Zwischenkategorien denken: z. B. wichtig, teils/teils, unwichtig. Am Ende wird dann das Kreuz mit einem Wert zwischen 1 und 5 verkodet.

**Abb. 51: Rating-Skalen**

| Wie wichtig sind die folgenden Dinge für Sie persönlich? | | | | | |
|---|---|---|---|---|---|
| | sehr wichtig | | | | unwichtig |
| Gesetz und Ordnung respektieren | ☐ | ☐ | ☐ | ☐ | ☐ |
| Einen hohen Lebensstandard haben | ☐ | ☐ | ☐ | ☐ | ☐ |
| Macht und Einfluss haben | ☐ | ☐ | ☐ | ☐ | ☐ |
| Seine eigene Phantasie und Kreativität entwickeln | ☐ | ☐ | ☐ | ☐ | ☐ |

Hat man es hier mit Daten auf einem Intervallniveau zu tun, oder sind es nur Ordinaldaten? Die Frage ist, ob sich die Abstände sinnvoll interpretieren lassen. Vieles spricht dafür, diese Frage zu verneinen; demnach wären die Daten nur auf ordinalem Niveau zu interpretieren. In der Sozialpsychologie ist es aber recht üblich, hier ein Intervallniveau zu unterstellen.

Ein ähnliches Problem stellt sich bei Schulnoten. Auch sie haben, wenn man es sich genau überlegt, nur ein Ordinalniveau, da nicht vorausgesetzt werden kann, dass man es mit gleichen Intervallen zwischen den Noten zu tun hat. Daraus würde aber folgen, dass man für solche Noten keinen Mittelwert berechnen darf. D. h., die Abiturdurchschnitte, die manchmal den weiteren beruflichen Werdegang nachhaltig beeinflussen, gehen eigentlich auf eine statistisch unzulässige Operation zurück. Das Beispiel der aus ordinal skalierten Schulnoten berechneten Mittelwerte zeigt jedoch, dass neben den statistischen Regeln auch die Frage der ›gesellschaftlichen Anerkennung‹ solcher Operationen eine gewisse Rolle spielt.

Auch bei scheinbar einfachen Merkmalen wie z. B. dem Einkommen sollte man sich vergegenwärtigen, dass der Unterscheidung von Ordinal- und Intervallskala eine spezifische Perspektive zu Grunde liegt: »Für eine Bank sind 100 DM stets der gleiche Betrag; aber wenn man an Einkommensbezieher denkt, sind 100 DM manchmal 10 %, manchmal weniger als 1 % ihres Einkommens. Somit erscheint die Vorstellung, in irgendeiner absoluten Weise von ›Unterschieden‹ oder ›Abständen‹ zwischen Merkmalswerten sprechen zu können, von vornherein verfehlt« (Rohwer/Pötter 2002:135).

Es ist unstrittig, dass es sich beim Lebensalter, das z. B. in der Zahl der durchlebten Jahre oder Monate gemessen wird, um eine intervallskalierte Variable handelt. In vielen sozialwissenschaftlichen Untersuchungen interessiert jedoch nicht unmittelbar diese Altersangabe, sondern man benutzt das in Jahren gemessene Lebensalter als einen leicht zu erhebenden Indikator für andere zu untersuchende Phänomene.

Abb. 52: Alter als Indikator

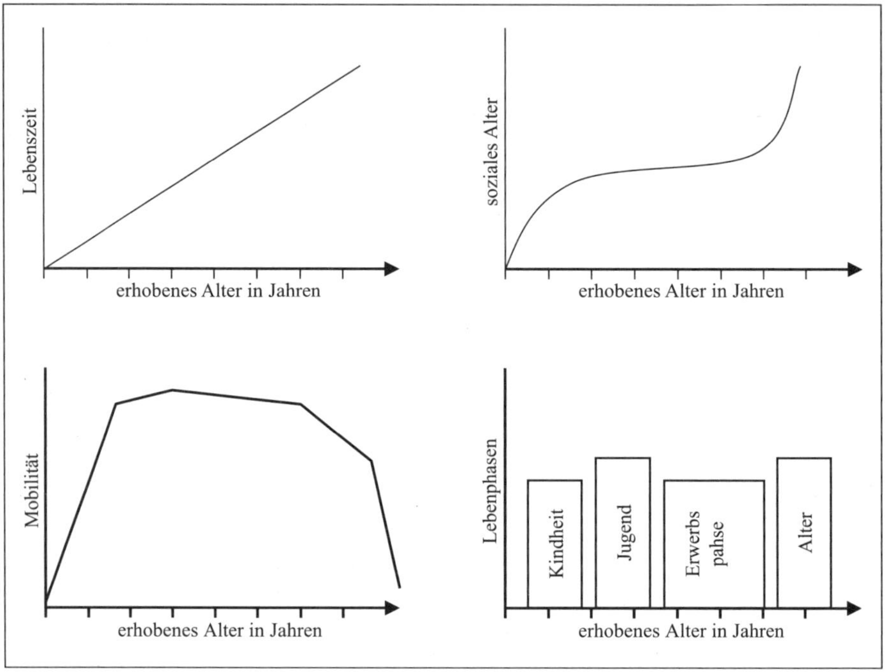


Aus der obigen Abbildung wird ersichtlich, dass man sich den Zusammenhang zwischen der intervallskalierten Altersangabe in Lebensjahren und einem interessierenden sozialen Phänomen ganz unterschiedlich vorstellen kann; so ist zu vermuten, dass das soziale Alter, wie es von den Beteiligten bzw. ihren Mitmenschen wahrgenommen wird, in der Kindheit und Jugend zunächst sehr schnell wächst, dann folgt eine Plateauphase und erst allmählich werden die Betroffenen des Alters gewahr. Anders sieht ein solcher Zusammenhang vermutlich aus, wenn man sich für die Mobilität von Personen interessiert oder angesichts der Frage des typischen Lebensunterhalts eher einzelne Lebensphasen betrachtet.

An diesen Überlegungen wird zum einen deutlich, wie komplex sich auch scheinbar einfache Messoperationen in den Sozialwissenschaften gestalten. Zum anderen sollen sie eine eher defensive Einschätzung der Qualität von Skalenniveaus nahelegen.

## d) Komplexe Messungen: Indexbildung und Skalierungsverfahren

Bisher war von sozialen Phänomenen ausgegangen worden, die relativ einfach der Erhebung zugänglich sind: das Alter, das Geschlecht, der höchste schulische Bildungsabschluss. Bei der Frage nach dem Einkommen wird es schon schwieriger, weil sich das Einkommen einer Person oder eines Haushalts aus sehr verschiedenen Quellen zusammensetzt und verschiedene Abgaben bzw. Transfers zu berücksichtigen sind. Präzise Einkommensinformationen erfordern also eine sehr komplexe Fragebatterie und können, denkt man z. B. an Steuererstattungen, erst im Nachhinein – z. B. im Folgejahr – erhoben werden.

Ein größeres Problem stellt sich, wenn Phänomene untersucht werden sollen, die der direkten Beobachtung nicht zugänglich sind, bzw. deren Beobachtung recht aufwendig ist. Dies wird hier am Beispiel der Erfassung des sozialen Status verdeutlicht.

### Sozialer Status

Angenommen es soll der soziale Status von Personen erhoben werden. Eine direkte Frage in einem Fragebogen würde zu Antworten führen, die man am ehesten als Selbsteinstufung der Befragten interpretieren könnte. Es wird aber eine Messung angestrebt, die den Statuswert, den man einer Person zurechnet, an nachvollziehbaren Operationen festmacht. Man arbeitet daher mit so genannten Indikatoren. Ein Indikator ist ein Merkmal, das als ein (verlässliches) Indiz für einen komplexeren Sachverhalt fungiert. Der soziale Status setzt sich – je nach theoretischem Konzept – aus ganz unterschiedlichen Komponenten zusammen: Einkommen, berufliche Stellung, Bildung, ein bestimmter Lebensstil.

Man könnte zunächst auf die Idee kommen, das Einkommen als einen Indikator für den sozialen Status zu verwenden, indem man annimmt: je höher das Einkommen, desto höher der soziale Status.

Ein Nachteil dieses Indikators wäre, dass nicht zwischen Haushalten unterschieden werden kann, die zwar über gleiches Einkommen, aber über ganz unterschiedliche Bildung und Lebensstile verfügen. Oder man fragt nach der Zahl der Bücher im Haushalt; dann würden aber die Einkommensunterschiede zu wenig beachtet.

Abb. 53: Indikatoren

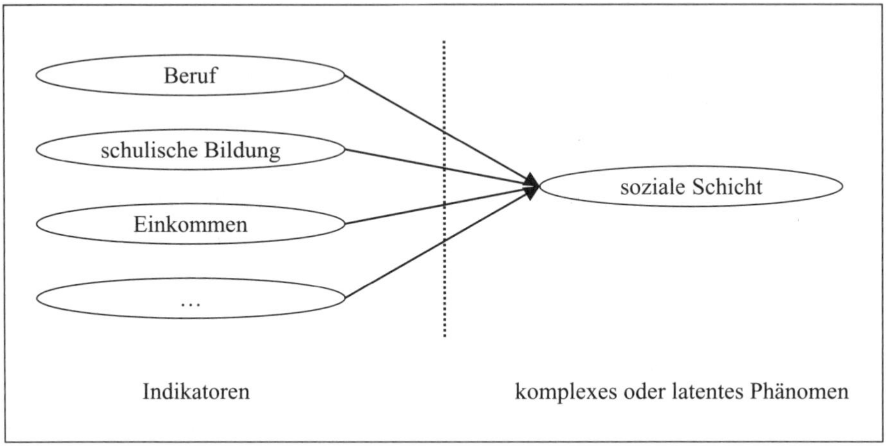


All diese singulären Indikatoren sind nicht unproblematisch, aber sie bieten eine Möglichkeit, überhaupt Aussagen über bestimmte Phänomene zu treffen. Auch in vielen Bereichen des Alltagslebens wird mit Indikatoren gearbeitet, z. B. indem bestimmte ›Status-Symbole‹ als Indikatoren für den sozialen Status oder das Einkommen des Nachbarn interpretiert werden oder einzelne Gesten als Indiz für die gute oder schlechte Befindlichkeit von Personen begriffen werden. Solche zunächst unsicheren Vermutungen werden dann erhärtet, wenn andere ›Indizien‹ hinzukommen, wenn z. B. der Nachbar bestimmte Umgangsformen an den Tag legt oder bestimmten Hobbys nachgeht.

Auch in der sozialwissenschaftlichen Forschung lässt sich die Indizierung des sozialen Status verbessern, wenn man Informationen aus mehreren Merkmalen zusammenzieht; man bildet daraus einen Index. Nach einem klassischen Beispiel aus der Sozialstrukturforschung kann das dann z. B. so aussehen:

Abb. 54: Index zur Messung der sozialen Schicht (Kurzfassung)

| Pkt. | Beruf | Bildung | Einkommen |
|---|---|---|---|
| 0 | | Volksschule ohne Abschluss | |
| 1 | ungelernte Arbeiter | | unter 149 DM |
| 2 | | Volksschule | |
| 3 | | | 150–299 DM |

| Pkt. | Beruf | Bildung | Einkommen |
|---|---|---|---|
| 4 | angelernte Arbeiter | Volksschule und Lehre | |
| 5 | | Handelsschule oder Mittelschule ohne Abschluss | 300–399 DM |
| 6 | | | 400–499 DM |
| 7 | | höhere Schule bis Obertertia | |
| 8 | | | 500–599 DM |
| 9 | gewöhnliche Facharbeiter | mittlere Reife | 600–699 DM |
| 10 | ausführende Angestellte, untere Beamte | | 700–799 DM |
| 11 | | höhere Schule (> Obersekunda) ohne Abitur | |
| 12 | | höhere Fachschule mit Abschl. | |
| 13 | höchstqualifizierte Facharbeiter | | 800–899 DM |
| 14 | | Abitur | 900–999 DM |
| 15 | qualifizierte Angestellte, kleine Selbstständige, kleine Landwirte (–5 ha) | | |
| 16 | mittlere Beamte | | 1000–1499 DM |
| 18 | | Hochschule ohne Abschluss | |
| 19 | | | 1500–1999 DM |
| 20 | mittlere Selbstst./Landwirte (5–20 ha) | Hochschule mit Abschluss | 2000 DM u.mehr |
| 23 | leitende Beamte, große Landwirte (> 20 ha) | | |
| 25 | freie Berufe, intellektuelle Berufe | | |
| 27 | leitende Angestellte | | |
| 30 | führende Selbstständige | | |

Quelle: Scheuch/Daheim (1970)

Der Schichtindex einer Person wird auf Basis einer solchen Tabelle additiv ermittelt, indem die den einzelnen Indikatoren (Beruf, schulische Bildung, Einkommen) zugeordneten Punktzahlen (linke Spalte) summiert werden: Ein mittlerer Beamter mit mittlerer Reife und einem Einkommen von 1600 DM hat demnach einen Schicht-Index von 16+9+19=44. Nach der Festlegung einer Klassifizierung der Indices kann dann eine Schichtzuordnung vorgenommen werden:

**Abb. 55: Klassifizierung sozialer Schichten**

| | | | |
|---|---|---|---|
| 0 < 14 | untere Unterschicht | 30 < 39 | mittlere Mittelschicht |
| 15 < 22 | obere Unterschicht | 40 < 49 | obere Mittelschicht |
| 23 < 29 | untere Mittelschicht | 50 < 63 | Oberschicht |

In diese komplexe Messung gehen zum einen Annahmen über die Gewichtung der Indikatoren ein, die sich in den vorgeschlagenen Punktzahlen ausdrücken; zum anderen wäre auch die nach der Summierung vorgenommene Klassifizierung nach Schichten eingehender zu begründen. Ein weiteres Problem solcher additiven Ordnungen liegt darin, dass im mittleren Bereich die Schichtzuordnungen auf ganz unterschiedliche Ausprägungen der drei Merkmale zurückgehen können.

## Skalierungsverfahren

Eine andere Möglichkeit zur Messung komplexer Phänomene insbesondere im Bereich der Einstellungsforschung ist der Einsatz von so genannten Skalierungsverfahren. Ein komplexes Phänomen wird über eine Batterie aus verschiedenen Fragen, die jeweils einzelne Teilaspekte beleuchten, erhellt.

Bei Diekmann findet sich folgendes Beispiel:

**Abb. 56: Items zum öffentlichen Umweltengagement**

| | Ja-Antworten |
|---|---|
| A: Haben Sie sich schon einmal in eine Unterschriftenliste eingetragen, bei der es um Umweltschutzprobleme ging? | 58 % |
| B: Haben Sie schon einmal oder häufiger Geld für eine Umweltschutzaktion oder eine Umweltorganisation gespendet? | 42 % |
| C: Sind Sie aktives oder passives Mitglied einer Umweltschutzorganisation oder einer Vereinigung, die Umweltschutzinteressen verfolgt? | 17 % |
| D: Haben Sie schon einmal ein Treffen oder eine Veranstaltung einer Umweltschutzorganisation besucht? | 16 % |
| | (N = 1343) |

Quelle: Diekmann (1995:237)

Man kann nun diese Items zu einem Index zusammenfassen: Wenn man 0 Punkte für eine Nein- und 1 Punkt für eine Ja-Antwort vergibt, können die Befragten zwischen 0 und 4 Punkten erreichen. Im Rahmen der Einstellungsmessung spricht man bei einem solchen additiven Index dann von einer so genannten Likert-Skala.

Um zu ermitteln, welche Items sich für eine solche Skala eignen, stellt man zunächst eine größere Zahl von Fragen zu einer solchen Batterie zusammen und filtert nach einer Vorerhebung dann z. B. über die Berechnung eines Trennschärfekoeffizienten diejenigen heraus, die am konsistentesten sind.

Bei diesen Items kann noch ein anderes Skalierungsverfahren eingesetzt werden. So lassen sich die vier Fragen auch als unterschiedliche Grade umweltpolitischen Engagements deuten. Die 16 % der Befragten, die Veranstaltungen besuchen, das sind die ›harten Umweltfreaks‹; demgegenüber sind eine Spende oder eine einfache Unterschrift jeweils Ausdruck eines geringeren Engagements. Wenn man nun die vier Fragen als unterschiedliche Stufen des öffentlichen Umweltengagements begreift, dann müssen diejenigen, die auch noch auf den höheren Stufen zustimmen, auch den Statements der unteren Stufen zustimmen. Wer also Veranstaltungen besucht, ist auch Mitglied, spendet und unterschreibt. Wer Mitglied ist, spendet und unterschreibt usw.

Ob dem so ist, d. h., ob die Fragebatterie in diesem Sinne in sich konsistent ist, lässt sich prüfen, indem man auswertet, wie häufig jedes der 16 möglichen Antwortmuster auf die vier Ja-nein-Fragen gewählt wird.

### Abb. 57: Konstruktion einer Guttman-Skala

| Reaktionsmuster | A | B | C | D | Skalenwert | Fehler im Muster | Anzahl Befragte | Fehlerzahl |
|---|---|---|---|---|---|---|---|---|
| 1 | 1 | 1 | 1 | 1 | 4 | 0 | 72 | 0 |
| 2 | 1 | 1 | 1 | 0 | 3 | 0 | 94 | 0 |
| 3 | 1 | 1 | 0 | 1 | 3 | 2 | 72 | 144 |
| 4 | 1 | 0 | 1 | 1 | 3 | 2 | 6 | 12 |
| 5 | 0 | 1 | 1 | 1 | 3 | 2 | 5 | 10 |
| 6 | 1 | 1 | 0 | 0 | 2 | 0 | 203 | 0 |
| 7 | 1 | 0 | 1 | 0 | 2 | 2 | 13 | 26 |
| 8 | 0 | 1 | 1 | 0 | 2 | 2 | 19 | 38 |
| 9 | 1 | 0 | 0 | 1 | 2 | 2 | 42 | 84 |
| 10 | 0 | 1 | 0 | 1 | 2 | 2 | 7 | 14 |
| 11 | 0 | 0 | 1 | 1 | 2 | 4 | 1 | 4 |
| 12 | 1 | 0 | 0 | 0 | 1 | 0 | 275 | 0 |

| Reaktionsmuster | A | B | C | D | Skalenwert | Fehler im Muster | Anzahl Befragte | Fehlerzahl |
|---|---|---|---|---|---|---|---|---|
| 13 | 0 | 1 | 0 | 0 | 1 | 2 | 90 | 180 |
| 14 | 0 | 0 | 1 | 0 | 1 | 2 | 20 | 40 |
| 15 | 0 | 0 | 0 | 1 | 1 | 2 | 15 | 30 |
| 16 | 0 | 0 | 0 | 0 | 0 | 0 | 409 | 0 |
| | | | | | | | 1.343 | 582 |

▒ : Fehler im Vergleich zur Modellmatrix sind markiert.

Quelle: Diekmann (1995:241)

Man kann nun aus der Zahl der Fehler bzw. aus dem Verhältnis von tatsächlichen und möglichen Fehlern Aussagen über die Konsistenz einer solchen Fragebatterie im Sinne der obigen Überlegungen treffen. Wenn die Zahl der Fehler einen vorgegebenen Wert nicht überschreitet, spricht man von einer Guttman-Skala.

In der sozialpsychologischen oder sozialwissenschaftlichen Forschungsarbeit wird in der Regel nicht mit einzelnen Skalen gearbeitet, sondern man nutzt je nach theoretischem Modell verschiedene Skalen, um z. B. etwas über die psychische Verfasstheit der befragten Personen zu erfahren. Das folgende Beispiel entstammt dem schriftlichen Befragungsteil von Gerhard Schulzes Untersuchung zur ›Erlebnisgesellschaft‹.

### Abb. 58: Einstellungsskalen in der ›Erlebnisgesellschaft‹

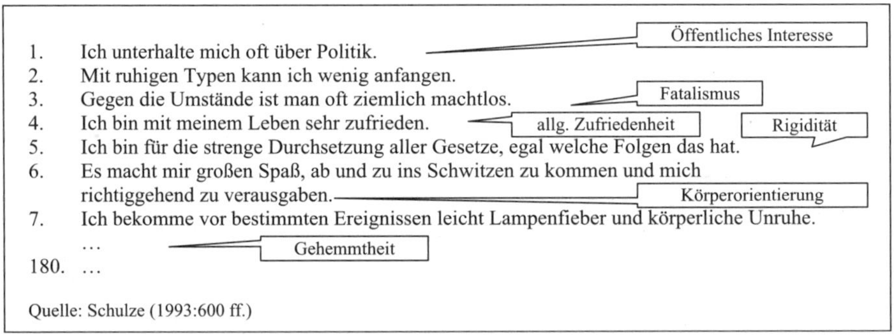


Die einzelnen Statements, zu denen die Befragten mit Ja oder Nein Stellung nehmen sollen, sind verschiedenen Skalen zuzurechnen; so gehört die erste Frage zu einer Skala zur Ermittlung des Interesses an bestimmten öffentlichen Themen; die weiteren Statements, die zu dieser Skala gehören, finden sich zufällig über den Fragebogen verteilt, um zu verhindern, dass es den Befragten gelingt, das Bild, das sie mit den Antworten von sich zeichnen, zu kontrollieren,

Wenn nun einmal eine solche Skala entwickelt und getestet wurde; dann lässt sie sich in ganz unterschiedlichen Zusammenhängen einsetzen. So findet sich in der sozialpsychologischen Forschung oder in Persönlichkeits- bzw. anderen Tests eine Vielzahl solcher Skalen. Eine systematische Zusammenstellung von Skalen wird auf der Internetseite der ZUMA im Bereich Methodenberatung angeboten: Das ZUMA-Informationssystem. Elektronisches Handbuch sozialwissenschaftlicher Erhebungsinstrumente.

## e) Kriterien für die Güte sozialwissenschaftlicher Daten

Ausgehend von einem Messkonzept, das sich am Verständnis von Messungen in den Naturwissenschaften orientiert, wurde auch in den Sozialwissenschaften – insbesondere im Rahmen der sozialpsychologischen Testtheorie – versucht, die Qualität von Messungen zu analysieren und zu optimieren. Zu diesem Zweck wurden so genannte Gütekriterien (Objektivität, Reliabilität, Validität) festgelegt.

- Die Objektivität eines Messinstruments ist gegeben, wenn die Ergebnisse einer Messung unabhängig von der Person sind, die das Instrument einsetzt. Das impliziert, dass »zwei (oder mehrere) Beobachter hinsichtlich der Registrierung der Beobachtung möglichst weitgehend übereinstimmen« (Lienert 1973:39). Wenn z. B. die Beurteilung der Qualität einer Klassenarbeit allein vom Urteil eines einzelnen Lehrers abhängen würde, so wären Zweifel an der Objektivität einer solchen Messung angebracht. Wollte man die Güte einer solchen Messung verbessern, so könnte man auf das gemittelte Urteil von mehreren Lehrenden zurückgreifen.
- Die Reliabilität (Verlässlichkeit) einer Messung ist gewährleistet, wenn ein Messinstrument bei wiederholter Messung unter gleichen Bedingungen auch das gleiche Ergebnis hervorbringt; d. h., Messergebnisse müssen reproduzierbar sein, »wobei Objektivität eine notwendige, wenngleich nicht hinreichende Voraussetzung der Reliabilität darstellt« (ebd.). Ein Beispiel für eine nicht reliable Messung wäre die Längenmessung mit einem elastischen Bandmaß.

Die Kriterien der Objektivität und Reliabilität lassen sich auch über die Forderung nach einer »intertemporalen, intersubjektiven und interinstrumentellen Stabilität« (Esser et al. 1977:93) von Messungen zusammenfassen. Für die Überprüfung dieser Kriterien wird häufig der Vergleich von Messungen empfohlen: mit variierenden Zeitpunkten, Beobachtern und Instrumenten.

• Als drittes Gütekriterium wird schließlich die Validität (Gültigkeit) von Messungen gefordert. Darunter »versteht man den Grad, in dem eine Beobachtung dasjenige Merkmal der Untersuchungseinheit charakterisiert, das der Beobachter zu erfassen wünscht« (Lienert 1973:39); eine valide Messung soll demnach die Eigenschaft erfassen, die gemessen werden soll. So können Messungen zwar objektiv und reliabel sein, aber stets ›das Falsche‹ messen. »Die Gültigkeit eines Meßinstruments kann definiert werden als der Grad, in dem Differenzen in den Meßwerten wirkliche Differenzen zwischen Individuen, Gruppen oder Situationen hinsichtlich des Merkmals, das gemessen werden soll, wiedergeben, beziehungsweise wirkliche Differenzen des Individuums, der Gruppe oder Situation von einer Gelegenheit zur anderen, nicht aber konstante oder zufällige Fehler« (Selltiz et al. 1972 I:184).

Während sich für die Kriterien der Objektivität und Reliabilität zumindest bei quantifizierbaren Merkmalen handhabbare Operationen angeben lassen, um ein solches Kriterium zu prüfen, bereitet die Frage nach der Validität einer Messung doch erhebliche Probleme. Selltiz et al. schlagen vor, zum einen die ›pragmatische Validität‹ zu prüfen; d. h., eine Messung ist dann valide, wenn sie in einem Forschungskontext zu ›brauchbaren‹ Ergebnissen kommt. Sie führen ein Beispiel an, bei dem Personen komplexe Formen mit Bauklötzen nachbauen sollen und das Ergebnis als Indikator für mögliche Hirnschäden eingesetzt wird. Auch wenn der Wirkungsmechanismus für diesen Zusammenhang nicht geklärt werden kann, lassen sich doch im Fallkontext Erfahrungen mit der Praktikabilität des Indikators sammeln. Zum anderen solle die ›theoretische‹ oder ›begriffliche Validität‹ geprüft werden, indem untersucht wird, wie weit verschiedene Instrumente, die einen Begriff oder ein theoretisches Konzept – z. B. eine politische Einstellung – zu messen beanspruchen, zu ähnlichen Ergebnisse kommen und ob diese Ergebnisse dann z. B. eine Prognose des Wahlverhaltens ermöglichen.

Die Gütekriterien für Messverfahren sind in den Sozialwissenschaften insbesondere im Bereich der Einstellungsforschung entwickelt worden und orientieren sich eher an einem naturalistischen Messideal, nach dem eine vor der Messung bestehende ›Wirklichkeit‹ adäquat abzubilden ist. In vielen Einführungen in die Methoden der empirischen Forschung werden diese Kriterien auch auf andere Methoden der Datenerhebung bezogen und somit verallgemeinert. In der qualitativen Forschung wird diskutiert, wie weit die Kriterien an die Spezifika der hier gebräuchlichen Verfahren angepasst werden können oder ob die Formulierung eigener Kriterien erforderlich ist (vgl. Seipel/Rieker 2003:128 ff.).

Die Kriterien der Objektivität und Reliabilität von Methoden sind grundsätzlich auch bei weniger standardisierten Erhebungsverfahren sinnvoll. So sollte ein

Leitfadeninterview in seinen wesentlichen Ergebnissen unabhängig von der Person sein, die ein solches Interview führt. Auch bei einer Wiederholung eines offenen Interviews sollte man erwarten, dass ganz ähnliche Dinge zur Sprache kommen. Man würde jedoch wesentliche Vorteile der qualitativen Erhebungsverfahren preisgeben, wollte man dieselben Maßstäbe zur Beurteilung anlegen wie bei den Methoden zur Gewinnung standardisierter Daten.

Steinke (2006) schlägt für die qualitative Forschung folgende Kriterien vor:

- Angemessenheit: Werden die Methoden dem Untersuchungsgegenstand gerecht und werden sie regelgemäß eingesetzt?
- intersubjektive Nachvollziehbarkeit von Methoden: Ist die Vorgehensweise so dokumentiert, dass sie durch Dritte bewertet werden kann?

Für den gesamten Forschungsprozess wird darüber hinaus gefordert:

- empirische Verankerung: Sind die Ergebnisse in den Daten begründet?
- Verallgemeinerbarkeit: Ist die im Forschungsprozess entwickelte Theorie auf andere Kontexte verallgemeinerbar?

Das Gütekriterium der Validität bereitet in quantitativen wie auch in qualitativen Forschungskontexten große Probleme. Am sinnvollsten erscheint noch der obige Vorschlag von Selltiz u. a. sich für die pragmatische Validität zu interessieren. Das Problem des Validitätskriteriums hängt primär mit der zu Grunde gelegten naturalistischen oder repräsentationalen Vorstellung vom Messprozess zusammen. Die im nächsten Abschnitt entwickelte konstruktivistische Perspektive kann dazu beitragen, dieses Validitätsproblem ›aufzulösen‹.

## f) Messen in konstruktivistischer Perspektive

Die klassische Vorstellung vom Messprozess suggeriert, dass ein bestimmter Sachverhalt, eine bestimmte Eigenschaft eines Objekts festgestellt wird, die unabhängig von der Beobachtung gegeben ist. Das so Gegebene muss dann nur möglichst adäquat abgebildet werden. Aus der konstruktivistischen Perspektive wird ein solcher Abbildprozess in Frage gestellt. Der Messprozess wird nicht im Sinne einer Aufzeichnung von Gegebenem, der Messung Vorausgehendem, begriffen. »Daraus folgt, daß das, was wir gewöhnlich als ›Tatsache‹ bezeichnen, nicht Teile einer vom Beobachter unabhängigen Welt sind, sondern ausschließlich Elemente seiner Erfahrung« (Glasersfeld 1997:188).

Wenn die Daten, die über den sozialwissenschaftlichen Messprozess hervorgebracht werden, nicht länger als Abbilder einer außer ihnen liegenden sozialen Welt begriffen werden können und wenn die Qualität einer Messung nicht länger über die Qualität einer solchen Abbildung bestimmt werden kann, dann stellt sich die Frage, nach welchen Regeln solche Messprozesse ablaufen sollen und wie man Aussagen über die Qualität solcher Messungen treffen kann.

Die folgenden Überlegungen können bei der Diskussion dieser Fragen weiterhelfen:

- Die sozialwissenschaftlichen Messkonstrukte gehen nicht auf die Messpraktiken vereinzelter Forscher und Forscherinnen zurück; vielmehr bedienen sich die Forschenden vorliegender Messpraktiken, die in einer wissenschaftlichen Gemeinschaft anerkannt sind. D. h., die Messpraktiken haben sich in einem historischen bzw. sozialen Prozess herausgebildet; in wissenschaftlichen Diskursen werden diese Messmethoden reflektiert, es wird um die Angemessenheit solcher Operationen gestritten. Die fortwährenden Auseinandersetzungen zwischen Vertretern des qualitativen und quantitativen Paradigmas zeugen davon.

Wie ein Blick in die Geschichte der wissenschaftlichen Irrtümer zeigt, bietet das kritische Potential der Scientific Community jedoch keineswegs eine Garantie für die Qualität des so hervorgebrachten Wissens bzw. der verwandten Methoden. Es lassen sich stets nur für ein bestimmtes Wissenschaftssegment und eine bestimmte Zeit solche methodischen Einverständnisse beobachten.

Ein ganz ähnliches Problem findet sich übrigens in der Begründung der Wissenschaftsstrategie des kritischen Rationalismus; dort stellt sich das Problem, wie die Wahrheit von Beobachtungsaussagen (so genannte Protokoll- oder Basissätze), die dann zur Entscheidung über die Annahme oder Zurückweisung von Hypothesen führen, begründet werden kann. Popper schreibt hierzu: »Die Basissätze werden durch Beschluß, durch Konvention anerkannt, sie sind Festsetzungen« (1973:71). Zuvor hatte er bereits erklärt, dass »jeder empirisch-wissenschaftliche Satz durch Angabe der Versuchsanordnung u. dgl. in einer Form vorgelegt werden [muß], daß jeder, der die Technik des betreffenden Gebietes beherrscht, imstande ist, ihn nachzuprüfen« (65). Diese konventionalistische Lösung des Basissatzproblems setzt einem Wissenschaftsprogramm, das auf der Falsifizierung gründet, enge Grenzen. »So ist die empirische Basis der objektiven Wissenschaft nichts ›Absolutes‹; die Wissenschaft baut nicht auf Felsengrund. Es ist eher ein Sumpfland, über dem sich die kühne Konstruktion ihrer Theorien erhebt; sie ist ein Pfeilerbau, dessen Pfeiler sich von oben her in den Sumpf senken – aber nicht bis zu einem natürlichen, ›gegebenen‹ Grund. Denn nicht deshalb hört man auf, die Pfeiler tiefer hineinzutreiben, weil man auf eine feste Schicht gestoßen ist: wenn man hofft, daß sie das Gebäude eines Tages tragen werden, beschließt man, sich vorläufig mit der Festigkeit der Pfeiler zu begnügen« (75 f.).

• Die sozialwissenschaftlichen Messkonstrukte sind im Kontext gesellschaftlicher Wirklichkeitskonstruktionen zu begreifen. Die sozialwissenschaftliche Forschung greift auf gesellschaftliche Konstrukte zurück und fügt diesen neue Konstrukte hinzu (Luhmann 1990:670). Zugleich gehen (sozial-)wissenschaftliche Konstrukte auch in die gesellschaftliche Praxis ein und verändern diese.

Grundsätzlich kann man sagen, dass z. B. mit einer standardisierten Befragung Daten konstruiert werden. Es ist jedoch sinnvoll, diese Konstrukte danach zu unterscheiden, inwieweit sie auf bestimmte gesellschaftlich anerkannte Konstrukte Bezug nehmen bzw. inwieweit sie umgekehrt neue Konstrukte hervorbringen, die in die gesellschaftliche Praxis Eingang finden. So kann man zu einer Unterscheidung verschiedener Typen von Konstrukten kommen. Dies soll im Folgenden an einigen Beispielen aus der Datenerhebung illustriert werden.

In einem Fragebogen wird nach dem Geschlecht einer Person gefragt. Entsprechend den Angaben der Person wird dann in der Regel ein Kreuz bei der Ausprägung männlich oder weiblich gemacht. Würde man bei dieser Person die Zusammensetzung von Hormonen untersuchen, wäre eine Zuordnung zu den vorab definierten dichotomen Geschlechtskategorien weitaus schwieriger. Man könnte auch nach der Ausbildung von primären und sekundären Geschlechtsmerkmalen fragen; aber auch da würde man auf unerwartete Kombinationen stoßen. Schließlich könnte man sich auch die Eintragung im Pass zeigen lassen. Die in vielen Fällen klare Zuordnung ›männlich‹– ›weiblich‹ geht somit auf verschiedene Muster der sozialen Konstruktion und ihrer z. B. administrativen Affirmierung zurück. D. h. Menschen werden in Sozialisationsprozessen als Männer und Frauen geprägt, sie werden von einem Arzt oder von anderen als Mann bzw. Frau etikettiert und sie greifen selbst wiederum auf diese Muster zurück.

Hier können die sozialwissenschaftlichen Konstrukteure also auf wohl eingeführte gesellschaftliche Konstruktionen zurückgreifen. D. h., wenn in einem Forschungsbericht steht, das Durchschnittseinkommen der Männer liegt bei 2400 € und das der Frauen bei 2200 €, dann wird diese Unterscheidung sehr wohl verstanden, weil mit einem Konstrukt gearbeitet wird, das sich auch in den Köpfen der Rezipienten wissenschaftlicher Forschung wiederfindet.

Wenn gefragt wird, ob eine Person als Arbeiter, Angestellter, Beamter oder Selbstständiger tätig ist, dann kann auf Kategorisierungen zurückgegriffen werden, die über bestimmte Verwaltungsvollzüge hervorgebracht wurden – diese Gruppen werden z. B. über den unterschiedlichen sozialversicherungsrechtlichen Status konstruiert. Letztlich ließe sich die Frage klären, indem man sich bei der Sozialversicherung der befragten Person erkundigt. Darüber hinaus finden sich diese Differenzierungen aber auch in eingeführten gesellschaftlichen Vorstellungen wieder, wenn man z. B. an die Fremdbilder von ›den Arbeitern‹, ›den Beamten‹ denkt oder an die Eigenbilder: ›wir Arbeiter‹. Auch hier greifen Sozialforscherinnen, die eine solche Frage stellen, auf vorliegende gesellschaftliche Konstrukte zurück.

Anders sieht die Situation aus, wenn im Rahmen der so genannten Einstellungsforschung die Befragten zu einer Stellungnahme zu vorgefertigten Statements aufgefordert werden. Das sieht dann in der ALLBUS-Befragung z. B. so aus: »Die Bundesrepublik ist eine offene Gesellschaft. Was man im Leben erreicht, hängt nicht mehr vom Elternhaus ab, aus dem man kommt, sondern von den Fähigkeiten, die man hat, und der Bildung, die man erwirbt.« Dazu werden vier Antwortvarianten angeboten: Stimme voll zu, stimme eher zu, stimme eher nicht zu, stimme überhaupt nicht zu.

Sieht man einmal von den vielen Verständigungsproblemen ab, die ein solch komplexer Fragetext mit sich bringt, stellt sich die Situation so dar: Hier wird in der Interviewsituation eine Stellungnahme zu einem Statement ›erzwungen‹; viele Befragte stehen damit vor einer Aufgabe, die sich ihnen so wahrscheinlich noch nie gestellt hat. Aus den Äußerungen der so Befragten werden dann Aussagen über ihre ›Gesellschaftsbilder‹ abgeleitet. D. h., die Forschenden beziehen sich hier auf Konstrukte, die in dieser Form eher dem wissenschaftlichen Diskurs entstammen.

Manche wissenschaftlichen Konstrukte finden dann aber wiederum in die Praxis Eingang: Denkt man an einen sozialpsychologischen Test, der z. B. bei der Auswahl von Bewerbern auf eine Stelle eingesetzt wird, wird deutlich, wie hier sozialwissenschaftliche Konstrukte in gesellschaftliche Praktiken eingewoben sind. Wenn dann in der Personalabteilung von einer Person berichtet wird, sie sei ›nicht teamfähig‹, so knüpft dieses Konstrukt an typische Diskurse an, die in dieser Arena geführt werden.

• Schließlich ist die mit der konstruktivistischen Perspektive verknüpfte veränderte Rolle der Wissenschaft zu beachten: Wissenschaft ist demnach als eine spezifische Form gesellschaftlicher Kommunikation zu begreifen, die nach bestimmten Regeln in einer nach erprobten Selektionsmechanismen konstituierten wissenschaftlichen Gemeinschaft praktiziert wird.

Die Methoden der Konstruktion empirischer Daten wären demnach daran zu messen, wie weit sie es ermöglichen, »über Dinge, Situationen und Ereignisse in einer durchaus spezifischen (statistischen) Weise reden zu können« (Rohwer/Pötter 2002:20 f.). Das impliziert zum einen die Frage, ob die Daten nach den vorherrschenden Regeln der wissenschaftlichen Forschung konstruiert wurden und das daraus entwickelte Wissen somit den spezifischen Stellenwert erlangen kann, der wissenschaftlichem Wissen in den gesellschaftlichen Diskursen zukommt. Zum anderen stellt sich die bereits zu Beginn dieses Buches angesprochene Frage, ob die jeweiligen Datenkonstrukte »die bestmögliche Beschreibung der Situation« (Rorty 2000:84) liefern.

Wie an diesen Überlegungen deutlich wird, werden aus konstruktivistischer Perspektive wesentliche Grundannahmen der repräsentationalen Messtheorie in Frage gestellt; d. h. jedoch nicht, dass präzise sozialwissenschaftliche Erhebungen und das Bemühen, diese zu optimieren, bedeutungslos sind. Es ändern sich jedoch die Maßstäbe, mit denen die Qualität von Messungen bewertet wird. So betrachtet, verliert die Etikettierung des Erhebungsprozesses als Prozess der sozialen Konstruktion ihre ›relativistischen Schrecken‹. Wenn die sozialwissenschaftlichen Wirklichkeitskonstrukte in die sozialen Konstrukte der umgebenden Welt eingebettet werden und wenn man die Wechselwirkungen dieser Konstrukte betrachtet, dann eröffnen sich neue Perspektiven auf den ›Messprozess‹.

»›Empirisch forschen‹ kann dementsprechend allgemein bestimmt werden als praktisches Herstellen logischer, pragmatischer und sozialer Stabilitäten (...), mit denen Wissenschaftler wie mit unabhängigen Gegenständen kommunikativ umgehen. Alles, was zu dieser Stabilitätskonstruktion argumentativ erfolgreich herangezogen werden kann, fungiert – je nach Kriterium und Kontext – als Plausibilisierung oder Beleg. Empirisches Forschen kann mithin als eine spezifische Art und Weise der Wirklichkeitskonstruktion bezeichnet werden« (Schmidt 1998:125).

# 6. Auswahlverfahren

Wenn mit den Methoden der empirischen Sozialforschung neues Wissen über die soziale Welt gewonnen werden soll, so setzt das eine Reihe von Selektionen voraus. Zum einen erfolgen thematische Selektionen, indem man *Forschungsfragen* abgrenzt und darauf aufbauend gezielte Erhebungsinstrumente entwickelt. Der Grad solcher thematischen Selektionen unterscheidet sich je nach Forschungsmethode; die Selektion von untersuchenden sozialen Phänomenen sollte jedoch als ein wesentlicher Bestandteil empirischer Forschung begriffen werden – die Vorstellung einer ›ganzheitlichen‹ Erfassung eines Phänomens wurde hier bereits verschiedentlich zurückgewiesen.

Zum anderen erfolgen Selektionen darüber, dass man den so zugespitzten Blick auf bestimmte *Forschungsobjekte* richtet und nicht auf alle möglichen; auch wenn so genannte Vollerhebungen durchgeführt werden, wurden zuvor bestimmte Abgrenzungen vorgenommen.

In diesem Kapitel wird es um die Forschungsentscheidungen gehen, die sich auf die Abgrenzung von Grundgesamtheiten (a) und daran anschließend auf die Auswahl von Untersuchungsobjekten beziehen: Vollerhebungen (b), Zufallsauswahlen (c–e), bewusste Auswahlen (f–g) und willkürliche Auswahlen (h).

Abb. 59: Auswahlverfahren

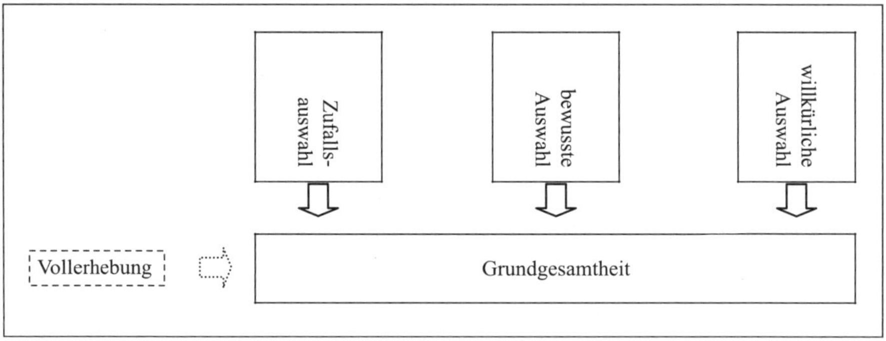


## a) Bestimmung der Grundgesamtheit

In der empirischen Forschung ist eine genaue Abgrenzung des Gegenstandsbereichs erforderlich. Es müssen Aussagen darüber getroffen werden, welche Personen, welche Gruppen, welche Dokumente zum potentiellen Untersuchungsbereich, zur so genannten Grundgesamtheit einer Untersuchung gehören bzw. gehören sollen und welche nicht. Verschiedentlich wird auch der Begriff der Population synonym zum Begriff der Grundgesamtheit genutzt; das ist jedoch nur sinnvoll, wenn die Untersuchungseinheiten aus Personen bestehen.

Die Bestimmung der Grundgesamtheit ist zum einen eine inhaltliche Frage; d. h., es muss ausgehend von einer Untersuchungsfrage nach inhaltlichen Kriterien entschieden werden, welcher Fokus für eine Untersuchung gewählt werden soll, um das bestmögliche Datenmaterial zu gewinnen. Zum anderen verbirgt sich dahinter eine eher pragmatische Frage, weil sichergestellt werden muss, dass die gewünschten Untersuchungen an dieser Grundgesamtheit auch realisiert werden können.

## Inhaltliche Überlegungen zur Abgrenzung von Grundgesamtheiten

Mit der Bestimmung der Grundgesamtheit wird entschieden, mit welchem ›Horizont‹ eine Untersuchung durchgeführt und das daraus gewonnene Wissen zu verorten ist. In der Regel erfolgen solche Abgrenzungen zunächst über räumliche und zeitliche Bestimmungen, müssen dann jedoch noch weiter spezifiziert werden.

Man möchte z. B. etwas über die Situation von Arbeitslosen nach den so genannten Hartz-Reformen erfahren und entscheidet sich demnach für einen bestimmten Untersuchungszeitpunkt, zu dem davon auszugehen ist, dass die wesentlichen Effekte dieser Reform, ihre intendierten und nicht-intendierten Folgen, beobachtbar sind. Die Entscheidung wird dann sicherlich davon abhängen, in welchem Maße auch die langfristigen Effekte solcher Reformen im Sinne veränderter Strategien am Arbeitsmarkt und im Umgang mit sozialen Sicherungssystemen untersucht werden sollen.

Man entscheidet sich zudem, welcher Personenkreis einzubeziehen ist. Dabei wird deutlich, wie eng die Bestimmung der Grundgesamtheit mit der Bestimmung der Untersuchungseinheiten verknüpft ist. Soll es nur um Arbeitslose, also um unmittelbar Betroffene, gehen oder sollen auch andere Personengruppen mit einem mehr oder weniger hohen Arbeitslosigkeitsrisiko einbezogen werden? Sollen Personen untersucht werden oder ist es sinnvoller, Haushalte zu untersuchen, weil doch viele Entscheidungen zur Aufnahme oder Nicht-Aufnahme von Erwerbsarbeit in engem Zusammenhang mit der Verteilung von Arbeit (Erwerbsarbeit, Reproduktionsarbeit, Bürgerarbeit) und Einkommen im Haushalt stehen. Die Frage der räumlichen Abgrenzung ist auf der einen Seite über den Wirkungsbereich der Arbeitsmarktreformen bestimmt, es ist jedoch andererseits zu fragen, ob es nicht sinnvoll sein kann, sich neben einer deutschlandweiten Perspektive speziell für die Entwicklung in bestimmten Krisenregionen zu interessieren.

Auch bei vermeintlich einfachen Fragestellungen stellen sich solche Probleme der Abgrenzung; man möchte z. B. durch die Befragung von Studierenden Informationen über die Qualität einer Lehrveranstaltung gewinnen.

Dabei sind verschiedene Grundgesamtheiten denkbar, die je für sich bestimmte Aussagen ermöglichen:
- alle Studierenden eines Studiengangs
- alle Studierenden eines Studiengangs, die in diesem Semester an irgendeiner Lehrveranstaltung (des jeweiligen Faches) teilgenommen haben
- alle Studierenden, die an der ersten/siebten/letzten Sitzung der zu evaluierenden Veranstaltung teilgenommen haben

Schließlich ist zu überlegen, nach welchen Kriterien die Teilnahme an einer einzelnen Sitzung bestimmt wird: Anwesenheit (zu Beginn, während oder am Ende der

Sitzung Anwesende) oder aktive Teilnahme (d. h. Erledigung der geforderten Vor- und Nachbereitungsarbeiten).

Die Bestimmung einer solchen der Forschungsfrage angemessenen Grundgesamtheit sollte zunächst ausschließlich von inhaltlichen Überlegungen und nicht von pragmatischen Restriktionen beeinflusst werden; diese sollten erst in einem zweiten Schritt Beachtung finden.

## Abgrenzung von Grundgesamtheiten in pragmatischer Perspektive

Nicht jede inhaltlich sinnvolle Abgrenzung von Grundgesamtheiten ist auch für empirische Erhebungen zugänglich. Bei Bevölkerungsumfragen stellt sich – je nach Erhebungs- und Stichprobenverfahren – die Frage der Erreichbarkeit bestimmter Personengruppen; so z. B. für diejenigen,

- die sich illegal in Deutschland aufhalten,
- die wohnungslos sind,
- die in Anstalten oder Gemeinschaftsunterkünften wohnen,
- die über keinen Telefonanschluss verfügen,
- die mehrere Wohnsitze (national, international) haben etc.

Zudem stellen sich sprachliche bzw. kulturelle Barrieren

- bei Personen, die der Interviewsprache nicht oder nicht in hinreichendem Maße mächtig sind,
- bei Personen, denen durch kulturelle oder patriarchale Normen der Kontakt mit ›Fremden‹ versagt ist,
- bei Personen am ›oberen und unteren Rand‹ des sozialen Raumes.

Besonders gravierend sind vermutlich die verschiedenen sprachlichen Probleme. Dem kann generell durch den Einsatz von mehrsprachigen Fragebogen bzw. Interviews begegnet werden, das ist jedoch relativ aufwendig. Zudem stellt sich das Problem, dass die Übersetzung von komplexen Fragen (z. B. Statements in der Einstellungsforschung) die Vergleichbarkeit der Antworten gefährdet.

Diese Probleme führen in der Forschungspraxis häufig zu Abgrenzungen der Grundgesamtheit, bei denen pragmatische Überlegungen im Vordergrund stehen. So heißt es im Methodenbericht zur Allgemeinen Bevölkerungsumfrage: »Die Grundgesamtheit des ALLBUS 2004 besteht aus allen in der Bundesrepublik Deutschland in Privathaushalten wohnenden Personen (Deutsche und Ausländer), die vor dem 1.1.1986 geboren wurden«. In einer Fußnote wird ergänzt: »Ausländische Personen wurden befragt, wenn das Interview in Deutsch durchgeführt werden konnte. Ausländer, deren Deutschkenntnisse für eine Befragung mit einem deutschen Fragebogen nicht ausreichten, sind als Ausfälle aufgrund ›mangelnder Sprachkenntnisse‹ verzeichnet« (Haarmann et al. 2006:51).

In anderen Untersuchungen wurde das Sprachproblem dadurch umgangen, dass nur Haushalte mit deutschsprachigem Haushaltsvorstand zur Grundgesamtheit gerechnet wurden.

## Grundgesamtheiten, über die keine gesicherten Informationen vorliegen

Besondere Probleme bereiten Grundgesamtheiten, über die keine gesicherten Informationen vorliegen bzw. wenn diese Informationen nicht für die Forschung zugänglich sind. Dieses Problem stellt sich z. B., wenn man in Deutschland die Gruppe der Heroin-Abhängigen oder die Personen mit einem monatlichen Einkommen von mehr als 10.000 € untersuchen möchte. Ähnliche Probleme stellen sich in Ländern, die über kein zentrales Meldewesen verfügen.

Auch bei Vorliegen solcher Daten über die Grundgesamtheit sollte deren Qualität eruiert werden. Nach Informationen des Statistischen Bundesamts weichen im Jahr 2006 die Bevölkerungsangaben, die aus der Bevölkerungsfortschreibung gewonnen werden, deutlich (um mindestens 1,3 Millionen) von den Angaben ab, die aus dem Zensustest hochgerechnet wurden; die Zahl der Ausländer liegt um 0,6 Millionen über den Angaben des Ausländerzentralregisters.

Eine präzise Bestimmung der Grundgesamtheit einer Untersuchung ist sowohl im Kontext der quantitativen wie der qualitativen Sozialforschung von großer Bedeutung. Die daran anschließenden Strategien sind jedoch für qualitative und quantitative Ansätze gesondert zu diskutieren.

In der quantitativen Forschung wird ausgehend von der Bestimmung der Grundgesamtheit entschieden, ob eine Vollerhebung durchgeführt werden soll bzw. kann oder ob ein bestimmter Stichprobentyp, in vielen Fällen eine Zufallsstichprobe, gezogen werden soll. Sofern solche Grundgesamtheiten nicht zu groß sind und sofern sie für empirische Erhebungen zugänglich sind, kann man eine Vollerhebung dieser Grundgesamtheit realisieren. Mehrheitlich wird man aber mit einer kontrollierten Auswahl von Fällen, mit einer Stichprobe, arbeiten.

Im Bereich der qualitativen Forschung sind angesichts der üblicherweise bearbeitbaren geringen Fallzahlen Vollerhebungen nicht denkbar. Auch die Prinzipien der Zufallswahl bringen bei kleinen Fallzahlen und einem geringen Standardisierungsgrad der Ergebnisse nicht den Gewinn, den sie in der quantitativen Forschung verheißen. Daher wird in den meisten Fällen mit verschiedenen Typen von bewussten oder willkürlichen Auswahlen gearbeitet. Insbesondere bei inhaltsanalytischen Materialien sind jedoch auch andere Kombinationen möglich; so kann z. B. ein zufällig ausgewähltes Textmaterial (z. B. eine Zufallsstichprobe aus den Leitartikeln zweier Tageszeitungen) als Ausgangspunkt für eine qualitative Analyse verwendet werden.

## b) Vollerhebungen

Vollerhebungen werden gern als ein Ideal sozialwissenschaftlicher Erhebungen dargestellt; das ist dann richtig, wenn eine Vollerhebung auch tatsächlich realisiert werden kann. Wenn es aber aus verschiedenen Gründen nicht gelingt, die Grundgesamtheit wirklich vollständig zu erfassen, dann kommt es zu einem Datenbestand, dessen Status recht schwer zu bestimmen ist, da unklar ist, ob die Ausfälle bestimmte soziale Regelmäßigkeiten aufweisen und so einzelne soziale Gruppen über- oder unterrepräsentiert sind. Nach Angaben des Statistischen Bundesamts lag in der Volkszählung von 1970 bei der Wohnbevölkerung die geschätzte Untererfassung im Durchschnitt bei 1,4 %, bei spezifischen Bevölkerungsgruppen aber wurden weitaus höhere Werte erreicht: bei 21- bis 25-Jährigen ca. 4,6 %, bei Geschiedenen ca. 2,6 % und bei Ausländern ca. 3,8 % (Schnell 1991:110). Auch die Unzulänglichkeiten der Meldestatistik (vgl. Nockemann 2003) verdeutlichen die Schwierigkeiten, die sich bei Vollerhebungen ergeben.

Wenn zu erwarten ist, dass die für eine Vollerhebung ins Auge gefasste Grundgesamtheit nicht weitgehend ausgeschöpft werden kann, ist zu fragen, inwieweit der hohe Erhebungsaufwand für eine Vollerhebung zu rechtfertigen ist und ob die stets knappen Forschungsmittel nicht besser anderweitig für eine Verbesserung der Datenqualität eingesetzt werden können. Relativ einfacher können Vollerhebungen realisiert werden, wenn ein Zugang zu prozessproduzierten Daten möglich ist.

## c) Zufallsstichproben

Die Ziehung von Zufallsstichproben hat für die Entwicklung der empirischen Sozialforschung eine zentrale Rolle gespielt. Ein viel zitiertes Beispiel aus der Wahlforschung kann die Bedeutung von Zufallsverfahren für die Stichprobenziehung verdeutlichen.

### Ein Beispiel

Für die Prognose des Ausgangs der amerikanischen Präsidentschaftswahl im Jahr 1936 versandte die Zeitschrift Literary Digest ca. 10 Millionen Probestimmzettel. Das Adressmaterial bestand aus den Abonnenten der Zeitschrift, aus Telefonbüchern und schließlich aus den Daten über Kraftfahrzeugzulassungen. Immerhin konnte ein Rücklauf von mehr als 2,3 Millionen Stimmzetteln erreicht werden. Die Rücklaufquote lag damit bei ca. 23 %. Auf Basis dieser Daten wurde der Stimmanteil des Demokraten Roosevelt auf 41 % geschätzt; es wurde also entgegen den Befunden aus anderen Probeumfragen ein Wahlsieg für den republikanischen Kandidaten Alf Landon vorhergesagt. Bei der Präsidentschaftswahl erhielt Roosevelt dann aber 61 % der Stimmen.

Die Vorhersage lag trotz der großen Zahl von Fällen falsch, weil es keine Zufallsauswahl war. Vermutlich spielten zwei verzerrende Faktoren eine Rolle: Das Adressmaterial repräsentierte eher den wohlhabenderen Teil der amerikanischen Bevölkerung (Besitzer von Autos und Telefonen im Jahr 1936) und diese sympathisierten eher mit den Republikanern. Zudem gibt es ganz unterschiedliche Motive, einen solchen Probestimmzettel zurückzuschicken oder auch nicht; es liegen aber keine Informationen über die Selektivität des Rücklaufs vor. Squire (1988) kommt nach der Analyse der 1937 erhobenen Daten des Gallup-Institutes zu dem Schluss, dass beide Faktoren gleichermaßen zu dem Fehlschluss beigetragen haben.

## Prognosen auf Basis von Zufallsstichproben

Zufallsstichproben ermöglichen es, ausgehend von einer (relativ kleinen) Stichprobe Aussagen über die Grundgesamtheit zu machen. So lassen sich z. B. auf der Basis einer Zufallsstichprobe von 2000 Befragten Schlüsse auf das Wahlverhalten aller Wahlberechtigten in Deutschland ziehen. Dabei kann genau angegeben werden, mit welcher Wahrscheinlichkeit das Wahlergebnis der Partei XY in einem bestimmten Intervall liegt.

Dazu ein kleines Beispiel: Es soll die Frage geklärt werden, welche Partei die nächste Wahl gewinnt. Auf Basis einer Zufallsstichprobe wurde ermittelt, dass 52 % der Befragten für die Partei A votieren und 48 % für Partei B. Die Stichprobe umfasste 100 Personen. Nun kann ein Konfidenzintervall (Vertrauensintervall) ermittelt werden, in dem das zu erwartende Ergebnis mit einer (angenommenen) Wahrscheinlichkeit (z. B. 95 %) liegen wird. Bei einer Stichprobengröße von n=100 liegt das Konfidenzintervall zwischen 42 und 62 %. Somit ist keine ›klare‹ Vorhersage über den Wahlausgang möglich, da die Untergrenze des Intervalls deutlich unter der für einen Sieg erforderlichen Stimmenzahl von mehr als 50 % liegt. Erst eine zweite Umfrage mit n = 2500 Befragten bringt – bei gleichen Anteilswerten für die Parteien – die erforderliche Klarheit; nunmehr liegt das Konfidenzintervall mit einer Wahrscheinlichkeit von 95 % zwischen 50,04 und 53,96 %; somit liegt auch die Untergrenze oberhalb von 50 %. Diese Vorhersagen sind wohlgemerkt stets mit einer bestimmten Irrtumswahrscheinlichkeit behaftet.

Der folgenden Tabelle ist zu entnehmen, welche Stichprobengröße erforderlich ist, um z. B. die Irrtumswahrscheinlichkeit auf 1 % zu verringern. Dann müssten immerhin 4200 Personen befragt werden, um von einem Anteilswert von 52 % in der Stichprobe auf einen Wahlsieg der Partei zu schließen.

**Abb. 60: Konfidenzintervalle**

| Wahrscheinlichkeit | n | Anteilswert | Intervall +/– | Untergrenze | Obergrenze | Intervallbreite |
|---|---|---|---|---|---|---|
| 95,0 % | 100 | 52,00 % | 9,79 | 42,21 % | 61,79 % | 19,6 |
| 95,0 % | 1.000 | 52,00 % | 3,10 | 48,90 % | 55,10 % | 6,2 |
| 95,0 % | 2.500 | 52,00 % | 1,96 | 50,04 % | 53,96 % | 3,9 |
| 99,0 % | 100 | 52,00 % | 12,87 | 39,13 % | 64,87 % | 25,7 |
| 99,0 % | 1.000 | 52,00 % | 4,07 | 47,93 % | 56,07 % | 8,1 |
| 99,0 % | 2.500 | 52,00 % | 2,57 | 49,43 % | 54,57 % | 5,1 |
| 99,0 % | 4.200 | 52,00 % | 1,99 | 50,01 % | 53,99 % | 4,0 |
| 95,0 % | 100 | 10,00 % | 5,88 | 4,12 % | 15,88 % | 11,8 |
| 95,0 % | 1.000 | 10,00 % | 1,86 | 8,14 % | 11,86 % | 3,7 |
| 95,0 % | 2.500 | 10,00 % | 1,18 | 8,82 % | 11,18 % | 2,4 |

In den letzten Zeilen wird illustriert, wie sich die Konfidenzintervalle darstellen, wenn eine Partei in der Stichprobe einen Anteilswert von 10 % hat. Das Intervall ist absolut betrachtet kleiner als bei einem Anteilswert von 52 %. Relativ betrachtet fallen die Schwankungen aber weitaus stärker aus; d. h., die Partei muss bei einer Stichprobengröße von 100 damit rechnen, dass ihr Anteilswert um mehr als die Hälfte nach oben oder unten abweicht.

All diese Schlüsse von der Stichprobe auf die Grundgesamtheit setzen eine Zufallsauswahl der Befragten voraus. Ist diese nicht gegeben, kann auch eine noch so große Stichprobe, wie das Beispiel der Umfrage des Literary Digest zeigt, diese Unschärfe nicht kompensieren.

In den Medien wird bei der Präsentation von Umfrageergebnissen häufig von ›repräsentativen Stichproben‹ gesprochen, auf die die geschilderten Ergebnisse zurückgehen – leider findet sich dieser Begriff auch in einigen wissenschaftlichen Publikationen. Wie das obige Beispiel zeigt, ist die Repräsentativität keine ›Eigenschaft‹ einer Stichprobe; nur wenn von einer bestimmten Fragestellung ausgegangen wird, kann die Stichprobe einer bestimmten Größe als repräsentative Stichprobe (für die Klärung dieser Frage) bezeichnet werden. Üblicherweise wird bei telefonischen Umfragen zur Sonntagsfrage mit einer Gruppe von 1000 bis 2000 Befragten gearbeitet. Leider wird auf diese Angaben und darüber hinaus auf Angaben zu den zu erwartenden Konfidenzintervallen in vielen Veröffentlichungen verzichtet.

## d) Einfache Zufallsauswahlen

Das Auswahlprinzip einer einfachen Zufallsstichprobe lässt sich relativ einfach fassen: Jede Einheit der Grundgesamtheit muss die gleiche Chance haben, in die Stichprobe zu gelangen. Zudem ist zu fordern, dass die Auswahl eines Objekts nicht die Auswahl anderer Objekte beeinflusst.

Diese Prinzipien lassen sich (zumindest näherungsweise) durch unterschiedliche Auswahlverfahren verwirklichen.

### Lotterie- und Listenauswahlen

Die Realisierung einer Zufallsauswahl kann z. B. dem Prinzip der Ziehung der Lottozahlen folgen. Die Grundgesamtheit, 49 verschiedene Kugeln, wird in eine Lostrommel gegeben und nacheinander werden sechs Lottozahlen und eine Zusatzzahl gezogen. Bei diesem Verfahren der Lotterieauswahl ist es gewährleistet, dass jedes Element der Grundgesamtheit, also jede Kugel, die gleiche Ziehungswahrscheinlichkeit hat.

Ein solches Verfahren kann auch simuliert werden, wenn die Grundgesamtheit in Form einer Liste oder Kartei in Papier- oder elektronischer Form vorliegt. Man kann die Einheiten solcher Dateien dann nummerieren und mit Hilfe von Zufallszahlen eine Auswahl vornehmen; solche Zufallszahlen werden nach einfachen Algorithmen z. B. von Tabellenkalkulationsprogrammen generiert. Auf diese Weise lassen sich einfache Zufallsstichproben aus einem Telefonverzeichnis, einer Meldedatei etc. ziehen. Selbstverständlich kann eine Person bei einer solchen Stichprobe nur gezogen werden, wenn sie auch tatsächlich gemeldet ist oder ihre Daten in einem Telefonverzeichnis gespeichert sind.

Bei Festnetzanschlüssen lässt sich diese Einschränkung dadurch umgehen, dass ausgehend von bekannten Telefonnummern mit einem Zufallsalgorithmus auch nach ›benachbarten‹ Telefonanschlüssen gesucht wird. Damit können auch Personen in die Stichprobe gelangen, deren Daten nicht in einem Telefonregister verzeichnet sind. Gegenwärtig liegen solche Auswahlverfahren nur für Personen mit einem Festnetzanschluss vor – inzwischen verfügen in Deutschland jedoch etwa 3,4 % aller Personen ausschließlich über einen Mobilfunkanschluss (Gabler/Häder 2005:11). Auch ISDN-Anschlüsse, die mehrere Rufnummern bereitstellen, erschweren die Stichprobenziehung.

Ein großes Problem solcher einfachen Zufallsauswahlen liegt darin, dass – glücklicherweise – für viele Grundgesamtheiten die erforderlichen Register nicht vorliegen oder für die Forschung nicht zugänglich sind. So gibt es z. B. kein bundesweites Personenregister, aus dem Stichproben mit Adressdaten gezogen werden könnten. Zudem wäre es sehr aufwendig, einen Interviewerstab zu unterhalten, der quer durch die Bundesrepublik zufällig ausgewählte Personen persönlich befragt; für bundesweite Bevölkerungsstichproben mit persönlicher Befragung werden daher andere komplexe Auswahlverfahren (s. u.) eingesetzt.

## Gebietsauswahl: Random-Route-Verfahren

Random-Route-Verfahren bieten die Möglichkeit, innerhalb eines räumlich abgegrenzten Gebietes eine Zufallsauswahl von Haushalten zu realisieren. Der Vorteil dieses Verfahrens liegt darin, dass kein Registermaterial erforderlich ist. Es kann somit in allen Regionen der Welt eingesetzt werden.

Abb. 61: Random-Route

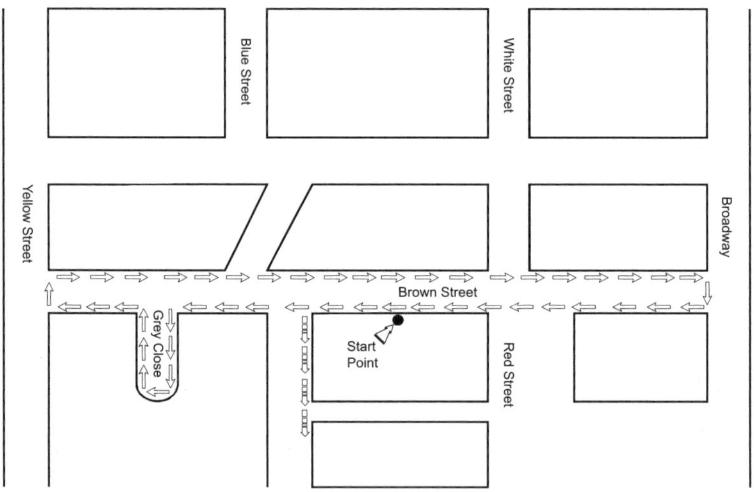


Quelle: www.ausport.gov.au/fulltext/1999/nz/1997notes.pdf

Ausgehend von einem ausgewählten Anfangspunkt in dem Gebiet wird nach festen Regeln eine Zufallsroute beschrieben. Solche Regeln umfassen (regional anzupassende) Handlungsanweisungen für alle räumlichen Eventualitäten: Abbiegeregeln, Umkehrregeln, Regeln für besondere Haustypen (z. B. Mehrfamilienhäuser), Regeln für Sackgassen, Fabrikgelände etc. Auf diesem Zufallsweg wird dann eine bestimmte Quote von Haushalten ausgewählt.

Abb. 62: Auszug aus einer Random-Route-Anweisung

- Es wird mit der kleinsten geraden oder der größten ungeraden Hausnummer begonnen.
- Vom Startpunkt aus wird in Verkehrsrichtung unter Einhaltung der Straßenseite vorgegangen.
- Es wird so lange geradeaus gegangen (oder in der Richtung, die der Geradeausrichtung am nächsten liegt), wie dies möglich ist.
- Ist ein Geradeaus nicht mehr möglich, biegt man rechts ab.
- Ist ein Geradeaus und ein Rechtsabbiegen nicht möglich, biegt man links ab. Ist ein Geradeaus und weder Rechts- noch Linksabbiegen möglich, geht man auf der anderen Straßenseite zurück.
- Trifft man auf die Stadtgrenze/Grenze des Stimmbezirks oder auf größere unbebaute Gelände (Friedhof, Feld, Bahnanlage, Industriegelände usw.), geht man ebenfalls auf der anderen Straßenseite zurück.
- Grundsatz bei der Auflistung von Privathaushalten in Mehrfamilienhäusern: von oben rechts nach unten links.
- Hinterhäuser folgen direkt im Anschluss an die vorliegenden Häuser.

Quelle: Kress, Medialexikon (www.kress.de/medialexikon/fml.php?id=117)

Grundsätzlich besteht bei Random-Route-Verfahren auch die Möglichkeit eines zweistufigen Vorgehens: in einem ersten Schritt erfolgt die Aufnahme von Adressen (Address Random); in einem zweiten Schritt werden dann möglicherweise von einer zweiten Person die Interviews in den ausgewählten Haushalten durchgeführt.

## Auswahl an der Haustür

Bei vielen Stichprobenverfahren werden zunächst Haushalte ausgewählt, nur sie sind in der Regel über eine Adresse, einen Festnetzanschluss oder einen Zufallsweg zugänglich. Da jedoch viele Befragungen auf Personen zielen, muss schließlich auch innerhalb des Haushalts eine Zufallsauswahl getroffen werden; die Befragung der Person, die die Tür öffnet oder ans Telefon geht, würde kaum dem Zufallsprinzip genügen.

Daher wird innerhalb des Haushalts häufig mit einem als Kish-Table oder Schwedenschlüssel benannten Verfahren gearbeitet. Dabei werden zunächst alle

Haushaltsmitglieder in der Reihenfolge ihres Alters aufgelistet. Danach wird mit einem von der Haushaltsgröße abhängigen Zufallsschlüssel, der individuell z. B. auf den Fragebogen aufgedruckt ist, der Rangplatz der zu befragenden Person bestimmt. Ein einfacher Zufallsalgorithmus kann auch durch die Befragung derjenigen Person realisiert werden, deren Geburtstag am nächsten zum Befragungszeitpunkt liegt.

Grundsätzlich sind beide Verfahren nur bedingt kontrollierbar und die Interviewer und Interviewerinnen werden in der Regel nach durchgeführten Interviews und nicht nach der Anzahl der Besuche bezahlt.

Wenn Personen über eine Haushaltsauswahl kontaktiert werden, haben Personen in größeren Haushalten grundsätzlich eine geringere Ziehungswahrscheinlichkeit; dieses Problem ist bei der Auswertung des so gewonnenen Materials z. B. durch entsprechende Gewichtungsfaktoren auszugleichen (vgl. Teil II, Kap. 12).

## e) Komplexe Zufallsauswahlen

### Mehrstufige Zufallsauswahl

Einfache Zufallsauswahlen sind z. B. bei bundesweiten Bevölkerungsumfragen, in denen die Befragten persönlich kontaktiert werden sollen, kaum zu realisieren; daher wird in der Regel mit mehrstufigen Auswahlverfahren gearbeitet.

Auf der ersten Stufe wird eine Auswahl von Wahlbezirken nach einem Zufallsverfahren getroffen. Dabei ist die unterschiedliche Größe dieser Wahlbezirke zu berücksichtigen. Auf der zweiten Stufe erfolgt eine Begehung des Wahlbezirks nach dem Random-Route-Verfahren, ausgehend von einer Startadresse. Auf der dritten Stufe wird schließlich eine Person aus dem aufgesuchten Haushalt ausgewählt.

Da solche Auswahlen z. B. von den Instituten der Markt- und Meinungsforschung sehr häufig getroffen werden müssen, wurde eine Vorgehensweise entwickelt, die es ermöglicht, einen mehrstufigen Auswahlprozess möglichst effektiv zu organisieren. Ein solches Konzept liegt mit dem ADM-Design der Arbeitsgemeinschaft Deutscher Marktforschungsinstitute vor.

- Zunächst werden die Stimmbezirke in Ost- und Westdeutschland nach Kreisen und Gemeindegrößen geschichtet. Aus diesen Schichten werden dann (proportional zur Zahl der Haushalte) Wahlbezirke ausgewählt und zu überschneidungsfreien Netzen von je 210 (Westdeutschland) bzw. 48 (Ostdeutschland) Bezirken zusammengefasst. Auf diese so gewonnenen Netze kann nun zugegriffen werden; d. h., für einzelne Erhebungen werden von den Befragungsinstituten aus diesem Pool mehrere Netze entnommen.

Abb. 63: Beispiel zur Anwendung des ADM-Masterdesigns, ALLBUS 1998

| | |
|---|---|
| **1. Stufe:** zufällig ausgewählte Stimmbezirke | |
| 420 Stimmbezirke (West)<br>(2 Netze mit je 210 Stimmbezirken) aus der ADM-Hauptstichprobe | 192 Stimmbezirke (Ost)<br>(2 Netze mit je 2 x 48 Stimmbezirken) aus der ADM-Hauptstichprobe |
| **2. Stufe:** zufällig ausgewählte Haushalte in den Stimmbezirken nach dem Random-Route-Verfahren mit Adress-Vorlauf | |
| **3. Stufe:** Zufallsauswahl jeweils einer Befragungsperson je Haushalt aus den zur Grundgesamtheit zählenden Haushaltsmitgliedern (Kish-Table) | |

Quelle: Haarmann (2006:11)

• Im nächsten Schritt werden innerhalb des Bezirks nach dem Random-Route-Verfahren Auswahlen getroffen. Wenn zunächst mit einem Adress-Vorlauf (Address-Random) gearbeitet wird, so kann diese Liste von Haushalten für die Auswahl einzelner Haushalten mehrfach genutzt werden.
• Der letzte Auswahlschritt erfolgt dann auf der Haushaltsebene z. B. nach dem Kish-Table.

Neben einem solchen dreistufigen Auswahlprozess findet sich bei Bevölkerungsumfragen häufig auch ein zweistufiges Vorgehen. Dann wird nach einer ersten Auswahlstufe, die dem ADM-Verfahren entspricht, mit einer Zufallsauswahl auf Basis der Melderegisterdaten zu den Wahlkreisen gearbeitet. Die damit getroffene personenbezogene Auswahl erübrigt dann die letzte Auswahlstufe im Haushalt.

Entgegen dem Prinzip der einfachen Zufallsauswahl ›jede Untersuchungseinheit hat die gleiche Chance, in die Stichprobe zu gelangen‹ heißt es für mehrstufige Stichproben: ›Jede Einheit hat eine bekannte Chance, in die Stichprobe zu gelangen‹. Ein solches vom Ideal der einfachen Zufallsstichprobe abweichendes Stichprobendesign muss bei der statistischen Analyse der damit erhobenen Daten berücksichtigt werden, z. B. indem entsprechende Gewichtungen vorgenommen werden (vgl. Teil II, Kap. 12).

## Geschichtete Zufallsauswahl

Geschichtete Auswahlen sind dann von Interesse, wenn spezifische Strukturen des Datenmaterials in der Stichprobe angemessen repräsentiert werden sollen. So ist man z. B. in Deutschland angesichts der strukturellen Unterschiede zwischen West- und Ostdeutschland daran interessiert, bei bundesweiten Stichproben auch eine hinreichend große Zahl von Personen aus Ostdeutschland einzubeziehen, um auch über diesen Landesteil ›repräsentative‹ Aussagen machen zu können. Damit sich die Gesamtkosten nicht unnötig erhöhen, werden dann für West- und Ostdeutschland unterschiedliche Stichproben gezogen. Um zu gewährleisten, dass bei einer Stichprobe von 3000 Befragten die neuen Bundesländer hinreichend vertreten sind – und nicht nur entsprechend ihrem Bevölkerungsanteil –, wird bei der Allgemeinen Bevölkerungsumfrage Sozialwissenschaften eine geschichtete Stichprobe mit unterschiedlichen Auswahlquoten gezogen. So setzt man sich zum Ziel, dass mindestens 1000 Ostdeutsche in der Befragung vertreten sind.

Abb. 64: Auswahlquoten bei einer geschichteten Stichprobe

| | Einwohner in der GG | Stichprobengröße | Auswahlsatz |
|---|---|---|---|
| ABL | 65.527.242 | 2.000 | 0,0031 % |
| NBL | 13.617.013 | 801 | 0,0059 % |
| Berlin | 3.392.425 | 199 | 0,0059 % |

Der Auswahlsatz beträgt dann in den alten Bundesländern 0,0031 % und in den neuen Bundesländern 0,0059 %.

Ein anderes Problem stellt sich, wenn man das Durchschnittseinkommen in einer Gesellschaft möglichst genau bestimmen möchte. Das Durchschnittseinkommen ist in nicht unerheblichem Maße von den hohen Einkommen geprägt. Bei einer einfachen Stichprobe bleibt es eher dem Zufall überlassen, in welchem Grad einzelne Spitzenverdiener vertreten sind. Daher könnte man eine geschichtete Stichprobe mit einem höheren Auswahlsatz für die oberen Einkommen ziehen. Man müsste dazu jedoch vorab wissen, zu welchem Einkommenssegment die Befragten gehören.

Auch bei geschichteten Stichproben gilt das Prinzip ›Jede Einheit hat eine bekannte Chance, in die Stichprobe zu gelangen‹. Dementsprechend muss, wenn z. B. die Daten des ALLBUS in bundesweiter Perspektive ausgewertet werden sollen, die unterschiedliche Ziehungswahrscheinlichkeit in Ost und West durch eine einfache Gewichtung ausgeglichen werden, ansonsten wären die ostdeutschen Befragten in der Auswertung überrepräsentiert.

## Geklumpte Zufallsauswahl

Die bei der Bestimmung einer Zufallsstichprobe erhobene Forderung, dass die Auswahl eines Objekts nicht die Auswahl anderer Objekte beeinflussen solle, lässt sich im Prozess der Stichprobenziehung nicht immer einhalten. Wenn man z. B. eine Stichprobe aus den Schülern und Schülerinnen einer Stadt ziehen möchte, so finden sich hierzu keine handhabbaren Registerdaten. Man wird also zunächst auf Schulen und Schulklassen zurückgreifen. Um die Erhebungskosten zu begrenzen, werden dann häufig alle Schüler einer Klassen als Erhebungseinheit ausgewählt; man hat es also auf dieser Stufe nicht mit der Auswahl einzelner Untersuchungseinheiten, sondern mit der Auswahl eines ganzen Klumpens oder Clusters zu tun. Damit sind aber die oben angegebenen Forderungen der Unabhängigkeit und Gleichwahrscheinlichkeit verletzt.

Neben erhebungspraktischen Gründen können bei bestimmten Fragestellungen auch inhaltliche Gründe für eine solche Auswahlentscheidung angeführt werden. Diekmann (1995) illustriert dies am Beispiel einer fiktiven Untersuchung zur Verbreitung rechtsradikaler Einstellungen unter den Schülern der Gymnasien einer Stadt. Da solche Einstellungen nicht unerheblich auch mit dem näheren sozialen Umfeld zusammenhängen, kann es durchaus sinnvoll sein, über die Befragung jeweils ganzer Klassen zumindest ein Segment dieses Umfelds abzubilden. Demnach könnte man also zunächst alle Klassen aller Gymnasien einer Stadt zu einer Liste zusammenfügen und hier eine Zufallsauswahl treffen; danach würden dann ganze Klassen, als ›Klumpen‹ von Schülern und Schülerinnen, befragt.

Klumpenauswahlen bieten also bei der Erhebung einige praktische und möglicherweise inhaltliche Vorteile; aber es sind keine reinen Zufallsauswahlen, da das Prinzip der Unabhängigkeit der einzelnen Auswahlen verletzt wird. Das hat zur Konsequenz, dass die Fehlerquote bei Schlüssen auf die Grundgesamtheit von verschiedenen Faktoren abhängt: von der Zahl der Klumpen bzw. ihrer Größe und von der Heterogenität innerhalb der Klumpen bzw. der Heterogenität zwischen den Klumpen. Diese Effekte können nicht durch einfache Gewichtungen ausgeglichen werden; vielmehr muss bei der statistischen Analyse mit eigens entwickelten Schätzmodellen gearbeitet werden.

## Die Bedeutung von Methodenberichten

Ein bedeutender Vorteil der standardisierten Sozialforschung liegt darin, dass viele der hier diskutierten Probleme von Auswahlverfahren sehr präzise dokumentiert werden können. Das beseitigt diese Probleme nicht unbedingt, kann aber bei der Analyse der so gewonnenen Daten berücksichtigt werden. Auf einzelne Probleme kann man auch z. B. durch Gewichtungsverfahren oder Imputationen (vgl. Teil II, Kap. 12) reagieren. Die Defizite werden dadurch nicht beseitigt, es werden möglicherweise aber einige Folgeeffekte minimiert. Hinweise auf die Probleme von Stichprobenerhebungen sind den Methodenberichten zu entnehmen, die für wissenschaftliche Befragungen verfügbar sein sollten.

In der folgenden Abbildung finden sich die Angaben aus einem ALLBUS-Methodenbericht zu den Stichprobenausfällen.

**Abb. 65: Probleme der Ausschöpfung von Stichproben**

| | | West | | Ost | |
|---|---|---|---|---|---|
| | | N | % | N | % |
| | Ursprüngliche Bruttostichprobe | 4.107 | 100,0 | 1.887 | 100,0 |
| + | Zusätzlich eingesetzte Adressen als Ersatz für stichprobenneutrale Ausfälle | 461 | 11,2 | 196 | 10,3 |
| = | Bruttostichprobe | 4.568 | 100,0 | 2.083 | 100,0 |
| ./. | Stichprobenneutrale Ausfälle insgesamt | 482 | 10,6 | 204 | 9,8 |
| | - Adresse falsch, existiert nicht (mehr) | 82 | 1,8 | 57 | 2,8 |
| | - Zielperson verstorben | 26 | 0,6 | 4 | 0,2 |
| | - Zielperson verzogen | 311 | 6,8 | 132 | 6,3 |
| | - Zielperson lebt nicht in Privathaushalt | 63 | 1,4 | 11 | 0,5 |
| = | Bereinigter Stichprobenansatz | 4.086 | 100,0 | 1.879 | 100,0 |
| ./. | Systematische Ausfälle insgesamt | 2.152 | 52,7 | 993 | 52,8 |
| | - Im Haushalt niemand angetroffen | 72 | 1,7 | 39 | 2,1 |
| | - Zielperson nicht angetroffen | 105 | 2,6 | 72 | 3,8 |
| | - Zielperson nicht befragungsfähig | 171 | 4,2 | 64 | 3,4 |
| | - ZP aus Zeitgründen nicht zum Interview bereit | 160 | 3,9 | 59 | 3,1 |
| | - ZP generell nicht zum Interview bereit | 1.102 | 27,0 | 560 | 29,8 |
| | - Zielperson spricht nicht hinreichend gut deutsch | 81 | 2,0 | 6 | 0,3 |
| | - Zweifel an ordnungsgemäßer Durchführung | 416 | 10,2 | 179 | 9,5 |
| | - Interview nicht vollständig durchgeführt | 35 | 0,9 | 2 | 0,1 |
| | - Adresse nicht abschließend bearbeitet | 10 | 0,2 | 12 | 0,6 |
| = | Auswertbare Interviews | 1.934 | 47,3 | 886 | 47,2 |

Quelle: ALLBUS-Methodenbericht 2002, S.59

Die Angabe zur ursprünglichen Bruttostichprobe informiert über die zunächst angestrebte Gesamtzahl von Interviews, in Westdeutschland z. B. 4107; das ist jedoch eine fiktive Größe, da sie nur bei einer vollständigen Ausschöpfung erreicht werden könnte. Die Ausfälle durch Adressfehler, verstorbene und verzogene Zielpersonen sowie durch Personen, die z. B. in ›Anstalten‹ leben, werden als stichprobenneutral betrachtet, da dieses Adressmaterial im einen oder anderen Sinne fehlerhaft war. Diese stichprobenneutralen Ausfälle werden durch etwa gleich viele neu gezogene Adressen ersetzt; damit kommt man zu 4086 Adressen, bei denen grundsätzlich eine Befragung möglich gewesen wäre.

Von diesen 4086 Befragungen können jedoch nur 47,3 % ordnungsgemäß realisiert werden. Fast 60 % der Ausfälle gehen auf unterschiedlich begründete Verweigerungen zurück; beinahe 20 % der Ausfälle resultieren aus Interviews, an deren ordnungsgemäßer Durchführung zu zweifeln ist; etwa 16 % wurden nicht angetroffen oder waren (vermutlich aus gesundheitlichen Gründen) nicht befragungsfähig. Bei etwa 4 % der Ausfälle waren die sprachlichen Probleme so gravierend, dass das Interview nicht geführt werden konnte.

Für eine Bewertung dieser Ausfälle ist die Frage entscheidend, ob es sich dabei im sozialstrukturellen Sinne um systematische oder zufällige Fehler handelt. Von einem zufälligen Fehler wäre z. B. auszugehen, wenn sich die Gruppen der Verweigerer gleichmäßig über alle relevanten sozialen Gruppen einer Gesellschaft verteilen würden. Hierzu liegen keine systematischen Informationen vor; in vielen Untersuchungen werden die Interviewerinnen jedoch gebeten, auch für verweigernde Personen oder ihr Wohnumfeld aus eigener Anschauung gewisse Angaben zu machen, die dann eine grobe Abschätzung ermöglichen, wie weit diese Ausfälle eher zufällige oder systematische Fehler hervorbringen. Die aus sprachlichen oder gesundheitlichen Gründen nicht realisierten Interviews führen tendenziell zu systematischen Fehlern, da es sich um Personen mit Migrationshintergrund oder mehrheitlich um ältere Menschen handelt.

Die kumulierten Effekte dieser Ausfälle sowie der Fehler bei der Stichprobenziehung lassen sich durch den Vergleich bestimmter Eckdaten aus der realisierten Stichprobe mit verlässlichen Vergleichsdaten bestimmen. Ein ideales Vergleichsdatum wäre eine gleichzeitig durchgeführte Volkszählung mit einer 100-%-Ausschöpfung. Leider muss man sich auch für Vergleiche in der Regel mit Stichprobendaten begnügen. Diese gehen jedoch wie die Mikrozensus-Daten in der folgenden Abbildung auf eine amtliche Stichprobe mit einer weit höheren Fallzahl zurück, für die zudem eine gesetzliche Teilnahmeverpflichtung besteht.

Auf diese Weise können verschiedene Eckdaten wie Geschlecht, Schulbildung, Einkommen etc. verglichen werden, um zu einer gewissen Abschätzung von Erhebungsproblemen zu kommen. Im Vergleich der Altersstruktur werden Defizite der ALLBUS-Daten insbesondere bei älteren Befragten erkennbar. Grundsätzlich ist es möglich, die aus einem solchen Vergleich gewonnenen Informationen über die Unterrepräsentation bestimmter Gruppen auch für eine Gewichtung zu nutzen (s. Teil II, Kap. 12).

Abb. 66: Altersverteilungen im Vergleich von Mikrozensus und ALLBUS

| | Mikro-zensus 1993 (%) | Mikro-zensus 1997 (%) | Mikro-zensus 2001 (%) | ALLBUS 1992 | ALLBUS 1994 | ALLBUS 1996 | ALLBUS 1998 | ALLBUS 2000 | ALLBUS 2002 |
|---|---|---|---|---|---|---|---|---|---|
| Ausschöpfungsquote (%) | | | | 51,9 | 53,2 | 54,2 | 55,4 | 46,9 | 47,3 |
| | | | | (Abweichung in %-Punkten) | | | | | |
| 18 bis 29 Jahre | 20,8 | 17,3 | 15,0 | 0,4 | 0,2 | 2,0 | –1,4 | –0,9 | 1,4 |
| 30 bis 39 Jahre | 18,1 | 19,7 | 19,5 | 3,0 | 2,7 | 1,5 | –0,1 | 0,3 | 1,0 |
| 40 bis 49 Jahre | 15,3 | 16,8 | 18,0 | 1,9 | 0,4 | 0,7 | –0,1 | 1,8 | 0,4 |
| 50 bis 59 Jahre | 18,3 | 17,1 | 15,5 | –0,2 | 0,5 | 0,5 | 1,8 | 0,2 | 0,5 |
| 60 bis 69 Jahre | 13,8 | 14,6 | 16,3 | –0,5 | –0,3 | –0,5 | 3,0 | 0,5 | 0,0 |
| 70 Jahre u. älter | 13,7 | 14,6 | 15,8 | –4,5 | –3,6 | –4,2 | –3,3 | –1,9 | –3,3 |

Quelle: ALLBUS-Methodenbericht 2002, S. 81

Diese Vergleiche kommen jedoch da an Grenzen, wo auch die Vergleichsdaten strukturelle Fehler aufweisen; das ist z. B. bei ›Illegalen‹, bei Personen ohne Wohnsitz etc. der Fall; hier ist man mit den kollektiven blinden Flecken der standardisierten Umfrageforschung konfrontiert.

Trotz dieser Schwierigkeiten wird an diesen Beispielen das besondere Potential erkennbar, das sich bei standardisierten Erhebungen (insbesondere Bevölkerungsumfragen) bietet, um die verschiedenen sich im Erhebungsprozess einstellenden Fehlerquellen abzuschätzen und mitunter sogar zu korrigieren.

## Registergestützter Zensus

Da herkömmliche Volkszählungen ausgesprochen aufwendig sind und die zuletzt 1987 in Deutschland durchgeführte Zählung auf erhebliche Akzeptanzprobleme stieß, wurde 2006 der Entschluss zur Durchführung eines registergestützten Zensus gefasst. Damit werden völlig neue Wege Datengewinnung über die Bevölkerung der Bundesrepublik und deren Wohn-, Lebens- und Arbeitsverhältnisse gegangen.

Beim registergestützten Verfahren werden zum einen vorliegende Register-Daten (u. a. der Meldeämter und der erwerbsstatistischen Register der Bundesagentur für Arbeit bzw. der öffentlichen Verwaltung) genutzt, um die Zahl der Haushalte und Personen zu ermitteln. Zum anderen werden Befragungen eingesetzt, zunächst für eine Zählung der Gebäude und Wohnungen und für die Datenerhebung in Sondergebäuden, Wohnheimen etc. Eine Verknüpfung der Haushalts- bzw. personenbezogenen Angaben mit den Ergebnissen der Gebäude- und

Abb. 67: Modell des registergestützten Zensus

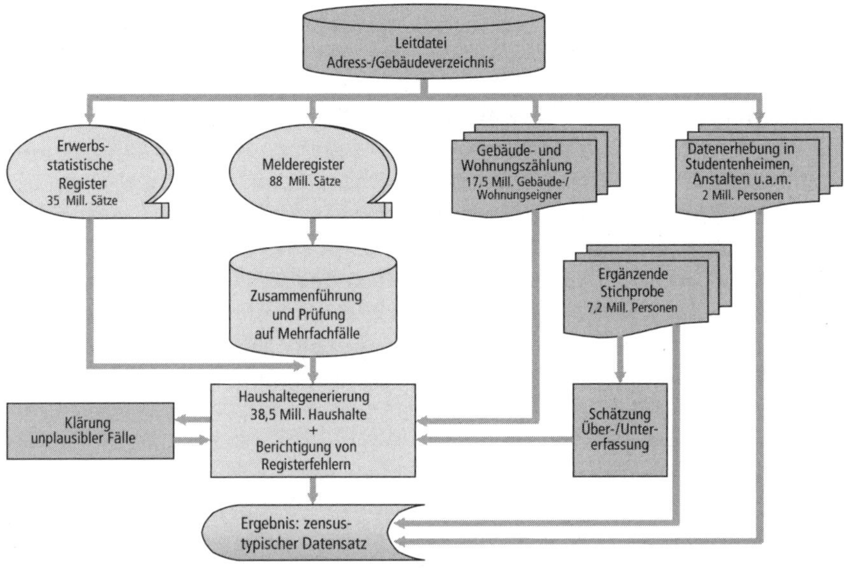


Quelle: Statistisches Bundesamt (2006)

Wohnungszählung und den dort gemachten Angaben über die Belegung der Wohnung erfolgt bei der Haushaltsgenerierung. Die sich dabei ergebenden unplausiblen Fälle sind in einer gesonderten Befragung zu klären.

Darüber hinaus wird eine ergänzende Stichprobe von ca. 10 % genutzt, um zum einen Fehler im Melderegister, so genannte Über- und Untererfassungen, zu klären; damit kann dann nach entsprechenden Hochrechnungen auch die Einwohnerzahl der Gemeinden korrigiert werden. Zum anderen werden damit diejenigen zensustypischen Informationen gewonnen, die mit den vorhandenen Registerdaten nicht vorliegen, z. B. personenbezogene Angaben zu Erwerbstätigkeit und Beruf, zum Lebensunterhalt sowie zur schulischen und beruflichen Bildung. Verglichen mit einer klassischen Volkszählung, deren Kosten auf mehr als eine Milliarde Euro geschätzt wurden, liegen die voraussichtlichen Kosten der hier dargestellten Variante eines registergestützten Zensus bei etwa einem Drittel dieses Betrags (Statistische Ämter 2004:833). Zudem wird eine weitaus kleinere Bevölkerungsgruppe postalisch bzw. durch Interviewende befragt.

### f) Quotenauswahlen

Quotenauswahlen kommt eine gewisse Sonderstellung unter den Auswahlverfahren zu. Sie rechnen nicht mehr zu den Zufallsauswahlen; dennoch werden sie in der Markt- und Meinungsforschung eingesetzt, da sie relativ kostengünstiger sind als Zufallsauswahlen oder vergleichbare Verfahren. Sie bieten zwar nicht die Möglichkeiten des statistisch gesicherten Schlusses von der Stichprobe auf die Grundgesamtheit, liefern aber erfahrungsgemäß durchaus ›brauchbare‹ Ergebnisse.

Bei einer Quotenauswahl wird anhand vorgegebener Merkmale entschieden, in welchem Maße z. B. Männer und Frauen, verschiedene Berufs-, Alters- bzw. Einkommensgruppen oder Befragte aus städtischen und ländlichen Regionen vertreten sein sollen. Für die Bestimmung solcher Quoten kann auf vorliegende Daten z. B. aus dem Mikrozensus zurückgegriffen werden. Sobald diese Quoten festgesetzt sind, werden gezielt Personen nach diesen Merkmalen ausgewählt, so dass die Stichprobe hinsichtlich dieser Merkmale schließlich dieselbe Struktur hat wie die Grundgesamtheit.

Um einen solchen Prozess arbeitsteilig zu organisieren, erhalten die einzelnen Interviewer eine Anweisung, wie viele Interviews sie durchzuführen haben und wie sich die Befragten hinsichtlich der verschiedenen Merkmale verteilen sollen. Das folgende fiktive Beispiel zeigt eine mögliche Intervieweranweisung.

Abb. 68: Intervieweranweisung für eine Quotenauswahl (fiktiv)

| | | |
|---|---|---|
| Zahl der Interviews: | | 9 |
| Geschlecht | männlich | 4 |
| | weiblich | 5 |
| Alter | 15–30 | 3 |
| | 30–50 | 4 |
| | 50–70 | 2 |
| Berufsgruppe | Arbeiter/in | 2 |
| | Angestellte/r | 3 |
| | Beamte/r | 2 |
| | Selbstständige/r | 1 |
| | Nicht erwerbstätig | 1 |

Quelle: ALLBUS-Methodenbericht 2002, S. 81Eine solche Anweisung führt dann möglicherweise zu dem Problem, dass die Interviewenden am Ende nach Personen mit recht ausgefallenen Merkmalskombinationen Ausschau halten müssen.

Eine solche Anweisung führt dann möglicherweise zu dem Problem, dass die Interviewenden am Ende nach Personen mit recht ausgefallenen Merkmalskombinationen Ausschau halten müssen.

Neben einer einfachen Quotierung kann auch eine kombinierte Quotierung verwandt werden; dann würde z. B. festgelegt, wie sich die Angehörigen der drei Altersgruppen nach Männern und Frauen zu verteilen haben. Zudem könnte man die Quotierung noch auf weitere Merkmale ausdehnen, um die Grundgesamtheit besser modellieren zu können. Beide Strategien würden jedoch das Problem der Gewinnung von passenden Interviewpartnern weiter zuspitzen. Sinnvollerweise kann nur nach Merkmalen quotiert werden, für die zum einen verlässliche Informationen zur Grundgesamtheit vorliegen und die zum anderen von den Interviewenden relativ leicht ermittelt werden können.

Die durchaus ›brauchbaren‹ Ergebnisse einer Quotenauswahl gehen darauf zurück, dass mit den quotierten Merkmalen auch andere interessierende Merkmale korrelieren. Bei einer zunehmenden Differenzierung von Lebenslagen, wie sie in den letzten Jahrzehnten zu verzeichnen ist, wird diese Annahme jedoch problematischer (Reuband 1998:51). Dennoch sind Quotenstichproben oft besser als ihr Ruf; zumal auch in der Realisierung der theoretisch überlegenen Zufallsstichprobe gewisse Fehlerquellen stecken, wie die Daten in Abb. 65 zeigen.

Für die wissenschaftliche Sozialforschung ist die Quotenauswahl nicht akzeptabel, da keine statistisch gesicherten Parameterschätzungen, d. h. keine genau berechenbaren Schlüsse von der Stichprobe auf die Grundgesamtheit möglich sind; diese setzen Zufallsauswahlen oder zumindest berechenbare Auswahlwahrscheinlichkeiten voraus.

## g) Gezielte Auswahlen

Im Unterschied zu den verschiedenen Typen der Zufallsauswahl, die in der Regel nur in der quantifizierenden Sozialforschung sinnvoll sind, finden sich gezielte oder bewusste Auswahlen sowohl in der qualitativen wie der quantitativen Sozialforschung. Auch die zuvor besprochenen Quotenstichproben sind genau genommen als gezielte Auswahlen zu begreifen.

Im Bereich der qualitativen Sozialforschung werden gezielte Auswahlen über eine »Vorab-Festlegung der Samplestruktur« (Flick 1995:79), über die Auswahl typischer Fälle oder prozessgesteuert (Theoretical Sampling) getroffen.

## Vorab-Festlegung der Samplestruktur

Bei dieser Auswahlstrategie wird versucht – ähnlich wie bei einer Quotenstichprobe –, nach theoretischen Überlegungen zu entscheiden, wie eine Stichprobe zusammengesetzt sein sollte, die die Grundgesamtheit möglichst gut ›abbildet‹. So ist zu überlegen, in welchem Maße verschiedene Geschlechter, verschiedene Bildungsgruppen oder Bürger und Bürgerinnen mit und ohne Migrationshintergrund vertreten sein sollen. Ähnlich wie bei der Quotenstichprobe stellt sich dabei das Problem, dass eine komplexe Quotierung oder gar eine kombinierte Quotierung zu erheblichen Schwierigkeiten bei der Gewinnung von Interviewpartnern führen kann.

Bei einer ganz ähnlichen Strategie der Vorab-Festlegung werden die Fälle so ausgewählt, dass hinsichtlich verschiedener Merkmalsdimensionen maximale Unterschiede abgebildet werden. D. h., man versucht, in einer oder in mehreren Dimensionen möglichst kontrastierende Fälle in das Sample aufzunehmen: Wohlhabende und weniger Wohlhabende, Jüngere und Ältere etc.

## Auswahl typischer Fälle

Im Kontext der qualitativen Sozialforschung stellt die typische Auswahl nur ein anderes Prinzip der Vorab-Festlegung dar, indem nicht nach einfachen persönlichen Merkmalen, sondern nach bestimmten (problembezogenen) Typen ausgewählt wird. Das setzt jedoch zum einen ein gedanklich gut erschlossenes Forschungsfeld voraus, zum anderen stellt sich das Problem, wie die Zugehörigkeit zu solchen Typen mit vertretbarem Aufwand vorab ermittelt werden kann.

Das letztere Problem entfällt, wenn das Auswahlverfahren mit einer zuvor durchgeführten standardisierten Befragung einer Zufallsauswahl kombiniert wird. Dann besteht insbesondere bei computergestützten Befragungen die Möglichkeit, dass bei Personen mit einer bestimmten Merkmalskombination die Bereitschaft zu einer qualitativen Befragung ermittelt wird.

Im Bereich der quantitativen Sozialforschung wird mit dem Konzept typischer Fälle vor allem im Bereich der Marktforschung gearbeitet. Man versucht z. B. typische Orte auszumachen, d. h. Orte, die in ihrer Bevölkerungszusammensetzung hinsichtlich verschiedener Merkmale ähnlich strukturiert sind wie die jeweils interessierende Grundgesamtheit. In diesen typischen Orten kann dann mit einfachen Mitteln eine Zufallsstichprobe gezogen und realisiert werden, deren Qualität für wissenschaftliche Untersuchungen unzureichend ist, die aber für typische Fragen der Marktforschung hinreichend präzise Ergebnisse liefert.

### Theoretical Sampling

Im Rahmen des Forschungsdesigns der Grounded Theory (vgl. Strauss/Corbin 1996) wird mit einem Auswahlkonzept gearbeitet, das als Theoretical Sampling bezeichnet wird. Der Auswahlprozess wird nicht nach vorab festgelegten Kriterien gesteuert, sondern orientiert sich an dem Stand der bisherigen in der Untersuchung gewonnenen Erkenntnisse bzw. der bisherigen Theoriebildung. So kann z. B. ausgehend von jeweils vorläufigen Befunden gefragt werden: Welche Untersuchungen können die bisherigen theoretischen Überlegungen bzw. Hypothesen bekräftigen, oder umgekehrt, welche Untersuchungen könnten die Erkenntnisse in Frage stellen und zu anderen Ergebnissen führen?

Der Prozess des Theoretical Sampling bezieht sich demnach nicht nur auf die Frage der Fallauswahl, er betrifft prinzipiell auch die Frage der Methodenwahl. So könnte es z. B. sinnvoll sein, bestimmte Hypothesen, die auf Basis qualitativer Interviews gewonnen wurden, durch die Sekundäranalyse standardisierter Daten zu validieren.

## h) Willkürliche Auswahlen

In audio-visuellen Medien wird gern mit der Befragung von Passanten gearbeitet, um darzustellen, wie ›der Mann auf der Straße‹ über das Thema XY denkt; in den allermeisten Fällen werden solche Befragungen jedoch im Sinne einer journalistischen Methode genutzt. Aus wissenschaftlicher Perspektive ist das dahinter liegende Auswahlverfahren in mehrfacher Hinsicht selektiv: durch die Selektivität der gewählten öffentlichen Orte, durch die nicht-kontrollierte Auswahl von befragten Personen und schließlich durch die unterschiedliche Antwortbereitschaft der Befragten in einer solchen medienöffentlichen Situation. Grundsätzlich können auch solche willkürlichen Auswahlen sinnvoll sein, um erste Informationen zu einem interessierenden Forschungsgegenstand zu sammeln, um Hypothesen zu entwickeln etc.

Eine andere Form der willkürlichen Auswahl sind Auswahlen nach dem Schneeballverfahren. Ein solches Prinzip kann bedeutsam sein, wenn es gilt, Zielgruppen anzusprechen, die über klassische zufallsgestützte Verfahren nicht mit einem vertretbaren Aufwand erreicht werden können. So könnten z. B., wenn man sich für bestimmte subkulturelle – mehr oder weniger – abgeschlossene Szenen interessiert, erste Kontakte an Orten knüpfen, die von Angehörigen dieser Szenen frequentiert werden. Ausgehend von diesen ersten Kontakten, bei denen dann auch eine gewisse Vertrauensbasis gegenüber den Forschenden erreicht werden konnte, kann nach weiteren Kontaktmöglichkeiten gefragt werden, an die die Forschenden dann möglicherweise mit einer gewissen Empfehlung weitergeleitet werden. Das Schneeballprinzip ermöglicht somit zum einen eine Serie von Kontakten; zum anderen kann es bei verantwortungsvoller Handhabung auch als Türöffner fungieren.

## i) Fazit

Diese Darstellung von Auswahlverfahren sollte einen ersten Überblick vermitteln und die Möglichkeiten und Grenzen verschiedener Verfahren – insbesondere auch in ihrer Konsequenz für die Rezeption von so gewonnenen Forschungsbefunden – beleuchten. Wenn im Rahmen eigener Untersuchungen mit komplexeren Auswahlverfahren gearbeitet werden soll, ist es angeraten, sich eingehender mit der einschlägigen Literatur auseinanderzusetzen bzw. den Rat von Befragungsinstituten und insbesondere der ZUMA einzuholen.

Wenn man sich mit der Praxis der Auswahlverfahren befasst, lernt man auch recht viel über den Alltag der empirischen Sozialforschung. Nur ein kleinerer Teil der Sozialforschung wird nach wissenschaftlich legitimierten Standards betrieben: Daneben gibt es ein breites Feld von Untersuchungen, in denen nach eher pragmatischen Maximen gearbeitet wird. Aber auch dabei gibt es noch große Unterschiede: Auf der einen Seite findet man Vorgehensweisen, die zwar wissenschaftlich betrachtet nicht ganz einwandfrei sind, die aber zu noch ganz brauchbaren Ergebnissen führen. Auf der anderen Seite findet man einen Forschungstyp, der gemeinhin als ›quick and dirty‹ bezeichnet wird. So heißt es in der Stellungnahme eines Befragungsinstituts: »Betrachtet man die Kunden hinsichtlich der Ausschöpfungsanforderungen, so entsteht schon der Eindruck, daß kommerzielle Kunden weniger Anforderungen an die Ausschöpfung stellen, als Wissenschaftler. Allerdings steht bei den kommerziellen Kunden auch eher das Machbare im Sinne des Untersuchungszieles im Vordergrund, so daß in der Regel ein Kompromiß zwischen dem theoretischen Optimum und der Feldrealität entsteht« (Porst 1996:17).

Es ist zu vermuten, dass die meisten Auftraggeber von Untersuchungen um diese Qualitätsprobleme wissen. Man sollte sich aber die verschiedenen Erkenntnisinteressen deutlich machen, die mit solchen Forschungsaufträgen verknüpft sind. Es geht in der Regel nicht darum, ein soziales Phänomen wissenschaftlich zu ergründen, sondern Sozialforschung wird eingesetzt, um bestimmte Entscheidungen zu treffen. Man interessiert sich nicht dafür, warum sich Menschen rasieren oder nicht, sondern es geht darum, ob sie eher rotes oder grünes Rasierwasser bevorzugen.

Ein gewisses Problem erwächst daraus, dass es für die Rezipienten von Forschungsarbeiten oft nicht auf den ersten Blick zu erkennen ist, welche Qualität einzelne Erhebungen haben. D. h., man wünscht sich eine differenzierte Offenlegung von Stichprobengrößen, Auswahlverfahren, Kontrollen im Erhebungsprozess etc.

# 7. Standardisierte Befragungen

Interviews – der französischen Wortherkunft entsprechend: Zusammenkünfte – zählen zu den wichtigsten Erhebungsformen in der empirischen Sozialforschung. Angesichts der strukturellen Unterschiede zwischen standardisierten und nichtstandardisierten Interviews werden in dieser Einführung beide Typen in eigenen Kapiteln dargestellt.

Standardisierte Befragungen lassen sich steckbriefartig über folgende Charakteristika bestimmen:

- Der Fragebogen besteht mehrheitlich aus geschlossenen Fragen, in denen die Antwortmöglichkeiten vorgegeben werden. Diese Fragen stehen in einer festen Abfolge.
- Die Interviewsituation bzw. das Interviewerverhalten wird weitgehend standardisiert, z. B. durch die Vorgabe einleitender und überleitender Formulierungen oder durch die Verwendung von Hilfsmitteln (z. B. Antwortkarten).
- In der Regel wird eine große Zahl von Personen befragt. Diese werden üblicherweise nach einem kontrollierten Auswahlmodus, idealiter zufällig, ausgewählt.
- Die Interviews werden in der Regel von professionellen Interviewern und Interviewerinnen durchgeführt, die für ein Markt- und Meinungsforschungsinstituten oder ein statistisches Amt tätig sind.

Die Stärken einer standardisierten Befragung liegen darin, dass über eine große Zahl von kontrolliert ausgewählten Personen Informationen gewonnen werden. Die Informationen sind wegen des standardisierten Erhebungsprozesses gut vergleichbar; sie sind zählbar. Das ermöglicht statistische Auswertungen, die wichtige Informationen über die beobachteten Sachverhalte und Zusammenhänge sehr kompakt darstellen können. Sofern eine Zufallsauswahl vorliegt, ist zudem ein statistisch kontrollierter Schluss von den Befragungsdaten auf die jeweilige Grundgesamtheit möglich; umgangssprachlich ist dieser Sachverhalt gemeint, wenn von einer ›Repräsentativbefragung‹ gesprochen wird.

Die Standardisierung birgt jedoch auch die größte Schwäche dieses Befragungstyps; das wird im Vergleich mit einer offenen Befragung deutlich. Die einzelnen Fragen, die Antwortmöglichkeiten wie auch der Befragungsverlauf müssen weitgehend unabhängig von der befragten Person, dem Interviewverlauf und anderen situativen Faktoren (Ort und Zeit, Rahmenbedingungen des Interviews) vor Beginn der Befragung festgelegt werden. Den Befragten wird somit die Rolle einer ›Antwortmaschine‹ zugewiesen, sie haben den Fragen und Regieanweisungen der Interviewenden zu folgen; Sprache, Themen, Abfolge der Fragen, Antwortmöglichkeit etc. werden durch den Fragebogen vorgegeben. Die Befragten haben nur einen geringen Einfluss auf den Interviewverlauf, sieht man von der Möglichkeit des Abbruchs ab. Sie haben keine Gelegenheit, komplexere Informationen oder Argumentationen zu entwickeln, die nicht in der Logik des Fragebogens vorgesehen sind.

Eine Gewichtung dieser Stärken und Schwächen kann nur ausgehend von einer spezifischen Forschungsfrage getroffen werden; weder die Gewinnung statistisch kontrollierter hoch verdichteter Informationen über eine große Gesamtheit noch die fallrekonstruktive oder typisierende Beschreibung einer kleinen Gruppe von Personen kann per se als Ideal empirischer Forschung ausgewiesen werden.

## a) Formen der Durchführung standardisierter Befragungen

Befragungen können grundsätzlich als persönliche (i. d. R. mündliche) Befragung oder mittels eines Mediums (Schrift, Telefon, elektronische oder internet-basierte Medien) erfolgen. Die folgende Übersicht der Arbeitsgemeinschaft deutscher Marktforschungsinstitute (ADM) gibt einen Einblick in die Verbreitung dieser Befragungstechniken.

**Abb. 69: Verwendung verschiedener Interviewtypen in der Markt- und Sozialforschung**

| | 1990 | 1995 | 2000 | 2001 | 2002 | 2003 | 2004 | 2005 |
|---|---|---|---|---|---|---|---|---|
| Persönliche Interviews | 65 % | 60 % | 34 % | 39 % | 33 % | 28 % | 31 % | 24 % |
| Telefoninterviews | 22 % | 30 % | 41 % | 29 % | 41 % | 43 % | 44 % | 45 % |
| Schriftliche Interviews | 13 % | 10 % | 22 % | 28 % | 21 % | 19 % | 9 % | 9 % |
| Online-Interviews | | | 3 % | 4 % | 5 % | 10 % | 16 % | 22 % |

Quelle: ADM (2005:8)

### Persönliche mündliche Befragung mit Interviewer bzw. Interviewerin

Bei einer persönlichen mündlichen Befragung werden die ausgewählten Befragten bzw. die zu befragenden Haushalte von Interviewern aufgesucht. Nach einer kurzen Einführung wird die eigentliche Befragung aufgenommen. Der Fragetext liegt dem Interviewenden in Papierform oder auf einem Display vor. Häufig werden unterstützend einfache Listen oder Karten eingesetzt, die den Fragetext oder die Antwortmöglichkeiten in möglichst übersichtlicher Form für die Befragten darstellen. Die Antworten werden dann in den Fragebogen eingetragen bzw. in den Computer eingegeben.

Zudem besteht die Möglichkeit, dass der Besuch nur für die Übergabe des Fragebogens genutzt wird oder sich an einen persönlichen Befragungsteil eine schriftliche Befragung anschließt. Eine Kombination von mündlicher und schriftlicher Befragung ist auch möglich, wenn die Befragung in einer Gruppensituation (z. B. im Rahmen einer Veranstaltung an einer Schule oder Hochschule) stattfindet.

Neben den Befragten kann auch der Interviewer als Informationsquelle genutzt werden, indem dieser Einschätzungen zur Wohnumgebung, zur Wohnung, zu den befragten Personen und ihrem Antwortverhalten bzw. zu anderen augenfälligen Charakteristika etc. abgibt.

Diese Befragungsform setzt einen qualifizierten Stab von Interviewern und Interviewerinnen voraus, die regelmäßig für ein Befragungsinstitut oder ein statistisches Amt tätig sind. Zudem ist ein geeignetes Adressmaterial, das den Kriterien einer Zufallsauswahl oder eines anderen kontrollierten Auswahlmodus genügt, erforderlich. Zugleich sollte dieses Adressmaterial jedoch regionale Klumpungen aufweisen, um die anfallenden Wegekosten zu begrenzen. Die Durchführung bundesweiter Befragungen mit repräsentativem Anspruch ist daher nur durch professionelle Institute zu leisten. Angesichts der hohen personellen und sonstigen Aufwendungen liegen die Kosten für diese Befragungsform höher als bei allen anderen Befragungstypen (vgl. Abb. 70).

Die Rücklaufquote ist in der Regel relativ hoch. Bei einer Umfrage unter Befragungsinstituten gab ein Institut für Face-to-Face-Befragungen eine Quote von 50 bis 60 % an; demgegenüber lagen die Rückläufe bei telefonischen (30–40 %) und schriftlichen Befragungen (15–65 %) durchschnittlich niedriger (vgl. Porst 1996:20). Von entscheidender Bedeutung ist dabei insbesondere die Person des Interviewenden; daneben spielt auch die Thematik der Befragung eine wichtige Rolle. Für eine möglichst gute Ausschöpfung des Adressmaterials spielt die Zahl und die zeitliche Streuung der Kontaktversuche eine wichtige Rolle. D. h., die Interviewenden müssen, nach einem erfolglosen Versuch, die Befragten anzutreffen, an unterschiedlichen Wochentagen und zu unterschiedlichen Zeiten weitere Kontaktversuche unternehmen.

Zudem besteht bei persönlichen Befragungen die Möglichkeit, auch bei nicht realisierten Interviews einige Basisinformationen über den befragten Haushalt oder die befragte Person zu erheben (z. B. Gebäudetyp, augenfällige Haushalts- oder eventuelle Personenmerkmale). Diese Informationen können später für eine Einschätzung der Qualität der realisierten Stichprobe genutzt werden.

**Abb. 70: Kostenbeispiel für persönliche und telefonische Interviews**

Für einzelne Fragen, die im Rahmen einer so genannten Bus- oder Mehrthemenumfrage gestellt werden, gibt ein Befragungsinstitut im Jahr 2006 folgende Preismargen an:

| computergestützte<br>persönliche Interviews | computergestützte<br>telefonische Interviews |
|---|---|
| 1.000 Interviews<br>a/nein Frage ab € 850,-<br>geschlossene Frage* ab € 1.020,-<br>offene Frage ab € 1.230,- | 1.000 Interviews<br>ja/nein Frage ab € 820,-<br>geschlossene Frage* ab € 920,-<br>offene Frage ab € 1.230,- |
| 2.000 Interviews<br>ja/nein Frage ab € 1.190,-<br>geschlossene Frage* ab € 1.430,-<br>offene Frage ab € 1.680,- | 2.000 Interviews<br>ja/nein Frage ab € 1.180,-<br>geschlossene Frage* ab € 1.330,-<br>offene Frage ab € 1.770,- |

Quelle: www.tns-infratest.com/02_business_solutions/02014b_CATI.asp bzw. www.tns-infratest.com/02_business_solutions/02014a_CAPI.asp

## Schriftliche Befragung

Bei der schriftlichen Befragung wird der Fragebogen oder ein bestimmter Fragebogenteil von den Befragten selbstständig ausgefüllt. Die Zustellung wie der Rücklauf erfolgen üblicherweise entweder per Post oder durch Vertreter der befragenden Einrichtung. Die Nicht-Anwesenheit eines Interviewenden bringt manche Vor- aber auch Nachteile: So entfallen viele Formen der direkten und indirekten Beeinflussung durch die Interviewenden und eine standardisierte Interviewsituation; umgekehrt entfallen auch Möglichkeiten der Nachfrage oder der Motivierung, und werden hinreichende Kompetenz und Motivation im Umgang mit Text und Schrift vorausgesetzt. In welchem Kontext die Beantwortung stattfindet, bleibt im Dunklen; zudem entfallen Informationen über die Charakteristika derjenigen Zielpersonen, die ein Interview verweigern.

Auch dieser Befragungstyp setzt ein geeignetes Adressmaterial voraus, das den Kriterien einer Zufallsauswahl genügt. Die Kosten für die schriftliche Befragung liegen relativ niedrig, zu den Portoaufwendungen für die Zustellung und den Rücklauf sind jedoch auch die Aufwendungen zu rechnen, die für eine systematische Nachfragestrategie (s. u.) eingesetzt werden müssen.

Die Rücklaufquote ist zunächst eher niedrig, sie kann aber durch unterstützende Techniken deutlich gesteigert werden. Hier werden eine Vorankündigung der Befragung, ein offizielles von Hand unterschriebenes Anschreiben, ein knapper und übersichtlicher Fragebogen, kleinere Anreize bzw. Geschenke und insbesondere schriftliche und telefonische Erinnerungen vorgeschlagen.

## Telefoninterview

Bei Telefoninterviews werden die Befragten, wenn möglich nach einem schriftlichen Anschreiben, telefonisch kontaktiert. Die Interviewführung erfolgt in der Regel computergestützt; d. h., die Interviewenden lesen die Frageabfolge bzw. die Fragen und Antwortmöglichkeiten vom Bildschirm ab und geben die jeweiligen Antworten direkt in einen Computer ein. Durch die fehlenden visuellen Unterstützungsmöglichkeiten, wie z. B. zusätzliche Listen oder Karten mit Fragen bzw. Antwortmöglichkeiten, müssen die Fragen und Antworten einfacher konstruiert werden. Dies kann vermieden werden, wenn den Befragten das Material zuvor postalisch zugeht.

Verglichen mit einem persönlichen Interview ist die Situation erheblich unverbindlicher; der Interviewende hat nicht den Status eines Besuchers, sondern eines nicht unbedingt erbetenen Anrufers. Verglichen mit einer schriftlichen Befragung bestehen jedoch Möglichkeiten der Motivierung, der Erläuterung von Fragen etc. Wenn oben für die persönliche Befragung der Interviewende als ein entscheidender Faktor für die Realisierung von Interviews benannt wurde, so gilt das – bei insgesamt eingeschränkten Möglichkeiten der Kommunikation – für die telefonische Befragung umso mehr. Besondere Bedeutung kommt dabei der Eingangsphase, dem Gesprächseinstieg zu.

Grundsätzlich besteht wie beim persönlichen Interview die Möglichkeit, zumindest rudimentäre Metainformationen zum Interviewverlauf zu sammeln. Man bekommt jedoch keine weiter gehenden Informationen über die Wohnung, den Wohnkontext, die Interviewsituation, das Erscheinungsbild der Befragten etc. wie bei einer persönlichen Befragung.

Auf Seiten der Befragten setzt dieses Erhebungsverfahren zurzeit den Besitz eines Telefons mit Festnetzanschluss voraus. In Deutschland ist seit dem Ende der 1980er Jahre von einer annähernden Vollversorgung mit Telefonen auszugehen; für spezifische Zielgruppen ist dies jedoch stets erneut zu prüfen. Nach Daten des sozioökonomischen Panels lag 2004 der Telefonbesitz bei Personen mit ost- oder südosteuropäischer Nationalität nur bei 90 % und darunter, bei den Befragen mit türkischer Nationalität bei 94 %. Gewisse Schwierigkeiten bereitet gegenwärtig der wachsende Anteil von Haushalten, die ausschließlich über einen Mobilfunkanschluss verfügen. Die Einbeziehung dieser Haushalte in telefonische Befragungen ist derzeit noch problematisch, insbesondere wenn computergestützte Wahlverfahren für die Stichprobenziehung eingesetzt werden. Dies wird jedoch zunehmend erforderlich, da die Zahl der Haushalte, deren Telefonnummer nicht in Verzeichnissen eingetragen ist (so genannte Nonpubs) deutlich angestiegen ist.

Bei der befragenden Einrichtung ist eine entsprechend ausgestattete Telefonanlage oder ein Telefonlabor erforderlich. Die Rücklaufquote bei telefonischen Befragungen liegt erfahrungsgemäß unter der von persönlichen Befragungen, jedoch über den Quoten, die bei schriftlichen Befragungen erreicht werden können. Die Kosten einer telefonischen Befragung sind niedriger als bei persönlich-mündlichen Befragungen; die Unterschiede sind, wie das angeführte und andere Beispiele zeigen, jedoch geringer als verschiedentlich angenommen.

Wenn die Telefonate in einem Call-Center oder einem Telefonlabor durchgeführt werden, bieten telefonische Befragungen sehr weit reichende Möglichkeiten der Kontrolle der Interviewer und Interviewerinnen; wenn diese Kontrollmöglichkeiten genutzt werden, lassen sich verschiedene Typen von Fälschungen minimieren.

## Online-Befragungen

Online-Befragungen nutzen verschiedene Internetdienste (insbesondere das Www und E-Mail) für die Kommunikation zwischen Befragungseinrichtungen und den Befragten. Wenn das Internet lediglich für den Versand und den Rücklauf der Fragebogen genutzt wird, entspricht dieser Befragungstyp weitgehend einer schriftlichen Befragung. Bei Web-basierten Befragungen werden HTML bzw. verschiedene Skriptsprachen genutzt, so dass auf dem Bildschirm der Befragten einzelne Fragen und Antwortmöglichkeiten dargestellt werden; die Antworten erfolgen bislang über Mausklick oder Tastatureingaben – es sind aber auch Sprach- und Bildeingaben denkbar. Die eingegebenen Informationen werden von den Befragten dann – in der Regel en bloc – per Mausklick ›verschickt‹ und auf der Empfängerseite in einer Web-basierten Datenbank gespeichert.

Für die Steuerung dieser Prozesse stehen neben individuellen Programmlösungen Softwarepakete zur Verfügung, die je nach Leistungsumfang die Generierung von Fragebögen, den Versand der Fragebögen, die Aufbereitung und Speicherung der Daten, einfache und aggregierte statistische Auswertungen und die Verteilung der so erstellten Berichte ermöglichen. Da der über das Www übermittelte

Online-Fragebogen grundsätzlich allen Www-Nutzern zugänglich ist, müssen Vorkehrungen getroffen werden, dass der Fragebogen nur von der jeweiligen Zielgruppe und nur einmalig ausgefüllt wird.

Wichtige Unterschiede bei Online-Befragungen liegen in der Abgrenzung der zu analysierenden Untersuchungsgruppe. Es ist zu differenzieren, ob es eine exakt angebbare Zielpopulation gibt, z. B. alle Studierenden einer Hochschule, die z. B. Lehrveranstaltungen bewerten sollen, oder ob eine einzelne Frage oder ein Fragebogen sich z. B. an alle Benutzer eines Programms oder die Rezipienten einer Information richtet, die dann z. B. um eine Bewertung gebeten werden. Im letzteren Fall, also z. B. bei der Online-Bewertung einer Information, sollte die Abfrage so konzipiert werden, dass nicht nur Zahl und Art der Bewertungen erfasst werden, sondern auch die Zahl der Personen, die zu einer solchen Bewertung aufgefordert wurden.

Die Möglichkeiten und Probleme von Online-Befragungen können gegenwärtig nur sehr grob abgeschätzt werden; es ist jedoch davon auszugehen, dass sie die Erhebungs- und Auswertungspraktiken der empirischen Sozialforschung und damit auch ihren Einsatz weit reichend verändern werden. Kosten und zeitliche Aufwendungen, die bisher bei der Distribution und dem Ausfüllen von Fragebögen bzw. beim Rücklauf und bei der Eingabe von Daten entstanden, entfallen weitgehend. Sieht man von sprachlichen und kulturellen Problemen ab, können Befragungen grundsätzlich weltweit durchgeführt werden. Auch die Frage, ob eine Vollerhebung oder eine Stichprobenerhebung durchgeführt wird, muss unter diesen Rahmenbedingungen in anderer Weise abgewogen werden. Neben Texten können auch andere elektronisch übermittelbare Medien (z. B. Bild und Ton) ohne erhebliche Aufwendungen als Anreiz für Fragen und Stellungnahmen eingesetzt werden. Die Filterführung kann wie schon bei der computergestützten Interviewführung in der mündlichen oder telefonischen Befragung weitaus komplexer gestaltet werden.

Die Grenzziehung zwischen standardisierten Interviews mit einem festgelegten Verlauf und offenen Befragungen, in denen ein Leitfaden situativ gehandhabt wird, weichen auf. Zusatzkosten, die bislang bei der Eingabe von Antworten auf offene Fragen entstanden, entfallen, wenn die Antworten eingegeben oder sprachlich aufgezeichnet werden. Die entfallenden Kosten für die Eingabe von Daten und die Möglichkeiten einer Automatisierung einfacher Auswertungen und Berichterstattungen ermöglichen es, ein einmal entwickeltes Instrument ohne erhebliche Aufwendungen für verschiedene Zielgruppen oder zu wiederholten Erhebungszeitpunkten einzusetzen.

Beim bisherigen Stand der technischen Entwicklung und der sozialen Verwendung von Online-Befragungen bestehen große Ähnlichkeiten mit schriftlichen

Befragungsformen. Die Vor- und Nachteile, die dort auf die Nicht-Anwesenheit von Interviewenden, also auf die Unpersönlichkeit der Situation, zurückgehen, finden sich bei Online-Befragungen wieder.

Erhebliche Probleme bestehen bislang bei der Realisierung von Bevölkerungsumfragen; es fehlen Basisdaten für eine Stichprobenziehung und die Ansprache der Befragten; zudem kann gegenwärtig nicht von einem flächendeckenden PC- und Internetzugang bzw. den damit erforderlichen Kompetenzen ausgegangen werden. Bislang können Online-Befragungen zum einen in Kombination mit anderen Befragungsformen eingesetzt werden, indem den Befragten anstelle einer schriftlichen Befragung die Möglichkeit der Online-Eingabe gegeben wird. Zum anderen bieten sich vielfältige Einsatzmöglichkeiten bei relativ geschlossenen Zielgruppen – z. B. den Mitarbeitern eines Betriebs, den Studierenden einer Hochschule, den Nutzern einer Web-basierten Dienstleistung – oder, wenn es die Ziele einer Untersuchung erlauben, auch Daten zu verwerten, die nicht mit einem kontrollierten Auswahlverfahren gewonnen wurden. Zur Rücklaufquote lassen sich bislang keine verallgemeinerbaren Aussagen machen; sie sind in hohem Maße davon abhängig, in welchen sozialen Verhältnissen die Befragten zur befragenden Einrichtung stehen.

Weitere Unterschiede zwischen diesen Erhebungsverfahren werden in den Abschnitten c bis f vorgestellt: Unterschiede in der sozialen Situationen des Interviews und damit auch bei den Fehlerquellen, Unterschiede in der Kontrolle der Interviewenden.

## b) Fragetypen im standardisierten Interview

Zum Verständnis der Logik einer standardisierten Befragung, ihrer Möglichkeiten und Grenzen, ist es sinnvoll, sich genauer mit einigen Fragetypen zu befassen.

### Formale Frage- und Antworttypen

Auch in einem standardisierten Fragebogen, der sich ja grundsätzlich durch die Vorgabe genau definierter Antwortmöglichkeiten auszeichnet, finden sich üblicherweise auch weniger standardisierte Fragen bzw. Antwortmöglichkeiten. So können unterschieden werden:

- geschlossene Fragen, bei denen alle Antwortmöglichkeiten vorgegeben sind, und die Befragten sich für eine (Einfachantwort) oder mehrere Möglichkeiten (Mehrfachantwort) z. B. per Kreuz entscheiden
- offene Fragen, bei denen die Befragten eine Zahl, einige Wörter oder einen kleinen Text eingeben. Diese Fragen können entweder gezielt sein, wenn z. B. nach

dem persönlichen Bruttoeinkommen gefragt wird, oder ungezielt, wenn Befragten die Möglichkeit zu ›sonstigen Bemerkungen‹ gegeben wird.

– teiloffene Fragen, die beide Antwortvarianten kombinieren

Genau genommen sollte man nicht von (teil)offenen und geschlossenen Fragen sprechen, sondern von Fragen mit (teil)offenen und geschlossenen Antwortmöglichkeiten.

Eine besondere Form der geschlossenen Frage stellen ›Fragen‹ dar, bei denen die Befragten gebeten werden, zu einer bestimmten Aussage in differenzierter Weise zustimmend oder ablehnend Stellung zu nehmen. Die einzelnen Antwortmöglichkeiten stehen dabei nicht unverbunden nebeneinander, sondern sie bilden eine Skala, wie die Temperaturangaben auf einem analogen Thermometer. Die Antwortvorgaben solcher Skalen umfassen mindestens zwei, manchmal bis zu elf Ausprägungen. Bei differenzierten Skalen werden nur die äußeren Pole beschriftet (s. Abb. 76).

Über die Frage, wie differenziert eine solche Antwortskala sein soll, wurde in der Einstellungsforschung immer wieder debattiert. Diese Debatten kreisen insbesondere um die Frage, wie – ausgehend von verschieden differenzierten Skalen – die damit gewonnenen Daten statistisch zu behandeln sind: Sind es intervall- oder ordinalskalierte Daten? Ordinalskalierte Daten geben Auskunft über Rangunterschiede zwischen den Ausprägungen; d. h., jemand, der bei einer Zufriedenheitsfrage (s. Abb. 76) die Kategorie 3 angekreuzt hat, ist unzufriedener als jemand, der die Kategorie 5 angekreuzt hat. Selbst eine solche Interpretation setzt voraus, dass die beiden Befragten die nicht weiter benannten Kategorien bzw. ihre Abstände von den Polen in vergleichbarer Weise interpretieren. Intervallskalierte Daten implizieren die Interpretation von Abstandsinformationen. D. h., der Unterschied zwischen den Kategorien 3 und 5 wird von allen Befragten als genauso groß wie der Unterschied zwischen den Kategorien 5 und 7 wahrgenommen. Mit der Frage nach dem unterschiedlichen Skalenniveau der so generierten Daten ist dann auch die Frage verknüpft, welche statistischen Verfahren für die Analyse der Ergebnisse eingesetzt werden können. Der verschiedentlich zu findende Hinweis, feiner differenzierte Skalen erlaubten eher eine intervallskalierte Interpretation, verschiebt das Problem gewissermaßen vom Forscher, der die Auswertung verantwortet, auf den Befragten, der sich nun überlegen muss, ob er seinen Frust denn nun über den Wert 2 oder 3 auf der Zufriedenheitsskala abbilden soll.

Darüber hinaus wird auch erörtert, ob eine gerade oder eine ungerade Zahl von Ausprägungen sinnvoll ist – die ungerade Zahl führt zu einer mittleren Kategorie. Der Verzicht auf eine Mittelkategorie soll die Befragten zu einer Entscheidung für die positive oder die negative Seite der Skala drängen. Auch hierzu ist zu vermerken, dass damit Probleme der Interpretation auf die Befragten verschoben werden.

Aus konstruktivistischer Perspektive erscheinen diese Debatten um Antwortskalen müßig, setzen sie doch die Vorstellung von einem wahren Wert voraus, der über das bei der Beantwortung gewonnene Datum erfasst wird. Sinnvoller erscheint es, die Probleme dieses Frage- und Antworttyps im Kontext der Einstellungsforschung und ihrer Verwendung zu diskutieren; dabei geht es dann weniger um den ›Wahrheitsgehalt‹ der so erhobenen Daten als um die Frage der praktikablen und gesellschaftlich sinnvollen Verwendung der so konstruierten Informationen über einzelne Personen und soziale Gruppen.

Die Entscheidung für die hier aufgeführten Frage- bzw. Antwortvarianten hängt einerseits von dem verfügbaren Wissen über mögliche Antworten ab.

- Bei der Frage nach dem Geschlecht einer Person kann auf die sozial und amtlich affirmierten Kategorien von männlich und weiblich zurückgegriffen werden.
- Bei der Frage nach verschiedenen Einkommensquellen, aus denen ein Studierender seinen Lebensunterhalt bestreitet, können ausgehend von eigenem Alltagswissen, den Erfahrungen aus anderen Erhebungen, aus Pretests etc. Antwortkategorien vorgegeben werden; eine teiloffene Frage bietet aber die Möglichkeit, weitere Einkommensquellen im Klartext anzugeben.

Andererseits hängt die Entscheidung für verschiedene Frageformen auch mit den Zielen einer Befragung oder den verfügbaren Ressourcen für die Auswertung zusammen.

- Wenn ein Befragter gebeten wird, zu einer Aussage Stellung zu nehmen, indem er eine der Ausprägungen ›stimme voll zu‹, ›stimme eher zu‹, ›stimme eher nicht zu‹, ›stimme gar nicht zu‹ ankreuzt, so soll er damit zu einer standardisierten und vergleichbaren (eindimensionalen) Antwort gedrängt werden, obwohl man weiß, dass seine Stellungnahme bei einer offenen Antwort möglicherweise erheblich komplexer ausfallen würde.
- Wenn es die Ressourcen nicht erlauben, offene Antworten zu erfassen und nachträglich zu kodieren, wird man ihre Zahl so gering wie möglich halten.

## Interviewfragen und ihr Bezug zu den Phänomenen der sozialen Welt

Das Spezifikum einer standardisierten Befragung, mehrheitlich standardisierte Fragen mit vorgegebenen Antwortmöglichkeiten, sollte nicht vergessen lassen, dass diese Fragen sich in ganz unterschiedlicher Weise auf soziale Phänomene außerhalb der Befragungssituation beziehen können. Im Folgenden sollen, wie in der Abbildung dargestellt, Fragen zu Fakten, zu Handlungen und zu Meinungen bzw. Einstellungen unterschieden werden.

Abb. 71: Fragetypen in einer standardisierten Befragung

| Zu untersuchende soziale Phänomene | Bezug zu den zu untersuchenden Phänomenen | die eigene Person und die umgebende Lebenssituation betreffend | das weitere gesellschaftliche Umfeld betreffend |
|---|---|---|---|
| Manifeste soziale Phänomene | **Fakten** | Fragen zu Fakten, die die Person und die Lebenssituation des Befragten betreffen | Fragen zu Fakten, die über die eigene Person und Lebenssituation hinausgehen. |
| | **Handeln** | Fragen nach vergangenem bzw. gegenwärtigem Handeln (der eigenen Person und von Personen aus dem sozialen Nahbereich) und den damit verbundenen Rahmenbedingungen und Handlungsfolgen | Fragen nach vergangenem bzw. gegenwärtigem Handeln jenseits der eigenen Lebenssituation |
| Latente soziale Phänomene | **Einstellungen und Meinungen** | Fragen nach Meinungen, Einstellungen oder Handlungsabsichten, die sich auf die eigene Person und Lebenssituation beziehen | Fragen nach Meinungen und Einstellungen des Befragten, die über die eigene Person und Lebenssituation hinausgehen |

- Fragen zu Fakten beziehen sich auf natürliche und soziale Phänomene, die z. B. durch amtliche oder andere Dokumente belegt oder durch andere Untersuchungen geklärt werden können; d. h., bei diesen Phänomenen ist davon auszugehen, dass sie vergleichsweise konsensuell etikettiert werden können. Zudem werden viele dieser Etikettierungen auch im Alltagsleben in einem gleichen oder ähnlichen Sinne verwandt.

Wenn die Frage nach dem Alter einer Person gestellt wird, so korrespondiert diese Frage mit einer verbreiteten und in Geburtsregistern dokumentierten Praxis, das Geburtsjahr zu vermerken und davon ausgehend Geburtstage bzw. Lebensjahre zu zählen.

Wenn jemand bei der Bundesagentur für Arbeit als arbeitslos oder arbeitsuchend registriert ist, dann wird diese Person die Frage, ob sie bei der Bundesagentur als arbeitslos oder arbeitsuchend registriert ist, hoffentlich mit Ja beantworten. Über den Vergleich mit den individuellen oder aggregierten Meldedaten könnte geklärt werden, ob diese Hoffnung im Einzelfall oder im Durchschnitt berechtigt ist.

Dass sich eine solche Frage nach Fakten auch recht kompliziert gestalten kann, zeigt die Frage zum Arbeitsverdienst:

Abb. 72: Fragebeispiel zur Ermittlung des Arbeitsverdienstes

**Wie hoch war Ihr Arbeitsverdienst im letzten Monat?**

☞ *Wenn Sie im letzten Monat Sonderzahlungen hatten, z.B. Urlaubsgeld oder Nachzahlungen, rechnen Sie diese bitte* ***nicht*** *mit. Entgelt für Überstunden rechnen Sie dagegen mit.*

☞ *Falls Sie selbständig sind: Bitte schätzen Sie Ihren monatlichen Gewinn vor und nach Steuer.*

**Bitte geben Sie nach Möglichkeit beides an:**

- **den Bruttoverdienst, das heißt Lohn oder Gehalt vor Abzug der Steuern und Sozialversicherung**
- **und den Nettoverdienst, das heißt den Betrag nach Abzug von Steuern und Beiträgen zur Renten-, Arbeitslosen- und Krankenversicherung.**

| | | | |
|---|---|---|---|
| **Der Arbeitsverdienst betrug:** | brutto | ☐ | EURO |
| | netto | ☐ | EURO |

Quelle: SOEP-Personenfragebogen 2006, S.14

Grundsätzlich ist auch auf diese Frage in der Regel eine eindeutige Antwort möglich; ob die Befragten jedoch die verschiedenen Einkommensarten korrekt angeben, ist davon abhängig, ob es gelingt, sie dazu zu motivieren, der komplexen Anweisung zu folgen.

Bei den sozialen Phänomenen, die im Sinne solcher Fakten beschrieben werden können, geht es gewissermaßen um manifeste bzw. kodifizierte Handlungsfolgen. Die Unterschrift unter einen Arbeitsvertrag und die Erbringung der geforderten Leistungen führt in der Regel zu einem Arbeitseinkommen; das Geschlecht einer Person wird von einem Arzt bzw. von anderen amtlich oder sozial definiert.

• Fragen nach gegenwärtigen und vergangenen Handlungen setzen voraus, dass sich die Befragten an die angesprochenen Handlungen erinnern und dass sie diese im Sinne der vorgegebenen Handlungsbeschreibungen einordnen können und möchten.

Grundsätzlich ist auch bei dieser Frage eine eindeutige Antwort denkbar. D. h., eine Beobachterin hätte feststellen können, ob sich diese Person über den Anzeigenteil einer für das Arbeitsfeld einschlägigen Zeitung gebeugt hat; inwieweit die Inserate gelesen und verstanden wurden, lässt sich über eine Beobachtung nicht klären.

Abb. 73: Fragebeispiel zur Stellensuche

**Was haben Sie innerhalb der letzten vier Wochen unternommen, um eine (andere) Tätigkeit zu finden?**

☞ *Bitte alles Zutreffende ankreuzen.*

Suche über Agentur für Arbeit (Arbeitsamt) .................. ☐

Suche über Personalserviceagentur (PSA) .................. ☐

Suche über Job-Center (einschl. Sozialamt) ............... ☐

Suche über private Vermittler ....................................... ☐

Aufgabe von Inseraten .................................................. ☐

Durchsehen von Inseraten ............................................ ☐

Quelle: SOEP-Personenfragebogen 2006, S. 6, Frageauszug

Auch in dem folgenden Beispiel wird die befragte Person gebeten, über vergangene Handlungen und ihre Häufigkeit Auskunft zu geben; ein zeitlicher Bezugsrahmen wird dabei nicht gegeben.

Abb. 74: Fragebeispiel zu Freizeitaktivitäten

Und wie ist es mit diesen Tätigkeiten?
Geben Sie mir auch hier bitte wieder an, wie oft Sie das in Ihrer Freizeit machen.

| | Mache ich in meiner Freizeit - | | | | | |
|---|---|---|---|---|---|---|
| | täglich [1] | mindestens einmal jede Woche [2] | mindestens einmal jeden Monat [3] | seltener [4] | nie [5] | KA [9] |
| A Essen oder trinken gehen (Cafe, Kneipe, Restaurant) | ○ | ○ | ○ | ○ | ○ | ○ |
| B Gegenseitige Besuche von Nachbarn, Freunden oder Bekannten | ○ | ○ | ○ | ○ | ○ | o |
| C Gegenseitige Besuche von Familienangehörigen oder Verwandten | ○ | ○ | ○ | ○ | ○ | ○ |
| … | ○ | ○ | ○ | ○ | ○ | ○ |

Quelle: ALLBUS-Fragebogen 2004, S. 4 f., Frageauszug

Auch diese Aktivitäten und ihre Häufigkeit lassen sich grundsätzlich durch Beobachtungen überprüfen. Probleme können bei solchen Fragen nach gegenwärtigem wie vergangenem Handeln jedoch bei der Etikettierung auftreten; d. h., ein und dieselbe Handlung wird aus der Perspektive verschiedener Beobachter unterschiedlich bezeichnet. So mag ein Jugendlicher angeben, er habe an den Computern der Bundesagentur für Arbeit intensiv nach einer Tätigkeit gesucht, während ein Beobachter protokolliert, er habe nur an den Computern ›rumgespielt‹. Solche Fragen der Etikettierung von Handlungen, die in ihrem physischen Verlauf oft unstrittig sind, sind auch ein typischer Gegenstand von Gerichtsverfahren.

Auch die folgende Frage zielt auf das Handeln von Personen; nur geht es nicht um den Befragten, sondern um seine Freunde. Ein Beobachter könnte die erforderlichen Informationen recht präzise ermitteln; es fragt sich jedoch, wie genau der Befragte um diese Handlungen seiner Freunde weiß.

### Abb. 75: Fragebeispiel zur Internetnutzung im Freundeskreis

Können Sie mir sagen, wie viele Personen aus Ihrem Freundeskreis das Internet nutzen?
→ *Vorgaben bitte vorlesen!*

| | |
|---|---|
| ○ | > Niemand, *[1]* |
| ○ | > einige, *[2]* |
| ○ | > viele oder *[3]* |
| ○ | > fast alle? *[4]* |
| ○ | Weiß nicht *[8]* |
| ○ | Trifft nicht zu, habe keine Freunde *[5]* |
| ○ | KA *[9]* |

Quelle: ALLBUS-Fragebogen 2004, S. 41

• Eine dritte Gruppe von Fragen zielt auf die ›Einstellungen‹ und ›Meinungen‹ der Befragten. Das war in der Geschichte der Befragungsforschung ein Novum: Seit den 1940er und 50er Jahren fragten die neu entstandenen Erhebungsinstitute nicht nur nach harten Fakten, wie dies auch die amtliche Statistik tat, sondern sie erfragten auch Meinungen, daher die damals gebräuchliche Bezeichnung Meinungsforschung. Damit wird die Sphäre der manifesten Phänomene verlassen.

Im folgenden Beispiel geht es um die Frage, ob die Interviewten mit verschiedenen Bereichen ihres Lebens, z. B. mit ihrer Gesundheit oder mit ihrer (Erwerbs-)Arbeit zufrieden sind. Es geht dabei nicht um die Frage, wie oft eine Person im vergangenen Jahr einen Arzt aufgesucht hat oder ob ihr ärztlicherseits ein schlechter Gesundheitszustand attestiert wurde, sondern es geht darum, ob Personen mit ihrem gesundheitlichen Zustand – möge er nun gut oder schlecht sein –

›ganz und gar zufrieden‹ bzw. ›ganz und gar zufrieden‹ sind oder ob sie zwischen diesen Polen eine mittlere Kategorie ankreuzen und sich damit näher dem einen als dem anderen Pol verorten. Welche Maßstäbe dabei angelegt werden, bleibt bei einer solchen Frage offen: So mag jemand der von Gesunden umgeben ist, seine Krankheit anders einschätzen als jemand, der eher von Personen mit Krankheiten umgeben ist; jemand, der nach einer schweren Krankheit auf dem Weg der Besserung ist, wird andere Angaben machen als jemand, der bei gleicher gesundheitlicher Lage diese Vorgeschichte nicht durchlebt hat.

Was man bei einer solchen Frage über den Gesundheitszustand der Befragten erfährt, ist nicht genau zu bestimmen; es zeigt sich jedoch, dass insbesondere im hohen Lebensalter die gesundheitliche Zufriedenheit zurückgeht. Ob die Zufriedenheitsangabe darauf zurückgeht, dass der Gesundheitszustand gut bzw. weniger gut ist, oder ob der Befragte ein gerade gelesenes Buch über ›Positives Denken‹ beherzigt, bleibt offen. Man erfährt schlicht, dass der Befragte mit seinem Gesundheitszustand mehr oder weniger unzufrieden ist. Das mindert vermutlich die Lebensqualität der Befragten; insbesondere wenn sich solche Unzufriedenheiten auch in anderen Lebensbereichen finden.

Der Aspekt der Lebensqualität war auch das Motiv, solche Fragen nach der Zufriedenheit in die Sozialberichterstattung aufzunehmen; während sich in den 1950er und 60er Jahren die Frage der Lebensqualität sehr stark an materiellen Faktoren (z. B. Besitz bestimmter Konsumgüter) festmachte, richtete sich mit

Abb. 76: Fragebeispiel zur Lebenszufriedenheit

**Wie zufrieden sind Sie gegenwärtig mit den folgenden Bereichen Ihres Lebens?**

☞ *Bitte kreuzen Sie für jeden Bereich auf der Skala einen Wert an:*
*Wenn Sie ganz und gar* ***unzufrieden*** *sind, den Wert "0",*
*wenn Sie ganz und gar* ***zufrieden*** *sind, den Wert "10".*
*Wenn Sie* ***teils zufrieden / teils unzufrieden*** *sind, einen Wert dazwischen.*

| **Wie zufrieden sind Sie ...** | ganz und gar ***unzufrieden*** | | | | | | | | | | ganz und gar ***zufrieden*** |
|---|---|---|---|---|---|---|---|---|---|---|---|
| – mit Ihrer Gesundheit? | 0 | 1 | 2 | 3 | 4 | 5 | 6 | 7 | 8 | 9 | 10 |
| *(falls Sie erwerbstätig sind)* – mit Ihrer Arbeit? | 0 | 1 | 2 | 3 | 4 | 5 | 6 | 7 | 8 | 9 | 10 |

Quelle: SOEP-Personenfragebogen 2006, S. 3, Frageauszug

wachsendem Wohlstand der Blick auch auf die eher immateriellen Faktoren, die die Arbeits- und Lebensbedingungen prägen.

Eine solche Zufriedenheitsfrage knüpft an Alltagsdiskurse an. Dort wird z. B. gefragt: ›Wie geht's?‹; daraufhin könnte dann jemand antworten: ›Ja ganz gut, aber mit meiner Arbeit bin ich im Moment gar nicht zufrieden.‹ Einen solchen Dialog möchten die Entwickler von Zufriedenheitsfragen abbilden.

Bei den Angaben zur Zufriedenheit mit verschiedenen Lebensbereichen bleibt unklar, welchen zeitlichen Bezug die dort gemachten Angaben haben: Werden dort eher Tagesstimmungen wiedergegeben, reagiert man auf jüngste Erfahrungen in diesem Bereich, oder hat man es mit längerfristig stabilen Zufriedenheits- oder Unzufriedenheitszuständen zu tun?

Auch in dem folgenden Beispiel geht es um Meinungen; das Thema, auf das sich die Meinungsfrage bezieht, entstammt jedoch nicht dem engeren Lebenskontext der Befragten, sondern diese werden nach dem Charakter sozialer Unterschiede in Deutschland gefragt.

### Abb. 77: Fragebeispiel – Einstellungsfrage

Hier ist eine Liste mit verschiedenen Auffassungen darüber, wie es in Deutschland mit den sozialen Unterschieden tatsächlich aussieht und wie es sein sollte.
Bitte gehen Sie die Aussagen der Reihe nach durch und sagen Sie mir, ob Sie der jeweiligen Auffassung -
> voll zustimmen,
> eher zustimmen,
> eher nicht zustimmen oder
> überhaupt nicht zustimmen.

| | Stimme voll zu *[1]* | Stimme eher zu *[2]* | Stimme eher nicht zu *[3]* | Stimme überhaupt nicht zu *[4]* | Weiß nicht *[8]* | KA *[9]* |
|---|---|---|---|---|---|---|
| A In Deutschland bestehen noch die alten Gegensätze zwischen Besitzenden und Arbeitenden. Die persönliche Stellung hängt davon ab, ob man zu der oberen oder unteren Klasse gehört. | ○ | ○ | ○ | ○ | ○ | ○ |
| … | | | | | | |

Quelle: ALLBUS-Fragebogen 2004, S. 41

Eine solche Frage knüpft an Diskurse an, die im politischen Feld um die Bewertung sozialer Unterschiede geführt werden. Die spezifische Begrifflichkeit, auf die in diesem Statement Bezug genommen wird, entstammt eher den politischen Diskursen, die in Deutschland in der zweiten Hälfte des 19. und der ersten Hälfte des 20. Jahrhunderts geführt wurden. Sie sind spätestens mit dem Godesberger Programm der SPD aus dem öffentlichen politischen Leben verschwunden – lassen sich aber in den Diskursen der Gewerkschaften (Gegensatz von Kapital und Arbeit) oder in alltagsweltlichen Diskursen (Gegensatz von arm und reich) noch finden. Handwerklich betrachtet ist das Statement problematisch, da es aus zwei Sätzen besteht, die nicht unbedingt in gleicher Weise zu begreifen sind; zudem findet sich innerhalb beider Sätze eine Reihe verschiedener Schlüsselworte, so dass am Ende doch eher unklar ist, zu welchem dieser Aspekte die Befragten mit ihrer Antwort Stellung nehmen.

Ein weiteres Beispiel für Einstellungsfragen entstammt der psychologischen Einstellungsforschung. Dabei geht es weniger um einzelne Fragen, sondern eine Batterie von Fragen, so genannte Items, zu denen die Befragten »zügig der Reihe nach« Stellung nehmen sollen.

### Abb. 78: Fragebeispiel – Sozialpsychologische Skalen

»Unter dieser Anweisung sind eine Anzahl von Behauptungen aufgeführt, die persönliche Eigenschaften und Einstellungen betreffen. Lesen Sie bitte jeden Satz und bestimmen Sie, ob die Behauptung in bezug auf Sie selbst richtig oder falsch ist und machen Sie jeweils einen Kreis um ›richtig‹ oder ›falsch‹. Bitte arbeiten Sie zügig der Reihe nach und lassen Sie keinen Satz aus.

*Die mit (-) gekennzeichneten Items sind negativ im Sinne der Skala formuliert.*
01. Manchmal erschrecke ich, weil ich nicht sicher bin, ob meine Kleidung in Ordnung ist.
02. Ich fürchte, daß andere Leute mich nicht leiden mögen.
03. In der Gesellschaft von Körperbehinderten fühle ich mich nicht wohl.
04. Ich bin im allgemeinen nervös, wenn ich mit einer wichtigen Person sprechen muß.
05. Es ist mir meist unangenehm, mit einer Menge fremder Leute zusammenzusein.
...«

Quelle: Lück (2004), entnommen dem ZUMA-Informationssystem, thematische Rubrik: Individuum und Persönlichkeit, Angstphänomene, 5 von 26 Statements

Die Entwicklung solcher Skalen geht zunächst auf inhaltliche bzw. theoretisch geleitete Überlegungen zu einem interessierenden Phänomen und den für die Erfassung dieses Phänomens relevanten Dimensionen zurück. Die so entwickelten Items werden im Sinne der klassischen Testtheorie geprüft und nach verschiedenen jeweils statistisch geprüften Kriterien (z. B. interne Konsistenz, Trennschärfe, Eindimensionalität) weiterentwickelt; d. h., Items werden so lange entnommen, hinzugefügt oder modifiziert, bis statistisch betrachtet eine gewisse Konsistenz erreicht wird. Dem Fragetyp nach entsprechen die einzelnen Statements am ehesten der oben diskutierten Zufriedenheitsfrage.

Bei der folgenden Frage geht es vordergründig um das Handeln der befragten Person.

Abb. 79: Fragebeispiel – Beabsichtigtes Handeln

**Wann etwa wollen Sie Ihre Erwerbstätigkeit aufnehmen?**

Möglichst sofort .................................. ☐

Innerhalb des kommenden Jahres ....... ☐

In 2 bis 5 Jahren .................................. ☐

Erst später, in mehr als 5 Jahren ......... ☐

Quelle: SOEP-Personenfragebogen 2006, S. 5

Die Frage nach dem zukünftigen Handeln ist in der Regel jedoch auf einer ähnlichen Konstruktebene anzusiedeln wie auch die Frage nach der politischen Einstellung einer Person. Anders wäre die Antwort einzuschätzen, wenn der Befragte bereits eine Stelle in Aussicht hat oder Anstrengungen zur Stellensuche unternimmt. Auch die so genannte ›Sonntagsfrage‹, bei der Personen nach ihrem Entscheidungshandeln gefragt werden, wenn am ›nächsten Sonntag‹ eine Bundestagswahl stattfinden würde, ist diesem Fragetyp zuzurechnen.

Blickt man noch einmal auf die vorgeschlagene Unterscheidung von Fragetypen (Abb. 71) zurück, so werden damit verschiedene Schwierigkeiten unterschieden, vor denen Befragte bei der Beantwortung dieser Fragen stehen; diese Schwierigkeiten sollten auch bei der Aufbereitung, Analyse und Interpretation der mit solchen Fragen gewonnenen Daten berücksichtigt werden.

Sieht man einmal von den verschiedenen Motiven ab, die Befragte dazu bewegen, wider besseres Wissen eine nicht zutreffende Antwort zu geben, und setzt man zudem Befragte voraus, die bezogen auf den sprachlichen und kulturellen Kontext des Fragebogens adäquate Kompetenzen besitzen, so bleiben dennoch einige typische Probleme des ›Wirklichkeitsbezugs‹ der standardisierten Befragung bestehen, die sich recht gut entlang den in der Abbildung getroffenen Unterscheidungen darstellen lassen:

• Eine Antwort auf die Frage nach Fakten setzt voraus, dass die Befragten um diese Fakten wissen – genau oder zumindest näherungsweise. Das wird bei der Frage nach dem eigenen Geburtsjahr bei einer großen Zahl von Befragten der Fall sein. Die Frage nach der Größe des Betriebs, in dem eine Person beschäftigt ist, kann vermutlich von vielen Befragten gar nicht sonderlich exakt angegeben werden, zumal auch eine exakte begriffliche Bestimmung, was denn nun ein Betrieb ist, angesichts der vielfältigen Verflechtungsbeziehungen, in denen Betriebe und Betriebsteile zueinander stehen können, nur schwer zu leisten ist.

Sieht man einmal von dem Problem ab, ob der Befragte über die erfragten Fakten hinreichend informiert ist, könnte man sagen, dass mit diesen Fragen soziale (Differenz-)Konstrukte, im Sinne gesellschaftlich geteilter Deutungen bzw. Benennungen, reproduziert werden können. Viele dieser Konstrukte sind in amtlichen und anderen Dokumenten festgehalten und können damit zumindest summarisch überprüft werden. D. h., man kann nicht klären, ob die gegebenen Informationen der ›Wirklichkeit‹ entsprechen, aber man kann klären, ob sie mit anderen gesellschaftlich anerkannten Konstrukten vereinbar sind.

• Bei Fragen nach vergangenen oder gegenwärtigen Handlungen kann man unter den obigen Voraussetzungen davon ausgehen, dass die Befragten korrekte Aussagen z. B. über eigene Handlungen machen; diese Handlungen sind grundsätzlich auch einem externen Beobachter zugänglich und wären damit ›überprüfbar‹. Es stellt sich aber das Problem der Benennung von Handlungen. Während bei der Frage, ob der Autofahrer XY am Steuer des Autos gesessen hat, vermutlich ein Konsens zwischen den verschiedenen Beobachtern herzustellen wäre, ist das bei der Frage, ob dieser Autofahrer beim Wechsel der Fahrspur einen anderen genötigt hat, schon nicht mehr so einfach. D. h., man hat es auf der einen Seite mit Handlungen zu tun, für deren Beschreibung es weitgehend konsensuelle Bezeichnungen und Beobachtungskriterien gibt, die vielleicht sogar in einem Protokoll dokumentiert sind. Auf der anderen Seite finden sich Handlungen, deren Etikettierung ausgesprochen kontrovers ist oder die ausgesprochen selten sind, so dass keine gesellschaftlich geteilten Etikettierungen vorliegen.

• Bei Fragen, die auf die Einstellungen und Meinungen der Interviewten zielen, steht man vor dem Problem, dass man bei den gegenwärtigen naturwissenschaftlichen Möglichkeiten nicht in der Lage ist, die Phänomene, über die die Befragten Aussagen machen, zu beobachten. Es lässt sich nur konstatieren, dass ein Befragter bei der Frage, ob er befürworte, dass straffällig gewordene ›Ausländer‹ auszuweisen seien, die Kategorie ›ja‹ ankreuzt. Es gibt jedoch verschiedene Strategien, diese Information mit anderen Informationen über die Person zu verknüpfen: So kann versucht werden, die Information über das erwünschte Vorgehen gegenüber straffällig gewordenen ›Ausländern‹ mit anderen Einstellungen der Person zu vergleichen, um etwas über die Kohärenz der verschiedenen Einstellungskonstrukte zu erfahren. Man kann versuchen, die in der Befragung beobachtete Einstellung mit bestimmten Fakten, z. B. dem Alter, dem Geschlecht, der Schulbildung, in Beziehung zu setzen, um so etwas über Zusammenhänge zu erfahren. In einem narrativen Interview kann versucht werden, weitere Informationen zur Person und ihrer Perspektive auf die soziale Welt zu gewinnen, die es ermöglichen, die Information zu dem ›Ausweisungsstatement‹ in einen Kontext zu stellen. Außerdem kann die Information auch zum Handeln der Person in Bezug gesetzt werden, indem man z. B. versucht zu eruieren, ob Personen, die diesem Statement zustimmen, häufiger an Gewalttätigkeiten gegenüber vermeintlichen Ausländern oder Asylsuchenden beteiligt sind.

Schließlich ist bei der Einschätzung des Bezugs solcher Interviewfragen zu den Phänomenen der sozialen Welt auch deren praktischer Effekt zu bedenken. Auch wenn recht unklar ist, was denn bei einem Einstellungstest eigentlich gemessen wird, so hat vielleicht das Unternehmen XY die Beobachtung gemacht, dass sich die Leistung einer Abteilung verbessert hat, wenn diejenigen Personen eingestellt wurden, denen der Test eine besondere ›Teamfähigkeit‹ attestiert hat. Auch wenn nicht genau geklärt werden kann, was denn nun unter ›Ausländerfeindlichkeit‹ zu verstehen ist, so ist es doch bedeutsam, dass dieses begriffliche Konstrukt z. B. die Kommunikation zwischen einem Sozialforscher und einem Jugendhilfeplaner ermöglicht, so dass bestimmte Fördermittel verstärkt in die Region ZY geleitet werden. Trotz dieser Überlegungen ist eine gewisse Skepsis gegenüber simplifizierenden Vorstellungen einer Messung von ›Einstellungen‹ angebracht.

## c) Das standardisierte Interview als soziale Situation

Auch wenn sich ein standardisiertes Interview dadurch auszeichnet, dass die Befragung und ihre Rahmenbedingungen durch möglichst weitgehende Vorgaben vergleichbar gestaltet werden, ist es doch sinnvoll, die Interviewsituation als eine soziale Situation zu betrachten. Fragende und Befragte können nicht als Frage- und Antwortmaschinen konzipiert werden, die Daten werden nicht aus Köpfen der Befragten abgesaugt und in einem Datensatz gespeichert. Wenn man die Befragungssituation als eine typische soziale Situation begreift, stellen sich viele der so genannten ›Erhebungsprobleme‹ – hinter diesem Begriff steckt wiederum eher die Maschinenmetapher – in einem anderen Licht dar.

Die folgenden Überlegungen zur sozialen Situation des Interviews gehen zunächst von einer persönlichen mündlichen Befragung aus. Die Darlegung ist insbesondere durch die Überlegungen Meads bzw. Blumers zu den Prozessen der symbolischen Interaktion inspiriert, zudem wird auf einfache Kommunikationsmodelle zurückgegriffen.

## Die Kontaktsituation

In einem persönlichen mündlichen Interview treffen ein z. B. männlicher Interviewer mit einer weiblichen Befragten, in der Regel in der Wohnung der Befragten, zusammen. Dem ist vorausgesetzt, dass die Befragte über eine Adresse bzw. über ein Zimmer oder Wohnung verfügt und dass die Befragte in ein Interview einwilligt. Diese Einwilligung setzt voraus,

- dass die Befragte die Tür öffnet und auf die Interviewanfrage positiv reagiert. Die dahinter stehenden Motive können ganz unterschiedlicher Natur sein, im Idealfall hat die Befragte bereits Erfahrungen mit standardisierten Befragungen oder kann sich etwas darunter vorstellen. Sie hat verstanden, welches Befragungsinstitut welche Themen mit welcher Zielsetzung erfragen möchte, und willigt nach der Klärung von Datenschutzfragen ein, sich für eine angegebene Zeitspanne auf den Interviewprozess einzulassen. Dies alles setzt ein gewisses Vertrauen im Umgang mit ›fremden Personen‹ (Nicht-Bekannte, sozial oder kulturell ›Fremde‹), eine gewisse Kooperationsbereitschaft sowie idealerweise ein hinreichendes sprachlich-kulturelles Vermögen in der geforderten Interviewsprache voraus;
- dass es der Befragten angesichts der von ihr akzeptierten Verhaltensnormen möglich ist, sich mit fremden männlichen Personen zu treffen und dass solche Treffen in ihren privaten Räumen stattfinden können.

Zum Verständnis der Kontaktsituation an der Haus- oder Wohnungstür ist es hilfreich, diese mit anderen Haustürsituationen zu vergleichen: ein Verkäufer von Waren oder Dienstleistungen, der Vertreter einer Behörde, eine vertraute Person, ein Gast, ein Trickbetrüger, eine missliebige Person, ein Bettler etc.

Ausgehend von diesen Überlegungen zur Kontaktsituation dürfte bereits deutlich werden, wie vielfältig die Gründe dafür sein können, dass ein Interview nicht zustande kommt. Dass die Zahl der Verweigerungen dennoch recht begrenzt ist, scheint damit zusammenzuhängen, dass auch die Befragten von der Interviewsituation profitieren: Es scheint eine gewisse Neugier gegenüber der Interviewsituation als einer neuen Situation zu geben oder ein Interesse, sich befragen zulassen: Die Befragten fühlen sich ›ernst genommen‹; jemand interessiert sich für das, was man zu sagen hat. Es scheint auch gewisse Verpflichtungs- oder Höflichkeitsgefühle zu geben, die die Befragten in ein Interview einwilligen lassen. Für die Wirksamkeit dieser Faktoren spricht auch die Beobachtung, dass sich verschiedentlich Verkäufer oder Spendensammler zunächst als Meinungsforscher ausgeben.

Aus den Forschungen zur Aufnahme von Interaktionsbeziehungen ist bekannt, dass die Interagierenden bereits in allerkürzester Zeit zu einer Einschätzung ihres Gegenübers kommen, dabei spielen z. B. Geschlecht, vermutetes Alter, die äußere Erscheinungsform, Inhalt und Form des Gesagten sowie Mimik und Gestik eine wichtige Rolle. Auch die Interviewenden kommen zu einer Einschätzung der potentiellen Befragten und versuchen sich, im Rahmen der gegebenen und zugelassenen Möglichkeiten und gemäß ihrer Arbeitserfahrung, so zu präsentieren, dass ein Interview zustande kommt – vielleicht gibt es auch die umgekehrte Situation, in der sie durch bestimmte Signale zu der Einschätzung kommen, dass das Interview sehr schwierig werden wird und sie daher (regelwidrig) ein Scheitern des Kontaktversuchs provozieren. Die zu Interviewenden reagieren wiederum auf diese Darstellung und kommen dann zu einer (vorläufigen) Entscheidung über die Interviewgewährung.

## Die Interviewsituation

Im Vergleich zu einem normalen Gespräch gestaltet sich die Situation im Interview eher asymmetrisch. Die Gesprächsrollen und damit auch die Möglichkeit, den Verlauf des Gesprächs zu steuern, sind ausgesprochen einseitig verteilt:

- Der Interviewer gibt die Themen vor, er stellt die Fragen.
- Sein Gegenüber hat zu antworten und zwar (beim standardisierten Interview) nicht in seiner Umgangssprache, sondern in der Sprache und den Kategorien der Antwortvorgaben.
- Der Interviewer gibt keine Rückmeldung zu dem Gesagten; auch auf etwaige zusätzliche Auskünfte und Kommentare des Befragten wird in der Regel nicht reagiert. Im normalen Gespräch ist beides eher ein Ausdruck der Ablehnung, Gleichgültigkeit oder Missbilligung des Gegenübers.

Ähnlich wie bereits bei der Gesprächsaufnahme werden im Interviewprozess Assoziationen mit vergleichbaren Situationen mobilisiert. Um mit der Fremdheit der Situation umzugehen und die Situation kalkulierbarer zu machen, versucht insbesondere der oder die Interviewte Erfahrungen mit ähnlichen Situationen heranzuziehen. Dabei bieten sich folgende Bezüge auf eigene Erfahrungen an:

- Unterrichts- und Prüfungserfahrungen (in der schulischen und beruflichen Ausbildung)
- eine polizeiliche oder richterliche Vernehmung oder andere inquisitorische Gespräche
- der Antragsbogen einer Behörde (eine Steuererklärung oder der Antrag für das Arbeitslosengeld II)
- ein diagnostisches oder klinisches Interview mit einem Arzt
- ein Gespräch mit einem Vorgesetzten

Man stelle sich zudem Befragte vor, die mit diesen Situationen Erfahrungen mit einer sozial und kulturell fremden Sprache verknüpfen, mit der sie nun im Interview wieder konfrontiert werden. Viele dieser Situationen sind für die Mehrheit der Befragten mit einem gewissen Stress verbunden; zudem sind es Situationen, die – rechtlich abgesichert oder im wohlverstandenen Eigeninteresse – eine gewisse Auskunftsbereitschaft voraussetzen. Schließlich sind es aber auch Situationen, in denen man taktisch vorgeht: Bei einer Prüfung wird mehr Wissen als vorhanden vorgetäuscht, bei einer Vernehmung wird vielleicht vorhandenes Wissen abgestritten etc.

Durch das Fernsehen und andere Medien sind die Befragten auch als Beobachter von Interviews erfahren. Sie kennen Strategien der Fragenden und Befragten, um unangenehmen Fragen bzw. Antworten aus dem Weg zu gehen, zu insistieren, den Interviewten in die Enge zu treiben oder ihm umgekehrt Raum für die eigene Darstellung zu gewähren etc.

Die Interviewkonstellation birgt vor diesem Hintergrund vielfältige Anknüpfungsmöglichkeiten an vorliegende (hautnahe oder medienvermittelte) Erfahrungen. Wie sich diese auf die Wahrnehmung der Interviewsituation durch die Befragten und das jeweilige Antwortverhalten niederschlagen, lässt sich nicht verallgemeinernd und mit hinreichender Bestimmtheit sagen; grundsätzlich ist jedoch vor einer methodologischen Naivität zu warnen, die z. B. in Vorstellungen vom Erhebungsprozess als einem technischen Prozess der Datengewinnung durchscheint.

Wenn es im Interview stärker um persönliche Dinge geht – um persönliche Erfahrungen, um Sorgen und Ängste, um intimes Verhalten –, dann kommt dem Interview im Vergleich zum Alltagsgespräch ein Ausnahmecharakter zu. Üblicherweise werden solche Dinge eher mit vertrauten Personen besprochen; allenfalls einem Arzt werden vielleicht solche Fragen gestattet. Umgekehrt ist die Interviewsituation zeitlich begrenzt, sie hat einen gewissen Ausnahmecharakter; das mag es vielleicht doch ermöglichen, dass ein solches vergleichsweise intimes Gespräch auf Zeit dennoch zustande kommt.

Was die Befragten sagen, bleibt für sie im Gegensatz zum Verhör oder zur Prüfung folgenlos. Es wird zudem einiges dafür getan, dieses Vertrauen in die Folgenlosigkeit zu stärken: die Zusage der Anonymität, der Verzicht auf missbilligende oder zustimmende Kommentare etc. Somit ist die Folgenlosigkeit eine wichtige Voraussetzung des standardisierten Interviews. Zugleich gibt sie ihm aber auch den Charakter einer Spielwiese; es ist nicht der ›soziale Ernstfall‹.

Neben der Vergegenwärtigung von ›Zwangssituationen‹ gibt es aber auch kulturelle Muster, die eine generelle Interview- und Auskunftsbereitschaft der Befragten hervorbringen. Ohne hier auf tatsächliche oder vermeintliche kulturelle Differenzen eingehen zu wollen, sei darauf hingewiesen, dass die Frage, wie man einen ›Fremden‹ an der Tür oder am Telefon empfängt, wie man auf das Interviewersuchen reagiert und wie man auf Fragen antwortet, immer auch in soziokulturellen Kontexten zu betrachten ist. So wird z. B. in Ratgebern für geschäftliche Verhandlungen in verschiedenen Ländern bzw. Kulturen auf die Schwierigkeit ›nein zu sagen‹ oder auf die Scheu ›Nicht-Wissen einzugestehen‹ verwiesen. Ob eine Sozialisation in obrigkeitsstaatlich-preußischer Tradition unbedingt zu ›wahren‹ Antworten führt, sei dahingestellt; auch die Scheu, Unwissenheit einzugestehen, kann nicht allein ›fremden Kulturen‹ angelastet werden, wie die Methodenforschung zeigt.

In besonderem Maße stellen sich solche Probleme in so genannten interkulturellen Studien – die sind aber in Gesellschaften, die von Migration geprägt sind, der Regelfall. Diese Probleme interkultureller Kommunikation werden bislang bei der Entwicklung von Erhebungsinstrumenten und in der Ausbildung von Interviewern zu wenig berücksichtigt.

## Kommunikation im Interview

Ausgehend von dem in vielen Kulturen zu findenden Kinderspiel ›Stille Post‹ kann man sich ein einfaches Kommunikationsmodell vorstellen, das die Schwierigkeiten der i. w. S. sprachlichen Kommunikation im Interview verdeutlichen kann – das Modell entstammt dem Lehrbuch Kromreys (1998:341 f.).

### Abb. 80: Kommunikation im Interview

| Konzeption | Frageprozess | | | | | Antwortprozess | | | Auswertung | | |
|---|---|---|---|---|---|---|---|---|---|---|---|
| S | | | | | (S) | | | | | (S) | Sachverhalte |
| ↓ | | | | | | | | | | ↑ | |
| $G_1$ | | | | $G_2$ | → | $G_3$ | | $G_4$ | | $G_5$ | Gedankliche Vorstellungen |
| ↓ | | | | ↑ | | ↓ | | ↑↓ | | ↑ | |
| $W_1$ | → | $W_1$ | → | $W_1$ | | $W_2$ | → | $W_2$ $W_3$ | → | $W_3$ | Worte, sprachlicher Ausdruck |
| Forscherin | Interviewer | | Befragte | | | | Interviewer | | Forscherin | | |

Der Ausgangspunkt ist eine Forscherin, die bestimmte gedankliche Vorstellungen über einen zu untersuchenden Sachverhalt entwickelt und diese Überlegungen im Fragebogen in Worte fasst. Mittels eines Interviewers werden diese Worte den Befragten übermittelt. Die Befragten versuchen, die Frage zu entschlüsseln und in Bezug auf den interessierenden Sachverhalt eine Antwort zu finden und diese in Worte zu fassen. Der Interviewer ist bemüht, die gegebene Antwort zu entschlüsseln und in die Antwortkategorien der geschlossenen Frage zu übersetzen. Diese mehr oder weniger formalisierten sprachlichen Ausdrücke gehen dann wiederum der Forscherin zu, die sie verarbeitet, um Aussagen über den interessierenden Gegenstand zu machen.

Das Modell soll für die Probleme der Kommunikation in Befragungen sensibilisieren; in dieser Form ist es eher auf eine standardisierte Befragung zugeschnitten. In offenen Interviews stellen sich aber ganz ähnliche Probleme, z. B. wenn versucht wird, zu einem Thema gezielt Informationen zu gewinnen.

Wenn Kommunikation im Sinne des obigen Interviewmodells gelingen soll, so setzt das mindestens eine gemeinsame Sprache, aber auch ein gemeinsames Sprachverständnis von Forschenden, Interviewern bzw. Interviewerinnen und Interviewten voraus. Das Probleme der Verständigung ist vielgestaltig: Für die Frage nach Fakten reichen vielleicht Grundkenntnisse der Interviewsprache aus; bei der Beschreibung von Handlungen und mehr noch bei Fragen nach Meinungen und Einstellungen ist ein gemeinsames differenziertes Sprach-, d. h. aber auch Sinn- und Bedeutungsverständnis erforderlich. Schließlich sei an die bereits oben erwähnten Effekte erinnert, die eine in vielerlei Hinsicht fremde Sprache jenseits der unmittelbaren Verständigungsprobleme bei den Beteiligten hervorruft.

Manche der hier dargestellten Probleme lassen sich durch Übersetzungen; d. h. durch den Einsatz mehrsprachiger Fragebogen lösen. Die Schwierigkeiten, die aus der Übersetzung komplexer Items der Einstellungsforschung und ihren Sinnbezügen erwachsen, können jedoch kaum befriedigend gelöst werden. Die hier geschilderten Probleme der Kommunikation sind nicht nur ein Problem unterschiedlicher Hochsprachen und ihrer Sinnhorizonte. Ähnliche Probleme erwachsen aus schichtspezifischen, subkulturellen, generations- und geschlechtsspezifischen oder regionalen Differenzierung in sprachlichen Formen und Bedeutungsgehalten. Zu den Problemen von Cross-National- bzw. Cross-Cultural Surveys vgl. Harkness (2006) bzw. Hoffmeyer-Zlotnik/Harkness (2005).

Ein Blick auf das Beispiel einer Einstellungsfrage (Abb. 77) mag die Reichweite dieser Schwierigkeiten verdeutlichen. Umgekehrt ist davon auszugehen, dass sich zumindest bei sehr einfachen Fragen nach Fakten diese Schwierigkeiten in weitaus geringerem Maße stellen.

Nach diesen eher allgemeinen Überlegungen zur Interaktions- und Kommunikationssituation im Interview soll nun eine Reihe spezifischer Erhebungsprobleme, die daraus erwachsen, dargelegt werden.

## d) Spezifische Erhebungsprobleme

Die weitgehende Standardisierung von Befragungen, die zu vielerlei Erhebungsproblemen führt, ermöglicht es umgekehrt auch, systematische Forschungen über mögliche Fehlerquellen dieser Erhebungsmethode zu betreiben, indem z. B. untersucht wird, wie sich die Rücklaufquote bei verschiedenen Formen der Ansprache der Befragten verändert oder welche Auswirkungen die Anordnung und Formulierung von Fragen auf das Antwortverhalten haben. Die im Folgenden dargelegten Erhebungsprobleme gehen auf die Erträge einer solchen Methodenforschung und der methodenkritischen Debatten zu den standardisierten Erhebungen zurück. Um die Vielfalt der Befunde zu ordnen, sollen sie soweit möglich nach Problemen, die dem Befragungsinstrument bzw. den Beteiligten (die Interviewenden und die Befragten) zuzurechnen sind, gegliedert werden – diese Strukturierung lehnt sich an Diekmann (1995:382 ff.) an.

### Die Befragten

• Insbesondere bei Einstellungsfragen ist zu beobachten, dass die Befragten eher jene Antwortkategorien auswählen, von denen sie vermuten, dass diese von der sie umgebenden Gesellschaft oder von den Interviewenden erwünscht sind. Das betrifft z. B. Fragen zur Wahl von rechtsradikalen Parteien oder zur Diskriminierung von Minderheiten; d. h., der bei der so genannten Sonntagsfrage ermittelte Stimmenanteil für eine Partei am rechten Rand des politischen Spektrums wird bei der Befragung voraussichtlich niedriger ausfallen als bei der späteren Wahl. Dieser Effekt der sozialen Erwünschtheit bei der Beantwortung von Fragen hängt unmittelbar mit der sozialen Situation des Interviews zusammen, sonst würde er in der Wahlkabine in ähnlicher Form auftreten. Wie in den Überlegungen zu den Prozessen symbolischer Interaktion entwickelt, versuchen die Befragten, die Reaktion der Interviewenden zu antizipieren und das Bild, das sie bei ihrem Gegenüber hinterlassen, zu kontrollieren. Grundsätzlich könnte das auch dazu führen, eher das Unerwünschte zu bevorzugen. Es ist zu vermuten, dass dieser Effekt neben medienvermittelten Normalitätsvorstellungen insbesondere mit den lebensgeschichtlichen Erfahrungen, die mit solchen Stellungnahmen in der Schule, im Freundeskreis oder mit Arbeitskollegen gemacht wurden, zusammenhängt. Die Effekte sozialer Erwünschtheit finden sich nicht nur bei Einstellungsfragen, sie betreffen, wie z. B. Untersuchungen zum Fernsehkonsum zeigen, auch Fragen nach dem eigenen Handeln.

Um den Effekten der sozialen Erwünschtheit entgegenzuwirken, wird gelegentlich versucht, durch einleitende Bemerkungen zu der Frage auch die Normalität von Stellungnahmen zu signalisieren, die sich jenseits des Kanons des Erwünschten bewegen. Das wäre bei manchen der erwähnten Beispiele jedoch forschungsethisch unverantwortlich.

Auch wenn Effekte der sozialen Erwünschtheit vielleicht zu einer ›verzerrten‹ Abbildung des politischen Präferenzspektrums führen, liefern sie doch auch eine sehr interessante Information über das gemeinsame Wissen um das sozial Erwünschte. Es sollte also nachdenklich stimmen, wenn dieser Effekt bei den oben genannten Themen nicht mehr zu beobachten wäre.

- Die vermeintlich kulturspezifische Scheu, Nicht-Wissen zuzugeben, wurde bereits oben angesprochen. Dazu sei das Beispiel des fiktiven ›Staatssekretärs Köstritz im sächsischen Innenministerium‹ angeführt, von dem bei einer Befragung im Auftrag der Landesregierung 8 % der Befragten angaben, ihn zu kennen; unter den Befragten, mit höheren Bildungsabschlüssen habe dieser Anteil sogar bei 18 % gelegen (Der Spiegel, Heft 36, 6.9.1993). Denkt man an die Logik einer Unterrichts- oder Prüfungssituation, in denen der kalkulierte Bluff eine wichtige Rolle spielt, oder an die kleinen Lügen der Alltagskommunikation, ist es verwunderlich, dass diese Quote nicht noch höher ausfällt.
- Bei der Analyse von Fragebogen stößt man auf Personen, die unabhängig von der jeweiligen Frage bestimmte Regelmäßigkeiten im Antwortverhalten erkennen lassen, die z. B. bei Einstellungsfragen nur im Mittelbereich ankreuzen (teils/teils, unentschieden) oder die nur die Extremgruppen benutzen. In der Analyse erscheint dann ein so genanntes Antwortmuster (Response Set). Die Gründe für solche Antwortmuster können ganz unterschiedlicher Natur sein: Sie können auf mutwillige Falschantworten zurückgehen; d. h., Personen kreuzen wahllos bestimmte untereinander liegende Felder an. Das Antwortmuster kann den tatsächlichen Antwortabsichten des Befragten entsprechen. Vielleicht neigen die Befragten auch, um den Interviewer nicht zu enttäuschen, generell zur Zustimmung. Auch (schlechte) Fälschungen durch die Interviewer und Interviewerinnen sind nicht ausgeschlossen.

In diesem Zusammenhang wurde in der Methodenforschung auch das Problem der ›Meinungslosigkeit‹ diskutiert. Gerade in der Einstellungsforschung wird implizit davon ausgegangen, dass man zu allen Fragen oder Statements eine explizite, eine fixierbare und eindeutig zustimmende, ablehnende oder unentschiedene Meinung hat. Den Befragten wird diese ›Meinungslosigkeit‹ nicht zum Problem, weil für sie die Frage, um die es geht, nicht von Bedeutung ist oder weil sie nicht gezwungen sind, in der einen oder anderen Weise Stellung zu beziehen oder zu handeln. Es ist also eher ein Problem der Umfrageforscher, die ihre Kästchen füllen möchten. Dementsprechend werden ganz unterschiedliche Strategien, eingeschlagen, mit diesen Meinungslosen umzugehen. So wird vorgeschlagen auf indifferente Mittelkategorien (ungerade Zahl von Antwortmöglichkeiten) oder auf Möglichkeiten der Nicht-Stellungnahme (weiß nicht, dazu kann ich nichts sagen) zu verzichten und so eine Stellungnahme zu erzwingen.

• Das weitaus größte Problem dürfte jedoch die Nicht-Beantwortung von Fragen und Frageblöcken sein. Aus unterschiedlichen Motiven werden von Personen, die in die Befragung eingewilligt und sie auch zu Ende geführt haben, einzelne Fragen oder ganze Frageblöcke nicht bearbeitet: Man möchte das Interview abkürzen; Fragen erscheinen überflüssig oder nicht so wichtig; die Antwort ist den Befragten peinlich; die Frage oder Teile der Frage sind unverständlich; sie können oder wollen die Information nicht preisgeben (z. B. weil sie eine Weitergabe der Daten oder einen Missbrauch befürchten) oder die Beschaffung der Information ist ihnen zu aufwendig.

Insbesondere die letzten beiden Problemkategorien deuten darauf hin, wie wichtig es ist, die Befragten für die sorgfältige Teilnahme zu motivieren. Zudem sollten alle hier geschilderten Schwierigkeiten als ein Problem der Forschenden und der von ihnen konstruierten Forschungssituation begriffen werden. Sie sind es, die die Befragten mit Verhaltenszumutungen konfrontieren, die sie dazu bringen, mehr oder weniger ›falsche‹ Angaben zu machen.

## Der Fragebogen und die Fragen

Da Befragungen der Intention nach mehrheitlich eher der Logik eines Gesprächs als der eines Tests oder eines Verhörs entsprechen sollen, spielen die Logiken der Gesprächsführung eine wichtige Rolle für den Aufbau von Interviews.

• Dementsprechend hat die Abfolge der Fragen durchaus einen Effekt auf die Antwortbereitschaft bzw. auf die gegebenen Antworten. So ist damit zu rechnen, dass dieselben oder sehr ähnliche Fragen an unterschiedlicher Stelle im Fragebogen zu unterschiedlichen Antworten führen. Insbesondere bei Fragen, die für die Befragten besonders heikel sind – z. B. weil es sich entsprechend dem jeweiligen kulturellen Kontext um private oder intime Dinge handelt, um Sachen, ›über die man nicht spricht‹, die ›andere nichts angehen‹ oder eine Behörde ›nichts wissen muss‹ – wird angeraten, sich einer Gesprächslogik folgend allmählich heranzutasten.

• Dass die Formulierung einer Frage einen Effekt auf die gegebenen Antworten hat, ist zu hoffen, sonst wäre eine Kommunikation nur schwer möglich. Dass sie aber genau den Effekt hat, den die Fragesteller erwarten, ist eher unwahrscheinlich. Das Problem offenkundig suggestiver Fragen im Sinne von ›Sind Sie nicht auch der Meinung, dass …‹ dürfte bekannt sein. Schwieriger ist es jedoch, die eher versteckten, gar nicht unbedingt intendierten Suggestionen aufzuspüren.

Das folgende Beispiel markiert, in welchem Ausmaß eine leichte Umformulierung die Ergebnisse einer Befragung verändern kann.

### Abb. 81: Effekte der Frageformulierung

»Sollte Ihrer Ansicht nach der Gesetzgeber ausländerfeindliche Organisationen erlauben oder nicht erlauben?« vs. »Sollte Ihrer Ansicht nach der Gesetzgeber ausländerfeindliche Organisationen erlauben oder verbieten?«

| (N = 616) | Erlauben vs. Nicht erlauben | Erlauben vs. Verbieten | Insgesamt |
|---|---|---|---|
| Erlauben | 8 % | 14 % | 11 % |
| Nicht erlauben/Verbieten | 82 % | 78 % | 80 % |
| Sonstiges | 10 % | 8 % | 9 % |

Quelle: Reuband (2001:48)

Der Anteil der Befürwortung eines Verbots liegt um 4 Prozentpunkte höher, wenn im Fragetext der Begriff Verbot vermieden wird. Verglichen mit den in vielen Lehrbüchern zu findenden Beispielen aus der älteren amerikanischen Umfrageforschung fallen die Differenzen jedoch weitaus geringer aus.

• Die Fragen sollten möglichst einfach und verständlich formuliert sein. Oft fällt bei der Wahl zwischen einer einfachen, vielleicht nicht ganz präzisen Frage und einer formal präzisen, aber komplexen Frage die Entscheidung zu Gunsten der letzteren aus; ein guter Kompromiss gelingt oft nicht. Bei Einstellungsfragen finden sich zudem häufig Verstöße gegen das Gebot der Eindimensionalität: In dem Bemühen, Items möglichst unterschiedlichen Gruppen verständlich zu machen, wird das Statement noch einmal in andere Worten gefasst, was jedoch automatisch dazu führt, dass es bei der Analyse nicht zu klären ist, auf welches Teilstatement sich die Befragten beziehen. Dieses Problem potenziert sich, wenn die jeweiligen Statements zudem Schlüsselwörter enthalten, die für sich genommen zur Stellungnahme reizen (vgl. Abb. 77).

• Auch Antwortvorgaben bleiben nicht ohne Einfluss auf das Antwortverhalten der Befragten. Auf die Probleme, die sich bei Einstellungsfragen mit den verschiedenen Rating-Skalen verbinden, wurde bereits oben eingegangen. Im folgenden Beispiel wurden Personen zur Dauer ihres täglichen Fernsehkonsums befragt; dabei wurden zwei verschiedene Antwortschemata eingesetzt. Es wird deutlich, dass die Antwortkategorien unterschiedliche Normalzustände suggerieren und vermittelt über die Effekte der sozialen Erwünschtheit das Antwortverhalten verändern.

Abb. 82: Effekte der Antwortvorgaben

| Geringe Antwortkategorien | | Hohe Antwortkategorien | |
|---|---|---|---|
| bis ½ Stunde | 7,4 % | bis 2½ Stunden | 62,5 % |
| ½ bis 1 Stunde | 17,7 % | 2½ bis 3 Stunden | 23,4 % |
| 1 bis 1½ Stunden | 26,5 % | 3 bis 3½ Stunden | 7,8 % |
| 1½ bis 2 Stunden | 14,7 % | 3½ bis 4 Stunden | 4,7 % |
| 2 bis 2½ Stunde | 17,7 % | 4 bis 4½ Stunden | 1,6 % |
| mehr als 2½ Stunden | 16,2 % | mehr als 4 ½ Stunden | 0,0 % |
| | N = 68 | | N = 64 |

Quelle: Schwarz u. a. (1985:391)

Auch die Reihenfolge von Antwortvorgaben und die dargebotenen Kontrastierungsmöglichkeiten hinterlassen ihre Spuren im Antwortverhalten (Schwarz u. a. (1989).

• Besondere Schwierigkeiten treten bei Retrospektivfragen, also Fragen nach vergangenen Ereignissen und Handlungen auf. Die Befragten können oder möchten sich nur selektiv an Angenehmes oder Unangenehmes erinnern, die Zeitmaßstäbe sind oft sehr unscharf etc.

## Die Interviewenden und die Interviewsituation

Schließlich haben auch die Interviewer bzw. Interviewerinnen und die Situation, in der das Interview stattfindet, Einfluss auf die Angaben, die die Befragten machen.

• Bereits bei der Kontaktaufnahme, insbesondere in der Situation an der Wohnungstür, sind die äußeren Merkmale der Interviewenden bedeutsam. Die zu Befragenden machen sich ein Bild von ihnen: Welches Geschlecht haben sie, wie alt scheinen sie zu sein, sehen sie ›ausländisch‹ aus? Die besten Kontaktergebnisse erzielen angeblich ältere Frauen. Auch bei dem Effekt der sozialen Erwünschtheit spielen die Interviewenden eine wichtige Rolle. Nicht wenige Befragungsergebnisse variieren z. B. danach ob, die Interviewenden bzw. die Interviewten männlich oder weiblich sind.

Im obigen Beispiel geht es, wenn man zunächst die Spalten 5 bis 8 betrachtet, um die Angaben, die Männer und Frauen zu ihrer Beteiligung an der Hausarbeit machen. Der Anteil der Männer, die angeben, sich nicht oder nur wenig zu beteiligen, liegt bei ca. 25 %, wenn sie durch einen Mann befragt werden. Bei der Befragung durch eine Frau sind es mit 37 % weitaus mehr. Der Anteil Frauen, die angeben, die Hauptarbeit zu leisten, liegt bei einer Interviewerin mit ca. 90 % um 5 Prozentpunkte höher als bei einem Interviewer. D. h., die Befragung durch

**Abb. 83: Effekte des Geschlechts und der Anwesenheit dritter Personen**

| | Partner anwesend | | | | Partner nicht anwesend | | | |
|---|---|---|---|---|---|---|---|---|
| Befragter ist:<br>Interviewer ist: | M<br>M | M<br>F | F<br>M | F<br>F | M<br>M | M<br>F | F<br>M | F<br>F |
| Beteiligung an der Hausarbeit | Angaben in Prozent | | | | | | | |
| 0– 10 % | 35,5 | 45,3 | 0,7 | 1,6 | 24,6 | 37,3 | 0,5 | 1,5 |
| 11– 25 % | 24,6 | 26,6 | 2,9 | 3,3 | 26,9 | 23,9 | 1,0 | 0,8 |
| 26– 50 % | 37,0 | 25,0 | 17,3 | 21,3 | 42,3 | 34,3 | 14,1 | 8,3 |
| 51–100 % | 2,9 | 3,1 | 79,1 | 73,8 | 6,3 | 4,5 | 84,5 | 89,4 |
| Fallzahl N | 169 | 80 | 143 | 61 | 223 | 86 | 210 | 132 |

Quelle: Mohr (1986:67), zit. nach Diekmann (1995:402)

gleichgeschlechtliche Interviewende scheint eher zu einer Verstärkung von Geschlechterstereotypen beizutragen.

• Idealerweise stellt man sich ein standardisiertes Interview als ein Vier-Augen-Gespräch vor; in nicht wenigen Fällen sind aber weitere Personen – mit ihren Augen und Ohren – zugegen.

**Abb. 84: Anwesenheit dritter Personen**

| Anwesenheit Dritter | % der Fälle (N = 2946) |
|---|---|
| keine dritte Person anwesend | 73,5 % |
| (Ehe-)Partner | 18,7 % |
| Kinder | 5,7 % |
| andere Familienangehörige | 3,8 % |
| Sonstige Personen | 0,5 % |

Eigene Berechnungen, ALLBUS 2004, Mehrfachnennungen, ungewichtete Daten

In der ALLBUS-Untersuchung waren 2004 in mehr als einem Viertel der Fälle weitere Personen während der Befragung zugegen. In mehr als 10 % aller Fälle griffen diese Personen manchmal, in einigen dieser Fälle sogar häufig, in das Interview ein. Die Effekte dritter Personen werden in Abb. 83 deutlich; die Anwesenheit des Partners führt vermutlich eher zu realistischeren Angaben.

• Auch die Auftraggeber von Interviews spielen eine Rolle, insbesondere für die Bereitschaft, am Interview teilzunehmen (vgl. Stocké/Becker 2004).

• Schließlich sind die Interviewer und Interviewerinnen, die das persönliche Interview überhaupt erst ermöglichen und in den meisten Fällen einen wichtigen Beitrag für die Qualität des Interviews erbringen, auch eine nicht unerhebliche Fehlerquelle: Wenn sie eigenmächtig von den Regeln der Kontaktaufnahme abweichen, wenn sie falsche Angaben zum Interview machen, wenn sie Daten nicht korrekt übertragen, wenn sie die Befragten (willentlich) beeinflussen oder sie Teile oder gar ein ganzes Interview fälschen.

Einige dieser Risiken können über gezielte Kontrollmaßnahmen verringert werden, so besteht z. B. die Möglichkeit, durch Kontrollanrufe oder Kontrollbesuche bei den vermeintlichen Befragten wichtige Eckdaten des Interviews zu überprüfen; die Entlarvung von Teil-Fälschungen ist damit aber nur bedingt möglich. Für die Qualität von Befragungen ist es wichtig, wie hoch die Quote der so kontrollierten Interviews ist. Darüber hinaus werden Strategien eingesetzt, um die Interviewer an das Institut zu binden und Fälschungen zu minimieren. Manche Befragungsinstitute scheinen solche Fälschungen, wenn sie sich in Grenzen halten, aber auch stillschweigend zu tolerieren (vgl. Dorroch 1994).

## Unterschiede zwischen den verschiedenen standardisierten Erhebungsformen

Die hier dargestellten Fehlerquellen finden sich in den verschiedenen Befragungsformen in unterschiedlicher Weise wieder; auch die Strategien, die zu einer Verringerung dieser Fehler eingeschlagen werden, unterscheiden sich.

- Bei einer persönlichen mündlichen Befragung kann es gelingen, eine verbindliche Situation herzustellen und die Befragten zu einem möglichst sorgfältigen Ausfüllen des Fragebogens zu bewegen. Ist eine solche Kooperationsbereitschaft nicht erkennbar, so kann dieses Problem zusammen mit anderen Angaben zu den Rahmenbedingungen in den Meta-Informationen der Interviewenden festgehalten werden. Die Face-to-Face-Situation bietet – soweit es die Regieanweisungen erlauben – zudem Möglichkeiten der Nachfrage. Die soziale Situation ist durch den direkten Kontakt, den relativ persönlichen Charakter der Situation geprägt; umgekehrt bietet das aber auch weit reichende Beeinflussungsmöglichkeiten z. B. durch Mimik und Gestik, durch die Effekte der sozialen Erwünschtheit etc. Die Fälschungsrisiken sind durch die Abgeschlossenheit der Situation bei dieser Interviewform am ausgeprägtesten, so dass aufwendige Kontrollen erforderlich sind, um die Befragung von nicht ausgewählten Personen, die vollständige oder teilweise Fälschung des Interviews erkennen zu können.
- Telefoninterviews weisen viele Ähnlichkeiten mit einer mündlichen Befragung auf, die Dichte der Interaktion ist jedoch verglichen mit der Face-to-Face-Situation weniger ausgeprägt. Die Kontaktaufnahme und das Gespräch erfolgen vergleichs-

weise anonymer. Ob der Befragte konzentriert an einem Tisch sitzt und sich zum Interview Gedanken macht oder ob er oder sie gerade Spaghetti kocht und das Kind beaufsichtigt, kann in der Regel nicht ermittelt werden. Auch der Abbruch eines Gesprächs ist für die Befragten mit geringeren ›Kosten‹ verbunden. Wie in der mündlichen persönlichen Befragung gibt es Möglichkeiten, Fragen und Antworten zu erläutern. Die rein sprachliche Kommunikation stößt jedoch bei komplexen Fragen und Antworten an enge Grenzen und birgt erhebliche Risiken für die Qualität der Daten. Ein großer Vorteil telefonischer Interviews liegt in den guten Dokumentations- und Kontrollmöglichkeiten, sowohl beim Sampling-Prozess wie bei der Interviewführung. D. h., die Interviewenden können von den Befragungsinstituten mit einfachen Mitteln recht weitgehend kontrolliert werden. Auch für die Methodenforschung bietet dieses Material einen sehr interessanten Fundus.

• Schriftliche Befragungen zeichnen sich dadurch aus, dass über die Befragungssituation nur relativ wenig in Erfahrung zu bringen ist. Den Befragten wird die Möglichkeit gegeben, sich intensiv mit den Fragen auseinanderzusetzen; das setzt jedoch eine Vertrautheit im Umgang mit schriftlichen Formen der Kommunikation voraus; Nachfragen sind nicht möglich. Die Interviewereffekte entfallen, damit aber auch viele Vorteile, die die relativ verbindliche Befragungssituation hervorbringt. Die soziale Situation ist eher anonym: ›Was wollen die denn alles von mir wissen?‹ Alle Formen der Rückkoppelung entfallen. Bei schriftlichen Befragungen sind keine systematischen Fälschungen möglich, allenfalls durch einzelne Befragte.

• Bei Online-Befragungen stellen sich ähnliche Erhebungsprobleme wie bei schriftlichen Befragungen. Die Befragungssituation ist ausgesprochen anonym mit allen damit verbundenen Vor- und Nachteilen. Je nach Befragungsdesign können die Fälschungsrisiken durch Mehrfachbeantwortung oder die Beantwortung durch Personen, die nicht zur Zielgruppe gehören, nicht unerheblich sein; diese lassen sich jedoch mit einem aufwendigeren Verfahren der individualisierten Zugangskontrolle weitgehend minimieren.

## e) Probleme der standardisierten Befragung – eine Orientierungshilfe

Nach der eingehenden Darstellung der verschiedenen Probleme, die bei einer standardisierten Befragung auftreten können, drängt sich die Frage auf, ob man mit diesem Instrument überhaupt zu verwertbaren und sinnvoll interpretierbaren Informationen über die soziale Welt gelangen kann. Im Folgenden wird eine Reihe von Überlegungen angestellt, die deutlich machen, dass eine solche Frage der Logik der empirischen Forschung nicht unbedingt gerecht wird.

## Einschätzung der Ergebnisse der Methodenforschung

Die Forschung zu den Problemen der standardisierten Datenerhebung wird überhaupt erst durch dieses standardisierte Design möglich. Erst die kontrollierte Variation des Erhebungsinstruments und die (relative) Vergleichbarkeit von Untersuchungsbefunden erlauben eine systematische Methodenforschung.

• Entgegen den Qualitätsstandards, die üblicherweise an eine wissenschaftliche Befragung angelegt werden, sind jedoch einige Befunde der Methodenforschung eher als abenteuerlich zu bezeichnen: Sie gehen oft auf recht kleine Samples zurück; wie die Ziehung erfolgte und wie weit man von Zufallsauswahlen ausgehen kann, bleibt häufig im Unklaren. Zudem fehlen wichtige Rahmeninformationen zum Untersuchungskontext (Befragungsinstitut, Gegenstand und Ziele der Befragung, Kontrolle der Interviewer, Teilnahmemotivation der Befragten, Fragekontext etc.). Entsprechend einer Forschungslogik, die sich um die Isolierung von Einflussfaktoren bemüht, wird in der Methodenforschung jeweils einzelnen Erhebungsproblemen nachgegangen; ihre Wechselwirkungen im Sinne einer Verstärkung oder Abschwächung werden in der Regel nicht beachtet.

• So ist der Methodenforschung zudem vorzuwerfen, dass sie in ihren Prüfungen wesentliche blinde Flecken der zu kontrollierenden Forschung reproduziert: In der Regel werden wiederum standardisierte Befragungsmethoden verwendet; zudem arbeiten große Teile der Methodenforschung ihrerseits mit Samples, die den üblichen Auswahlbias, z. B. bei der Erfassung ›gesellschaftlicher Randgruppen‹ reproduzieren.

• Angesichts der oft zweifelhaften Qualität insbesondere von frühen Beiträgen zur Methodenforschung kommt der Frage nach der Rezeption dieser Ergebnisse eine umso größere Bedeutung zu. Die Befunde ganz unterschiedlicher Qualität werden – bei oft unzureichenden Quellenangaben – aus ganz unterschiedlichen Bereichen der Sozialforschung zusammengetragen: aus der Marktforschung, der sozialpsychologischen Einstellungsforschung, aus sozialwissenschaftlichen Befragungen etc. Sie entstammen zudem ganz unterschiedlichen zeitspezifischen und kulturellen Kontexten. Eine solche Darstellung – ich möchte dieses Buch da nicht ausnehmen – kann sinnvoll sein, um Studierende und andere Interessierte für die Probleme der standardisierten Forschung zu sensibilisieren. Wenn es aber darum geht, wissenschaftlich belastbares Wissen über ›die‹ standardisierte Befragung zu gewinnen, so ist eine solche Zusammenschau zu kritisieren: Die Befunde sind oft wenig gesichert bzw. kaum vergleichbar und diese Zusammenstellungen pflanzen sich über Zitierkartelle in der Einführungsliteratur zu sozialwissenschaftlichen Erhebungsmethoden fort.

• Die vielfältigen Befunde zur Befragungssituation zeigen, dass auch standardisierte Befragungen trotz aller Versuche, bestimmte Rahmenbedingungen zu kontrollieren, als soziale Situationen zu begreifen sind; jenseits der Interessen der Sozialforschung sollte man sich freuen, dass es nicht gelingt, die Befragten auf Antwortmaschinen zu reduzieren. Wenn also gemeinhin die Befunde der Methodenforschung als ›Fehlerquellen‹ in einem standardisierten Interview begriffen werden, so geht diese Perspektive auf die Vorstellung zurück, man könne im sozialwissenschaftlichen Feld zu einem Messstandard kommen, wie er in manchen Bereichen der naturwissenschaftlichen Forschung möglich ist. Die Rede von ›Erhebungsproblemen‹ ist also nur dann sinnvoll, wenn es die Hoffnung gibt, es könne Erhebungen ohne Probleme geben.

## Vorschläge zur Gewichtung verschiedener Erhebungsprobleme

Wenn beim Erhebungsprozess von Erhebungs- oder Messfehlern gesprochen wird, so liegt dem eine eher naturalistische Vorstellung zu Grunde, nach der bestimmte Aspekte der sozialen Welt in den sozialwissenschaftlichen Daten abgebildet werden können. Aus konstruktivistischer Perspektive ist eine solche Differenzierung nach richtigen und falschen Abbildern der sozialen Welt nicht sinnvoll; hier müssen andere Kriterien herangezogen werden, um die Qualität eines Erhebungsverfahrens zu bewerten. Ein Erhebungsverfahren wäre z. B. danach zu beurteilen, ob die allgemeinen Regeln wissenschaftlichen Arbeitens bzw. die spezifischen Regeln einer Erhebungsmethode, die in wissenschaftlichen Diskursen ausgehandelt wurden, eingehalten werden. Auf dieser Basis könnte dann entschieden werden, ob das mit diesen Verfahren hervorgebrachte empirisch fundierte Wissen als wissenschaftliches Wissen ausgewiesen werden kann. Damit würde die Debatte um Erhebungsprobleme verknüpft mit der argumentativen Stellung wissenschaftlichen Wissens in gesellschaftlichen Diskursen als einer besonderen Form des Wissens.

Angesichts dieser Überlegungen ist es nicht sinnvoll, in einem allgemeinen Sinne von ›Fehlern‹ oder ›Artefakten‹ bei der standardisierten Befragung zu sprechen. Solche Einschätzungen können nur modellimmanent (z. B. im Rahmen der Konstrukte der sozialpsychologischen Einstellungsforschung) getroffen werden, indem überlegt wird, wie sich einzelne Erhebungsprobleme in dem jeweiligen Forschungs- und Verwendungskontext niederschlagen. Zu einem solchen Forschungskontext gehören

- die Fragestellungen bzw. Themen einer Untersuchung,
- das Forschungsparadigma (z. B. qualitative oder quantitative Forschungsansätze) bzw. die spezifischen Modellvorstellungen zu dem zu untersuchenden Phänomen,
- die Strategien der Datenanalyse

– und schließlich die Frage nach der Verwendung des sozialwissenschaftlichen Wissens, das in einer solchen Untersuchung hervorgebracht wird.

• Fehler im Kontext der Fragestellungen und Themen einer Untersuchung: Ein wichtiger Schritt zur Strukturierung des ›Fehlerdschungels‹ liegt in der Zuordnung der Fehler zu Fragetypen und Themenbereichen und in den damit verbundenen unterschiedlichen Möglichkeiten der Kontrolle solcher Fehler. Relativ wenig ›Fehler‹ sind zu erwarten, wenn nach einfachen Merkmalen einer Person oder eines Haushalts gefragt wird; z. B. nach dem Geschlecht einer Person. Schwieriger gestaltet sich dies bei komplexeren Merkmalen wie dem Einkommen, das sich aus ganz verschiedenen Quellen zusammensetzen kann. Bei der Frage nach gegenwärtigen oder vergangenen Handlungen spielen neben den selektiven Effekten der Erinnerung und dem Problem der Etikettierung von Handlungen insbesondere Fragen der sozialen Erwünschtheit eine große Rolle.

Ein anderer Typ von Problemen tritt bei so genannten Einstellungsfragen auf, wenn z. B. Personen nach der Gültigkeit gesellschaftlicher Normen befragt werden. Solange man die Antworten der Befragten als individuelle Reaktion auf einen wie auch immer verstandenen verbalen Reiz begreift, ist auch dieser Fragetyp ›unproblematisch‹. Die Schwierigkeiten beginnen erst, wenn man diese individuellen Reaktionen miteinander vergleicht und diese Stellungnahmen im Rahmen komplexerer Indikatoren eines latenten Phänomens gedeutet werden. So betrachtet handelt sich bei diesen Problemen weniger um ›Erhebungsprobleme‹ als um Probleme der beteiligten Wissenschaftlerinnen, die die Möglichkeiten der eingesetzten Erhebungsverfahren überschätzen.

• Fehler im Kontext verschiedener Forschungsparadigmen und Modellvorstellungen: Nicht wenige der methodischen Probleme der standardisierten Forschung sind mit den grundsätzlich widerstreitenden Zielsetzungen dieses Ansatzes verknüpft. Die Kriterien der Zuverlässigkeit und Gültigkeit stehen beim standardisierten Interview in einem gegenläufigen Verhältnis: Eine hohe Standardisierung der Interviewführung führt zu einer Maximierung der Zuverlässigkeit; auf der anderen Seite führt eine größere Situationsadäquanz (und damit Abstriche an der Standardisierung) in der Interviewführung vermutlich zu einer Erhöhung der Gültigkeit der Befunde. So ist man mit Dilemma-Situationen konfrontiert, in denen man sich für mehr oder weniger große ›Fehler‹ des einen oder anderen Typs entscheiden muss; eine wichtige Rolle spielt dabei die Gewichtung der verschiedenen Gütekriterien, entlang deren die Qualität eines Instruments bewertet wird.

Zudem sollten die jeweiligen Erhebungsprobleme einer Erhebungstechnik gegenüber den Problemen möglicher alternativer Techniken bzw. gegenüber einer Nicht-Erhebung bewertet werden.

• Fehler im Kontext verschiedener Strategien der Datenanalyse: Wichtig ist eine Einschätzung der Folgen der verschiedenen Fehlertypen für das Datenmaterial und die daran vollzogenen statistischen Analysen. Eine erste Unterscheidung von Effekten kann über die Differenzierung nach zufälligen oder systematischen Fehlern erfolgen. Dahinter steht ein unterschiedliches Verständnis von ›Fehlern‹: Zum einen kann der Fehlerbegriff auf das Ideal einer objektiven Messung oder Abbildung eines einzelnen Phänomens bezogen werden; zum anderen kann der Fehlerbegriff auf die Gesamtheit der Messungen und der daraus statistisch aufbereiteten Ergebnisse bezogen werden.

Zufällige Fehler sind z. B. Übertragungsfehler, die beim Eintrag in den Fragebogen oder bei der Eingabe oder beim Scannen der Fragebogen entstehen können. Bei zufälligen Fehlern ist davon auszugehen, dass sie in Bezug auf die jeweils vorgenommenen Auswertungen nicht zu einer relevanten Beeinflussung der Ergebnisse führen; so ist zu vermuten, dass Schreibfehlern bei Einkommensangaben in der Regel nicht zu einer ›Verfälschung‹ des später berechneten arithmetischen Mittels führen. Als systematische Fehler wären demnach diejenigen Fehler zu betrachten, die sich in den Ergebnissen der statistischen Operationen niederschlagen, so z. B. das Phänomen, das Bezieher höherer Einkommen aus verschiedensten Motiven geringere Einkommensangaben machen.

Eine solche Unterscheidung zufälliger und systematischer Fehler liefert ein wichtiges Kriterium zur Bewertung der Erhebungsprobleme. Was ist aber nun, wenn viele schwache – isoliert betrachtet systematische – Fehler zusammenwirken? Dann kommt es auf die Art der Zusammenwirkung an; denkbar ist zum einen eine Gleichsinnigkeit des Zusammenwirkens; d. h., viele einzelne Erhebungsprobleme führen dazu, dass die Einkommensangaben im Bereich höherer Einkommen zu gering ausfallen; ein gegenläufiges Zusammenwirken könnte so aussehen, dass sich auch verschiedene systematische Fehler bezüglich einer bestimmten Auswertung zu einem Nicht-Effekt ausgleichen. So betrachtet ließe es sich nach sorgfältiger Prüfung und unter bestimmten Rahmenbedingungen rechtfertigen, auch einzelne schwache systematische Fehler in ihrem Zusammenwirken wiederum wie einen zufälligen Fehler zu betrachten. An diesen Überlegungen wird deutlich, wie eng die Frage und die Bewertung von Fehlern mit Fragen des Erhebungsdesigns und der verwandten statistischen Verfahren der Analyse zusammenhängen.

• Fehler im Kontext verschiedener Verwendungsformen sozialwissenschaftlichen Wissens: Bei der Einschätzung von Fehlerquellen und ihren Folgen ist die Differenzierung nach verschiedenen Kontexten der Produktion und Verwendung sozialwissenschaftlichen Wissens hilfreich. Bereits die Frühzeiten der Meinungsforschung waren von dem erbitterten Streit zwischen den Befürwortern der Quotenstichprobe und ihren Kritikern geprägt. Das Verfahren der Quotenstichprobe ist wissenschaftlich betrachtet unkalkulierbar, aber es ist praktikabel und relativ billiger als eine Zufallsstichprobe. Das Verständnis für diese aus wissenschaftlicher Perspektive unsinnige Debatte ist nur über die Einbeziehung der verschiedenen Verwendungskontexte möglich. D. h., viele Unzulänglichkeiten des Erhebungsprozesses (bei der Stichprobenziehung, wie bei den hier vorgestellten Erhebungsproblemen) mögen für Teile der Markt- und Meinungsforschung vielleicht tolerierbar sein, z. B. wenn es eher um erste Entscheidungen in einem ohnehin unwägbaren Prozess bei der Markteinführung eines Produkts geht. Auch die Tatsache, dass bestimmte ›gesellschaftliche Randgruppen‹ bei Befragung typischerweise schlechter erfasst werden, spielt für die Marktforschung i. d. R. keine Rolle, da diese Gruppen ohnehin über keine zahlungsfähige Nachfrage verfügen. Das Problem, dass bei der Frage nach der Problemlösungskompetenz von Parteien in verschiedenen Politikfeldern kaum bestimmt werden kann, wozu die Befragten eigentlich Stellung nehmen, ist nachrangig, wenn auch die Strategien, mit denen diesem möglichen Defizit durch einen PR-Berater entgegengearbeitet wird, eher dem Feld des politischen Erfahrungswissens oder einer bestimmten Beratungsstrategie entspringen, als dass sie wissenschaftlich fundiert sind. Das Wichtigste dabei ist: Es funktioniert bzw. alle meinen, dass es funktioniert. Problematisch würde die Situation erst dann, wenn ein bestimmtes Mindestmaß des Glaubens an die diskursive Wertigkeit des über die Sozialforschung produzierten Wissens unterschritten wird. Wenn also dieses Wissen nicht mehr als Argument für eine bestimmte Marketingstrategie eingesetzt werden kann, um eine solche Strategie und ihre Protagonisten in der Kommunikation als ›rational‹ oder ›effektiv‹ Agierende erscheinen zu lassen.

Anders sieht es für das Feld der wissenschaftlichen Sozialforschung aus. Manche der hier geschilderten Probleme bereiten einer empirischen Sozialforschung mit wissenschaftlichem Anspruch erhebliche Schwierigkeiten. Trotz der divergierenden Interessen verschiedener Nutzergruppen ist es gängige Praxis, dass auch viele wissenschaftliche Umfragen von denselben Instituten durchgeführt werden, deren Schwerpunkt sonst eher im Bereich der Markt- und Meinungsforschung liegt.

### Strategien zum Umgang mit verschiedenen Erhebungsproblemen im Prozess der empirischen Forschung

Das Wissen um die verschiedenen Probleme der standardisierten Befragung kann zum einen für eine Optimierung der Erhebungstechnik genutzt werden; zum anderen sollte das Wissen um die verschiedenen Erhebungsprobleme aber auch bei der Analyse der Daten berücksichtigt werden:

- Grundsätzlich sollte das nach den obigen Überlegungen bewertete Wissen um mögliche Fehlerquellen der standardisierten Erhebung konsequent für eine Optimierung des jeweiligen Erhebungsverfahrens genutzt werden. Das ist jedoch weitaus schwieriger, als es in der methodenkritischen Literatur gelegentlich erscheint; es gibt kaum einen Fehlertyp, für den nicht auch plausible Rezepte versprochen werden, die zumindest zu einer Minimierung dieses Problems beitragen. Oftmals sind diese Gegenstrategien aber jenseits der Plausibilität nicht weiter geprüft worden. Insbesondere angesichts der möglichen Wechselwirkungen von Fehlern und der dilemmatischen Struktur nicht weniger Probleme – so führt vermutlich eine begriffliche Präzisierung von Fragen und Anweisungen in der Regel zu erhöhten Verständnisrisiken, komplexe Filterführungen machen das Instrument übersichtlicher etc. – steigen die Risiken einer ›Verschlimmbesserung‹. Zudem sollte, wie bereits bei den Überlegungen zum Fehlerbegriff diskutiert, bedacht werden, dass Optimierungen nur modellimmanent sinnvoll sind.

• Das Erhebungsdesign sollte möglichst robust gestalt werden, indem man soweit möglich die Chancen eines Methodenmix nutzt oder indem wichtige Dimensionen über mehrere Indikatoren erfasst werden, um zu vermeiden, dass wichtige Analyseschritte von der ›fehlerfreien Funktion‹ eines einzelnen Items abhängen.

• Der oben angesprochene Methodenmix wird verschiedentlich auch als Triangulations-Strategie begriffen, die im Sinne der Trigonometrie zur exakten Bestimmung eines Phänomens führen soll. Das ist in der sozialwissenschaftlichen Forschung kaum zu erwarten; der Einsatz verschiedener Erhebungstechniken wird nicht unbedingt zu einer Konvergenz der Befunde führen; dennoch können unterschiedliche Methoden dazu beitragen, die jeweils hervorgebrachten Ergebnisse kritisch zu reflektieren.

• Die bestehenden Möglichkeiten zur Kontrolle des Erhebungsprozesses und zur Steigerung der Rücklaufquoten sollten weitgehend ausgeschöpft werden. Die Erhebung von Meta-Daten zum Interview und den Interviewenden kann zur Kontrolle spezifischer Fehlertypen eingesetzt werden. Zudem ist es sinnvoll, zunächst eine ausgiebige Fehleranalyse vorzunehmen, die dann zu dokumentieren ist; als beispielhaft können die Methodenberichte gelten, wie sie z. B. für den ALLBUS oder das sozioökonomische Panel vorliegen.

• Auch in der Analyse von Daten können Strategien eingesetzt werden, die einzelnen Fehlertypen Rechnung tragen. Wie bereits bei der Unterscheidung von zufälligen und systematischen Fehlern diskutiert, lässt sich sinnvollerweise von Fehlern nur im Rahmen bestimmter Modellvorstellungen und Analysestrategien sprechen. Grundsätzlich sollten robuste Analyseverfahren verwandt werden, die z. B. bei den Anforderungen an das Skalenniveau weniger voraussetzungsvoll sind. Die Vorstellung, dass man mit der Konstruktion der Datenmatrix die Niederungen der Erhebung hinter sich gelassen hat und sich nun im Sinne einer falsch verstandenen Arbeitsteilung den Höhen der statistischen Analyse zuwenden könne, trügt. So betrachtet, liegt manches Problem nicht nur im Bereich der Datenerhebung, sondern bei Forschenden, die in der Analyse und Interpretation der Daten dieses Wissen um Erhebungsprobleme ausblenden und die Datenqualität systematisch überschätzen. Zudem sollten die Möglichkeiten zum Vergleich mit anderen Daten soweit wie möglich genutzt werden, um Befunde zu validieren.

## f) Handwerkliche Hinweise

Nach dieser Darlegung der Problembereiche der standardisierten Forschung soll nun eine Reihe konstruktiver Hinweise für die Entwicklung von Fragebogen gegeben werden.

### Aufbau einer standardisierten Befragung

Für den Aufbau einer standardisierten Befragung bieten sich grundsätzlich zwei Strategien an. Die eine folgt eher der Logik eines Gesprächs; man wendet sich nach und nach verschiedenen Themen zu, eventuell gibt es kleine Überleitungen zwischen den Themenblöcken. Die Abfolge der Themenblöcke folgt einer gewissen Dramaturgie, man steigt zunächst mit recht einfachen unverfänglichen Fragen ein und arbeitet sich langsam zu vielleicht schwierigeren Themen vor. Den Befragten wird dabei die Möglichkeit eröffnet, die Struktur des Gesprächs nachzuvollziehen. Mit diesem Vorgehen sowie mit vorab gegebenen Hinweisen zu den Zielen der Befragung und zur Verwendung der gewonnenen Daten sollen die Befragten zur Teilnahme motiviert und im Laufe des vielleicht längeren Interviews ›bei der Stange gehalten werden‹. Im Rahmen dieser Logik ist es dann folgerichtig, demographische Fragen, die vielleicht eher Assoziationen an einen Behördenbesuch wecken, an das Ende der Befragung zu stellen.

Zum anderen kann ein Aufbau gewählt werden, der sich eher an der Struktur eines Tests oder eines Verhörs orientiert; die Befragten werden nach und nach mit ganz unterschiedlichen Themen konfrontiert. Es soll verhindert werden, dass die Befragten ihrerseits das Außenbild, das sie während der Befragung vermitteln, kontrollieren können. Wenn mit so genannten Einstellungsskalen gearbeitet wird, dann werden die einzelnen Items aus den verschiedenen Skalen bunt gemischt. Auch die Anweisung in Abb. 78 »Bitte arbeiten Sie zügig der Reihe nach« soll dazu beitragen, dass die Befragten nicht beginnen, über den Sinn und die Abfolge einzelner Items zu grübeln.

Im Folgenden soll am Beispiel des Personenfragebogens aus dem SOEP der Aufbau einer Befragung rekonstruiert werden, die im Sinne der obigen Unterscheidung eher der Gesprächslogik folgt; der Fragebogen für das Jahr 2006 kann auf den Seiten des DIW eingesehen werden. Neben dem Personenfragebogen füllen die Befragten noch weitere Fragebogen z. B. zum Haushalt aus; wichtige Informationen zur Befragung werden in einer gesonderten Broschüre gegeben.

• Am Beginn des Fragebogens oder in einem gesonderten Anschreiben sollten folgende Informationen enthalten sein:

- Ziel und Zweck der Befragung
- genaue Bezeichnung des Urhebers bzw. Auftraggebers
- Angaben zum erforderlichen Zeitaufwand
- Hinweise zum Ausfüllen
- eine Erklärung zum Datenschutz und zur Verwendung der Ergebnisse
- eventuell Hinweis auf besondere Anreize, die die Teilnahmebereitschaft fördern sollen (Belohnungen, Teilnahme an Verlosungen etc.); vgl. dazu auch Berger (2006)

• Der Hauptteil des Fragebogens sollte strukturiert die einzelnen Themenblöcke enthalten; im Fall des SOEP z. B.: Angaben zur Lebenssituation, zu Erwerbs- und Nebentätigkeiten, den Einkommen des letzten Jahres, zu Gesundheit und Krankheit, sozialen Netzwerken, Einstellungen und Meinungen sowie zur Demographie. Da es sich bei dem SOEP um eine Panelbefragung handelt, werden abgesehen von einigen Eckdaten eher Daten zu den Veränderungen der Lebenssituation gesammelt; die Basisdaten liegen bereits aus vergangenen Befragungen vor.

In dem Fragebogen des SOEP wird nur ausgesprochen sparsam mit überleitenden Bemerkungen gearbeitet; die gelegentlichen Zwischenbemerkungen beziehen sich eher auf die Logik und den Aufbau des Fragebogens.

Abb. 85: Beispiel für ein- bzw. überleitende Bemerkungen

**Viele Leute in der Bundesrepublik neigen längere Zeit einer bestimmten Partei zu, obwohl sie auch ab und zu eine andere Partei wählen.**
**Wie ist das bei Ihnen: Neigen Sie einer bestimmten Partei in Deutschland zu?**

Ja .................. ☐ ⇩ Nein ................ ☐ ➔ *Sie springen auf Frage **121!***

Quelle: SOEP-Personenfragebogen 2006, S. 31

Da nicht wenige Fragebereiche nur für Teilgruppen der Befragten zutreffen, wird mit Filterfragen und anschließenden Verweisen auf die nächste Fragenummer gearbeitet.

Viele zu untersuchende Phänomene lassen sich nicht durch eine einzelne Frage ermitteln. Man kann zwar eine Frage nach dem Beruf der Befragten stellen; die Angaben wären jedoch nicht sehr befriedigend, da für eine statistische Auswertung dieser Angaben vergleichbare Berufsbezeichnungen vorliegen müssen, wie sie z. B. der International Standard Code of Occupations in verschiedenen Versionen zur Verfügung stellt. Eine Selbsteinordnung der Befragten ist jedoch angesichts des Umfangs der Kategorien und der oft diffizilen Unterscheidungen nicht sinnvoll. Daher wird den Befragten eine Reihe von offenen und geschlossenen Fragen gestellt, um anschließend manuell bzw. computerunterstützt die Einordnung in die ISCO-Kategorien vorzunehmen – im SOEP-Personenfragebogen 2006 sind dies z. B. die Fragen 25 bis 36.

• Am Ende des Fragebogens findet sich eine Danksagung an die Befragten. Zudem werden von den Interviewenden Metadaten zum Interview gefordert: Angaben zu Ausfüllmodalitäten, zur Interviewdauer etc.

## Hilfsmittel für die Entwicklung standardisierter Befragungsinstrumente

Bei der Entwicklung einer standardisierten Befragung sollten nicht – von einer Robinson-Mentalität geleitet – alle Dinge neu erfunden werden. Es ist in vielen Fällen hilfreich und sinnvoll, auf Standards der Umfrageforschung zurückzugreifen. Diese gewährleisten eine gewisse Qualität und sind erprobt; zudem bieten sich damit weitaus bessere Möglichkeiten, wichtige Eckdaten und Befunde der eigenen Erhebungen mit anderen Untersuchungen zu vergleichen.

Eine besondere Rolle kommt einer solchen Standardisierung im Kontext der international vergleichenden Sozialforschung zu. Bereits früh wurde hier mit der Internationalen Standardklassifikation der Berufe ein Anfang gemacht; nunmehr gibt es auch für viele andere sozialstrukturelle Merkmale europaweite oder internationale Klassifizierungen.

Im Folgenden finden sich einige Hinweise, zu welchen Bereichen man solche Standards findet, die in der sozialwissenschaftlichen Forschung verwendet werden können:

• Die ›Demographischen Standards‹ (Statistisches Bundesamt 2004) sind in einer Zusammenarbeit des Statistischen Bundesamts, der Arbeitsgemeinschaft Sozialwissenschaftlicher Institute und des Arbeitskreises Deutscher Markt- und Sozialforschungsinstitute entwickelt worden. Sie bieten Standards zur Erhebung wichtiger sozialstruktureller Merkmale: u. a. finden sich Fragen und Antwortkategorien zu Geschlecht, Staatsangehörigkeit, Geburtsdatum, Familienstand, Schulabschluss, (Nicht)Erwerbstätigkeit, Zahl der Personen im Haushalt und zum Einkommen.

Von der ähnlich zusammengesetzten Arbeitsgruppe Regionale Standards (2005) liegen Konzepte zu einer Systematik der regionalen Abgrenzung, zur Kategorisierung von Stadtregionen, Siedlungsstrukturen sowie intrakommunalen Gebietstypen (Sozialräume, Wohnquartiersbeschreibungen, innerstädtische Milieus) vor.

- Das Klassifikationssystem der Berufsbenennungen des Statistischen Bundesamts von 1992 (KldB-92) arbeitet mit einem sechsstelligen Kode zur Strukturierung des beruflichen Feldes: Über die ersten beiden Stellen werden sechs Berufsbereiche, 33 Berufsabschnitte und 88 Berufsgruppen abgebildet. Mit den weiteren Stellen können jeweils feinere Gruppierungen abgegrenzt werden, so dass am Ende eine Unterscheidung von ca. 29.500 Berufsbenennungen möglich ist (vgl. Geis/Hoffmeyer-Zlotnik 2001). Sowohl die Bundesagentur für Arbeit wie die Rentenversicherungsträger arbeiten jedoch mit eigenen Klassifikationssystemen für die Verkodung von Berufen (vgl. Stegmann 2005).
- Der Staatsangehörigkeits- und Gebietsschlüssel des Statistischen Bundesamts ermöglicht eine systematische Zuordnung von Staatsangehörigkeiten bzw. Gebieten, einschließlich einer Zurechnung von abhängigen bzw. unselbstständigen Gebieten (Statistisches Bundesamt 2006).

Internationale Klassifikationssysteme liegen derzeit für folgende Bereiche vor:

- Berufe: Die Internationale Standardklassifikation der Berufe (International Standard Classification of Occupations, ISCO-88) ist eine von der internationalen

**Abb. 86: Klassifizierungen ISCO-88**

| | Major Group | Sub-major groups | Minor groups | Unit groups | skill-level |
|---|---|---|---|---|---|
| 1 | Legislators, senior officials and managers | 3 | 8 | 33 | – |
| 2 | Professionals | 4 | 18 | 55 | 4th |
| 3 | Technicians and associate professionals | 4 | 21 | 73 | 3rd |
| 4 | Clerks | 2 | 7 | 23 | 2nd |
| 5 | Service workers and shop and market sales work. | 2 | 9 | 23 | 2nd |
| 6 | Skilled agricultural and fishery workers | 2 | 6 | 17 | 2nd |
| 7 | Craft and related workers | 4 | 16 | 70 | 2nd |
| 8 | Plant and machine operators and assemblers | 3 | 20 | 70 | 2nd |
| 9 | Elementary occupations | 3 | 10 | 25 | 1st |
| 0 | Armed forces | 1 | 1 | 1 | – |
| | Totals | 28 | 116 | 390 | |

Quelle: Hoffmann/ Scott (1993:6 f.)

Arbeitsorganisation (ILO) erstmals 1952 erstellte Berufssystematik. In einem ein- bis vierstelligen Kode werden Informationen über Berufshauptgruppen, Berufsuntergruppen und Berufsgattungen aufbereitet.

Neben der Differenzierung von Berufsgruppen enthält der ISCO-Kode auch Informationen über das Kenntnis- und Fertigkeitsniveau (Skill-Levels) der Hauptgruppen. Die Kategorisierung des Kenntnis- und Fertigkeitsniveaus lehnt sich an die ISCED-Klassifikation (s. u.) an. Die Gruppen 4–8 werden zudem nach der Art der ausgeübten Tätigkeit (Skill-Specialization) unterschieden.

• Schulische und berufliche Bildung: Die Internationale Standardklassifikation des Bildungswesens (The International Standard Classification of Education, ISCED) ist eine Anfang der 1970er Jahre von der UNESCO eingeführte Kodierung für eine international vergleichende hierarchische Anordnung von Bildungsstufen. Die Klassifikation umfasst sechs Stufen der schulischen bzw. beruflichen Ausbildung: (0) Pre-Primary education, (1) Primary Education or First Stage of Basic Education, (2 A-C) Lower Secondary or Second Stage of Basic Education, (3 A-C) (Upper) Secondary Education, (4 A-B) Post Secondary Non Tertiary Education, (5 A-B +6) First Stage and Second Stage of Tertiary Education.

Eine Umsetzung der deutschen Abschlüsse in die ISCED-Klassifikation kann wie folgt vorgenommen werden.

Abb. 87: Deutsche Abschlüsse in der ISCED-Klassifizierung

| | kein berufl. Abschl. | o. A. ob berufl. Abschl. | o. A. zur Art des berufl. Abschl. | Ausb. I (z. B. BVJ) | Ausb. II (z. B. Lehrausb.) | Meister/ Tech. | FH/ UNI | Promotion |
|---|---|---|---|---|---|---|---|---|
| kein Schulabschluss | 1B | 1B | 2B | 2B | 3B | 5B | 5A | 6 |
| o. A. ob Schulabschluss | 1B | 99 | 2B | 2B | 3B | 5B | 5A | 6 |
| o. A. zur Art des Schulabs. | 2B | 2B | 2B | 2B | 3B | 5B | 5A | 6 |
| HS/VS/Kl. 5–10 | 2B | 2B | 2B | 2B | 3B | 5B | 5A | 6 |
| RS/POS | 2A | 2A | 2A | 2A | 3B | 5B | 5A | 6 |
| FHR/ABI/Kl. 11–13 | 3A | 3A | 3A | 3A | 4A | 5B | 5A | 6 |

Quelle: Schroedter u. a. (2006:19) am Beispiel des Mikrozensus 2003

Eine einfache Klassifizierung von Bildungsabschlüssen kann auch über ihre Umrechnung in Bildungsjahre erfolgen; dies kann jedoch bei mehrgliedrigen Bildungssystemen zu Inkonsistenzen führen.

• Regionale Differenzierung: Die NUTS-Systematik der Gebietseinheiten (Nomenclature des Unités Territoriales Statistiques) ermöglicht eine dreistufige regionale Gliederung der EU-Staaten. Die NUTS-Einheiten bestehen als Einheiten vergleichbarer Größe aus einer oder mehreren Verwaltungseinheiten. In Deutschland entsprechen die NUTS-1-Regionen den Bundesländern, die NUTS-2- und -3-Regionen mehrheitlich den (ehemaligen) Regierungsbezirken bzw. den Kreisen und kreisfreien Städten.

• Ökonomische Aktivitäten und Branchenstrukturen: Die NACE-Systematik (Nomenclature générale des Activités économiques dans les Communautés Européenne), im Rahmen der EU entwickelt, bietet eine vierstufige Klassifikation von Wirtschaftszweigen. Auch von den Vereinten Nationen liegt eine vierstellige Systematik der Wirtschaftszweige (International Standard Industrial Classification of all Economic Activities, ISIC) vor, die als Standardklassifikation für Wirtschaftstätigkeiten fungiert.

Für weitere Klassifikationen sei auf den Klassifikationsserver ›Ramon‹ bei Eurostat bzw. die Classifications Registry der UN verwiesen.

Aus den hier vorgestellten Klassifikationen lassen sich dann wiederum abgeleitete sozialstrukturelle Klassifizierungen generieren. Hier einige in der Sozialforschung häufig verwendete Konzepte:

• Berufsprestigeskalen geben Auskunft über symbolische Ordnungen der Sozialstruktur. Ausgehend von Befragungen, in denen in Form von Rating-Skalen oder mit einer Magnitude-Messung nach dem gesellschaftlichen Ansehen (Social Standing), nach der Achtung (Allensbacher Berufsprestigeskala) oder nach anderen für soziale Hierarchien relevanten Merkmalen einzelner Berufsgruppen gefragt wird, werden Berufsprestigeskalen generiert. Da diese Erhebungen in der Regel nur für eine begrenzte Zahl von Berufsgruppen realisierbar sind, müssen diese Informationen über verschiedene statistische Verfahren dann auch für andere Berufsgruppen aufbereitet werden. Die von Treiman 1977 vorgestellte Standard International Occupational Prestige Scale (SIOPS) geht auf die Zusammenstellung von Prestigestudien aus 51 Ländern zurück. Inzwischen wurde die Version von Ganzeboom und Treiman (1996) aktualisiert.

• Eine Alternative zur Bildung von Prestigeskalen ist eine Skalierung durch die Bildung von Indices. Der internationale sozioökonomische Index des beruflichen Status (International Socio-Economic Index of Occupational Status, ISEI), ebenfalls von Ganzeboom und Treiman entwickelt, wird aus Angaben zum Beruf (ISco-Kode) gewonnen und in international vergleichenden Studien (z. B. Pisa, Europäische Arbeitskräftestichprobe) eingesetzt; der Index hat einen Wertebereich zwischen 16 und 90. In die Konstruktion des Index sind Informationen zum Einkommen, zur Bildung und zu Eigenschaften des Berufs eingegangen; die Alterseffekte wurden im Skalierungsmodell kontrolliert.

• Auch für die Bildung komplexer sozialstruktureller Kategorien kann die Verkodung der Berufe genutzt werden. Das Egp-Klassenschema, ein von Erikson, Goldthorpe und Portocarero im Rahmen der vergleichenden Ungleichheits- und Mobilitätsforschung entwickeltes Konzept, ermöglicht die Bestimmung von Klassenlagen auf Basis standardisierter Informationen zum Beruf bzw. zur beruflichen Stellung. Das Schema bildet in kondensierter Form verschiedene Dimensionen ab: manuelle, landwirtschaftliche oder nicht manuelle Tätigkeiten; verschiedene Grade der Routinisierung bzw. der Qualifikation; unterschiedliche Weisungsbefugnisse; selbstständige bzw. lohnabhängige Tätigkeiten. Sieht man von den Untergruppen ab, so wird unterschieden zwischen

– oberer Dienstklasse (I: z. B. Unternehmer, leitende Angestellte und Beamte),
– unterer Dienstklasse (II: z. B. mittlere Beamte und Angestellte),
– nicht-manuellen Routinedienstleistungen (III),
– kleineren Selbstständigen (IV),
– Arbeitern und Angestellten in manuellen Berufen (V, VI) und
– gering-qualifizierten Arbeitern (VII).

• Für die Verwendung und Konstruktion von sozialpsychologischen Skalen ist auf das von Zuma entwickelte, seit einiger Zeit auch elektronisch verfügbare Skalen-Handbuch zu verweisen. Es liefert Skalenkonstrukte zu ganz unterschiedlichen Themenbereichen: Arbeit und Beruf, Individuum und Persönlichkeit, Kultur, Religion, Wissenschaft, öffentliche Gesundheit, nationale Identität, politische Einstellungen/-verhalten, soziale Gruppen, soziale Netzwerke, soziale Probleme, soziale Ungleichheit und Wohlfahrtsstaat, Sozialisation und Familie, Umwelteinstellungen/-verhalten, Wirtschaft. Darüber hinaus ist auf die einführende und vertiefende Literatur zur Konstruktion von Skalen und Tests zu verweisen (vgl. Bühner 2005).

## Pretest

Das entwickelte standardisierte Untersuchungsinstrument sollte vor der eigentlichen Erhebung in einem Pretest geprüft werden, um zu klären, ob die Fragen verständlich sind, die vorgesehenen Antwortkategorien angemessen sind, wie lange die Erhebung dauert etc. Besondere Anstrengungen sind für die Entwicklung von Einstellungsskalen (s. o.) erforderlich; darauf wird an dieser Stelle nicht eingegangen.

Der Pretest eines Fragebogens kann an einer kleinen Zahl von Personen durchgeführt werden; diese sollten jedoch, wenn möglich, wichtige Variationen in der Zielpopulation (z. B. nach Alter, Bildung, Geschlecht, Migrationshintergrund) abbilden. Wird der Pretest von den Forscherinnen durchgeführt, können die wichtigsten Fragen in direktem Kontakt mit den Pretest-Teilnehmern geklärt werden; ansonsten müssen die Erfahrungen der Interviewer bzw. die ausgefüllten Interviewbögen genutzt werden, um etwas über die Schwachstellen eines Instruments zu erfahren.

Im Rahmen des Pretests ist zu klären:

- Sind die Fragetexte verständlich und eindeutig?
- Bilden die Antwortkategorien alle möglichen Fälle ab?
- Gibt es redundante Informationen?
- Wie lange dauert die Befragung?
- Sind die Interviewenden mit den vorliegenden Materialien und Hilfestellungen zufrieden?

Die Erfahrungen des Pretests werden sich dann in Veränderungen des Erhebungsinstruments, möglicherweise auch in weiter gehenden Änderungen des Erhebungs- bzw. Stichprobendesigns niederschlagen.

# 8. Nicht-standardisierte Formen der Befragung

In der Geschichte der empirischen Sozialforschung wurde schon im 19. Jahrhundert mit nicht-standardisierten Erhebungsverfahren gearbeitet; wichtig waren dabei insbesondere Befragungen von Experten und Betroffenen oder biographisch orientierte Befragungen; auch in den Grenzbereichen zwischen Sozialreportage und Sozialforschung wurden häufig nicht standardisierte Formen von Interviews genutzt. Besondere Bedeutung erlangten solche Interviews in der qualitativen Forschungstradition der Chicagoer Schule.

Auch die Vertreter und Vertreterinnen der seit den 1940er Jahren dominierenden quantifizierenden empirischen Forschung räumten dem qualitativen Interview einen wichtigen Platz ein. So stammt von Robert Merton und Patricia Kendall (1979) das Konzept des fokussierten Interviews, das in den 1940er Jahren entwickelt wurde. Ausgehend von einem gemeinsamen Impuls, einem Film, einem Buch oder einem Werbespot, werden in einem Interview wichtige Dimensionen des zuvor inhaltsanalytisch ausgewerteten Impulses ausgelotet. Es geht darum, die subjektiven Erfahrungen der Personen zu erheben und die in den Inhaltsanalysen formulierten Hypothesen zu testen. Zudem sollen neue Gesichtspunkte, unerwartete Einschätzungen aufgenommen werden und als Grundlage für die Aufstellung weiterer Hypothesen dienen.

Noch in der deutschen Sozialforschung der 1950er Jahre hatten nicht-standardisierte Formen des Interviews ihren festen Platz. Ein später Versuch, dem Siegeszug der standardisierten Erhebungsverfahren etwas entgegenzusetzen, waren die Gruppenexperimente des Frankfurter Instituts für Sozialforschung in den 1950er Jahren, wo Meinungsbildungsprozesse im Kontext von Gruppen(diskussionen) untersucht wurden (vgl. Pollock 1963). In den folgenden Jahrzehnten traten qualitative Befragungstechniken in den Sozialwissenschaften in den Hintergrund.

Erst ab den 1970er und 80er Jahren kam es dann zu einer Renaissance der qualitativen Formen der Befragung. Da über die Hintergründe dieser Renaissance auch manche Kontroverse zwischen ›qualitativen‹ und ›quantitativen‹ Forschungsansätzen verständlich wird, werden sie hier etwas ausführlicher erläutert.

## a) Die Renaissance qualitativer Befragungsformen

Mit der zunehmenden Verbreitung von standardisierten Interviews und ihrer Stilisierung zum »Königsweg« der Sozialforschung (König 1972:27) wuchs auch die Kritik an dieser Erhebungsmethode. Es war zunächst eine Kritik der Interviewsituation in der standardisierten Umfrageforschung; wichtige Kritikpunkte waren:

- die Instrumentalisierung der Befragten durch die Forschenden und das daraus resultierende Objektverhältnis zu den Befragten
- die Künstlichkeit der standardisierten Interviewsituation, die nicht mit einem normalen Gespräch vergleichbar sei, und die damit verbundene Herauslösung der Befragten aus ihren lebens- und zeitgeschichtlichen (Ahistorisierung) bzw. sozialen Bezügen (Atomisierung)
- die Distanzierung der Forschenden gegenüber ihrem Gegenstand

Speziellere Formen der Kritik bezogen sich auf die Verwendung von Interviews im Rahmen der sozialpsychologischen Einstellungsforschung. So wurde in Frage gestellt, ob sich Einstellungen überhaupt in Form von metrischen oder kategorialen Daten abbilden lassen und ob es sinnvoll ist, sie individualisiert zu erheben. Müssten diese nicht im Kontext der umgebenden sozialen Gruppe, im Kontext der Lebens- und Sinnkonstruktionen der Befragten und in ihrem biographischen Kontext begriffen werden?

Später nährte sich die Kritik an der standardisierten Interviewforschung, aber auch aus einer Unzufriedenheit mit den mageren Erträgen der quantifizierenden Sozialforschung, die doch mit großen Fortschrittsversprechen angetreten war. Insbesondere die mit dem Ansatz des kritischen Rationalismus verknüpfte Hoffnung auf eine Kumulation gesicherten wissenschaftlichen Wissens, die Hoffnung, aus einer Vielzahl getesteter Einzelbefunde längerfristig Theorien zumindest mittlerer Reichweite entwickeln zu können, wurde enttäuscht. An der Bandbreite der Einwände wird deutlich, dass die Kritik der standardisierten Erhebungsverfahren oft nur die Spitze eines Eisbergs einer weitaus fundamentaleren Kritik an den damals dominanten Konzepten der Sozialforschung war.

Ein anderes Muster der Kritik ging später von der Frage aus, ob die standardisierten Methoden angesichts fortschreitender Prozesse der funktionalen Differenzierung oder der Individualisierung von Gesellschaften noch zeitgemäß seien. So findet sich bei Flick (1995:10) die Argumentation, dass »der rasche soziale Wandel und die [daraus] resultierende Diversifikation von Lebenswelten« die Sozialforschung mit sozialen Kontexten und Perspektiven konfrontieren, »die für sie so neu sind, daß ihre klassisch deduktiven Methodologien – (...) – an der Differenziertheit der Gegenstände vorbeizielen«.

Sowohl die methodischen bzw. methodologischen wie auch die zeitgeschichtlich argumentierenden ›Begründungen‹ für qualitative Forschungsansätze erscheinen problematisch; sie reihen sich letztlich in die Versuche ein, den einen oder anderen Forschungsansatz als den besseren oder angemesseneren Forschungsansatz herauszustellen. Im Rahmen dieser Einführung in die empirische Sozialforschung wurde versucht, dieser Vorstellung entgegenzuarbeiten. Mit dem Vorschlag, diese Forschungsansätze als verschiedene Modelle der Datenkonstruktion und –analyse zu begreifen, die sich nur im Kontext ihrer eigenen Logik kritisieren und weiterentwickeln lassen, sollte eine Perspektive gewiesen werden, produktiv mit der Vielfalt verschiedener Untersuchungsansätze umzugehen.

## b) Merkmale eines qualitativen Interviews

Die Besonderheiten qualitativer Interviews lassen sich am besten verdeutlichen, wenn man sie im Kontext der damit verbundenen Möglichkeiten der Analyse der so gewonnenen Daten begreift.

Es wird eine kleine Zahl von Fällen untersucht; das ermöglicht,

- Entscheidungen oder Handlungen im zeitlichen Verlauf, z. B. in einem biographischen Kontext, zu verorten,
- die Problemsicht der Beteiligten zu rekonstruieren: man bekommt etwas darüber heraus, wie sie ihren Handlungskontext wahrnehmen, wie sie Bewertungen, Gewichtungen vornehmen,
- ein komplexes Arrangement von Rahmenbedingungen des Handelns zu untersuchen,

– eine Vertiefung der Analyse: man kann einzelne Fälle rekonstruieren bzw. vergleichen.

Die Vorstellung, man könne über qualitative Verfahren der Erhebung und Analyse ein Problem, eine Person oder einen Handlungskontext ›ganzheitlich‹ erfassen, erscheint jedoch abenteuerlich und beraubt die Sozialforschung ihres skeptischen oder kritischen Impetus, der sich auch auf das eigene Forschungshandeln richten sollte.

In einem standardisierten Interview müssen vorab wichtige Entscheidungen darüber getroffen werden, welche Aspekte eines sozialen Phänomens erhoben werden sollen. D. h., es muss ein theoretisches Modell der Phänomene, die untersucht werden sollen, vorausgesetzt werden. Ein qualitatives Befragungsinstrument, bietet demgegenüber weit eher die Möglichkeit, auf eine Vorstrukturierung zu verzichten und sich dafür zu interessieren, wie die Befragten bestimmte soziale Phänomene benennen, strukturieren und in eine Ordnung bringen.

Damit eröffnet sich die Möglichkeit, dass in einem qualitativen Befragungsprozess neue Aspekte eines Phänomens, unerwartete Muster der Deutung oder neue Gewichtungen und Relevanzstrukturen zu Tage treten. Das macht solche Instrumente gerade im Kontext einer entdeckenden Sozialforschung so interessant.

Am Beispiel einer qualitativen Befragung zu ›teilzeitarbeitenden Männern in Führungspositionen‹ lässt sich dies illustrieren. Es wird schon nach wenigen Interviews deutlich, wie sich das Problemfeld strukturiert; d. h., welche Konflikte für diese Gruppe typisch sind: Konflikte im Betrieb, da in dem vorherrschenden Wertesystem die Teilzeitarbeit eher als Schwäche, als Handicap im betrieblichen Überlebenskampf bewertet wird; Probleme mit der eigenen männlichen Rolle; Probleme in der Paarbeziehung etc. Wie sich diese Probleme stellen, welche Ausprägung sie annehmen oder wie die Beteiligten sie unter verschiedenen Rahmenbedingungen bearbeiten und lösen, unterscheidet sich von Fall zu Fall; das Gemeinsame ist aber ein recht klar umreißbarer und durchaus verallgemeinerbarer Problemrahmen.

Aus diesem Beispiel ergeben sich auch erste Hinweise auf die Frage nach dem Verallgemeinerungsanspruch, der mit den qualitativen Forschungsansätzen verknüpft ist. Man kann gewissermaßen idealtypisch die Handlungssituation, die untersucht wurde, rekonstruieren; man kann die Problemsicht und typische Konflikte darstellen. Man kann jedoch nicht entscheiden, wie sich der eine oder andere Typ der Problemstellung bzw. –verarbeitung quantitativ verteilt.

Zum weiteren Verständnis qualitativer Befragungsverfahren seien einige typische Regeln und Konventionen dargestellt:

– Das qualitative Interview wird in der Regel von den Forschenden selbst oder anderen mit dem Forschungsgegenstand Vertrauten geführt. Eine weitgehend unpersönliche Interviewsituation soll vermieden werden; das Interview wird üblicherweise in einem ›natürlichen‹ Kontext, z. B. in der Wohnung der Interviewten geführt.

- Es orientiert sich, auch wenn es z. B. durch einen Leitfaden strukturiert ist, eher an der Logik und den Eigenschaften eines Gesprächs. Vorhandene Interviewleitfäden oder andere Strukturierungskonzepte werden immer situativ gehandhabt; d. h., wenn ein ›geplantes‹ Thema bereits im Rahmen anderer Darstellungen hinreichend beleuchtet wurde, wird auf ein mechanisches Abarbeiten des Leitfadens verzichtet. Umgekehrt können neue Themen, die im Interviewverlauf angesprochen werden, weiter vertieft werden.
- Die Situativität impliziert, dass wesentliche Entscheidungen (Frageformulierungen, Nachfragen etc.) in der Erhebungssituation getroffen werden müssen. Während die Konzeptionierung eines standardisierten Instruments vorab (am Schreibtisch) erfolgt, müssen in der nicht-standardisierten Befragung wichtige Verlaufsentscheidungen ad hoc getroffen werden. Daher sind Interviewer und Interviewerinnen gefordert, die in solchen Interview- und Gesprächssituationen erfahren sind und die zudem hinreichend mit den Forschungszielen bzw. dem theoretischen Rahmen vertraut sind, um die geforderten Ad-hoc-Entscheidungen möglichst adäquat zu treffen.
- Qualitative Interviews dauern in der Regel erheblich länger als standardisierte Befragungen; dort erscheint eine halbe oder maximal eine Stunde schon als lang. Bei qualitativen Interviews hat man eher mit zwei, drei und mehr Stunden zu rechnen, wenn ein hinreichendes Mitteilungsbedürfnis, eine Erzählmotivation der Befragten vorliegt.

## c) Verfahren der qualitativen Befragung im Überblick

Der folgende Überblick soll erste Unterscheidungen der verschiedenen Verfahren der qualitativen Befragung ermöglichen. Auch wenn diesen Befragungstechniken oder -strategien gemeinsam ist, dass sie nicht-standardisiert sind, bleibt doch eine nicht zu unterschätzende Variationsbreite dieser Verfahren. Wählt man den Grad der Strukturierung als differenzierende Dimension, kann man sich die Landschaft der qualitativen Befragungsverfahren so vorstellen:

Die Pole lassen sich über das Leitfadeninterview und das narrative Interview beschreiben: Im einen Fall liegt mit dem Leitfaden ein Gerüst von vorab formulierten Fragestellungen und Unterfragen vor, die während des Interviews jedoch selektiv gehandhabt und situativ variiert werden können. Das impliziert eine weitgehende, wenn auch variable Strukturierung durch die Interviewenden. Im narra-

Abb. 88: Verfahren der qualitative Befragung im Überblick

| relative **Strukturierung** der Befragung | ←——————→ | relative **Offenheit** der Befragung |
|---|---|---|
| | biographische Interviews → | |
| | ← problemzentrierte Interviews | |
| Leitfaden-interviews | ← klinische Interviews | narrative Interviews |
| | ← Dilemmainterviews (Piaget) | |
| | oral history → | |
| | Gruppendiskussionen → | |
| | ← ExpertInneninterviews | |

besondere Formen:
- ethnographische Interviews (mit InformantInnen)
- diskursive Interviews
- nachträgliches lautes Denken

tiven Interview finden sich demgegenüber zumindest im Kernbereich lange Phasen der Erzählung, die ausschließlich von den Interviewten bestritten und strukturiert werden. So betrachtet bezieht sich die obige Differenzierung nach dem Grad der Strukturierung auf die Perspektive der Interviewenden. Die übrigen in dem Schaubild dargestellten Interviewstrategien – eher dem einen oder dem anderen Pol nahe – können als Spezifikationen dieser Grundmuster verstanden werden. Im Folgenden sollen diese Typen genauer differenziert werden.

Sie werden in unterschiedlichen Forschungs- oder Praxiskontexten eingesetzt:
- Biographische Interviews werden für die Rekonstruktion lebensgeschichtlicher Entwicklungen und Verläufe eingesetzt.
- Ethnographische Interviews dienen in der ethnographischen Forschung dem Sammeln von Daten durch Gespräche mit verschiedenen Gruppen von Informanten.
- Im Kontext von Forschungen zur mündlichen Geschichtsschreibung (Oral History) werden Interviews eingesetzt, um historische Ereignisse aus lebensgeschichtlicher Perspektive analysieren zu können.
- Diagnostische oder klinische Interviews werden in Psychologie und Medizin zur Analyse von Lebens- und Krankheitsgeschichten oder zur Einordnung von Symptomen eingesetzt.

Sie sind mit bestimmten Befragtengruppen verknüpft:
- Experteninterviews fungieren als Sammelbegriff für Interviews mit Personen, die als Träger einer bestimmten Funktion befragt werden.
- In ethnographischen Studien spielen Interviews mit verschiedenen Typen von Informanten eine wichtige Rolle.

- In Gruppendiskussionen wird häufig mit einem initialen Gesprächsanreiz gearbeitet; der weitere Diskussionsprozess verläuft dann entweder selbstgesteuert oder wird von den Forschenden moderiert.
- Gruppeninterviews werden zu Forschungs- und Evaluationszwecken z. B. in der Bildungs- und Organisationsforschung, aber auch in der Marktforschung eingesetzt.

Sie arbeiten mit bestimmten Gesprächsanreizen:

- Fokussierte Interviews arbeiten mit einem initialen Medienreiz.
- Struktur-Dilemma-Interviews konfrontieren die Befragten mit Dilemma-Situationen; sie werden im Anschluss an Kohlberg und Piaget eingesetzt, um moralische Konflikte zu analysieren.
- Bei der Technik des (nachträglichen) lauten Denkens werden die Befragten gebeten, ihre Gedanken zu verbalisieren, die ihnen während der laufenden Handlung oder angesichts einer als Ton oder Bild aufgezeichneten Handlung in den Sinn kommen.
- Problemzentrierte Interviews sind Interviews, in denen von den Forschenden ein bestimmter Problemfokus vorgegeben wird; sie ähneln dem Grundmuster der Leitfadeninterviews.

Sie versuchen, die Rollenteilung zwischen Interviewenden und Interviewten aufzubrechen:

- Diskursive Interviews entstammen der Aktions- oder Handlungsforschung. Die Befragten werden als Experten ihrer Geschichte, ihres Handelns begriffen, und sie werden als solche von den Interviewenden mit Deutungen ihres Handelns konfrontiert, um dann im Interviewverlauf zu einer kommunikativen Validierung dieser Deutungen zu kommen.

Nach dieser ersten Übersicht sollen im Folgenden einige wichtige Varianten der qualitativen Befragung eingehender dargestellt werden.

## d) Das narrative Interview

Der Begriff des narrativen (erzählenden) Interviews wird von manchen Autoren und Autorinnen recht weit, beinahe als Synonym für alle qualitativen Interviews, gefasst; das entspricht nicht dem Konzept des narrativen Interviews, wie es in den 1970er Jahren insbesondere von Fritz Schütze entwickelt worden ist. Die Grundidee ist, dass man die Fähigkeit vieler Menschen, Ereignisse im Zusammenhang einer Erzählung darzustellen, für die Gewinnung von sozialwissenschaftlichen Daten nutzen möchte.

Im Unterschied zu einer standardisierten Erhebung oder einem Leitfaden soll zunächst nur ein kurzer Input seitens der Forschenden gegeben werden, eine Aufforderung zum biographischen Erzählen. Daraufhin sollen die Interviewten ihre Lebensgeschichte oder abgrenzbare Teile derselben erzählen. Wichtig ist, dass die Strukturen der Erzählung durch die Befragten selbst gesetzt werden. D. h. alle Entscheidungen über die Relevanz von Erzählgegenständen liegen bei den Befragten. Sie entscheiden,

- worüber berichtet wird und worüber nicht,
- wie berichtet wird,
- wann eine Darstellung beginnt und endet.

Das Kernstück narrativer Interviews sind so genannte Stegreiferzählungen. Die Gesprächspartner sollen eine zusammenhängende Geschichte erzählen, die sie erlebt haben. Diese soll von Anfang bis Ende erzählt werden und alle für sie relevanten Ereignisse umfassen. Das kann die Geschichte einer Betriebsstilllegung, der Kampf um die ›Startbahn West‹ in Frankfurt, aber auch eine ganze Lebensgeschichte sein. Es geht dabei oft um Entwicklungsprozesse, um Geschichten, wie die Befragten zu ihrer heutigen Haltung gekommen sind etc.

Das narrative Interview setzt auf die Erfahrung der Befragten mit Erzählprozessen, auf die Dramaturgie, den offenen wie verborgenen Sinn dieser Erzählungen und auf die Eigenlogik der Erzählsituationen bzw. der damit hervorgebrachten Geschichten.

## Erzählungen und Geschichten

Man kann eine einzelne Geschichte als eine bestimmte Form begreifen, in der Wissen über die soziale Welt aufbereitet und kommuniziert wird; sie weist bstimmte Regelhaftigkeiten auf. Eine Geschichte hat einen Bezugspunkt: die eigene Person, andere Personen oder soziale Beziehungen. Sie verweist auf einzelne Ereignisse bzw. auf eine Verkettung von Ereignissen sowie auf die damit verknüpften Deutungen. Sie stellt darüber bestimmte Ordnungen her: zeitliche Ordnungen, kausale Bezüge, legitimatorische Verweise etc.

Dabei werden Regelmäßigkeiten erkennbar, Paul Ricœur und Hayden White sprechen von Plots, denen solche Darstellungen folgen. Am Beispiel historischer Darstellungen erläutert White: »So gesehen wird Geschichte zur ›Botschaft‹ über einen ›Referenten‹ (die Vergangenheit, historische Ereignisse usw.), deren Inhalt sowohl aus ›Information‹ (die ›Fakten‹) als auch aus ›Erklärung‹ (die ›narrative‹ Schilderung) besteht. Sowohl die Fakten in ihrer Besonderheit als auch die narrative Schilderung in ihrer Allgemeinheit müssen ein Korrespondenz- und ein Kohärenzkriterium für ihren Wahrheitswert erfüllen. Das entsprechende Kohärenzkriterium ist ohne Frage das der Logik eher als das der Poetik oder Rhetorik. Individuelle Propositionen müssen untereinander logisch konsistent sein«. Korrespondenz wird erreicht, wenn »die Erzählung als Ganzes (...) mit der allgemeinen Konfiguration der Ereignisfolge, deren Schilderung sie ist« (1990:56) in Einklang steht.

Geschichten drücken eine bestimmte Haltung, bestimmte Affekte, eine bestimmte Umweltbeziehung aus: positiv oder negativ, optimistisch oder pessimistisch. Es sind Entwicklungsgeschichten: Fortschrittsgeschichten oder kulturkritische Geschichten, Geschichten vom Verfall, von Bedrohungen etc. Sie implizieren moralische Kodierungen und Stellungnahmen, sie dienen der Selbstverständigung und Legitimierung, sie drücken bestimmte Wertvorstellungen aus.

Die Geschichten stellen eine wichtige Form dar, in der in einzelnen Gruppen oder gesellschaftsweit moralisch-ethische Diskurse geführt werden. Geschichten können dabei vorhandenes Wissen affirmieren, oder sie können in kritischem Sinne als Gegengeschichte (mit veränderten Standpunkten, Moral- und Wertbezügen) fungieren. Jean François Lyotard weist auf die eigentümlichen Verstrickungen der narrativen Rollen hin, wenn die Erzählerrolle voraussetzt, dass man bei einer früheren narrativen Gelegenheit die Empfänger-Rolle wahrgenommen hat (1999:70). Damit wird deutlich, dass Geschichten kaum für sich allein stehen; sie bilden ein Gewebe, knüpfen aneinander an, bilden komplexe Verweisungsstrukturen.

Implizit ist damit schon manches zu den Funktionen gesagt, die solche Geschichten erfüllen: Sie ermöglichen Kommunikationen und Handlungen in unwägbaren und überkomplexen Situationen, indem sie zeitliche, kausale, legitimatorische Ordnungen anbieten, indem sie motivieren, Sinn stiften, Antwort auf moralische Fragen geben etc. Ricœur bringt die Erzählung auch in Zusammenhang mit der (in einem Leben) gelebten und durchmessenen Zeit.

Ein Spezifikum der Geschichten scheint darin zu liegen, dass sie alles in einem sind; Ferdinand Fellmann geht davon aus, dass *»die Einzigartigkeit der Geschichte als Wissensform«* darin bestehe, *»daß sie Tatsachen und Vorstellungen, Geschehen und Gedanken zur Einheit eines (Sinn-)Bildes verdichtet. Erzählte Geschichte und Bild haben dieselbe Logik«* (1989:14). Lyotard sieht es als ein Spezifikum der narrativen Form, dass sie eine Pluralität von Sprachspielen zulässt: Neben beschreibenden Aussagen finden sich präskriptive, interrogative oder evaluierende Aussagen (1999:68 f.).

Wenn nun im Rahmen der qualitativen Sozialforschung narrative Interviews eingesetzt werden, geht es um genau diese Geschichten. Es geht dabei wohlgemerkt nicht um den Wahrheitsgehalt solcher Erzählungen; die Grenzen zwischen Fiktion und Wirklichkeit sind vermutlich oft fließend. Von Interesse sind eher die Erzählhaltung, ihre Dramaturgie, die Logik der geschilderten Prozesse, ihre Interpretation etc.; es geht um Sinnwelten, die erkennbar sind, um Relevanzstrukturen, um Handlungsmuster etc.

## Erzählstrukturen

Erzählungen sind vergleichsweise ähnlich strukturiert; Labov hat eine Differenzierung nach sechs Erzählphasen vorgeschlagen.

### Abb. 89: Struktur von Erzählungen

| | |
|---|---|
| Abstrakt | Worum handelt es sich? |
| Orientierungsteil | Wer, wann, was, wo?<br>Dient zur Orientierung des Zuhörers in Bezug auf Person, Ort, Zeit und Handlungssituation. |
| Komplikation | Was passierte dann? |
| | Oft besteht eine lange Ereigniskette aus mehreren einfachen Erzählzyklen mit zahlreichen Komplikationsteilen. |
| Evaluation | Was soll das ganze? |
| | Eine Erzählung ohne Evaluation hat kein Ziel; die Evaluation ist für das Erzählen persönlicher Erfahrung charakteristisch; wichtig zur Einschätzung der Bedeutsamkeit der erzählten Geschichte, oft ist die Evaluation mit dem Resultat verschmolzen. |
| Resultat | Wie ging es aus? |
| | Die Komplikation wird regelmäßig durch ein Resultat abgeschlossen. |
| Koda* | Was ist daraus geworden?<br>Die Koda ist ein funktionales Instrument, mit dem der Erzähler die Sprecherperspektive wieder auf den Gegenwartszeitpunkt zurückholt. |

Quelle: Labov/Waletzky (1973)* Koda steht für Anhänge, Schluss (C. W.).

Diese oder ähnliche Grundregeln von Erzählungen, die kulturell verankert sind, bringen die Erzählenden, wenn sie denn einmal in die Erzählung eingestiegen sind, in Zugzwang: Das einmal Begonnene muss entsprechend den Erzählregeln zu Ende gebracht werden. »Da eine chronologische Erzählung des beruflichen Lebenslaufs bei der Ausbildung beginnt, ist die Darstellung jener Zeit, vor allem, wenn man es mit Interviewpartnern zu tun hat, bei denen dies mehr als 10 Jahre zurückliegt, eine längst überwunden geglaubte Zeit, die dem Erzähler zunächst unverfänglich zu sein scheint und die er daher meist gern zu erzählen bereit ist. Ist erst einmal der Anfang gemacht, dann muss die Geschichte auch weitererzählt werden. Und meist tut das der Erzähler auch gern. Da die zu erzählende Geschichte eine Dokumentation ist, nämlich die Darstellung, wie jemand das wurde, was er ist, ergeben sich im Laufe des Erzählens gewisse Anforderungen an die Fortsetzung der begonnenen Geschichte. Das Erzählen einer Geschichte erzeugt so eine gewisse Sogwirkung, die die Geschichte voranbringt: Der Erzähler erzählt und erzählt dabei auch Dinge, die er vielleicht ursprünglich gar nicht zu erzählen beabsichtigte« (Hermanns 1981:48).

## Zur Gestaltung narrativer Interviews

Wenngleich sich narrative Interviews dadurch auszeichnen, dass sie in ihrem Kern von den Befragten bestritten und strukturiert werden, müssen doch erst einmal die Rahmenbedingungen geschaffen werden, die es den Befragten ermöglichen, in die Erzählung einzusteigen. Grundsätzlich stellen sich bei dieser Interviewform ganz ähnliche Anfangsprobleme, wie sie bereits bei der Analyse der Interviewsituation in der standardisierten Befragung erörtert wurden. Die in der Regel weitaus kleinere Zahl von Interviews eröffnet aber bessere Möglichkeiten, mit diesen typischen Schwierigkeiten umzugehen.

- Bei der Vereinbarung von Interviews sollten die Befragten bereits mit der Vorgehensweise und den Zielsetzungen der Untersuchung vertraut gemacht werden. Zudem sollte der Unterschied zu einem (normalen) fragebogengestützten Interview deutlich gemacht werden.
- Am Anfang des eigentlichen Interviews sollten die Befragten erneut über Sinn und Zweck der Befragung informiert werden. Zudem sollten Vereinbarungen zum Datenschutz getroffen werden; dazu gehören Absprachen zur Primär- und Sekundärverwendung der Audio- und Textdaten, zur Anonymisierung, zu Veröffentlichungen etc. (s. auch Ethik-Kodex der Deutschen Gesellschaft für Soziologie und des Berufsverbands Deutscher Soziologen). Zudem sollten die Interviewten über den Charakter eines solchen offenen Interviews aufgeklärt werden. Viele Befragte haben schon einmal mit standardisierten Interviews Erfahrungen gemacht oder kennen Interviews verschiedenster Art aus den Medien; damit hat ein offenes insbesondere ein narratives Interview nur wenig gemein. Dazu gehört auch eine Information über die Dauer eines solchen Interviews, das Verhalten der Interviewenden etc.
- Den Einstieg in die Erzählung soll ein so genannter Narrationsstimulus ermöglichen. Die Befragten werden aufgefordert, über ihr Leben oder eine bestimmte Lebensphase, über ein bestimmtes Ereignis etc. zu berichten. Wichtig ist es, einen geeigneten Stimulus für Erzählprozesse zu geben; es geht eben um Geschichten, nicht um die Frage nach Motiven, Einschätzungen oder gar Rechtfertigungen; es geht nicht um Argumentieren, sondern um Erzählen.

## Abb. 90: Erzählaufforderung im narrativen Interview

»Dann erläutert der Interviewer seine expliziten Erwartungen an den Interviewpartner: Er bittet ihn zu erzählen, wie sein berufliches Leben bisher verlaufen sei, angefangen von der Studienfachwahl oder eventueller Berufstätigkeit vor dem Studium bis heute. Er bittet ihn zu erzählen, was er persönlich getan habe, was er persönlich erlebt und erfahren habe, welche Ereignisse in seinem Berufsleben von Bedeutung waren. Damit sind drei Handlungsaufforderungen an den Interviewpartner gerichtet: Erstens seinen Lebenslauf zu *erzählen* und dabei – wie dies auch nach den Regeln alltäglicher Konversation üblich ist – in der Erzählung die *Chronologie* der Ereignisse zu berücksichtigen, und drittens die *persönlichen* Erlebnisse darzustellen«.

Quelle: Hermanns (1981:112)

• An eine solche Erzählaufforderung schließt sich dann die so genannte Haupterzählung an. Sie wird allein von den Befragten bestritten, ohne strukturierende Interventionen der Interviewenden. Um gewisse Höflichkeitsstandards nicht zu verletzen, sollte jedoch deutlich werden, dass die Interviewenden aufmerksam zuhören und an dem Erzählten Anteil nehmen. Auch neutral gehaltene gesprächsunterstützende Reaktionen sind denkbar: ›hmm‹ oder auch die Bitte, doch zu erzählen, wie es weiterging, etc.
• An die Haupterzählung schließt sich eine reflektierende und bilanzierende Phase an; verschiedentlich finden sich erste Bilanzierungen seitens der Befragten auch am Ende von Erzählungen. In der Bilanzierungsphase sollte zunächst versucht werden, etwas darüber zu erfahren, wie die Befragten das von ihnen Dargestellte bewerten, was ihnen besonders wichtig war. Darüber hinaus kann aber die Bilanzierungsphase auch dafür genutzt werden, die Geschichte gemeinsam auf einen Nenner zu bringen. Grundsätzlich bietet sich damit auch eine erste Möglichkeit der kommunikativen Validierung von ersten Intervieweindrücken. Das setzt jedoch seitens der Interviewenden längere Erfahrungen und entsprechende Gesprächskompetenzen voraus. Grundsätzlich kann die Reflexions- und Bilanzierungsphase auch zu Nachfragen und Vertiefungen durch die Interviewenden genutzt werden; man sollte jedoch nicht vergessen, dass sich der besondere Charakter narrativer Interviews gerade darüber bestimmt, dass die Erzählenden die Strukturen des Gesprächs, die Grenzen von Erzählbarem und Nicht-Erzählbarem, den Grad der Vertiefung und Begründung bestimmen.

Es ist durchaus möglich, für eine solche reflektierende und bilanzierende Phase einen zweiten Interviewtermin anzusetzen. Das bietet nicht nur den Interviewenden Möglichkeiten, das Gespräch zu reflektieren, Nachfragen vorzubringen und vor allem zusammenhängende Deutungen zu entwickeln, die dann zum Gegenstand des weiteren Gesprächs gemacht werden können.

Das Gelingen eines narrativen Interviews, insbesondere die Initiierung einer relativ zusammenhängenden Haupterzählung, hängt von vielen Faktoren ab, die von den Interviewenden nur bedingt beeinflussbar sind. Die Erzählrolle ist – angesichts der Erwartungshaltung gegenüber der Interviewsituation – für den Befragten eher ungewohnt; darin kann eine besondere Chance liegen, wenn Befragte vielleicht sogar erstmalig über ein Erlebnis berichten. Erfahrungsgemäß wird man in narrativen Interviews je nach Zielgruppe mit ganz unterschiedlichen Typen von Erzählenden konfrontiert sein: auf der einen Seite Befragte, die kaum in der Lage sind, ihre Geschichte vorzubringen; auf der anderen Seite Erzählprofis, die bestimmte Geschichten schon vielfach vorgetragen und ihre Wirkungen getestet haben, oder gar Interviewte, die sich zuvor Stichpunkte zurechtgelegt haben.

Auch wenn das narrative Interview ein klar abzugrenzender Interviewtypus ist, in dem die Erzählungen im Vordergrund stehen, wird auch in vielen anderen Formen von qualitativen Interviews auf solche längeren Erzählphasen gesetzt. Die Unterschiede sind sicherlich fließend; dennoch erscheint es sinnvoll, verschiedene Typen von Interventionen durch die Interviewenden zu unterscheiden, um dann Abgrenzungen z. B. zwischen einem narrativen Interview und einem Leitfadeninterview treffen zu können. Es geht dabei um die Frage, ob die Interviewenden eher im Sinne einer Aufrechterhaltung, Unterstützung und einer Wiederaufnahme des Erzählflusses agieren oder ob sie eher eine strukturierende Rolle spielen, indem sie Themen und Themenwechsel vorgeben, vertiefend nachfragen, um Erklärungen bitten etc.

Man sollte sich ein narratives Interview nicht allzu romantisch vorstellen. Es lehnt sich an Formen der Erzählung, des vertrauten Gesprächs an; zugleich werden aber auch wesentliche Regeln solcher Interaktionssituationen verletzt. Hermanns spricht in seinem Bericht nicht zu Unrecht von einem Machtkampf: »Der Machtkampf um das Handlungsschema bezieht sich unmittelbar auf die Handlungsfigur, auf die sich Interviewer und Interviewpartner gemeinsam festlegen. Diese Feststellung erfolgt nicht in einer herrschaftsfreien Situation: Der Interviewer kommt als ›Bittsteller‹, will aber seinerseits das Handlungsschema bestimmen, da es für seine Forschung methodisch erforderlich ist. Der Interviewpartner ist der ›Gewährende‹, er erklärt durch seine Bereitschaft zur Teilnahme am Interview auch die Bereitschaft, sich auf das vorgeschlagene Handlungsschema zu beziehen und es mit zu tragen. Allerdings kann er die Bereitschaft, ein Handlungsschema aufzugreifen und durchzuführen, jederzeit ablehnen und versuchen, ein anderes Handlungsschema durchzusetzen« (1981:129 f.).

## Narrative Interviews im Kontext biographischer Forschungen

Eine spezifische Verwendungsform narrativer Interviews findet sich im Kontext der Biographie- bzw. allgemeiner der Lebensverlaufsforschung. Der Mainstream der sozialwissenschaftlichen Forschung und Theorienbildung steht der biographischen Perspektive eher distanziert gegenüber. Die Sozialwissenschaft – so wird es oftmals in einführenden Darstellungen vermittelt – interessiere sich nicht für das einzelne Schicksal, den Lebensweg einzelner Menschen, das Singuläre; die Sozialwissenschaften gehe eher davon aus, dass solche Lebenswege ›gesellschaftlich bedingt‹ seien:

- Man betrachtet ihre Prägung durch dominante ökonomische und politische Strukturen,
- analysiert die Funktionsweise von gesellschaftlichen Teilsystemen,
- diagnostiziert den Einfluss von gesellschaftsweiten Normen und Werten, von Rollenmustern oder den Einfluss von spezifischen Sozialisationsprozessen, Habitusmustern etc.

Auch im Bereich der Psychologie findet sich – wider den ersten Anschein – oft ein strukturelles Desinteresse an biographischen Daten. Die Freudâ sche Psychoanalyse versuchte aufzuzeigen, wie das Ich bzw. der Lebensweg eines Individuums durch das Triebleben und das Fortwirken von frühkindlichen Konfliktkonstellationen geprägt wird. Die Psychoanalyse hat so wichtige Grundlagen für das Interesse an biographischen Fragestellungen gelegt; zugleich wurden aber auch Antworten gegeben, die ein Interesse für die sich verändernden Lebensbedingungen und Wirklichkeitsperspektiven von Individuen verstellen. Auch andere Zweige der Psychologie, wie etwa der Behaviorismus, stehen für eine Betrachtungsweise, die darauf zielt, das bewusste Ich als Handlungszentrum des Menschen zu relativieren (Fuchs-Heinritz 2005:86).

Man sollte jedoch auch umgekehrt nicht die Individuen unhinterfragt der Gesellschaft voraussetzen. D. h., die Vorstellungen vom Individuum und seinen mehr oder weniger großen Handlungs- und Gestaltungsspielräumen, seiner Autonomie sind immer auch in einem bestimmten zeitgeschichtlichen Kontext zu verorten. Das, was man heute als Individuen oder als soziale Gruppen begreift, wurde in langwährenden sozialen Veränderungsprozessen hervorgebracht. Man hat es bei Individuen nicht mit etwas ›Vorgesellschaftlichem‹ zu tun, sondern mit mühsam sozialisierten Individuen: »Das moderne Individuum muss mit hohem Aufwand in einer Kleinfamilie mit massiver Unterstützung der Schule und anderer Sozialisationsinstanzen hergestellt werden, es ist also das Produkt einer aufwendigen Vergemeinschaftung« (Feldmann 2001:121). Auch die Instanzen, in denen diese

Sozialisationsarbeit erfolgt, sind als Resultate gesellschaftlicher Entwicklungsprozesse zu begreifen.

Biographisch orientierte Forschungen können auf quantitative und qualitative Daten zurückgreifen. Die vornehmlich quantitative Lebensverlaufsforschung zielt auf eine formale Rekonstruktion von Lebenswegen z. B. über Eckdaten zu lebensgeschichtlichen Ereignissen. Qualitative Daten werden demgegenüber durch biographisch orientierte Interviews (Leitfadeninterview, narratives Interview, Oral History) gewonnen. Zudem können sekundäranalytisch (auto-)biographische Daten genutzt werden: insbesondere (auto-)biographische Darstellungen, aber auch viele andere Materialien, die mittelbar Auskunft über biographische Verläufe geben können (Briefe, Fotoalben, Familienchroniken, Lebenserinnerungen, Haushaltsbücher, Stammbücher, Testamente, Kirchenbücher etc.).

Im Folgenden sollen die spezifischen Potentiale narrativ angelegter biographischer Interviews vorgestellt werden:

- Biographische Interviews liefern Material für eine detaillierte Deskription und Analyse der Arbeits- und Lebensverhältnisse von Personen und sozialen Gruppen. Man kann dies am Beispiel von Forschungen zu Migrationsprozessen verdeutlichen: Die Daten der amtlichen Statistik geben über Herkunftsländer, Aufenthaltsdauer, Staatsangehörigkeiten Auskunft; die Bildungsstatistik besagt etwas über die Schwierigkeiten von Migranten, sich in einem oft völlig anderen Bildungs- und Erwerbsleben zurecht zu finden. Biographische Forschung ermöglicht es aber, diese Prozesse auch aus der Binnenperspektive zu rekonstruieren. Man kann etwas darüber herausbekommen, was es heißt, sich in oder zwischen verschiedenen kulturellen Bezugssystemen zu verorten, was es heißt, wenn sich wesentliche lebensweltliche Bezugspunkte, Maßstäbe, Normen etc. verändern.

Biographische Interviews bieten erweiterte Möglichkeiten zur Analyse von Handlungen und Handlungszusammenhängen. Standardisierte Daten erlauben es, bestimmte Eckpunkte eines Bildungswegs abzubilden; über Zusammenhangsanalysen kann man die Rolle verschiedener Rahmenbedingungen für den mehr oder weniger großen Schulerfolg bestimmen; Panelstudien eröffnen die Möglichkeit, einen solchen gelungenen oder gescheiterten Bildungsgang in einzelnen Etappen zu rekonstruieren. Der Differenzierung bei der Erhebung sozialer, zeitlicher und räumlicher Kontexte sind jedoch bei der standardisierten Forschung enge Grenzen gesetzt. Mit der biographischen Untersuchung des Bildungsganges einzelner Schüler bieten sich ganz andere Möglichkeiten, Lebenswege oder Bildungskontexte abzubilden. Man kann analysieren, wie sich Menschen, die mit bestimmten Ressourcen ausgestattet sind, ihren Weg durch ein Bildungssystem bahnen, das z. B. wie in Deutschland von frühzeitig differenzierten Bildungslaufbahnen ausgeht. Man erfährt etwas über die Anomalien solcher Systeme, die Nischen, die sich dort finden. D. h. biographische Forschungen eignen sich gut als Kontrapunkt zu jenen Selbstbildern, die Personen und Organisationen von sich vermitteln.

Unersetzbar sind biographische Interviews auch, wenn untersucht werden soll, wie die soziale Welt von verschiedenen sozialen Gruppen wahrgenommen und verarbeitet wird bzw. wie sich solche Muster der Wahrnehmung und Deutung der sozialen Welt verändern. Tendenziell hat ein solches Material immer einen subversiven Charakter; es macht deutlich, wie sich Menschen in scheinbar wohl organisierten sozialen Umwelten bewegen.

• Biographische Forschung kann auch bei den Forscherinnen selbst dazu beitragen, neue Erfahrungen zu machen. Das gilt in zweierlei Hinsicht: Zum einen bezieht sich das auf die soziale Herkunft, auf die sozialen Erfahrungen, die die Mehrheit der Sozialwissenschaftler mitbringt. Biographische Forschungen bieten eine wichtige Möglichkeit diesen Erfahrungshorizont auszuweiten, indem der Blick auf die Erfahrungen anderer sozialer Gruppen, anderer Generationen, anderer Kulturen und Subkulturen gerichtet wird.

Biographische Forschung ist zum anderen hilfreich, um sich der Grenzen eines sozialwissenschaftlichen Denkens bewusst zu werden, das Menschen und soziale Gruppen nur aus einer Perspektive der möglichen Kategorisierung betrachtet. Lutz Niethammer, ein Historiker, der sich eingehend mit mündlicher Geschichte befasst hat, spricht von einem ›Enttypisierungsschock‹, der bei der biographischen Forschung droht. »Abstrakte gesellschaftliche Kategorien und vorschnelle politische Erfahrungen« zerbröseln, »sobald man sich auf die Subjekte und ihre Lebensgeschichte einlässt, deren Verläufe und Haltungen allemal komplexer sind, als es die meisten unserer theoretischen Hypothesen vorsehen«. Niethammer verbindet damit für die Sozialgeschichte die Hoffnung, »abstrakte Kollektivbegriffe lebensgeschichtlich zu enttypisieren und sie damit für neue Untersuchungen sozialer Zwänge, Bedürfnisse, Erfahrungen und Motive zu öffnen« (Niethammer 1978, zit. nach Fuchs-Heinritz 2005:129).

Oft wurde mit biographischen Forschungen die Vorstellung verknüpft, man könne über diese Materialien zu einer wirklich umfassenden Rekonstruktion von Sozialwelten kommen; einem solchen Anspruch ist mit Skepsis zu begegnen: man hat es stets mit Darstellungen zu tun, die nach gewissen Regeln konstruiert sind, Bourdieu (1990) spricht von der biographischen Illusion.

## Narrative Interviews in der Oral History

Unter Oral-History wird ein Forschungsansatz in der Geschichtswissenschaft verstanden, der darauf zielt, die Erzählung von Lebensgeschichten oder die Schilderung spezifischer Ereignisse durch Betroffene als Quelle für die historische Forschung zu erschließen. Ihren Ursprung hat die Oral History im angelsächsischen Raum; in Deutschland hat diese Forschungsmethode seit den späten 1970er Jahren Fuß gefasst. Eine Intention der Oral History war es, auch Angehörigen jener sozialer Schichten eine Stimme zu verleihen, die in historischen Darstellungen oft eher am Rande standen; dementsprechend wurde die Oral History verschiedentlich auch als ›Geschichte von unten‹ verstanden.

Die persönlichen Erinnerungen von Zeitzeugen sollen für die Erforschung zeitgeschichtlicher Themen genutzt werden. Zeitzeugen können dabei neben Betroffenen auch andere Personen des Zeitgeschehens sein. Die biographische Perspektive erweitert so den Fundus von Datenmaterialien für die historische Analyse.

## e) Das Leitfadeninterview

Leitfadeninterviews finden sich in verschiedenen Varianten: Auf der einen Seite kann das Leitfadeninterview einer standardisierten Befragung mit offenen Antworten nahekommen; auf der anderen Seite stehen Varianten, in denen der Leitfaden nur als eine grobe Orientierung für die Interviewenden gehandhabt wird und eher narrative Elemente vorherrschen.

### Der Interviewleitfaden

Verglichen mit dem Fragenkatalog eines standardisierten Interviews sind die ›Fragen‹ weitaus offener gefasst; es können kleine Erzählaufforderungen sein, sie können sich auf bestimmte Problembereiche beziehen oder sehr spezifisch einzelne Aspekte eines interessierenden Problems beleuchten. Aber auch diese spezifischen Fragen zielen nicht auf Antworten eines kategorialen Typs, sondern es geht darum, zusammenhängende Darstellungen und Argumentationen der Befragten anzuregen.

Wichtige Unterschiede zum standardisierten Interview bestehen zudem in der Handhabung des Leitfadens. Die standardisierte Befragung folgt – von Filterfragen abgesehen – einem vorgegebenen Verlauf; demgegenüber impliziert die Existenz eines Leitfadens nicht, dass dieser sequentiell abgearbeitet werden muss.

So können in Abhängigkeit vom Gesprächsverlauf

- die Abfolge der Leitfragen verändert werden,
- Fragen und Fragebereiche weggelassen werden, wenn sie z. B. im Rahmen anderer Ausführungen bereits hinreichend behandelt wurden,
- Fragen situativ verändert und ergänzt werden,
- vertiefende Nachfragen gestellt werden,
- neue Aspekte, die sich im Gespräch ergeben haben, vertieft werden.

All das ermöglicht es, den Befragungsprozess in hohem Maße zu variieren und der jeweiligen Situation (nach Einschätzung der Interviewenden) anzupassen. Das beinhaltet aber zugleich, dass im Befragungsprozess bereits gewichtige Entscheidungen getroffen, dass Einschätzungen vorgenommen werden, die die spätere Struktur und Qualität der Daten entscheidend beeinflussen. Das setzt qualifizierte Interviewende voraus; in der Regel heißt das auch, dass die Interviews von der Forschungsgruppe selbst durchgeführt werden müssen.

### Abb. 91: Auszüge aus einem Interviewleitfaden

**Eingangsfrage:** Ich halte es vielleicht für ganz sinnvoll, wenn Sie zunächst erzählen, wie Ihre Ausbildung und dann Ihr bisheriger beruflicher Werdegang verlaufen ist. Sie können anfangen, wo Sie wollen und alles erzählen, was Ihnen wichtig ist. …

**Erster Rückblick:** Wenn Sie einmal zurückblicken auf Ihren bisherigen Lebensweg:
- Was war für Ihr heutiges Leben und Ihre berufliche Situation entscheidend?
- Erinnern Sie sich an eine Tätigkeit, an Gespräche oder Zusammenhänge, in denen Sie sich bewegt haben, die Sie wesentlich geprägt haben? Inwiefern wurden sie für Ihre wissenschaftliche Ausrichtung bedeutsam?
- Gibt es heute etwas, was für Ihre berufliche Identität bedeutsam ist? (…)

**Aktuelles Arbeitsfeld/Fachzugehörigkeit/Wissenschaftliche Bezüge**
Wie sieht Ihr Arbeitsalltag aus?
- Können Sie so etwas wie typische Tätigkeiten nennen? Welche Kenntnisse und Fähigkeiten benötigen Sie in Ihrer jetzigen Arbeit? Welche würden Sie gern haben, um Arbeitsproblemen besser zu begegnen?
- Was interessiert Sie thematisch besonders? Was ist Ihr persönlicher Schwerpunkt?
- Was bedeutet es für Sie, in der Uni zu arbeiten? Wie unterscheidet sich dieser Arbeitsplatz Ihrer Meinung nach von anderen? Finden Sie Ihre früheren Vorstellungen von Ihrer jetzigen Arbeit bestätigt?

In dem hier dargestellten Auszug aus einem Leitfaden wird versucht, Elemente eines narrativen Interviews mit einer Leitfadenstruktur zu verknüpfen. D. h., es findet sich eine relativ breite Erzählaufforderung zu biographischen Sequenzen. Der Frageteil zum aktuellen Arbeitsfeld beginnt mit einer Erzählaufforderung, die dann durch eine Reihe von Unterfragen differenziert wird. Auch der Rückblick ist dem Modell des narrativen Interviews entlehnt.

Die Unterfragen oder Eventualfragen können in dem Leitfaden verschiedene Funktionen haben:
- Sie helfen den Interviewenden zu klären, was man eigentlich genau wissen möchte,

– sie helfen zu überprüfen, ob die Befragten die verschiedenen interessierenden Aspekte einer Schlüsselfrage hinreichend beantwortet haben,
– sie bieten als Eventualfragen die Möglichkeit der Nachfrage, die Möglichkeit, das Gespräch wieder aufzunehmen und den Gesprächsfluss in Gang zu halten.

Angesichts dieser Variationsmöglichkeiten sollte nicht vergessen werden, dass der Leitfaden eine wichtige Voraussetzung für eine strukturierte Analyse des Datenmaterials ist; er liefert ein Gerüst für einen späteren Vergleich von Interviews. Alle Interviewten werden mit ähnlichen Themen konfrontiert.

## Die Entwicklung von Interviewleitfäden

Die Erstellung eines Interviewleitfadens erfordert ein strukturiertes Wissen über das Forschungsfeld sowie erste Modellvorstellungen von Zusammenhangsbeziehungen – kausaler, funktionaler, biographischer oder anderer Art. So betrachtet gibt es einen gewissen Bezug zur Konzeption standardisierter Befragungen; umgekehrt ist es nicht erforderlich, dieses Wissen so fein zu dimensionieren, wie es für die Entwicklung standardisierter Fragen notwendig ist.

Für die Entwicklung von Interviewleitfäden ist es sinnvoll, auf die oben vorgestellten Techniken zur Entwicklung, Spezifizierung und Strukturierung von Themen zurückzugreifen (vgl. Teil II, Kap. 3). Ähnlich wie bei einer standardisierten Befragung spielt auch der Aufbau des Interviews, d. h. die Abfolge, in der verschiedene Oberthemen behandelt werden sollen, eine wichtige Rolle; darüber stellt sich ein spezifischer Gesprächsverlauf ein, der jedoch situativ variiert werden kann. Nach einer ersten Leitfadenfassung sind Probeinterviews sinnvoll, um das Konzept zu überprüfen. Man sollte den Aufwand, den ein sorgfältig vorbereitetes und durchgeführtes Interview bei den Interviewenden und den Befragten erfordert, nicht unterschätzen.

## Die Interviewsituation

Verglichen mit der Situation des standardisierten wie des narrativen Interviews weisen Leitfadeninterviews eine größere Nähe zu Alltagsgesprächen auf. D.h. jedoch nicht, dass nicht auch hier wesentliche Asymmetrien zwischen Fragenden und Befragten bestehen bleiben.

Durch die Fragen und Nachfragen der Interviewenden wird bei den Befragten ein Eindruck vermieden, dass man ›gegen die Wand‹ rede, wie er möglicherweise bei einem narrativen Interview entsteht; die Nachfragen können als Ausdruck des Interesses fungieren. Die Befragenden sollten sich aber auch beim Leitfadeninterview der Kommentierung und Stellungnahme enthalten. Je nach Interviewstrategie kann die Möglichkeit der Nachfrage – anders als in der Reflexions- und Bilanzierungsphase eines narrativen Interviews – auch dafür genutzt werden, Aspekte eines Themas zu bearbeiten, die dem Befragten eher unangenehm sind.

Üblicherweise werden Leitfadeninterviews als Face-to-Face-Interviews geführt, weil angesichts vorherrschender Kommunikationsstandards nur so eine gewisse Verbindlichkeit und Vertiefung des Gesprächs erreicht werden kann; es ist jedoch zu überlegen, ob nicht für die erste Exploration eines Problemfeldes auch telefonische Leitfadeninterviews denkbar sind.

## f) Die Gruppendiskussion

Gruppendiskussionsverfahren gehen über die Gesprächssituation mit zwei Beteiligten hinaus. Die Rolle der Forschenden ist somit vergleichsweise zurückgenommen; sie fungieren eher als Impulsgeber und (zurückhaltende) Steuerungsinstanz. Die Impulse zur Fortführung der Diskussion gehen eher auf die Gruppe zurück; die Teilnehmer und Teilnehmerinnen agieren untereinander und weniger in der Linie Forschende – Beforschte. Darin liegt zum einen der Gewinn solcher Verfahren; d. h., Haltungen und Einstellungen können in einem eher alltäglichen Kontext beobachtet werden. Auf der anderen Seite kommt der Gruppendynamik eine spezifische Bedeutung zu:

- Es bilden sich hierarchische Strukturen unter den Teilnehmenden heraus, bzw. Hierarchien, die außerhalb der Diskussionssituation bestehen, werden reproduziert,
- es gibt Teilnehmer, die mehr, und solche die weniger sagen oder auch schweigen,
- es bilden sich dominante Muster der Deutung und Interpretation von Problemen heraus, die u. U. Minderheitenpositionen weniger zu Wort kommen lasen etc.

All diese Faktoren lassen sich aber auch in normalen Interaktionssituationen auffinden; d. h., Personen, die in der Gruppendiskussion nicht zu Wort kommen, haben es vielleicht auch in anderen Kontexten schwer, sich zu artikulieren.

Den typischen Ablauf einer Gruppendiskussion hat Mayring wie folgt dargestellt:

Abb. 92: Ablauf einer Gruppendiskussion

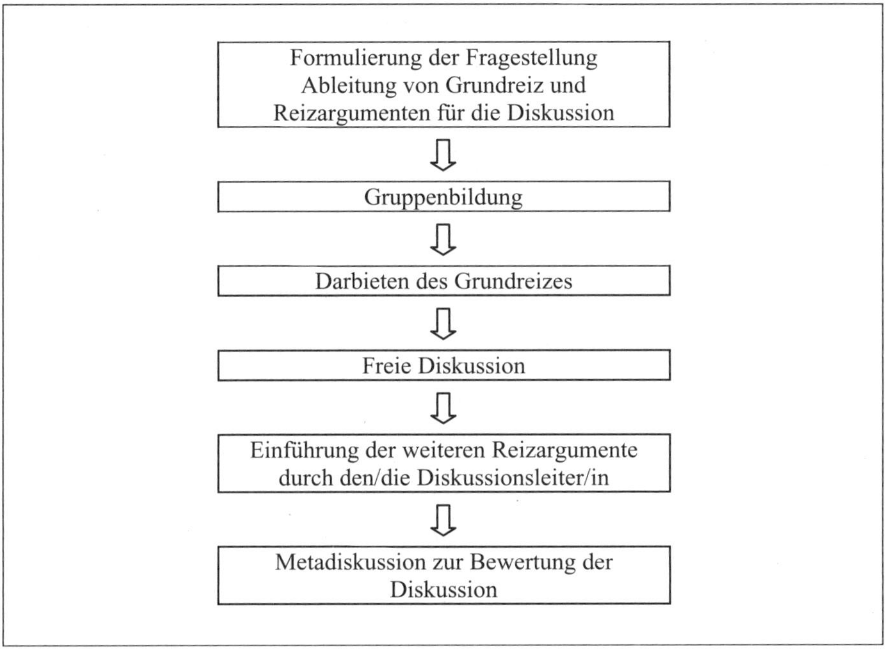


Quelle: Mayring (1990:55)

Als Ausgangspunkt der Diskussion wird üblicherweise ein (provozierender) Reiz – ein Statement, eine kleine Geschichte, ein Bild- oder Tondokument – eingesetzt. In der folgenden Diskussionsphase, die in der Regel aufgezeichnet wird, ziehen sich die Forschenden entweder aus der Gruppe zurück, oder sie fungieren als stille Beobachter, Moderatoren bzw. Impulsgeber. Nach dem Ende der Diskussionsphase bietet sich die Möglichkeit, wie bei anderen Interviewformen, eine Reflexionsphase anzuschließen, in der die Beteiligten um Einschätzungen der vorigen Diskussion gebeten werden.

Erfahrungen mit dem so genannten Gruppenexperiment, wie es in den 1950er Jahren in Form von Gruppendiskussionen am Frankfurter Institut für Sozialforschung durchgeführt wurde, zeigen, dass es im Gruppenkontext scheinbar einfacher ist, bestimmte Effekte der sozialen Erwünschtheit zu vermeiden: bei Themen der Vorurteilsforschung kommt es in Gruppen zu einer weit deutlicheren Artikulation solcher Vorurteile (gegenüber ›Juden‹, ›Ausländern‹ etc.).

Das Gruppenexperiment versuchte, durch Gruppendiskussionen die Einstellungen der westdeutschen Bevölkerung zu den damals zentralen zeitgeschichtlichen und politischen Themen zu eruieren. Es stellte in den Augen seiner Initiatoren eine Pilot-Studie zur Erforschung der öffentlichen Meinung dar. Im Laufe der Untersuchung wurden insgesamt 121 Gruppendiskussionen mit jeweils 8 bis 16 Teilnehmern durchgeführt. In den Gruppendiskussionen wurde mit einem einheitlichen Schlüsselreiz, dem offenen Brief eines amerikanischen Sergeanten, gearbeitet; die Diskussionen wurden aufgezeichnet und transkribiert. In Abgrenzung zur Umfrageforschung ging man davon aus, dass Meinungen und Einstellungen nicht isoliert entstehen und wirken, »sondern in ständiger Wechselwirkung zwischen dem Einzelnen und der unmittelbar oder mittelbar auf ihn einwirkenden Gesellschaft« (Pollock 1963:32), und dass die Meinungen eng mit den Persönlichkeitsstrukturen, ihren Widerständen und Rationalisierungen, verknüpft seien. Man hoffte, über die Gruppenkonstellation »die psychologischen Sperren zu überwinden und die durch deren Wirksamkeit möglicherweise an der Manifestierung gehinderten Einstellungen zu erfassen« (33); unter der Oberfläche sollten dann die latenten Einstellungen zu Tage treten. Ergänzend wurden mit einem Teil der in Gruppen Befragten auch Einzelinterviews durchgeführt. Die Fragestellungen der Untersuchung standen in engem Zusammenhang mit den in den USA durchgeführten Studien zur Vorurteilsforschung (Horkheimer/Flowerman 1950), an der Mitarbeiter des Instituts beteiligt waren; daneben hat aber auch der damalige Boom der amerikanischen Gruppensoziologie seine Spuren hinterlassen.

In der Auswertung des Materials sollte »unter Anlehnung an amerikanische Bestrebungen, der Versuch gemacht werden, quantitative und qualitative Verfahren nicht bloß sich wechselseitig ergänzen zu lassen, sondern in gewissem Umfange zu vereinen« (10). In der Präsentation der Ergebnisse stehen dann jedoch eine qualitative, am Konzept des Verstehens orientierte Auswertung und eine quantifizierende Analyse des verkodeten Materials eher nebeneinander.

In dieser Breite sind Gruppendiskussionen seither nicht mehr genutzt worden; heute werden Gruppendiskussionen eher pragmatisch eingesetzt; sie lassen sich im Rahmen verschiedener Forschungsdesigns implementieren und erfordern in der Regel keine hohen logistischen und finanziellen Aufwendungen. Auch heute findet sich die Hoffnung, dass »in gut geführten Gruppendiskussionen Rationalisierungen, psychische Sperren durchbrochen werden können und die Beteiligten dann die Einstellungen offen legen, die auch im Alltag ihr Denken, Fühlen und Handeln bestimmen. Solche subjektiven Bedeutungsstrukturen entstehen ja auch im Wesentlichen in sozialen Situationen, in Alltagsdiskussionen« (Mayring 1990:54). Man sollte sich jedoch davor hüten, eine solche Gruppensituation zu idealisieren. Sie vermeidet vielleicht manche Probleme, die sich bei Einzelinterviews einstellen, aber sie führt nicht in einen unstrukturierten Raum. Die Gesprächsverläufe, die sich in Gruppendiskussionen auffinden lassen, sind durch je eigene Regeln strukturiert. Diese können dann aber auch zum Forschungsgegenstand werden. So »ist die ›Genauigkeit‹ der Methode des Gruppendiskussionsverfahrens umso größer, je umfassender derartige formale Strukturen oder Regeln alltagspraktischer Diskursorganisation, die ›natürlichen Standards‹ also, rekonstruiert werden können« (Bohnsack et al. 2006:9).

## g) Interviews mit Expertinnen und Experten

Experteninterviews sind den nicht standardisierten Untersuchungsverfahren zuzurechnen. In der Regel überwiegt der Gesprächscharakter, es gibt aber durchaus fließende Übergänge zu einem teiloffen geführten Interview. Die Interviews leben davon, dass Experten aus ihrer (professionellen) Praxis berichten und die Interviewenden diese Darstellungen über einen Befragungsleitfaden strukturieren und vertiefen. Verglichen mit einem narrativen Interview ist für das Experteninterview zu konstatieren, dass es weniger um den Experten oder die Expertin als eine natürliche Person geht; in der Regel sind auch ihre Lebensgeschichte oder deren persönliche Situation von nachgelagerter Bedeutung. Die Experten interessieren in erster Line als Rollenträger oder als Informanten über das Expertensystem, in dem sie tätig sind.

Aus der Auswertungsperspektive haben Meuser und Nagel das so dargestellt: »Anders als bei der Einzelfallanalyse geht es hier nicht darum, den Text als individuell-besonderen Ausdruck seiner allgemeinen Struktur zu behandeln. Das Ziel ist vielmehr, im Vergleich mit den anderen Expertinnentexten das Überindividuell-Gemeinsame herauszuarbeiten, Aussagen über Repräsentatives, über gemeinsam geteilte Wissensbestände, Relevanzstrukturen, Wirklichkeitskonstruktionen, Interpretationen und Deutungsmuster zu treffen. Es sind die Texte des Aggregats ›Expertinnen‹, die wir als Ganzes zum Objekt der Interpretation machen; auf der Suche nach der Typik des Objekts behandeln wir die einzelne Expertin von vornherein als Repräsentantin ihrer ›Zunft‹« (2002:80).

In der Geschichte der empirischen Sozialforschung ist bereits relativ früh mit solchen Experteninterviews gearbeitet worden, ohne dass diese Bezeichnung eingeführt war. So haben z. B. die Statistical Societies, die in Großbritannien Untersuchungen zur Lage der lohnabhängig Beschäftigten in den Fabriken des Frühkapitalismus durchführten, oft Experten z. B. den Betriebsarzt oder den Pfarrer befragt, um etwas über die Lebens- und Arbeitsbedingungen der Arbeiterinnen und Arbeiter herauszubekommen. Die Beschäftigten direkt zu befragen kam diesen Forscherinnen nicht in den Sinn. Mit dem Beginn der standardisierten Umfrageforschung gerieten Experten in diesem Sinne in den Hintergrund.

Große Bedeutung hatte das Experteninterview immer in der industrie- und organisationssoziologischen oder in der politikwissenschaftlichen Forschung; dabei geht es häufig um Forschungsfragen, die im Sinne einer Mikro-Makro-Logik eher auf einer Meso-Ebene anzusiedeln sind. Bei Untersuchungen zur Organisation von Arbeits- und Produktionssystemen hat man es z. B. mit einem Feld zu tun, über das nur wenige Informationen öffentlich zugänglich sind; zudem ist das Feld hochgradig segmentiert (unterschiedliche Branchen, Betriebsgrößen, unterschiedliche Unternehmensformen etc.). Somit sind die Möglichkeiten einer standardisierten Untersuchung begrenzt, weil die variierenden Kontextbedingungen kaum einen Vergleich erlauben; auch die Bereitschaft zur Preisgabe betriebsspezifischer Informationen ist in einem vertraulichen Gespräch weitaus größer als in einer standardisierten Erhebung.

Mit der Renaissance der qualitativen Forschung wurden Experteninterviews über diese Forschungsfelder hinaus wieder in breiterem Rahmen hoffähig.

Sie bergen viele Vorteile:

- In der Explorationsphase von Untersuchungen können Experteninterviews eingesetzt werden, um erste Einblicke in ein (alltagsweltlich wenig vertrautes) Forschungsfeld, z. B. die Drogenszene einer Stadt, zu gewinnen.
- Experteninterviews können aufwendige Beobachtungsprozesse abkürzen, wenn man auf Experten als Kristallisationspunkte des Insiderwissens zurückgreifen kann.
- Experten können über ihre Rolle als Informanten auch eine wichtige Türöffnerfunktion für den weiteren Zugang zu einem Forschungsfeld bieten.
- Den Interviews wohnt ein »geheimes Erfolgsversprechen« (Bogner/Menz 2002:8) inne. Es ist relativ leicht, gute Interviews zu machen, da man es i. d. R. mit Professionellen zu tun hat, die motiviert sind, die es gewohnt sind, ihr Wissen weiterzugeben. Auch die Tatsache, dass häufig zwei akademisch ausgebildete Gesprächspartner eine gepflegte Unterhaltung führen, erleichtert die Kommunikationsbeziehung; sie hat eher symmetrischen Charakter.
- Forschungspraktisch ist es von Vorteil, dass Experten in der Regel relativ gut kontaktiert werden können, da sie in Organisationsinfrastrukturen eingebunden sind, die eine Ansprache erleichtern.

Im Interview mit Experten und Expertinnen ist insbesondere das so genannte implizite Wissen, über das diese verfügen, von Interesse. Über jedes Tätigkeitsfeld einer Organisation wird ein bestimmtes Außenbild vermittelt; da gibt es Hochglanz-Berichte, in denen die Erfolge der Arbeit vorgestellt werden. Demgegenüber ermöglichen gelungene Experteninterviews eher den Zugang zu dem, was ›wirklich‹ geschieht. Man kann tendenziell etwas darüber erfahren, worüber man öffentlich nicht spricht, man bekommt Einblick in das implizite Wissen von Akteuren, die in einem bestimmten Tätigkeitsfeld agieren. Man erfährt etwas über die alltäglichen Kämpfe, die in solchen Organisationen stattfinden, über die Spiele der Macht. Den Insidern ist dieses Wissen vielleicht geläufig – das macht ja ihren Insider-Status aus –, dieses Wissen dringt aber i. d. R. nicht nach außen. Grundsätzlich ermöglichen Experteninterviews einen Zugang zu diesen Wissensbeständen; d. h. nicht, dass es in jedem Fall gelingen wird, so weit vorzudringen.

Man sollte jedoch dieser langen Liste der Vorteile ein großes aber hinzufügen: Auch Experten geben jeweils nur ihre Sicht der Dinge preis; sie füllen nicht selbstlos aus dem Füllhorn ihres Expertenwissens ab, sondern sie agieren immer strategisch. Sie geben bestimmte Informationen heraus, anderes verschweigen sie aber – absichtlich oder bedingt durch die blinden Flecken ihrer Expertenrolle.

## Die Rolle von Experten und Expertinnen

Die Expertenrollen, die hier interessieren, sind das Produkt eines fortschreitenden funktionalen Differenzierungsprozesses. Es kommt mit der Entwicklung der Arbeitsteilung tendenziell zu einer immer höheren Spezialisierung. Das schlägt sich heute z. B. darin nieder, dass sich Organisationen oder Unternehmen immer weiter ausdifferenzieren oder dass immer spezialisiertere Anbieter von Produkten und Dienstleistungen entstehen.

Experten werden in der Öffentlichkeit oft als Personen wahrgenommen, die nach rationalen oder wissenschaftlichen Kriterien agieren. Einen gewissen Bruch bekommt dieses Expertenbild, wenn in Konfliktsituationen deutlich wird, dass es auch Gegenexperten gibt. D. h., Experten stehen nicht per se für ›richtiges‹ oder ›unanfechtbares Wissen‹, sondern es sind immer Experten, die das verfügbare Wissen in einem bestimmten Kontext lesen und aufbereiten. Dennoch finden sich manche Gemeinsamkeiten:

- Expertensysteme stellen sich üblicherweise nicht in Frage; das würde den Nerv der Expertenkonstruktion in der einen wie der anderen Perspektive treffen.
- Expertensysteme können grundsätzlich für alles, was in ihren Zuständigkeitsbereich fällt, eine Lösung anbieten – wie gut oder schlecht die auch immer sein mag.
- Expertensysteme tun alles dafür, sich unersetzlich zu machen.

Damit sind einige blinde Flecken von Expertensystemen benannt, die auch bei der Interpretation der Informationen, die man über diese Expertensysteme erhält, zu berücksichtigen sind. Für die Forschungsarbeit sollte man sich darüber klar werden, dass man es mit institutionalisierten sozialen Konstrukten zu tun hat, und zwar auf verschiedenen Ebenen.

- Die Experten sind als ein Konstrukt zu begreifen, das von den Organisationen hervorgebracht wird, die sie vertreten; so z. B. ein Studienberater: Er ist bei der Universität oder einer anderen Einrichtung angestellt und soll sich mit den allgemeinen Problemen von Studierenden oder mit den Problemen von Studierenden in einer bestimmten Krisensituation befassen. Wenn sich jemand mit einem Problem an die Organisation wendet, dann leitet man ihn an diesen Spezialisten weiter. Er ist organisationsweit für einen bestimmten Typus von Problemen zuständig, von denen man meint, dass dieser Experte sie lösen könne. Ob er dem immer real entsprechen kann, spielt nur eine untergeordnete Rolle, solange der Laden läuft.
- Ein anderer Konstruktionsakt läuft über die Klienten, mit denen ein solcher Experte zu tun hat. Also z. B. über Studierende, die sich mit ihrem Problem an solche Experten wenden. Sie erwarten einen Experten, der all die Probleme löst, von denen die Klienten meinen, dass sie ein solcher Experte lösen müsse. Auch hier spielt die tatsächliche Problemlösungsfähigkeit nur eine bedingte Rolle. Man begegnet solchen Experten dennoch mit einer gewissen Erwartungshaltung.
- Schließlich sind die Sozialwissenschaftlerinnen, die nun solche Experteninterviews führen, nicht zu vergessen. Sie konstruieren ihre eigenen Experten, indem sie Personen befragen, von denen angenommen wird, dass sie mehr oder weniger exklusive Informationen über ein gewisses Forschungsfeld geben können.

Diese Konstrukte gilt es zu berücksichtigen, wenn Expertensysteme und das von ihnen preisgegebene Wissen für die sozialwissenschaftliche Analyse genutzt werden sollen. Eine fruchtbare wissenschaftliche Analyse setzt einen unabhängigen und kritischen Blick voraus. Das betrifft insbesondere die Analyse von Organisationen als professionellen Institutionen zur Erzeugung eigener Wirklichkeiten (vgl. Crozier/Friedberg 1993 und Friedberg 1995).

## Typologie von Experteninterviews

Bogner und Menz (2002:36 ff.) skizzieren unterschiedliche Forschungsdesigns, in die Experteninterviews eingebettet sein können.

- Explorative Experteninterviews dienen einer ersten Orientierung in dem zu untersuchenden Feld. Dabei sind die Experten entweder Teil des Feldes oder sie fungieren als komplementäre Quelle für die zu untersuchenden Zielgruppe. Es sollte bei diesem Typ vorrangig um eine thematische Sondierung gehen; es ist nicht unbedingt erforderlich, Informationen zu generieren, die auch ihrer Struktur nach vergleichbar sind.

• Das systematisierende Experteninterview interessiert sich vertiefend für das Handlungs- und Erfahrungswissen der befragten Experten. Diese verfügen über ein anderweitig nicht zugängliches Insiderwissen, also ein exklusives Wissen. Man arbeitet dabei mit einem relativ ausdifferenzierten Leitfaden; das setzt auf Seiten der Interviewenden eine längere Einarbeitung in das Untersuchungsfeld voraus. Verglichen mit dem explorativen Interview spielen auch Fragen der Vergleichbarkeit von Interviews eine größere Rolle; d. h., die Interviews sollten so geführt werden, dass eine spätere Systematisierung erleichtert wird, ohne dass man jedoch die besonderen Möglichkeiten eines offenen Interviews ausschlägt.
• Das theoriegenerierende Experteninterview zielt auf die Entwicklung einer gegenstandsnahen Theorie des untersuchten Feldes, der untersuchten Organisation. Der Begriff bezieht sich auf Konzepte der Theoriegenerierung im Rahmen der Grounded Theory, also auf Theorien eines bestimmten Gegenstandsbereichs. Auch hier spielt die Frage der Vergleichbarkeit des Interviewmaterials eine wichtige Rolle. Die eingangs dargelegten Überlegungen von Meuser und Nagel (2002:80) treffen ganz gut die Logik solcher theoriegenerierenden Interviews: Es geht gewissermaßen um das Aggregat der Experten.

## Interviewer-Experten-Konstellationen

Neben der unterschiedlichen Zielsetzung, die mit der Befragung von Experten verfolgt wird, spielt auch die Konstellation, in der Interviewer und Interviewte einander begegnen eine wichtige Rolle. Grundsätzlich sollte man sich auch bei Experteninterviews davor hüten, diese im Sinne eines naiven Kommunikationsmodells zu begreifen: hier der neutrale Interviewer, dort der kenntnisreiche Experte, der sein Wissen zu Protokoll gibt. Dieses archäologische Modell, so ein Begriff von Bogner und Menz, wonach das Expertenwissen wie ein archäologischer Fund nur geortet und geborgen werden muss, entspricht kaum der Interviewpraxis. Bogner und Menz (2002:50 ff.) beschreiben sechs verschiedene Konstellation solcher Experteninterviews:
• Der Interviewende als Co-Experte: In dieser Konstellation stammen Interviewer und Interviewter aus demselben Arbeitsfeld; oder der Interviewer ist ein Wissenschaftler, der sich bereits seit vielen Jahren in das Feld eingearbeitet hat, so dass er quasi den Status eines Co-Experten hat.
• Der Interviewende als Experte einer anderen Wissenskultur: Eine in der sozialwissenschaftlichen Forschung nicht seltene Konstellation ist die, dass die Forschenden als Experten einer anderen Wissenskultur begriffen werden: der Befragte z. B. als naturwissenschaftlicher oder technischer Experte, der Interviewer als sozialwissenschaftlicher Experte.

• Der Interviewende als Laie: Gelegentlich sind die Interviewenden Laien in dem Gebiet, in dem die befragten Experten tätig sind. Verglichen mit den anderen Konstellationen geht damit eine eher asymmetrische Interviewkonstellation einher.
• Der Interviewende als Autorität: Die Asymmetrie kann sich aber auch so gestalten, dass sich die Interviewten in der unterlegenen Position sehen: Wenn eine Sozialwissenschaftlerin z. B. im Auftrag der Unternehmensleitung eine Evaluation verschiedener Arbeitsfelder durchführt, wenn sie dem Befragten fachlich überlegen ist oder wenn eine soziale Hierarchie vorliegt. Dann gerät der Befragte unter Druck; er überlegt sich sehr genau, welche Informationen er preisgibt, was für ihn vorteilhaft ist und was nicht.
• Der Interviewende als Komplize: Bei dieser Variante wird eine relative Vertrautheit zwischen Befragten und Interviewer vorausgesetzt, die es dann ermöglicht, dass der Interviewer in das Feld hineingezogen wird, dass er nicht länger als ein Außenstehender begriffen wird, sondern als Komplize, mit dem man so manches Geheimnis (Insiderwissen) teilt.
• Der Interviewende als potentieller Kritiker: Schließlich eine Konstellation, bei der die Befragenden nicht nur als Laien, sondern auch als mögliche Kritiker begriffen werden. Dann wird der Experte voraussichtlich versuchen, mit seinen Ausführungen der vermuteten Kritik vorzubauen.

An diesen verschiedenen Konstellationen wird deutlich, dass es nicht die eine Idealkonstellation des Experteninterviews gibt: Die Sozialwissenschaftler saugen mit einem Schlauch das Wissen aus dem Kopf der Experten und nutzen es für ihre Forschungen. Es sind stets soziale Situationen, die sich ganz unterschiedlich gestalten können; aber es ist möglich, nahezu jede dieser Konstellationen für spezifische Forschungsinteressen zu nutzen. Zudem ist eine genaue Einschätzung der Gesprächskonstellation auch für die Analyse der so generierten Daten bedeutsam. So wird nicht das abstrakte, allgemein gültige Expertenwissen gewonnen, sondern die Forschenden bringen über eine soziale Interaktion Experten dazu, sozial eingebundenes Wissen strategisch zu veräußern.

Schließlich ist zu überlegen, wie weit die Experten, als mehr oder weniger Außenstehende, über einen interessierenden Untersuchungsgegenstand berichten; oder ob sie als Mitglied einer Organisation gewissermaßen Teil des Geschehens sind, für das sich eine Untersuchung interessiert.

Im ersten Fall würden die Experten und Expertinnen als besonders qualifizierte Informanten fungieren, die Informationen über bestimmte Personengruppen oder über Sachverhalte und Beziehungen geben und diese in einen räumlichen und zeitlichen Zusammenhang stellen. Das wäre der Fall, wenn sie über ein unübersichtliches Forschungsfeld, wie z. B. die Drogenszene der Stadt, berichten oder wenn sie Insiderwissen zugänglich machen.

Im zweiten Fall – die Experten als Teil des Untersuchungsgegenstands oder gar als eigenes Untersuchungsfeld – würden die Experten in einem bestimmten Organisationskontext analysiert, wenn sie z. B. über die Kommunikationsstrukturen in einer Abteilung des Unternehmens XY berichten, der sie selbst angehören. Die Experten wären dann auch in einer Betroffenenrolle.

Die bisherigen Überlegungen sollen nun an einem Beispiel näher erläutert werden: Studienberater können als Informanten über die Probleme von Studierenden fungieren. Von einem akademischen Studienberater könnte man zum einen erwarten, dass er diese Probleme von Studierenden eher aus der Perspektive einer Hochschulorganisation beleuchtet; zum anderen verfügt er vielleicht über ein langjähriges Erfahrungswissen: D. h., er hat Studierende oft über längere Zeit beobachtet, er hat Erfahrungen damit gesammelt, wie Studierende mit ihren Schwierigkeiten umgehen, vielleicht hat er eine Theorie, welche Wege der Problembewältigung erfolgreich sind etc. Zudem kann er mitunter mehrere Generationen von Studierenden vergleichen.

Zugleich können Studienberater als Teil eines Expertensystems begriffen werden, das Studierende beraten soll. Die Hochschule hat ein solches System ausdifferenziert, um bestimmten Anforderungen, die Studierende an das System richten, bearbeiten zu können. Somit wäre von Interesse, wie ein solches Beratungswesen aufgebaut ist, welche personellen und materiellen Ressourcen verfügbar sind, wie sich solche Systeme entwickelt haben, wie sie kontrolliert, evaluiert und verändert werden. Zudem wäre zu erkunden, wie die Kooperation mit anderen Expertensystemen (Prüfungsämtern, mit nicht-professionellen Expertensystemen wie den Fachschaften) erfolgt und wie sich solche Beratungssysteme nach außen darstellen. Dabei wäre auch zu untersuchen, wie diese Experten mit ihren Klienten umgehen: Wie werden diese behandelt oder kategorisiert? Interessant wäre auch – das geht über die Möglichkeiten des Interviews hinaus –, wie sich dieses Verhältnis der Universität zu den Studierenden in historischer Perspektive entwickelt hat: von der Eliteausbildung über die so genannte Massenuniversität zu einer Universität, in der die Studierende als (zahlungskräftige) Kunden begriffen werden.

Die Möglichkeiten von Experteninterviews werden in der Forschungspraxis viel zu wenig genutzt; sie bieten in der Regel ein relativ günstiges Verhältnis von Aufwand und Ertrag; zumal wenn z. B. für einen ersten Überblick über das Forschungsfeld auf eine aufwendige Transkription ganz oder teilweise verzichtet werden kann.

Wie bei vielen anderen Erhebungsverfahren ist es sinnvoll, das über Expertenbefragungen gewonnene Wissen mit dem Wissen aus anderen Quellen zu konfrontieren. So können zur Validierung z. B. andere Experten in einer ähnlichen Position befragt werden, oder man entscheidet sich für einen Perspektivwechsel und interessiert sich für die Klienten, die mit diesem Expertensystem zu tun haben.

## h) Handwerkliches zu nicht-standardisierten Formen der Befragung

Am Ende dieses Überblicks über verschiedene Formen nicht-standardisierter Befragungen folgen einige Anmerkungen zum Interviewhandwerk.

### Struktur

Qualitative Interviews können durchaus mit einem kleineren standardisierten Befragungsteil kombiniert werden, um im Anschluss an ein Interview z. B. bestimmte demographische Angaben in vergleichbarer Form für alle Befragten zu erhalten.

Bei umfangreicheren biographischen Interviews kann es auch sinnvoll sein, das Gespräch zweiteilig einzurichten, wobei dann der zweite Teil bereits auf vorläufigen Auswertungen der ersten Sitzung aufbauen kann. So kann z. B. in der ersten Sitzung der Erzählfluss der Beteiligten im Vordergrund stehen, und die zweite Sitzung ist stärker durch Nachfragen strukturiert.

### Qualifikation der Interviewenden

Die Tatsache, dass viele dieser Verfahren weniger strukturiert ablaufen, führt dazu, dass die Anforderungen z. B. an die Führung eines qualitativen Interviews recht hoch sind. Bei einem standardisierten Interview wurden die wesentlichen Vorarbeiten am Schreibtisch geleistet, indem ein Fragebogen entwickelt und getestet wurde. In der standardisierten Interviewsituation ist dann eher ein schematisches Abarbeiten der Fragen gefordert; in der Regel werden die Interviews auch nicht von Forschenden selbst, sondern von einem Befragungsinstitut ausgeführt. Das sieht bei nicht-standardisierten Befragungen ganz anders aus. Insbesondere wenn kein differenzierter Befragungsleitfaden vorliegt, sind die Interviewenden gefordert, sehr sensibel auf ihr Gegenüber, auf den jeweiligen Gesprächsverlauf zu reagieren. Sie müssen – je nach Gesprächskonzept – Nachfragen stellen, sie müssen erkennen, wenn ihr Gegenüber wichtige Zusammenhänge ausklammert; sie müssen einen Gesprächsfluss aufrechterhalten; sie müssen entscheiden, wann eine Frage hinreichend beantwortet ist etc. Umgekehrt solle sie aber den Verlauf des Gesprächs auch möglichst wenig durch ihr Verhalten und ihre spontanen Einschätzungen beeinflussen. All das muss gelernt werden. Manchmal reicht es schon aus, das Transkript eines ersten Interviews zu lesen; dann wird schnell deutlich, wo Schwächen gelegen haben und was die Interviewer und Interviewerinnen hätten besser machen können. Auch Probeinterviews mit relativ vertrauten Personen können dazu beitragen, Erfahrungen zu sammeln. Wenn es der Kontext erlaubt, kann auch der Einsatz von zwei Interviewenden (Erfahrene und weniger Erfahrene oder zwei weniger Erfahrene) – die dann aber exakte Absprachen zu ihren Rollen treffen müssen – Lernprozesse fördern.

## Ton- und Bildaufzeichnungen

Die Aufzeichnung einer nicht-standardisierten Befragung ist eine wesentliche Voraussetzung für die spätere Auswertung. Es reicht in der Regel nicht aus, sich die Antworten in Stichpunkten zu notieren; nur über eine Aufzeichnung kann man sich später noch einmal – entlastet von den Erfordernissen der Interaktion und der Gesprächsführung – anhören oder anschauen, was Fragende und Befragte wie gesagt haben, wie sie sich in der Befragungssituation verhalten haben. Die Sprachaufzeichnung kann dann für die weitere Analyse ganz oder auszugsweise transkribiert werden. Zudem ist eine Aufzeichnung auch eine Quelle, um etwas über die eigene Interviewstrategie zu erfahren und sich weiter zu qualifizieren.

Für die Aufzeichnung kann heute eine breite Palette von Ton- und Bildmedien genutzt werden; die Aufzeichnung auf Magnetbändern dürfte ausgedient haben. Wichtig ist dabei, dass die Aufzeichnung, die Qualitätskriterien erfüllt, die für die geplanten Auswertungen erforderlich ist: So ergeben sich möglicherweise Probleme bei der Tonqualität, bei der Aufzeichnung von Störgeräuschen oder bei der Aufzeichnung von Gesprächen mit mehreren Personen, die u. U. gleichzeitig sprechen. Zudem sollte sichergestellt sein, dass die Technik hinreichend erprobt und zuverlässig ist, so dass hieraus nicht ein weiteres Belastungsmoment für die Interviewenden erwächst.

Der Einsatz von Aufzeichnungsgeräten trägt sicherlich zu einer Verfremdung der Befragungssituation bei; erfahrungsgemäß wiegt dies jedoch in der ohnehin für die Beteiligten nicht-alltäglichen Forschungssituation weniger schwer als oft befürchtet. Dennoch sollten Aufzeichnungsgeräte nicht ohne vorherige präzise Vereinbarungen mit allen Beteiligten eingesetzt werden.

## Absprachen

Der Befragung gehen eine Reihe von Absprachen voraus. Bei der Vereinbarung eines Gesprächstermins sollten die zu Befragenden über die Ziele des Interviews bzw. der Untersuchung, die voraussichtliche Dauer des Interviews – wichtig insbesondere bei Experten, die während ihrer Arbeitszeit befragt werden – und über die gewünschte Aufzeichnung des Gesprächs bzw. die Verwendung der Daten informiert werden: So ist genau zu klären, welche Aufzeichnungen gemacht werden, wem diese Aufzeichnungen in welcher Form und wie lange zugänglich sind, wie eine Transkription und Anonymisierung erfolgt und wie diese Transkripte ausgewertet und für Publikationen verwandt werden.

Zu Beginn des Interviews sollten insbesondere die mit der Aufzeichnung und der Verwendung des Materials verknüpften Fragen erneut besprochen werden.

## Metadaten zur Befragung

Wichtige demographische Angaben zu den Befragten können am Ende des Interviews in einem kleinen Fragebogen gemeinsam festgehalten werden. Nach Abschluss des Interviews sollten dann Eindrücke, wichtige Rahmenbedingungen, vielleicht auch erste Ideen schriftlich festgehalten werden. Diese ersten noch frischen Eindrücke können dann später, wenn man sich länger mit der Auswertung beschäftigt hat, als Kontrastfolie wichtig werden. In der folgenden Abbildung werden die von Fuchs-Heinritz vorgeschlagenen Bestandteile eines Erfassungsberichts wiedergegeben.

## Die Befragung und ihre Folgen

Gespräche sind für die Beteiligten nicht folgenlos; umso mehr gilt dies, wenn sie sich wie z. B. bei einem biographischen Interview durch eine hohe Intensität und Vertiefung auszeichnen. Wenn Befragte zusammenhängend über einen wichtigen Lebensabschnitt oder gar den ganzen Lebenslauf berichten, so ähnelt das der Situation in einem therapeutischen Gespräch; im Vergleich zum Therapeuten, der im Umgang mit den so freigesetzten Emotionen erfahren sein sollte und ein Durchleben vergangener Erfahrung vielleicht strategisch einsetzt, ist der qualitativ Forschende darauf nicht unbedingt vorbereitet. Man möchte viel über die Befragten erfahren, aber eben auch nicht alles.

Selbst wenn es gelingt, diese Klippen zu umschiffen, stellt sich in einem längeren Gespräch doch eine gewisse Vertrautheit ein, mit der umzugehen ist. Während der Forschende auf die Situation vorbereitet ist, und er wissen sollte, dass es eine

Abb. 93: Metadaten zur Befragung

| | |
|---|---|
| »– Art des Kennenlernens, der Bekanntschaft<br>– Kontaktaufnahme bei der Befragung<br>– Dauer, Zahl, Orte der Kontakte<br>– anwesende Dritte, Störungen der Befragung<br>– Gespräche über Sinn und Zweck der Befragung, über die Anonymitätsfrage, über mögliche Folgen der Publikation oder anderer Verwendungsabsichten<br>– Vermutungen und Anhaltspunkte über die Interessenlage des Befragten, über Erwartungen und Befürchtungen<br>– Selbststilisierung und dramaturgischer Habitus des Befragten, Gestaltung der Situation, besonders zu Anfang der Gespräche<br>– Wohnumwelt, Geschmacksrichtung, Einrichtung<br>– Erinnerungs- und Erzählbereitschaft<br>– Symmetrie/Asymmetrie: Fragt der Befragte zurück? Bleibt der Interviewer in der Definitionsmacht? Altersrollenbeziehung? Geschlechtsrollenbeziehung? | – Probleme und Themen, die nicht ausführlich erzählt worden sind, die aber nach dem Eindruck des Interviewers wichtig sind<br>– Kommunikative und emotionale Probleme, Krisen des Gesprächs<br>– Irritationen, an die sich der Interviewer erinnert; Peinlichkeiten; Schwierigkeiten des Verstehens; Zögern beim kommunikativen Akzeptieren<br>– Reflexionen, die beim Interviewer über sein eigenes Leben nach dem Kontakt in Gang kommen<br>– Gefühle, die die Begegnung mit dem Befragten und das Anhören seiner Lebensgeschichte beim Interviewer ausgelöst haben. Immer nämlich melden sich Sympathie bzw. Antipathie und könnten die weitere Bearbeitung färben<br>– Verlauf und Thematik der Gespräche vor Einschalten und nach Abschalten des Tonbandgeräts« |

Quelle: Fuchs-Heinritz (2005:275 f.)

strategische Beziehung auf Zeit ist, kann sich das für die Befragten, die mit der Interviewsituation in der Regel keine professionelle Erfahrung haben, anders darstellen. Der Befragte tendiert dazu, »das biographische Interview wie eine alltägliche biographische Kommunikation aufzufassen. Er kann das Gefühl haben, einen Gesprächspartner gehabt zu haben, der zuhören kann, der ihm die Ausarbeitung seiner Lebensgeschichte ohne Reziprozitätsansprüche und Einwände gestattet hat. Solche Erwartungen des Befragten, es sei durchs biographische Interview doch eine persönliche Beziehung angedeutet worden, sie müsse jetzt ausgebaut werden, treten oft auf, wenn der Befragte isoliert lebt; wenn der Befragte älter ist und große Freude daran hatte, sich einem Jüngeren gegenüber ausführlich darlegen zu können; wenn der Befragte in einer biographischen Krise steckt« (Fuchs-Heinritz 2005:283).

### i) Fazit

Der Überblick über die Varianten der nicht-standardisierten Befragung lässt erkennen, dass die Erhebungsdesigns und die Daten, auf die in der qualitativen Sozialforschung zurückgegriffen wird, recht unterschiedlich sind; dem hat die spätere Analyse dieser Daten Rechnung zu tragen. Zudem sollte angesichts der Heterogenität qualitativen Datenmaterials deutlich werden, dass sich eine einfache Gegenüberstellung von quantitativen und qualitativen Verfahren nur an einem singulären Merkmal, der Frage der Textlichkeit, festmacht. Die Vielfalt der Forschungsdesigns, die Vielfalt der Situierung von Forschenden und Beforschten, die Vielfalt von Forschungssituationen und schließlich die Vielfalt der Forschungs- und Erkenntnisinteressen werden bei solchen Gegenüberstellungen ausgeblendet.

## 9. Beobachtungen

Beobachtungsverfahren wurden in der Geschichte der empirischen Sozialforschung in vielfältigen Formen für eine Analyse der umgebenden sozialen Welt eingesetzt. Schon immer gingen Reiseberichte auf Beobachtungen in ›fremden‹ Welten und Kulturen zurück. Eine stärkere Systematisierung erfolgte im Rahmen der ethnographischen Forschungen, die in der zweiten Hälfte des 19. Jahrhunderts im Kontext der inneren und äußeren Kolonisierung entstanden. So untersuchte der Anthropologe Frank Hamilton Cushing die Lebensweise der Zuni in Neu-Mexiko, er erlernte ihre Sprache und Rituale und wurde – so seine eigene Darstellung – sogar zum Mitglied der Bow-Priesthood. Auch der Sozialanthropologe Bronislaw Malinowski setzte bei seinen Feldforschungen auf den Trobriand-Inseln zu Beginn des 20. Jahrhunderts systematisch Beobachtungsverfahren ein.

›Fremde‹ Welten finden sich auch in den durch die Industrialisierung schnell wachsenden Großstädten. Ihre kulturelle Heterogenität macht die »Rolle des Beobachters möglich (...). Wie der Ethnologe hat auch der Reporter seine Gewährsleute (...) und seine ›eingeborenen‹ Informanten in den ethnischen Vierteln« (Lindner 1990:46 f.). Zunehmend professionell ausgebildete Reporter werden im ausgehenden 19. Jahrhundert zu »urbanen Kundschaftern« (44), die über die Sensationsberichterstattung hinaus verschiedene Formen von Sozialreportagen liefern: über Slums und Sweatshops, über urbane Ghettos, über spezifisch großstädtische Berufsgruppen, über die Unterwelt etc. »Wie der verdeckt vorgehende teilnehmende Beobachter übernimmt er Rollen als Arbeitslose(r) und Wohnungssuchende(r), als Arbeiter(in) und Verkäufer(in), als Bettler(in) und Geisteskranke(r), um den Lesern Einblick in fremde Lebenswelten und in die Arbeitsweise bestimmter Institutionen zu vermitteln« (47). Auch die Berichte des rasenden Reporters Egon Erwin Kisch, der zu Beginn des 20. Jahrhunderts in Prag tätig war, knüpfen an diese Tradition an.

Das Genre der sozialkritischen Reportage wird zu einem wichtigen thematischen Bezugspunkt für die an der Universität von Chicago entstehende Sozialforschung; sie wendet sich den Hobos, den Gangs, der Street Corner Society, dem Italian Slum oder dem Ghetto zu. Hier werden wichtige Grundlagen für die später unter dem Label Qualitative Sozialforschung zusammengefassten Forschungsansätze geschaffen. Auch in der Studie ›Die Arbeitslosen von Marienthal‹, die zu Beginn der 1930er Jahre entstand, wird mit verschiedenen Beobachtungsverfahren gearbeitet. Es ging darum, die Folgen von Arbeitslosigkeit in einem österreichischen Industriedorf zu untersuchen, in dem die meisten Einwohner nach einer Betriebsschließung ohne Beschäftigung waren. So wurden z. B. die Veränderungen des öffentlichen Lebens beobachtet; man machte Beobachtungen in den Lokalen des Orts; die Forschungsgruppe organisierte karitative Aktionen und nutzte die dabei durchgeführten Hausbesuche auch für eine Bestandsaufnahme der Wohn- und Lebensverhältnisse. Aus einer versteckten Position wurde das Verhalten im öffentlichen Raum untersucht: Wie lange brauchen die Beobachteten, um eine bestimmte Entfernung im Dorf zurückzulegen; wie unterscheiden sich dabei Männer und Frauen? Darüber konnte dann recht anschaulich gezeigt werden, dass das Zeitgefühl nicht unerheblich durch die Arbeitstätigkeit geprägt wird; bei den Frauen, die nach wie vor in hohem Maße in die häusliche Arbeit eingebunden waren, fanden sich nur geringe Abweichungen von der normalen Gehgeschwindigkeit (vgl. Jahoda/Lazarsfeld/Zeisel 1975).

In den 1950er Jahren wurden Beobachtungsverfahren insbesondere im Rahmen der damals intensiv betriebenen Kleingruppenforschung angewandt; hierbei dominierte der von Robert F. Bales entwickelte Ansatz der Interaktionsprozessanalyse. Bevorzugte Beobachtungsobjekte waren Erziehungseinrichtungen; man findet teilnehmende Beobachtungen bei der Untersuchung von Sozialisationsprozessen, bei der Analyse von Unterrichtsabläufen usw. Zu Beginn der 1970er Jahre wurden am Centre for Contemporary Cultural Studies in Birmingham Arbeiterjugendliche beim Übergang von der Schule in den Beruf untersucht; neben Gruppendiskussionen setzte man dabei insbesondere Verfahren der teilnehmenden Beobachtung ein (vgl. Willis 1977).

Heute werden Beobachtungsverfahren in sehr vielen human- und sozialwissenschaftlichen Disziplinen verwandt. Exemplarisch seien einige typische Anwendungsfelder benannt, um die Verbreitung bzw. die Vielfalt von Beobachtungsverfahren zu umreißen:

- soziologische Forschungen: z. B. Beobachtung von Jugendkulturen oder organisationssoziologische Analysen
- arbeitswissenschaftliche Forschungen: Beobachtung von Arbeitsabläufen in einem Industriebetrieb
- ethnographische Forschungen: z. B. Untersuchung von Geschlechterrollen in einer ethnischen Gemeinschaft
- psychologische Forschungen: z. B. Studien zur Konfliktbearbeitung in Paarbeziehungen
- erziehungswissenschaftliche Forschungen: z. B. Beobachtung von Lehrern und Schülern in Unterrichtssituationen
- kommunikationswissenschaftliche Forschungen: Wirkung von Werbespots

## a) Einordnung des Verfahrens

Die Vorteile von Beobachtungsverfahren liegen darin, das soziales Handeln unmittelbar der empirischen Analyse zugänglich ist; es müssen keine Umwege gemacht werden, indem verbale Bekundungen oder Handlungsfolgen untersucht werden.

Abb. 94: Beobachtung verschiedener Handlungsaspekte

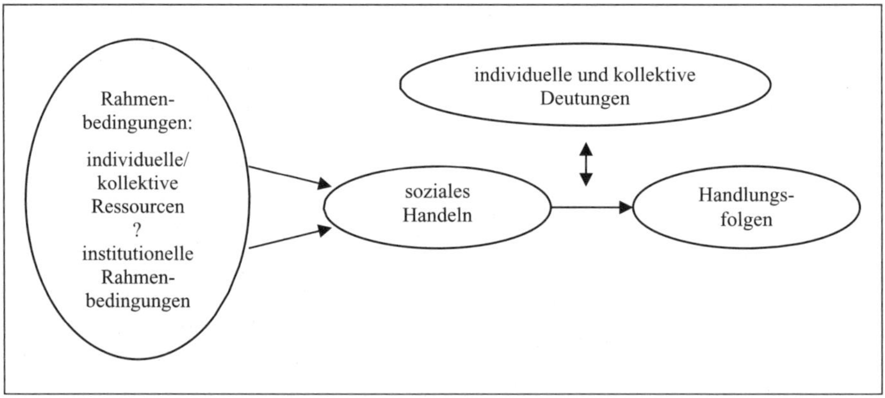


So können einzelne Personen untersucht werden, die sich bewegen, die eine bestimmte Tätigkeit verrichten, die einem Reiz ausgesetzt werden oder die in bestimmte Situationen geraten: Im Rahmen arbeitswissenschaftlicher Studien wurde von Frederick Winslow Taylor analysiert, welche Bewegungsabläufe die

Arbeiter an einer bestimmten Maschine ausführen. Malinowski beobachtet in einer ethnographischen Studie den Bau eines Kanus und die damit verbundenen magischen Riten. Kleinere Gruppen können in ihren Interaktions- und Kommunikationsprozessen beobachtet werden. So kann in einer Schule der Verlauf einer Unterrichtsstunde analysiert werden oder man beobachtet, wie in einer Jugendgruppe ein Konflikt diskutiert wird.

Grundsätzlich sind viele Handlungen beobachtbar; der Einsatz systematischer Beobachtungsverfahren setzt jedoch zum einen voraus, dass eine solche Beobachtung möglich und ethisch vertretbar ist. Damit scheiden i. d. R. intime oder private Handlungen aus. Schwierigkeiten bereitet auch die Beobachtung seltener, zufälliger oder spontaner Handlungen und Ereignisse. Zum anderen werden Beobachtungsverfahren durch die Wahrnehmungsmöglichkeiten der Beobachtenden begrenzt; diese Probleme stellen sich z. B. bei großen Gruppen, bei sehr komplexen Handlungen und Interaktionen oder bei sehr langen Beobachtungszeiträumen. Diese Grenzen können jedoch durch den Einsatz von Maschinen zur Beobachtung und Protokollierung von Handlungen erweitert werden.

Neben einzelnen Handlungen kann bei der Beobachtung auch der unmittelbare Handlungskontext, soweit dieser wahrnehmbar oder erschließbar ist, erfasst werden. So lassen sich die unmittelbaren Rahmenbedingungen einer Handlung beobachten; soweit es der Beobachtungszeitraum zulässt, können auch unmittelbare Handlungsfolgen untersucht werden.

Die individuellen und kollektiven Deutungen von Handlungen können nur beobachtet werden, soweit in der beobachteten Situation darüber kommuniziert wird. In gleicher Weise ist es schwierig, im Beobachtungsprozess etwas über Handlungsursachen und Handlungsmotive der Beteiligten herauszubekommen. Möglicherweise können diese Aspekte über eine Analyse des Beobachteten erschlossen werden.

Gehrau definiert die wissenschaftliche Beobachtung als »systematische Erfassung und Protokollierung von sinnlich oder apparativ wahrnehmbaren Aspekten menschlicher Handlungen und Reaktionen« (2002:25 f.). Laatz (1993:169) hebt darüber hinaus hervor, dass es sich dabei um einen nicht-kommunikativen Prozess handelt. Zudem finden sich Bestimmungen, die den Erhebungsgegenstand genauer bestimmen: Diekmann verweist auf »Handlungen, sprachliche Äußerungen, nonverbale Reaktionen (Mimik, Gestik, Körpersprache) und andere soziale Merkmale (Kleidung, Symbole, Gebräuche, Wohnformen usw.)« (1995:456); zu ergänzen ist noch die Beobachtung von Handlungskontexten und Handlungsfolgen. Dieser gemeinsame Nenner sollte jedoch nicht darüber hinwegtäuschen, dass angesichts der verschiedenen Disziplinen und der verschiedenen Verwendungskontexte, in denen mit Beobachtungsverfahren gearbeitet wird, die Unterschiede zwischen den Varianten des Verfahrens recht hoch sind. Einen gewissen Überblick kann die folgende Typologie liefern.

## b) Typologie von Beobachtungsverfahren

Die hier vorgestellte Typologie geht auf einen Vorschlag von Gehrau zurück, der für die folgende Darstellung jedoch modifiziert wurde. Bei Gehrau werden die Ansätze in drei Dimensionen differenziert: nach der Bestimmung der Beobachtenden, nach Merkmalen der Beobachtungssituation und schließlich nach verschiedenen Modi der Protokollierung des Beobachtungsprozesses. Die weiteren Erläuterungen orientieren sich vor allem an den in der sozialwissenschaftlichen Forschung gängigen Verwendungsweisen; andere Verwendungsformen werden nur kurz skizziert.

Abb. 95: Typologie von Beobachtungsverfahren

| | |
|---|---|
| Beobachter | Selbst- ↔ Fremdbeobachtung |
| | Forscher als Beobachter ↔ externe Beobachter |
| Beobachtungs-situation | offene ↔ verdeckte Beobachtung |
| | wissentliche ↔ unwissentliche Beobachtung |
| | teilnehmende ↔ nicht teilnehmende Beobachtung |
| | Feld- ↔ Laborbeobachtung |
| | Beobachtungen mit ↔ ohne Stimulus |
| | direkte Beobachtung ↔ Beobachtung von Verhaltensresultaten |
| | strukturierte ↔ unstrukturierte Beobachtung |
| | simultane Beobachtung ↔ Aufzeichnung |
| Protokollierung | standardisierte ↔ nicht standardisierte Protokollierung |
| | manuelle ↔ automatisierte Protokollierung |

Quelle: Gehrau (2002:28), modifiziert

### Beobachter

• In der sozialwissenschaftlichen Forschung sind Beobachter in der Regel Fremdbeobachter. Verfahren der Selbstbeobachtung, der so genannten Introspektion, gehörten in der Philosophie zu einem anerkannten Erkenntnismittel. Auch in den Anfängen der psychologischen Forschung waren sie recht bedeutsam. Sie wurden dann jedoch wegen der Selektivität der Selbstwahrnehmung und Erinnerung und wegen ihrer mangelnden Reliabilität zunehmend kritisiert. Mit der Durchsetzung einer stärker an naturwissenschaftlichen Forschungsidealen orientierten Psychologie wird die Introspektion als wissenschaftliche Methode bedeutungslos. Die Radikalität dieses Bruchs mutet merkwürdig an, wenn doch zugleich die sozialpsychologische Einstellungsforschung implizit bei den Befragten nicht unerhebliche Fähigkeiten der Introspektion voraussetzt.

Die im Bereich der psychologischen Forschung nachvollziehbare Skepsis gegenüber Verfahren der Selbstbeobachtung sollte jedoch nicht umstandslos auf die sozialwissenschaftliche Beobachtungsarbeit übertragen werden. Wenn es im Rahmen der Zeitbudgetforschung z. B. darum geht, den Tagesablauf von Befragten zu erheben und in einem Zeitraster festzuhalten, so gehen diese Angaben auf Prozesse der Selbstbeobachtung zurück. Auch retrospektive Fragen, wie sie in der Umfrageforschung eingesetzt werden, setzen genau genommen eine solche Fähigkeit zur Selbstbeobachtung voraus.

• Die Frage, ob die Beobachtung durch die Forschenden oder durch geschulte externe Beobachter durchgeführt werden soll, spiegelt das in den Kontroversen zwischen qualitativen und quantitativen Forschungsansätzen diskutierte Problem von Nähe und Distanz zwischen Forschenden und Beforschten. Während insbesondere in der standardisierten Umfrageforschung weitgehend mit professionellen Interviewern gearbeitet wird, zeichnen sich viele qualitative Forschungsarbeiten dadurch aus, dass weite Teile der Feldarbeit durch die Forschenden selbst bestritten werden. Eine Antwort auf die Frage der Externalisierung der Beobachtungsarbeit kann sinnvoll nur für spezifische Forschungsdesigns getroffen werden. Wichtig ist hierbei insbesondere die im Folgenden zu diskutierende Unterscheidung zwischen teilnehmender und nicht-teilnehmender Beobachtung.

Eine Externalisierung der Forschungsarbeit scheint nur bei einer nicht-teilnehmenden Beobachtung und bei einer weitgehenden Standardisierung der Protokollierung sinnvoll. Wie auch bei der standardisierten Befragung setzt eine Externalisierung der Erhebungsarbeit eine sehr differenzierte Ausarbeitung der Beobachtungsinstrumente und Verfahrensweisen sowie eine eingehende Schulung und Kontrolle der Beobachtenden voraus.

## Beobachtungssituation

• Wenn die Beobachtenden für die Beobachteten sichtbar sind, spricht man von offener, im umgekehrten Fall von verdeckter Beobachtung. Die Offenheit einer Beobachtung ist nur an das Kriterium der Sichtbarkeit gebunden, sie impliziert nicht unbedingt, dass sich die Beobachtenden auch als solche zu erkennen geben. Um verdeckte Beobachtungen zu ermöglichen, werden in einem Labor oder in einem Unterrichtsraum z. B. einseitig durchsichtige Spiegel genutzt; bei Feldforschungen können Verstecke eine verdeckte Beobachtung ermöglichen.

- Je nachdem, ob den Beobachteten bewusst bzw. nicht bewusst ist, dass sie beobachtet werden, wird die Beobachtung als wissentliche oder unwissentliche Beobachtung bezeichnet. Unwissentliche Beobachtungen sind nur möglich, wenn sie verdeckt erfolgen oder wenn die beobachtete Situation zumindest einen teilöffentlichen Charakter hat oder den Beobachteten vorgetäuscht wird, die Beobachter spielten eine andere als die Beobachtungsrolle.

Möchte man dem Ideal einer wissenschaftlichen Beobachtung, die keinen Einfluss auf das Beobachtete hat, nachkommen, so wäre eine verdeckte und unwissentliche Beobachtung zu präferieren. Forschungsethisch betrachtet sind beide Beobachtungsformen sehr problematisch. Möglichkeiten der verdeckten Beobachtung bieten sich regelmäßig in Gefängnissen oder psychiatrischen Einrichtungen; der Zwangscharakter dieser Einrichtungen wird durch den systematischen Entzug einer Sphäre des Unbeobachteten, des Privaten potenziert. Nicht zufällig wurde und wird auch im Erziehungs- und Bildungsbereich verschiedentlich mit verdeckten Beobachtungen gearbeitet.

Um die damit verbundenen Probleme erahnen zu können, stelle man sich vor, dass beobachtete Personen im Nachhinein erfahren, dass sie in einer vermeintlich geschützten bzw. intimen Situation beobachtet wurden, dass das Vertrauen, das sie einer Erziehungseinrichtung oder einzelnen Personen entgegengebracht haben, missbraucht wurde. Vor diesem Hintergrund ist eine verdeckte Beobachtung in weitgehend geschlossenen Räumen nicht zu verantworten; Persönlichkeitsrechte werden verletzt, und die Beobachtung ist somit forschungsethisch nicht tragbar.

In öffentlichen oder teilöffentlichen Räumen gehört die (alltägliche) Beobachtung zur Normalität; Öffentlichkeiten implizieren ein ›Sehen und Gesehen werden‹. Dennoch stellt auch hier eine systematische wissenschaftliche Beobachtung, die ohne Wissen der Beobachteten erfolgt, eine vorsätzliche Täuschung dar. Sicherlich hat eine Enttarnung des Beobachtungsprozesses nicht so weit reichende Folgen wie in privaten oder geschützten Räumen. Auch wenn es forschungspraktisch nicht immer einfach ist, sollte auch in einer solchen Umgebung die Zustimmung der Beteiligten eingeholt und die Beobachtung transparent gestaltet werden; Ausnahmen sind sehr sorgfältig zu begründen.

- Die Entscheidung über teilnehmende oder nicht-teilnehmende Verfahren der Beobachtung gehört sicherlich zu den Schlüsselentscheidungen, die bei Beobachtungsverfahren zu treffen sind. Im ersten Fall agiert der Beobachtende unter ähnlichen Rahmenbedingungen wie die Beobachteten und wird im Laufe des Prozesses zu einem mehr oder weniger Teilnehmenden an den Handlungen, die er beobachtet; die Distanz von Forschenden und Beforschten wird verringert. Der mit der

Teilnahme möglicherweise verbundene Erkenntnisgewinn wird jedoch mit einer gewissen Einschränkung der Beobachtungs- und vor allem der Protokollierungsmöglichkeiten erkauft. So ist es kaum möglich, an einem Geschehen teilzuhaben und es zugleich zu dokumentieren. Bei einer teilnehmenden Beobachtung bieten sich sowohl Möglichkeiten der Fremd- wie auch der Eigenbeobachtung; indem die Forschenden ähnlichen Rahmenbedingungen ausgesetzt sind und möglicherweise ähnliche Erfahrungen wie die Beobachteten machen, können sie auch Veränderungen an ihrer eigenen Person ausmachen.

Im Fall der nicht-teilnehmenden Beobachtung bleibt die Distanz von Forschenden und Beforschten bestehen; zudem entsteht das Problem, dass die Beobachtenden räumlich anwesend sind, sich Aufzeichnungen machen, ohne am Geschehen teilzunehmen oder etwas von sich preiszugeben. Typischerweise fördert eine solche Konstellation eher eine misstrauische Haltung gegenüber den Beobachtenden. Für den Forschungsprozess hat die Konstellation möglicherweise den Vorteil, dass einerseits eine große Nähe zum Geschehen gegeben ist, ohne dass andererseits die Beobachtungspotentiale durch einen Handlungsdruck beeinträchtigt werden.

Für die jeweilige Beobachtungssituation ist zu erwägen, was unter Teilnahme verstanden werden kann. Auch eine lange Phase der Einfindung, manche Ethnologen haben sich mehrere Jahre lang im Feld aufgehalten, wird nicht dazu führen, dass sich die Beobachtenden den Beobachteten assimilieren, zumindest solange sie weiter die Beobachtungsaufgabe verfolgen. Jüngst wurden diese Probleme am Beispiel der Forschungen Loïc Wacquants diskutiert, der sich in ein Boxgym in Süd-Chicago einschrieb und über längere Zeit aktiv am Boxsport teilnahm (vgl. Wacquant 2001 und 2003).

Eine teilnehmende Beobachtung setzt voraus, dass die Beobachterinnen eine Rolle in dem untersuchten sozialen Feld spielen können. In der Praxis lassen sich aber auch alle Zwischenformen denken; so gibt es in vielen Beobachtungskonstellationen durchaus Möglichkeiten, zwischen der Rolle des teilnehmenden und nicht-teilnehmenden Beobachters zu wechseln.

• Bei Feldbeobachtungen wird versucht, Personen oder Gruppen in ihrer ›natürlichen‹ Umgebung zu beobachten; damit soll die Authentizität des beobachteten Verhaltens gewahrt bleiben. In der Laborsituation wird umgekehrt angestrebt, die Rahmenbedingungen der Handelnden möglichst weitgehend zu kontrollieren, um die Vergleichbarkeit von Beobachtungen zu verbessern. Wenig geklärt ist dabei die Frage, welchen Einfluss die Laborsituation, bzw. der vorausgegangene Prozess der Anwerbung auf das Verhalten und die Motive der zu Beobachtenden hat. Auch die Frage, wie es möglich ist, von den Beobachtungen in einer hochartifiziellen Situation auf das ›normale Leben‹ zurück zu schließen, ist schwer zu beantworten.

• Mit der Laborsituation ist in der Regel ein bestimmter Verhaltensstimulus verbunden; d. h., die zu Beobachtenden werden mit einem Reiz konfrontiert, sie betrachten ein Bild, einen Film, einen Werbespot, sie nehmen an einem Experiment teil oder Ähnliches. Die ›Sterilität‹ einer Laborumgebung soll dann sicherstellen, dass die nach einem solchen Stimulus beobachtbaren Reaktionen einzig einem solchen Reiz zuzurechnen sind. Grundsätzlich können solche Stimuli aber auch außerhalb der Labors eingesetzt werden. So hat Hans Geißlinger (1992) erlebnispädagogische Maßnahmen mit Jugendlichen für seine Beobachtungen genutzt. Jugendliche wurden im Rahmen einer Reiseveranstaltung mit ungewöhnlichen oder bedrohlichen Situationen konfrontiert, die von den Betreuern dieser Reisen inszeniert wurden. Aus forschungsethischer Perspektive wurde ein solches Vorgehen heftig kritisiert.

• Neben der direkten Beobachtung von Handlungen und Verhalten können auch ihre Resultate zum Forschungsgegenstand werden. Ältere Treppen, Türgriffe oder Spielgeräte sind von den Spuren ihres Gebrauchs gezeichnet; Trampelpfade zeugen von den bevorzugten Wegen im öffentlichen Raum. Aus dem Zustand von Büchern kann erschlossen werden, wie sie gebraucht wurden. Der Müll am Straßenrand oder der Inhalt eines Papierkorbes gibt möglicherweise Auskunft über das Nutzungs- oder Konsumverhalten von Personen. Insbesondere die historische Sozialforschung oder die Archäologie ist mangels direkter Beobachtungsmöglichkeiten auf die Analyse von Verhaltensspuren angewiesen, wenn z. B. aus der Analyse von Abfällen auf die Ernährungs- und Konsumgewohnheiten geschlossen wird. In der Kriminologie ermöglichen gentechnische Untersuchungen über den klassischen Fingerabdruck hinaus weit reichende Schlussfolgerungen.

Forschungssystematisch betrachtet, ist die Beobachtung von Handlungs- und Verhaltensresultaten eher dem Grenzbereich der beobachtenden Verfahren zuzurechnen, da das gegenüber vielen anderen Erhebungsmöglichkeiten bedeutsame Moment der Unmittelbarkeit des Zugangs zu einzelnen Handlungen entfällt. Man hat es mit indirekt gewonnenen Informationen zu tun; häufig sind es zudem Aggregatinformationen, deren Interpretation voraussetzt, dass sich wesentliche Rahmenbedingungen z. B. des Gebrauchs eines Objekts nicht verändert haben.

• Für Beobachtungsprozesse ist es von zentraler Bedeutung, von welchen Fragestellungen ein solcher Prozess geleitet wird und in welchem Grad die Fragestellungen präzisiert und strukturiert sind. Strukturierte Beobachtung bedeutet zum einen, dass die Beobachtungsobjekte strukturiert, d. h. klassifiziert werden. In der Regel wird dann ausgehend von einer solchen Klassifizierung entschieden, nur bestimmte Klassen von Objekten eingehender zu beobachten. Man interessiert sich bei der Beobachtung eines Unterrichtsgeschehens nur für bestimmte Handlungstypen – z. B. Handlungen, die auf die Gewinnung von Aufmerksamkeit zielen –, für bestimmte Personen, Handlungsaspekte etc. Zum anderen kann eine Strukturierung auch darüber erfolgen, dass die sinnlichen oder technischen Dimensionen der Beobachtung begrenzt werden; d. h., man beobachtet ausschließlich visuell Erfahrbares: die Mimik oder die Körpersprache der an einem Prozess Beteiligten. Forschungspraktisch bereitet die Strukturierung von Beobachtungen erhebliche Schwierigkeiten, weil sich die Alltagsbeobachtung typischerweise dadurch auszeichnet, dass sehr viele Aspekte einer Situation gleichzeitig wahrgenommen werden und alle Sinne gefordert sind.

Mit der Frage nach strukturierten und weniger strukturierten Beobachtungsstrategien wird die klassische Unterscheidung qualitativer und quantitativer Forschungsansätze berührt. Auf der einen Seite können Beobachtungsprozesse weitgehend strukturiert werden, indem man gezielt bestimmte Verhaltensweisen untersucht und diese mit einem standardisierten Beobachtungsinstrument erfasst; dabei kann Datenmaterial gewonnen werden, das mit den Standardverfahren der statistischen Analyse ausgewertet werden kann. Aber auch im Bereich der qualitativen Analyse stellt sich die Frage, wie weit man den Beobachtungsprozess strukturiert, indem man bestimmte Leitfragen verfolgt, sich auf die Wahrnehmung bestimmter Aktionen spezialisiert etc. Wenn man sich einmal von der Vorstellung verabschiedet hat, eine Situation als Ganze erfassen zu können, ist eine stärker strukturierte Beobachtung nur logische konsequent. Auf der anderen Seite stehen Beobachtungsprozesse, die vergleichsweise wenig vorstrukturiert sind und zu denen man dann im Nachhinein Aufzeichnungen anfertigt.

Die Frage der Strukturierung hängt eng mit der noch zu klärenden Frage der Protokollierung der Beobachtung zusammen. Eine standardisierte Protokollierung von Beobachtungen setzt eine weitgehende Strukturierung voraus; umgekehrt kann jedoch auch bei einem stark strukturierten Beobachtungsprozess qualitatives Datenmaterial gewonnen werden.

Wissenschaftstheoretisch betrachtet ist mit dem Grad der Strukturierung die Frage verknüpft, ob es dem Beobachtungsprozess vorausgehende präzise Fragestellungen und Hypothesen gibt, ob das Forschungsdesign also als Hypothesentest angelegt ist oder die Entwicklung von Fragestellungen und Hypothesen im Prozess der Erhebung selbst geschieht, das Design also deskriptiv bzw. explorativ angelegt ist.

Die Frage der Strukturierung von Beobachtungsprozessen kann auch durch eine zeitliche Gliederung des Beobachtungsprozesses gelöst werden. So kann eine Beobachtung in verschiedenen Phasen angelegt werden, indem man zunächst mit eher wenig strukturierten Beobachtungen beginnt und dann zu einem strukturierteren Raster der Beobachtung kommt.

• Grundsätzlich ist es neben dem klassischen Modell einer simultanen Beobachtung auch denkbar, die Beobachtungen auf audio-visuelle oder andere Aufzeichnung eines Geschehens zu stützen. Die sinnliche Wahrnehmbarkeit wäre damit auf die Möglichkeiten der technischen Aufzeichnung beschränkt; ein komplexes Geschehen wird auf die Perspektive und die Auflösung einer Kamera oder die Möglichkeiten der akustischen Aufzeichnung reduziert. Umgekehrt könnte eine solche Reduktion der Perspektive jedoch auch als Mittel der Strukturierung eingesetzt werden, um z. B. eine Unterrichtssituation aus der Perspektive einer einzelnen Schülerin oder eines Lehrenden zu rekonstruieren. Auch die mit der technischen Aufzeichnung gegebenen Möglichkeiten der Wiederholung oder der Verlangsamung von Abläufen bieten gänzlich neue Beobachtungsperspektiven; zudem ist ein solches Material für verschiedene Beobachter zugänglich. Prinzipiell kann die Aufzeichnung auch als Ergänzung zur simultanen Beobachtung eingesetzt werden.

Im Sinne der hier eingeführten Systematik von Erhebungsverfahren bringt die Aufzeichnung von Beobachtungen Datenmaterial hervor, das dem Rohstoff der Inhaltsanalyse entspricht.

Die in diesem Abschnitt dargelegten Variationen von Beobachtungsverfahren stellen unterschiedliche Konstellationen der Beobachtungssituation dar. Relativ unabhängig davon ist im Weiteren zu erörtern, wie die Befunde dieser Beobachtungsarbeit protokolliert also zu Daten aufbereitet werden.

## Protokollierung

Wenn eine Beobachtung weitgehend strukturiert erfolgt, so kann auch die Protokollierung standardisiert erfolgen. Man kann sich eine standardisierte Protokollierung als einen Prozess vorstellen, in dem die Beobachtenden ihre Beobachtungen für eine zu bestimmende Beobachtungseinheit in einem standardisierten Fragebogen festhalten. Eine Beobachtungseinheit könnte z. B. eine einzelne Handlung einer Person sein; was als Handlung zu begreifen ist, müsste dann jedoch noch genauer bestimmt werden. Die Beobachtungseinheit könnte aber auch komplexer konstruiert werden, z. B. als zeitlich oder inhaltlich abgegrenzte Einheit eines Gesprächs oder einer Gruppentätigkeit.

Wie der obige Verweis auf einen Fragebogen verdeutlicht, müssen einer standardisierten Protokollierung ein strukturierter Beobachtungsbogen und entsprechende Anweisungen zu seiner Handhabung zu Grunde liegen. Ein klassisches Beispiel für die Kodierung von Interaktionshandlungen liefert die Interaktions-Prozess-Analyse, die Bales für die Analyse von Interaktionen in kleinen Gruppen entwickelte.

Das System umfasst 12 Kategorien, denen eine beobachtete Interaktionshandlung zuzuordnen ist. Diese Handlungen werden zum einen nach instrumental/auf-

Abb. 96: Interaktions-Prozess-Analyse nach Bales

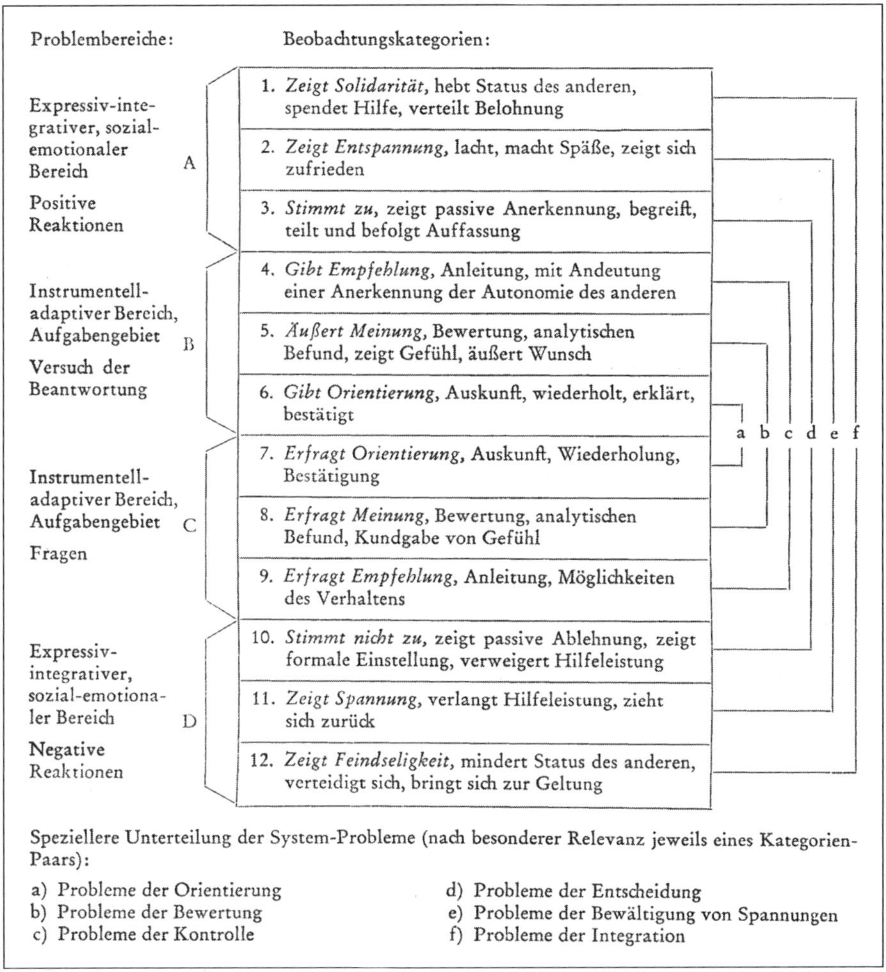


Quelle: Bales (1967:312)

gabenorientierten Interaktionen (Fragen – Antworten: B, C) und sozio-emotionalen Interaktionen (positiv – negativ: A, D), zum anderen nach ihrer funktionalen Bedeutung (Orientierung/Kommunikation, Bewertung, Kontrolle, Entscheidung, Spannungsbewältigung, Integration: a–f) klassifiziert.

Für die standardisierte Beobachtung müsste nun bestimmt werden, auf welche Einheiten ein solches Kategoriensystem anzuwenden ist. Sinnvollerweise wäre dies die kleinste zu beobachtende Verhaltenseinheit. Zudem müsste jeder Interaktion eine (sprech-)handelnde Person und soweit möglich ein Adressat zugeordnet werden.

Einfacher gestaltet sich eine standardisierte Beobachtung, wenn nur die Bezeichnung einer Handlung (als Klartext) und ihre zeitliche Einordnung erhoben werden. Der folgende Ausschnitt eines Erhebungsbogens wurde der Zeitbudgetstudie entnommen, die das Statistische Bundesamt im Auftrag des Bundesministeriums für Familie, Frauen und Jugend durchgeführt hat. Die Personen in den befragten Haushalten sollten an drei Tagen in einem Tagebuch festhalten, welche Haupt- und Nebentätigkeiten sie ausgeübt haben.

Die Tätigkeiten wurden dann im Nachhinein kategorisiert, auf Basis einer Aktivitätenliste mit 230 Ausprägungen. Hier ein Auszug aus der hierarchisch gegliederten Liste zum Tätigkeitsbereich ›Haushaltsführung und Betreuung der Familie‹, Unterbereich ›Zubereitung von Mahlzeiten‹:
- nicht genauer bezeichnete Tätigkeiten
- Mahlzeiten vor- und zubereiten

## Abb. 97: Erhebungsbogen zur Zeitbudgetanalyse

**1. Tagebuchtag**

| Uhrzeit | Hauptaktivität<br>Bitte immer nur eine Aktivität pro Zeile eintragen! | Verkehrsmittel | Gleichzeitige Aktivität<br>Bitte die wichtigste gleichzeitige Aktivität angeben. | Zeit mit anderen verbracht<br>Kinder unter 10 Jahren | (Ehe-) Partner/-in | Andere Haushaltsmitglieder | Andere bekannte Personen |
|---|---|---|---|---|---|---|---|
| 4.00 – 4.10 | | | | ☐ | ☐ | ☐ | ☐ |
| 4.10 – 4.20 | | | | ☐ | ☐ | ☐ | ☐ |
| 4.20 – 4.30 | | | | ☐ | ☐ | ☐ | ☐ |
| 4.30 – 4.40 | | | | ☐ | ☐ | ☐ | ☐ |
| 4.40 – 4.50 | | | | ☐ | ☐ | ☐ | ☐ |
| 4.50 – 5.00 | | | | ☐ | ☐ | ☐ | ☐ |
| 5.00 – 5.10 | | | | ☐ | ☐ | ☐ | ☐ |
| 5.10 – 5.20 | | | | ☐ | ☐ | ☐ | ☐ |
| 5.20 – 5.30 | | | | ☐ | ☐ | ☐ | ☐ |
| 5.30 – 5.40 | | | | ☐ | ☐ | ☐ | ☐ |
| 5.40 – 5.50 | | | | ☐ | ☐ | ☐ | ☐ |
| 5.50 – 6.00 | | | | ☐ | ☐ | ☐ | ☐ |

Quelle: Zeitbudgeterhebung 2001/02 des Statistischen Bundesamts, Ehling (2004:12)

- Backen
- Geschirreinigung/Tisch decken, abräumen
- Haltbarmachen/Konservieren von Lebensmitteln
- andere eindeutig bestimmte Tätigkeiten

Hinweise auf die Möglichkeiten einer nicht standardisierten Protokollierung von Beobachtungen finden sich vor allem für die ethnographische Feldforschung (vgl. z. B. Emerson/Fretz/Shaw 1995). In vielen Beobachtungssituationen ist es weder möglich noch sinnvoll, unmittelbar ausführliche Aufzeichnungen zu machen; allenfalls lassen sich kurze Notizen anfertigen, die später ausgearbeitet werden. Solche Notizen sollten Angaben zu Ort und Zeit einer Beobachtung, Angaben zum beobachteten Geschehen, zu beobachteten Gesprächen und den eigenen Eindrücken enthalten. Zudem sollte festgehalten werden, welche weiter gehenden Fragen sich aus dem Beobachteten ergeben.

Insbesondere wenn in der Situation nur wenige Notizen möglich sind, bekommen solche Aufzeichnungen den Charakter eines mnemonischen Kodes. Diese sollen helfen, Dinge zu erinnern, die vermutlich vergessen werden; d. h., es ist oft weniger erforderlich, Phänomene aufzuzeichnen, von denen zu erwarten ist, dass sie eh im Gedächtnis bleiben. Die Kurznotizen sollen dann als Anknüpfungspunkt für differenzierte Erinnerungen dienen.

Emerson u. a. (31 ff.) geben für das Verfassen solcher Kurznotizen einige Hinweise:
- Die Kurznotizen sollen sich auf die Schlüsselstellen einer beobachteten Situation beziehen, den Brennpunkt des Geschehens erfassen.
- Generalisierungen und Bewertungen sollten vermieden werden. Vermutungen über die Motive einer Handlung sollten gegenüber einer genauen Beschreibung zurückgestellt werden.
- Sensorisch wahrnehmbare Besonderheiten einer Situation oder die Aufzeichnung emotionaler Besonderheiten können helfen, eine Szene zu rekonstruieren. Auch die Aufzeichnung eigener Vermutungen oder Eindrücke kann den Prozess des Erinnerns fördern.

»Learning to observe in order to make jottings thus is keyed to both the scene and to the page. Ethnographers learn to experience through the senses in anticipation of writing: to remember dialogue and movement like an actor; to see colors, shapes, textures, and spatial relations as a painter or photographer; and to sense moods, rhythms, and tone of voice like a poet« (35).

Diese im Feld erstellten Notizen werden dann zur weiteren Ausarbeitung genutzt, z. B. indem beobachtete Situationen aus der Sicht verschiedener Akteure rekonstruiert werden oder indem ein Prozess aus verschiedenen zeitlichen Perspektiven (in der beobachteten Zeit und von seinem Endpunkt her) dargestellt wird. Darüber hinaus können jenseits der Deskription Schlüsselsituationen szenisch aufbereitet werden. Diese so ausgearbeiteten und aufbereiteten Feldnotizen werden damit zu einem Datenmaterial, das im weiteren Auswertungsprozess ›befragt‹ bzw. zu Kodes verdichtet wird. Die prozessbezogenen oder analytischen Auswertungen dieses Materials können dann in verschiedenen Formen von Memos, wie sie im Rahmen der Grounded Theory eingesetzt werden, festgehalten und zur Basis der Theorieentwicklung werden (vgl. Teil II, Kap. 12).

Implizit wurde in allen bisherigen Variationen der Beobachtung unterstellt, dass ein menschlicher Beobachter beobachtet und protokolliert oder dass er vorliegende Aufzeichnungen auswertet. Die Beobachtung und Protokollierung kann jedoch auch automatisiert erfolgen. Im Bereich der Mediennutzung werden bereits seit langem radio- oder telemetrische Verfahren eingesetzt, um das Verhalten von Mediennutzern zu protokollieren. Neben der automatisch zu erhebenden zeitlich spezifizierten Senderwahl können z. B. über interaktive Elemente oder zusätzliche telefonische Interviews auch Daten über den sozialen Kontext der Mediennutzung gewonnen werden. Mit komplexeren Messverfahren lassen sich auch das Blickverhalten sowie psychische bzw. physische Reaktionen aufzeichnen und analysieren.

Auch die Möglichkeiten der (automatisierten) Auswertung von stehenden und bewegten Bildern haben sich erheblich weiterentwickelt, nachdem solche Verfahren für die Erkennung und Authentifizierung von Personen oder für kriminalistische Analysen eingesetzt wurden.

Bei der Nutzung von Computern und computerbasierten Medien gestalten sich der Beobachtungs- und Aufzeichnungsprozess oft weitaus einfacher, da die Verhaltensreize bzw. die möglichen Reaktionen über Tastatur und Maus oder über komplexere sensorische Eingabegeräte bereits in digitalisierter Form anfallen. Auch eine Aufzeichnung solcher Informationen, wenn sie nicht bereits über Log-Files und Ähnliches erfolgt, kann relativ leicht implementiert werden.

Eine fruchtbare Kombination von Ansätzen der Feld- und der Aktionsforschung ist der im Bereich der entwicklungssoziologischen und ethnologischen Forschung eingesetzte Participatory Rural Appraisal-Ansatz. Die klassische Rollenaufteilung zwischen Forschungssubjekten und Forschungsobjekten soll aufgegeben werden. Dieser Anspruch wird z. B. durch die Partizipation der Forschenden an den jeweiligen Alltagsaktivitäten der Untersuchungsgruppe umgesetzt, um deren »Lebensrealität, Interessen und Bedürfnisse besser zu erfassen und die Probleme so weit wie möglich mit den ›Augen der Betroffenen‹ zu sehen«. Zudem übernehmen diese eine aktive Rolle bei der »Untersuchung, Analyse und Bewertung ihrer Lebenssituation und erarbeiten eigenständig Strategien zur Lösung lokaler Probleme« (Krummacher 2004:23). Die Forschenden verstehen sich dabei als Katalysatoren. Eine besondere Rolle bei der Analyse und Erarbeitung von Lösungen spielen Ranking- und Rating-Instrumente. Dabei werden alle im Prozess gewonnenen Informationen, Diskussionsbeiträge und Ergebnisse visuell dargestellt in Bildern, Symbolen, Karten, Modellen oder Diagrammen.

Bei der Analyse wird durch die Kombination von Erhebungsmethoden eine Triangulation der Untersuchungsperspektive angestrebt. So wird mit verschiedenen partizipativen Untersuchungs- und Darstellungsmethoden gearbeitet, die an die lokalen Bedingungen angepasst sein sollen. Insbesondere ist auf das Prinzip der »optimalen Ignoranz und der angemessenen Ungenauigkeit« zu verweisen; d. h., der Forschungsprozess wird von den Beteiligten nur soweit vorangetrieben, »wie es zum Erkennen von Problemen und Bedürfnissen notwendig ist. Die erhobenen Daten müssen nicht einem wissenschaftlich-theoretischen Anspruch genügen, sondern sollten sich vielmehr an der Lösung praktischer Probleme orientieren« (24). Auch der weitere Prozess der Problembearbeitung und Implementierung von Lösungen wird von der Forschungsgruppe begleitet.

Diese Prinzipien stehen nur scheinbar im Widerspruch zu den bislang formulierten Regeln sozialwissenschaftlichen Forschens; es geht nicht darum, genau oder ungenau zu arbeiten, sondern darum, den Grad der methodologischen und wissenschaftlichen Präzision den entwickelten Fragen und Problemstellungen anzupassen. Dahinter steht die kritische und immer wieder neu zu beantwortende Frage nach dem Grenznutzen sozialwissenschaftlicher Forschung. Sofern man sozialwissenschaftliche Forschung nicht in einem klassischen Wissenschaftsverständnis im Kontext eines sich selbst genügenden Systems begreift, ist stets zu fragen, in welchem Verhältnis eingesetzte Forschungsressourcen und die zu erwartenden Erkenntnisfortschritte stehen.

## c) Probleme der beobachtenden Verfahren

Der größte Vorteil der Beobachtungsverfahren – im klassischen Fall hat man das zu beobachtende Geschehen ›klar vor Augen‹ und ist ›mitten im Geschehen‹ – birgt auch manches Problem. Beobachtungen sind bezüglich der Qualität und Reichweite der gewonnenen Informationen oft trügerisch; man meint an der beobachteten Situation unmittelbar teilzuhaben. Im Gegensatz zu einem relativ anonymen Fragebogen sieht man die Beteiligten, kann ihre verbalen Äußerungen, ihre Mimik und Gestik usw. verfolgen; man sieht Verhalten und die Reaktionen anderer. Man beobachtet den Fortgang eines Geschehens und kann sich hinterher, je nach Beobachtungskonstellation vielleicht sogar mit den Beteiligten austauschen, sie zu dem Geschehen befragen. Das heißt aber noch lange nicht – und das ist das Trügerische –, dass man dieses Geschehen somit vollständig erfassen kann. Man sollte sich verdeutlichen, was man alles nicht sieht: Man sieht in der Regel nichts von der Vorgeschichte der Beobachtungssituation, man erfährt nicht unbedingt etwas über die Handlungsmotive der Beteiligten und kann über die Situation hinaus wenig über die Handlungsfolgen erfahren, zumindest wenn es um längerfristige Folgen geht.

## Effekte der Beobachtungssituation

Viele der oben geschilderten Variationen von Beobachtungsverfahren führen zu Beobachtungssituationen, die sich mehr oder weniger deutlich von den Alltagssituationen der Untersuchten unterscheiden. Exemplarisch sei dies zum einen an der Laborsituation, zum anderen am Beispiel der teilnehmenden Beobachtung erläutert.

In der Idealvorstellung soll die Beobachtung oder allgemeiner die Messung in einem Labor zu Messungen führen, bei denen die Rahmenbedingungen der Messungen kontrolliert bzw. gezielt veränderbar sind, indem die Beteiligten bestimmten Anforderungen, bestimmten Reizen ausgesetzt werden. Sieht man einmal von den Selektionseffekten ab, die sich bei der Gewinnung von Teilnehmern für Laborforschungen systematisch ergeben, werden die Laborumgebung und das soziale Setting einer Laborbeobachtung, bzw. die bei den Teilnehmenden mobilisierten Vorstellungen zu diesen Rahmenbedingungen zu einem großen Moment der Unwägbarkeit. Der zweifelsohne erreichte Kontrollgewinn kann nur mit erheblichen Nebenkosten erreicht werden.

Aber auch die Felderhebung, die Erhebung im ›natürlichen Kontext‹, wird nicht unerheblich durch den Beobachtungsprozess selbst beeinflusst. In vielen Kontexten wird durch die Teilnahme eines sozial, kulturell oder ethnisch ›Fremden‹, durch die Teilnahme einer Person, die das Geschehen ›nur‹ beobachtet, die Situation erheblich verändert. Da sitzen auf einmal Forscher oder Forscherinnen, die machen sich Aufzeichnungen, die sagen nichts usw. All dies ruft ähnlich wie im Laborkontext vielerlei Assoziationen mit Vergleichssituationen hervor: ein ›Schulrat‹, ein ›Polizist‹, ein ›Journalist‹, ein ›Psychologe‹ etc., die sich Aufzeichnungen machen. Sicherlich können Strategien entworfen werden, um diesen Effekt zu verringern. Sinnvoll ist die umfassende Information, der Aufbau von Vertrauensbeziehungen oder gegebenenfalls auch die Transparenz der Aufzeichnungen.

Umgekehrt sollte der Effekt solcher Maßnahmen nicht überschätzt werden: »Of course, strained relations and ethical dilemmas are not completely avoided by informing others of oneâ s research purposes. While participants may have consented to the research, they might not know exactly what the research involves or what the researcher will do to carry it out. They might realize that the fieldworker is writing fieldnotes at the end of the day, but they become used to his presence and ›forget‹ that this writing is going on. Furthermore, marginal and transient members of the setting may not be aware of his research identity and purposes despite conscientious efforts to inform them« (Emerson/Fretz/Shaw 1995:21 f.).

## Die blinden Flecken im Auge der Beobachtenden

Eine weitere Schwierigkeit beobachtender Verfahren findet sich bei den Beobachtenden. Das zentrale Problem liegt darin, dass man auch als Alltagsmensch ein Profi der Beobachtung ist; d. h., ein großer Teil des Alltagsgeschehens besteht aus Beobachtungen. Man beobachtet unentwegt andere Menschen oder sich selbst, man beobachtet Situationen etc. Das bringt eine Reihe von Vorteilen für die wissenschaftliche Beobachtung aber auch gravierende Probleme. Die Risiken liegen darin, dass die alltäglichen Beobachtungserfahrungen zu Verzerrungen, zu einer Trübung des Blicks führen können:

- Wenn man in seinem eigenen Kulturkreis arbeitet, wird scheinbar Gewohntes, Vertrautes, vermeintlich Normales nicht mehr wahrgenommen.
- In der Wahrnehmung wird häufig mit Stereotypen gearbeitet; diese Stereotypen machen Menschen reaktionsschnell. Man entwickelt in wenigen Sekunden und Minuten ein Bild von einer Person; man entwickelt Sympathie und Antipathie. Das führt aber bei einer wissenschaftlichen Beobachtung vermutlich eher zu Verzerrungen.
- Man nimmt gern Dinge wahr, die einem angenehm sind; Unangenehmes wird gern ausgeblendet, solange es geht. Man entwickelt Bilder einer Situation und Bilder von Personen und gemäß den sich entwickelnden Bildern wird die Wahrnehmung oft selektiv. Solche Bilder können natürlich auch kippen; es gibt aber große Schwierigkeiten, mit Ambivalenzen umzugehen.
- Man neigt zu personalisierten Erklärungen, zur Konstruktion einfacher Kausalbeziehungen; manchmal auch zu Verschwörungstheorien. Es bereitet ausgesprochene Schwierigkeiten, strukturelle und funktionale Zusammenhänge wahrzunehmen.

Umgekehrt kann man sich Strategien überlegen, mit diesen Verzerrungen umzugehen:

- Eine stärkere Standardisierung der Beobachtung kann hilfreich sein,
- der Einsatz mehrerer Beobachter kann Unterschiede der Perspektive und der Bewertung offenlegen,

- man kann auch versuchen, Situationen künstlich zu verfremden, um die Wahrnehmung für bestimmte Phänomene zu sensibilisieren: Wenn man ohne Ton fernsieht, werden ganz andere Dinge auffallen; wenn die Möglichkeit besteht, neben der Beobachtung auch eine Ton- oder Videoaufnahme zu machen, entstehen ganz andere Möglichkeiten der Auswertung und Reflexion.
- Auch der Einsatz von Supervisionsverfahren zur Begleitung der Beobachtungs- und Auswertungsarbeit kann sinnvoll sein, um den Trübungen des eigenen Blicks, den eigenen Verstrickungen in das Geschehen zu entkommen.

## Die Rolle der Beobachtenden im Feld

Bei einer teilnehmenden Beobachtung stehen die Beobachtenden vor der Aufgabe, dass sie ihre Rolle im untersuchten Feld finden müssen. Das kann die Rolle eines ›Fremden‹, eines ›Gastes‹ bei indigenen Völkern sein; im schulischen Kontext bietet sich die Rolle eines auszubildenden Lehrers oder eines Vertreters der Schulbehörde an etc.

Dabei stellt sich jedoch das Problem, nicht nur die mit diesen Rollen verknüpfte Außenperspektive einzunehmen, sondern auch zu einer Wahrnehmung des Geschehens aus der Perspektive der beteiligten Akteure zu gelangen. Für eine ertragreiche Beobachtung sind beide Perspektiven wichtig. Crozier und Fredberg beschreiben einen solchen Prozess bei Beobachtungen in komplexen Organisationen: »In seinem Vorgehen pendelt der Forscher also ständig zwischen diesen beiden komplementären und konfliktuellen Polen hin und her. Nachdem er sich in einem ersten Schritt eine Position der Distanz geschaffen hat, um seine Autonomie und seinen kritischen, von ›Betriebsblindheit‹ so frei wie möglichen Blick auf das untersuchte Feld zu wahren, muß der Forscher in einem zweiten Schritt in dieses Feld ›einsteigen‹, um ›sich an die Stelle der verschiedenen Akteure zu versetzen‹ und die Logik der verschiedenen dort auftretenden Situationen für sich selbst nachzuvollziehen. Erst in einem dritten Schritt, nach diesem ›Eintauchen in die Erlebniswelt der Akteure‹, kann und muß er gewissermaßen seine ›Äußerlichkeit‹ zurückgewinnen und die vielfältigen von ihm beobachteten Rationalitäten oder Strategien miteinander konfrontieren und vergleichen, um so nach und nach zu den Merkmalen und Regeln der impliziten, das beobachtete Feld strukturierenden Spiele zu gelangen« (1993:295).

Das letztere Problem, eine zu geringe Distanz gegenüber dem Gegenstand, wird in der ethnographischen Forschung mit dem Begriff ›going native‹ beschrieben. Der Begriff geht auf die Sorge der europäischen Kolonialherren zurück, einem Prozess der Assimilierung zu unterliegen. Fielding möchte einem solchen Effekt entgegenwirken, indem er auf den strategischen Charakter der Teilnahme verweist. »One is participating in order to get detailed data, not to provide the group with a new member. One must maintain a certain detachment in order to take that data and interpret it. But it is also important to note that another problem is much less remarked in the literature, though it may be more common. This is the problem of ›not getting close enough‹, of adopting an approach which is too superficial and which merely provides a veneer of plausibility for an analysis to which the researcher is already committed« (1993:158).

## Forschungsaufwand und Forschungsvorbereitungen

Feldforschungen sind in der Regel recht zeitintensiv; bei ethnographischen Forschungen wurde gelegentlich gefordert, dass sie mindestens ein Jahr umfassen sollten, um die jahreszeitlichen Veränderungen des beobachteten Feldes in Gänze erfassen zu können. Auch die Anbahnung von Beobachtungsprozessen kann sich recht aufwendig gestalten. Exemplarisch sei auf Herbert Kalthoffs Schilderungen zur Vorbereitung einer ethnographischen Studie an deutschen Internatsschulen verwiesen (1997:19); in industrie- bzw. organisationssoziologischen Studien wird häufig mit Türöffnern gearbeitet, um einen ersten Feldzugang zu gewinnen. Erfreulicherweise bedarf inzwischen auch die Beobachtung indigener Kulturen umfangreicher Antrags- und Vorbereitungsarbeiten, wie aus den folgenden Hin-

### Abb. 98: Die Vorbereitung ethnographischer Untersuchungen

»An ethnographic survey or proponent-driven consultative programme report should include full descriptions and discussion of:

- The selection of Aboriginal consultants, including detail of cultural affiliations to the area in question, personal knowledge of Aboriginal heritage issues, and/or other claims that afford them the right to speak for the area in question;
- Survey and recording methods, particularly where site avoidance or work area clearance surveys are undertaken;
- Results of the field survey
- Ethnographic sites identified by survey (if appropriate)
- Analysis and interpretation of field survey data
- Aboriginal community assessment of significance of sites;
- Balanced discussion of any conflicts that arose during the course of research and resolutions (if any) that were reached;
- Recommendations for the management of sites; and
- An indication of how the contents of the report were communicated to the Aboriginal community«.

Quelle: www.dia.wa.gov.au/Heritage/HeritageManual/C5.aspx

weisen für ethnographische Forschungen des Department of Indigenous Affairs des Government of Western Australia hervorgeht.

### d) Fazit

Trotz der vielen hier benannten Schwierigkeiten können Beobachtungsverfahren einen wichtigen Beitrag zur Erforschung sozialer Phänomene liefern. Die Möglichkeiten, die Beobachtungsverfahren für die empirische Sozialforschung bieten, werden in vielen Forschungsfeldern nicht hinreichend genutzt. Während sie in einigen Forschungsfeldern, wie z. B. der Industrie- und Organisationssoziologie, zum bevorzugten Forschungsinstrument gehören, finden sie z. B. in der Politikwissenschaft nur geringe Resonanz (Schöne 2003).

Wenn oben auf den hohen Forschungsaufwand hingewiesen wurde, so sollte das nicht davon abhalten zu erwägen, ob nicht weniger elaborierte Beobachtungsverfahren auch im Vorfeld von Forschungsarbeiten zur Erkundung eines Forschungsfeldes genutzt werden können.

Im Übrigen ist auch für die Beobachtungsverfahren zu vermerken, dass es sehr hilfreich ist, sie in Kombination mit anderen Verfahren einzusetzen. In der ethnographischen Forschung wird die Beobachtungsarbeit häufig durch Interviews ergänzt; Gruppendiskussionen bieten sich in Organisationskontexten als sinnvolle Ergänzung an.

## 10. Erhebung inhaltsanalytischer Daten

Mit inhaltsanalytischen Methoden können sprachliche aber auch andere symbolische Produkte menschlichen Handelns gesammelt, aufbereitet und ausgewertet werden. Die systematische Einordnung inhaltsanalytischer Verfahren in die empirischen Forschungsmethoden gestaltet sich nicht ganz einfach, weil damit häufig sowohl Erhebungs- als auch Analyseverfahren bezeichnet werden.

Bei den standardisierten Verfahren der Inhaltsanalyse liegt das Spezifikum des Verfahrens im Bereich der Datenerhebung und vor allem Aufbereitung, wenn aus einem beliebigen Text- oder Symbolmaterial standardisierte, mit klassischen statistischen Verfahren auswertbare Informationen gewonnen werden sollen. Bei nicht standardisierten Verfahren liegt die Spezifik der Verfahren im Bereich der Auswertung, wenn Textmaterialien, die z. B. aus der Aufzeichnung von Alltagskommunikation gewonnen wurden, ausgewertet werden sollen. Diese Auswertungsverfahren unterscheiden sich aber nicht grundsätzlich von anderen textanalytischen Verfahren in der qualitativen Sozialforschung, mit denen z. B. die Transkripte eines qualitativen Interviews ausgewertet werden. Zusätzliche Verwirrung tritt ein, wenn von einigen Autoren die Auswertung qualitativer Daten generell als Inhaltsanalyse bezeichnet wird.

**Abb. 99: Datenerhebung und Datenanalyse bei standardisierten und nicht-standardisierten Inhaltsanalysen**

| | Datenerhebung | Datenanalyse |
|---|---|---|
| Standardisierte Inhaltsanalyse | Inhaltsanalytische Verfahren zur Gewinnung standardisierter Informationen aus Text- und anderem Symbolmaterial | Statistische Analyse |
| Nicht-standardisierte Inhaltsanalyse | Verfahren zur Sammlung, Auswahl und Aufbereitung von Text- und Symbolmaterial für die qualitative Analyse | Textanalytische Verfahren der qualitativen Sozialforschung |

Im Sinne dieser Einführung, die sich vorrangig mit den Möglichkeiten der Erhebung sozialwissenschaftlicher Daten befasst, interessieren an den inhaltsanalytischen Verfahren insbesondere die Techniken der Gewinnung und Aufbereitung dieser Daten; daher wird hier der Schwerpunkt der Darstellung bei Verfahren zur Aufbereitung standardisierter Daten für die Inhaltsanalyse liegen. Im Folgenden sollen diese hier darzustellenden Techniken als Inhaltsanalyse im engeren Sinne bezeichnet werden. In einem weiteren Sinne können alle Daten, die im Prozess der empirischen Sozialforschung gewonnen werden, als inhaltsanalytisch zu interpretierende Daten begriffen werden; dabei werden dann auch die Ergebnisse einer standardisierten Befragung als Symbolmaterial (Text) verstanden, das sich wie andere Texte mit inhaltsanalytischen Mittel erschließen lässt; ein solches Verständnis wird z. B. bei Merten (1983:86) näher ausgeführt. Diese Perspektive wird hier nicht weiterverfolgt.

Typische Gegenstände von Inhaltsanalysen (im engeren Sinne) sind

- alle Formen von Dokumenten (Gerichtsakten, Protokolle, historische Dokumente, Urkunden etc.) und Texten (Briefe, Tagebücher, Zeitungsartikel, Anzeigen etc.); dazu gehören auch Transkriptionen gesprochener Sprache,
- Fotos, Filme, Videos, Gemälde, Anzeigenwerbung, Internetpräsentationen etc.,
- plastische Darstellungen, Kulturgegenstände, Architektur etc.

Der Begriff Inhaltsanalyse ist eigentlich zu eng gefasst; die Analyse kann sich genauso auf i. w. S. Formen der Darstellung beziehen: auf stilistische Merkmale, Kameraeinstellungen, auf die Gestik und Körperhaltung von Personen etc.

In den Sozialwissenschaften steht vor allem die Analyse von Textmaterialien im Vordergrund; die Geschichtswissenschaften beschäftigen sich neben historischen Dokumenten auch mit bildlichen und plastischen Darstellungen; die Medien- und Kommunikationswissenschaften sind mit allen Formen von Text-, Bild- oder Tonmedien befasst. Inhaltsanalysen eröffnen ein ausgesprochen breites Forschungsfeld, in dem Bilder, Dokumente und andere symbolische Produkte insbesondere auch in historischen Entwicklungsprozessen, im zeitlichen Verlauf untersucht werden können.

Vermutlich geht der größte Teil der empirischen Bezüge, mit denen in den Sozialwissenschaften gearbeitet wird, auf inhaltsanalytisch auszuwertende Materialien zurück; man bezieht sich auf medienproduzierte bzw. -vermittelte Darstellungen der sozialen Welt. Häufig handelt es sich dabei jedoch um eine methodisch und methodologisch nicht weiter reflektierte Empirie; eine systematische Quellenkritik (s. u.) findet oft nicht statt.

## a) Zur Entwicklung der Inhaltsanalyse

Schon früh interessierte man sich für die qualitativen und quantitativen Aspekte von Texten, so z. B. wenn es galt, die Arbeit von Schreibern zu bezahlen oder um religiöse Konflikte (vgl. Dovring 1954:394) zu klären. Die um die Wende zum 20. Jahrhundert erschienenen Arbeiten Sigmund Freuds zur Traumdeutung oder später die Arbeiten C. G. Jungs können als Inhaltsanalysen begriffen werden. Auch die ethnologischen Arbeiten Margret Meads gehen zentral auf die Analyse symbolischer Materialien zurück.

Für die weitere Entwicklung der Inhaltsanalyse werden dann die Analysen im Bereich der (Massen-)Kommunikationsforschung bedeutsam. Bereits 1893 legte John Gilmer Speed eine quantitative Analyse der Themen verschiedener New Yorker Tageszeitungen vor. Mit dem sich insbesondere in den USA rapide entwickelnden Zeitungswesen nehmen frühe Formen der Inhaltsanalyse weiter zu. Auch in der deutschen Soziologie findet das sich entwickelnde Zeitungswesen Resonanz. In der zweiten Hälfte der 1920er Jahre wird die Inhaltsanalyse zunehmend zu einem eigenständigen Untersuchungsinstrument. Später gehen wichtige Beiträge von Paul Lazarsfeld aus, er war seit 1937 Forschungsdirektor am Office of Radio Research an der Princeton University. Im Zweiten Weltkrieg wurden inhaltsanalytische Verfahren von Lasswell und Lazarsfeld eingesetzt, um die politische Sprache und Propaganda zu analysieren; sie nutzten bestimmte Textmerkmale als Indikatoren für politische Absichten. Auf Lasswell gingen dann auch wichtige theoretische

Überlegungen zum Prozess der Massenkommunikation zurück; ein erstes Lehrbuch zur Inhaltsanalyse von Berelson stammt aus dem Jahr 1952.

Bei der Übertragung des angloamerikanischen Begriffs ›content analysis‹ gab es einige Schwierigkeiten; so konkurrierten in Deutschland einige Zeit Übersetzungen wie Aussagenanalyse und Bedeutungsanalyse mit dem Begriff der Inhaltsanalyse. Nachdem in frühen deutschsprachigen Veröffentlichungen das Verfahren der Inhaltsanalyse nicht eingehend behandelt wurde, erschien 1969 im zweiten Band des von René König herausgegebenen Handbuchs für empirische Sozialforschung ein Artikel von Alphons Silbermann zur Systematischen Inhaltsanalyse.

## b) Abgrenzungen und Definitionen

In der klassischen Definition von Berelson wird konstatiert, es gehe um die »objektive, systematische und quantitative Beschreibung des manifesten Gehalts von Kommunikation« (1952:18). Auch in dem Lehrbuch von Kromrey werden die Schlüsselwörter ›objektiv‹ und ›systematisch‹ wieder aufgenommen, wenn er die empirische Inhaltsanalyse definiert als »eine Forschungstechnik, mit der man aus jeder Art von Bedeutungsträgern durch systematische und objektive Identifizierung ihrer Elemente Schlüsse ziehen kann, die über das einzelne analysierte Dokument hinaus verallgemeinerbar sein sollen«. In den näheren Ausführungen heißt es dann: »›Objektiv‹ heißt also: Das Verfahren der Zerlegung des Textes in seine zu analysierenden Bestandteile sowie die Zuordnung zu analytischen Kategorien ist ›objektiviert‹; jeder Sachkundige kann die Vorgehensweise exakt nachvollziehen, sie ist intersubjektiv überprüfbar. – ›Systematisch‹ in der obigen Definition heißt, daß vor der Inhaltsanalyse ein Auswertungsschema erarbeitet wird, an das die Verkoder sich zu halten haben« (1991:232 ff.).

Das Abgrenzungsbemühen, das hier erkennbar wird, geht in zwei Richtungen: zum einen gegen qualitative Auswertungsverfahren, zum anderen gegen die klassische geisteswissenschaftliche Hermeneutik. Ein wichtiges Mittel der Abgrenzung ist bei Berelson die Quantifizierung, bei Kromrey die Erarbeitung eines systematischen Auswertungsschemas für eine standardisierte Analyse. Etwas vorsichtiger wird dieses Problem der ›Qualitätssicherung‹ bei Früh gefasst, wenn er von einer »systematischen, intersubjektiv nachvollziehbaren Beschreibung inhaltlicher und formaler Merkmale von Mitteilungen« (1991:24) spricht.

In der Bestimmung von Merten wird auf ein solches Kriterium verzichtet: »Inhaltsanalyse ist eine Methode zur Erhebung sozialer Wirklichkeit, bei der von Merkmalen eines manifesten Textes auf Merkmale eines nicht manifesten Kontextes geschlossen wird« (Merten 1983:15 f.). Diese recht weit gefasste Bestimmung vermag am ehesten, das recht breite Spektrum von Erhebungsverfahren zu umreißen, die sinnvollerweise dem etablierten Label Inhaltsanalyse zuzurechnen sind. Neben Textmaterialien kann der inhaltsanalytische Blick aber auch auf Medienprodukte oder auf Kunst- und Kulturgegenstände gerichtet werden; in diesem Sinne sollte sinnvollerweise von Symbolmaterial gesprochen werden.

Das weite Spektrum inhaltsanalytischer Verfahren soll im Folgenden unter drei Fragestellungen dargestellt werden:

- Welche symbolischen Materialien eignen sich für Inhaltsanalysen?
- Unter welcher (theoretischen) Perspektive können die Materialien erschlossen werden?
- Wie kann die Sammlung und Aufbereitung von inhaltsanalytischen Materialien erfolgen?

## c) Materialien der Inhaltsanalyse

Die Symbolmaterialien, mit denen sich die Inhaltsanalyse beschäftigt, werden in sozialen Schreib- oder Sprechhandlungen bzw. in Prozessen der Symbolproduktion hervorgebracht. Entsprechend der mit diesen symbolischen Materialien intendierten Kommunikation lassen sich unterscheiden: Prozesse

- der Selbstkommunikation,
- der interpersonalen Kommunikation,
- und der Massenkommunikation.

Solche Kommunikationen sind neben der privaten Sphäre in ganz unterschiedlichen gesellschaftlichen Feldern anzusiedeln. Zum einen sind dies diejenigen Felder, die gezielt mit der Symbolproduktion befasst sind: z. B. in der Medienproduktion, der Kunst und Literatur, in der Produktion von Kulturgütern etc. Zum anderen sind es Felder, in denen im laufenden Betrieb (prozessproduziert) Materialien hervorgebracht werden, die sich für Inhaltsanalysen eignen: z. B. in der Politik, der Wissenschaft, im Rechtswesen, in öffentlichen und privaten Verwaltungen etc.

Die Ergebnisse (intendierter und nicht-intendierter) symbolischer Produktionen werden von der Sozialforschung als Texte, bewegte und stehende Bilder oder in plastischer Form vorgefunden; die bei diesen Produktionen verwendeten Materialien sind ganz unterschiedlich gestaltet: Papier, Zelluloid, Datenträger zur Speicherung analoger und digitaler Daten; bei plastischen Gegenständen ist diese Palette noch weitaus vielfältiger.

Exemplarisch sollen im Folgenden einige Beispiele für inhaltsanalytisch auszuwertende Symbolmaterialien vorgestellt werden.

• In Artikeln überregionaler Zeitungen werden die Phänomene der sozialen Welt von professionellen Journalisten in einer spezifischen Form und mit spezifischen Zielsetzungen dargestellt. Sie liegen in thematisch gegliederter Form vor und sind einzelnen Personen, verantwortlichen Redakteuren bzw. Herausgebern zuzurechnen. Zeitungsartikel erscheinen in periodischer Form; sie sind öffentlich zugänglich und in Papierform, als Mikrofilm oder in elektronischer Form archiviert.
• In Akten aus öffentlichen und privaten Verwaltungen wird das Handeln oder die getroffenen Entscheidungen dieser Organisationen bzw. einzelner Akteure und Akteursgruppen dokumentiert. Zudem wird ein bestimmter sozialer Kontext erfasst, in dem diese Organisationen agieren: Es werden Anträge gestellt, Eingaben gemacht, Anfragen an eine Organisation formuliert; die Organisation interagiert mit anderen Organisationen; zudem muss eine Organisation ihre Binnenstrukturen erhalten und verändern. Dieses Geschehen ist aus verschiedenen Gründen in Geschäftsberichten, Protokollen, Verlautbarungen, amtlichen Berichten etc. festgehalten. Soweit diese Materialien nicht veröffentlicht oder archiviert werden, ist ein systematischer Zugang nicht ganz einfach; hinzu kommen Probleme, die aus den Regeln des Persönlichkeitsschutzes und mitunter der Geheimhaltung erwachsen, so dass ein Zugang oft erst mit erheblichem zeitlichem Verzug möglich ist. Vor diesem Hintergrund werden diese Materialien typischerweise eher im Kontext der Geschichtswissenschaft genutzt. Es gibt jedoch umgekehrt gerade bei öffentlichen Einrichtungen oder im parlamentarischen System vielfältige Veröffentlichungs- und Berichtspflichten, die zumindest bestimmte Aspekte des Organisationshandelns, bestimmte Outputs zugänglich machen: Gesetzestexte, parlamentarische Reden, Erklärungen, ministerielle Berichte etc. Zudem sind in Handbüchern wichtige Eckdaten von Organisation oder Angaben über Personen des öffentlichen Lebens zugänglich. Im engeren Sinne politische Organisationen, wie Parteien, Gewerkschaften oder auch Interessenverbände, betreiben systematisch Selbstdarstellungs- und Öffentlichkeitsarbeit, die dann z. B. über programmatische Erklärungen, Internetpräsentationen, Werbespots etc. zugänglich ist.
• Typische Zugänge zum eher ›privaten‹ Leben eröffnen sich z. B. über Briefe, E-Mails, Diskussionsforen, Tagebücher, Weblogs, private Websites oder Foto- und Videomaterialien. Daneben lassen sich auch im privaten Bereich gewissermaßen prozessproduzierte Symbolmaterialien nutzen: die Alltagskommunikation (z. B. Telefongespräche, Tischgespräche, Gesprächsrituale im öffentlichen Raum etc.) eröffnet Zugänge zu Wirklichkeitsbildern, Wertvorstellungen und Relevanzstrukturen; Gebrauchsgegenstände können durch ihre formale Beschaffenheit oder die sozialen Praktiken ihrer Nutzung Informationen über das alltägliche Leben geben. Eine systematische Erschließung dieser Symbolmaterialien ist mit legalen Mitteln und unter Wahrung ethischer Regeln kaum möglich, da es sich

eben um private Materialien handelt. Verschiedentlich werden solche Materialien in Einrichtungen des Erziehungssystems genutzt; wenngleich auch hier die persönlichkeitsrechtlichen und ethischen Probleme viel zu wenig reflektiert werden: So werden Schulaufsätze als inhaltsanalytisches Material verwendet. Nimmt man die Ansprüche an die Systematik der Gewinnung solcher Materialien zurück, eröffnen sich jedoch vielerlei Möglichkeiten: So wurden am Wiener Psychologischen Institut unter Karl und Charlotte Bühler Tagebücher von Jugendlichen gesammelt. Weblogs sind heute öffentlich oder teilöffentlich zugänglich; die damit verbundenen ethischen Fragen einer Nutzung solcher Materialien für die Sozialforschung sind jedoch nicht einfach zu klären. In der historischen Forschung sind solche Materialien des privaten Lebens z. B. über Nachlässe zugänglich.

• Auch der wissenschaftliche Betrieb liefert eine Fülle von inhaltsanalytisch interessanten Materialien. Sozialwissenschaftliche Literatur oder Artikel in sozialwissenschaftlichen Zeitschriften können den veröffentlichten sozialwissenschaftlichen Diskurs abbilden. Sie geben Auskunft über die Themen, Methoden und theoretischen Konzepte sozialwissenschaftlicher Analysen. Sie sind einem oder mehreren Autoren zuzurechnen, für die häufig auch kleine biographische Selbstdarstellungen vorliegen. Die Praktiken wissenschaftlichen Zitierens ermöglichen es, inhaltliche, theoretische, methodische aber auch persönliche und institutionelle Beziehungen zu rekonstruieren. Die Titel und Untertitel solcher Veröffentlichungen ermöglichen Bezüge auf die dargestellten Inhalte. Über die Programme wissenschaftlicher Verlage, Veröffentlichungsreihen oder über Zeitschriften entstehen institutionelle Zusammenhänge. Bücher und Zeitschriften sind grundsätzlich öffentlich zugänglich, und sie werden z. B. von Bibliotheken nach bestimmten Kriterien archiviert: In papierenen und elektronischen Katalogen liegen systematische Metainformationen über diese Medien vor; oft sind diese auch mit einer Systematisierung und Verschlagwortung verbunden.

Die Aufbereitung symbolischer Materialien für Inhaltsanalysen kann recht unterschiedlich aussehen; einige Beispiele sollen die Vielfalt möglicher Formen illustrieren:

- standardisiertes Datenmaterial, indem ein Text- oder Bildmaterial systematisch nach (geschlossenen) Fragestellungen verkodet wird
- eine Statistik der Kameraeinstellungen oder der Kamerabewegung in einem Film oder in Filmen verschiedener Genres
- Photographien zu einem Thema, Photographien, die in einem bestimmten Kontext entstehen (Urlaubsbilder)
- photographische und filmische Darstellungen plastischen Materials
- Grundrisse von Fabrikgebäuden etc.

## Quellenkritik

Die Anstrengungen, die bei Befragungen oder Beobachtungen auf die Qualitätssicherung der Datenproduktion verwandt werden, müssen bei Inhaltsanalysen in eine sorgfältige Quellenkritik investiert werden.

Dabei ist zum einen der Produktionskontext des symbolischen Materials zu rekonstruieren. Wenn ein Journalist in einem Artikel ein bestimmtes Geschehen darstellt, so greift er auf bestimmte von ihm oder anderen gewonnene Informationen zurück; neben einem unterstellten Interesse, ein Geschehen möglichst authentisch darzustellen, ist eine solche Darstellung mit bestimmten professionellen oder darüber hinausgehenden eigenen Interessen verknüpft; er arbeitet in einem institutionellen Kontext einer Zeitung, deren Herausgeber bestimmte ökonomische oder vielleicht auch politische Interessen verfolgen; der Journalist weiß, was sein Herausgeber, seine Leser und Leserinnen hören wollen etc.

Zum anderen ist der Weg, den das Material nach seiner Produktion auf dem Weg zu den Forschenden genommen hat, zu rekonstruieren. Welche Artikel erscheinen in einer Zeitung, welche nicht; von wem werden sie wie redigiert; wie erfolgt die Archivierung etc.?

Während Medienprodukten auch im Alltagsleben eine gewisse Skepsis entgegengebracht wird, erscheinen andere Materialien wie z. B. Tagebücher weitaus authentischer. Aber gerade diese vermeintliche Authentizität macht sie zu einem beliebten Objekt partieller oder vollständiger – und auch ganz unterschiedlich motivierter – Fälschungen. Die Wiener Kinderpsychologin Hermine Hug-Hellmuth veröffentlichte 1921 das zuvor anonym erschienene ›Tagebuch eines halbwüchsigen Mädchens von 11 bis 14,5 Jahren‹. Die Veröffentlichung wurde von Sigmund Freud und anderen hoch geschätzt. Bereits frühzeitig wurde aber seine Echtheit in Zweifel gezogen; heute wird davon ausgegangen, dass Herausgeberin und Autorin des Tagebuchs ein und dieselbe Person waren. Die Tagebücher der Anne Frank erschienen jahrzehntelang in einer vom Vater bereinigten Form; das betraf einige kritische Passagen über ihre Mutter und Abschnitte zu ihrer Sexualität.

Auch alle übrigen Quellen von inhaltsanalytischen Materialien sind sorgfältig zu prüfen; es gilt, den Weg dieser Materialien von ihrer Entstehung bis zum Eingang in den Forschungsprozess zu rekonstruieren und dabei jene Faktoren zu analysieren, die auf die Entstehung oder Nicht-Entstehung solcher Materialien, ihre Form und ihren Inhalt Einfluss haben. So ist das Material, das z. B. Abb. 104 zu Grunde liegt, daraufhin zu prüfen, ob es nicht neben dem Wandel des politischen Diskurses auch institutionelle Veränderungen der Zeitungslandschaft widerspiegelt.

Aus einer forschungssystematischen Perspektive erscheint die Inhaltsanalyse als ein nicht-reaktives Forschungsverfahren; dennoch hat man es nicht mit natürlichem oder vorsozialem Material zu tun. Alle symbolischen Materialien geben Auskunft über die sozialen Welten, denen sie entstammen, aber nicht unbedingt über die Phänomene, die vordergründig als Inhalte dieser Materialien erscheinen. Die in der Quellenkritik aufgedeckten Probleme machen ein symbolisches Material nicht unbedingt ›unbrauchbar‹, unter Umständen erhält man aber Informationen über einen anderen als den ins Auge gefassten Wirklichkeitsausschnitt. Grundsätzlich stellen sich bei der Inhaltsanalyse ganz ähnliche methodische Probleme wie bei manch anderen Verfahren. Sie entstehen in komplexen Kommunikationssituationen; es gilt, diese Probleme zu analysieren und angesichts der zu erwartenden Erkenntnisgewinne zu bewerten.

## d) Perspektiven der Inhaltsanalyse

Bei der Analyse von Inhalten wird auf unterschiedliche theoretische Modelle z. B. von Kommunikationsprozessen, von Diskursen etc. zurückgegriffen. Diese Modelle eröffnen jeweils unterschiedliche Perspektiven; sie ermöglichen es, Symbolmaterialien inhalts- und formanalytisch zu befragen. Die Vielfalt solcher Modelle, die in verschiedenen Disziplinen herangezogen werden, mag zunächst verwirren; sie drückt aber auch die weit reichenden Möglichkeiten inhaltsanalytischer Fragestellungen aus. Dies soll im Weiteren an einfachen und erweiterten Kommunikationsmodellen sowie an diskursanalytischen Konzepten verdeutlicht werden.

### Kommunikationsmodelle (Mikroperspektive)

Die einfachste Frage, die zu einer Vorstellung vom Kommunikationsprozess führt, wurde von Lasswell formuliert: ›Wer sagt was zu wem und mit welcher Wirkung?‹ Damit wird neben zwei Akteuren (Sender und Empfänger) ein Medium, ein Inhalt eingeführt; mit der Frage nach der Wirkung werden diese Momente in einen gerichteten Zusammenhang gebracht: Kommunikation soll bei den Empfängern bestimmte Wirkungen erzielen; dahinter steckt eine behavioristische Reiz-Reaktions-Logik.

Dieses einfache Modell vom Kommunikationsprozess kann nun verschiedene Typen inhaltsanalytischer Fragen anleiten:

- Inhaltsanalysen können sich in formal-deskriptiver Perspektive für eine Analyse der Mitteilung interessieren, z. B. indem verschiedene Varianten von Texten typologisiert werden; sie können sich für Strukturen von Texten interessieren, indem die Häufigkeit bestimmter Textmerkmale, Wörter oder Wortarten (z. B. Fremdwörter) ausgezählt wird.

Abb. 100: Kommunikationsprozess (Modell: Diekmann)

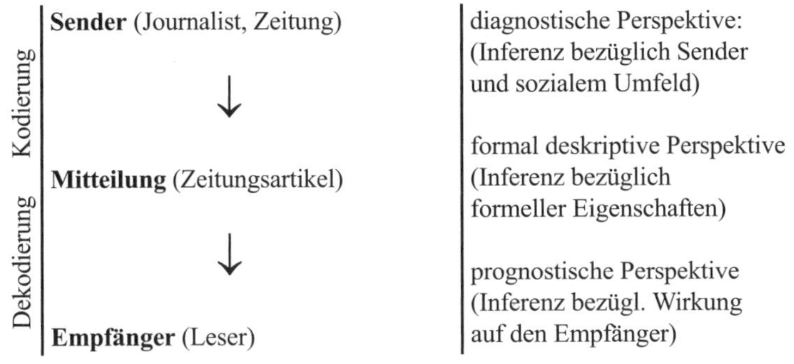


Eigene Darstellung nach Diekmann (1995:484)

- Sie können als diagnostische Analyse angelegt werden, indem man sich ausgehend von dem Text für die Beziehung von Sender und Mitteilung bzw. für den Entstehungszusammenhang von Texten interessiert. So kann z. B. gefragt werden: was möchte der Sender, der Autor, die Redaktion mitteilen und bewirken, welche Werte fließen in den Text ein?
- Schließlich können Inhaltsanalysen prognostisch konzipiert werden, indem nach der Beziehung von Mitteilung und Empfänger gefragt wird. Dabei geht es um die Wirkung von Texten: Wie reagieren Empfängerinnen auf die Mitteilung, wie verändern Werbetexte das Konsumverhalten oder wie wird eine Mitteilung verstanden? Eine solche Wirkungsanalyse geht jedoch über die Reichweite von Inhaltsanalysen hinaus; sie bedarf zusätzlicher Daten über das (veränderte) Handeln von Personen.

Die Inhaltsanalysen decken vorrangig die formal-deskriptive Perspektive ab. Sie ermöglichen es aber auch, Spuren des Entstehungszusammenhangs von Texten aufzufinden; d. h., man kann die Texte als Indikatoren für bestimmte Intentionen der Urheber begreifen.

Ein Modell soll auf möglichst einfache Weise die wesentlichen Strukturen eines Kommunikationsprozesses abbilden; so reicht dieses einfache Sender-Empfänger-Modell für manche Fragen der Kommunikationsforschung aus. Es gibt so betrachtet keine richtigen und falschen Modelle; entscheidend ist die Frage, ob sie den Prozess angesichts einer wissenschaftlichen oder praktischen Fragestellung angemessen modellieren.

Abb. 101: Kommunikationsprozess (Modell: Stone/Faberman)

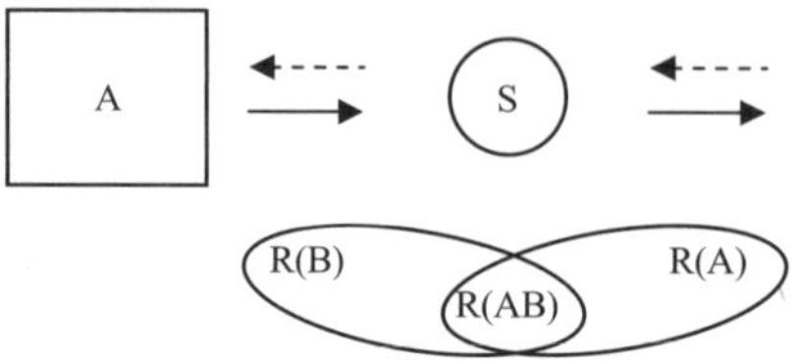


**S:** ausgetauschte Symbole
**R(B):** A antizipiert die Reaktion von B
**R(A):** B antizipiert die Reaktion von A
**R(AB):** ›Verständigungsbereich‹ von A und B

Quelle: Spöhring (1989:63) nach Stone/ Faberman

Interessiert man sich z. B. unter einer spezifischen Perspektive für Prozesse der symbolischen Interaktion, so müsste das einfache Modell erweitert werden, indem das Moment der Vorwegnahme der vermuteten Reaktionen des Kommunikationspartners einbezogen wird. D. h., die Mitteilung wird nicht nur von einem bestimmten Mitteilungsbedürfnis auf Seiten des Empfängers geprägt, sondern sie orientiert sich in Inhalt und Form immer auch an den Bildern, die der Sender von der Empfängerseite hat, und umgekehrt.

Über ein einfaches Reiz-Reaktions-Modell hinaus wird hier eher nach Möglichkeiten der Verständigung gefragt. Auch bei Kromrey findet sich im Anschluss an seine Skizze des Kommunikationsprozesses die Frage, wie Kommunikation überhaupt gelingen kann, wie also Prozesse der Kodierung und Dekodierung zu einer zumindest ansatzweisen Entsprechung finden können.

Unter Bezug auf Luhmann entwirft Hartmut Esser Kommunikation als ein Modell kommunikativer Selektionen auf Seiten des Senders wie des Empfängers. Auf der Senderseite wird z. B. selektiert, welche Informationen mitgeteilt werden oder welches Informationsmedium ausgewählt wird. Auf der Empfängerseite kommt dann eine bestimmte Mitteilung an, aber die Rezeption einer solchen Mitteilung beschreibt Esser wiederum als eine Kette von Selektionen: Wie werden die Informationen, die den Empfänger erreicht haben, verstanden; wie wird das Verstandene aufgenommen und welche Wirkungen zeitigt es? Angesichts der Vielfalt von Selektionen kann der Kommunikationsprozess kaum mehr in einem elektromechanischen Sinne des Sendens und Empfangens verstanden werden; man hat es – angelehnt an die Begriffswelten Luhmanns – eher mit unabhängigen Teilsystemen zu tun, die im Sinne einer strukturellen, also nicht-mechanischen Koppelung zueinander in Beziehung treten.

Abb. 102: Kommunikationsprozess (Modell: Esser)

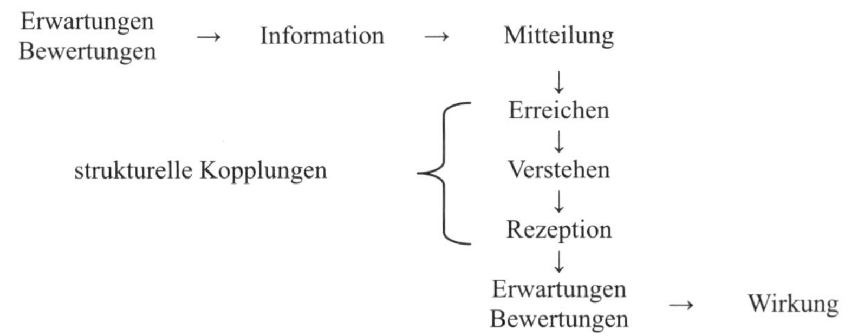


Quelle: Esser (1993:520)

Das führt auch zu der kritischen Frage, was das Mitgeteilte über Sender und Empfänger aussagt: Müsste man nicht viel mehr über die Sende- und Empfangspraktiken wissen? Zudem ist zu fragen, ob die Mitteilung eigentlich alles ist, was zwischen Sender und Empfänger transportiert wird. So stellt es sich aus der Perspektive McLuhans genau umgekehrt dar: »Das Medium ist die Botschaft« (1997:112).

Aus der Face-to-Face-Kommunikation kennt man die Bedeutung von Mimik und Gestik, des Vorwissens über den jeweiligen Partner, die Bedeutung der Erwartungen, der bisherigen Kommunikationserfahrungen, der damit verknüpften Normalitätsvorstellungen. Viele dieser Perspektiven sind auch auf die Medienkommunikation übertragbar; so spielen die äußere Gestalt von Medien, Bilder, die sich die Empfänger von diesen Medien machen, Bilder, die sich die Medienproduzenten von ihren Empfängern machen etc., eine wichtige Rolle (vgl. McLuhan 1997).

Aus diesen Überlegungen können vielerlei Ansätze abgeleitet werden, die hier vorgestellten Modelle komplexer zu gestalten; es sollte jedoch nicht vergessen werden, dass die gewählten Modelle dazu dienen sollen, Untersuchungsperspektiven zu entwickeln, um inhaltsanalytisches Material im Sinne einer zu verfolgenden Forschungsfrage sinnvoll analysieren zu können.

Alle hier vorgestellten Kommunikationsmodelle machen auf ein Grundproblem des inhaltsanalytischen Vorgehens aufmerksam, man hat es mit einem Material zu tun, dass in einem Kontext der Interaktion und Kommunikation entsteht. Bei der Analyse eines solchen Materials erfahren die Forschenden zum einen etwas über die ›Botschaften‹, die kommuniziert werden, wenn ein Schüler in einem Aufsatz bestimmte Weihnachtswünsche vorbringt oder wenn ein Kommentator bestimmte Zeitdiagnosen abgibt. Zum anderen erfährt man etwas über die institutionellen oder kulturellen Kontexte, in denen dies geschieht; die Botschaften der einzelnen Sender tragen die Spuren der Institution (der Schule, der Zeitung), in der sie entstehen; sie folgen bestimmten Regeln des sprachlichen Ausdrucks, des Sagbaren und des Unsagbaren etc.

Damit weist das inhaltsanalytische Material weit über seinen unmittelbaren Entstehungszusammenhang hinaus; das macht es für die Analyse der sozialen Welt interessant, zugleich bereitet die Komplexität des Materials aber auch erhebliche analytische und interpretatorische Probleme.

## Sprachlicher Tausch und Diskurs (Makroperspektive)

Die bislang vorgestellten Modelle aus dem Kontext der Kommunikations- oder der Medienwirkungsforschung, aber auch die dem symbolischen Interaktionismus entlehnten Modelle entwickeln eher eine Mikroperspektive auf Prozesse der Kommunikation und Symbolproduktion; auch in den Sprachwissenschaften dominieren eher mikroanalytische Modelle. Demgegenüber wurden in soziologischen, ethnologischen oder historischen Analysen Modelle entwickelt, die sich eher aus einer Makroperspektive für die ›Ökonomie des sprachlichen Tausches‹, für ›Sprache und symbolische Macht‹ oder für ›Diskursanalysen‹ (s. u.) interessieren. So verweist Bourdieu ausgehend vom Sprechakt auf die gesellschaftlichen Voraussetzungen des Sprechens: »Jeder Sprechakt und allgemeiner jede Handlung ist eine bestimmte Konstellation von Umständen, ein Zusammentreffen unabhängiger Kausalreihen: auf der einen Seite die – gesellschaftlich bestimmten – Dispositionen des sprachlichen Habitus, die eine bestimmte Neigung zum Sprechen und zum Aussprechen bestimmter Dinge einschließen (das Ausdrucksstreben) und eine gewisse Sprachfähigkeit, die als sprachliche Fähigkeit zur unendlichen Erzeugung grammatisch richtiger Diskurse und, davon nicht zu trennen, als soziale Fähigkeit zur adäquaten Anwendung dieser Kompetenz in einer bestimmten Situation definiert ist; auf der anderen Seite die Strukturen des sprachlichen Marktes, die sich als ein System spezifischer Sanktionen und Zensurvorgänge durchsetzen« (Bourdieu 1990:11 f.).

Das wäre also ein Modell von den habituellen Möglichkeiten sprachlicher Produktion und der Zirkulation dieser sprachlichen Produkte auf vielfältig regulierten Märkten.

Die in verschiedenen Text- und Sozialwissenschaften zu findenden Diskursanalysen reichen von der Analyse einzelner Kommunikationsprozesse bis zu historischen Analysen der langfristigen Transformation von Sprach- und Bedeutungsgehalten. Das Interesse für Diskurse und ihre Analyse in dem hier bevorzugten Verständnis geht auf die Auseinandersetzung mit den Diskursanalysen der strukturalen Linguistik und insbesondere auf die diskursanalytische bzw. diskursarchäologischen Arbeiten Michel Foucaults zurück. Es geht dabei um »die Analyse von Sprachgebrauch bzw. von mündlichen oder schriftlichen Texten«, um »Regelstrukturen oder inhaltliche Strukturierungen« (Keller u. a. 2001:9).

Insbesondere die Forschungen Foucaults zielten auf den »Zusammenhang von übersubjektiven Wissensordnungen und diskursiven Praktiken«. Sein Interesse richtete sich auf die »formalen Bedingungen der Produktion von Wissenskodes (...), die Regeln der Produktion und Kontrolle von Diskursen, der Erzeugung, Aufrechterhaltung und Transformation von gesellschaftlichen Wissensbeständen, den Zusammenhang von Wissen und Macht sowie die institutionellen und diskursiven Formen der Subjektkonstitution. Die Wissensordnung (...) wird dabei nicht länger als Abbildung von Wirklichkeit verstanden (...), sondern der Materialität der Diskurse selbst, also den Aussage- und Zeichensequenzen, die in diskursiven Praktiken entstehen und durch deren Wiederholung die Wirklichkeit der Welt konstituiert wird. Das Erkenntnisinteresse richtet sich demnach auf die symbolische und strukturelle Dimension von Diskursen, auf die Praxis der Diskursproduktion und auf diskursive Machtkämpfe« (12).

An dieser Stelle können die vorliegenden Modelle der Kommunikation und des Diskurses nicht erschöpfend abgehandelt werden. Ziel dieser kleinen Reise durch die Analyse der Symbolwelten war es, eine Vorstellung von den ganz unterschiedlichen Möglichkeiten der Modellierung dieser Prozesse zu gewinnen. Diese Modelle stellen einzelne Aspekte des symbolvermittelten Austauschs mehr oder weniger in den Vordergrund, sie abstrahieren mehr oder weniger stark. Sie können damit unterschiedliche Fragestellungen für Inhaltsanalysen anstoßen, und sie reichen auch über den Rahmen der Inhaltsanalyse hinaus, beispielsweise wenn es um die Frage der Wirkungen geht. Die elaborierteren Modelle weisen aber darauf hin, wie voraussetzungsvoll es ist, ausgehend von einem wie auch immer ausgewerteten Textkorpus Aussagen über die Sender- und Empfängerseite oder über den Kommunikationskontext zu machen.

Mit diesen Problemen haben im Prinzip sowohl eine eher quantifizierende wie eine eher qualitative Analyse zu kämpfen. Eine qualitative Auswertung vermag vielleicht den eigentlichen Kommunikationsakt präziser abzubilden, aber die Probleme des Schlusses von gesprochenen bzw. geschriebenen Texten auf die Sender- oder Empfängerseite bleiben bestehen.

## e) Techniken der Aufbereitung von Daten für inhaltsanalytische Fragestellungen

Zunächst werden in Grundzügen einige Techniken vorgestellt, die auf eine standardisierte Form der Aufbereitung inhaltsanalytisch auszuwertender Daten zielen. Manche der dabei angeführten Probleme stellen sich aber für standardisierte und weniger standardisierte Formen der Aufbereitung in ganz ähnlicher Weise.

### Abgrenzung von Grundgesamtheiten

Unabhängig von der Frage, wie der Zugang zu Text- und Symbolmaterial möglich ist und wie Auswahlen aus den verfügbaren Materialien getroffen werden, ist zunächst genau zu überlegen, wie eine Grundgesamtheit von Materialien abgegrenzt werden kann.

Ausgehend von einer inhaltsanalytischen Fragestellung ist zunächst zu bestimmen, über welche zeitlich und soziokulturell abgegrenzten ›Räume‹ Aussagen getroffen werden sollen. Nach einer solchen raum-zeitlichen Eingrenzung ist zu überlegen, ob das Symbolmaterial nach eher formalen Kriterien bestimmt wird, ob man sich also z. B. für alle Leitartikel in überregionalen deutschsprachigen Tageszeitungen interessiert oder ob eine solche Abgrenzung eher nach inhaltlichen Kriterien erfolgt, z. B. indem man sich dafür interessiert, wie das Phänomen ›Arbeitslosigkeit‹ in einem wohlfahrtsstaatlichen System thematisiert wird.

Die eher formale Abgrenzung bietet für eine angestrebte standardisierte Aufbereitung von Materialien eine Reihe von Vorteilen, da mit der formalen Abgrenzung wichtige Grundlagen für eine Vergleichbarkeit von Materialien geschaffen werden. Eine eher inhaltliche Abgrenzung führt zu einer Pluralität von Materialien verschiedener Form.

Im Anschluss an eine solche Abgrenzung der Grundgesamtheit von Symbolmaterialien sind dann Fragen des Zugangs zu diesen Materialien zu klären, und es ist zu entscheiden, wie Auswahlen getroffen und realisiert werden. Dabei kann auf das vorliegende Repertoire an Auswahlverfahren zurückgegriffen werden, z. B. eine Zufallsauswahl oder eine inhaltlich kontrollierte bewusste Auswahl von typischen Materialien.

### Standardisierte (›systematische‹) Inhaltsanalysen

Wie auch bei anderen Verfahren der Datengewinnung können mit Mitteln der Inhaltsanalyse mehr oder weniger standardisierte Daten gewonnen werden. Bei der standardisierten Inhaltsanalyse werden die Ausgangsmaterialien, insbesondere

Texte, nach einem zuvor entwickelten festen Kategoriensystem kodiert, so dass am Ende ein Datensatz steht, der mit denselben statistischen Mitteln einer quantifizierenden Analyse unterworfen werden kann wie anderes standardisiertes Datenmaterial.

So lässt sich eine standardisierte Aufbereitung von Text- und anderen Symbolmaterialien in gewisser Weise als eine standardisierte ›Befragung‹ dieses Materials begreifen. Man richtet Fragen z. B. an einen Text und hält das Ergebnis der Befragung dieses Textes in kategorisierten Antworten fest, die von den Forschenden oder geschulten Hilfskräften gegeben werden. Sie tragen nach vorab vereinbarten Regeln in einen standardisierten Erhebungsbogen ein, welche formalen oder inhaltlichen Merkmale z. B. ein einzelner Text hat. Eine solche Erhebung kann sich für die Eigenschaften einzelner Texte interessieren, sie kann aber auch in diskursanalytischer Perspektive fragen, wie viele Textmaterialien eines bestimmten Typs zu einem Thema entstanden sind.

Das von Merten erstellte Schema gibt einen gewissen systematischen Überblick über inhaltsanalytische Verfahren; dabei sind jedoch Ansätze aus dem Bereich der Hermeneutik oder diskursanalytischer Konzepte nicht berücksichtigt.

Neben einer Analyse der Binnenmerkmale von symbolischen Materialien können diese auf einer höheren Aggregatebene auch als Indikatoren für die Veränderung von Diskursen, für Netzwerke von Autoren oder Typologien von wissenschaftlichen Publikationen genutzt werden. Ausgangspunkt für solche bibliometrischen Analysen oder für Zitationsanalysen sind in der Regel die für die wissenschaftliche Bibliographie und Zitation erforderlichen Angaben; diese können dann z. B. um Stich- oder Schlagwörter ergänzt werden.

Im Folgenden sollen an einigen Beispielen die Möglichkeiten zur formalen und inhaltlichen Analyse von Texten erläutert werden.

Viele Untersuchungen interessieren sich vornehmlich für die formalen Merkmale von Symbolmaterialien:

- Im Rahmen der Marienthal-Studie wurden Schulaufsätze aus Marienthal und aus strukturell ähnlichen – aber nicht von Massenarbeitslosigkeit betroffenen – Nachbarorten verglichen. Dabei wurde z. B. die Häufigkeit des Gebrauchs von Konjunktiv und Indikativ ermittelt. In der Analyse wurde dann später der häufigere Gebrauch konjunktivischer Formen als Indikator für den Grad der Resignation der Schülerinnen gesehen.
- Die Type-Token-Ratio kann die sprachliche Vielfalt eines Textmaterials indizieren; sie wird aus der Anzahl der verschiedenen Wörter im Verhältnis zur Gesamtzahl der Wörter berechnet.
- Für die Bestimmung eines Aktionsquotienten wird die Zahl der in einem Text enthaltenen Verben durch die Zahl der Adjektive dividiert. Damit lassen sich z. B.

Abb. 103: Typologie inhaltsanalytischer Verfahren

| Ebene der Analyse / Ziel der Analyse | Kommunikator | Rezipient | Situation |
|---|---|---|---|
| Syntaktische Ebene | z. B. Analyse der Sprachstile (z. B. Satzlänge) von Autoren | | |
| Syntaktisch-semantische Ebene | z. B. Wortanalyse (z. B. Verwendung verschiedener Wortarten) | | z. B. soziolinguistische Analysen, Analysen zum Spracherwerb |
| Semantisch-semantische Ebene | z. B. Analyse der in einem Artikel angesprochenen Themen | | z. B. Analyse der in einem Artikel angesprochenen Themen |
| Syntaktisch-pragmatische Ebene | z. B. Analysen zur Leseschwierigkeit von Texten (Zurechnung zum Kommunikator bzw. Rezipienten) | | |
| Semantisch-pragmatische Ebene | z. B. Analyse der in einem Text enthaltenen Werte oder Motive | z. B. Verständlichkeitsanalyse durch Einsetzverfahren | z. B. Symbolanalyse zur Ermittlung von Einstellungen oder Interaktionsprozessanalysen |
| Pragmatisch-pragmatische Ebene | | z. B. Schluss von formalen und inhaltlichen Eigenschaften auf die Resonanz | z. B. Interviewanalyse (Analyse der verbalen/nonverbalen Merkmale einer dyadischen Interaktion) |

Struktur des Diagramms nach Merten (1995:121)

verschiedene Textgenres differenzieren; so liegt der Aktionskoeffizient in Märchen bei 4,11, in klassischer bzw. moderner Prosa bei 2,50 bzw. 2,35; in naturwissenschaftlichen Texten beträgt er 1,13, in geisteswissenschaftlichen 1,03.

Dem stehen Untersuchungsansätze gegenüber, die das Material eher aus inhaltlicher Perspektive analysieren:

• Diekmann berichtet über eine Untersuchung von Leitartikeln der führenden schwedischen Tageszeitungen (1995:487 ff.). Dabei ging es um die Frage, wie sich zentrale politische Werte und Themen (insbesondere die Grundwerte Freiheit und Gleichheit) entwickeln und ob es erkennbare Unterschiede in der politischen Ausrichtung der Zeitungen gibt. Der Untersuchungszeitraum umfasste die Zeit von 1945 bis 1975; es wurde eine Stichprobe von 11.717 Kommentaren gezogen und ausgewertet. Für die Bestimmung der in einem Artikel angesprochenen Grundwerte wurden Unterkategorien gebildet, die als Indikatoren fungieren; für Freiheit waren das: »Freiheit allgemein, nationale Unabhängigkeit, Freiheit der Religion und Meinung, Freiheit der Rede und der Presse, Wirtschaftsfreiheit, persönliche Wahlfreiheit, liberale Ideologie«; für Gleichheit: »Gleichheit allgemein, Fairneß, Gleichbehandlung, Ausgleich, Solidarität, Verteilung, soziale Gleichheit« (490).

Abb. 104: Kommentare in schwedischen Tageszeitungen

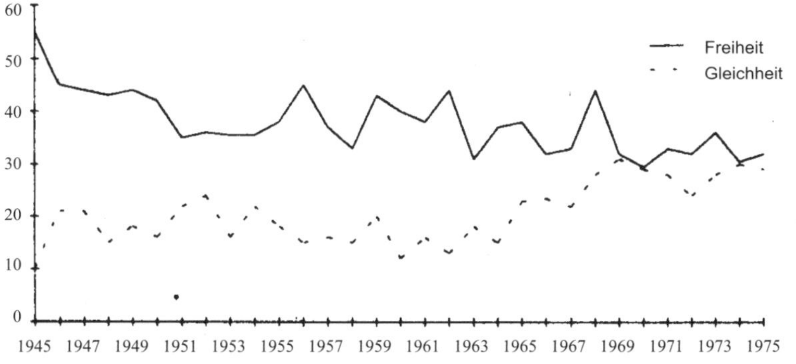


Quelle: Block (1981:247), zit. nach Diekmann (1995:495)

• In der unten abgebildeten bibliometrischen Analyse wurde rekonstruiert, wie sich mit dem Erscheinen erster Lehrbücher zur empirischen Sozialforschung ein Methodendiskurs in Deutschland konstituiert hat. Die Zahlen stehen für die jeweiligen (Neu-)Auflagen der Lehrbücher; soweit keine Angabe zur Nummer der Auflage vorlagen, wurde ›##‹ verzeichnet; der Eintrag ›—‹ dient lediglich einer verbesserten optischen Darstellung. Aus der Zahl und der zeitlichen Verteilung der Auflagen können Schlussfolgerungen auf die ›Wirkungsgeschichte‹ einzelner Lehrbücher gezogen werden. Problematisch ist, dass zur jeweiligen Auflagenhöhe keine systematischen Angaben zur Verfügung stehen.

## Abb. 105: Bibliometrische Analyse: Lehrbücher zur empirischen Sozialforschung

| Lehrbücher: | 1965 · 1970 · 1975 · 1980 · 1985 · 1990 · 1995 |
|---|---|
| Jetzschmann (Hrsg.): Einführung in die soz. Forschung | ## |
| Mangold: Empirische Sozialforschung | 01 - 02 - - 03 |
| Atteslander: Methoden der empirischen Sozialforschung | 01 - 02 - - 03 04 - - - - - - - - 05 - - - - - - 06 - 07 - 08 |
| Mayntz u.a.: Einf. in die Methoden der emp. Soziologie | 01 - 02 03 - 04 - - - 05 |
| Bodzenta (Hrsg.): Empirische Sozialforschung | ## |
| Hartmann: Empirische Sozialforschung | 01 - 02 |
| Münch: Datensammlung in den Sozialwissenschaften | ## |
| Schrader: Einführung in die empirische Sozialforschung | 01 - 02 |
| Selltiz/ Jahoda u.a.: Untersuchungsmethoden (2 Bd.) | ## |
| Seelig: Praxis empirischer Untersuchungen | ## |
| Friedrichs: Methoden empirischer Sozialforschung | 01 02 03 04 06 07 08 - 09 10 11 12 13 - - - - 14 |
| von Alemann: Der Forschungsprozeß | ## - - - - - - 01 - - - - - 03 |
| Kromrey: Empirische Sozialforschung | 01 - - 02 - - 03 - - - 04 05 - - 06 07 |

Eigene Darstellung auf Basis des Online-Katalogs des Südwestdeutschen Bibliotheksverbunds

• Die standardisierte Inhaltsanalyse kann sich neben Text- durchaus auch mit Bildmaterialien befassen. Wie im Fall der Textanalyse muss hier ein standardisiertes Kategorienraster, nach dem das Material befragt wird, entwickelt werden. Das folgende Raster demonstriert Möglichkeiten der Analyse von Pressebildern.

Die für die Sozialforschung mit standardisierten Daten entwickelte Forschungslogik kann auch für Inhaltsanalysen eingesetzt werden. Die folgende Darstellung eines Forschungsprozesses folgt der bei Kromrey (1998:315 ff.) erläuterten Phasenstruktur.

1. Entwicklung eines Erhebungsdesigns und eines Erhebungsinstruments:

– Festlegung der Grundgesamtheit; d. h. der Art oder Klasse von Texten, die untersucht werden soll (z. B. Bundestagsprotokolle, Deutsch-Lesebücher einer Jahrgangsstufe in einem Bundesland). Dabei muss eine genaue Abgrenzung vorgenommen werden, so dass entscheidbar ist, ob ein Material zur Grundgesamtheit gehört oder nicht.
– Entscheidung über die Auswahl von Textmaterialien, die untersucht werden sollen: Das kann (insbesondere bei digital verfügbaren Materialien) eine Vollerhebung oder eine kontrollierte Stichprobe sein.
– Bestimmung der Merkmalsträger, an denen die Untersuchung vorgenommen wird: Wörter, Sätze, Abschnitte, Artikel, zeitlich (Minutenabschnitte) oder inhaltlich (Argumentationen) abgegrenzte Einheiten
– Bestimmung der zu untersuchenden Merkmale und Merkmalsausprägungen: Das impliziert eine Operationalisierung der zu untersuchenden Textmerkmale

Abb. 106: Kategorien zur Analyse von Bildern

| | |
|---|---|
| 1. Informationsniveau, differenziert nach: | |
| 1.1 Regionalem Bezug | lokal, national, international |
| 1.2 Zeitlichem Bezug | Dauer in Tagen, Wochen, Monaten, Jahren |
| 1.3 Häufigkeit des Auftretens Überraschung | häufig, gelegentlich, selten, sehr selten vorkommend |
| 1.4 Relevanz | nach Regionen und nach Dauer des Ereignisses |
| 2. Informationsumfang | Bild-Text-Relation, differenziert nach Zeit, Raum, Einmaligkeit und Relevanz |
| 3. Emotion | sachlich, eher sachlich, sachlich-emotional, eher emotional, emotional |
| 4. Selektivität | Abbildung der Realität versus Perspektive (Ausschnitt) mit zusätzlichen Effekten |
| 5. Ästhetik | (keine Kriterien angegeben) |
| 6. Textumfang der Bildunterschrift | keine Unterschrift, einfache Benennung, Benennung mit Attribut, Satz, Text, mehrere Sätze |
| 7. Inhaltliche Kategorien | Politik Wirtschaft Wissenschaft Bildende Kunst Theater, Film, Natur, Unfälle/Katastrophen, Kriminalität, Gesellschaftliches (Human Interest), Sport, Sonstiges |

Quelle: Merten (1995:156), nach Angaben von Kottwitz (1970:27 ff.)

(Definition der Begriffe für die problemrelevanten Dimensionen, Entwicklung von Textindikatoren für diese Dimensionen und Merkmalsausprägungen).

2. Erhebung:
– Pretest und Modifikation des entwickelten Instruments
– Verschlüsselung der Zähleinheiten nach dem entwickelten Kategorienschema (z. B. unter Einsatz von Wortlisten)

3. Auswertung:
– statistische Auswertung
– Forschungsbericht

Insbesondere bei der Verkodung des Materials sollten die Qualitätskriterien für standardisierte Erhebungen berücksichtigt werden. Für die Prüfung der Zuverlässigkeit des Verfahrens können z. B. die Inter-Koder-Reliabilität (Vergleich der Kodierpraxis zwischen verschiedenen Verkodern) und die Intrakoder-Reliabilität

(Vergleich der Kodierpraxis einer Person zu verschiedenen Zeitpunkten) kontrolliert werden. Das setzt voraus, dass für jede Verkodung auch die personellen und zeitlichen Informationen festgehalten werden.

Weitaus schwieriger sind Fragen der Validität des Verfahrens zu prüfen; hier geht es letztlich um die Frage, wie der Schluss von Eigenschaften eines symbolischen Materials auf bestimmte Phänomene der sozialen Welt begründet werden kann. Die verschiedentlich zu findende Vorstellung, hierzu Vergleiche mit den Ergebnissen erhebungstechnisch anderer Forschungen anzustellen, ist nicht unbedingt befriedigend. Merten bemerkt dazu skeptisch, »daß eine Validierung durch andere Instrumente jeweils die Validität dieser Instrumente voraussetzt. Da aber Inhaltsanalyse als basales Erhebungsinstrument gelten darf (...), ist gerade eine Validierung der Inhaltsanalyse durch andere Erhebungsinstrumente nicht unproblematisch« (1995:313).

Abb. 107: Themenschwerpunkte in deutschsprachigen Fachzeitschriften der Soziologie

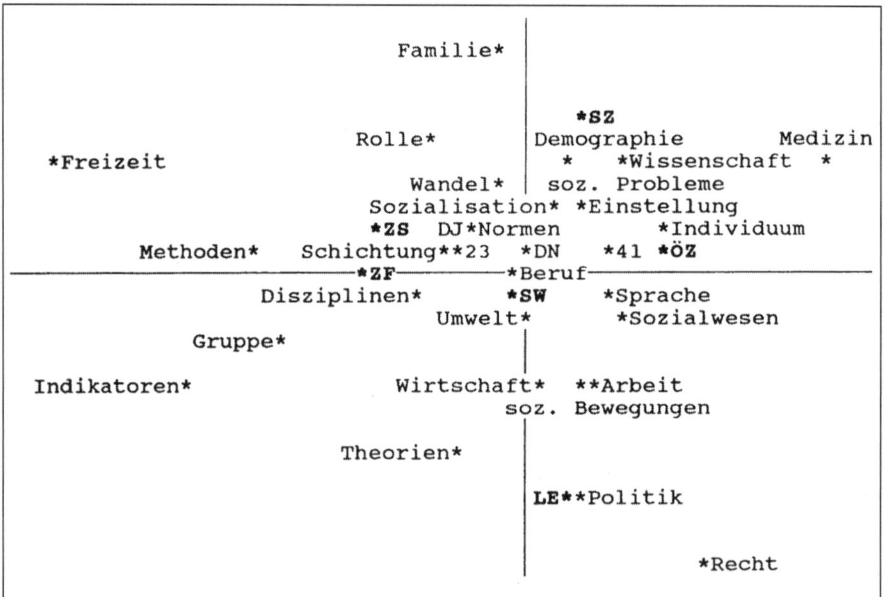


ZF: Kölner Zeitschrift für Soziologie (...); LE: Leviathan; ÖZ: Österreichische Zeitschrift für Soziologie; SZ: Schweizerische Zeitschrift für Soziologie; SW: Soziale Welt; ZS: Zeitschrift für Soziologie
Quelle: Best/Ohly (1994:584)

Die Auswertungsverfahren, auf die bei standardisierten Inhaltsanalysen zurückgegriffen werden kann, umfassen das gesamte Spektrum statistischer Verfahren. In vielen Fällen dominieren jedoch deskriptive Analysen uni- und bivariater Art, so z. B. einfache Frequenzanalysen, die für das gesamte Material bzw. für Teilgruppen Häufigkeiten auszählen oder bivariate Zusammenhänge untersuchen; so z. B. indem das Sprachverhalten nach Lebensalter, Schichtzugehörigkeit oder nach Geschlecht differenziert ausgewertet wird. Darüber hinaus können jedoch auch multivariate Analysen durchgeführt werden. In dem folgenden Beispiel wird das Verfahren der Korrespondenzanalyse genutzt, um die thematischen Schwerpunkte sozialwissenschaftlicher Fachzeitschriften zu illustrieren.

## Nicht-standardisierte Verfahren der Inhaltsanalyse

Angesichts der in dieser Einführung vorgenommenen Schwerpunktsetzung bei Verfahren der Datenerhebung kann die Darstellung nicht-standardisierter Verfahren der Inhaltsanalyse vergleichsweise knapp ausfallen, weil der Schwerpunkt und auch die wesentlichen Probleme einer qualitativen Inhaltsanalyse im Bereich der Auswertung dieser Materialien liegen. Für qualitativ angelegte inhaltsanalytische Auswertung werden grundsätzlich ganz ähnliche Verfahren angewandt wie auch für die Analyse anderer qualitativer Textmaterialien (vgl. Abb. 99). Demgegenüber spielen Fragen der Auswahl und Aufbereitung von Symbolmaterialien für nicht-standardisierte Inhaltsanalysen eine untergeordnete Rolle; dennoch sei auf einige Probleme verwiesen, die bei der Sammlung und Aufbereitung von Materialien für nicht-standardisierte Analysen allzu oft vernachlässigt werden.

Ein zentrales Problem liegt auch hier bei der Bestimmung der Grundgesamtheit des zu analysierenden Symbolmaterials und bei einer darauf aufbauenden kontrollierten Auswahl von Materialien. Wenn Symbolmaterialien für eine qualitative Inhaltsanalyse gesammelt und aufbereitet werden, so müssen angesichts der begrenzten Kapazitäten einer qualitativen Textanalyse andere Maßstäbe der Auswahl angelegt werden; in der Regel sind weder Vollerhebungen noch systematische Zufallsauswahlen einer größeren Zahl von Fällen angesichts der dabei entstehenden zu transkribierenden und zu analysierenden Materialmengen nicht realisierbar.

Man wird daher zu Auswahlkriterien kommen müssen, die sich anders als nach den Gesetzen der Wahrscheinlichkeit begründen. Das kann eine Auswahl typischer Materialien sein, wobei das Problem entsteht, dass eine solche Typologie noch vor der eigentlichen Analyse erstellt werden müsste. Es können aber auch andere Auswahlkriterien angelegt werden. So wurden z. B. bei einer Inhaltsanalyse von Lehrbüchern zur empirischen Sozialforschung (vgl. Abb. 105) solche Bücher ausgewählt, deren bibliometrische Daten eine lange Rezeptionsgeschichte indizierten und demnach davon auszugehen war, dass sie viele Generationen von Studierenden geprägt haben.

Wenn bei der Aufbereitung von Symbolmaterialien für die qualitative Analyse eine Transkription erforderlich ist, so stellen sich damit weitere Auswahlentscheidungen; so unterscheiden sich die verschiedenen möglichen Transkriptionstechniken erheblich nach der Differenziertheit, in der die verschiedenen Sprach- und Interaktionsereignisse abgebildet werden. Auch hier werden mit der Wahl eines Transkriptionssystems Entscheidungen getroffen, die die späteren Möglichkeiten der textanalytischen Arbeit prägen.

## Möglichkeiten der computergestützten Inhaltsanalyse

Mit der Entwicklung von Informations- und Kommunikationstechniken bzw. von datenverarbeitenden Techniken haben sich die Rahmenbedingungen für inhaltsanalytische Verfahren erheblich verändert. Es sind zum einen neue Medien und Mediennutzungen entstanden, zum anderen liegen klassische Materialien (wie Texte, Kataloge oder bildliche Darstellung) zunehmend in digitalisierter Form vor.

Zudem haben sich aber auch die Möglichkeiten einer automatischen oder einer computergestützten Analyse erheblich erweitert. Angesichts der verbesserten Verarbeitungskapazitäten sind neben der Analyse von Textmaterialien grundsätzlich auch Bildmaterialien analysierbar; so können z. B. Muster oder Personen erkannt werden. Diese Potentiale werden in vielen gesellschaftlichen Bereichen z. B. für kriminalistische Zwecke, für die Überwachung von Personen und Objekten, für die Spionage etc. genutzt. Inwieweit diese Möglichkeiten jedoch auch für die sozialwissenschaftliche Inhaltsanalyse verwandt werden können, hängt weniger von den technischen Voraussetzungen als von ihrer theoretischen Anleitung ab. Blickt man auf die großen Erwartungen zurück, mit denen seit den 1970er Jahren standardisierte Inhaltsanalysen zunächst betrieben wurden, so ist doch heute mit einer gewissen Ernüchterung festzustellen, dass wesentliche Probleme z. B. bei der Analyse von Kontexten fortbestehen.

Dennoch können datenverarbeitende Maschinen bei der inhaltsanalytischen Forschungsarbeit in vielerlei Weise unterstützend eingesetzt werden.

Verfahren zur quantitativen Inhaltsanalyse ermöglichen z. B.

- die Strukturierung von Texten und eine Verkodung der so gebildeten Texteinheiten,
- die Durchführung von automatischen oder interaktiven Textanalysen, bei denen nach Schlüsselsequenzen (einzelne oder mehrere Wörter, Wortteile etc.) ausgezählt wird,
- die Verschlagwortung (Keyword-in-Context),

– die Erstellung von Zeichen- und Wortstatistiken, Berechnung wortstatistischer Maßzahlen (Type-Token-Ratio, Wortlängen, Worthäufigkeiten).

Einige Programme ermöglichen die Aufbereitung der so gewonnenen Daten z. B. mit strukturentdeckenden Verfahren der multivariaten Statistik (Korrespondenz-, Cluster- oder Faktorenanalysen).

Verfahren zur qualitativen Analyse unterstützen insbesondere die Strukturierung und Verkodung von Texten sowie die Suche in so strukturierten und aufbereiteten Texten. Die Verkodung, bei der einzelnen Texteinheiten nach verschiedenen Regeln – mitunter hierarchisch strukturierte – Kodes zugewiesen werden erfolgt entweder manuell, es werden aber auch wie bei den standardisierten Verfahren Wortlisten eingesetzt, die eine automatische Verkodung von Textsequenzen ermöglichen.

Programme sowohl für die qualitative wie für die quantitative Analyse können für die sozialwissenschaftliche Analyse von Texten nur unterstützende Funktionen haben; die Möglichkeiten, Kontexte und damit Bedeutungszusammenhänge zu ermitteln, sind recht begrenzt; d. h., von einem Sinnverständnis sind Daten verarbeitende Maschinen noch weit entfernt.

## f) Fazit

Tendenziell unterscheiden sich eher qualitative und eher quantifizierende Verfahren nach ihren Endprodukten. Es sind auf der einen Seite quantitativ auswertbare Daten, die denen einer standardisierten Befragung gleichkommen; auf der anderen Seite entsteht ein mehr oder weniger strukturiertes qualitatives Textmaterial, das im Sinne einer Deskription, einer vertiefenden Fallbeschreibung, einer Typologie oder einer gegenstandsbezogenen Theorie ausgewertet wird. Beiden Vorgehensweisen ist gemein, dass in der Regel recht große Text und Datenmengen zu bearbeiten sind; es geht über weite Strecken bei den verschiedenen Verfahren um unterschiedliche Strategien einer möglichst kontrollierten Informationsreduktion.

Bei den standardisierten Verfahren finden wesentliche Schritte der Informationsreduktion bereits im Prozess der Datenerhebung und -aufbereitung statt. Informationsreduktion erfolgt hier durch

– eine starke Eingrenzung der Fragestellung und durch kontrolliert selektive (standardisierte) Datenaufnahme,
– kontrollierte Verfahren der Stichprobenziehung
– und schließlich bei der Datenanalyse durch statistische Auswertung und Verdichtung von Informationen.

Bei den nicht-standardisierten Verfahren der Inhaltsanalyse findet eine Datenreduktion statt durch die Begrenzung auf einzelne oder eine kleine Zahl von Fällen oder durch gezielte Selektionen im Prozess einer datengegründeten Theoriebildung. Wesentliche Reduktionsleistungen müssen dann aber im Bereich der qualitativen Datenanalyse erbracht werden durch

- Strategien der Zusammenfassung und Paraphrasierung,
- die Verkodung von Texteinheiten,
- die Begrenzung der Auswertung auf Schlüsselsequenzen, die dann explikativ, objektiv-hermeneutisch, psychoanalytisch etc. ausgewertet werden,
- diskursanalytische Fragestellungen, die die aufbereiteten Text- und Symbolmaterialien im Kontext (zeitlich oder sozialräumlich) übergreifender Diskurse und ihrer Entwicklung verorten.

Der Erhebungsaufwand, der mit inhaltsanalytischen Verfahren verbunden ist, kann recht unterschiedlich sein. Bei der standardisierten Aufbereitung und Analyse von Materialien kann sich insbesondere die Verkodung recht aufwendig gestalten, wenn Kodesysteme entwickelt und getestet, Verkoder geschult und kontrolliert werden müssen etc. Im Allgemeinen wird dabei jedoch nicht der zeitliche Aufwand erreicht, der sich bei der Durchführung von standardisierten Interviews einstellt. Wenn sich die verfolgte Fragestellung weniger komplex gestaltet, Materialien bereits in einer vorstrukturierten Form (z. B. als prozessproduzierte Daten) vorliegen oder wenn es möglich ist, teilautomatische Verfahren der Verkodung einzusetzen, dann kann sich der Aufwand für inhaltsanalytische Verfahren erheblich verringern. Bei Verfahren der qualitativen Inhaltsanalyse verschieben sich die erforderlichen Aufwendungen in der Regel von Prozessen der Datenerhebung und -aufbereitung auf den Prozess der Interpretation qualitativer Daten. Die insgesamt erforderlichen Aufwendungen werden insbesondere von der Zahl der untersuchten Fälle und der Komplexität der Analyse abhängen.

Generell lässt sich sagen, dass das Potential kontrollierter inhaltsanalytischer Verfahren bei weitem noch nicht ausgeschöpft ist. Das ist in einem doppelten Sinne zu verstehen: Zum einen harren viele Anwendungsbereiche noch einer systematischen Bearbeitung, zumal sich die Verfügbarkeit digital aufbereiteter Materialien potenziert hat. Zum anderen gilt es, die in vielen Bereichen der Sozial- und Humanwissenschaften vorzufindende implizite Nutzung inhaltsanalytischer Verfahren zu reflektieren, um einen angemessenen Standard methodischer Reflexion zu erreichen.

Die Frage nach der Bedeutung inhaltsanalytischer Verfahren stellt sich jedoch für die verschiedenen Disziplinen recht unterschiedlich: Während z. B. in der Geschichtswissenschaft weite Teile der Forschung einzig auf solche inhaltsanalytisch auszuwertenden Materialien zurückgreifen müssen, stellen sich für die Soziologie, insbesondere wenn es um die Analyse von Handlungen und Handlungsfolgen geht, vielfältige Alternativen. Inhaltsanalytisches Material wird dann unverzichtbar, wenn es gilt, die mit diesen Handlungen verknüpften Muster der individuellen und kollektiven Deutung zu rekonstruieren.

# 11. Sekundäranalyse

Als Sekundäranalyse wird die Analyse von Daten bezeichnet, die nicht primär für die jeweilige Untersuchung generiert wurden, sondern die zu Untersuchungsbeginn bereits vorlagen. Sekundäranalysen können z. B. auf Daten aus Erhebungen der amtlichen Statistik oder anderer Einrichtungen zurückgehen, es können Daten aus anderen wissenschaftlichen Untersuchungen sein oder sie entstammen als prozessproduzierte Daten den Verwaltungsvollzügen einer Organisation oder dem alltäglichen Leben.

Wie die folgende Auswertung von Beiträgen in soziologischen Fachzeitschriften in den Jahren 2000 und 2001 zeigt, wird nur in einem kleineren Teil der wissenschaftlichen Beiträge mit eigenen empirischen Daten gearbeitet; mehrheitlich wird auf Sekundärdaten zurückgegriffen.

Die wachsende Bedeutung der Verwendung von Sekundärdaten in der empirischen Sozialforschung ist durch verschiedene Entwicklungen bedingt:

- Die Anforderungen an die Qualität sozialwissenschaftlicher Daten sind erheblich gestiegen; ein einfacher personenbezogener Querschnittsdatensatz, der auf das Instrument eines einzelnen Forschers zurückgeht, vermag den erforderlichen Standards oftmals nicht mehr zu entsprechen. Gefordert sind replikative Befragungen, Panelbefragungen, Haushalts- und Netzwerkdaten, Ereignisdaten etc. Die Konstruktion und Aufbereitung solcher Datensätze übersteigt in der Regel die Ressourcen einzelner Projekte und Forscher. Eine ähnliche Entwicklung lässt sich bei den Anforderungen an die Qualität von Befragungen (Test der einzelne Fragen, Skalen, Erhebung komplexer Informationen z. B. zu Beruf und Einkommen) und ihre Aufbereitung (Verkodung von Berufsangaben, Imputationen, Aufbereitung komplexer Datenstrukturen) verzeichnen.
- Durch die Investitionen in sozialwissenschaftliche Infrastruktureinrichtungen sowie in einzelne regelmäßig durchgeführte Befragungen, durch ihre verbesserte Aufbereitung und Anonymisierung bzw. die Erleichterung von Datenzugängen ist die Nutzung von Sekundärdaten erheblich vereinfacht worden.

Abb. 108: Verwendung primärer und sekundärer Datenquellen in der wissenschaftlichen Forschung

| Datenbasis | relative Häufigkeit der Anwendung und Bezugnahme |
|---|---|
| SOEP | 5,3 % |
| ALLBUS | 2,6 % |
| OECD-Daten | 2,6 % |
| Wohlfahrtssurvey | 2,6 % |
| Mikrozensus | 2,6 % |
| Lebensverlaufsstudie des MPI | 2,0 % |
| Eurobarometer | 2,0 % |
| IAB-Beschäftigtenstichprobe | 1,3 % |
| International Social Justice Project | 1,3 % |
| Berufsverlaufsstudie Ostdeutschland | 1,3 % |
| Sonstige Datensätze | 24,3 % |
| Eigene Erhebungen (jeweils 1 Nennung) | 24,3 % |

Die Prozentuierung summiert sich auf weniger als 100 %. In einigen Beiträgen fanden mehrere Datensätze Verwendung und in 51 Beiträgen wurde keine Datenbasis genutzt. Die Prozentuierung bezieht sich aber auf alle Beiträge, auch die, die keine Datenbasis benennen.

Quelle: Pötschke/Simonson (2003:89)

- Zudem hat sich insbesondere durch die Kommission zur Verbesserung der informationellen Infrastruktur (KVI), die Arbeit des Rats für Sozial- und Wirtschaftsdaten und die Einrichtung der Forschungsdatenzentren der Zugang zu Mikro-Daten der amtlichen Statistik und anderen Daten deutlich verbessert (vgl. Lüttinger et al. 2003).
- Mit dem universellen Einsatz Daten verarbeitender Maschinen entsteht in fast allen Bereichen des sozialen Lebens ein immenser Bestand an prozessproduzierten Daten, die sich unter bestimmten Voraussetzungen für die wissenschaftliche oder anwendungsbezogene Sekundäranalyse nutzen lassen.

Vor diesem Hintergrund wird ein Überblick über wichtige Datenbestände und eine Einführung in die Probleme der Sekundäranalyse zu einem unverzichtbaren Bestandteil der Methoden der empirischen Sozialforschung.

## a) Produzenten von Primärdaten

Die Produktion von Primärdaten, die für eine sekundäranalytisch arbeitende Sozialforschung geeignet sind, ist institutionell betrachtet breit gestreut.

### Statistische Ämter

Das Statistische Bundesamt und die statistischen Landesämter sind die wesentlichen Träger der amtlichen Statistik. Ihre Organisation folgt auf der einen Seite der föderal orientierten politischen Struktur der Bundesrepublik, auf der anderen Seite wird jedoch eine Bundesdominanz in der amtlichen Statistik sichergestellt. Die Bundesstatistik ist fachlich zentralisiert: Die Organisation ist dem Statistischen Bundesamt als selbstständiger Bundesbehörde unterstellt; das Amt wird organisatorisch dem Innenministerium zugerechnet, fachlich untersteht es den jeweiligen Ressorts der Bundesverwaltung. Auf technischen Gebiet erfolgt eine Dezentralisierung: Die Durchführung der bundesstatistischen Erhebungen obliegt den statistischen Landesämtern. Die Landesämter können neben der Durchführung der bundesstatistischen Aufgaben auch eigenen landesstatistischen Arbeiten nachgehen, die Möglichkeiten sind jedoch begrenzt.

Die amtliche Statistik der Bundesrepublik Deutschland folgt dem Legalisierungsprinzip; d. h., jede einzelne statistische Erhebung muss durch eine entsprechende gesetzliche Grundlage geregelt werden. Der Handlungsspielraum für eigene statistische Aktivitäten ist somit begrenzt. Eine Vielzahl von Ausschüssen und Beiräten soll zudem sicherstellen, dass die spezifischen Interessen verschiedener Konsumenten der amtlichen Statistik berücksichtigt werden.

Ein weiteres Organisationsprinzip, das bereits in den Frühzeiten der amtlichen Statistik ausgebildet wurde, ist das Prinzip der ausgelösten Statistik. Die statistischen Aufgaben wurden aus den Dienststellen der öffentlichen Verwaltung ausgelagert und in einem statistischen Amt zusammengefasst. Daneben besteht jedoch ein gewisser Teil an nicht ausgelöster so genannter Geschäfts- oder externer Behördenstatistik, der bei einzelnen Behörden verbleibt. Im Bereich der Sozialstatistik sind das insbesondere die Arbeitsmarkt- und Beschäftigtenstatistik bei der Bundesagentur für Arbeit und die Statistik der öffentlichen Sozialleistungen beim Bundesministerium für Arbeit und Soziales.

Neben der eng verzahnten statistischen Arbeit des Bundesamts und der Landesämter hatte sich in den größeren Städten bereits recht früh eine kommunale Statistik etabliert, in Form eigener statistischer Ämter oder in Kombination mit anderen Verwaltungsaufgaben; diese kommunalen statistischen Einrichtungen agieren in weiten Bereichen unabhängig von Bundes- und Landesstatistik. Insbesondere die größeren Kommunen, die auf eigene statistische Ämter zurückgreifen können, verfügen über eigene Systeme der amtlichen Statistik; darüber hinaus werden durch kommunale Verwaltungen, Verkehrsbetriebe, Stadtwerke, Wirtschaftsförderungsgesellschaften, Wohnungsunternehmen etc. auch Bevölkerungsumfragen durchgeführt (Bretschneider 2005).

Mit dem Prozess der europäischen Integration kommt dem Statistischen Amt der Europäischen Gemeinschaften (Eurostat) eine wachsende Bedeutung zu. Eurostat liefert wichtige statistische Daten über die Europäische Union. Für die Gewinnung und Aufbereitung von Daten spielt das Europäische Statistische System, in dem Eurostat, die nationalen statistischen Ämter, nationale Ministerien und Behörden und die Zentralbanken zusammenarbeiten, eine wichtige Rolle. Die Erfassung und Aufbereitung von Daten erfolgt auf nationaler Ebene, unterliegt aber einer zunehmenden Harmonisierung; Eurostat übernimmt die Zusammenstellung der Daten und stellt deren Vergleichbarkeit sicher. Die von Eurostat aufbereiteten Daten beziehen sich nicht nur auf die Länderebene, sie umfassen auch umfangreiche Datenbestände über die Regionen der EU (vgl. Birnstiel 2001).

## Ministerien und Kommissionen

Auch einzelne Ministerien oder auf EU-Ebene einzelne Kommissionen können die Erhebung von Daten beauftragen. Exemplarisch sei hier nur auf das Niedrigeinkommenspanel (NIEP), das vom damaligen Bundesministerium für Arbeit und Sozialordnung (BMA) in Auftrag gegeben wurde, und das Eurobarometer, das in regelmäßigen Abständen von der EU-Kommission beauftragt wird, verwiesen.

## Halbamtliche Forschungseinrichtungen

Der Bereich der Statistik von halbamtlichen Forschungsinstitutionen gewinnt in den späten 1960er und 70er Jahren mit dem Aufbau des Instituts für Arbeitsmarkt- und Berufsforschung – IAB (1968) und dem Bundesinstitut für Bevölkerungsforschung (1973) an Bedeutung. Im Bildungsbereich konstituiert sich das Max-Planck-Institut für Bildungsforschung (1963) und das Bundesinstitut für Berufsbildung – BIBB (1970), die u. a. mit der Aufbereitung bildungsstatistischer Daten befasst sind. So sind z. B. das Bundesinstitut für Berufsbildung und die Bundesagentur für Arbeit bzw. das daran angegliederte IAB in die technische und methodische Vorbereitung der amtlichen Arbeitsmarkt- und Bildungsstatistik einbezogen; sie stellen aber auch viele eigene Datenmaterialien zur Verfügung.

## Internationale Organisationen

Auf internationaler Ebene agieren verschiedene Institutionen, die mit der Sammlung, insbesondere aber mit der Aufbereitung und Zusammenstellung von sozialwissenschaftlich relevanten Daten befasst sind. In der Regel handelt es sich dabei um Daten, die auf nationaler Ebene erfasst und aggregiert wurden.

Dazu gehören die Vereinten Nationen (UN) bzw. deren Einrichtungen und Sonderorganisationen wie z. B. die Internationale Arbeitsorganisation (ILO), Ernährungs- und Landwirtschaftsorganisation der Vereinten Nationen (FAO), die Organisation der Vereinten Nationen für Erziehung, Wissenschaft und Kultur (UNESCO), die Weltgesundheitsorganisation (WHO), die Weltbank, der Internationaler Währungsfonds (IMF) oder die Welthandelsorganisation (WTO), die jeweils über eigene statistische Abteilungen verfügen.

Daneben gehören die OECD und deren Direktorate zu einer wichtigen Quelle für internationale bzw. OECD-weite Vergleichsdaten zur Wirtschafts- und Sozialstatistik. Diese sind nicht nur mit der Aufbereitung und Zusammenstellung von Daten befasst, sondern führen auch eigene Untersuchungen durch; besondere Aufmerksamkeit hat in Deutschland das Programme for International Student Assessment (PISA) erfahren.

Neben diesen eher im Weltmaßstab tätigen Organisationen gibt es viele demgegenüber kleinräumige Zusammenschlüsse einzelner Weltregionen, die statistische Daten aufbereiten und zusammenstellen; stellvertretend sei hier nur der Europarat erwähnt.

## Forschungsinstitute und Infrastruktureinrichtungen

Auch wissenschaftliche Forschungsinstitute und Einrichtungen der sozialwissenschaftlichen Informationsinfrastruktur (ZUMA und ZA) agieren als Produzenten wichtiger sozialwissenschaftlicher Primärdaten. So wird z. B. das sozioökonomische Panel vom Deutschen Institut für Wirtschaftsforschung (DIW) in Berlin durchgeführt. Das ZUMA organisiert die ›Allgemeine Bevölkerungsumfrage der Sozialwissenschaften‹ (ALLBUS) und die Befragung des ›International Social Survey Programme‹ (ISSP).

Weiterhin sind die Institute der Markt- und Meinungsforschung eine wichtige, wenn auch in vielen Fällen nicht für die Forschung zugängliche, Quelle sozialwissenschaftlicher Daten.

Neben den hier erwähnten datenerhebenden Institutionen gibt es noch einen weiten Bereich von Datenerhebungen im Rahmen von Verbänden, Verwaltungen und Unternehmen. Diese sind jedoch nur in wenigen Fällen für externe sozialwissenschaftliche Forschung zugänglich.

## b) Datenquellen

Die von diesen Institutionen verantworteten Primärdaten werden auf unterschiedlichen Wegen hervorgebracht.

### Amtliche Zusammenstellungen prozessproduzierter Daten

Viele Daten der amtlichen Statistik sind das Produkt einzelner Verwaltungsakte. D. h., wenn die Geburt eines Kindes gemeldet, wenn der Antrag auf Hilfe zum Lebensunterhalt oder auf Arbeitslosengeld II bewilligt wird, dann gehen diese Verwaltungsakte mit bestimmten Daten in die amtliche Statistik ein. Dabei ist zu unterscheiden, ob diese Daten als Individualdaten oder ausschließlich in kumulierter Form weitergegeben werden.

### Amtliche Zählungen und Umfragen

Bevor Bevölkerungsumfragen auf Stichprobenbasis zu dem zentralen Instrument der Datenerhebung wurden, stellten Volkszählungen und andere damit verbundene Total-Erhebungen die zentrale Datenquelle für die sozialwissenschaftliche Forschung dar. D. h., es erfolgte eine Vollerhebung der Bevölkerung; diese umfasst: »Alle Personen am Ort der alleinigen bzw. Hauptwohnung. (…) Zur Bevölkerung zählen auch die im früheren Bundesgebiet sowie in den neuen Ländern und Berlin-Ost gemeldeten Ausländer und Ausländerinnen (einschließlich der Staatenlosen). Nicht zur Bevölkerung gehören hingegen die Angehörigen der ausländischen Stationierungsstreitkräfte sowie der ausländischen diplomatischen und konsularischen Vertretungen mit ihren Familienangehörigen« (Statistisches Bundesamt 2005:32). Die letzte Volkszählung wurde in Deutschland im Jahr 1987 durchgeführt. Wegen des hohen Aufwands einer solchen Volkszählung und der in Deutschland beobachtbaren Akzeptanzprobleme werden in Deutschland derzeit Vorbereitungen für einen registergestützten Zensus getroffen (s. Teil II, Kap. 6).

Seit den 1950er Jahren werden im Rahmen der amtlichen Statistik auch Stichprobenerhebungen durchgeführt; dabei wird in der Regel mit Auswahlquoten gearbeitet, die deutlich über den Standards sonstiger Bevölkerungsumfragen liegen. Damit lassen sich – den Interessen der Bundesländer und kleineren regionalen Einheiten entsprechend – auch regional differenzierte Aussagen über wichtige gesellschaftliche Entwicklungen treffen. Zu den wichtigsten Erhebungen zählt der Mikrozensus und die Einkommens- und Verbrauchsstichprobe. Der Mikrozensus zeichnet sich dadurch aus, dass die Befragten nach dem jeweils geltenden Mikrozensusgesetz auskunftspflichtig sind.

## Sonstige Umfragedaten

Neben den Befragungen und Zählungen der amtlichen Statistik gehören insbesondere Umfragen der privaten Befragungsinstitute zu einer wichtigen Datenquelle. Die Institute der Markt- und Meinungsforschung arbeiten mit ganz unterschiedlichen Befragungsdesigns; neben einfachen personenbezogenen Querschnittbefragungen werden replikative Befragungen, Panelbefragungen, kombinierte Personen- und Haushaltsbefragungen oder retrospektive Befragungen zur Gewinnung von Lebensverlaufs- und Ereignisdaten durchgeführt.

## Prozessproduzierte Daten (außerhalb der amtlichen Statistik)

Auch außerhalb der amtlichen Statistik fallen z. B. im laufenden Geschäftsgang von Verwaltungen prozessproduzierte Daten an, die für die sozialstatistische Analyse genutzt werden, z. B. Krankenkassendaten, bibliographische Daten, etc. Die durch die formalisierte Datenstruktur vorgegebene und für die statistische Analyse scheinbar unmittelbar zu nutzende Form sollte jedoch nicht darüber hinwegtäuschen, dass eine wissenschaftliche Analyse solcher Daten eine exakte Rekonstruktion des Datenweges und der dabei verwandten Kodierungspraktiken voraussetzt. Man erinnere sich nur an die im Februar 2002 durch einen Prüfbericht des Bundesrechnungshofs aufgedeckten ›fehlerhaft verbuchten‹ Vermittlungsfälle bei der damaligen Bundesanstalt für Arbeit.

Das Internet spielt nicht nur bei der Erhebung und beim Transfer von Daten eine wichtige Rolle. Es ist auch selbst als eine kaum zu überschauende Quelle prozessproduzierter Daten zu begreifen. D. h., grundsätzlich werden mit jeder Taste und jedem Mausklick Daten produziert, die gegenwärtig auf legale und illegale Weise insbesondere für verschiedene kommerzielle Zwecke genutzt werden. Auch Inhalte, Struktur und Verlinkung von Web-Seiten stellen einen immensen Datenbestand dar, der z. B. mit Programmen zur Visualisierung von Informationsnetzen (z. B. Touchgraph) dargestellt und analysiert werden kann.

## c) Übersicht wichtiger Mikrodaten

In zunehmendem Maße stehen wichtige Primärdaten auch als Mikrodaten – d. h. als fallbezogene, in der Regel haushalts- oder personenbezogene Daten – für die Sekundäranalyse zur Verfügung. Mikrodaten bieten grundsätzlich weitaus bessere Möglichkeiten für die Sekundäranalyse, als dies bei aggregierten Daten der Fall ist. Sie eröffnen komplexe Möglichkeiten der Analyse von uni- und bivariaten Verteilungen oder von multivariaten Zusammenhangsbeziehungen. Bei Aggregatdaten ist eine solche Analyse in Abhängigkeit vom Aggregationsniveau bzw. von den Dimensionen der Aggregierung nur sehr begrenzt möglich. Die folgende Zusammenstellung soll einige in der Sekundäranalyse häufiger verwandte Mikrodatensätze vorstellen (vgl. auch Abb. 108).

### Themenübergreifende Daten

• Die Allgemeine Bevölkerungsumfrage der Sozialwissenschaften (ALLBUS) wird seit 1980 in zweijährigem Abstand durchgeführt. Die Fragen zielen neben sozialstrukturellen Basisdaten auf soziale Praktiken und Einstellungen der Befragten: Während ein Teil der Fragen in jedem Frageturnus repliziert wird, werden Fragen zu bestimmten Themenschwerpunkten nur in längeren Intervallen wiederholt oder sind einmaliger Natur. Die Befragung wird vom ZUMA organisiert, darüber ist auch der Zugang zu den Daten möglich.

• Im Rahmen des International Social Survey Programme (ISSP) werden jährlich sozialwissenschaftlich orientierte Bevölkerungsumfragen in fast 40 Mitgliedsländern durchgeführt. Die Organisation der ISSP-Befragung liegt in Deutschland beim ZUMA; die ISSP-Befragung wird mit der ALLBUS-Befragung verknüpft. Der Zugang zu den länderspezifischen Daten der ISSP-Befragungen erfolgt über das Zentralarchiv für Empirische Sozialforschung in Köln.

• Das sozioökonomische Panel (SOEP) ist eine Panelbefragung, die vom Deutschen Institut für Wirtschaftsforschung (DIW) jährlich durchgeführt wird. Im Zentrum der 1984 eingerichteten Haushalts- und Personenbefragung stehen insbesondere differenzierte Fragen zur Einkommenssituation, zur Erwerbstätigkeit, zur schulischen und beruflichen Bildung sowie zu Gesundheit und Lebenszufriedenheit. Über zusätzliche retrospektive Fragen für Neueinsteiger sind wichtige Informationen über die Bildungs-, Erwerbs- und Familienbiographie der beteiligten Haushalte bzw. Personen zugänglich. Der Datensatz wird für sozialwissenschaftliche Forschungszwecke weitergegeben, ist aber in reduzierter Form auch für die sozialwissenschaftliche Ausbildung zugänglich.

• Der Mikrozensus (Mz) ist eine vom Statistischen Bundesamt und den Landesämtern durchgeführte jährlich Befragung einer 1-%-Stichprobe der bundesdeutschen Haushalte; wie erwähnt, besteht bei dieser Befragung eine Auskunftspflicht. Sie wird seit 1957 durchgeführt. Der Mikrozensus enthält wichtige Basisdaten über die soziale und wirtschaftliche Situation der befragten Haushalte. Im Zentrum stehen neben einfachen demographischen Informationen Fragen zur Erwerbstätigkeit, zur schulischen und beruflichen Ausbildung, zur Zusammensetzung der Haushalte etc. Angesichts der Stichprobengröße sind mit den Mz-Daten auch räumlich fein gegliederte Auswertungen (etwa auf der Ebene größerer Kreise) möglich. In den Mikrozensus ist in einer Unterstichprobe die Erhebung über Arbeitskräfte in der Europäischen Union (Labour Force Survey – Lfs) integriert, die derzeit in 28 europäischen Ländern durchgeführt wird. Die im Rahmen des Mikrozensus befragten Haushalte werden jeweils in vier aufeinander folgenden Erhebungsjahren befragt; diese Panelstruktur wurde jedoch bislang nicht für die Sekundäranalyse verfügbar gemacht. Die Mikrozensusdaten sind seit einigen Jahren in Form von anonymisierten Scientific-Use-Files für die sozialwissenschaftliche Forschung zugänglich; ältere Mikrozensus-Daten sind auch für historische Analysen geeignet.

• Die zwischen 1978 und 1998 in unregelmäßigen Abständen durchgeführten Wohlfahrtssurveys zielen neben der Erfassung von sozioökonomischen Daten auch auf Information über die damit verbundene individuelle Wohlfahrt und Lebensqualität. Die ersten Wellen wurden im Rahmen des Sonderforschungsbereichs 3 ›Mikroanalytische Grundlagen der Gesellschaftspolitik‹ entwickelt und durchgeführt; 1993 und 1998 wurde die Ausführung über ein Gemeinschaftsprojekt des Wissenschaftszentrums Berlin (Wzb) und dem Zuma durchgeführt. Neben der Replikation von Fragen finden sich auch wechselnde thematische Schwerpunkte, darunter unter anderem Frageblöcke zur Konstruktion sozialer Milieus.

• Am Max-Planck-Institut für Bildungsforschung wird seit 1983 die Deutsche Lebensverlaufsstudie (German Life History Study) durchgeführt. Sie enthält standardisierte Informationen über die Lebensverläufe von mehr als 10.000 Personen aus ausgewählten Geburtsjahrgängen in West- und Ostdeutschland.

Die Daten gehen auf repräsentative Stichproben zurück und wurden in persönlichen oder telefonischen Interviews retrospektiv erhoben. Im Zentrum steht eine monatsgenaue Abbildung des Bildungs-, Erwerbs- und Familienlebens der Befragten.

## Daten zu Arbeit und Einkommen

• Das Niedrig-Einkommens-Panel (Niep) ist eine zwischen 1988 und 2002 durchgeführte Wiederholungsbefragung von Haushalten im unteren Einkommensbereich. Das halbjährliche Befragungsintervall liefert detaillierte Informationen über Armutsverläufe.

- Die Einkommens- und Verbrauchsstichprobe (EVS) des Statistischen Bundesamts beinhaltet differenzierte Angaben zur finanziellen Situation (Einkommen, Vermögen, Schulden), zur Wohnsituation, zur Ausstattung mit Gebrauchsgütern und zum Konsumverhalten von privaten Haushalten. Sie wird in Fünf-Jahres-Intervallen – zuletzt 2003 – vom Statistischen Bundesamt bzw. den Landesämtern erhoben; die Teilnahme ist freiwillig. Neben Interviews werden die Daten auch aus Haushaltsbüchern gewonnen.
- Über kleinräumig gegliederte Aggregatdaten hinaus stellen die Bundesagentur für Arbeit bzw. das Institut für Arbeitsmarkt- und Berufsforschung (IAB) auch Mikrodatensätze zur Verfügung. Die Daten gehen auf die Meldungen der sozialversicherungspflichtig Beschäftigten zu den Sozialversicherungen, auf den Geschäftsbetrieb der Bundesagentur sowie auf die Befragung von Betrieben zurück. Die IAB-Beschäftigtenstichprobe stellt eine 1-%-Auswahl des Datensatzes der Bundesagentur zu den sozialversicherungspflichtigen, später auch zu den geringfügig Beschäftigten in Deutschland dar. Darin gehen auch die Daten über Leistungsempfänger ein. Die Stichprobe liegt auch als Regionalfile vor, das eine tiefere räumliche Staffelung ermöglicht. Das BA-Beschäftigtenpanel liefert quartalsweise Paneldaten auf Basis der Meldungen der sozialversicherungspflichtig Beschäftigten und geringfügig Entlohnten; das Panel liegt bislang für den Zeitraum 1998 bis 2003 vor.
- Das von 1994 bis 2001 in 13 Ländern durchgeführte Haushaltspanel der Europäischen Gemeinschaft (ECHP) geht auf eine Befragung von Haushalten und Personen zurück. Neben demographischen Angaben und Informationen zu Wohnverhältnissen und zur Haushaltszusammensetzung werden insbesondere differenzierte Fragen zur Einkommenssituation, zu Ausbildung, Gesundheit und Erwerbstätigkeit gestellt. Die Erhebung wurde von Eurostat zusammen mit den nationalen statistischen Ämtern durchgeführt. Nachdem in Deutschland zunächst bis zur dritten Welle eine eigene Stichprobe gezogen wurde, werden ab 1997 Daten aus dem sozioökonomischen Panel aufbereitet, um den Datenerfordernissen des ECHP gerecht zu werden.
- Das Europäische Haushaltspanel wird ab 2004 durch die EU-Gemeinschaftsstatistik über Einkommen und Lebensbedingungen, EU-SILC (Community Statistics on Income and Living Conditions) abgelöst. Ziel der EU Statistik sind vergleichbare Quer- und Längsschnittdaten über Einkommen, Armut, soziale Ausgrenzung und sonstige Lebensbedingungen auf nationaler und europäischer Ebene. Die Daten werden u. a. für die Erhebung der 2001 vom Europäischen Rat in Laeken vereinbarten statistischen Indikatoren zu Armut und sozialer Ausgrenzung genutzt.

• Im Rahmen der European Working Conditions Surveys (EWCS) werden seit 1990 in etwa alle fünf Jahre Erhebungen zur Entwicklung von Arbeit und Arbeitsbedingungen in den EU-Ländern durchgeführt. Der Structure of Earnings Survey (SES) erfasst EU-weit wichtige Eckdaten zu Löhnen, Arbeitszeiten, Urlaubsansprüchen etc.
• 2003 wurde in den alten und neuen EU-Ländern sowie bei einigen Beitrittskandidaten erstmals der European Quality of Life Survey (EQLS) durchgeführt. Es sollen objektive und subjektive Indikatoren zur Lebensqualität gewonnen werden: Arbeit, Bildung, Lebensstandard, Wohnen, soziale Netzwerke, Gesundheit und subjektives Wohlbefinden.

Im Rahmen verschiedener Einrichtungen und Projekte wird an einer Harmonisierung und Integration vorliegender Datenmaterialien, insbesondere im Bereich der elementaren wirtschafts- und sozialstatistischen Daten gearbeitet: Die vom Centre dâ Etudes de Populations, de Pauvreté et de Politiques Socio-Economiques (CEPS) initiierte Projekt Panel Comparability (PACO) zielt auf die Generierung einer international vergleichbaren Datenbank auf Basis von Mikrodaten aus nationalen Haushaltspanels. Im Rahmen des Luxembourg Income Survey, LIS, und der Luxembourg Employment Study, LES, werden Datenbanken für die international vergleichende Analyse von Mikrodaten zu Haushaltseinkommen und Erwerbstätigkeit aufbereitet. Im Rahmen des Cross-National Equivalent Files (CNEF) werden seit 1980 Panelstudien aus den USA (Panel Study of Income Dynamics, PSID), Großbritannien (British Household Panel Study, BHPS), Kanada (Survey of Labour and Income Dynamics, SLID), Australien (Household, Income and Labour Dynamics in Australia, HILDA) und Deutschland (SOEP) zu einem Datensatz aufbereitet.

## Daten zur Sozialpolitik

• Differenzierte Informationen über die Entwicklung der sozialen Sicherung liefern verschiedene Datenbestände, die beim Forschungsdatenzentrum der gesetzlichen Rentenversicherung zugänglich sind.
• Die von der Deutschen Rentenversicherung und vom Bundesministerium für Arbeit und Soziales durchgeführte Untersuchung ›Altersvorsorge in Deutschland‹ (AVID) entstand erstmals 1996. Die jüngste Untersuchung setzt sich aus einer schriftlichen Befragung ausgewählter Geburtsjahrgänge kombiniert mit einer Kontenklärung bei der gesetzlichen Rentenversicherung zusammen; diese Informationen werden (zusammen mit Anwartschaften aus anderen Alterssicherungssystemen) dann bis zum Rentenalter hochgerechnet.

## Daten zur schulischen und beruflichen Bildung

• Im Bereich der Bildungsforschung haben die so genannten PISA-Studien, die von OECD im Rahmen des Programme for International Student Assessment durchgeführt wurden, auch jenseits des wissenschaftlichen Feldes eine gewisse Bekanntheit erlangt. Die Mikrodaten dieser internationalen Studien sowie der in Deutschland vorgenommenen Erweiterungsstudien mit Informationen über die einzelnen Bundesländer sind nach der Anonymisierung für die sozialwissenschaftliche Forschung zugänglich. Auch einige Daten anderer Schulleistungsstudien (TIMMS, IGLU, PIRLS) sind als Mikrodaten nutzbar.
• Spezifische Daten zur beruflichen Bildung liegen mehrheitlich nur als Aggregatdaten vor.

## Daten zu Bevölkerung und Familie

• Die Family and Fertility Surveys wurden in den 1990er Jahren in ca. 20 ausgewählten Mitgliedstaaten der United Nations Economic Commission for Europe (UNECE) durchgeführt und liefern ländervergleichende Daten zur Familien- und Geburtenentwicklung.
• Das Deutsche Jugendinstitut (DJI) führte seit 1986 drei Familiensurveys durch, die als Panel konzipiert sind. Die Daten beschreiben Veränderungen der Familienformen, die Netzwerkstrukturen von Familie und Verwandtschaft, die Entwicklung von Partnerbeziehungen und Probleme der Vereinbarkeit von Beruf und Familienleben.
• Derzeit wird im Rahmen eines DFG-Schwerpunktprogramms ein Beziehungs- und Familienentwicklungspanel (Pairfam) vorbereitet. Das Hauptpanel mit 12.000 Befragten soll im Jahr 2008 starten

## Daten zu Normen und Werten

• Die European Values Studies bzw. die World Values Studies wurden seit Beginn der 1980er Jahre in mehrjährigen Abständen durchgeführt. Mit den europäischen Surveys sollen die Wertvorstellungen in einzelnen europäischen Ländern und ihre längerfristigen Veränderungen beschrieben werden. Daten für Deutschland liegen in zehnjährigen Intervallen vor. Thematisch werden in den Studien Wertvorstellungen, Fragen des (christlichen) Glaubens, religiöse Praktiken, Rollenbilder behandelt.
• Der European Social Survey (ESS) befasst sich mit einer breiten Palette von Themen; dabei nehmen Fragen zu i. w. S. politischen Praktiken und Einstellungen

einen wichtigen Stellenwert ein. Daneben gibt es in jeder Befragungswelle thematische Schwerpunkte und einige methodologisch orientierte Fragen. An den verschiedenen Wellen des zweijährig durchgeführten Surveys haben seit 2002 zwischen 20 und 25 europäische Länder teilgenommen.

## d) Zugänge zu Daten für die Sekundäranalyse

Der Zugang zu sozialwissenschaftlichen Daten für die Sekundäranalyse erfolgte zunächst nur über die Veröffentlichungen der amtlichen Statistik und über Forschungsberichte. Bereits 1960 wurde dann das Zentralarchiv für Empirische Sozialforschung aufgebaut, um Mikrodaten für sozialwissenschaftliche Sekundäranalysen verfügbar zu machen. Inzwischen haben weitere organisatorische und publizistische Innovationen, insbesondere aber auch die technischen Veränderungen im Bereich der Daten- und Informationskommunikation, dazu beigetragen, dass sich die Ausgangslage für sozialwissenschaftliche Sekundäranalysen recht gut darstellt.

Einen Schub erhielt die sozialwissenschaftliche Forschungsinfrastruktur 1987 mit der Integration erster Einrichtungen und dem Dach der Gesellschaft Sozialwissenschaftlicher Infrastruktureinrichtungen (GESIS). Die im Rahmen der Wissenschaftsgemeinschaft Gottfried Wilhelm Leibniz (WGL) – früher nach der blauen Liste – geförderte Gesellschaft setzt sich aus drei Einrichtungen zusammen, dem Informationszentrum Sozialwissenschaften, dem Zentralarchiv für Empirische Sozialforschung und dem Zentrum für Umfragen, Methoden und Analysen.

- Das Informationszentrum Sozialwissenschaften in Bonn dokumentiert Literatur (SOLIS) und Forschungsarbeiten (FORIS) aus dem Bereich der deutschsprachigen Sozialwissenschaften. Darüber hinaus wird auch eine Datenbank der sozialwissenschaftlichen Lehrstühle und Forschungseinrichtungen (SOFO) sowie eine Linksammlung Quellen zu den Sozialwissenschaften (SocioGuide) zur Verfügung gestellt.
- Das Zentralarchiv für Empirische Sozialforschung (ZA) in Köln archiviert Primärmaterial aus sozialwissenschaftlichen Untersuchungen und stellt dies für Sekundäranalysen zur Verfügung.
- Das Zentrum für Umfragen, Methoden und Analysen (ZUMA) in Mannheim unterstützt und berät bei sozialwissenschaftlichen Untersuchungen, stellt Datensätze aus dem Bereich der amtlichen Statistik (z. B. Mikrozensus, Einkommens- und Verbrauchsstichprobe) und der Umfrageforschung (z. B. ALLBUS) zur Verfügung und liefert Daten zur Sozialberichterstattung.

In jüngster Zeit sind weitere Einrichtungen hinzugekommen:
- Die Forschungsdatenzentren des Statistischen Bundesamts bzw. der Landesämter stellen ausgewählte Mikrodaten aus der amtlichen Statistik für die sozialwissenschaftliche Forschung bereit. Darüber hinaus besteht ein Forschungsdatenzentrum der Bundesagentur für Arbeit beim Institut für Arbeitsmarkt- und Berufsforschung und ein Forschungsdatenzentrum der gesetzlichen Rentenversicherung.
- Als so genannte Servicezentren fungieren das German Microdata Lab (GML) beim ZUMA und ein Internationales Datenservicezentrum beim Institut zur Zukunft der Arbeit (IZA).

## Zugänge zu Aggregatdaten

Der Zugang zu Aggregatdaten für die Sekundäranalyse war lange Zeit auf die Papierform beschränkt; mit den verschiedenen elektronischen Zugängen haben sich die Recherchemöglichkeiten erheblich verbessert. Das Feld ist jedoch unübersichtlich. Hier folgen einige Hinweise, welche Typen von Informationssystemen als Ausgangspunkte von Recherchen dienen können.

Der Zugang zu Daten der amtlichen Statistik erfolgte zunächst über statistische Jahrbücher (auf Bundes- und Landesebene) und regelmäßige erscheinende themenbezogene Fachserien. Heute sind diese Veröffentlichungen ganz oder teilweise online zugänglich; daneben gibt es eine Reihe weiterer Möglichkeiten, einen systematischen Zugang zu solchen Aggregatdaten aus der amtlichen Statistik und aus anderen Quellen zu bekommen.

• Statistikportale: Diese Portale fungieren als Oberfläche für den Zugang zu ausgewählten statistischen Aggregatdaten. Die beim Statistischen Bundesamt angesiedelten Datenbanken GENESIS-Online und GENESIS-Online regional bieten eine systematische Erschließung wichtiger Eckdaten der amtlichen Statistik auf Bundes- bzw. regionaler Ebene; dort ist auch eine Datenbank zur Gesundheitsberichterstattung angesiedelt.

Ähnliche Portale werden auch von der Bundesagentur für Arbeit bzw. dem Institut für Arbeitsmarkt- und Berufsforschung, dem Bundesinstitut für Berufsbildung oder im Rahmen der Gesundheitsberichterstattung angeboten.

Das Deutsche Jugendinstitut (DJI) unterhält Datenbanken zur Situation von Kindern, Jugendlichen sowie Familien und bereitet Daten der amtlichen Statistik in regionalisierter Form auf. Die Kultusministerkonferenz (KMK) bietet wichtige Eckdaten zum Schul- und Hochschulwesen.

Auf internationaler Ebene finden sich solche Portale z. B. bei Eurostat, der OECD oder der ILO. Bei Eurostat werden diese Funktionen von der Datenbank

New Cronos übernommen. EurLife ist eine Datenbank zu den Arbeits- und Lebensbedingungen in Europa, die von der European Foundation for the Improvement of Living and Working Conditions (EFILWC) betrieben wird. LABORSTA enthält Daten und Metadaten über ca. 200 Länder, zu den Themenbereichen Arbeit und Einkommen; die Datenbank wird vom International Labour Office (ILO) betrieben.

Die Datenbank EURODATA des Mannheimer Zentrums für Europäische Sozialforschung stellt Daten für die vergleichende Europaforschung und die europäische Integrationsforschung zur Verfügung.

- Indikatorensysteme: Sozial-Indikatorensysteme dienen der gezielten Langzeitbeobachtung sozialer Entwicklungen. Solche Informationen liefert z. B. das Digitale Informationssystem Soziale Indikatoren (DISI) und das European System of Social Indicators (EUSI) beim ZUMA. Beim Statistischen Bundesamt finden sich Indikatoren zur Gesundheitsberichterstattung. Bei Eurostat stehen verschiedene Indikatorensysteme zu sozialen und anderen Themen bereit. Von der ILO werden die Key Indicators of the Labour Market (KILM) zusammengestellt.
- Sozialberichterstattung: Seit den 1970er Jahren werden im Rahmen der Sozialberichterstattung von Ministerien und anderen Trägern mehr oder weniger regelmäßig Sozialberichte (im weiteren Sinne) vorgelegt. Auf der Ebene der Bundesministerien sind das z. B. Familienberichte, Migrationsberichte, Sozialberichte (im engeren Sinne), Armuts- und Reichtumsberichte, Kinder- und Jugendberichte, Altenberichte, Bildungsberichte etc.; eine ähnliche Berichterstattung findet sich auch bei den Bundesländern wie auch bei einigen Kommunen. Schließlich werden Sozialberichte auch von anderen Institutionen (Wohlfahrtsverbänden, Gewerkschaften etc.) vorgelegt.
- Datensammlungen: In allgemeiner Form bietet der Datenreport, der vom Statistischen Bundesamt in Zusammenarbeit mit dem ZUMA und dem WZB erstellt wurde, einen Überblick über wichtige Eckdaten der amtlichen Statistik wie der sozialwissenschaftlichen Umfrageforschung. Darüber hinaus finden sich Datensammlungen einzelner Bundesministerien: Familie im Spiegel der amtlichen Statistik, Statistisches Taschenbuch Arbeits- und Sozialstatistik, Grund- und Strukturdaten (Bildung und Forschung) etc.

Spezielle Datenbestände entstehen für die sozialgeschichtliche Forschung, so z. B. beim Zentrum für Historische Sozialforschung die Datenbank zur Historischen Statistik (HISTAT).

Neben den WWW-Angeboten der verschiedenen Forschungs- und Dokumentationseinrichtungen oder der sie beauftragenden Institutionen ist auf Web-Seiten und Linksammlungen (mehr oder weniger guter Qualität) zu verweisen, die Links zu Quellen von Sekundärdaten verfügbar machen. Hervorzuheben ist z. B. die sehr gut gepflegte Datensammlung ›Sozialpolitik aktuell‹ der Autoren des Lehrbuchs ›Sozialpolitik und soziale Lage in Deutschland‹.

## Zugänge zu Mikrodaten

Während viele Aggregatdaten neben der Papier- oder Datenträgerform auch im Internet zugänglich sind, gestaltet sich der Zugang zu Mikrodaten der Sozialforschung in der Regel aufwendiger; das hängt u. a. mit Fragen des Datenschutzes zusammen, scheint aber auch eine Frage der Forschungskultur und des Selbstverständnisses von Forschungseinrichtungen zu sein.

Während die amtliche Statistik in Deutschland jahrzehntelang als ein Closed Shop betrieben wurde, sind inzwischen viele Mikrodaten aus Befragungen wie aus den Meldeverfahren für die sozialwissenschaftliche Forschung, zum Teil auch darüber hinaus, zugänglich. Eine wichtige Voraussetzung für die Weitergabe dieser Daten wird durch die verschiedenen eingesetzten Anonymisierungsverfahren geschaffen; sie gewährleisten, dass auch bei räumlich fein differenzierten Daten keine Identifizierung einzelner Fälle möglich wird. Beim Zugang zu Mikrodaten aus der amtlichen Statistik wird je nach Grad der Anonymisierung unterschieden zwischen:

- Public-Use-Files, die als absolut anonymisierte Mikrodaten allen Interessierten zur Verfügung stehen. Für die absolute Anonymisierung muss in der Regel auf eine feine räumliche Differenzierung verzichtet werden, um das Risiko einer Identifizierung von einzelnen Personen auszuschließen.
- Campus-Files, die als Public-Use-Files für Lehrzwecke zum Download freigegeben sind.
- Scientific-Use-Files, die als faktisch anonymisierte Mikrodaten der unabhängigen wissenschaftlichen Forschung zur Verfügung stehen.
- Daten, die als faktisch anonymisierte Einzeldaten in den geschützten Räumen von Einrichtungen der amtlichen Statistik bzw. in den Forschungsdatenzentren zur Verfügung stehen.
- Daten, die als anonymisierte Originaldaten über die kontrollierte Datenfernverarbeitung ausgewertet werden können. D. h., sowohl die Programmsyntax, mit der verschiedene statistische Auswertungen angefordert werden, als auch die Ausgaben unterliegen einer Kontrolle durch die statistischen Ämter.

Für die Daten der kommunalen statistischen Ämter gibt es bislang keine allgemein geregelten Zugänge. Hier sind nur projektbezogene Vereinbarungen möglich. Eine Übersicht über die von den Kommunen durchgeführten Befragungen gibt die Datenbank kommDEMOS, die vom Deutschen Institut für Urbanistik (DIFU) in Berlin zur Verfügung gestellt wird.

Das Zentralarchiv für Empirische Sozialforschung wurde bereits 1960 an der Universität Köln gegründet und stellt sozialwissenschaftliche Daten, insbesondere Daten aus standardisierten Befragungen, für die Sekundäranalyse zur Verfügung. Beim Zentralarchiv wird unterschieden zwischen der Freigabe von Daten und Dokumenten

- für jede Frau und jeden Mann,
- für die akademische Forschung und Lehre,
- für die akademische Forschung und Lehre (ohne oder mit genehmigungspflichtiger Veröffentlichung der Ergebnisse),
- für die akademische Forschung und Lehre (nach schriftlicher Genehmigung des Datengebers).

Andere Mikrodaten wie z. B. die Daten des ALLBUS oder des sozioökonomischen Panels sind nach vertraglicher Vereinbarung über die dafür verantwortlichen Institutionen zugänglich.

Eine relativ neue Form des kontrollierten Zugangs zu Mikrodaten bieten so genannte Online-Auswertungen, die direkt über das WWW ausgeführt werden können. D. h., es erfolgen keine Downloads, sondern die Auswertungen werden auf den Datenbank-Servern der jeweiligen Institutionen erstellt, auf denen auch die Originaldaten liegen. Bislang sind die statistischen Möglichkeiten solcher Online-Auswertungen noch recht eingeschränkt, oft sind nur einzelne uni- und bivariate Auswertungen möglich.

In den meisten Fällen ist der Zugang zu Mikrodaten für die Sekundäranalyse an ein Antragsverfahren gebunden; die Daten werden dann projektbezogen zur Verfügung gestellt. Mitunter müssen auch spezifische Datenschutzmaßnahmen auf der Nutzerseite vereinbart werden. Zudem sind in vielen Fällen – je nach Datensatz und Einrichtung, geringe bis erhebliche Gebühren für den Zugang zu Mikrodaten zu entrichten.

## e) Ablauf von Sekundäranalysen

Sekundäranalyse soll hier in einem weitere Sinne verstanden werden: Zum einen sind Analysen gemeint, die bereits anderweitig erhobene Mikrodaten zum Ausgangspunkt haben; zum anderen ist aber auch die Analyse von aufbereiteten Aggregatdaten, im einfachsten Fall eine Tabelle, die dem statistischen Jahrbuch von Eurostat entnommen wurde, als Sekundäranalyse zu begreifen.

Mit diesem weiteren Verständnis von Sekundäranalyse soll der (methodenkritische) Blick auch auf jene oft wenig bewussten Prozesse von Sozialforschung gerichtet werden, die mit dem scheinbar unproblematischen Bezug auf vorgefundene tabellarische Datenmaterialien verbunden sind. Wenn man sich z. B. zur Untermauerung einer Argumentation auf vorliegende Aggregatdaten stützt, so wird hier genau genommen empirische Sozialforschung betrieben, die methodisch in gleicher Weise reflektiert werden sollte wie andere Forschungen.

Verglichen mit einem klassischen Modell, das den Forschungsprozess in einem Vierschritt begreift (Fragestellung, Entwicklung eines Erhebungsinstruments, Datenerhebung, Auswertung des Datenmaterials), fällt bei einer Sekundäranalyse von Daten der zweite und dritte Schritt (Entwicklung eines Erhebungsinstruments und Datenerhebung) in dieser Form aus. An ihre Stelle tritt die Entscheidung der Forschenden für ein ›Fertiggericht‹, das in aggregierter Form oder als Mikrodaten eingekauft wird. D. h., die Forschenden haben keinen Einfluss auf die Zusammenstellung des Gerichts, z. B. auf die Auswahl und Formulierung von Fragen, die Auswahl der Befragten etc. Dabei eröffnen Mikrodaten verglichen mit Aggregatdaten noch relativ größere Gestaltungsspielräume, da Möglichkeiten der nachträglichen Aufbereitung von Informationen gemäß einer bestimmten Fragestellung bestehen.

In beiden Fällen hat man es jedoch mit einer Konstellation zu tun, in der das klassische Forschungsmodell und die damit verknüpften Forschungsregeln nicht mehr angemessen sind. Flexibler ist da das in Teil II, Kap. 1 vorgeschlagene Modell, das von einem Arrangement aus Forschungsfragen, verfügbarem Datenmaterial und zu untersuchenden Phänomenen ausgeht.

Unabhängig von diesen wissenschaftslogischen Problemen steht jede Sekundäranalyse vor der Schwierigkeit, dass die gegenüber einem klassischen Forschungsprozess ausgefallenen Schritte rekonstruiert werden müssen. D. h., es gilt, sehr genaue Informationen über alle Prozesse zu gewinnen, aus denen das vorliegende Material – sei es ein Mikrodatensatz oder eine aggregierte Tabelle – hervorgegangen ist. Das sind grundsätzlich Informationen

- zum Erhebungsinstrument: Fragebogen, Interviewanweisungen, Interviewhilfsmittel,
- zum Stichprobenkonzept: Stichprobenverfahren, angestrebte Stichprobengröße,
- zum Erhebungsprozess: beauftragte Institution, Befragungszeit, Kontrolle der Interviewer, detaillierte Angaben zur Ausschöpfung der Bruttostichprobe und zu den verschiedenen Typen von Ausfällen,
- zur Aufbereitung der Daten: Bereinigung von Fehlern, Generierung von Variablen, Imputationen.
- Bei Aggregatdaten sind zudem Informationen über vorgenommene Gewichtungen, Filtersetzungen und die zur Gewinnung der Aggregatinformationen verwendeten statistischen Verfahren und deren Parameter erforderlich.

Für einige in der sozialwissenschaftlichen Forschung häufig eingesetzte Datensätze, wie z. B. SOEP und ALLBUS, liegen solche Informationen in vorbildlicher Weise vor.

## Möglichkeiten der Datenanalyse

Bei der Datenanalyse können Mikro-Sekundärdaten in ähnlicher Weise genutzt werden wie in eigener Regie gewonnene Daten. Schwieriger ist eine unter Umständen erforderliche weitere Analyse von Aggregatdaten; sie gehen ja bereits auf einen analytischen Prozess zurück, in dem sie in einer oder mehreren Dimensionen aggregiert wurden. So liegen z. B. Informationen zur Einkommensverteilung als Angaben über die Besetzung einzelner Einkommensklassen für Männer und Frauen vor. Die Möglichkeiten einer weiteren statistischen Analyse hängen von dem zuvor erfolgten Aggregierungsprozess ab; in begrenzter Form lassen sich einige univariate und bivariate Analysen für kategorisierte Daten vornehmen, z. B. indem ein Mittelwert aus den Einkommensklassen berechnet wird.

Bei Zusammenhangsanalysen ergibt sich das klassische statistische Problem des ökologischen Fehlschlusses, das sich einstellt, wenn für Zusammenhangsanalysen nur Aggregat- und keine Mikrodaten zur Verfügung stehen. Wie in der folgenden Abbildung an einem fiktiven Beispiel dargestellt, scheint auf der Ebene der Stadtteile ein Zusammenhang zwischen dem Bevölkerungsanteil mit Migrationshintergrund und der Kriminalitätsrate zu bestehen. Ein solcher auf der Aggregatebene beobachtbarer Zusammenhang darf jedoch nicht als Zusammenhang auf der Mikroebene interpretiert werden.

**Abb. 109: Beispiel für einen ökologischen Fehlschluss**

| Stadtteile | Anteil der Einwohner mit Migrationshintergrund | Kriminalitätsrate (1000F/100.000E.) |
|---|---|---|
| ww | 23 % | 16 |
| xx | 5 % | 7 |
| yy | 21 % | 14 |
| zz | 4 % | 4 |

Fiktive Daten

Multivariate Analysen sind mit Aggregatdaten nur in sehr eingeschränkter Form möglich; so lassen sich entsprechend aufgeschlüsselte tabellarische Daten z. B. für einfache Korrespondenzanalysen und für die Berechnung loglinearer Modelle verwenden.

## f) Sekundäranalysen in der qualitativen Sozialforschung

Auch im Bereich der qualitativen Sozialforschung wird seit geraumer Zeit an Archivierungsmöglichkeiten des aufwendig erstellten Datenmaterials gearbeitet. Die Archivierung von Datenmaterialien kann – wie auch bei standardisierten Daten – eine Nutzung für die Reanalyse (mit verschiedenen Zielsetzungen), für historisch- und kulturvergleichend angelegte Forschungen, für die Ausbildung in Interview- wie in Analysetechniken oder auch für methodologische Forschungen ermöglichen.

Bislang existieren nur einzelne dezentrale Archive, in denen das Datenmaterial in ganz unterschiedlichen Formen konserviert wird: So z. B. das Bremer Archiv für Lebenslaufforschung, das Elektronische Lehrarchiv für qualitative und quantitative Sozialforschung in Hannover oder das Archiv Deutsches Gedächtnis am Institut für Geschichte und Biographie in Lüdenscheid.

Ein zentrales Problem liegt bei der Anonymisierung von Datenmaterialien. Während bei standardisierten Informationen über einzelne Personen relativ gut abgeschätzt werden kann, wann eine Kombination verschiedener Merkmale das Risiko einer Identifizierung der Befragten birgt, lässt sich dieses Problem bei den Daten einer qualitativen Befragung grundsätzlich nur fall- oder untersuchungsspezifisch lösen. Die übliche Praxis, Namen, Orts- und Zeitangaben oder andere formale Merkmale bereits bei der Transkription zu anonymisieren, bietet nur einen begrenzten Schutz, wenn im Verlauf des Interviews sehr spezifische Lebensumstände geschildert werden, die grundsätzlich eine Identifizierung der befragten Personen ermöglichen können. Eine weitere Anonymisierung, die über den Verzicht auf solche Spezifika erreicht werden könnte, würde die Interviews jedoch wertlos machen, da wesentliche Rahmenbedingungen nicht mehr rekonstruiert werden können.

Dennoch bieten sich fallbezogen einige Möglichkeiten, einen stärkeren Schutz der befragten Personen sicherzustellen, ohne die Möglichkeiten der Reanalyse allzu sehr zu beschneiden, indem Details abstrakter dargestellt werden: »Such details can, however, be rewritten at a more abstract level so that information which is relevant for the project and necessary for an adequate interpretation of the cases does not go missing« (Opitz/Witzel 2005:Par. 16).

Darüber hinaus besteht nur die Möglichkeit, den Schutz der Befragten über schriftliche Vereinbarungen mit denjenigen zu sichern, die das qualitative Material für Sekundäranalysen verwenden möchten (ebd. Par. 14).

# 12. Aufbereitung und Analyse sozialwissenschaftlicher Daten

Am Ende aller hier geschilderten Erhebungsverfahren stehen Daten. Ein Unterscheidungsmerkmal dieser Daten liegt darin, dass sie auf der einen Seite eher in Textform geronnene, auf der anderen Seite eher zu standardisierten Informationen verdichtete Beschreibungen der sozialen Welt liefern. Beide Typen von Daten gilt es im weiteren Forschungsprozess aufzubereiten und zu analysieren.

Zunächst sollte man sich verdeutlichen, dass die Unterscheidung von standardisierten und nicht-standardisierten Verfahren der Sozialforschung oft unscharf ist, weil nicht zwischen Verfahren der Erhebung und der Auswertung differenziert wird.

Abb. 110: Datenerhebung und Datenanalyse

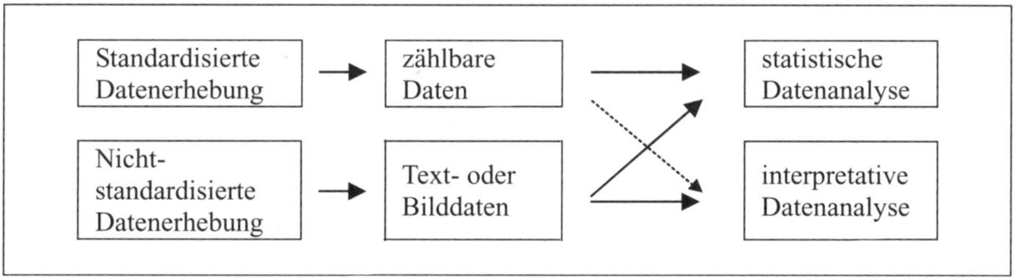


Mit den standardisierten und nicht-standardisierten Verfahren der Datenerhebung werden zum einen zählbare Daten, zum anderen Text- oder Bilddaten hervorgebracht. Daran schließen sich im Regelfall analytische Verfahren statistischer oder interpretativer Art an. Es ist jedoch auch denkbar, Text- oder Bilddaten nachträglich zu kategorisieren und sie damit zählbar zu machen. Grundsätzlich besteht auch die Möglichkeit, zählbare Daten für fallanalytische Verfahren zu nutzen – dies kann bei komplexen (haushalts- und personenbezogenen) Paneldaten, die über einen langen Erhebungszeitraum vorliegen, durchaus sinnvoll sein, z. B. um Hypothesen zu generieren.

## a) Aufbereitung qualitativer Daten

Am Ende eines qualitativen Erhebungsprozesses stehen, wie einleitend dargestellt, in vielen Fällen Texte; aber es sind Texte ganz unterschiedlicher Art:

- Transkriptionen von Interviews oder Gesprächen
- Protokolle oder Feldnotizen von teilnehmenden Beobachtungen
- Dokumente, die ausgewertet werden sollen

Es können aber auch Bild- und Tondokumente sein. Die Datenmaterialien wurden durch unterschiedliche Forschungsaktivitäten gewonnen oder erschlossen. Es sind auf der einen Seite vorgefundene Materialien, die mit nicht-reaktiven Verfahren generiert wurden, z. B. durch den Mitschnitt von Alltagskommunikationen, durch die Sammlung von Dokumenten etc. Auf der anderen Seite sind es generierte Texte, die z. B. über verschiedene Formen von Interviews gewonnen wurden. Der Ausgangspunkt ist jeweils eine Forschungsfrage, eine Interviewfrage oder ein Erzählanreiz.

Abb. 111: Quellen für Textmaterialien

| Textgenerator | Textform |
|---|---|
| Interviewfrage<br>Erzählanreiz<br>.. | transkribierte Texte, die auf Antworten, Stellungnahmen, Schilderungen, biographische Erzählungen, Geschichten, Gruppendiskussionen etc. zurückgehen |
| gezielte Auswahl von Beobachtungsgegenständen/Informanten | Feldnotizen, Ausarbeitungen, Memos der Forschenden, die auf Beobachtungen, Informantengespräche etc. zurückgehen |
| gezielte Auswahl von Texten/Dokumenten | aufbereitete bzw. vorgefundene Texte und Dokumente |

Texte fungieren dabei als ein Medium, als eine universelle Schnittstelle zwischen dem Erhebungs- und dem Auswertungsprozess, vergleichbar mit der Datenmatrix, die am Ende eines standardisierten Erhebungsverfahrens (Befragung, Beobachtung, Inhaltsanalyse) steht. Dennoch sollte – ähnlich wie bei der Generierung und Analyse standardisierter Daten – ein solches universelles Medium die Forschenden nicht davon entbinden, sich bei jedem Auswertungsschritt zu vergegenwärtigen, wie diese Texte jeweils entstanden sind.

Sofern die Aufzeichnungen des Erhebungsprozesses in Form von Audio-Daten vorliegen, ist eine weitere Aufbereitung erforderlich.

## Transkription

Bislang ist die vollständige oder auszugsweise Transkription von Interviewmaterialien der Regelfall, um Interviewdaten der Analyse zugänglich zumachen. Dabei gibt es je nach Forschungsfrage und eingesetzten Auswertungsverfahren eine breite Palette möglicher Transkriptionstechniken, die darauf zielen, wesentliche Momente der Kommunikationssituation darzustellen. Was jedoch ›wesentlich‹ ist, kann nur in einem Forschungskontext entschieden werden. Im Folgenden sind einige recht einfache Transkriptionsregeln dargestellt.

### Abb. 112: Transkriptionsregeln

| Zeichen | Bedeutung |
|---|---|
| .. ... .... | kurze, mittlere, lange Pause |
| ...... | Auslassung |
| /eh/ /ehm/ | Planungspausen |
| ((Ereignis)) | nicht-sprachliche Handlungen, z. #160;B. ((Schweigen))<br>((zeigt auf ein Bild)) |
| ((lachend)) ((erregt))<br>((verärgert)) | Begleiterscheinungen des Sprechens<br>(die Charakterisierung steht vor den entsprechenden Stellen) |
| sicher | auffällige Betonung, auch Lautstärke |
| s i c h e r | gedehntes Sprechen |
| ( ) | unverständlich |
| (so schrecklich?) | nicht mehr genau verständlich, vermuteter Wortlaut |

Quelle: Hoffmann-Riem (1984:331)

Die Entscheidung für ein Transkriptionssystem wird auch davon abhängen, ob eher inhaltliche oder eher formale Aspekte von Texten interessieren. Für eine Analyse der formalen Eigenschaften ist sicherlich eine weitaus differenziertere Transkription erforderlich als hier vorgeschlagen. Auch die Transkription von Gruppengesprächen erfordert spezifische Regeln, um z. B. die Verschränkung von Redebeiträgen abzubilden. Da bei einer Aufzeichnung von Interviews grundsätzlich die Möglichkeit besteht, auch später noch einzelne Passagen vertiefend zu erfassen, ist es denkbar, zunächst mit relativ einfachen Transkriptionsregeln zu arbeiten.

Neben der Transkription bietet sich bei geeigneter Software auch die Möglichkeit, Texte in Sequenzen zu zerlegen und in einem Audio-Format zu speichern, um dann die Kodierung auf Basis des sequentierten Rohmaterials in Audio-Form durchzuführen; dadurch könnte der sehr aufwendige Prozess der Transkription ganz oder teilweise entfallen (vgl. Hauptmann 2005). Dazu wären die Audio-Dateien zunächst in Sinnsequenzen (z. B. die Antwort auf eine Frage, Aussagen zu einem Thema) oder formale Sequenzen (z. B. Sätze, Abschnitte) zu zerlegen und über Stichwörter oder Paraphrasen zu etikettieren. Die Kodierung und Auswertung könnte dann auf den O-Ton zurückgreifen, oder es erfolgt später eine selektive Transkription.

## b) Analyse qualitativer Daten

Es ist nicht ganz einfach, einen Überblick über die Möglichkeiten der Analyse qualitativer Daten zu gewinnen. Diese Unübersichtlichkeit hängt damit zusammen, dass es lange Zeit keine strukturierten Diskurse über die Methoden der qualitativen Sozialforschung gegeben hat, auch eine Kanonisierung der Techniken der qualitativen Datenanalyse z. B. in Form von Lehrbüchern hat erst recht spät eingesetzt. So wurde in den Geisteswissenschaften schon lange mit hermeneutischen Verfahren oder phänomenologischen Methoden gearbeitet, ohne dass diese genau expliziert, systematisiert und dokumentiert wurden. Darüber hinaus hängt diese Unübersichtlichkeit damit zusammen, dass für die Analyse qualitativer Datenmaterialien ganz unterschiedliche theoretische Konzepte herangezogen werden: Phänomenologie, symbolischer Interaktionismus, Ethnomethodologie, verschiedene diskursanalytische Konzepte, verstehende Soziologie oder Psychoanalyse. Ein weiteres Moment der Diffusion rührt daher, dass Methoden der qualitativen Sozialforschung in unterschiedlichen wissenschaftlichen Disziplinen oder soziologischen Teilgebieten entwickelt wurden, so z. B. in der Ethnologie, der Sprach- bzw. Literaturwissenschaft, der Sozialisationsforschung, der Medienforschung, der Psychologie oder in der Soziologie (z. B. in der Jugendsoziologie, in der Stadt- und Regionalsoziologie, der Medizinsoziologie). Schließlich waren auch die mit der qualitativen Analyse verknüpften Fragestellungen recht verschieden; so ging es um die Auswertung von ethnographischen Feldnotizen oder biographischen Materialien; man interessierte sich für Erzählungen und ihre Inhalte, betrieb Oral History, wollte Gruppendiskussionen oder Unterrichtsbeobachtungen auswerten.

### Verfahren der Analyse qualitativer Daten im Überblick

Zunächst erscheint es sinnvoll, sich an einem einfachen Beispiel zu verdeutlichen, wie sich die Erkenntnisinteressen bei der Analyse qualitativen Materials gestalten können. Person X schildert, wie sie in einer bestimmten Situation (Kontext Z) ein lebensgeschichtlich bedeutsames Ereignis (Phänomen Y) erfahren hat.

Abb. 113: Erkenntnisinteressen bei der Analyse von Textdaten

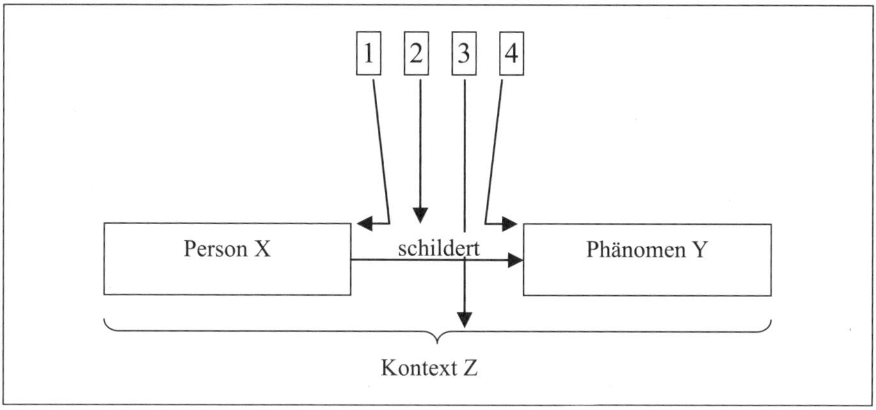


Bei der Analyse einer solchen Schilderung, die als Textmaterial vorliegt, können grundsätzlich verschiedene Fragen verfolgt werden; die Analyse kann sich ausgehend von der Schilderung

- auf die Person X (als Individuum, als Rollenträger, als Angehöriger einer Gruppe, eines Milieus, einer Klasse) konzentrieren (1),
- der Form der Schilderung zuwenden (2),
- auf die Kontextbedingungen Z richten (3),
- für das Phänomen Y interessieren (4).

Bei all diesen Varianten ist das Textmaterial der Ausgangspunkt der analytischen Arbeit; die Art und Weise, in der dieses Material befragt wird, ist jedoch sehr unterschiedlich. Auch an die Transkription richten sich, z. B. bei Variante 2, ganz andere Anforderungen als bei den übrigen Varianten.

Eine weitere Klärung kann die von Flick vorgeschlagene Typisierung von Verfahren der qualitativen Analyse bringen; er unterscheidet zwischen Verfahren, die sich eher dem Ziel der Kategorisierung bzw. Theoriebildung verpflichtet fühlen, und solchen, die eher auf eine Fallrekonstruktion setzen.

• Die Verfahren, die vorrangig mit Techniken der Kodierung und Kategorisierung von Informationen arbeiten, zielen eher auf die Entwicklung von Kategorien oder gegenstandsbezogener Theorie. Zu den typischerweise eingesetzten Verfahren gehören das theoretische und thematische Kodieren oder die qualitative Inhaltsanalyse.

Abb. 114: Verfahren der Analyse qualitativer Daten

| vorrangige Methode | Kodierung und Kategorisierung | | | | | Sequentielle Analysen |
|---|---|---|---|---|---|---|
| Verfahren | Theoretisches Kodieren | Thematisches Kodieren | Qualitative Inhaltsanalyse | Konversationsanalyse | Narrative Analyse | Objektive Hermeneutik |

Darstellung in Anlehnung an Flick (1995:234 f.)

• Die fallrekonstruktiven Verfahren zielen demgegenüber auf die Rekonstruktion einzelner Fälle. Üblicherweise werden dabei dann Techniken der Konversationsanalyse, der narrativen Analyse oder der objektiven Hermeneutik eingesetzt.

## Konversationsanalyse

Bei der Konversationsanalyse stehen eher die formalen Aspekte von Interaktionen im Vordergrund, z. B. die Frage nach bestimmten Gesprächspraktiken (Wie werden Gespräche eingeleitet, wie werden sie beendet?) oder die Untersuchung bestimmter Gesprächstypen (Telefongespräche, Klatsch, Familiengespräche, Arzt-Patienteninteraktion). Es geht dabei im Sinne der ethnomethodologischen Perspektive um die formalen Abläufe zur Herstellung sozialer Wirklichkeit oder von Normalität. Die Konversationsanalyse zielt darauf, »die formalen Prinzipien und Mechanismen zu bestimmen, mittels deren die Handelnden in ihrem Handeln die sinnhafte Strukturierung und Ordnung dessen, was um sie vorgeht und was sie in der sozialen Interaktion mit anderen selbst äußern und tun, bewerkstelligen« (Bergmann 1991:213). Das Interesse zielt eher auf die »formalen Verfahren« die die Interagierenden einsetzen, auf die »Prinzipien der sozialen Organisation von sprachlicher und nicht-sprachlicher Interaktion« (214).

Zur Umsetzung dieser Ziele schlägt Bergmann folgende Vorgehensweise vor:

**Abb. 115: Vorgehensweise der Konversationsanalyse**

(1) im Transkript bzw. in der Aufzeichnung eines Interaktionsgeschehens ein Objekt (eine sprachliche oder nicht-sprachliche Äußerung bzw. Äußerungsabfolge) als präsumtives Ordnungselement zu isolieren;
(2) aus dem Datenmaterial eine Kollektion von Fällen zusammenzustellen, in denen sich dieses Objekt – in welcher Variation auch immer – manifestiert;
(3) dieses Ordnungselement als Bestandteil einer von den Interagierenden methodisch erzeugten Geordnetheit anzusehen;
(4) die Geordnetheit als Resultat der methodischen Lösung eines strukturellen Problems der sozialen Organisation von Interaktion zu verstehen;
(5) Hypothesen darüber aufzustellen, welcher Art dieses zugrunde liegende strukturelle Problem ist;
(6) ausgehend von diesem Problem die praktischen Methoden zu rekonstruieren, die den Handelnden als institutionalisierte Lösung für dieses Problem dienen und deren Verwendung die beobachtbare Geordnetheit eines Interaktionsgeschehens hervorbringt.

Quelle: Bergmann (1991:217)

Flick (1995:220) illustriert diese Vorgehensweise am Beispiel einer Analyse von Start- und Beendigungssituationen in Beratungsgesprächen. Ausgehend von einer solchen Fokussierung wäre zunächst das vorhandene Gesprächsmaterial nach einschlägigen Sequenzen auszuwerten. Im Sinne der Punkte 3 und 4 wäre dann zu überlegen, welche Funktionen diese Ordnungselemente im Kontext von Beratungsgesprächen haben und was das dahinter stehende ›strukturelle Problem‹ ist. Schließlich müssten ausgehend von einem so identifizierten strukturellen Problem der Gesprächsführung die einschlägigen Sequenzen so analysiert werden, dass deutlich wird, wie dort jeweils die systematische Lösung des Problems erfolgt.

## Narrative Analysen

Das Ausgangsmaterial dieser Analysen wird aus narrativen bzw. biographischen Interviews gewonnen. Nach Fritz Schütze (1976:178 ff.) kann die Analyse narrativer Interviews auf vier Ebenen erfolgen: auf der Ebene des inhaltlichen Bildes, auf der Ebene der Darbietung des Bildes, auf der Ebene des kommunikativen Austausches und schließlich auf der Ebene der tatsächlichen Ereignisse. Das korrespondiert auch mit der in Abb. 113 vorgeschlagenen Strukturierung. Zum analytischen Vorgehen schlägt Schütze sechs Schritte vor.

Abb. 116: Vorgehensweise der narrativen Analyse

(1) formale Textanalyse,
(2) strukturelle inhaltliche Beschreibung,
(3) analytische Abstraktion,
(4) Wissensanalyse,
(5) kontrastive Vergleiche (Kreuzvergleiche),
(6) Konstruktion eines theoretischen Modells.

Quelle: Schütze (1983)

Der erste Schritt zielt auf die Herstellung eines bereinigten Erzähltextes, indem der Text segmentiert und nicht-narrative Textpassagen ausgeklammert werden. Die daran anschließende strukturelle Beschreibung der einzelnen Darstellungsstücke zielt auf eine thematische und strukturelle Analyse des geschilderten Ereignisablaufs.

Über die analytische Abstraktion sollen abstrahierte Strukturaussagen zu einzelnen Lebensphasen herausgearbeitet werden. Das theoretische Gerüst dieser Abstraktionen liefern die von Schütze entwickelten vier Grundphänomene von Lebensabläufen: »institutionelle Ablaufsmuster und -erwartungen des Lebensablaufs, Handlungsschemata von biographischer Relevanz, Verlaufskurven und Wandlungsprozesse und biographische Gesamtformung« (Schütze 1981:67). In der Phase der Wissensanalyse geht es um die biographischen Eigentheorien der Erzählenden und mögliche Differenzen zur analytischen Perspektive. Schließlich werden kontrastive Vergleiche zwischen den Texten aus unterschiedlichen Interviews vorgenommen. Dabei wird zum einen die Strategie des minimalen Vergleichs verfolgt, um Ähnlichkeiten zwischen verschiedenen Fällen herauszuarbeiten. Umgekehrt zielt die Strategie des maximalen Vergleichs auf kontrastive Fälle, die mit dem gegenwärtigen Erkenntnisstand nicht vereinbar sind. Abschließend sollen die Forschungserfahrungen für die Konstruktion eines theoretischen Modells genutzt werden.

## Qualitative Inhaltsanalyse

Die qualitative Inhaltsanalyse nach dem von Philipp Mayring entwickelten Modell zielt auf eine methodisch kontrollierte, schrittweise Analyse des Textmaterials. »Sie zerlegt ihr Material in Einheiten, die sie nacheinander bearbeitet. Im Zentrum steht dabei ein theoriegeleitet entwickeltes Kategoriensystem; vor der eigentlichen Analyse werden durch dieses Kategoriensystem diejenigen Aspekte festgelegt, die aus dem Material herausgefiltert werden sollen« (1990:86). Mayring stellt drei analytische Grundformen der Inhaltsanalyse dar: Zusammenfassung, Explikation und Strukturierung.

Abb. 117: Verfahren der qualitativen Inhaltsanalyse

| Zusammenfassung | Explikation | Strukturierung |
|---|---|---|
| – Paraphrasierung | – Lexikalisch-grammatikalische Definition | – Festlegung der Einschätzungsdimension |
| – Generalisierung auf das Abstraktionsniveau | – Bestimmung des Explikationsmaterials | – Bestimmung der Ausprägungen |
| – Erste Reduktion | – Enge Kontextanalyse | – Formulierung von Definitionen |
| – Zweite Reduktion | – Weite Kontextanalyse | – Fundstellenbezeichnung |
| | – Explizierende Paraphrase | – Bearbeitung der Fundstellen |
| | – Oberprüfung der Explikation | – Überarbeitung des Kategoriensystems |

Quelle: Mayring (1983)

• Die zusammenfassende Analyse zielt auf eine Reduktion des Materials bei Erhalt der wesentlichen Inhalte. Durch Abstraktion wird ein überschaubarer Textkorpus geschaffen, »der immer noch ein Abbild des Grundmaterials ist« (1990:86).
• Die explizierende qualitative Inhaltsanalyse zielt auf eine Analyse einzelner Textteile unter Verwendung zusätzlicher Materialien, die das Verständnis erweitern, erklären und ausdeuten. Dazu wird zum einen der enge Textkontext, das direkte Textumfeld genutzt; zum anderen werden Informationen über den weiteren Textkontext (Verfasser, Adressaten, Interpreten, kultureller Kontext, nonverbales Material etc.) zur Explikation der Textstelle herangezogen. »Die Explikation als inhaltsanalytische Technik ist damit im eigentlichen Sinn eine Kontextanalyse. Für systematisches Vorgehen ist nun wichtig, aus dem Kontextmaterial eine erklärende Paraphrase zu bilden (bei großen Materialmengen mit Hilfe einer Zusammenfassung) und diese Paraphrase statt der fraglichen Stelle in den Text einzufügen. Nun ist zu prüfen, ob die Explikation ausreicht. Im negativen Falle muß neues Explikationsmaterial bestimmt und ein neuer Durchlauf der Kontextanalyse vollzogen werden« (88).
• Die strukturierende qualitative Inhaltsanalyse zielt auf die Entwicklung formaler, inhaltlicher oder typologischer Strukturen im Rahmen einer theoriegeleiteten Inhaltsanalyse. »Das Herzstück dieser Technik ist nun, daß das aus den Strukturierungsdimensionen zusammengestellte Kategoriensystem so genau definiert wird, daß eine eindeutige Zuordnung von Textmaterial zu den Kategorien immer möglich ist« (88). Zunächst werden Kategorien definiert, anschließend Textstellen bestimmt, die als Ankerbeispiele für diese Kategorie fungieren können. Schließlich werden Kodierregeln formuliert, getestet und modifiziert. Am Ende steht ein

Kodierleitfaden, der einzelne Kodes und ihre Ausprägungen, Definitionen, Ankerbeispiel und Kodierregeln enthält.

## Objektive Hermeneutik

Der Ansatz der objektiven Hermeneutik wurde im Rahmen sozialisationstheoretischer und familiensoziologischer Forschungen von Ulrich Oevermann entwickelt. Die Methode wurde an verschiedenen Datentypen aus den Sozial- und Kulturwissenschaften erprobt. Ein wichtiges Ziel ist es, nicht die subjektiven, sondern die latenten Sinnstrukturen, die objektive Bedeutung einer Handlung zu rekonstruieren. Diese latenten Strukturen werden als der eigentliche ›Handlungsgenerator‹ begriffen.

Ziel der Strukturgeneralisierungen ist die Entdeckung und Beschreibung allgemeiner Strukturgesetzlichkeiten, so genannter ›generativer Regeln‹, die nach Oevermann einen den Naturgesetzen vergleichbaren Status haben. Dabei werden universale Strukturen (Grammatikalität, Logizität, Moralität, Vernünftigkeit) und historische Strukturen mit geringerer Reichweite (gruppen- und subjektspezifische Deutungs- und Interaktionsmuster) unterschieden.

Zu den wichtigsten Verfahrensregeln zählt, dass die Bedeutungsrekonstruktion in einem handlungsentlasteten Kontext durch eine Gruppe von Interpreten (mit voll ausgebildeter Sinninterpretationskompetenz) durchgeführt wird. Die Analysen sollen in der Sprache des Falls vorgenommen werden. Grundsätzlich soll nach den Motiven für alle im Text enthaltenen Elemente gefragt werden. Dabei werden dann jene Erklärungen bevorzugt, die dem Postulat der objektiven Vernünftigkeit einer Handlung und der Sparsamkeitsregel folgen.

Zur Vorgehensweise wird eine feste Schrittfolge vorgeschlagen:

- Am Beginn der Analyse steht die Bestimmung der Fallstrukturebene (Was ist der Fall?); dabei sind die sozialen Gebilde und praktischen Handlungsprobleme, von denen die Interaktion handelt, zu bestimmen. Entsprechend den in Abb. 113 dargelegten Erkenntnisinteressen können dies der Interviewte, die Interaktionsstrukturen im Interview oder die Organisation und Strukturen, über die berichtet wird, sein.
- Bei der folgenden sequentiellen Grobanalyse werden zunächst das Handlungsproblem und die jeweiligen Rahmenbedingungen bestimmt.
- Die zentrale Phase der Analyse besteht dann aus sequentiellen Feinanalysen, die nacheinander für verschiedene Interakte durchgeführt werden. Für diese Feinanalyse wird – wie oben angedeutet – eine spezifische Vorgehensweise vorgeschlagen, der für den Anspruch der objektiven Hermeneutik eine zentrale Bedeutung zukommt.

## Abb. 118: Vorschläge zur Feinanalyse

»0. Explikation des einem Interakt unmittelbar vorausgehenden Kontextes
1. Paraphrase der Bedeutung eines Interaktes gemäß dem Wortlaut der begleitenden Verbalisierung
2. Explikation der Intention des interagierenden Subjekts
3. Explikation der objektiven Motive des Interaktes und seiner objektiven Konsequenzen
4. Explikation der Funktion des Interakts in der Verteilung von Interaktionsrollen
5. Charakterisierung sprachlicher Merkmale des Interakts
6. Exploration des Interpretationsaktes auf durchgängige Kommunikationsfiguren
7. Explikation allgemeiner Zusammenhänge
8. Unabhängige Prüfung der auf der Vorebene formulierten, allgemeinen Hypothesen anhand von Interaktionsfolgen aus weiteren Fällen«.

Quelle: Flick (1995:228)

- Bei den Explikationen z. B. des Kontexts werden in Gedankenexperimenten zunächst alle möglichen mehr oder weniger wahrscheinlichen Kontexte durchgespielt. So werden von den Forschenden »Geschichten über möglichst vielfältige, kontrastierende Situationen erzählt, die konsistent zu einer Äußerung passen« (Oevermann 1983:236). Damit soll gewissermaßen die grundsätzliche Offenheit von Handlungssituation verdeutlicht werden. »Diese sequenzanalytische Strukturrekonstruktion ist also wesentlich darauf angewiesen, die Optionen oder Möglichkeiten des weiteren Verlaufs einer Interaktion an jeder Sequenzposition oder Zustandsstelle eines Interaktionsablaufs aufgrund einer extensiven Auslegung der objektiven Bedeutungsstrukturen zu bestimmen und dann die objektive Bedeutung der tatsächlich erfolgten nächsten Bewegung im Interaktionsablauf darauf abzubilden« (1981:50 f.).
  An die Explikation der gesamten Klasse von Deutungsmöglichkeiten einer Äußerung schließt sich die schrittweise Aussonderung von Deutungen an, die nicht kontextadäquat sind. Dabei wird sukzessive das Passungsverhältnis von Handlung (Äußerung) und Kontext rekonstruiert. Diese sequentielle Feinanalyse wird dann an den folgenden Interakten weitergeführt.
- Nach Abschluss der Interpretation werden in der letzten Phase der Analyse fallimmanente und fallübergreifende Strukturgeneralisierungen formuliert. Die fallimmanenten Generalisierungen werden an anderen Handlungssequenzen desselben Falles geprüft und möglicherweise falsifiziert; für die fallübergreifende Strukturgeneralisierung werden andere Fälle herangezogen.

## Kodierverfahren der Grounded Theory

Im Rahmen der Grounded Theory werden für die Analyse von Texten und anderen Materialien verschiedene Kodierstrategien vorgeschlagen. Diese Kodierverfahren übernehmen in unterschiedlichen Untersuchungsphasen je spezifische Aufgaben.

• Das offene Kodieren zielt auf das ›Aufbrechen‹ von Texten, es sollen Konzepte und Kategorien entwickelt werden, indem analytische Fragen an den Text gestellt oder Vergleiche angestellt werden etc. Als Analyseeinheiten können dabei einzelne Zeilen, ganze Abschnitte oder sogar ganze Dokumente fungieren.

Für die Textanalyse schlagen Glaser und Strauss (1998:57 ff.) eine Reihe von »Techniken zur Erhöhung der theoretischen Sensibilität« vor:

- Fragen stellen: Wer, wann, wo, was, wie, wie viel, warum?
- Analyse einzelner Sätze und Phrasen zur Sensibilisierung für die Bandbreite möglicher Bedeutungen: Dabei sollen ähnlich wie in der objektiven Hermeneutik zunächst alle möglichen Bedeutungen einer Aussage entwickelt werden, um diese dann nach ihrer Wahrscheinlichkeit zu ordnen.
- Vergleiche zwischen Personen bzw. Handlungen anstellen.
- Wörter und Phrasen mit Signalcharakter beachten: So soll bei der Analyse auf bestimmte Schlüsselwörter geachtet werden, die die Affirmierung von Normalitätskonstrukten indizieren: ›nie‹, ›immer‹, ›es kann unmöglich sein …‹, ›jeder weiß, daß es so gemacht wird …‹, ›es besteht kein Grund zur Diskussion‹.

Diese Strategien der Sensibilisierung zielen darauf, dass bei der Analyse »nie etwas für selbstverständlich« (71) gehalten wird. Die Phase des offenen Kodierens wird durch das Erstellen von Kode-Notizen, theoretischen und Planungsnotizen sowie durch das Erstellen von Memos und Diagrammen unterstützt: Memos stellen

**Abb. 119: Beispiel zur Entwicklung von Kategorien beim offenen Kodieren**

| Kategorie | Subkategorie | Subsubkategorie | Eigenschaften | dimensionale Ausprägungen |
|---|---|---|---|---|
| »Speisen-dirigentin« | Arbeitstypen | Beobachten | Häufigkeit<br>Ausmaß<br>Dauer<br>Intensität | oft ↔ nie<br>viel ↔ wenig<br>lang ↔ kurz<br>hoch ↔ niedrig |
| | | Informations-weitergabe | …<br>… | … ↔ …<br>… ↔ … |
| | | … | | |

Quelle: Strauss/Corbin (1996:45 f.)

nach Glaser und Strauss »die schriftliche Form unseres abstrakten Denkens über die Daten dar« (170); die Diagramme sollen dazu dienen, die Beziehungen zwischen den entwickelten Konzepten zu visualisieren.

Die Entwicklung von Kategorien und Subkategorien hat eine gewisse Ähnlichkeit mit der Entwicklung eines standardisierten Erhebungsinstruments. Sie wird hier ausgehend vom vorliegenden Textmaterial eingesetzt, um soziale Phänomene strukturiert beschreiben und vergleichen zu können.

In dem obigen Beispiel geht es um die Aufschlüsselung der Tätigkeitsbereiche einer Frau, die in einem Restaurant beobachtet wird.

• Das axiale Kodieren schließt an die Phase des ›Aufbrechens‹ der Daten an. In dieser Phase sollen die Analysematerialien auf eine neue Art und Weise ›zusammengesetzt‹ werden. Die im Rahmen des offenen Kodierens entwickelten Kategorien sollen im Kontext eines einfachen Handlungsschemas (Kodierparadigma) zueinander in Beziehung gesetzt werden. Die beobachteten Handlungen werden in Bezug auf ihre Kontexte, Bedingungen, Strategien, Folgen etc. rekonstruiert.

Ein solches Kodierparadigma soll ein bestimmtes zu untersuchendes Phänomen, eine Handlung, eine Entscheidung, die getroffen wurde, in ihrem Kontext verorten; es lässt sich in vereinfachter Form so darstellen:

## Abb. 120: Paradigmatisches Modell

| | |
|---|---|
| Ursächliche Bedingungen ↓ Phänomen | »Das ist die zentrale Idee, das Ereignis, das Geschehnis, auf das eine Reihe von Handlungen/ Interaktionen gerichtet sind« (79), um es zu bewältigen, um es zu kontrollieren, um damit umzugehen. |
| ↓ Kontext | »Der Kontext stellt den besonderen Satz der Bedingungen dar, in dem die Handlungs- und interaktionalen Strategien stattfinden« (75) |
| ↓ intervenierende Bedingungen | »Die strukturellen Bedingungen, die auf die Handlungs- und interaktionalen Strategien einwirken, die sich auf ein bestimmtes Phänomen beziehen. Sie erleichtern oder hemmen die verwendeten Strategien innerhalb eines spezifischen Kontextes.« (75) |
| ↓ Handlungs- und interaktionale Strategien | »Strategien, die gedacht sind, um ein Phänomen unter einem spezifischen Satz wahrgenommener Bedingungen zu bewältigen, damit umzugehen, es auszuführen oder darauf zu reagieren« (75) |
| ↓ Konsequenzen | »Ergebnisse oder Resultate von Handlungen und Interaktionen« (75) |

Quelle: Strauss/ Corbin (1996)

Das einfache Handlungsparadigma soll dazu beitragen, dass die im offenen Kodierprozess gewonnenen Informationen systematisch für die Rekonstruktion der Handlungssituation eingesetzt werden.

• Selektives Kodieren zielt schließlich auf die Entwicklung einer Grounded Theory; es soll eine Kernkategorie herausgearbeitet werden und diese soll systematisch mit den anderen Kategorien in Beziehung gesetzt werden; daran anschließend sollen dieser Beziehungen validiert und die entwickelten Kategorien verfeinert werden.

## Beispiel zur Analyse einer Interviewsequenz

An dem folgenden Beispiel sollen die Möglichkeiten der Analyse einer Interviewsequenz mit den Techniken des offenen und axialen Kodierens etwas genauer dargestellt werden. Zunächst ein kleiner Auszug aus einem Interview.

> A: Und welchen Stellenwert hat denn nun das Studium bei dir?
> B: Mja (...). Ja ist mir schon wichtig, dass es dann auch so klappt irgendwie. (...) Ich möchte es eben so gut wie möglich machen und so schnell wie möglich über die Bühne bringen.
> A: Und welche Bedeutung hat dieses Studium nun für dich?
> B: (...) Em (...) Was meinst du denn? Erklär mal.
> A: Naja, ist es etwas Besonderes für dich zu studieren?
> B: Also nach 'm Abitur, also ich weiß nicht, es kam irgendwie gar nicht so die Frage auf. Ich hab' da nicht lange überlegt, ob ich studiere oder nicht studiere. Ich hab'n ganz gutes Abi gemacht und meine Eltern haben dann auch gesagt, wär' ja schade, wenn du jetzt nicht studieren würdest.
> Und, wie gesagt, heute studiert ja fast jeder, und wenn man dann schon ganz gut ist, warum soll man dann nicht studieren. Man kann sicherlich auch eh ohne Studium eh glücklich durch die Welt kommen, aber (...) m ja.
> Studieren, mein Gott, wenn man heutzutage sagt Studieren, reißt man nicht die Leute vom Hocker.
> Hab' ich ja 'grad auch schon gesagt, hat halt nicht mehr so'n Status, nicht mehr so'n Status wie früher, aber ist auf jeden Fall besser als nichts zu studieren,

Diese Sequenz kann nun genutzt werden, um Kodes zu entwickeln, die bestimmte Eigenschaften eines Studiums beschreiben: erfolgreich – nicht erfolgreich, engagiert – nicht engagiert, lang – kurz etc.

## Abb. 121: Entwicklung von Kodes (I)

| Textsequenz | Paraphrase | Kode |
|---|---|---|
| »auch so klappt irgendwie« | Abwicklung eines Vorgangs, eine Aufgabe erledigen | Studium: Erfolg/Handling |
| »so gut wie möglich machen« | eine Sache ordentlich machen so gut wie möglich, aber auch nicht mehr | Studium: Engagement |
| »so schnell wie möglich über die Bühne bringen« | Etwas Unangenehmes wird so schnell wie möglich über die Bühne gebracht. | Studium: Dauer<br>Studium: Haltung zum Studium |
| »wenn man heutzutage sagt Studieren, reißt man nicht die Leute vom Hocker« | Aufmerksamkeitseffekt, Besonderheit | Studium: Wahrnehmung durch andere, Aufmerksamkeit |
| »Studieren, mein Gott, wenn man heutzutage sagt Studieren ...« | sich verändernde gesellschaftliche Wertigkeit eines Studiums im Vergleich zu früheren Zeiten | Studium: gesellschaftliche Wertigkeit |

Eine Untergruppe von Kodes beschreibt die angeführten Gründe für ein Studium.

## Abb. 122: Entwicklung von Kodes (II)

| Textsequenz | Paraphrase | Kode |
|---|---|---|
| »es kam irgendwie gar nicht so die Frage auf« | Null-Grund: ich bin da einfach so reingeschlittert | Studium: Gründe: keine ausgewiesenen Gründe; Normalität |
| »Ich hab' da nicht lange überlegt, ob ich studiere oder nicht studiere« | das war doch klar | Studium: Gründe: Dauer/Dramatik des Entscheidungsprozesses |
| »Ich hab'n ganz gutes Abi gemacht« | | Studium: Gründe: gute schulische Leistungen |
| »meine Eltern haben dann auch gesagt, wär ja schade, wenn du jetzt nicht studieren würdest« | es wäre doch schade | Studium: Gründe: Gelegenheiten nutzen ... |
| »heute studiert ja fast jeder« | | Studium: Gründe: Alltäglichkeit eines Studiums |

| Textsequenz | Paraphrase | Kode |
|---|---|---|
| »wenn man dann schon ganz gut ist, warum soll man dann nicht studieren« | es studieren viele, die schlechter sind als ich, dann muss ich doch erst recht studieren | Studium: Gründe: relative (Abitur-)Leistung |
| »Man kann sicherlich auch eh ohne Studium eh glücklich durch die Welt kommen« | man/ich bin nicht auf ein Studium angewiesen, um glücklich zu werden | Studium: Gründe: im Leben glücklich werden |
| »nicht mehr so n Status hat, nicht mehr so n Status wie früher« | Statusverlust des Studiums, ich studiere, weil/obwohl es seinen Status verloren hat | Studium: Gründe: Status des Studiums |
| »aber ist auf jeden Fall besser als nichts zu studieren« | immerhin besser als gar nichts | Studium: Gründe: Vergleich mit Alternativen |

Ausgehend von der Entwicklung der Kodes für Studiengründe, könnte dann im Rahmen eines Memos weiter expliziert werden, welche verschiedenen Typen von Begründungen zu beobachten sind:

- legitime, allgemein akzeptierte Gründe vs. illegitime Gründe
- gute Gründe vs. schlechte Gründe
- intrinsische Gründe vs. extrinsische Gründe
- eigene Gründe vs. Gründe der Eltern
- Begründung erforderlich vs. nicht erforderlich (gesellschaftliche Normalität)
- sorgsam abgewogene Gründe vs. Gründe, die auf der Hand liegen

Zudem wäre zu überlegen, welche Rolle die Angabe von Gründen spielt: gegenüber der eigenen Person, gegenüber den Eltern, gegenüber Mitstudierenden etc.

In einem anderen Memo könnte reflektiert werden, welche Begriffe oder welche Vergleiche herangezogen werden, wenn über Studieren geredet wird.

So heißt es in dem Interview z. B.:

- das Studium muss klappen (Technik)
- das Studium muss über die Bühne gebracht werden (etwas Unangenehmes, eine Pflichtübung)
- bei den Fächern habe ich geguckt, was zu mir passt (ein modisches Kleidungsstück)
- Russisch ist vielleicht ausgefallen (ein Kleidungsstück, ein Möbelstück)
- ein modernes/unmodernes Fach (ein Kleidungsstück, ein Möbelstück)
- all die Arbeiten, die im Semester anfielen (ein Arbeitspensum, das erledigt werden muss)

Davon ausgehend ist zu überlegen, was das über die Maßstäbe, Entscheidungskriterien, das kulturelle Kapital (hier z. B. familiäre Erfahrungen mit Bildungsentscheidungen) des Befragten aussagt.

Die systematische Entwicklung von Kategorien kann dann dazu beitragen, wichtige Ergebnisse festzuhalten.

### Abb. 123: Dimensionieren

| Kategorie | Subkategorie | Subsubkategorie | Eigenschaften |
|---|---|---|---|
| Studium | Erfolg/Abwicklung | | klappt hervorragend, klappt irgendwie, klappt nicht |
| | Engagement | | gering, so gut wie möglich, sein Bestes geben, alles geben |
| | Studiendauer | beabsichtigte Studiendauer | lang, mittel, schnell |
| | Haltung zum Studium | | Studium als eigene Lebensphase, als Möglichkeitsraum, schnell über die Bühne bringen |
| | Anerkennung | gesellschaftlicher Status | Gewinn, Verlust |
| | | durch›Mitmenschen‹/ Bekannte | vom Hocker reißen, nicht vom Hocker reißen |
| | Gründe/Motive für die Aufnahme eines Studiums | schulische Leistungen | sehr gut, schon ganz gut, schlecht |
| | | im Leben glücklich werden | Studium als alleinige Quelle, es geht auch ohne, hat nichts damit zu tun |
| | | Alltäglichkeit/Normalität eines Studiums | Normalität, Nicht-Normalität |
| | | Status des Studiums (gesellschaftlich) | hoch, nicht mehr so hoch, niedrig |
| | | Vergleich mit Alternativen | studieren, nicht studieren |
| | | Gelegenheiten nutzen … | Gelegenheiten verstreichen lassen, Gelegenheiten nutzen |
| | | Dauer des Entscheidungsprozesses | lange überlegt, nicht lange überlegt |

## Beispiel zur sequentiellen Feinanalyse von Texten

Eine spezifische Auswertungsmöglichkeit von Textdaten bietet sich mit der sequentiellen Feinanalyse. D. h., ein Interview wird nach der Transkription, Zeile für Zeile ausgewertet.

In dem folgenden bei Flick angeführten Beispiel geht es um die Vorstellungen, die Befragte mit Krankheit und Gesundheit verbinden. Die Feinanalyse des Interviewauszugs bewegt sich auf der Ebene einzelner Wörter oder Wortgruppen.

### Abb. 124: Beispiel zur sequentiellen Analyse von Texten

---

«Also-ick[1]/verbinde[2]/persönlich[3]/'mit Gesundheit[4]/: die vollständige Funktionstüchtigkeit[5]/des menschlichen Organismus[6]/, alle[7]/die darein eingeschlossenen[8]/biochemischen Prozesse[9]/des Organismus[10]/, alle Kreisläufe[11]/, sowie aber auch[12]/den psychischen Zustand[13]/meiner Person[14]/und des Menschen überhaupt[15]/...

1/ Startschuß, einleitend<br>
2/ Zusammenhänge herstellen<br>
3/ Bezugnahme auf sich verstärkend, abgrenzend zu anderen, landestypische Floskel?, er muß nicht erst suchen<br>
4/ siehe 2, Aufgreifen der Fragestellung<br>
5/ technisch, gelernt, technischer Lehrbuchausdruck, Maschinenmodell, Normhaftigkeit, Normdenken, genormter Anspruch (wer nicht voll funktioniert, ist krank)<br>
**Kodes: Funktionstüchtigkeit, normativer Anspruch**<br>
6/ distanzierend, allgemein, Widerspruch zur Einleitung (Ankündigung einer persönlichen Vorstellung), Lehrbuch, Bezug auf Mensch, aber als Maschine<br>
**Kode: mechanistisches Menschenbild**<br>
7/ vollständig, allumfassend, maximal, keine Differenzierung, Gleichgewichtigkeit<br>
8/ Gefängnis, abgeschlossenes System, es gibt auch was außen, passiv,<br>
fremdgesteuert, Möglichkeit der Eigendynamik des Eingeschlossenen<br>
9/ Lehrbuchkategorie<br>
10/s. 6<br>
11/ umfassend; Maschinenmodell, Regelkreis, Ablauf nach Regeln, Gegenteil von Chaos<br>
**Kode: mechanistisch-somatische Gesundheitsvorstellung**<br>
12/ Ergänzung, neuer Aspekt im Gegensatz zu vorher Gesagtem, zum Gesundheitsbegriff gehören zwei (oder mehr) voneinander verschiedene Dinge<br>
**Kode: Mehrdimensionalität**<br>
13/ mechanistisch, negativer Beigeschmack, Mißstand, statisch («wie ist denn sein Zustand»?)<br>
14/ spricht Persönliches an, schafft aber gleich wieder Distanz, spricht sehr sachlich von dem, was ihn betrifft, Abwehr von zuviel Nähe zur Interviewerin und zu sich<br>
**Kode: Schwanken zwischen persönlicher und allgemeiner Ebene**<br>
15/ allgemein, abstraktes Bild vom Menschen, Normhaftigkeit, Singularität einfacher zu überblicken<br>
**Kode: Distanz».**

---

Quelle: Flick (1995:199)

Wohlgemerkt gibt es auch Verfahren, die weniger kleinteilig vorgehen, die eher ganze Texteinheiten analysieren oder systematisch bestimmte Motive in einem Text verfolgen.

## Verdichtung von Befunden und Sicherung von Ergebnissen

Wenn nun große Mengen von Material mit solchen kleinteiligen Analyse ausgewertet wurden, wenn die dort verborgenen Informationen unter bestimmten Fragestellungen aufgeschlossen wurden, stellt sich schließlich die Frage, wie diese große Menge an differenzierten Informationen aufbereitet und zusammengefasst werden kann.

An den vorgestellten Beispielen wird deutlich, dass auch im Rahmen der qualitativen Forschungsansätze, die ja für sich zunächst in Anspruch nehmen, die untersuchten Fälle möglichst umfassend in den Blick zu nehmen, ein Punkt erreicht wird, an dem es gilt, relevante von weniger relevanten Informationen zu trennen und darüber zu einer Informationsreduktion zu kommen. Aus dieser Perspektive lassen sich qualitative und quantitative Forschungsansätze auch als unterschiedliche Strategien des Informationsmanagements begreifen (Kromrey 1994).

Grundsätzlich sind in der qualitativen Analyse verschiedene Philosophien der Verdichtung oder Nicht-Verdichtung von Informationen zu beobachten. Sie gehen auf unterschiedliche Überlegungen zur Verallgemeinerbarkeit der in der qualitativen Analyse gewonnenen Befunde zurück. Quer über die verschiedenen analytischen Konzepte lassen sich drei Varianten unterscheiden, wie – ausgehend von der Analyse einer stets überschaubaren Zahl von Fällen – die Frage nach einer möglichen Verallgemeinerung der so gewonnenen Befunde beantwortet wird:

- Man verzichtet wohlbegründet auf eine Verallgemeinerung: d. h., das zentrale Forschungsziel liegt in der differenzierten Rekonstruktion von Fällen.
- Der Fall wird als typisches Exemplar einer Gruppe von Fällen begriffen: das ermöglicht die Einordnung in eine Typologie oder den Vergleich von Fällen.
- Schließlich wird die Analyse einzelner Fälle zur Entwicklung von gegenstandsbezogenen Theorien (Grounded Theory), zur Analyse von Praktiken der Normalitätskonstruktion (Ethnomethodologie) oder zur Entwicklung von Strukturgeneralisierungen (objektive Hermeneutik) genutzt.

Dementsprechend liegen dann auch die Ergebnisse der qualitativen Analysen in ganz unterschiedlicher Form vor:

• Fallrekonstruktionen verbleiben gewissermaßen auf der primären Analyseebene; d. h., die Ergebnisse der Fallanalyse werden zu einer verdichteten oder idealisierten Falldarstellung kondensiert. Je nachdem, was der Fall ist, können solche Darstel-

lungen unterschiedlich aussehen: So können z. B. die wichtigsten Erkenntnisse aus einer Analyse der Biographie von Langzeitarbeitslosen zu einer verdichteten biographischen Darstellung kondensiert oder in exemplarischen Biographien von Arbeitslosen zusammengestellt werden.
In der ethnographischen Analyse hat Clifford Geertz das Konzept der ›dichten Beschreibung‹ entwickelt, die auf die Rekonstruktion zentraler Bedeutungs- und Sinnsysteme zielt: »Ich meine mit Max Weber, dass der Mensch ein Wesen ist, das in selbst gesponnene Bedeutungsgewebe verstrickt ist, wobei ich Kultur als dieses Gewebe ansehe. Ihre Untersuchung ist daher keine experimentelle Wissenschaft, die nach Gesetzen sucht, sondern eine interpretierende, die nach Bedeutungen sucht. Mir geht es um Erläuterungen, um das Deuten gesellschaftlicher Ausdrucksformen, die zunächst rätselhaft erscheinen« (1983:9).

- Typologien und Vergleiche: Ausgehend von einer sorgfältigen Rekonstruktion von Fällen, kann eine weitere Verdichtung über den systematischen Vergleich von Fällen erreicht werden. So könnten z. B. aus Basis von relativ strukturierten Experteninterviews einfache Tableaus erstellt werden, in denen die Antworten auf wichtige Leitfragen in Kurzform gegenübergestellt werden. Ausgehend von systematischen Vergleichen ist dann auch die Konstruktion von Typologien denkbar, in denen relativ ähnliche Fälle zusammengefasst werden.
- Gegenstandsbezogene Theorien: Diese zielen als Theorien begrenzter Reichweite darauf ab, einen abgegrenzten Gegenstandsbereich des sozialen Lebens theoretisch zu erschließen; ein klassisches Beispiel sind die Untersuchungen von Glaser und Strauss (1974) zur Kommunikation von Sterbenden mit ihren Angehörigen. Solche Theorien entstehen unterstützt durch verschiedene Kodierverfahren im Forschungsprozess; aus einzelnen Analysen gewonnene theoretische Überlegungen werden nach und nach zu konzeptionell ›dichten Theorien‹ entwickelt; Glaser und Strauß beschreiben dies als einen Prozess der theoretischen Sättigung, der dann zu der gegenstandsbezogenen Theorie führt.
- Strukturgeneralisierungen: Der in der objektiven Hermeneutik vertretene Anspruch auf fallübergreifende Strukturgeneralisierungen geht auf die Überlegung zurück, dass der Fall gewissermaßen als Resultante übergreifender mesosozialer und schließlich gesellschaftlicher oder historischer Strukturen begriffen wird. Folglich können diese generalisierten Strukturen auch aus dem Fall erschlossen werden. »Jeder untersuchte konkrete Fall ist in höher aggregierte Fallstrukturen eingebettet: eine Person in eine Familie oder Primärgruppe, diese in ein konkretes Milieu oder per Beruf in einen bestimmten gesellschaftlichen Sektor oder ein soziales Subsystem, diese wiederum in eine Region oder einen gesellschaftlichen, historischen Typus und diese(r) wiederum in eine umfassende Gesellschaft als Totalität. Insofern stellt jede rekonstruierte Fallstruktur eine je konkrete Variante

einer einbettenden, übergeordneten Fallstrukturgesetzlichkeit dar und liefert über sie eine allgemeine Erkenntnis« (Oevermann 2002:15). Die vorgenommenen Generalisierungen lassen sich über andere Fallrekonstruktionen auf gleicher Aggregierungsebene validieren.

## c) Aufbereitung standardisierter Daten

Im klassischen Fall liegen standardisierte Daten, z. B. bei einem Fragebogen zunächst in Papierform vor; d. h. die Befragten haben im Rahmen einer schriftlichen Befragung einen Bogen ausgefüllt und zurückgesandt. Im nächsten Schritt müssen diese Daten kodiert und auf einen Datenträger übertragen werden. Daran schließen sich vorbereitende Arbeiten für die statistische Analyse an – in dieser Einführung werden vor allem Imputationen und Gewichtungen näher erläutert, weil sich daran einige typische Probleme der Datenerhebung verdeutlichen lassen. Andere Techniken der Datenaufbereitung, wie die Berechnung von Indexzahlen oder Preisbereinigungen, lassen sich sinnvoll nur in Verknüpfung mit Fragen der Datenanalyse darstellen.

### Kodierung

Die Vergabe von Kodes (im Sinne der quantifizierenden Forschung), d. h. von Zahlen bzw. Ziffern für die verschiedenen Antwortmöglichkeiten, gestaltet sich bei Fragen mit festen Antwortvorgaben recht einfach. Wenn nur eine Antwortmöglichkeit vorgesehen ist, dann kann jeder Antwort ein Zahlenkode zugeordnet werden, so z. B. <1> für weiblich und <2> für männlich. Nun finden sich aber nicht wenige Fragebögen, die nicht unbedingt regelgerecht ausgefüllt wurden; man sollte versuchen, auch dieses nicht regelgerechte Antwortverhalten möglichst präzise abzubilden. So könnte man z. B. weitere Antwortkategorien (<3> und folgende) einführen: für systematisch nicht zutreffende Fragen, für die Nicht-Beantwortung einer einzelnen Frage oder eines ganzen Frageblocks, für den Abbruch der Befragung, für ein regelwidriges Ausfüllen (zwei Kreuze bei nur einer Antwortmöglichkeit) etc.

Wenn von vornherein mehrere Antwortmöglichkeiten zulässig sind, dann sollte bei einer fixen Zahl von Mehrfachantworten entsprechend der zulässigen Antwortzahl einzelne Variablen vorgesehen werden, die nach dem obigen Muster kodiert werden. Bei einer offenen Zahl von Mehrfachantworten sollte jede Antwortmöglichkeit im Sinne einer Frage mit dichotomer Antwort (angekreuzt: ja –nein) kodiert werden.

An diesen Beispielen dürfte die Logik der Kodierung deutlich werden: Das z. B. in Form von Strichen, Kreuzen etc. vorgefundene Antwortverhalten sollte möglichst präzise und eindeutig abgebildet werden. Für die telefonische oder persönliche Befragung wären entsprechende Regeln zu entwickeln, die es ermöglichen, insbesondere das regelwidrige Befragtenverhalten möglichst präzise zu erfassen. Die am Ende erstellte Datenmatrix muss vollständig sein, d. h., zu jeder dort eingeführten Variablen und jedem Fall eine Information enthalten. Komplexere Datenstrukturen können durchaus andere Formen annehmen als die einer einfachen Rechteckmatrix; die Prinzipien der Eindeutigkeit und Vollständigkeit gelten jedoch entsprechend.

## Imputation

Die Nicht-Beantwortung von Fragen stellt für die statistische Analyse ein erhebliches Problem dar; so kann es auch bei einem ansonsten sorgfältig ausgefüllten Fragebogen dazu kommen, dass eine Antwort auf die Einkommensfrage verweigert wurde. Das führt dazu, dass diese Person z. B. bei der Zusammenhangsanalyse zwischen dem Einkommen und anderen Variablen nicht berücksichtigt werden kann. Dies ist insbesondere dann problematisch, wenn es Strukturen der Nicht-Beantwortung gibt, wenn z. B. überdurchschnittlich viele ›Besserverdienende‹ die Antwort verweigern, weil sie Sorge haben, dass die Daten an die Steuerbehörde weitergeleitet werden. Bei Paneldaten wiegt ein Ausfall noch schwerer, weil unter Umständen schon ein einziger fehlender Wert dazu führt, dass für diese Person die jahresübergreifende Datenreihe zum Einkommen nicht ausgewertet werden kann. Eine spezifische Lösung dieses Problems insbesondere bei Paneldaten versprechen Imputationsverfahren, mit denen versucht wird, die fehlende Information auf der Basis anderer vorhandener Informationen über diesen Fall oder diese Variable abzuschätzen. Für Imputationen kann z. B. auf Mittelwerte, Regressionsbeziehungen, logische Schlüsse, auf Daten aus vergleichbaren Fällen oder früheren Befragungen bzw. auf Experteneinschätzungen zurückgegriffen werden.

Darüber hinaus werden Imputationsverfahren eingesetzt, um Angaben, die nicht direkt ermittelbar sind, aus anderen Informationen zu errechnen; so wird z. B. im sozioökonomischen Panel bei der Einkommensmessung für Haushalte mit Wohneigentum eine fiktive Miete errechnet; die Steuerbelastung eines Haushalts wird zusätzlich zu den von den Befragten gemachten Angaben nach einem komplexen Algorithmus aus den vorliegenden Angaben zu den verschiedenen Einkommensarten der Haushaltsmitglieder und der Haushaltsstruktur berechnet.

## Gewichtungen

Im Normalfall sind die Daten jeder Person, die in einem Datensatz vertreten ist, gleichgewichtig; so gehen z. B. alle Personen in gleicher Weise in die Berechnung des Durchschnittseinkommens ein, indem die Einzeleinkommen summiert und durch die Zahl der Einkommensbezieher dividiert werden. Wenn jedoch, wie z. B. bei den ALLBUS-Daten, Stichproben in Ost- und Westdeutschland mit einer unterschiedlichen Auswahlquote gezogen werden, so führt dies dazu, dass bei der Berechnung eines bundesweiten Einkommensdurchschnitts die Bewohner der neuen Bundesländer überproportional vertreten sind.

Dieses Problem kann durch eine Gewichtung gelöst werden; da diese Gewichtung durch das Stichprobendesign bedingt ist, spricht man von einer Designgewichtung. Dabei erhalten z. B. alle Fälle aus den neuen Bundesländern einen Gewichtungsfaktor kleiner eins, während die aus den alten Bundesländern ein Designgewicht größer eins erhalten. Je nach Konzept wird so erreicht, dass Ost- und Westdeutsche der Bevölkerungszahl entsprechend z. B. in die Einkommensberechnung eingehen. Je nach der Konstruktion des Gewichts kann dann die Zahl der Befragten höher oder niedriger erscheinen, sie kann aber auch gegenüber der Zahl der tatsächlich Befragten konstant gehalten werden – dies ist bei der Berechnung von Signifikanzmaßen zu berücksichtigen. Ein die unbedarften Leser irritierender Nebeneffekt von Gewichtungen ist es, dass bei statistischen Auswertungen häufig über eine ungerade Zahl von Fällen berichtet wird.

Eine spezifische Form der Gewichtung stellt die Hochrechnung dar; d. h., alle Fälle der Stichprobe werden in gleicher Weise gewichtet, so dass die Größe der Grundgesamtheit, also z. B. die Bevölkerungszahl zum Befragungszeitpunkt, erreicht wird. Eine solche Gewichtung kann für die Präsentation von Ergebnissen vorteilhaft sein, da aus einzelnen Tabellen umstandslos die Größe der dort ausgewiesenen sozialen Gruppen abgelesen werden kann. Gelegentlich wird eine solche Hochrechnung auch mit einer Designgewichtung verknüpft, wie z. B. beim sozioökonomischen Panel.

Neben der unabdingbaren Designgewichtung spielen in der Markt- und Meinungsforschung aber auch in der wissenschaftlichen Sozialforschung Nachgewichtungen (Redressements) eine nicht unbedeutende Rolle. Auch bei einer nach allen Regeln der Kunst gezogenen Zufallsstichprobe führen bestimmte Effekte wie der Mittelschichtsbias, oder die Probleme in der Kontaktierung von Singlehaushalten oder älteren Personen zu systematischen Ausfällen. D. h., die Daten weichen bezogen auf wichtige soziodemographische Eckwerte wie Alter, Geschlecht, Bildung oder Einkommen von der Grundgesamtheit, bzw. von anderen gemeinhin als verlässlich anerkannten Erhebungen wie z. B. dem Mikrozensus ab. Bei Paneluntersuchungen entsteht ein ähnlich gelagertes Problem aus der selektiven Panelmortalität. So weigern sich bestimmte Haushaltstypen eher als andere an der erneuten Befragung teilzunehmen, oder es gelingt bei ihnen weniger gut, nach einem Umzug die neue Adresse zu ermitteln. Auch dieses Problem lässt sich mit einer Nachgewichtung bearbeiten; so erhalten z. B. die im Datensatz vertretenen älteren Menschen ein höheres Gewicht, so dass ihr Anteil in der Stichprobe dem in der Grundgesamt entspricht. Spezielle Gewichtungen müssen bei Längsschnittbetrachtungen in Panels vorgenommen werden, um die oben angesprochenen unterschiedlichen Bleibewahrscheinlichkeiten im Panel zu kompensieren.

Ähnlich wie bei Imputationen ist daran zu erinnern, dass mit Gewichtungen die fehlenden Informationen nicht ersetzt werden können. Zudem kann die Gewichtung sich stets nur an einigen wenigen sozialstrukturellen Merkmalen orientieren; es bleibt zu hoffen, dass andere interessierende Merkmale hinreichend mit diesen korrelieren.

Schließlich können Gewichtungen auch theoretisch oder empirisch geleitet vorgenommen werden, wenn etwas über typische ›Verzerrungen‹ des Antwortverhaltens bekannt ist: z. B. über die Effekte der sozialen Erwünschtheit, die dazu führen, dass bei der ›Sonntagsfrage‹ die Wahl ›radikaler‹ Parteien unterschätzt wird. Zu diesem Zweck werden in der politischen Meinungsforschung so genannte Recall-Gewichtungen eingesetzt, die die vermeintlich einem Erinnerungsproblem (daher der Name) geschuldeten Effekte beseitigen sollen. Hier finden sich sicherlich fließende Übergänge zwischen einem wissenschaftlich noch verantwortbaren Vorgehen und der Fälschung von Daten, insbesondere wenn solche Gewichtungen bei der Veröffentlichung von Ergebnissen nicht transparent gemacht werden.

## d) Analyse standardisierter Daten

Viele Datenerhebungsverfahren zielen auf die Gewinnung standardisierter Daten; diese lassen sich dann im einfachsten Fall in einer nach Zeilen (die untersuchten Fälle) und Spalten (die untersuchten Merkmale bzw. Variablen) strukturierten Datenmatrix darstellen. Zur Analyse eines so aufbereiteten Datensatzes lassen sich statistische Verfahren nutzen. Mit diesen Verfahren können z. B.

– Eigenschaften der Verteilung einzelner Variablen beschrieben werden,
– einfache und komplexe Zusammenhangsbeziehungen zwischen zwei und mehreren Variablen untersucht werden,
– Variablen ermittelt werden, die anderen relativ ähnlich sind,
– Gruppen von Fällen bestimmt werden, die einander recht ähnlich sind.

Soweit die Daten mit Hilfe einer Zufallsstichprobe oder mit einem vergleichbaren Verfahren gewonnen wurden, lassen sich – mit Mitteln der induktiven Statistik – kontrollierte Schlüsse von einer gezogenen Stichprobe auf die entsprechende Grundgesamtheit ziehen.

Im Folgenden sollen die analytischen Möglichkeiten, die einige dieser Verfahren bieten, dargestellt werden. Für eine Darstellung der Grundlagen dieser statistischen Verfahren, ihrer Handhabung und der Interpretation der damit gewonnenen Ergebnisse muss auf weiter gehende Einführungen zur Statistik und zu multivariaten Analyseverfahren verwiesen werden.

## Deskriptive Statistik

Die Verfahren der deskriptiven Statistik ermöglichen es, im Rahmen der univariaten Analyse einzelne Variablen zu beschreiben; bi- und mehrvariate Analysen können Zusammenhänge zwischen Variablen analysieren.

Die Beschreibung einer Verteilung kann zum einen über möglichst übersichtliche tabellarische und graphische Darstellungen erfolgen, zum anderen lassen sich

**Abb. 125: Statistische Konzepte zur Beschreibung univariater Verteilungen**

| | | Skalenniveaus | | |
|---|---|---|---|---|
| | | nominal | ordinal | metrisch |
| Darstellung | tabellarisch | - (sortierte) Liste<br>- Häufigkeitstabelle | - (sortierte) Liste<br>- Häufigkeitstabelle | - (sortierte) Liste<br>- Häufigkeitstabelle* |
| | graphisch | - Balkendiagramm | - Balkendiagramm<br>- Boxplot<br>- Modalität | - Balkendiagramm*<br>- Boxplot<br>- Histogramm |
| | Beschreibung | | | - Modalität<br>- Schiefe<br>- steil-flach/ U-förmig .. |
| Maßzahlen | zentrale Tendenz | - Modus | - Modus<br>- Median | - Modus<br>- Median<br>- arithmetisches Mittel |
| | Streuung | | - Quartilswerte | - Range<br>- mittl. Quartilsabstand<br>- Standardabw./Varianz |
| | Konzentration | | | - Hirschman-Maß<br>- Lorenzkurven-Maß<br>- div. Armutsmaße |

* für gruppierte Daten

Maßzahlen berechnen, die bestimmte Eigenschaften einer Verteilung, ihre zentrale Tendenz, ihre Streuung oder ihre Konzentration ausdrücken.

Die Möglichkeiten der deskriptiven statistischen Verfahren hängen – wie auch bei allen anderen statistischen Verfahren – vom Skalenniveau der jeweiligen Variablen ab; für metrische Daten sind differenziertere Darstellungs- und Analysemöglichkeiten verfügbar als für nominale Daten. In der folgenden Darstellung wurde aus den Einkommensangaben der befragten Personen ermittelt, ob diese über weniger als 40 %, 50 % oder 60 % des bedarfsgewichteten gesellschaftlichen Durchschnittseinkommens verfügen; dementsprechend wurden vier Gruppen gebildet. Für die so neu gebildete Variable wurde eine Häufigkeitsauszählung durchgeführt (Abb. 126). In der ersten Datenspalte ist die Zahl der Personen (absolute Häufigkeit) angegeben, die in die jeweilige Einkommenskategorie fallen. Die zweite und dritte Spalte gibt die relative Häufigkeit in Prozent wieder; wenn einzelne Merkmalsausprägungen (z. B. keine Angabe) aus der Prozentuierung ausgeschlossen werden, können die gültigen Prozente andere Werte annehmen als die einfachen Prozentangaben. Die kumulierten Prozente beziehen sich auf die Summe der in der aktuellen und in allen vorhergehenden Zeilen angegebenen Prozentzahlen: z. B. 14,5 % ≈ 8,2 %+6,4 %.

Abb. 126: Tabellarische Darstellung (univariat): Häufigkeitstabelle

| | Häufigkeit | Prozente | Gültige Prozente | Kumulierte Prozente |
|---|---|---|---|---|
| strenge Armut | 2.225 | 8,2 | 8,2 | 8,2 |
| Armut | 1.739 | 6,4 | 6,4 | 14,5 |
| prekärer Wohlstand | 2.447 | 9,0 | 9,0 | 23,5 |
| gesichertes Einkommen | 20.836 | 76,5 | 76,5 | 100,0 |
| Gesamt | 27.247 | 100,0 | 100,0 | |

Daten: SOEP 2005, gewichtet, äquivalenzgewichtete Haushaltsnettoeinkommen (Vorjahresangaben), eigene Berechnung

Im Folgenden wird die Verteilung des Einkommens in West- und Ostdeutschland graphisch dargestellt. Zu diesem Zweck wurden zuvor Einkommensklassen gebildet und ihre relative Häufigkeit in Prozent berechnet. In der Graphik werden diese Einkommensklassen in der horizontalen und die relativen Häufigkeiten in der vertikalen Achse abgebildet; zur verbesserten Anschauung wurde der Kurvenverlauf geglättet.

## Abb. 127: Graphische Darstellung und Maßzahlen zur Einkommensverteilung

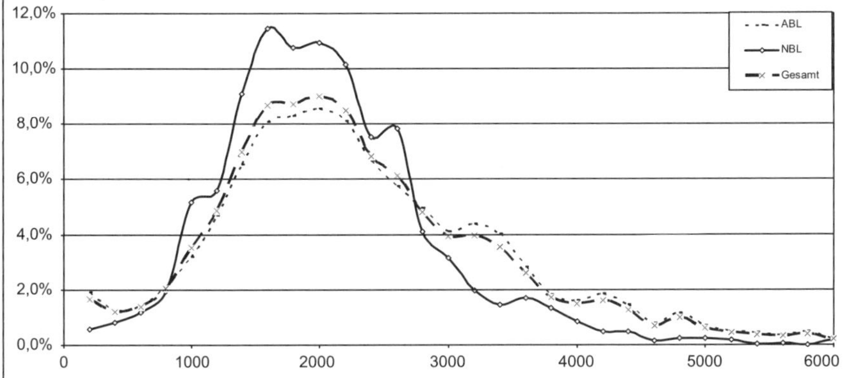


| | ABL | NBL | Gesamt | Differenz ABL-NBL |
|---|---|---|---|---|
| Mittelwert | 2.462,87 | 2.063,77 | 2.389,61 | 399,09 |
| Median | 2.198,84 | 1.958,96 | 2.145,93 | 239,88 |
| Standardabw. | 1.490,26 | 858,72 | 1.404,43 | |

Daten: SOEP, 2001, gewichtet, Nettoäquivalenzeinkommen in DM (alte OECD-Skala), Vorjahreseinkommen, Klassenbreite 200 DM, eigene Berechnungen

Die Verteilung eines metrischen Merkmals kann über eine Reihe von Maßzahlen in übersichtlicher Form zusammengefasst werden. So geben das arithmetische Mittel (umgangssprachlich der Durchschnitt) und der Median (der mittlere Wert, der die sortierten Daten in eine obere und untere Hälfte teilt) in verschiedener Weise über die zentrale Tendenz der Einkommensverteilung Auskunft. Das arithmetische Mittel liegt in diesem Fall (Abb. 127) höher als der Median, da die Verteilung im oberen Einkommensbereich weitaus stärker gestreut ist als im unteren Einkommensbereich, wo die Kurven recht steil abfallen.

Streuungsmaße informieren darüber, wie stark eine Verteilung um einen mittleren Wert streut. So bezeichnet z. B. die Varianz die durchschnittlichen quadrierten Abstände der jeweiligen Einkommensangaben vom Einkommensmittelwert. Die Wurzel aus der Varianz ergibt die in Abb. 127 dargestellte Standardabweichung. Die höhere Standardabweichung in den alten Bundesländern spiegelt sich in der Graphik in dem – insbesondere im oberen Einkommensbereich – flacheren Verlauf der westdeutschen Einkommenskurve wieder.

Explorative Verfahren stellen besondere Möglichkeiten zur kompakten graphischen Darstellung zur Verfügung. Relativ bekannt sind z. B. die so genannten Box-Whisker-Plots (Abb. 128): diese stellen die zentrale Tendenz einer Verteilung (Median: der mittlere Strich in der Box) und ihre Streuung (Quartilswerte: der obere und untere Rand der Box) dar. Die Quartilswerte sind die Werte, die die beiden mittleren Viertel vom oberen bzw. unteren Viertel der sortierten Fälle abgrenzen. Mit den Boxplots werden dann z. B. die mittleren Einkommenslagen und die Einkommensstreuungen für Beschäftigte in verschiedenen Branchen vergleichbar.

Abb. 128: Explorative Verfahren: Boxplots

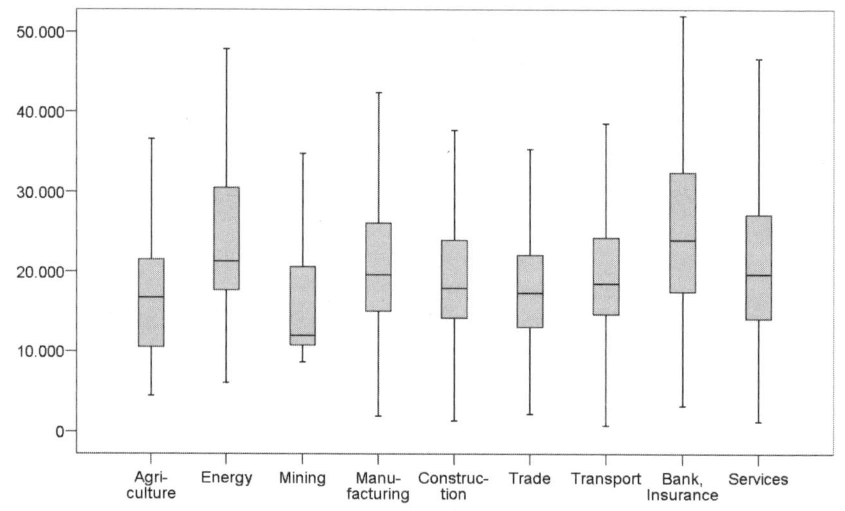


Daten: SOEP 2005, gewichtet, Nettoäquivalenzeinkommen (Vorjahresangaben, neue OECD-Sk.), eig. Berechnung

Mit der letzten Darstellung wurde bereits ein erster Schritt in die statistische Analyse bivariater Zusammenhänge unternommen, indem nicht mehr nur ein Merkmal (das Einkommen), sondern zugleich ein zweites Merkmal (die Zugehörigkeit der Personen zu einzelnen Branchen) untersucht wird.

Auch für die bivariate Analyse stehen zum einen Möglichkeiten der tabellarischen und graphischen Darstellung zur Verfügung; zum anderen können statistische Maßzahlen berechnet werden, um z. B. Aussagen über die Stärke des Zusammenhangs zwischen zwei Variablen zu machen.

## Abb. 129: Statistische Konzepte zur Beschreibung bivariater Verteilungen

| | | Skalenniveaus | | |
|---|---|---|---|---|
| | | nominal | ordinal | metrisch |
| Darstellung | tabellarisch | – Vierfeldertab.**<br>– Kreuztabelle | – Vierfeldertab.**<br>– Kreuztabelle | – Vierfeldertab.**<br>– Kreuztabelle* |
| | graphisch | – geschichtete Säulen | – geschichtete Säulen | – geschichtete Säulen*<br>– Streudiagramm |
| | Beschreibung | | – positiv ↔ negativ | – positiv ↔ negativ<br>– linear ↔ kurvilinear<br>… |
| Zusammenhangsmaße | | – Prozentsatz-diff.** | – Prozentsatz-diff.** | – Prozentsatzdiff.** |
| | Chi$^2$-basierte Maße | – Phi**/Cramer's V<br>– Pearson's C<br>– Tschuprow's T | – Phi**<br>– Chi$^2$-basierte Maße* | – Phi**<br>– Chi$^2$-basierte Maße* |
| | Paarvergleich | | – Kendalls tau a<br>– Goodman/ K. gamma | – Kendalls tau a*<br>– Goodman/ K. gamma* |
| | PRE-Maße | – Lambda | | – Determin.koeff. $r^2$ |
| | Korrelations-/ Determinations-Koeffizient | | | – Determin.koeff. $r^2$<br>– Korrelationskoeff. r |

* für gruppierte Daten ** für dichotomisierte Daten

Der Zusammenhang zwischen zwei nominal- bzw. ordinalskalierten Variablen lässt sich in Form einer Kreuz- bzw. Kontingenztabelle darstellen. In der folgenden Tabelle wird die bereits in Abb. 125 dargestellte Typologie von Armuts- bzw. Prekaritätslagen nach dem Schulabschluss der Befragten aufgegliedert. In der Tabelle sind nur diejenigen Personen aufgeführt, die über einen Ausbildungsabschluss verfügen. Daher umfasst die Tabelle nur 19.907 der insgesamt 27.247 Fälle.

Abb. 130: Tabellarische Darstellung (bivariat): Kreuztabelle

| | Less than High School | High School | More than High School | Gesamt |
|---|---|---|---|---|
| strenge Armut | 430<br>12,4 % | 648<br>5,5 % | 120<br>2,6 % | 1.198<br>6,0 % |
| Armut | 392<br>11,3 % | 632<br>5,3 % | 105<br>2,3 % | 1.129<br>5,7 % |
| prekärer Wohlstand | 481<br>13,8 % | 1.004<br>8,5 % | 190<br>4,1 % | 1.675<br>8,4 % |
| gesichertes Einkommen | 2.172<br>62,5 % | 9.552<br>80,7 % | 4.181<br>91,0 % | 15.905<br>79,9 % |
| Gesamt | 3.475<br>100,0 % | 11.836<br>100,0 % | 4.596<br>100,0 % | 19.907<br>100,0 % |

Daten: SOEP 2005, gewichtet, Nettoäquivalenzeinkommen (Vorjahresangaben, neue OECD-Skala), eig. Berechnung

In der grau unterlegten rechten Spalte bzw. in der unteren Doppelzeile finden sich die Spalten- bzw. Zeilensummen. So fallen 1.198 Befragte unter die Marke von 40 % des Durchschnittseinkommens (strenge Armut). Der Zeilensumme ist zu entnehmen, dass 3.475 der Befragten über einen Schulabschluss unterhalb des High-School-Niveaus verfügen. Die Spalten- bzw. Zeilensummen, die so genannten Randverteilungen, enthalten die Information, die auch einer univariaten Häufigkeitstabelle der beiden beteiligten Variablen zu entnehmen wäre. Dass die Verteilung der Armutsgruppen anders ausfällt als in Abb. 125, geht darauf zurück, dass hier nur die Befragten mit einem Bildungsabschluss berücksichtigt wurden.

Die gegenüber der univariaten Analyse neue Information findet sich in den einzelnen Feldern der Kreuztabelle; so ist der ersten Datenspalte zu entnehmen, dass 430 Befragte über einen Abschluss unterhalb des High-School-Niveaus verfügen und in die Kategorie strenge Armut fallen. Diese Angaben über absolute Häufigkeiten werden vergleichbar, wenn man eine Prozentuierung der Angaben in den Spalten vornimmt. Dann lassen sich die Spaltenprozente für die einzelnen Schulabschlüsse mit den Angaben in der Randverteilung vergleichen. So liegt bei den Befragten unterhalb des High-School-Niveaus die Quote derer, die in strenger Armut leben, mit 12,4 % weitaus höher als in der Gesamtgruppe der Befragten, wo sie nur 6,0 % beträgt. Diese Struktur setzt sich auch in der übrigen Tabelle fort; in allen Armuts- bzw. Prekaritätsgruppen liegen die Anteile bei den Befragten unterhalb des High-School-Niveaus am höchsten; darauf folgen die Befragten mit einem High-School-adäquaten Abschluss.

In der Tabelle wird somit deutlich, dass sich die bedingten Verteilungen, die sich in den bildungsspezifischen Datenspalten finden, deutlich von der Randverteilung unterscheiden. Damit kann zunächst behauptet werden, dass für die hier befragten 19.907 Personen von einem Zusammenhang zwischen Schulabschluss und Armutsrisiko auszugehen ist. Je höher der Schulabschluss einer Person ist, desto geringer wird das Risiko, in eine der drei Armuts- bzw. Prekaritätsgruppen zu fallen.

Diese aus der Tabellenanalyse gewonnenen Zusammenhangsinformationen lassen sich noch weiter präzisieren, indem man eine statistische Maßzahl für den hier beobachteten Zusammenhang ermittelt, wie aus Abb. 129 zu entnehmen, gibt es – abhängig vom Skalenniveau und von Modellüberlegungen – verschiedene Konzepte zur Bestimmung solcher Zusammenhangsmaße. Idealerweise sollte ein solches Maß einen Wertebereich von 0 bis 1, bzw. –1 bis +1 haben, wobei das Vorzeichen die Richtung des Zusammenhangs (je größer desto größer oder je größer desto kleiner) ausdrückt. Für diese Tabelle beträgt der Wert für das von dem schwedischen Statistiker Harald Cramér entwickelte Zusammenhangsmaß Cramérs-V 0,16; es weicht deutlich von dem Wert 0 – dem absoluten Nicht-Zusammenhang – ab, ist aber auch weit von 1 – dem perfekten Zusammenhang – entfernt.

Wenn beide Variablen metrisch skaliert sind, kann die Darstellung des bivariaten Zusammenhangs in Form eines Streudiagramms erfolgen, indem die Merkmalsausprägungen als Punkte in einem zweidimensionalen Koordinatensystem, das von den beiden Variablen ausgespannt wird, eingetragen werden. In der folgenden Abbildung (Abb. 131) ist das äquivalenzgewichtete Haushaltsnettoeinkommen in Abhängigkeit vom Alter der Befragten abgetragen. Insbesondere bei einer großen Zahl von Fällen und einem relativ schwach ausgeprägten Zusammenhang ist es nicht unbedingt möglich, der graphischen Darstellung Informationen über die Struktur eines Zusammenhangs zu entnehmen.

Zur weiteren Analyse der Beziehungen zwischen zwei metrischen Variablen können Korrelations- bzw. Regressionsanalysen durchgeführt werden. Die Regressionsanalyse zielt darauf, den Zusammenhang zwischen beiden Variablen, genauer die Beeinflussung des Einkommens (abhängige Variable) durch das Alter (unabhängige Variable), zu beschreiben. Im linearen Regressionsmodell wird dazu eine so genannte Regressionsgerade ermittelt, die die Lage der Punkte möglichst optimal abbildet; die Gerade zeichnet sich im einfachsten Fall dadurch aus, dass die quadrierten Abstände (in Richtung der y-Achse) der Punkte von Geraden minimal sind.

Abb. 131: Graphische Darstellung (bivariat): Streudiagramm und Regressionsgerade

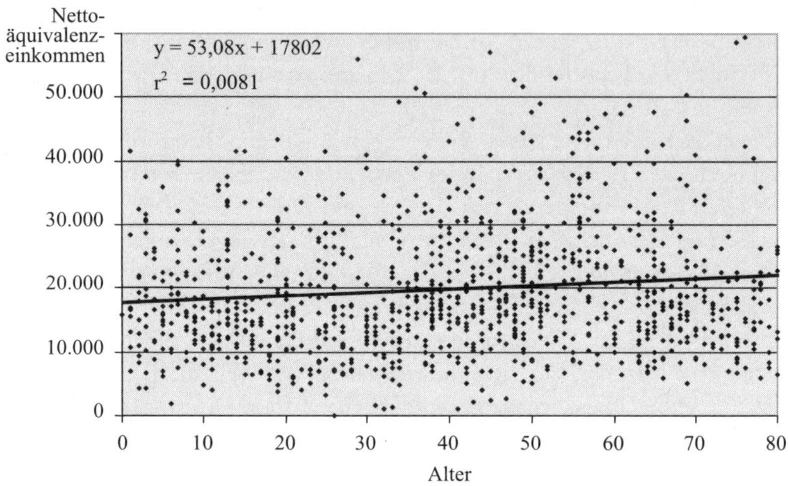


Daten: SOEP 2005, 5% Zufallsauswahl, gewichtet, eigene Berechnung

Diese Regressionsgerade kann durch eine Geradengleichung beschrieben werden. Der in der Abbildung angegebenen Regressionsgleichung ist zum einen die Information der Konstanten zu entnehmen, eine Person mit einem Alter von 0 Jahren verfügt demnach rechnerisch über ein jährliches Nettoäquivalenzeinkommen von ca. 17.800 Euro. Zum anderen hat die Steigung der Geraden den Wert 53; d. h., wenn das Alter einer Person um ein Jahr zunimmt, so steigt demnach das Nettoäquivalenzeinkommen um 53 Euro. Die Regressionsgerade gibt aber keine Informationen darüber, wie gut die einzelnen Punkte durch diese Gerade vorhergesagt werden, wie stark die Punkte also um die Regressionsgerade streuen.

Diese Information ist dem Korrelationskoeffizienten r von Bravais-Pearson bzw. dem Determinationskoeffizienten $r^2$ zu entnehmen. Wie schon in der graphischen Darstellung deutlich wird, ist der Determinationskoeffizient mit weniger als 0,01 sehr schwach ausgeprägt; d. h., das Alter kann nur weniger als 1 % der Varianz des Einkommens erklären. Bei einem perfekten Zusammenhang wäre davon auszugehen, dass alle Punkte auf der Regressionsgeraden liegen; somit könnte die beobachtete Streuung vollständig durch die unabhängige Variable erklärt werden: Man könnte vom Alter einer Person unmittelbar auf deren Einkommen schließen.

Die hier verfolgten bivariaten Analysen für kategoriale und metrische Daten können durch die Berücksichtigung von weiteren Variablen differenziert werden, so dass es zu drei- und mehrvariaten Zusammenhangsanalysen kommt. Insbesondere bei Kreuztabellen, die dann in viele Teiltabellen differenziert werden müssen, wird ein solches Unterfangen sehr schnell recht unübersichtlich, bei der Korrelations- bzw. Regressionsanalyse ist die Hinzunahme von weiteren Variablen noch recht gut zu bewältigen.

## Induktive Statistik

Die induktive Statistik geht der Frage nach, wie von der Analyse von Daten aus einer Zufallsstichprobe auf die Grundgesamtheit geschlossen werden kann, der diese Stichprobe entstammt. Grundsätzlich ist davon auszugehen, dass insbesondere bei sehr kleinen Stichproben die dort ermittelten Maßzahlen, z. B. ein Zusammenhangsmaß, einzig und allein einem zufälligen Effekt geschuldet ist, so dass von dem Zusammenhang in der Stichprobe nicht unbedingt auf einen Zusammenhang in der Grundgesamtheit geschlossen werden kann. Grundsätzlich muss jede – auf Stichprobendaten zurückgehende – statistische Operation im Bereich der deskriptiven oder auch der multivariaten Statistik unter diesem Aspekt auf die Wirkung rein zufälliger Effekte geprüft werden.

So lässt sich z. B. mit Mitteln der induktiven Statistik berechnen,

- in welchem Intervall der Mittelwert der Grundgesamtheit, Westdeutschland, (mit einer Wahrscheinlichkeit von 99 %) liegt, wenn für die Stichprobe ein Mittelwert von 2462,87 DM ermittelt wurde (s. Abb. 127),
- ob von den in Abb. 127 beobachtbaren Unterschieden bei den Mittelwerten und bei den Standardabweichungen der Einkommensverteilung in den alten und neuen Bundesländern auch auf einen signifikanten Unterschied in der Grundgesamtheit geschlossen werden kann.
- Auch für die in Abb. 130 und Abb. 131 berechneten Zusammenhangsmaße (Cramérs-V, bzw. $r^2$) kann bestimmt werden, mit welcher Wahrscheinlichkeit damit zu rechnen ist, dass der von ihnen beschriebene Zusammenhang rein zufälliger Natur ist. Das Gleiche gilt für die Konstante und die Steigung der Regressionsgeraden.

Wenn die Irrtumswahrscheinlichkeit bestimmte zuvor gesetzte Grenzwerte unterschreitet (z. B. 5 %, 1 % oder 1‰), dann spricht man von einem signifikanten Zusammenhang oder einem signifikanten Unterschied.

Es sollte jedoch sorgfältig zwischen der Stärke und der Signifikanz von Zusammenhängen unterschieden werden; die Klärung der Signifikanz einer Information ist die Voraussetzung dafür, diese Information in einer wissenschaftlichen Analyse verwenden zu können; sie besagt aber noch nicht unbedingt etwas über die Stärke und die inhaltliche Relevanz eines solchen Zusammenhangs. Insbesondere die in den hier angeführten Beispielen hohe Fallzahl der SOEP-Daten führt dazu, dass auch die hier dargestellten schwachen Zusammenhänge noch auf hohem Niveau statistisch signifikant sind.

An dieser Stelle sei noch auf ein weiteres Problem der statistischen Zusammenhangsanalyse verwiesen. Die statistische Untersuchung kann einen Zusammenhang zwischen zwei Variablen beschreiben und in Maßzahlen ausdrücken, sie kann jedoch nicht klären, welches die abhängige und welches die unabhängige Variable ist oder ob ein solcher statistisch belegter Zusammenhang auch kausaler Natur ist. Auch die Frage, ob ein beobachteter Zusammenhang letztlich auf die Wirkung von Drittvariablen zurückgeht, kann statistisch nur geklärt werden, wenn zuvor theoretische Überlegungen angestellt wurden, die Hinweise auf mögliche Drittvariablen geben können. D. h., die formale Perfektion mit der statistische Analysen durchgeführt werden können, sollte nicht den Blick darauf verstellen, dass ihnen gewisse theoretisch geleitete Modellüberlegungen vorausgehen müssen; dann lassen sich statistische Verfahren dazu nutzen, solche Modellüberlegungen zu prüfen.

## Möglichkeiten der multivariaten Statistik

Die multivariate Statistik stellt mittlerweile ein komplexes Repertoire von statistischen Verfahren zur Verfügung, um Zusammenhangsbeziehungen zwischen mehr als zwei Variablen zu untersuchen. In der folgenden Darstellung werden, verschiedene forschungspraktische Zielsetzungen multivariater statistischer Verfahren unterschieden werden; für diese sollen dann einige Verfahren exemplarisch vorgestellt werden.

Eine Gruppe von Verfahren zielt vorrangig auf die Visualisierung komplexer Zusammenhänge.

- Netz- oder Strahlendiagramme stellen z. B. für Teilgruppen einer Population eine Reihe von metrischen Merkmalen in einem Polygonzug dar. Die metrischen Merkmale müssen dabei unter Umstände so transformiert werden, dass sie in ihrer Größenordnung vergleichbar sind.

Neben der hier gewählten Strahlenform können auch andere geometrisch oder alltagsweltlich (Gesichter, Blumen, Bäume) vertrauten Formen für solche vergleichenden Darstellungen gewählt werden. So unterscheiden sich z. B. die Chernoff-Gesichter durch bis zu 20 verschiedene Merkmale (von der Gesichtsbreite bis zur Mundkrümmung und der Lage der Pupillen), um metrische Informationen zu

Abb. 132: Graphische Darstellung (multivariat): Strahlendiagramme

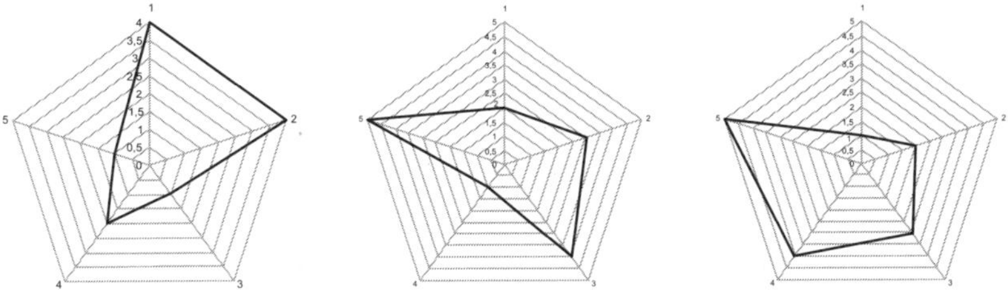

Fiktive Daten

visualisieren. All diese Verfahren setzen auf das menschliche Vermögen, die Gestalt von Gesichtern oder Blumen sehr differenziert wahrzunehmen und zu vergleichen zu können; auch bei einer großen Zahl von Gesichtern ist man schnell in der Lage, Ähnlichkeiten festzustellen.

• Mit Hilfe von Korrespondenzanalysen lassen sich Zusammenhangsbeziehungen zwischen kategorialen Daten, wie sie auch in einer komplexen Kreuztabelle dargestellt werden können, in einem zwei- oder dreidimensionalen Raum visualisieren. Die sich aus der Zeilen- bzw. Spaltenstruktur einer einfachen oder multiplen Kreuztabelle ergebenden Zeilen- bzw. Spaltenprofile werden in einen möglichst niedrig-dimensionalen Raum abgebildet. Dabei liegen dann z. B. Merkmalsausprägungen, die ein recht ähnliches Profil aufweisen, nahe beieinander; umgekehrt führen einander wenig ähnliche Profile dazu, dass sich die Kategorien z. B. bei einer zweidimensionalen Darstellung in den gegenüberliegenden Quadranten wiederfinden. Je näher die entsprechenden Merkmale im Zentrum der Darstellung liegen, desto unspezifischer und desto ähnlicher sind sie dem Durchschnittsprofil. In Deutschland sind Korrespondenzanalysen insbesondere mit Pierre Bourdieus Arbeiten zu den ›Feinen Unterschieden‹ verbreitet worden, wo Korrespondenzanalysen genutzt wurden, um z. B. die Zusammenhänge zwischen den kulturellen Praktiken verschiedener sozialer Gruppen und ihrem ökonomischen und kulturellen Kapital darzustellen. Die Korrespondenzanalysen lassen sich auch den weiter unten beschriebenen strukturentdeckenden Verfahren zurechnen.

Strukturentdeckende Verfahren dienen dazu, latente Strukturen des Datenmaterials offenzulegen. Im Unterschied zu den später dargestellten strukturprüfenden Verfahren liegen bei den hier dargestellten Verfahren (noch) keine präzisen Hypothesen über die Struktur der einbezogenen Variablen bzw. ihres Zusammenhangs vor, also z. B. Annahmen zu abhängigen und unabhängigen Variablen und zur Art und Richtung des Zusammenhangs.

• Die (explorative) Faktorenanalyse zielt darauf, beobachtete Variable auf latente Faktoren zurückzuführen. So können z. B. Faktorenanalysen eingesetzt werden, um ausgehend von einer Reihe von Einstellungsfragen die ›dahinter‹ liegenden latenten Einstellungen (Faktoren) zu ermitteln. Im ungünstigsten Fall – wenn die einbezogenen Variablen völlig unabhängig voneinander sind – werden bei der Analyse so viele Faktoren ermittelt, wie Variablen einbezogen wurden; in der Regel lassen sich die Ausgangsvariablen jedoch durch eine erheblich geringere Zahl von Faktoren adäquat abbilden, so dass es zu einer deutlichen Informationsreduzierung kommt.

Abb. 133: Explorative Faktorenanalyse

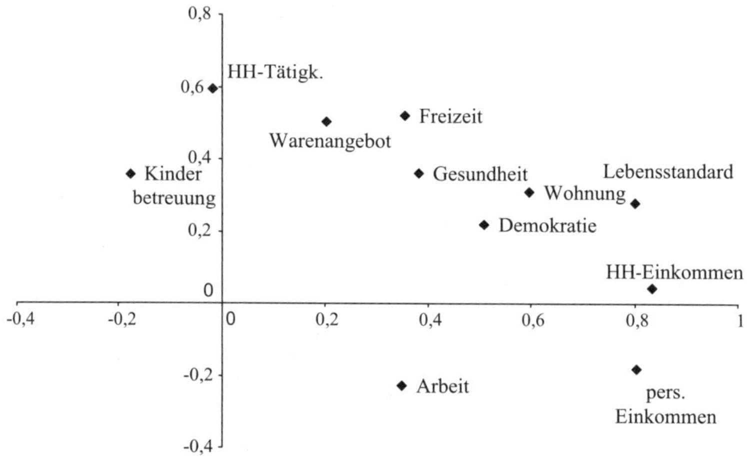


Daten: SOEP 2005, Zufriedenheit mit verschiedenen Lebensbereichen, Faktor 1 und 2 (nach der Faktorrotation)

In dem hier gewählten Beispiel wurde eine explorative Faktorenanalyse mit den im SOEP ermittelten Zufriedenheitsangaben zu verschiedenen Lebensbereichen durchgeführt; sie lassen sich sinnvoll mit drei Faktoren abbilden. Die Ladung der beteiligten Variablen auf den beiden wichtigsten Faktoren wurde in der obigen Abbildung graphisch dargestellt; die Bedeutung der ermittelten Faktoren kann aus der von ihnen erklärten Varianz abgeleitet werden. Die Interpretation und Benennung der über die Analyse konstruierten Faktoren obliegt den Forschenden; Hinweise ergeben sich aus den Variablen, die auf diesen Faktoren besonders hohe Faktorwerte haben. In dem hier gewählten Beispiel weist die Zufriedenheit mit dem Haushaltseinkommen hohe Faktorwerte in der Dimension 1 und die Zufriedenheit mit der Haushaltstätigkeit hohe Faktorwerte in der zweiten Dimension auf – vermutlich ist letzterer Effekt der Tatsache geschuldet, dass zur Frage der Zufriedenheit mit der Tätigkeit im Haushalt eine hohe Zahl von fehlenden Werten (bei Männern) vorliegt.

Während sich die explorative Faktorenanalyse für die Ähnlichkeiten zwischen Variablen interessiert, richtet die Clusteranalyse den Blick auf Ähnlichkeiten bei den untersuchten Fällen.

• Mit Clusteranalysen wird versucht, Fälle zu einem Cluster, einer Gruppe, zu bündeln, die sich bei den einbezogenen Variablen durch ein relativ ähnliches Antwortverhalten auszeichnen. Man kann damit im Datenmaterial Gruppen z. B. von Personen ›entdecken‹, die einander relativ ähnlich sind, während die Unterschiede zwischen den Gruppen möglichst groß sind. Bei einem gebräuchlichen Clusterverfahren werden in einem schrittweisen Prozess jeweils die Fälle zu einer Gruppe zusammengefasst, die die größte Ähnlichkeit aufweisen. Dieser Clusterungsprozess beginnt mit einer Clusterzahl, die der Zahl der Fälle entspricht, und endet mit einer Clusterlösung, bei der alle Fälle in einem Cluster vereint sind; weder die eine noch die andere Lösung ist wünschenswert. D. h., es gilt – unterstützt von inhaltlichen Überlegungen und statistischen Maßzahlen –, eine optimale Lösung zu finden, in der die Fälle zu einer überschaubaren und inhaltlich sinnvoll zu interpretierenden Zahl von Clustern zusammengefasst werden. Für die Interpretation der so gebildeten Cluster und ihre Benennung können z. B. statistische Maßzahlen genutzt werden, die angeben, wie sich wichtige soziale Merkmale (Alter, Bildung, Geschlecht, Einkommen, Beruf etc.) über die verschiedenen Cluster verteilen. Clusteranalysen lassen sich z. B. in der Lebensstilforschung einsetzen, wenn versucht werden soll, die Vielgestalt von kulturellen Praktiken im Sinne einer Typologie zu strukturieren.

Der Ausgangspunkt könnte eine Reihe von Fragen zu einzelnen Bereichen des Lebensstils sein: bevorzugte Musikgenres, Besuch kultureller Veranstaltungen, Medienkonsum, Hobbys etc. So hat z. B. Spellerberg auf Basis der Lebensstilfragen der Wohlfahrtssurveys für Westdeutschland eine Typologie von neun Lebensstilen ermittelt: von den ›Ganzheitlich, kulturell interessierten Familienorientierten‹ (10 %), den ›Etablierten Berufsorientierten und kulturell Interessierten‹ (13 %) auf der einen Seite des kulturellen Spektrums bis zu den ›Freizeitorientierten Geselligen (13 %)‹, den ›Sicherheitsorientierten‹ (11 %) und den ›Freizeitaktiven‹ (11 %) auf der anderen Seite (1996:122).

Typisch für dieses und für andere multivariate Verfahren ist es, dass es kaum zu eindeutigen Lösungen kommt; vielmehr gibt es im Rahmen der Clusteranalyse eine Vielzahl von Modellüberlegungen und zu wählenden Parametern, die auch unabhängig von der zu bestimmenden optimalen Clusterzahl zu verschiedenen Ergebnissen führen können. Daraus erwächst das grundsätzliche Problem, dass solche Verfahren zwar mittlerweile über gängige Softwarepakete für statistische Analysen relativ einfach zu handhaben sind, dass aber die Frage der Modellwahl und die Interpretation der gelieferten Ergebnisse nach wie vor dezidierter methodischer Kenntnisse und – bezogen auf den Gegenstand der Untersuchungen – theoretischer Überlegungen bedarf.

- Mit Verfahren der multidimensionalen Skalierung werden Ähnlichkeiten bzw. Unähnlichkeiten zwischen Objekten visuell dargestellt. Die Objekte werden dazu in einem zwei- oder mehrdimensionalen Raum so angeordnet, dass einander ähnliche Objekte eng beieinander, sehr unähnliche Objekte eher weiter voneinander entfernt sind. Wie bei der Clusteranalyse können zur Darstellung der Distanzen zwischen den Objekten verschiedene Metriken verwandt werden. Man könnte Verfahren der multidimensionalen Skalierung z. B. dazu nutzen, aus einer Entfernungstabelle der deutschen Großstädte (Luftlinie) die räumliche Anordnung der Städte im Sinne einer Landkarte zu rekonstruieren.

Im Unterschied zu den visualisierenden und strukturentdeckenden Verfahren setzen die strukturprüfenden Verfahren explizierte Vorstellungen und Modellannahmen zur Beschaffenheit der Zusammenhänge zwischen den zu untersuchenden Variablen voraus. Auf bivariater Ebene war dies bereits bei den Korrelations- und Regressionsanalysen erkennbar geworden.

Während im einfachen Modell von einer unabhängigen und einer abhängigen Variablen ausgegangen wurde, können sich diese Modelle auch komplexer gestalten.

Abb. 134: Modell zur multivariaten Regressions- und Korrelationsanalyse

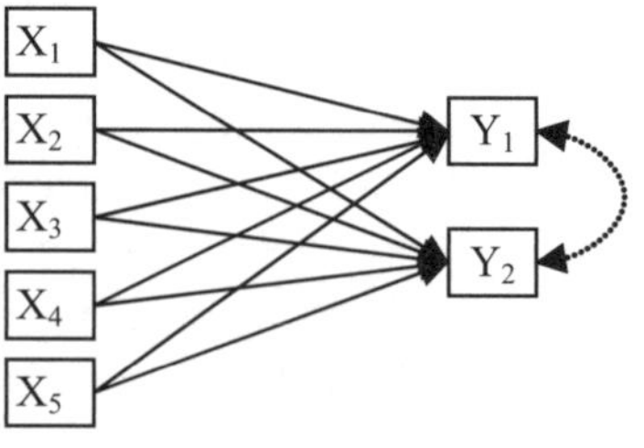

Neben den beobachteten abhängigen und unabhängigen Variablen können auch latente Variablen in diese Modelle aufgenommen werden.

Zur Analyse derartiger Modell existiert eine Reihe multivariater Verfahren; ihr Einsatz ist vor allem vom Skalenniveau der beteiligten Variablen abhängig. Mit dem Verfahren der logistischen Regression ist es möglich, komplexe Korrelations- und Regressionsanalysen auch für dichotome und polytome abhängige Variable durchzuführen. Loglineare Modelle sind gefragt, wenn die beteiligten Variablen nominal oder ordinal skaliert sind; zudem setzen sie keine expliziten Annahmen zur Frage der Abhängigkeit bzw. Unabhängigkeit der Variablen voraus. Bei vielen dieser Verfahren werden nicht nur die einfachen Effekte zwischen den beteiligten Variablen berücksichtigt, sondern auch Interaktionseffekte, die aus dem Zusammenwirken von Variablen entstehen, wenn sich also z. B. der Zusammenhang zwischen zwei Variablen für verschiedene Altersgruppen ganz unterschiedlich gestaltet.

Die wohl komplexeste Möglichkeit zur Prüfung von Zusammenhangsbeziehungen liefern Strukturgleichungsmodelle, die in der Regel vorab entwickelte Hypothesen über Zusammenhänge zwischen gemessenen (manifesten) und latenten Variablen überprüfen. Andere multivariate Verfahren lassen sich als eine spezifische Anwendung von Strukturgleichungsmodellen begreifen. Da die Berechnung der Modelle von den Varianzen bzw. Kovarianzen der einbezogenen Variablen ausgeht, muss in der Regel ein metrisches Messniveau vorausgesetzt werden; über die Berechnung spezifischer Korrelationskoeffizienten können jedoch auch ordinal skalierte Merkmale einbezogen werden.

## Statistische Verfahren zur Analyse spezifischer Datenstrukturen

Die Statistik sollte grundsätzlich als eine problembezogene Wissenschaft begriffen werden; sie liefert in ganz unterschiedlichen Sphären der Wissenschaft Modelle für die Analyse von Daten und Zusammenhangsbeziehungen. Dementsprechend findet sich auch in den Sozialwissenschaften eine große Zahl von spezifischen Fragestellungen und spezifischen Datenstrukturen, für die über den bisher umrissenen Kanon hinaus statistische Verfahren zur Verfügung stehen.

Für die im Kapitel 4 dieses Teils vorgestellten Datenstrukturen sind jeweils besondere statistische Modelle und Verfahren verfügbar, wie z. B. die Netzwerkanalyse, Modelle zur Untersuchung von Paneldaten oder die Ereignisanalyse.

## e) Hilfsmittel zur Aufbereitung und Analyse qualitativer und quantitativer Daten

Für die Aufbereitung und Analyse von Daten steht inzwischen eine breite Palette von Software zur Verfügung. Einfache Möglichkeiten der Aufbereitung und Analyse qualitativer und quantitativer Daten bietet bereits ein Tabellenkalkulationsprogramm, wie es in Office-Paketen zur Verfügung steht. Für weiter gehende Analysen sind dann jedoch spezialisiertere Programme für die qualitative und quantitative Datenanalyse zu empfehlen.

### Aufbereitung und Analyse qualitativer Daten

Für die Transkription von Tonaufzeichnungen stehen je nach Aufnahmetechnik verschiedene Hilfsmittel zur Verfügung, die z. B. die Steuerung des Abspielgeräts unterstützen. Scanner und Texterkennungsprogramme erleichtern die Aufbereitung von Texten, die in Papierform vorliegen.

• Programme für die qualitative Datenanalyse ermöglichen es, Texte, die z. B. durch eine Transkription entstanden sind, zu verwalten, in Segmente zu zerlegen und diesen Segmenten (hierarchisch strukturierte) Kodes zuzuweisen. Neben der Textfassung kann auch die Audio-Fassung verwaltet werden, um einen schnellen Zugang zum O-Ton zu ermöglichen. Ausgehend von diesen Strukturelementen bestehen dann vielfältige Möglichkeiten der Suche und Zusammenstellung von Sequenzen; die Kodes können auch für einfache statistische Analysen genutzt werden. Zu verweisen ist auf Programme wie MAXQDA (ehemals WinMax), ATLAS.TI oder NVIVO.

• Programme für die Analyse von Videodaten ermöglichen es – ähnlich wie die Software zur Textanalyse –, das Videomaterial zu sequenzieren und zu kodieren; darüber hinaus sind auch einfache graphische Darstellungen und statistische Analysen möglich. Zu verweisen ist auf Programme wie INTERACT.

### Aufbereitung und Analyse quantitativer Daten

Die Eingabe standardisierter Daten, die in Papierform vorliegen, kann im einfachsten Fall über ein Tabellenkalkulationsprogramm erfolgen; darüber hinaus gibt es spezialisierte Software zur Dateneingabe, die eine Reihe von unterstützenden und kontrollierenden Funktionen zur Verfügung stellt. Bei entsprechend vorbereiteten Erhebungsbögen können auch Programme zur automatischen Erkennung eingesetzt werden, die dann z. B. Kreuze im Fragebogen automatisch erfassen und Klartexteingaben als Graphik aufbereiten; hier ist auf ELECTRIC PAPER bzw. EVASYS zu verweisen.

• Programme zur statistischen Datenanalyse unterstützen zum einen die Datenmodifikation und -selektion; d. h., sie bieten Möglichkeiten zur Gewichtung, Selektion, Modifizierung und Generierung von Variablen, zum Sortieren, Mischen und Aggregieren von Datensätzen etc. Zum anderen bieten sie Möglichkeiten zur tabellarischen bzw. graphischen Darstellung und ein breites Spektrum von Verfahren für uni-, bi- und multivariate statistische Analysen. Zu verweisen ist auf Programme wie SPSS, STATA oder SAS.
• Neben der statistischen Standardsoftware gibt es eine kaum überschaubare Zahl von Programmen und Programmpaketen für spezielle statistische Analysen. Zudem ist auf Programme zu verweisen, die spezielle Leistungen erbringen, z. B. bei der Imputation von Daten oder bei Schätzung von Varianzen und Standardfehlern in komplexen Erhebungsdesigns.

# 13. Forschungsprozess und Forschungsergebnisse

## a) Zur Darstellung von Forschungsergebnissen

Ein veröffentlichter oder zumindest einer wissenschaftlichen Teilöffentlichkeit zugänglicher Forschungsbericht, eine Monographie oder ein Artikel in einer wissenschaftlichen Zeitschrift stellen ein wesentliches Moment der wissenschaftlichen Arbeit dar, da sich ein wissenschaftliches Vorgehen nicht zuletzt darüber qualifiziert, dass es rekonstruierbar und somit kritisierbar ist. Damit sind bereits wesentliche formale Anforderungen zur Darstellung von Forschungsergebnissen benannt; das Vorgehen der Forschenden sollte so dargelegt werden, dass alle wesentlichen Rahmenbedingungen des Forschungsprozesses, die getroffenen Forschungsentscheidungen und das sich daraus ableitende Vorgehen transparent werden.

Wie solche Darstellungen im Allgemeinen zu erstellen sind, ist nicht Gegenstand dieser Einführung; hierzu ist auf Darstellungen zum wissenschaftlichen Arbeiten oder zum wissenschaftlichen Schreiben zu verweisen. Es wird hier vor allem um die Frage gehen, wie der Prozess der empirischen Forschung in einer wissenschaftlichen Darlegung erscheinen sollte; zuvor jedoch einige Bemerkungen zur Bedeutung des wissenschaftlichen Schreibens für die empirische Sozialforschung.

## Wissenschaftliches Schreiben

Im Vergleich der Publikationen verschiedener Wissenschaften wird deutlich, dass sich in der historischen Entwicklung dieser Wissenschaften auch unterschiedliche Stile des wissenschaftlichen Schreibens und Darstellens herausgebildet haben. Knorr-Cetina (1984:175 ff.) hat sich bei ihrer Beobachtungsarbeit in naturwissenschaftlichen Labors auch für den Weg von der »wilden Naturwüchsigkeit« des »Labor-Räsonierens« zum wissenschaftlich gezähmten Forschungsbericht interessiert. Es findet sich ein Repertoire an Überzeugungstechniken; diese Techniken beruhen auf linguistischen Strategien und formalen Merkmalen.

Sprachlich betrachtet ist – verglichen mit Bezeichnungen wie Ethno*graphie* oder Sozio*graphie* – das Schreiben aus der heutigen Sozial*forschung* verschwunden. Insbesondere in Darstellungen, die sich eher den quantitativen Forschungsansätzen verschrieben haben, scheint es – soweit dies überhaupt ein Thema ist – eher um Fragen der ›Dokumentation‹ zu gehen. Man möchte die Präzision, mit der Hypothesen formuliert, Daten gewonnen und statistisch analysiert wurden, fortschreiben: »The ideal social scientific paper or book should be objective, setting out as clearly and precisely as possible what has been discovered« (Gilbert 1993:329).

Demgegenüber tritt in den Hintergrund, dass wissenschaftliches Schreiben auch eine Form der Rhetorik ist, die sich bestimmter linguistischer und formaler Merkmale bedient, um Wissenschaftlichkeit herzustellen. Zudem ist das wissenschaftliche Schreiben in einem sozialen Kontext situiert; neben verschiedenen Gruppen von Adressaten im jeweiligen Wissenschaftsfeld oder in Praxisfeldern geht es darum, Gutachter zu überzeugen, die über den Zugang zu einer wissenschaftlichen Zeitschrift oder die Verwendung von Forschungsmitteln wachen; auch das eigene wissenschaftliche Renommee wird davon geprägt.

Insbesondere in der Ethnographie verdichtete sich in 1980er Jahren eine Debatte um den erkenntnistheoretischen Ort der ethnographischen Forschung bzw. ihrer Vertreter; dabei wurde auch die Textgestalt ethnographischer Befunde beleuchtet. So wurde deutlich, »daß das ethnographische Verstehen nicht einfach einer unmittelbaren Felderfahrung entsprang, sondern, wie schon bei Malinowski, im Schreiben – Ethnographie ist ja vor allem das: Objektivierung in Textgestalt – eigentlich erst Gestalt gewann, inszeniert, konstruiert wurde« (Berg/Fuchs 1993:40). Clifford Geertz (1993) befasste sich mit dem ›Anthropologen als Schriftsteller‹ und setzte sich mit den Schriften von Lévi-Strauss, Evans-Pritchard, Malinowski und Benedict auseinander. Geertz plädiert zum einen für eine hohe handwerkliche Qualität der ethnographischen Analyse: »Ganz ohne Frage sind Beschreibungen dessen, wie die Dinge für diejenigen aussehen, über die man schreibt, Bemühungen darum, Texte genau und Übersetzungen wahrheitsgemäß zu machen (...)«. Zum anderen mahnt er jedoch, »daß dieses Tun einen nicht von der Bürde der Autorschaft befreit« (140). So müsse die Anthropologie als kulturelle Institution begriffen werden, die im 19. und 20. Jahrhundert in verschiedener Weise mit der Geschichte des Kolonialismus und Postkolonialismus verknüpft war.

Die Debatten über die Vertextlichung und das Schreiben, die sich als ›linguistic turn‹ nacheinander in ganz verschiedenen Wissenschaften finden, bieten auch in der Sozialforschung einen wichtigen Ausgangspunkt zur kritischen Reflexion des Forschungsprozesses – in der quantifizierenden Forschung wurden diese Impulse bislang nicht aufgenommen. Diese Debatten bedürfen aber auch der Begrenzung: »Zugunsten der Diskussion über das Schreiben in der Forschung darf also weder die Diskussion von Kriterien über Qualität in der Forschung (...) aufgegeben werden, noch sollte die Praxis der Forschung insgesamt zu kurz kommen« (Flick 1995:272).

## Strukturen der Darstellung eines Forschungsprozesses

Es ist nicht ganz einfach, unabhängig von der jeweiligen Veröffentlichungsform (von der Monographie über den wissenschaftlichen Artikel bis zum Hintergrundbericht in einer überregionalen Zeitung) und der Zielgruppe zu benennen, was berichtet werden sollte. Es gibt jedoch eine Reihe von Essentials, die sich – mehr oder weniger differenziert – in jeder Art der Darstellung eines Forschungsprozesses finden sollten.

- Zu Beginn wäre das Problem, mit dem sich eine Untersuchung befasst hat, darzulegen; hier können die im Kapitel 3 dieses Teils angeführten Überlegungen zur Entwicklung von theoretisch geleiteten Forschungsfragen und -hypothesen aufgenommen werden. Zu verdeutlichen ist auch, in welcher Weise die vorliegende Untersuchung in den Stand der theoretischen Debatte und der empirischen Forschung einzuordnen ist.
- Die Darstellung des empirischen Vorgehens spielt eine zentrale Rolle, um einem wesentlichen Kriterium des wissenschaftlichen Arbeitens Genüge zu tun. Es sei hier noch einmal an die Forderung Ecos erinnert: »Die Untersuchung muß jene Angaben enthalten, die es ermöglichen nachzuprüfen, ob ihre Hypothesen falsch oder richtig sind, sie muß also die Angaben enthalten, die es ermöglichen, die Auseinandersetzung in der wissenschaftlichen Öffentlichkeit fortzusetzen« (2003:40 ff.).

Soweit in der Untersuchung vorrangig standardisierte Datenmaterialien und statistische Verfahren der Analyse genutzt wurden, lassen sich relativ einfach Kriterien benennen, denen eine solche Darstellung zu folgen hat. Exemplarisch wird hier auf eine Zusammenstellung verwiesen, die dem Code of Professional Ethics and Practices der American Association for Public Opinion Research entnommen wurde.

## Abb. 135: Zur Darstellung des empirischen Forschungsprozesses

»1. Who sponsored the survey, and who conducted it?
2. The exact wording of questions asked, including the text of any preceding instruction or explanation to the interviewer or respondents that might reasonably be expected to affect the response.
3. A definition of the population under study, and a description of the sampling frame used to identify this population.
4. A description of the sample design, giving a clear indication of the method by which the respondents were selected by the researcher, or whether the respondents were entirely self-selected.
5. Sample sizes and, where appropriate, eligibility criteria, screening procedures, and response rates computed according to AAPOR Standard Definitions. At a minimum, a summary of disposition of sample cases should be provided so that response rates could be computed.
6. A discussion of the precision of the findings, including estimates of sampling error, and a description of any weighting or estimating procedures used.
7. Which results are based on parts of the sample, rather than on the total sample, and the size of such parts?
8. Method, location, and dates of data collection.«

Quelle: American Association for Public Opinion Research (2005)

Auch die Methodenberichte, die zu verschiedenen sozialwissenschaftlichen Befragungen (z. B. zum ALLBUS oder zum SOEP) vorliegen, bieten einen guten Orientierungspunkt für eine angemessene Darstellung der empirischen Arbeit.

Diese und andere Kriterienkataloge zielen darauf, den Prozess der Datenerhebung abzubilden. Darüber hinaus sollte aber auch deutlich werden, wie das so gewonnene Material aufbereitet und statistisch ausgewertet wurde. Auch diesen Prozess gilt es so darzulegen, dass er prinzipiell rekonstruierbar ist. Das kann zum einen darüber erfolgen, dass die angestellten Modellüberlegungen und das daraus abgeleitete Vorgehen dargestellt werden; zum anderen gibt das aufbereitete statistische Material (bzw. Angaben zu seiner Genese) über diesen Prozess Auskunft.

Ein solcher Bericht »sollte keineswegs nur auf Resultate beschränkt bleiben, die zur Lösung von sozialwissenschaftlichen Problemen beitragen. *Vielmehr ist auch über ›Fehlversuche‹ zu berichten, wenn also die am Beginn des Projektes aufgestellten Hypothesen nicht verifiziert werden konnten.* Auch eine nicht bestätigte Hypothese kann ein wichtiges Ergebnis darstellen, das im weiteren Diskussionsprozess der Forschung seinen Stellenwert hat. Offen gebliebene Fragen und Probleme (…) können auch andere Wissenschaftler zu weiterer Forschung anregen« (Atteslander 2006:300).

Grundsätzlich sollte auch bei der Arbeit mit qualitativem Datenmaterial versucht werden, sinngemäß eine Antwort auf die in den Methodenberichten zur quantitativen Forschung gestellten Fragen zu geben. Das ist für den Prozess der Datengewinnung und -aufbereitung durchaus möglich. Weitaus schwieriger ist es jedoch, den Prozess der Auswertung qualitativen Datenmaterials zu dokumentieren und darzulegen, wie die Forschenden zu bestimmten Ergebnissen gekommen sind. Gute Hilfestellungen zur Dokumentation dieses Prozesses wurden im Kontext der Grounded Theory entwickelt. Bereits für den eigentlichen Auswertungsprozess werden verschiedene Verfahren vorgeschlagen, z. B. theoretische Memos, Planungs-Memos, logische Diagramme, die den Auswertungsprozess dokumentieren und später zur Basis für abschließende Darstellungen werden können. Zudem werden in der Einführung von Strauss und Corbin eine Reihe von Kriterien vorgestellt, nach denen sich eine gute Dokumentation des Forschungsprozesses beurteilen lässt.

### Abb. 136: Kriterien zur Dokumentation der Entwicklung einer Grounded Theory

(…) 1: Wie wurde die Ausgangsstichprobe ausgewählt? Aus welchen Gründen?
(…) 2: Welche Hauptkategorien wurden entwickelt?
(…) 3: Welche Ereignisse, Vorfälle, Handlungen usw. verwiesen (als Indikatoren) – beispielsweise – auf diese Hauptkategorien?
(…) 4: Auf der Basis welcher Kategorien fand theoretisches Sampling statt? Anders gesagt: wie leiteten theoretische Formulierungen die Datenauswahl an? In welchem Maße erwiesen sich die Kategorien nach dem theoretischen Sampling als nutzbringend für die Studie?
(…) 5: Was waren einige der Hypothesen hinsichtlich konzeptueller Beziehungen (zwischen Kategorien) und mit welcher Begründung wurden sie formuliert und überprüft?
(…) 6: Gibt es Beispiele, daß Hypothesen gegenüber dem tatsächlich Wahrgenommenen nicht haltbar waren? Wie wurde diesen Diskrepanzen Rechnung getragen? Wie beeinflußten sie die Hypothesen?
(…) 7: Wie und warum wurde die Kernkategorie ausgewählt? War ihre Auswahl plötzlich oder schrittweise, schwierig oder einfach? Auf welchem Boden wurden diese abschließenden analytischen Entscheidungen getroffen?

Quelle: Strauss/Corbin (1996:217)

• Nicht immer lässt sich die Darstellung der Ergebnisse sauber von der Darlegung des Vorgehens abgrenzen; es sollte jedoch versucht werden, in prägnanter Form die Ergebnisse der geleisteten empirischen Arbeit darzustellen und zu diskutieren. Das werden insbesondere Antworten auf die eingangs entwickelten Fragen und Hypothesen sein.

Schließlich wären auch die Folgerungen darzulegen, die aus dem Ergebnis gezogen werden. Das können zum einen Folgerungen sein, die sich für die weitere wissenschaftliche Auseinandersetzung mit einem Problem ergeben. Würden sich die

Ergebnisse der Forschungsarbeit darin erschöpfen, bliebe jedoch eine wichtige Aufgabe wissenschaftlicher Forschung unerfüllt.

Daher sollten zum anderen Folgerungen entwickelt werden, die sich jenseits des wissenschaftlichen Diskurses für ein gesellschaftliches Praxisfeld ergeben; es können Thesen oder Problembeschreibungen sein, die dann in politische oder andere gesellschaftliche Diskurse eingehen.

# Literatur

Abrams, Mark 1951: Social Surveys and Social Action, Melbourne, London, Toronto: Heinemann

ADM, Arbeitskreis Deutscher Markt- und Sozialforschungsinstitute 2005: Jahresbericht 2005

Alexa, Melina 1997: Computer-assisted text analysis methodology in the social sciences, ZUMA-Arbeitsbericht 97/07

American Association for Public Opinion Research 2005: Code of Professional Ethics and Practices. (Revised in 2005), Lenexa, Ks.

Anderson, Leon 2006: Analytic Autoethnography, in: Journal of Contemporary Ethnography Volume 35 Number 4, 2006, S. 373–395

Andreß, Hans-Jürgen 2001: Replikative Surveys in den Sozialwissenschaften. Expertise für die Kommission zur Verbesserung der informationellen Infrastruktur zwischen Wissenschaft und Statistik, Bielefeld

Arbeitsgruppe Regionale Standards (Hrsg.) 2005: Regionale Standards. Eine gemeinsame Empfehlung des Arbeitskreises Deutscher Markt- und Sozialforschungsinstitute e. V. (ADM), der Arbeitsgemeinschaft Sozialwissenschaftlicher Institute e. V. (ASI) und des Statistischen Bundesamts, Ausgabe 2005

Atteslander, Peter 2006: Methoden der empirischen Sozialforschung, Berlin: Erich Schmidt

Bales, Robert F. 1951: Interaction Process Analysis, Chicago: Chicago University Press

Bales, Robert F. 1967: Das Problem des Gleichgewichts in kleinen Gruppen, in: Hartmann, Heinz (Hrsg.), Moderne amerikanische Soziologie, S. 311–329

Ball, Rafael/Tunger, Dirk 2005: Bibliometrische Analysen – Daten, Fakten und Methoden: Grundwissen Bibliometrie für Wissenschaftler, Wissenschaftsmanager, Forschungseinrichtungen und Hochschulen, Jülich: Forschungszentrum Jülich

Bauman, Zygmunt 1995: Ansichten der Postmoderne, Hamburg, Berlin: Argument-Verlag

Bayly, Christopher A. 2006: Die Geburt der modernen Welt Eine Globalgeschichte 1780–1914, Frankfurt: Campus

Beck, Ulrich/Wolfgang Bonß (Hrsg.) 1989: Weder Sozialtechnologie noch Aufklärung? Analysen zur Verwendung sozialwissenschaftlichen Wissens, Frankfurt: Suhrkamp

Berelson, Bernard 1952: Content Analysis in Communication Research, Glencoe Ill.

Berg, Eberhard/Martin Fuchs 1993: Phänomenologie der Differenz. Reflexionsstufen ethnographischer Repräsentation, in: dies. (Hrsg.), Kultur, soziale Praxis, Text. Die Krise der ethnographischen Repräsentation, S. 11–108

Berger, Fred 2006: Zur Wirkung unterschiedlicher materieller Incentives in postalischen Befragungen. Ein Literaturbericht, in: ZUMA-Nachrichten Nr. 58, S. 81–100

Berger, Hartwig 1974: Untersuchungsmethode und soziale Wirklichkeit. Eine Kritik an Interview und Einstellungsmessung in der Sozialforschung, Frankfurt: Suhrkamp

Berger, Peter L./Thomas Luckmann 1972: Die gesellschaftliche Konstruktion der Wirklichkeit. Eine Theorie der Wissenssoziologie, Frankfurt: Fischer

Bergmann, Jörg R. 1991: Konversationsanalyse, in: Flick, Uwe et al. (Hrsg.): Handbuch Qualitative Sozialforschung. Grundlagen, Konzepte, Methoden und Anwendungen. München, S. 213–218

Bernays, Marie 1910: Auslese und Anpassung der Arbeiterschaft der geschlossenen Großindustrie, Leipzig: Duncker& Humblot

Berth, Rolf 1959: Marktforschung zwischen Zahl und Psyche. Eine Analyse der befragenden Marktbeobachtung in Westdeutschland, Stuttgart: Gustav Fischer

Berufsverband Deutscher Soziologen/Deutsche Gesellschaft für Soziologie 2001: Ethik-Kodex

Best, Heinrich/Renate Ohly 1994: Entwicklungstendenzen der deutschsprachigen Soziologie im Spiegel ihrer führenden Fachzeitschriften – Ergebnisse einer Korrespondenzanalyse, in: H. Best u. a. (Hrsg.): Informations- und Wissensverarbeitung in den Sozialwissenschaften: Beiträge zur Umsetzung neuer Informationstechnologien, Opladen: Westdeutscher Verlag, 1994, S. 575–592

Birnstiel, Constantin 2001: Amtliche Statistik im Spannungsfeld zwischen wissenschaftlichem Anspruch und politischen Vorgaben. Eurostat – Das Statistische Amt der Europäischen Gemeinschaften als Kandidat für eine institutionelle Reform auf supranationaler Ebene, Dissertation, Universität der Bundeswehr München, Fakultät für Sozialwissenschaften

Blumer, Herbert 1973: Der methodologische Standort des symbolischen Interaktionismus, in: Arbeitsgruppe Bielefelder Soziologen (Hrsg.), Alltagswissen, Interaktion und gesellschaftliche Wirklichkeit. Symbolischer Interaktionismus und Ethnomethodologie (Bd. 1), S. 80–146

Boeckh, Richard 1863: Geschichte der Entwicklung der amtlichen Statistik des preußischen Staates., Berlin

Boeltken, Ferdinand/Jagodzinski, Wolfgang 1983: Sekundäranalyse von Umfragedaten aus dem Zentralarchiv Postmaterialismus in der Krise, in: Zentralarchiv für empirische Sozialforschung; Heft 12; S. 11–20

Bogner, Alexander/Menz, Wolfgang 2002: Das theoriegenerierende Experteninterview, in: Bogner, Alexander/Littig, Beate/Menz, Wolfgang (Hrsg.) 2002, Das Experteninterview, Wiesbaden: VS Verlag für Sozialwissenschaften, S. 33–70

Bogner, Alexander/Menz, Wolfgang 2002: Expertenwissen und Forschungspraxis: die modernisierungstheoretische und die methodische Debatte um die Experten, in: Bogner, Alexander/Littig, Beate/Menz, Wolfgang (Hrsg.) 2002, Das Experteninterview, Wiesbaden: VS Verlag für Sozialwissenschaften, S. 7–31

Bohnsack, Ralf/Aglaja Przyborski/Burkhard Schäffer (Hrsg.) 2006: Das Gruppendiskussionsverfahren in der Forschungspraxis, Opladen: Barbara Budrich

Bonß, Wolfgang 1982: Die Einübung des Tatsachenblicks. Zur Struktur und Veränderung der empirischen Sozialforschung, Frankfurt: Suhrkamp

Bonß, Wolfgang/Heinz Hartmann (Hrsg.) 1985: Entzauberte Wissenschaft. Zur Relativität und Geltung soziologischer Forschung. Sonderband 3 der Sozialen Welt, Göttingen: Otto Schwartz

Bourdieu, Pierre 1990: Die biographische Illusion, in: BIOS. Zeitschrift für Biographieforschung und Oral History, Jg. 3, 1990, Heft 1, S. 75–81
Bourdieu, Pierre 1990: Was heißt sprechen? Wien: Braumüller
Bourdieu, Pierre 1992: Das objektivierende Subjekt objektivieren, in: ders. 1992: Rede und Antwort, Frankfurt: Suhrkamp, S. 219–223
Bourdieu, Pierre/Jean-Claude Chamboredon/Jean-Claude Passeron 1991: Soziologie als Beruf. Wissenschaftstheoretische Voraussetzung soziologischer Erkenntnis, Berlin: de Gruyter
Braudel, Fernand 1984: Geschichte und Sozialwissenschaften. Die ›longue durée‹, in: Wehler, Hans-Ulrich (Hrsg.), Geschichte und Soziologie, Königstein, S. 189–215
Bretschneider, Michael 2005: Daten der Kommunen, in: Arbeitsgruppe Regionale Standards (Hrsg.) 2005: Regionale Standards. Ausgabe 2005, S. 167–176
Brühl, Rolf/Sabrina Buch 2006: Einheitliche Gütekriterien in der empirischen Forschung? – Objektivität, Reliabilität und Validität in der Diskussion, ESCP-EAP Working Paper No. 20 Dezember 2006
Bude, Heinz 1994: 1968 und die Soziologie, in: SW, Jg. 45, 1994, Heft 2, S. 242–253
Bühner, Markus 2005: Einführung in die Test- und Fragebogenkonstruktion, München: Pearson Studium
Chiseri-Strater, Elizabeth/Bonnie Stone Sunstein 1997: Field Working. Reading and Writing Research, Upper Saddle River, NJ: Blair Press
Cicourel, Aaron V. 1974: Methode und Messung in der Soziologie, Frankfurt: Suhrkamp
Clark, George Norman 1972: Social Science in the Age of Newton, in: Oberschall, Anthony (Hrsg.), The Establishment of Empirical Sociology. Studies in Continuity, Discontinuity, and Institutionalization, S. 15–30
Cole, Stephen 1972: Continuity and Institutionalization in Science. A Case Study of Failure, in: Oberschall, Anthony (Hrsg.), The Establishment of Empirical Sociology. Studies in Continuity, Discontinuity, and Institutionalization, S. 73–129
Coleman, James S. 1995: Grundlagen der Sozialtheorie, Bd. 1, Handlungen und Handlungssysteme, München, Wien: Oldenbourg
Coleman, James S. 1995: Grundlagen der Sozialtheorie, Bd. 2, Körperschaften und die moderne Gesellschaft, München, Wien: Oldenbourg
Conze, Werner 1972: Arbeit, in: Brunner, Otto von/Kosellek, Reinhart/Conze, Werner (Hrsg.), Geschichtliche Grundbegriffe, Bd. I, Stuttgart, S. 154–215
Cornelißen, Waltraud (Hrsg.) im Auftrag des Bundesministeriums für Familie, Senioren, Frauen und Jugend 2005: 1. Datenreport zur Gleichstellung von Frauen und Männern in der Bundesrepublik Deutschland, München
Corti, Louise/Witzel, Andreas/Bishop, Libby 2005: Potenziale and Probleme der Sekundäranalyse. Eine Einführung in die FQS-Schwerpunktausgabe über die Sekundäranalyse qualitativer Daten, Forum Qualitative Sozialforschung/Forum: Qualitative Social Research [On-line Journal], 6 (1), Art. 49
Crozier, Michael/Erhard Friedberg 1993: Die Zwänge kollektiven Handelns. Über Macht und Organisation, Neuausgabe, Frankfurt: Athenäum

Dahms, Hans-Joachim 1994: Der Positivismusstreit. Die Auseinandersetzung der Frankfurter Schule mit dem logischen Positivismus, dem amerikanischen Pragmatismus und dem kritischen Rationalismus, Frankfurt: Suhrkamp

Daniel, Ute 2001: Kompendium Kulturgeschichte. Theorien, Praxis, Schlüsselwörter, Frankfurt/M.: Suhrkamp

Däubler, Thomas 2002: Nonresponseanalysen der Stichprobe F des SOEP, DIW-Materialien, Heft 15, Berlin

Davidson, Donald/Richard Rorty 2005: Wozu Wahrheit? Eine Debatte, Frankfurt: Suhrkamp

de Bie, Pierre 1980: Quetelet, Adolphe, in: Bernsdorf, Wilhelm/Horst Knospe (Hrsg.), Internationales Soziologenlexikon, S. 341

Desrosières, Alain 1998: The politics of large numbers. A history of statistical reasoning, Cambridge (Mass.): Harvard University Press

Deutsche Gesellschaft für Technische Zusammenarbeit (GTZ) (Hrsg.) 1997: Ziel Orientierte Projekt Planung – ZOPP Eine Orientierung für die Planung bei neuen und laufenden Projekten und Programmen, Eschborn

Deutsche Gesellschaft für Soziologie/Berufsverband Deutscher Soziologen 1992: Ethik-Kodex der Deutschen Gesellschaft für Soziologie (DGS) und des Berufsverbands Deutscher Soziologen (BDS) [s. Web-Seite der DGS]

Diekmann, Andreas (Hrsg.) 2006: Methoden der Sozialforschung, Kölner Zeitschrift für Soziologie und Sozialpsychologie, Sonderhefte Bd. 44, Wiesbaden: VS Verlag für Sozialwissenschaften

Diekmann, Andreas 1995: Empirische Sozialforschung. Grundlagen, Methoden, Anwendungen, Reinbek bei Hamburg: Rowohlt

Diekmann, Andreas 2002: Diagnose von Fehlerquellen und methodische Qualität in der sozialwissenschaftlichen Forschung, in: Institut für Technikfolgen-Abschätzung, Wien, ITA manuscript, 06/2002

Dilthey, Wilhelm 1990: Der Aufbau der geschichtlichen Welt in den Geisteswissenschaften, Frankfurt: Suhrkamp

Dorroch, Heiner 1994: Meinungsmacher-Report. Wie Umfrageergebnisse entstehen, Göttingen: Steidl

Dovring, Karin 1954: Quantitative Semantics in 18th Century Sweden, in: Public Opinion Quarterly 1954, 18, S. 389–394

Durkheim, Émile 1983: Der Selbstmord, Frankfurt: Suhrkamp

Durkheim, Émile 1984: Die Regeln der soziologischen Methode, Frankfurt: Suhrkamp

Eco, Umberto: Wie man eine wissenschaftliche Abschlussarbeit schreibt, Heidelberg: Müller, 2003

Ehling, Manfred 2004: Zeitbudgeterhebungen 1991/92 und 2001/02 – Kontinuität und Wandel, in: Statistisches Bundsamt, Alltag in Deutschland. Analysen zur Zeitverwendung, S. 10–22

Emerson, Robert M./Rachel I. Fretz/Linda L. Shaw 1995: Writing Ethnographic Fieldnotes, Chicago, London: The University of Chicago Press

Esser, Hartmut 1993: Soziologie. Allgemeine Grundlagen, Frankfurt, New York: Campus
Esser, Hartmut/Klenovitz, Klaus/Zehnpfennig, Helmut 1977: Wissenschaftstheorie, Bd. 1, Grundlagen und analytische Wissenschaftstheorie, Stuttgart: Teubner
Feldmann, Klaus 2001: Soziologie kompakt, Wiesbaden: Westdeutscher Verlag
Fellmann, Ferdinand 1989: Phänomenologie als ästhetische Theorie, Freiburg, München: Alber
Fellmann, Ferdinand 1991: Symbolischer Pragmatismus. Hermeneutik nach Dilthey. Reinbek bei Hamburg: Rowohlt
Fielding, Nigel 1993: Ethnography, in: Gilbert, Nigel (ed.) 1993: Researching Social Life, London, Thousand Oaks, New Delhi: Sage, S. 154–171
Fleck, Ludwik 1993: Entstehung und Entwicklung einer wissenschaftlichen Tatsache. Einführung in die Lehre vom Denkstil und Denkkollektiv, Frankfurt: Suhrkamp
Flick, Uwe 1995: Qualitative Forschung, Reinbek bei Hamburg: Rowohlt
Foucault, Michel 1973: Die Geburt der Klinik. Eine Archäologie des ärztlichen Blicks, München: Carl Hanser
Foucault, Michel 1974: Die Ordnung der Dinge. Eine Archäologie der Humanwissenschaften, Frankfurt: Suhrkamp
Foucault, Michel 1991: Die Ordnung des Diskurses, Frankfurt: Fischer
Friedberg, Erhard 1995: Ordnung und Macht. Dynamiken organisierten Handelns, Frankfurt/New York: Campus
Früh, Werner 1991: Inhaltsanalysen. Theorie und Praxis, München: Ölschläger-Verlag
Fuchs-Heinritz, Werner 2005: Biographische Forschung. Eine Einführung in Praxis und Methoden, Wiesbaden: VS Verlag für Sozialwissenschaft
Fuchs-Heinritz, Werner/Lautmann, Rüdiger/Rammstedt, Otthein/Wienold, Hanns (Hrsg.) 1994: Lexikon zur Soziologie, Opladen: Westdeutscher Verlag
Fürstenberg, Friedrich 2000: Berufsgesellschaft in der Krise. Auslaufmodell oder Zukunftspotential, Berlin: Rainer Bohn Verlag
Gabler, Siegfried/Häder, Sabine (Hrsg.) 2002: Telefonstichproben. Methodische Innovationen und Anwendungen in Deutschland, Münster: Waxmann
Gabler, Siegfried/Häder, Sabine/Hoffmeyer-Zlotnik, Jürgen H.P. (Hrsg.) 1998: Telefonstichproben in Deutschland, Wiesbaden: VS Verlag für Sozialwissenschaften
Gabler, Siegfried/Sabine Häder 2005: Mitteilung über die Gründung der Arbeitsgruppe Mobilsample, in: ZUMA-Nachrichten 56, Jg. 29, Mai 2005, S. 111–116
Ganzeboom, Harry B.G./Treiman, Donald J. 1996: Internationally Comparable Measures of Occupational Status for the 1988 International Standard Classification of Occupations, in: Social Science Research 25, S. 201–239
Geertz, Clifford 1983: Dichte Beschreibung. Bemerkungen zu einer deutenden Theorie von Kultur, in: ders. Dichte Beschreibung. Beiträge zum Verstehen kultureller Systeme, S. 7–43
Geertz, Clifford 1993: Die künstlichen Wilden. Der Anthropologe als Schriftsteller, Frankfurt: Fischer

Gehrau, Volker 2002: Die Beobachtung in der Kommunikationswissenschaft. Methodische Ansätze und Beispielstudien, Konstanz: Universitätsverlag Konstanz

Geis, Alfons/Jürgen H.P. Hoffmeyer-Zlotnik 2001: Kompatibilität von ISCO-68, ISCO-88 und KldB-92, in: ZUMA-Nachrichten Nr. 48, S. 117–138

Geißlinger, Hans 1992: Die Imagination der Wirklichkeit. Experimente zum radikalen Konstruktivismus, Frankfurt, New York: Campus

Giesecke, Michael/Kornelia Rappe-Giesecke 1997: Supervision als Medium kommunikativer Sozialforschung. Die Integration von Selbsterfahrung und distanzierter Betrachtung in der Beratung und Wissenschaft, Frankfurt: Suhrkamp

Gigerenzer, Gerd et al. 1989: The Empire of Chance. How Probability changed science and everyday life, Cambridge: Cambridge University Press

Gilbert, Nigel (Hrsg.) 1993: Researching Social Life, London, Thousand Oaks, New Delhi: Sage

Gilbert, Nigel 1993: Writing about social research, in: ders. Researching Social Life, London, Thousand Oaks, New Delhi: Sage, S. 328–344

Glaser, Barney G. 1978: Theoretical Sensitivity, Mill Valley, CA: Sociology Press

Glaser, Barney G./Anselm L. Strauss 1974: Interaktion mit Sterbenden, Göttingen: Hogrefe

Glaser, Barney G./Anselm L. Strauss 1998: Grounded Theory. Strategien qualitativer Forschung, Bern, Göttingen, Toronto, Seattle: Huber

Glasersfeld, Ernst von 1997: Radikaler Konstruktivismus. Ideen, Ergebnisse, Probleme, Frankfurt: Suhrkamp

Goffman, Erving 1980: Rahmen-Analyse. Ein Versuch über die Organisation von Alltagserfahrungen, Frankfurt: Suhrkamp

Goode, William J./Paul K. Hatt 1956: Grundelemente der wissenschaftlichen Methode, in: König, René (Hrsg.), Beobachtung und Experiment in der Sozialforschung, S. 51–75

Gorges, Irmela 1980: Sozialforschung in Deutschland 1872–1914. Gesellschaftliche Einflüße auf Themen- und Methodenwahl des Vereins für Sozialpolitik, Königstein: Wissenschaftszentrum

Green, Jesse 1990: Cushing at Zuni. The Correspondence and Journals of Frank Hamilton Cushing, 1879–1884, Albuquerque: University of New Mexico Press

Groenemeyer, Axel 1999: Soziale Probleme, soziologische Theorie und moderne Gesellschaften, in: Günter Albrecht, Axel Groenemeyer, Friedrich W. Stallberg (Hrsg.), Handbuch soziale Probleme, Opladen: Westdeutscher Verlag, S. 13–72

Haarmann, Alexander/Evi Scholz/Martina Wasmer/Michael Blohm/Janet Harkness 2006: Konzeption und Durchführung der ›Allgemeinen Bevölkerungsumfrage der Sozialwissenschaften‹ (ALLBUS) 2004, Mannheim

Hacking, Ian 1975: The emergence of probability. A philosophical study of early ideas about probability, induction and statistical inference, Cambridge: Cambridge University Press

Häder, Sabine 2000: Telefonstichproben, in: ZUMA How-to-Reihe, Nr. 6

Hall, Peter A./Soskice, David 2001: An Introduction to Varieties of Capitalism, in: Hall/ Soskice (eds.), Varieties of Capitalism. Oxford: Oxford University Press, S. 1–68

Harkness, Janet A. (ed.) 2006: Conducting Cross-National and Cross-Cultural Surveys. Papers from the 2005 Meeting of the International Workshop on Comparative Survey Design and Implementation, ZUMA-Nachrichten Spezial Bd. 12, Mannheim: ZUMA

Hauptmann, Stefan 2005: Das ›C-TOC‹ zur Gliederung von Audiodaten. Ein Beispiel für die qualitative Analyse am Rohmaterial, in: Forum Qualitative Sozialforschung [Online Journal], 6(1), Art. 33

Hennis, Wilhelm 1957: Meinungsforschung und repräsentative Demokratie. Zur Kritik politischer Umfragen, Tübingen: Mohr

Hermanns, Harry 1981: Das narrative Interview in berufsbiographisch orientierten Untersuchungen. Arbeitspapier Nr. 9 des Wissenschaftlichen Zentrums für Berufs- und Hochschulforschung an der GHS Kassel, Kassel

Herz, Thomas A. 1981: Sekundäranalysen von Umfragen: Einstellungen zum Wohlfahrtsstaat Vorbereitungen zu einer interkulturell vergleichenden Sekundäranalyse und einige Ergebnisse, in: Zentralarchiv für empirische Sozialforschung; Heft 8; S. 32–48

Hillmert, Steffen/Marita Jacob 2002: Soziale Ungleichheit beim Hochschulzugang, Arbeitspapier Nr. 5 des Projekts Ausbildungs- und Berufsverläufe der Geburtskohorten 1964 und 1971 in Westdeutschland, Berlin: Max-Planck-Institut für Bildungsforschung

Hoffmann, Eivind/Mirjana Scott 1993: The Revised International Standard Classification Of Occupation (Isco-88) A Short Presentation, Geneva

Hoffmann-Riem, Christa 1984: Das adoptierte Kind, München: Wilhelm Fink

Hoffmeyer-Zlotnik Jürgen H.P./Janet A. Harkness (eds.) 2005: Methodological Aspects in Cross-National Research, ZUMA-Nachrichten Spezial Bd. 11, Mannheim: ZUMA

Horkheimer, Max/Samuel H. Flowerman 1950: Studies in Prejudice, New York: Harper & Brothers

Jahoda, Marie/Paul F. Lazarsfeld/Hans Zeisel 1975: Die Arbeitslosen von Marienthal. Ein soziographischer Versuch mit einem Anhang zur Geschichte der Soziologie, Frankfurt: Suhrkamp

John, Vincenz 1968: Geschichte der Statistik. Ein quellenmäßiges Handbuch für den akademischen Gebrauch wie für den Selbstunterricht, Stuttgart: Enke

Kalthoff, Herbert 1997: Wohlerzogenheit. Eine Ethnographie deutscher Internatsschulen, Frankfurt: Campus

Kapferer, Clodwig 1994: Zur Geschichte der deutschen Marktforschung. Aufzeichnungen eines Mannes, der dabei war, Hamburg: Marketing Journal

Keller, Reiner/Hirseland, Andreas/Schneider, Werner/Viehöver, Willy (Hrsg.) 2001: Zur Aktualität sozialwissenschaftlicher Diskursanalyse. Eine Einführung, in: dies. Handbuch Sozialwissenschaftliche Diskursanalyse, Bd. 1, Opladen: Leske + Budrich, S. 7–27

Kent, Raymond A. 1981: A History of British Empirical Research, Aldershot, Hants: Gower

Kern, Horst 1982: Empirische Sozialforschung. Ursprünge, Ansätze, Entwicklungslinien, München: Beck

Kern, Horst/Schumann, Michael 1984: Das Ende der Arbeitsteilung?, München: Beck

Kimmel, Allan J. 1988: Ethics and Values in Applied Social Research, Newbury Park, California: Sage

Kleining, Gerhard 1995: Lehrbuch Entdeckende Sozialforschung. Bd. 1: Von der Hermeneutik zur qualitativen Heuristik, München: Psychologie Verlagsunion

Klingemann, Hans-Dieter/Ekkehard Mochmann 1975: Sekundäranalyse, in: Koolwijk, Jürgen van/Maria Wieken-Mayser (Hrsg.), Bearbeitung: Günter Albrecht, Untersuchungsformen, S. 178–194

Kluge, Susann/Opitz, D. 1999: Die Archivierung qualitativer Interviewdaten. Forschungsethik und Datenschutz als Barrieren für Sekundäranalysen, in: Soziologie, 1999, S. 48–63

Knorr-Cetina, Karin 1984: Die Fabrikation von Erkenntnis. Zur Anthropologie der Naturwissenschaft, Frankfurt: Suhrkamp

König, René (Hrsg.), unter Mitarbeit von Dietrich Rüschenmeyer, Erwin K. Scheuch 1972: Das Interview. Formen, Technik, Auswertung, Köln: Kiepenheuer und Witsch

König, René 1965: Soziologische Orientierungen. Vorträge und Aufsätze, Köln: Kiepenheuer und Witsch

Koren, John (Hrsg.) 1918: The History of Statistics, New York: Macmillan

Krieger, Konrad 1959: Statistik, amtliche. Landesstatistik, in: Handwörterbuch der Sozialwissenschaften, Bd. 10, S. 59–63

Kriz, Jürgen 1980: Statistik in den Sozialwissenschaften. Einführung und kritische Diskussion, Opladen: Westdeutscher Verlag

Krohn, Wolfgang/Günter Küppers 1989: Die Selbstorganisation der Wissenschaft, Frankfurt: Suhrkamp

Kromrey, Helmut 1991: Empirische Sozialforschung. Modelle und Methoden der Datenerhebung und Datenauswertung, Opladen: Leske und Budrich

Kromrey, Helmut 1994: Strategien des Informationsmanagements in der Sozialforschung. Ein Vergleich quantitativer und qualitativer Ansätze, in: Angewandte Sozialforschung 18, 1994, S. 163–184

Krummacher, André 2004: Der Participatory Rural Appraisal (PRA)-Ansatz aus ethnologischer Sicht. PRA – a quick and dirty anthropology?, Institut für Ethnologie und Afrikastudien, Johannes Gutenberg-Universität, Mainz, Arbeitspapiere/Working Papers Nr. 36

Kühl, Jürgen/Strodtholz, Petra (Hrsg.) 2002: Methoden der Organisationsforschung, Reinbek: Rowohlt

Kühl, Stefan/Petra Strodtholz/Andreas Taffertshofer (Hrsg.) 2005: Quantitative Methoden der Organisationsforschung. Ein Handbuch, Opladen: VS Verlag für Sozialwissenschaften

Kuhn, Thomas S. 1993: Die Struktur wissenschaftlicher Revolutionen, Frankfurt: Suhrkamp

Laatz, Wilfried 1993: Empirische Methoden. Ein Lehrbuch für Sozialwissenschaftler. Thun, Frankfurt a.M.: Harri Deutsch

Labov, William 1978: Der Niederschlag von Erfahrungen in der Syntax von Erzählungen, in: ders. Sprache im sozialen Kontext. Bd. 2. Skriptor: Königstein, S. 58–99

Labov, William/Waletzky, Joshua 1973: Erzählanalyse. Mündliche Versionen persönlicher Erfahrung, in: Ihwe, J. (Hrsg.) Literaturwissenschaft und Linguistik. Bd. 2. Frankfurt: Fischer-Athenäum, S. 78–126

Latour, Bruno/Steven Woolgar 1986: Laboratory Life. The (Social) Construction of Scientific Facts, Beverly Hills, London, New Delhi: Sage Publications

Layder, Derek 1993: New Strategies in Social Research. An Introduction and Guide, Cambridge: Polity Press

Lazarsfeld, Paul F. 1961: Notes on the History of Quantification in Sociology. Trends, Sources and Problems, in: Isis, 1961, Heft 52, Part 2, S. 277–333

Lazarsfeld, Paul F. 1968: Am Puls der Gesellschaft, Wien: Europa Verlag

Liebsch, Burkhard 1997: Geschichte als Antwort, in: Stückrath, Jörn/Zbinden Jürgen (Hrsg.) Metageschichte, Baden-Baden: Nomos

Lienert, Gustav A. 1973: Verteilungsfreie Methoden in der Biostatistik, Bd. 1, Meisenheim a. Gl.: Hain

Lindenlaub, Dieter 1967: Richtungskämpfe im Verein für Sozialpolitik, Wiesbaden: Steiner

Lindner, Rolf 1990: Die Entdeckung der Stadtkultur. Soziologie aus der Erfahrung der Reportage, Frankfurt: Suhrkamp

Litz, Hans-Peter/Thanos Lipowatz 1986: Amtliche Statistik in marktwirtschaftlich organisierten Industriegesellschaften. Eine vergleichende Untersuchung der amtlichen Statistik der Bundesrepublik Deutschlands, der Niederlande und Frankreichs, Frankfurt, New York: Campus

Lück, H. (2004). Angst in sozialen Situationen. In A. Glöckner-Rist (Hrsg.), ZUMA-Informationssystem. Elektronisches Handbuch sozialwissenschaftlicher Erhebungsinstrumente. ZIS Version 8.00. Mannheim: Zentrum für Umfragen, Methoden und Analysen.

Luhmann, Niklas 1990: Die Wissenschaft der Gesellschaft, Frankfurt: Suhrkamp

Lüttinger, Paul/Schimpl-Neimanns, Bernhard/Wirth, Heike/Papastefanou, Georg 2003: Mikrodaten (German Microdata Lab): Das Servicezentrum für amtliche Mikrodaten bei ZUMA, in: ZUMA-Nachrichten Nr. 52, S. 153–172

Lyotard, Jean-François 1999: Das postmoderne Wissen, Wien: Passagen Verlag

Mandrou, Robert 1982: Staatsräson und Vernunft. Propyläen Geschichte Europas Bd. 3. 1649–1775, Frankfurt, Berlin, Wien: Ullstein

Maturana, Humberto 1996: Was ist erkennen? Die Welt entsteht im Auge des Betrachters, München: Goldmann

Mayr, Georg von 1890: Statistik und Verwaltung, in: Allgemeines Statistisches Archiv, Jg. 1, 1890, Heft 1, S. 33–53

Mayr, Georg von 1914: Statistik und Gesellschaftslehre I. Theoretische Statistik, Tübingen: J.C.B. Mohr

Mayring, Philipp 1983: Qualitative Inhaltsanalyse, Weinheim, Basel: Beltz

Mayring, Philipp 1990: Einführung in die qualitative Sozialforschung. Eine Anleitung zu qualitativem Denken, München: Psychologie Verlagsunion

McKenzie, Donald 1981: Statistics in Britain, 1865–1930. The Social Construction of Knowledge, Edinburgh: Edinburgh University Press

McLuhan, Marshall 1997: Die magischen Kanäle, in: Martin Baltes u. a. (Hrsg.): Medien verstehen. Der McLuhan-Reader. Mannheim: Bollmann, S. 112–167

McMahen, E.M./Rogers, K.L. (eds.) 1994: Interactive Oral History Interviewing, Hillsdale: Lawrence Erlbaum Associates

Meitzen, August 1903: Geschichte, Theorie und Technik der Statistik, Stuttgart, Berlin: Cotta

Menges, Günther 1968: Grundriß der Statistik. Teil 1. Theorie, Köln, Opladen: Westdeutscher Verlag

Merten, Klaus 1983: Inhaltsanalyse, Opladen: Westdeutscher Verlag

Merton, Robert K. 1949: Social Theory and Social Structure. Toward the codification of theory and research, Glencoe, Ill.

Merton, Robert K. 1967: On Sociological Theories of the Middle Range, in: ders. On Theoretical Sociology, New York: Free Press, S. 39–72

Merton, Robert K./Kendall, Patricia L. 1979: Das fokussierte Interview, in: Hopf, C./Weingarten, E. (Hrsg.): Qualitative Sozialforschung. Stuttgart: Klett-Cotta, S. 171–204

Meuser, Michael/Nagel, Ulrike 2002: Expertinneninterviews – vielfach erprobt, wenig bedacht. Ein Beitrag zur qualitativen Methodendiskussion, in: Bogner, Alexander/Littig, Beate/Menz, Wolfgang (Hrsg.) 2002: Das Experteninterview. Theorie, Methode, Anwendung, Wiesbaden: VS Verlag für Sozialwissenschaften, S. 71–93

Miles, Matthew B./A. Michael Huberman 1984: Qualitative Data Analysis. A sourcebook of new methods, Beverly Hills, London, New Delhi: Sage Publications

Moser, Sibylle 2004: Konstruktivistisch Forschen? Prämissen und Probleme einer konstruktivistischen Methodologie, in: dies. (Hrsg.), Konstruktivistisch Forschen. Methodologie, Methoden, Beispiele. Wiesbaden: VS Verlag für Sozialwissenschaften, S. 9–42.

Müller, Hans-Peter 1992: Sozialstruktur und Lebensstile. Der neuere theoretische Diskurs über soziale Ungleichheit, Frankfurt: Suhrkamp

Niethammer, Lutz 1985: Fragen – Antworten – Fragen. Methodische Erfahrungen und Erwägungen zur Oral history, in: ders./Plato, Alexander v.: ›Wir kriegen jetzt andere Zeiten‹. Auf der Suche nach Erfahrungen des Volkes in nachfaschistischen Ländern, Berlin: Dietz

Nockemann, Udo 2003: Bevölkerungsfortschreibung. Papier für die Tagung der Arbeitsgemeinschaft Nord-West des Verbands Deutscher Städtestatistiker, Mai 2003, Siegen, www.staedtestatistik.de/vdst/AG/AG_NW/ag_ruhr200305/nockemann.doc

Oevermann, Ulrich 1981: Fallrekonstruktionen und Strukturgeneralisierung als Beitrag der objektiven Hermeneutik zur soziologisch-strukturtheoretischen Analyse (Manuskript), Frankfurt

Oevermann, Ulrich 1983: Zur Sache. Die Bedeutung von Adornos methodologischem Selbstverständnis für die Begründung einer materialen soziologischen Strukturanalyse, in: Friedeburg, Ludwig von/Habermas, Jürgen (Hrsg.), Adorno-Konferenz, Frankfurt, S. 234–289

Oevermann, Ulrich 2002: Klinische Soziologie auf der Basis der Methodologie der objektiven Hermeneutik. Manifest der objektiv hermeneutischen Sozialforschung, Manuskript

Opitz, Diane/Witzel, Andreas 2005: The Concept and Architecture of the Bremen Life Course Archive, in: Forum Qualitative, 6(2), Art. 37

Pätzold, Henning 2005: Sekundäranalyse von Audiodaten. Technische Verfahren zur faktischen Anonymisierung und Verfremdung, in: Forum Qualitative Sozialforschung, 6(1), Art. 24

Platt, Jennifer 1996: A history of sociological research methods in America. 1920–1960, Cambridge: Cambridge University Press

Plum, Wolfgang 1982: Sekundäranalyse von Umfragedaten des Zentralarchivs. Kohortenanalyse als Methode der Untersuchung von Einflussfaktoren politischen Verhaltens, in: Zentralarchiv für empirische Sozialforschung, Heft 10, S. 9–21

Pollock, Friedrich 1963: Das Gruppenexperiment. Ein Studienbericht, Frankfurt, Köln: Europäische Verlagsanstalt

Popper, Karl 1973: Logik der Forschung, Tübingen: Mohr

Popper, Karl 1976: Logik der Forschung, Tübingen: Mohr

Popper, Karl 1995: ›Subjektive oder objektive Erkenntnis?‹, in: ders. Lesebuch. Ausgewählte Texte zu Erkenntnistheorie, Philosophie der Naturwissenschaften, Metaphysik, Sozialphilosophie, Tübingen: Mohr, S. 40–59

Popper, Karl 1995: Das Problem der Induktion, in: ders. Lesebuch. Ausgewählte Texte zu Erkenntnistheorie, Philosophie der Naturwissenschaften, Metaphysik, Sozialphilosophie, Tübingen: Mohr, S. 85–116

Popper, Karl 1995: Stückwerk-Sozialtechnik, in: ders. Lesebuch. Ausgewählte Texte zu Erkenntnistheorie, Philosophie der Naturwissenschaften, Metaphysik, Sozialphilosophie, Tübingen: Mohr, S. 293–308

Porst, Rolf 1996: Ausschöpfungen bei sozialwissenschaftlichen Umfragen. Die Sicht der Institute, ZUMA-Arbeitsbericht 96/07

Porst, Rolf 2000: Question Wording – Zur Formulierung von Fragebogen-Fragen, in: ZUMA How-to-Reihe, Nr. 2

Pötschke, Manuela/Julia Simonson 2003: Konträr und ungenügend? Ansprüche an Inhalt und Qualität einer sozialwissenschaftlichen Methodenausbildung, in: ZA-Information 52, Mai 2003, S. 72–92

Prüfer, Peter/Angelika Stiegler 2002: Die Durchführung standardisierter Interviews. Ein Leitfaden, ZUMA How-to-Reihe, Nr. 11

Ragin, Charles 1994: Constructing social research. The unity and diversity of method, Thousand Oaks: Pine Forge Press

Reuband, Karl-Heinz 1998: Quoten- und Randomstichproben in der Praxis der Sozialforschung. Gemeinsamkeiten und Unterschiede in der sozialen Zusammensetzung und den Antwortmustern der Befragten, in: ZA-Information 43, S. 48–80

Reuband, Karl-Heinz 2001: »Erlauben« vs. »nicht erlauben« oder »verbieten«? Wie sich unterschiedliche Frage-Alternativen auf das Antwortverhalten auswirken, in: ZA-Information 48, S. 42–55

Rohwer, Götz/Pötter, Ullrich 2001: Grundzüge der sozialwissenschaftlichen Statistik, Weinheim: Juventa

Rohwer, Götz/Pötter, Ulrich 2002: Methoden sozialwissenschaftlicher Datenkonstruktion, Weinheim, München: Juventa

Rorty, Richard 2000: Die moderne analytische Philosophie aus pragmatischer Sicht, in: Sandbothe, Mike (Hrsg.), Die Renaissance des Pragmatismus. Aktuelle Verflechtungen zwischen analytischer und kontinentaler Philosophie, Weilerswist: Velbrück, S. 78–95

Rorty, Richard 2000: Wahrheit und Fortschritt, Frankfurt a.M.: Suhrkamp

Schäfer, Ulla G. 1971: Historische Nationalökonomie und Sozialstatistik als Gesellschaftswissenschaft. Forschungen zur Vorgeschichte der theoretischen Soziologie und der empirischen Sozialforschung in der zweiten Hälfte des 19. Jahrhunderts, Köln (Wien): Böhlau

Scheuch, Erwin K./Hans-Jürgen Daheim 1970: Sozialprestige und soziale Schichtung, in: Kölner Zeitschrift für Soziologie und Sozialpsychologie, Sonderheft 5, S. 65–103

Schimank 1996: Theorien gesellschaftlicher Differenzierung, Leverkusen: Leske u. Budrich

Schmidt, Siegfried J. 1998: Die Zähmung des Blicks. Konstruktivismus, Empirie, Wissenschaft, Frankfurt: Suhrkamp

Schnell, Rainer 1991: Wer ist das Volk? zur faktischen Grundgesamtheit bei ›allgemeinen Bevölkerungsumfragen‹. Undercoverage, Schwererreichbare und Nichtbefragbare, in: Kölner Zeitschrift für Soziologie und Sozialpsychologie, Heft 1, Jg. 43, S. 105–137

Schnell, Rainer/Paul B. Hill/Elke Esser 1999: Methoden der empirischen Sozialforschung, München, Wien: Oldenbourg

Schnitzer, Klaus et al. 1998: Das soziale Bild der Studentenschaft in der Bundesrepublik Deutschland. 15. Sozialerhebung des Deutschen Studentenwerks, Bonn

Schöne, Helmar 2003: Die teilnehmende Beobachtung als Datenerhebungsmethode in der Politikwissenschaft. Methodologische Reflexion und Werkstattbericht, in: Forum Qualitative Sozialforschung, 4(2)

Schräpler, Jörg-Peter 1997: Eine empirische Erklärung von formalen Antwortstilen. Stereotypes Antwortverhalten und Zustimmungstendenzen im Sozioökonomischen Panel (SOEP), in: Kölner Zeitschrift für Soziologie und Sozialpsychologie, 49, 1997, S. 728–746

Schräpler, Jörg-Peter/Gert G. Wagner 2003: Identification, Characteristics and Impact of Faked Interviews in Surveys. An analysis by means of genuine fakes in the raw data of SOEP, in: Forschungsinstitut zur Zukunft der Arbeit, IZA Discussion Paper No. 969

Schroedter, Julia H./Yvonne Lechert/Paul Lüttinger 2006: Die Umsetzung der Bildungsskala ISCED-1997 für die Volkszählung 1970, die Mikrozensus-Zusatzerhebung 1971 und die Mikrozensen 1976–2004 (Version 1), ZUMA-Methodenbericht 2006/08

Schubert, Herbert J. 1987: Zeit als Instrument der Sozialforschung. Zur Soziologie des Entstehens methodischer Ansätze für die sozialwissenschaftliche Erfassung des Zeitverlaufs. Ein Beitrag über die Etablierung der Statistik in Deutschland vom 18. bis ins 20. Jahrhundert, Frankfurt, Bern, New York, Paris: P. Lang

Schulze, Gerhard 1993: Die Erlebnisgesellschaft. Kultursoziologie der Gegenwart, Frankfurt: Campus Verlag

Schuster, Helmuth 1987: Industrie- und Sozialwissenschaft. Eine Praxisgeschichte der Arbeits- und Industrieforschung in Deutschland, Opladen: Westdeutscher Verlag

Schütz, Alfred 1974: Der sinnhafte Aufbau der sozialen Welt. Eine Einleitung in die verstehende Soziologie, Frankfurt: Suhrkamp

Schütze, Fritz 1976: Zur Hervorlockung und Analyse von Erzählungen thematisch relevanter Geschichten im Rahmen soziologischer Feldforschung., in: Arbeitsgruppe Bielefelder Soziologen (Hrsg.): Kommunikative Sozialforschung. München, S. 162–200.

Schütze, Fritz 1981: Prozessstrukturen des Lebensablaufs, in: Matthes, Joachim/Pfeifenberger, Arno/Stoßberg, Manfred (Hrsg.), Biographie in handlungswissenschaftlicher Perspektive, Nürnberg: Verlag der Nürnberger Forschungsvereinigung, S. 67–156

Schütze, Fritz 1983: Biographieforschung und narratives Interview., in: Neue Praxis 13, S. 283–293

Schwarz, Norbert/Hippler, Hans-Jürgen/Deutsch, Brigitte/Strack, Fritz 1985: Response scales. Effects of category range on reported behavior and subsequent judgments, in: Public Opinion Quarterly, 49, S. 388–395

Schwarz, Norbert/Hippler, Hans-Jürgen/Noelle-Neumann, Elisabeth 1989: Einflüsse der Reihenfolge von Antwortvorgaben bei geschlossenen Fragen, in: ZUMA Nachrichten, Nr. 25, S. 24–38

Seipel, Christian/Rieker, Peter 2003: Integrative Sozialforschung. Konzepte und Methoden der qualitativen und quantitativen empirischen Forschung, Weinheim/München: Juventa

Selltiz, Claire/Marie Jahoda/Morton Deutsch/Stuart W. Cook 1972: Untersuchungsmethoden der Sozialforschung, Teil I und II, Neuwied: Luchterhand

Sieber, Joan E. 1992: Planning Ethically Responsible Research. A Guide for Students and Internal Review Boards, Newbury Park, California: Sage

Smith, Tom W 1984: Recalling Attitudes: An Analysis of Retrospective Questions on the 1982 GSS, in: Public Opinion Quarterly, Fall 84, Vol. 48, Issue 3, p 639–649

Soeffner, Hans Georg 1989: Auslegung des Alltags. Der Alltag der Auslegung. Zur wissenssoziologischen Konzeption einer sozialwissenschaftlichen Hermeneutik, Frankfurt: Suhrkamp

Spellerberg, Annette 1996: Soziale Differenzierung durch Lebensstile. Eine empirische Untersuchung zur Lebensqualität in West- und Ostdeutschland, Berlin: edition sigma

Spöhring, Walter 1989: Qualitative Sozialforschung, Stuttgart

Squire, Peverill 1988: Why The 1936 Literary Digest Poll Failed, in: Public Opinion Quarterly, Volume 52, S. 125–133

Statistische Ämter des Bundes und der Länder 2004: Ergebnisse des Zensustests, in: Wirtschaft und Statistik 8/2004, S. 813–833

Statistisches Bundesamt (Hrsg.) 2004: Demographische Standards der Markt- und Sozialforschung und des Statistischen Bundesamts, Wiesbaden

Statistisches Bundesamt 2005, Statistisches Jahrbuch für die Bundesrepublik Deutschland, Wiesbaden

Statistisches Bundesamt 2006: Hintergrundgespräch ›Zensus 2010/2011‹ am 31. August 2006 in Berlin. Statement von Präsident Johann Hahlen, Wiesbaden
Statistisches Bundesamt 2006: Staatsangehörigkeits- und Gebietsschlüssel, Wiesbaden
Stegmann, Michael 2005: Vergleichbarkeit der Berufsklassifikationen öffentlicher Datenproduzenten und die Transformation in prominente sozialwissenschaftliche Klassifikationen und Skalen, in: DRV-Schriften, Bd. 55/2005
Steinke, Ines 1999: Kriterien qualitativer Forschung. Ansätze zur Bewertung qualitativ-empirischer Sozialforschung, Weinheim, München: Juventa
Steinke, Ines 2006: Qualitätssicherung in der qualitativen Forschung, in: Udo Kuckartz, Tagungsband zur CAQD 2005, Marburg, S. 9–20
Stocké, Volker/Birgit Becker 2004: Determinanten und Konsequenzen der Umfrageeinstellung. Bewertungsdimensionen unterschiedlicher Umfragesponsoren und die Antwortbereitschaft der Befragten, in: ZUMA-Nachrichten, Heft 54, S. 89–116
Strauss, Anselm L./Corbin, Juliet 1996: Grounded Theory. Grundlagen qualitativer Sozialforschung, Weinheim: Psychologie Verlags Union
Suhr, Susanne 1930: Die weiblichen Angestellten. Arbeits- und Lebensverhältnisse. Eine Umfrage des Zentralverbands der Angestellten, Berlin: Zentralverband der Angestellten
Tenbruck, Friedrich H. 1981: Die unbewältigten Sozialwissenschaften, in: Alemann, Heine von/Thurn, Hans Peter (Hrsg.), Soziologie in weltbürgerlicher Absicht. Festschrift für Rene König zum 75. Geburtstag, Opladen: Westdeutscher Verlag, S. 359–374
Teschner, Manfred 1961: Entwicklung eines Interessenverbands. Dissertation, Frankfurt
Treiman, Donald J. 1977: Occupational Prestige in Comparative Perspective, New York: Academic Press
Tukey, John W. 1977: Exploratory Data Analysis, Reading, MA: Addison & Wesley
Van Dijk, Teun A. 1997: Discourse as Social Interaction. Discourse Studies Bd. 1 and 2, London: Sage
Vester, Michael/von Oertzen, Peter/Hermann, Thomas/Müller, Dagmar 1993: Soziale Milieus im gesellschaftlichen Strukturwandel. Zwischen Integration und Ausgrenzung, Köln: Bund-Verlag
Vester, Michael/von Oertzen, Peter/Hermann, Thomas/Müller, Dagmar 2001: Soziale Milieus im gesellschaftlichen Strukturwandel. Zwischen Integration und Ausgrenzung, Frankfurt/M.: Suhrkamp
Wacquant, Loïc 2001: ›Busy Louie‹ im Ring. Ein Soziologe unter Preisboxern Interview mit Loïc Wacquant, Berliner Debatte Initial 12, 2001, 1, S. 30–35
Wacquant, Loïc 2003: Leben für den Ring. Boxen im amerikanischen Ghetto, Konstanz: Universitätsverlag Konstanz
Wagner, Peter 1990: Sozialwissenschaften und Staat. Frankreich, Italien, Deutschland 1870–1980, Frankfurt, New York: Campus
Weber, Max 1968: Kritische Studien auf dem Gebiet der kulturwissenschaftlichen Logik, in: ders. Gesammelte Aufsätze zur Wissenschaftslehre 3. Aufl. Tübingen: Mohr
Weber, Max 1972: Wirtschaft und Gesellschaft. Grundriß der verstehenden Soziologie, Tübingen: Mohr

Weber, Max 1988: Geschäftsbericht und Diskussionsreden auf den deutschen soziologischen Tagungen (1910, 1912), in: Gesammelte Aufsätze zur Soziologie und Sozialpolitik, S. 431–491

Weischer, Christoph 2002: Empirische Sozialforschung in einer ›Welt der Geschichten‹, Ruhr-Universität Bochum, Diskussionspapiere aus der Fakultät für Sozialwissenschaft, Nr. 02–3

Weischer, Christoph 2004: Das Unternehmen ›Empirische Sozialforschung‹. Strukturen, Praktiken und Leitbilder der Sozialforschung in der Bundesrepublik Deutschland, München: Oldenbourg

Weiss, Hilde 1936: Die ›Enquête Ouvrière‹ von Karl Marx, in: Zeitschrift für Sozialforschung 5, 1936, S. 76–98

White, Hayden 1990: Die Bedeutung der Form. Erzählstrukturen in der Geschichtsschreibung, Frankfurt: Fischer

Wienold, Hanns 1988: Blicke der Macht. Sozialstatistik und empirische Sozialforschung als Staatsaktion, in: Guha, Anton-Andreas/Sven Papcke (Hrsg.), Entfesselte Forschung. Die Folgen einer Wissenschaft ohne Ethik, Frankfurt: Fischer, S. 67–86

Wienold, Hanns 2000: Empirische Sozialforschung. Praxis und Methode, Münster: Westfälisches Dampfboot

Willis, Paul 1977: Spaß am Widerstand. Gegenkultur in der Arbeiterschule, Frankfurt: Syndikat

Wilson, Thomas P. 1982: Qualitative ›oder‹ quantitative Methoden in der Sozialforschung, in: Kölner Zeitschrift für Soziologie und Sozialpsychologie 34, 1982, S. 487–508

Wirth, Heike/Walter Müller 2006: Mikrodaten der amtlichen Statistik – ihr Potenzial in der empirischen Sozialforschung, in: Andreas Diekmann (Hrsg.): Methoden der Sozialforschung. Wiesbaden, S. 93–127

Würzburger, Eugene 1918: Germany, in: Koren, John, The History of Statistics, S. 331–362

Zetterberg, Hans L. 1973: Theorie, Forschung und Praxis in der Soziologie, in: König, René (Hrsg.), Handbuch der empirischen Sozialforschung, Bd. 1, S. 64–104

Zimmermann, Benedicte 2006: Arbeitslosigkeit in Deutschland. Zur Entstehung einer sozialen Kategorie, Frankfurt, New York: Campus

Zimmermann, Don H./Pollner, Melvin 1976: Die Alltagswelt als Phänomen, in: Weingarten, Elmar/Fritz Sack/Jim Schenkein (Hrsg.) Ethnomethodologie. Beiträge zu einer Soziologie des Alltagshandelns, Frankfurt: Suhrkamp, S. 64–104

Zinnecker, Jürgen 1985: Die Jugendstudien von EMNID/SHELL 1953–195. Zur Archäologie repräsentativer Jugendforschung im Nachkriegsdeutschland und zugleich zu einigen Schwierigkeiten der Wiederholung solcher Studien, in: Jugendwerk der Deutschen Shell (Hrsg.), Jugendliche und Erwachsene '85, Bd. 3, Leverkusen: Leske u. Budrich, S. 408–480